AMSTERDAMER BEITRÄGE ZUR NEUEREN GERMANISTIK

BAND 11/12-1981

DDR-ROMAN
UND LITERATURGESELLSCHAFT

herausgegeben

von

JOS HOOGEVEEN und GERD LABROISSE

Amsterdam 1981

Die 1972 gegründete Reihe erscheint seit 1977 in der Form von Thema-Bänden mit jeweils verantwortlichem Herausgeber. Mit Band 8 – 1979 wurde übergegangen zu einer Publikationsfolge von zwei Bänden pro Jahr.

Die Themen der nächsten Bände sind auf der hinteren Innenseite des Einbandes angegeben.

Anfragen über Manuskripte sowie Themen-Vorschläge sind zu richten an den Herausgeber der Reihe: Prof. Dr. Gerd Labroisse, Vrije Universiteit, Subfac. Duitse taal- en letterkunde, Postbus 7161, 1007 MC Amsterdam/Netherlands.

© Editions Rodopi BV., Amsterdam 1981
Printed in the Netherlands
ISBN: 90–6203–723–2

VORBEMERKUNG

Im Vergleich zum ersten in der Reihe *Amsterdamer Beiträge* vor gut zwei Jahren erschienenen Thema-Band *Zur Literatur und Literaturwissenschaft der DDR* wird mit diesem Doppelband eine umfassendere Sicht auf das Forschungsfeld DDR-Literatur angeboten, was die literaturwissenschaftlichen Aspekte und die ausgewählten Autoren anbetrifft. Daß die DDR-Prosa in einem sich ständig ändernden literaturgesellschaftlichen Kontext steht und sich in und mit ihm zum Teil recht unterschiedlich entwickelt, sollte hier dokumentiert werden, wobei es den einzelnen Beiträgern überlassen blieb, wie stark sie dieses Verhältnis zwischen Literatur und Literaturgesellschaft thematisierten bzw. in ihre Darstellung und Überlegungen einbezogen, abhängig auch von Objekt und Methode der jeweiligen Untersuchung.

Eine direkte Verbindung zum vorigen Band ist dadurch gegeben, daß die jetzigen Herausgeber die damals in Aussicht gestellte Praktizierung ihrer methodologischen Ansätze rezeptionsorientierter Signatur hier vorlegen.

Für ihre intensive Arbeit bei der Herstellung der Druckvorlage und den Korrekturen sei an dieser Stelle Elfriede Labroisse herzlich gedankt.

Amsterdam

Jos Hoogeveen
Gerd Labroisse

INHALTSVERZEICHNIS

Anschriften der Beiträger

Prof. Dr. Horst Domdey
Carmerstr. 10
D – 1000 Berlin 12

Prof. Dr. Margret Eifler
Rice University
Dpt. of German and Russian
Houston, Texas 77001

Dr. Bernhard Greiner
Hasenbuckweg 16
D – 7801 Wittnau

Dr. Karl-Heinz Hartmann
Niedernhof 13
D – 4790 Paderborn

Prof. Dr. Patricia Herminghouse
Washington University
Dpt. of Germanic Lang. and Lit.
St. Louis, Missouri 63130

Dr. Jos Hoogeveen
Boerhaavelaan 237
2334 Leiden (NL)

Manfred Jäger
Kettelerstr. 3
D – 4400 Münster

Dr. Heinrich Küntzel
Panoramastr. 127
D – 6900 Heidelberg

Prof. Dr. Gerd Labroisse
Wamberg 75
1083 CZ Amsterdam (NL)

Dr. Ingeborg Nordmann
Güntzelstr. 53
D – 1000 Berlin 31

Drs. Marleen Parigger
Emmastr. 75
1814 DM Alkmaar (NL)

Drs. Stef Pinxt
Brederostr. 54
1054 MX Amsterdam (NL)

Prof. Dr. Jay Rosellini
Massachusetts Inst. of Technology
Dpt. Foreign Lang. and Lit.
Cambridge, Massachusetts 02139

Dr. Jochen Staadt
Sächsische Str. 6
D – 1000 Berlin 15

Drs. Marieluise de Waijer-Wilke
A. van Mauvelaan 15
1394 EL Nederhorst den Berg (NL)

VON *ABSCHIED* BIS *ATEMNOT.* ÜBER DIE POETIK DES ROMANS, INSBESONDERE DES BILDUNGS- UND ENTWICKLUNGSROMANS, IN DER DDR

von

Heinrich Küntzel

Es ist an der Zeit, der Poetik des Romans in der DDR mehr Aufmerksamkeit zu schenken. Nach einer Phase des Nachholens, in der die Inhalte referiert und die Einordnung im kulturpolitischen Referenzrahmen mit meist relativ grobmaschiger Wertung verbunden wurde, stellt sich die Frage neu, welchen Platz die Romane in einer Geschichte des neueren deutschen Romans einnehmen. Die bedeutenden unter ihnen sind ja längst nicht mehr nur Phänomene einer anderen deutschen Gesellschaft und eines anderen deutschen Staates. Sie erscheinen hier wie dort und werden so aufmerksam hüben wie drüben gelesen. Auch hat sich auf der anderen Seite eine lebhafte literaturwissenschaftliche Beschäftigung mit der Form, eine Diskussion über Gestalt- und Rezeptionsprobleme des DDR-eigenen Romans entfaltet, die dem Literaturwissenschaftler hier wie dort schematische Urteile verbieten sollte.

Eine "Krise des modernen Romans", die einst Wolfgang Kayser zu erkennen glaubte, hat den gegenwärtigen Roman der DDR inzwischen eingeholt, mit der jene Diskussionen vielleicht nicht direkt zusammenhängen. Doch wiederholen sie unter anderen Vorzeichen jene Fragen nach dem Erzähler, der Fabel, den Romancharakteren, den Gattungen, die damals aufgeworfen wurden.Wolfgang Kayser stellte die Frage nach den Konstituentien des Romans (nach dem Verhältnis von "Erzähler" und "Weltgehalt"), weil er glaubte, ihn gegen seine Auflösung verteidigen zu müssen. Die heutigen Literaturwissenschaftler wollen durch solche Fragen das Recht des Romans auf eigene ästhetische Gesetzmäßigkeit und seinen Spielraum erweitern. Die Frage nach der "subjektiven Authentizität" hängt jedenfalls eng mit der Frage zusammen: Wer erzählt den Roman? Sie erschöpft nicht die Analyse der Krise, die wir glauben beobachten zu können. Im Gegenteil täuscht ihre kunstmäßige Behandlung eher über deren Gründe hinweg. Aber sich mit Formproblemen zu bescheiden, steht dem Literaturwissenschaftler manchmal gut an, weil es ihn davor bewahrt, voreilige Zensuren zu verteilen, und weil er doch auch weiß, daß Formfragen nie nur Formfragen sind.

Unsere Untersuchung ging von der Frage aus, wie es mit der oft berufenen Wirksamkeit von Bechers Roman aus der Emigrationszeit *Abschied* bestellt sei, dem zusammen mit den Werken der Anna Seghers, Arnold Zweigs und Willi Bredels eine Art Gründungsväterrolle für den neuen "sozialistischen" Roman zufiel. Sie stieß dabei auf das Gehäuse der Gattungen, in denen dieser sich einzurichten suchte, und den ihm eigentümlichen, dem westdeutschen Roman fremden Vorrang des sog. Bildungs- und Entwicklungsromans, der zeitweise den (hierzulande dominierenden) Zeit- und Gesellschaftsroman ganz aufzusaugen scheint. Die Entwicklung zum biographischen und autobiographischen Roman der Gegenwart wird an einigen Beispielen verfolgt.

> Miss Prism: Do not speak slightingly of the three-volume novel, Cecily. I wrote one myself in earlier days.
> Cecily: Did you really, Miss Prism? How wonderfully clever you are! I hope it did not end happily? I don't like novels that end happily. They depress me so much.
> Miss Prism: The good ended happily, and the bad unhappily. That is what Fiction means.
> Cecily: I suppose so. But it seems very unfair...
> (Oscar Wilde: *The Importance of Being Earnest*)

1. Die konventionellen Gattungen

Die Neigung, ihre Romane auf mehrere, möglichst drei Bände zu bringen, teilen viele Romanciers der DDR mit jenen englischen Kollegen, deren Familien-, Generationen- und Gesellschaftsromane im 19. Jahrhundert bis vor dem Ersten Weltkrieg blühten und, etwa mit der *Forsyte-Saga*, ihre Erfolge bis weit in unser Jahrhundert hinein einheimsten. Die durch Figuren- und Schauplatzver-

knüpfung zusammengehaltene bürgerliche Epopöe, die im Modell
Zeit und Gesellschaft schlüssig zu erklären und zu konservieren bemüht ist, kann als Parallele und wohl auch Vorbild der Schriftsteller gelten, welche im konventionellen Genre des Romans privates
und soziales Schicksal in ihrer unauflöslichen Verstrickung, in ihrer Determiniertheit darstellen wollten. Da sind zunächst die aus
der Emigration Heimkehrenden, die ihre Trilogien nach der Rückkehr weiter vor sich her wälzen: Arnold Zweig, Hans Marchwitza,
Willi Bredel, Franz Carl Weiskopf, Bodo Uhse. Anna Seghers verknüpft ihre Fortsetzungsromane *Die Entscheidung* und *Das Vertrauen* wenigstens in einzelnen Figuren mit ihrem mit heimgebrach-
ten Generationenroman *Die Toten bleiben jung.* In der nächsten
Generation legen Dieter Noll, Jurij Brězan, Max Walter Schulz ihre
Entwicklungsromane auf mehrere Bände an, allerdings hat bislang
nur Brězan seine "Hanusch-Trilogie" erfolgreich mit dem dritten
Bande beschlossen. Von Erwin Strittmatter erwartet man in diesem Jahre den letzten Band der "Wundertäter-Trilogie", deren erster 1957 erschienen war.

Die Gründe für diese Großplanungen sind, wie gesagt, meist kon-
ventioneller Art: man rechnet mit alten eingewurzelten Lesege-
wohnheiten der (ehemals) kleinbürgerlichen Schichten, in denen
die Romanleserschaft zu vermuten ist. Man schließt an bewährte
Muster an, die breiten Ablagerungen traditioneller Erzählformatio-
nen, füllt den neuen Wein in alte Schläuche, legitimiert durch eine
konservative Poetik des "sozialistischen Realismus", durch den ka-
nonisierten Bildungsroman *Wilhelm Meister,* der bekanntlich auch
ein Fortsetzungsroman war, und im Schatten der großen Enzyklo-
pädien des Gesellschaftsromans, den Zyklen Balzacs und Zolas,
und der unerreichbaren autobiographischen Romane eines Maxim
Gorkij. Es ist die Verläßlichkeit unbefragter Bauformen, die Autor
und Leser gleichermaßen zufriedenstimmen und ihnen Ruhe schaffen vor formalen Bedenklichkeiten, gestatten, sich häuslich einzurichten in den etwas ramponierten Häusern der Vorfahren, ohne
allzu avantgardistischen Siedlungsplanern und den Fragen, wieweit
industrielle Fertigungsweisen auch in die Privatsphäre eingedrungen seien, sich auszusetzen. Häuslichkeit bestimmt auch den Inhalt: man bleibt selten in Unsicherheit über den Charakter der Personen, ihre Zugehörigkeit zu den Guten oder Bösen. Anna Seghers
hat ihre beiden letzten Romane mit umfangreichen Personallisten
ausgestattet, aus denen man die Ordnung der Generationen, der

4

Himmelsrichtungen, der Klassen, der Familien entnehmen kann, falls man im komplett eingerichteten, aber vielkammrigen Inneren die Orientierung verlieren sollte. Das war schon eine Gewohnheit des Gesellschaftsromans des 19. Jahrhunderts (der *Forsyte-Saga* z. B.) und führt auf den höfischen Roman, die Haupt- und Staatsaktionen der Barockzeit zurück. In der Familiarisierung der Weltanschauungskämpfe, der Darstellung der Zeitgeschichte als Geschlechterfolge, der Menschheitskonflikte in den allegorisierten Himmelsrichtungen (Ost und West anstatt Oben und Unten), der Ritualisierung der Personenkennzeichen und der Konversation, der lehrhaften Tendenz und der Topik politischer Formeln, sogar in dem stoischen Tugendkanon treten vorbürgerliche, vorrealistische Züge des Romans zutage, gerade in den Romanen der Anna Seghers. Das ist vielleicht nicht so verwunderlich, denkt man zurück an den berühmtesten Familienroman des 19. Jahrhunderts, Richard Wagners *Ring des Nibelungen*, und an die Bemühungen um das große Epos, den mythologischen Roman seit der Jahrhundertwende (wie sie schon in Georg Lukács' *Die Seele und die Formen* sich niederschlugen), und daß z.b. auch Galsworthy sehr absichtsvoll seinen Roman als Saga titulierte.

Natürlich tut man Anna Seghers durch dieses Urteil unrecht, mißt man sie an ihrem Anspruch, am Vorbild Tolstois ihren Gesellschaftsroman auszubilden und die Muster auch des modernen Romans des "Nebeneinander" fortzuentwickeln. Die erstarrenden Formen ihrer Ergebnisse verraten die Schwierigkeiten: Schwierigkeiten einer außengelenkten Ästhetik, moderne offene Formen für die Darstellung eines geschlossenen Systems und die erzieherische Absicht zu nutzen; Schwierigkeiten mit der Kontinuität der Gattung "Gesellschaftsroman", die aus dem 19. Jahrhundert nicht zu übertragen war und bei Musil oder Broch sich schon aufgelöst hatte.

Obwohl der Gesellschaftsroman das ehrgeizige Ziel der Autoren und der Gegenwartsroman, der die eingeleiteten revolutionären Prozesse plausibel machen sollte, die verlangte Form des Romans waren, setzte sich in allen Gattungen der Entwicklungs- und Erziehungsroman durch. So wollte Max Walter Schulz seinen "Erziehungsroman" einen "Gesellschaftsroman" genannt wissen[1], einen

1. Max Walter Schulz über seinen Roman *Wir sind nicht Staub im Wind*, zitiert von Frank Trommler: *Von Stalin zu Hölderlin. Über den Entwicklungsroman in der DDR*, in: Basis, Jahrbuch für deutsche Gegenwartsliteratur, Bd. II, 1971, S. 173. Im selben Essay gebraucht Schulz auch das Bild vom Haus:

Roman, der mit besonders schwerer Bildungsfracht und langwierigen Erziehungsprogrammen an seinem besonders problematischen und "typisch deutschen" Bildungshelden befrachtet ist. Der Romanführer (im Volk-und-Wissen-Verlag 1974) versichert, daß Brězans Trilogie sich im dritten Bande "vom Entwicklungs- zum Gesellschaftsroman ausweitet". Der sog. Kriegsroman und der Betriebsroman, die nach 1945 bis zu Anfang der 60er Jahre gedeihen, sei es mit, sei es ohne den Segen der Literaturpolitiker, tendieren zu jenen traditionellen Gattungen, wie überhaupt der Roman sich von allen Dichtungsgattungen am strengsten in den vorgezeichneten Bahnen hält. Die dialektische Probe, die paradoxe Zuspitzung, dem Produktions d r a m a in der Nachfolge Brechts eigen, ist dem R o m a n aus der Produktion fremd: in der Tradition sowjetischer Romane vom "Neuen auf dem Lande" oder aus dem Stahlwerk hat er die Aufgabe, eine exemplarische Erziehung vorzuführen. Becher tadelt Marchwitzas *Roheisen*, es fehle ihm an Menschen- und Heldengestaltung, und verweist auf klassische Muster, Goethe, Stendhal, Flaubert, Tolstoi, Balzac, die vorbildliche Charaktere, Fabeln und Gattungsmerkmale in ihrer Reinheit augestalten[2]. Gerade die Gattung des Betriebsromans, die "Neuland erobern" sollte, wird also ins alte Bett zurückgelenkt (womit nichts gegen die Berechtigung der Kritik an Marchwitza gesagt sein soll). Andrerseits kritisieren manche, schon am ersten Muster des neuen Romans, an Eduard Claudius' *Menschen an unsrer Seite*, und später wieder z.B. an Strittmatters *Ole Bienkopp*, daß ihre Helden sich zu schwerfällig und eigensinnig, zu wenig vorbildlich entwikkelten. Noch in der ersten Literaturgeschichte der DDR, von H.J. Geerdts herausgegeben, segeln die Entwicklungsromane, die "beste nationale Traditionen" fortsetzen und erfüllen, unter der Flagge

der Roman soll den Leser "in ein Haus führen, das ihm 'irgendwie' vertraut ist. Er soll in diesem alten — neuen Haus sehen, daß 'aufgestockt' worden ist..." (zitiert in: *Geschichte der Literatur der Deutschen Demokratischen Republik*, Berlin 1977, S. 331). Zum Roman vgl. die Kritik von Wolfgang Joho, in: *Kritik in der Zeit. Literaturkritik der DDR 1945-1975*, Halle-Leipzig [2] 1978, Bd. 1, S. 372.

2. Die Kritik ist abgedruckt in: *Kritik in der Zeit*, a.a.O., S. 258. Das entsprach der Parteilinie. Auf der Bitterfelder Konferenz 1959 verlangte Ulbricht, daß der Mensch und nicht die Technik in den Mittelpunkt der "Industrieromane" gestellt würde, und Strittmatter äußerte sich gegen die "harte Schreibweise" amerikanischer Herkunft, die er "antihumanistisch" fand.

6

"Romane, die die Wandlungsprozesse im Dorfe widerspiegeln"[3].
Der genuin schwerfällige und wenig vorbildliche Held des "klassischen" Bildungsromans und sein langes Verharren in der Vergangenheit, in der Kindheit, welche jetzt Vorkriegs- und Kriegszeit ist, wird lange Zeit von den parteioffiziellen Kritikern ungern gesehen. Jurij Brězan hat neuerdings erläutert, warum er einst seine "Hanusch-Trilogie" nicht als Gesellschafts-, sondern als Entwicklungsroman anlegte:

> Es war ein Lösungsschema vorgegeben, worin der möglichst positive Held und der Ausblick in eine rosarote Zukunft das Allerwichtigste waren. Ich hatte das Gefühl, ich könnte mich aus dieser Zwangsjacke der Vorschriften nicht anders befreien als durch die Konzentration auf eine Figur und deren Entwicklung, die ich genau kannte und die sozusagen historisch war... Das war der eigentliche Grund für meine Entscheidung, den 'Gymnasiast' so zu schreiben.[4]

Kulturpolitisch begünstigter Traditionalismus und Versuche, sich mit den rigiden gesellschaftspolitischen Forderungen an den Zeitroman zu arrangieren oder ihnen auszuweichen, zumal ihm die typisch modernen Erneuerungen (die reflexiven und reportagehaften Mischformen, die Stilexperimente der Montage, des monologue interieur usw., die neuen perspektivischen Erzählformen, die Kaleidoskope und Episodenreihung des Großstadtromans ohne Helden, die parodistischen und phantastischen Formen) versagt waren, wirkten also lange Zeit zusammen, daß sich die Romangeschichte der DDR in konventionellen, ziemlich ausgetretenen Bahnen bewegte.

2. Der zurückgekehrte Pikaro und der aufgeweckte Erzähler

Neben dem Bildungsroman feierte vor allem der Dorfroman fröhliche Urständ und zeigte, mit all seinen schwankhaften und idyllischen Elementen, seinen Originalen und Gaunern, seinem kosmisch, pädagogisch oder humoristisch gestimmten Erzähler, in Strittmatters Romanen eine erstaunliche Widerstandskraft und Anpassungsfähigkeit, die wohl doch nicht mit der rechten Sympathie gewürdigt sind, wenn man ihnen, wie Reich-Ranicki, Beschränktheit und Kegelbruderulk nachsagt[5]. Es ist merkwürdig zu sehen,

3. H.J. Geerdts (Hrsg.): *Deutsche Literaturgeschichte in einem Band*, Berlin 1968 (Redaktionsschluß 1964), S. 685.
4. Gespräch mit Jurij Brězan, in: SuF 1979, H. 5, S. 1003.
5. "Der deftige Heimatdichter", in: M. Reich-Ranicki: *Zur Literatur der DDR*, München 1974.

daß aus einem so traditionsreichen, ja belasteten Gebiete wie dem
Bauernroman die Quellen fließen, die seit der Tauwetterzeit nach
1956 die Romanlandschaft befruchten. Hier und auch in Strittmatters Entwicklungsroman *Der Wundertäter*, im Unterschied zu
den anderen Entwicklungsromanen der Dieter Noll, Jurij Brězan
oder Max Walter Schulz, die bald flott, bald angestrengt, immer
aber schablonenhaft erzählt sind, setzen sich zuerst neue Züge origineller Autorschaft durch: der sich kräftig, altmodisch einmischen-
de Erzähler und eine Gegenfigur zum "positiven" oder immerhin
"mittleren" Helden: der Schelm. Romantische Erzählerfreiheit
und pikarische Figuren bestimmen dann den originellsten Roman
der 60er Jahre, der wohl auch der schönste von jenseits der Elbe ist:
Levins Mühle von Johannes Bobrowski, auch eine Dorfgeschichte.

Die Tradition des pikarischen Romans, älter als die des bürgerlichen Bildungsromans, plebejischer, frühbürgerlich, hätte für eine
realistische Gegenwartsliteratur in einem sozialistischen Lande eine
größere Rolle spielen dürfen als jene, sollte man denken. Aber die
Rückkehr des pikarischen Helden in die Literatur der DDR war,
obwohl er in der Wiege der proletarischen Literatur gelegen hatte,
mit Schwierigkeiten verbunden. Man wünschte nicht, das zusam-
mengewürfelte Freikorps der Wismuth-AG in der Würde des Arbei-
terhelden, wie etwa in Werner Bräunigs Roman *Rummelplatz*, dargestellt zu sehen. Der sich bildende Wilhelm Meister des neuen sozialistischen Aufbauromans, im sog. Entscheidungsroman, im sog.
Ankunftsroman, sollte auf der Höhe des historischen Bewußtseins
sein. Die "Durchreißer" und querköpfigen Helden z.B. Strittmatters stießen deshalb auf Kritik, die Schelme von Franz Rudolf Fries'
Der Weg nach Oobliadooh durften in der DDR nicht erscheinen,
sie standen im Verdacht, die Welt aus der Perspektive des "Blech-
trommlers" zu betrachten[6]. Befremden diese Figuren so, daß sie in
unentfremdeter Gesellschaft nicht mehr möglich und nötig sind?
Aber die simplizianischen und eulenspiegelhaften Gestalten bevöl-
kern die Literatur: in den Romanen Günter Kunerts, Jurek Beckers,
Irmtraud Morgners, in den Erzählungen von H.J. Schädlich und
Thomas Brasch, nach Brechts Vorbild sind sie in die Dramen z.B.
Helmut Baierls und Stefan Schützs eingedrungen. Der Anglist Robert Weimann setzt sich für die Anknüpfung realistischer Traditio-

6. Vgl. Interview mit Fries, in: WB 1979, H. 3, S. 38.

nen an die frühbürgerliche Epoche des 16. Jahrhunderts ein. Ein
Buch über *Thomas Manns Schelme* von Klaus Hermsdorf erschien
1968.

Die poetologischen Veränderungen und erzähltechnischen Neuerungen hatten es nicht leicht, sich durchzusetzen, und in der literaturwissenschaftlichen Diskussion wird das Ausmaß an Bewegungsfreiheit, das sich die Prosa damals allmählich eroberte, erst jüngst
sichtbar. Die Schwierigkeiten kamen nicht nur von der orthodoxen
Theorie, die nirgends mit strengeren Vorschriften wirtschaftete als
auf dem Felde des Romans, sondern auch aus der Auseinandersetzung mit der westdeutschen Literatur und Literaturwissenschaft
und — nicht zuletzt — aus dem Ablösungsprozeß einer jüngeren
Generation aus dem Schatten der Gründungsväter und -mütter, der
Autorität der zurückgekehrten Emigranten. Das zwiespältige, man
darf wohl sagen dialektische Verhältnis zum westdeutschen Roman äußert sich im Wechsel von verhohlener Aneignung und Analogie und unverhohlener Polemik. So ist die westdeutsche Diskussion um die "Erzählhaltung" und die "Krise des modernen Romans" präsent. Robert Weimann stellte sie in einem Aufsatz über
Erzählsituation und Romantypus vor, nicht ohne gegen ihren abstrakt poetologischen Ansatz natürlich zu polemisieren und (mit
Recht) zu verlangen, daß man aus ihr die historische Nutzanwendung ziehe[7].

Kurt Batt hat in seinen großangelegten Essays die "Exekution
des Erzählers" im westdeutschen Roman, das Schrumpfen der
Tradition, Manierismus, Kleinbürgerlichkeit und verzweifelte Subjektivität kritisiert. Zugleich bezeichnen seine Aufsätze die neue
Aufgeschlossenheit (schon in den 60er Jahren, manifest nach dem
8. Parteitag 1971) für die westdeutsche Literatur und verraten etwas über die parallelen und entgegengesetzten Probleme, die der
erfahrene Lektor mit der Romanproduktion im eigenen Lande hat.
Sie beschreiben auch die Wiederkehr der Phantasie und des Erzählers, die politische und realistische Annäherung an die Gegenwart,
den Jean Paulschen Humor Bölls z.B., und die humanen Qualitäten
des neueren westdeutschen Romans[8].

---

7. Robert Weimann: *Erzählsituation und Romantypus*, in: SuF 1966, H. 1.
8. Kurt Batt: *Revolte intern. Betrachtungen zur Literatur in der BRD*,
Leipzig 1974.

So schien der "negative Held", die Romanfigur als komische und verzerrende Widerspiegelung der Wirklichkeit, ein typisches Produkt westlicher Dekadenz zu sein, wenn (um unter vielen Zeugnissen ein prägnantes auszuwählen) etwa Claus Traeger in einem Aufsatz von 1966 (über Romane von Böll, Grass und Walser) schreibt:

> So haben denn diese immer von neuem variierten (und mit einer durchaus sinnfälligen Tradition belasteten) Zerrbilder menschlicher Existenz keinen Auftrag in einer von Grund auf normalisierten Welt, die es zu schaffen gilt, wiewohl sie in einer abnormen sich oft genug als die Normalen erweisen, sodaß ihnen von ihren Schöpfern sogar ein Zeitenrichteramt zugesprochen wurde und wird.

Er rügt, gleich vielen Kritikern seines Landes und konservativen des unsrigen, das "beschränkte Erkenntnisvermögen der modernistischen Toren- und Schelmengeneration" und die Fixierung auf das Abscheuliche und Hoffnungslose in einer abscheulichen und hoffnungslosen Welt[9].

Aber inzwischen hat, wie gezeigt, der Pikaro, aber auch die Jean Paulsche Satirenfigur und sogar die E.T.A. Hoffmannsche Groteskfigur ihre liebevolle Aufnahme gefunden. Klein Zaches ist lebendig, seine Verwendbarkeit hat Fühmann in einem geistreichen Aufsatz angedeutet[10]. Kafka, einst Kurellas "Fledermaus", die in einer fortschrittlichen Literatur nichts mehr zu suchen hat, ist längst in die Erzählkunst (z.B. Kunerts, Schlesingers) eingegangen, und besonders gern wird — Anna Seghers mit ihm verglichen[11]. Der Spielraum des Erzählers und der Moralkodex seiner Charaktere wird mit zunehmender Umsicht und Zurückhaltung reglementiert. Es gehört zum Handwerk des Kritikers und Wissenschaftlers, Erzählhaltung zu analysieren. Der "positive Held" gilt nur noch sehr

9. Claus Traeger: *Zweierlei Geschichte – zweierlei Literatur. Einige Aspekte zur literarischen Situation in Deutschland*, in: *Studien zur Literaturtheorie und vergleichenden Literaturgeschichte*, Leipzig 1970, S. 368ff. und Anmerkung S. 545.

10. WB 1978, H. 4, S. 74. Vgl. seine Notizen über Jean Paul, das Groteske usw., in: *22 Tage oder Die Hälfte des Lebens*, Rostock 1973. Karl Mickel führt die Verbannung der Feen aus *Klein Zaches* an in: *Hohes Paar*, in: SuF 1979, H. 5, S. 1056.

11. So schon von Paul Rilla: *Essays*, Berlin 1955, S. 320, zitiert von Lew Kopelew: *Erregung von heute und die Märchenfarben. Randnotizen zu einigen Büchern von Anna Seghers*, in: *Verwandt und verfremdet. Essays zur Literatur der BRD und DDR*, Frankfurt 1976, S. 53. Und von Kurt Batt: *Anna Seghers. Versuch über Entwicklung und Werke*, Leipzig 1973 passim.

bedingt als brauchbare Romanfigur, und die Forderung nach "Iden-
tifikationsfiguren" für den Leser darf der Kritiker u.U. mit Hohn
beantworten[12].

Daß neues Terrain der Romankunst in einem komplexen Verhältnis von Widerspruch und Aneignung zu westlichen literarischen
und literaturwissenschaftlichen Strömungen erobert wird, ist zwar
nur ein Moment der Romangeschichte in Ostdeutschland, versteht
sich, aber es sollte nicht übersehen werden. Neben der Diskussion
der Erzählhaltung und der Wiederkehr der Schelmen und Toren ist
die Erweiterung vor allem in den Fragen der Poetik zu beobachten,
die der Autor sich selbstkritisch stellt: in der Selbstreflexion auf
die Zulänglichkeit seiner Verfahrensweisen. Was in der Literaturwissenschaft als neuer Anspruch der sozialistischen und zumal
schriftstellernden Persönlichkeit bezeichnet und in Ankunfts- und
Bilanzroman usw. rubriziert wird, zeigt sich vor allem als neue Kritikfähigkeit, Skepsis gegen die übernommenen künstlerischen Mittel und rückblickende Betrachtung der eigenen und gesellschaftlichen Entwicklung als nicht nur einer in aufsteigender Linie. Die
Rolle, die bei Verjüngung und Aufstieg der Gattung der "Ankunftsroman" gespielt hat, wird gern überschätzt, wie andrerseits die
Rolle Bobrowskis, in der Frage der Besinnung auf künstlerische
Autonomie, leicht vergessen wird, weil er als Außenseiter sich nicht
ohne weiteres in einen Überblick fügt[13]. Eher schon hat die Enttäuschung über die Erfahrungen des "Bitterfelder Weges" das neue
Selbstbewußtsein beeinflußt, als daß der Weg über die "Schwarze
Pumpe" oder eine Großbaustelle des sozialistischen Aufbaustaates
neue Kräfte des Romanautoren freigesetzt hätte. Zumindest kann
ich die neuen Ankunftsromane der Brigitte Reimann und Karl-
Heinz Jakobs, abgesehen von ihrer jugendlichen Munterkeit und
Freimütigkeit, die als "neue Subjektivität" auszugeben schon zu
viel wäre, so epochemachend nicht finden. Die Leser auch über die
innerdeutsche Grenze hinweg zu interessieren, schafften nach Bobrowski erstmals Christa Wolf und Hermann Kant, weil sie ihre
Netze weiter spannten.

12. Vgl. die Diskussionen über "Erzähler und Erzählweisen" und "subjektive Prosa", über die in WB 1979, H. 3 und H. 12 berichtet wird.
13. Bobrowskis Romane fehlen bei David Bathrick: *Geschichtsbewußtsein
als Selbstbewußtsein. Die Literatur in der DDR*, in: *Neues Handbuch der Literaturwissenschaft*, Bd. 21 (Hrsg. Jost Hermand), Wiesbaden 1979, S. 273.

Die neuen Möglichkeiten, die eine Rückbesinnung auf eine gescheiterte Liebe (wie in *Der geteilte Himmel*) oder auf die Lebensläufe arrivierter oder gescheiterter Absolventen einer "Arbeiter- und Bauernfakultät" (wie in *Die Aula*) eröffnet, Möglichkeiten des Vergleichs von Zeiten und Schicksalen, der offenbleibenden Lösungen, Vermutungen, Versagungen, sprengen die linearen Erzählabläufe auf. Verfahren können angewendet werden, welche zuvor modernistisch gescholten wurden (galt doch einst einem Kurella schon die "Rückblende" als "konterrevolutionär"): das Möglichkeitsdenken Max Frischs, die Mutmaßungsperspektive, die Uwe Johnson in den DDR-Roman übertrug, wofür er mit seinem Roman *Mutmaßungen über Jakob* 1959 noch hatte außer Landes gehen müssen. Christa Wolf suchte ihren Kurs zu steuern zwischen den Anforderungen des "Sozialistischen Realismus" an den Gesellschaftsroman, wie sie für sie in Anna Seghers' Roman verkörpert sind, und dem modernen Roman westlicher Prägung, indem sie sich einerseits gegen die Faktizität und den Objektivismus verwahrt, der für sie im Axiom "Abgeschlossen ist, was erzählt ist", enthalten ist[14], andrerseits die "Newtonsche Himmelsmechanik" des bürgerlichen und sozialistischen Romans auch nicht durch den "Nouveau Roman" und seine nur noch an Sachen fixierte Beobachtungsperspektive, durch "Mutmaßungen" und "Ansichten" ersetzen will[15]. So hat sie es in ihren Essays theoretisch begründet. Die Wendung gegen Uwe Johnson ist deutlich, an den sie im übrigen in ihrem ersten Roman thematisch (bis ins Zitat des Betriebsunfalls der Heldin) anknüpft. Klar ist aber auch, daß ihre Überlegungen die Poetik des modernen Romans, wie sie seit fünfzig Jahren erprobt wird, aufnehmen. Sie setzt an die Stelle der relativierenden Perspektivik, die sie angreift, die "subjektive Authentizität" — den autobiographischen Roman, den sie mit *Nachdenken über Christa T.* an Becher orientieren will. Unversehens markiert sie damit den Trend auch des westdeutschen Romans, der von Max Frisch und Peter Weiss zu Peter Handke, Tho-

14. *Gespräch mit Hans Kaufmann*, in: *Auskünfte*, Berlin u. Weimar 1976, S. 490, von Ch. Wolf in der Form zitiert: Was erzählbar geworden ist, ist überwunden. Der Satz stammt übrigens ausgerechnet aus dem persönlichsten Roman der A. Seghers, *Transit*. Absichtsvoll ungenau zitiert C.W. hier offenbar nach dem Vorbild der A.S. In ihrem Essay über diese gibt sie deren Ausspruch wieder, sie zitiere nie wörtlich.

15. *Lesen und Schreiben*, der Titelessay der gleichnamigen Sammlung, Berlin u. Weimar 1971.

mas Bernhard, Nicolas Born und den Vater-Recherchen unserer
Jahre führt.

Christa Wolfs Äußerungen zum Roman sind der eindrücklichste
Indikator der neuen Bewegung, die seit den 60er Jahren in die
Schriftsteller gekommen ist und sich verstärkt nach dem 8. Parteitag fortgesetzt hat. In dem zitierten Gespräch mit Hans Kaufmann
zählt sie einige Autoren auf, die die Schriftstellerexistenz selber
zum Problem ihrer Romane machen: Günter de Bruyn, Jurek Bek-
ker, Erwin Strittmatter, Anna Seghers[16]. Wenn diese mit ihren
späten Novellen noch einbezogen ist, so hat der "subjektive Roman", wie man ihn nennt, sich doch gerade von ihr gelöst. Ihre
Wirkung ist in eine "Krise" geraten[17]. Bezeichnend für die behut-
same Ablösung von diesem bewunderten Vorbild ist die ambivalente Haltung, war es doch gerade ihre Formulierung, gegen die Christa Wolf sich auflehnte. Bezeichnend für die Autorität der alten
Emigranten, die eine "schwer abzugeltende Bürde für den schriftstellerischen Nachwuchs"[18] geworden ist.

3. Bechers *Abschied* und seine Wirkung

Nachdem Grund- und Aufriß der Romangeschichte der DDR gezeichnet sind, soll nun die Frage nach der Wirkung Johannes R.
Bechers gestellt werden. Er hatte mit dem Roman *Abschied* in der
Zeit der Emigration eines der Bücher geschrieben, das als Fundament und Säule die erneuerte sozialistische deutsche Literatur
nach 1945 zu tragen bestimmt war. Die Frage lautet genauer: Wie
weit reicht die Vorbildlichkeit von Bechers Roman? Hat sie die
Veränderungen vom "objektiven" zum "subjektiven" Roman ohne
Schaden überstanden? Stimmt es, daß gerade sein Vorbild diese
Entwicklung mit legitimierte? Und zugleich die Kontinuität sichert,
so daß der neue sozialistische Bildungs- und Entwicklungsroman
nicht zurückgleitet ins "bürgerliche" und "spätbürgerliche" Fahr-
wasser?

Der Roman brachte die besten Voraussetzungen mit, zum Klas-
siker zu werden. 1940 in Moskau erschienen, hatte er 1944 die er-

16. A.a.O., S. 486.
17. WB, H. 3, S. 175.
18. Kurt Batt: *Realität und Phantasie. Tendenzen in der Erzählliteratur
der DDR*, in: *Widerspruch und Übereinkunft. Aufsätze zur Literatur*, Leipzig
1978, S. 360.

ste russische Ausgabe, und ist seit 1945 in zahllosen Werk-, Einzel-
und Volksausgaben ständig präsent gehalten. In der Bundesrepublik ist er, nach einer unauffälligen Ausgabe 1948, erst seit 1966
wieder zu haben[19]. Peter Härtling konnte ihn deshalb nicht zu Unrecht zu den "Vergessenen Büchern" zählen[20], während man drüben eher einen "Abnutzungseffekt" feststellte. Von Georg Lukács
wurde er gleich nach Erscheinen gewürdigt:

> Es ist ein wichtiger und seltener Beitrag zur Erhellung jenes Dunkels, das
> die Entwicklungsgeschichte des deutschen Menschen der Gegenwart noch
> immer umgibt.[21]

Die Reihe der Romane, welche die Vorkriegsgeschichte des deutschen Bürgers und des Intellektuellen als eines Kindes oder jungen
Mannes analysieren, ist allerdings nicht so "schütter", wie er glaubt
feststellen zu müssen. Neben Heinrich Manns und Arnold Zweigs,
die er nennt, treten für uns viele andere Bücher: vom *Zauberberg*
bis zum *Mann ohne Eigenschaften*, vom *Kaiserwetter* bis zum *Ra-
detzkymarsch*. Vielmehr tritt Bechers Roman bescheiden zurück in
der Reihe der großen deutschen und europäischen Abschiedsro-
mane unseres Jahrhunderts. Aber wie dem auch sei: unter den Helden des Bildungsromans ist er als einer, der zu seiner Zeit die Signale der Internationale hört, so ziemlich die Ausnahme.

Die Strategie des Romans ist einleuchtend: Indem er die Entwicklung eines Bürgersohns bis zum Rande des Ersten Weltkriegs,
seine Bildung im Münchner Elternhaus des Oberstaatsanwaltes und
dem wilhelminischen Gymnasium und seine Wandlung zum Kriegs-
dienstverweigerer vorführt, stellt er ein Muster der Bekehrung auf,
das im Deutschland am Vortage des Zweiten Weltkrieges wünschens-
werte Wirkung hätte entfalten sollen, wenn es möglich gewesen
wäre. Er befolgt damit die seit der Mitte der 30er Jahre von der
Sowjetunion und den kommunistischen Parteien Europas eingeschlagene Volksfrontpolitik, Schichten des Bürgertums, besonders
die Intellektuellen, für ein Zusammengehen gegen den Faschismus

19. Deutsches Bücherverzeichnis, Leipzig.
20. Peter Härtling: *Joh. R. Becher, "Abschied"*, in: *Vergessene Bücher*,
Stuttgart 1966, S. 111.
21. Der Essay von Georg Lukács erschien zuerst in: Internationale Literatur, Nr. 5, 1941, und wird zitiert nach dem Nachdruck in der Rowohlt-Ta-
schenbuchausgabe von Bechers Roman 1968.

zu gewinnen[22]. Aus ähnlichen Gründen hatte schon, bevor der ehemalige Expressionist Becher seinen deutschen Bildungsroman verfaßte, der französische Surrealist Aragon Romane im Stile Balzacs geschrieben.

Deshalb lobte Lukács den Roman, und deshalb galt er auch nach dem Zweiten Weltkrieg als vorbildlich. Die Traditionen des Bildungsromans, Schülergeschichten wie aus dem *Grünen Heinrich*, Szenen aus dem Café Stefanie wie aus Bierbaums *Stilpe*, das Sterben der Großmutter als großes Interieur wie aus dem *Malte Laurids Brigge* oder aus Bildern des jungen Beckmann scheinen sich also einer bewußt kultivierten Erinnerung zu verdanken. Sogar die Leitmotive des "Es muß anders werden" und der "Wandlung" weisen auf Bekehrung und Metamorphose der klassischen Bildungsromane hin. Die Verwendung der Lichtmetaphorik, platonisch und christlich gespeister Offenbarungstopos (wie auch des Schiffes: Adventssymbol und Panzerkreuzer Potemkin zugleich), verweist auf die Tradition und ihre Umdeutung. Auf den Höhepunkten der sehr retardierten Bekehrungsgeschichte, die von Rückfällen und Reueanfällen des Helden gezeichnet ist, verdichtet sich die Topik zu rhetorischen Persuasorien, so z.B. in der Szene des 40. Kapitels, wo nach einer tragischen Liebesgeschichte sich der junge Hans Gastl der Aufklärung seines sozialistisch gesonnenen Klassenkameraden, des "Jüdlein", anvertraut. Mit Hilfe dieser Entdeckung der Zukunft im Sozialismus wird der private zugleich als politischer Wendepunkt gestaltet. Aus dem sehr symbolischen Nebel des Englischen Gartens arbeitet sich der jugendliche Held, der wieder sehr langsam begreift, zum Licht, wenigstens zu "Lichtpünktchen" empor. Das Pathos, die "Durch Nacht zum Licht"-Symbolik der Darstellung stehen allerdings, ihrem Sinne nach auf plötzliche Erleuchtung angelegt, in seltsam komischem Kontrast zu dieser absichtsvollen Schwerfälligkeit der Entwicklung. Die Szene endet mit einem Abgesang der Symbole, zu dessen Überschwang die derbe Szenerie kontrastiert:

22. Dieter Schiller: *Zum Wirkungskonzept in Bechers Roman "Abschied"*, in: *Poesie und Poetik Joh. R. Bechers*, Kulturbund der DDR, Berlin 1978, S. 15ff., und Nachwort zu Bechers Ges. W., Bd. 11, 1975, S. 612; ders.: *Im Chaos der verstellten Stimmen. Entwicklungsroman als Bewußtseinsroman*, in: *Erfahrung Exil* (Hrsg. S. Bock und M. Hahn), Berlin u. Weimar 1979, S. 292. Dort glaubt er, den Übergang zum Roman auf Lukács' Einfluß zurückführen zu können.

Weit hinten tappte das Jüdlein durch den Nebel und sang. "Hallo! Hier bin ich! Hierher!" Singend kam das Jüdlein durch die Nebelnacht. "Was singst du denn da?" – "Du kennst nicht die 'Internationale"? Dann bleib einen Augenblick stehen und laß sie dir vorsingen."
Zuerst mußte ich mein Lachen zurückhalten, als das Jüdlein, verhüllt vom Nebel, dastand und sang. Es hustete dazwischen, sang falsch, irrte sich im Text, wiederholte eine Strophe nochmals. Bei der letzten Strophe murmelte ich den Refrain mit.
Wie aus undurchsichtigen Nebelhöhen drang des Jüdleins Stimme, und die Nebel brauten, und die Lichter blinkten
Es war, als nähmen wir teil an den Schöpfungstagen. Das Vorzeitgrauen, das um uns lagerte, schwand vor einer werdenden Lichtmasse.
'Ein Schiff! Ein ganzes Schiff!' jubelte es in mir. Waren es nicht seine vielen Lichter, die im Nebelmeer aufblinkten?
Ein Schiff, ein ganzes Schiff! Aber ich vergaß, das Jüdlein nach dem Namen des Schiffes zu fragen.
Dann verließen wir rasch, den Mantelkragen hochgeschlagen, den Englischen Garten.
'Danke! Auf Wiedersehen!' nahm ich vom Jüdlein Abschied, und eine Ausrede für mein spätes Nachhausekommen überlegend, schritt ich fest aus.[23]

Man vergleiche aus der Geschichte derartiger pädagogisch-religiöser Erleuchtungen die Sonnenaufgangsszenen im *Emile*, im *Hyperion* oder im *Titan* und der *Unsichtbaren Loge*, um zu sehen, wie ein einst unmittelbares Naturverhältnis zur Allegorie verblaßt ist. Religiöse Erleuchtung und wissenschaftlicher Lernprozeß, die Morphologie des "Bildungs"romans und die Wandlungsthematik der Bekehrungsgeschichte, dort noch annäherungsweise in einem pantheistischen Hochgefühl vereint, sind zunehmend in Widerstreit geraten. Vor allem aber ist es die Schwierigkeit, rückblickend eine Entwicklung glaubhaft zu machen, auf die im Nachhinein das helle Licht besseren Wissens fällt, die dem sozialistischen Bildungsroman weiterhin zu schaffen machen wird. Niemand interessiert sich für die Irrtümer eines, der es nun besser weiß, es sei denn, er kann aus ihnen selber lernen, was er will. In den Funktionärsautobiographien der Nachkriegszeit gehört diese Haltung des Sichdummstellens, um überraschender Erfahrungen teilhaftig zu werden, zum Grundrepertoire.
Natürlich war von jeher Hermes, Psychopompos und Gott der Schelme, der Schutzherr des Romans, der Held Seelenleiter und Wegbegleiter des Lesers, und dieser hat sich immer ein wenig wie

23. In den Ausgaben 1945 und der Ges. Werke, Bd. 11, S. 278ff., im Rowohlt-TB, S. 197.

im Kaspertheater zu verhalten: der Held trottet vor ihm her, mutiger und erlebnisreicher als man selbst, und gleichzeitig sieht der Zuschauer die Gefahren eher als der Held in seinem Kasten. Es könnte aber sein, daß mancher Autor die Gewitztheit seiner Leser doch unterschätzt.

Zu der Janusköpfigkeit des Romans, seiner "vorwärtsgewandten Erinnerung", wie Ernst Fischer, der ihm geradezu proustische Qualitäten nachrühmt[24], es nannte, gehört diese auch von seinen Lobrednern selten übersehene Brüchigkeit, eine Diskrepanz zwischen konkreter, erinnerungsgesättigter Erzählung und Abstraktheit der Bedeutungen, auf denen der Autor weniger "musikalisch" als mit einer gewissen Penetranz insistiert, Diskrepanz auch der heimwehkranken Beschwörung der entfernten und vergangenen bayrischen Landschaft und des Bestehens auf Veränderung. Man hat den Roman in die Zeitströmung zeitflüchtiger Kindheitserinnerungen der 30er Jahre gestellt, wie sie auch innerhalb Deutschlands geschrieben wurden[25]. Die Autobiographien anderer Emigranten, *Wendepunkt* (Klaus Mann) oder *Die Welt von gestern* (Stefan Zweig), klingen schon im Titel verwandt, wenn auch dieser die vergangene Zeit als Zuflucht begreift, während sich Becher ihrer Gestrigkeit zu versichern sucht. Die literarhistorische Einordnung verführt zur Einebnung der Unterschiede, die aber für die Wirkungsgeschichte entscheidend sind. Becher ließ in späteren Auflagen das "Widmungsgedicht an München" weg, offenbar um den nostalgischen Ton zu mildern, und verzichtete, nach zaghaften Versuchen, auf eine Fortsetzung dieser "deutschen Tragödie erster Teil 1900-1914".

Der synthetische Charakter des Werkes, seine unspezifische Schreibweise[26], die durchlässigen Bildsymbole und die Leerformeln des "Anderswerdens", die in sich offen und vieldeutig in Gefahr standen, zu Schlagwörtern zu verkommen, machten den Roman als Modell verfügbar. Bechers "literarisch stilisierten Übergänge" vom Bürgertum zum Sozialismus, auch seiner übrigen Deutsch-

24. Ernst Fischer: *Stimme aus dem Exil*, in: Wiss. Ztschr. der Friedrich-Schiller-Universität Jena 10, 1960/61, H. 3, S. 422.

25. Hans Dieter Schäfer: *Stilgeschichtlicher Ort und historische Zeit in Joh. R. Bechers Exildichtungen*, in: M. Durzak (Hrsg.): *Die deutsche Exilliteratur 1933-1945*, Stuttgart 1977, S. 361.

26. Günter Kunert: *Bechers "Abschied" als Film (1968)*, in: *Warum schreiben? Notizen zur Literatur*, Berlin u. Weimar (u. München u. Wien) 1976, S. 43.

landdichtung, verfehlten nicht ihre Wirkung auf die Kriegsgeneration, besonders auf die ersten Werke Franz Fühmanns, den man mit dem "Wandlungs"thema nachgerade identifizierte[27]. Im unbehilflichen "Neuwerdenwollen" der bürgerlichen Kandidaten einer Gesellschaft, die gute alte Werte integrieren möchte, ohne sie zu beschädigen, ist besonders bei Max Walter Schulz und Dieter Noll der Mechanismus des Becher-Romans allenthalben bemerkbar. Noll vollzieht an seinem Helden Werner Holt (im zweiten Bande des Romans) geradezu ein literarisches Exerzitium: auf der Flucht vor Tolstoi und Rilke (und den diese literarische Kost darbietenden Freundinnen), aber auch die Gabe der sozialistischen Schulkameraden, den Roman *Wie der Stahl gehärtet wurde*, verschmähend, bekommt er von einem Mentor, einem Jarno in Gestalt eines Altkommunisten, Bechers *Abschied* in den Weg gelegt. Er beißt an und schöpft Hoffnung:

> Es kann auch ein Buch sein, was den Stein ins Rollen bringt. So geht mir's zur Zeit mit dem Roman 'Abschied' von Becher [...] Abschied vom...wie soll ich sagen?...vom heimischen Milieu, von der gewohnten Welt und zugleich von einer ganzen Epoche. Es geht mich unmittelbar an, auch Sie, uns alle; es ist das Thema unseres Lebens.[28]

Die nächste Lektüre darf nunmehr das *Kommunistische Manifest* von Marx sein. Es sind ziemlich schematische und idealistische Wege, auf denen Nolls Held an die Schwelle des Marxismus geführt wird, um vor ihr zu verharren, von den albernen und prüden Mädchengeschichten, die ihn markieren, zu schweigen. Die Anschauung, die Individualgeschichte vollziehe die Gesetze der Menschheitsgeschichte ordentlich nach, ist mit den Erfahrungen brüchiger Personalgeschichte im Zeitalter kaum vorhergesehener geschichtlicher Katastrophen nicht mehr recht vereinbar, die Konstruktion geht nur über den belesenen Kopf.

Man kann also der unter östlichen Literaturwissenschaftlern verbreiteten Ansicht, "daß der ganze Bildungs- und Entwicklungsroman in der DDR-Literatur mehr oder weniger vom "Abschied" beeinflußt ist"[29], zunächst zustimmen, ohne ihre Freude darüber zu

27. Frank Trommler, a.a.O., S. 151ff.
28. Dieter Noll: *Die Abenteuer des Werner Holt*, Bd. 2, Berlin u. Weimar [10]1964, S. 293, vgl. die Erwähnungen Bechers S. 323, 325, 367.
29. Tamara Motyljowa: Bechers *"Abschied"* als ein Werk poetischer Prosa, in: *Poesie und Poetik Joh. R. Bechers*, Ergebnisse des 4. Koll. des Zentr. Arbeitskr. J.R.B. 1978, a.a.O., S. 103f.

teilen. Allerdings ist gegen die Selbstverständlichkeit, mit der er manchmal der Gesamtentwicklung als Zeugnis der zukunftweisenden Programmatik des sozialistischen Romans zugrunde gelegt wird, Skepsis geboten[30]. Von Anfang an waren es wohl nicht nur die von Theoretikern dem Roman abgelesenen literaturgeschichtlichen Merkmale, welche Schriftsteller in seine Fußstapfen zu treten veranlaßten: das Thema der "Wandlung" des bürgerlichen zum politisch bewußten sozialistischen Menschen, die Hoffnung, die alte Zeit werde einer neuen Zeit weichen; die Erwartung, daß ein Angehöriger einer alten, "absterbenden" Klasse sich mit der "fortgeschrittensten" solidarisieren und "Seite an Seite" mit ihr zu richtigem Bewußtsein finden könne. Sondern auch ganz andere Motive: die Erzählung von Kindheitserinnerungen, die ihren traditionellen Platz behaupten konnten, wenn sie auch als Keime im späteren gesellschaftlichen Werdegang aufgehen sollen; der alte Bildungsroman legitimiert auch die Darstellung des Scheiterns, da er eigentlich immer der Roman einer Entsagung war[31]; vordringlicher als die "Wandlung" konnte die mit ihr verbundene "Abschieds"-Thematik werden, das Sichtrennen von erstarrenden Anschauungen, von der älteren Generation, der Konflikt im Individuum, in dem nicht so sorgfältig wie in der Theorie Gutes und Böses auseinanderzuhalten sind.

30. Dieter Schlenstedt: *Ankunft und Anspruch. Zum neueren Roman in der DDR*, in: SuF 1966, H. 3, S. 817. Sch. konstruiert hegelianisch: Integration des bürgerlichen Helden im klassischen Bildungsroman — Ausgliederung im 20. Jahrhundert — Solidarisierung und neuer Heimatgewinn im sozialistischen Roman. Er kritisiert aber schon die mangelnde Dialektik und den neuen Konservativismus im jungen Ankunftsroman. Daß der bürgerliche im Gegensatz zum sozialistischen Gegenwartsroman von Außenseiterposition und Entfremdungsverhältnissen des Helden gezeichnet ist, gehört zu den Gemeinplätzen auch der westlichen linken Literaturkritik, vgl. Helga Gallas: *Industrieroman in Westdeutschland*, in: Alternative 1966, H. 51, zitiert nach: *Arbeiterliteratur, Texte und Materialien*, Frankfurt/M. (Diesterweg) 1975, S. 135.
Zum von Bechers *Abschied* ausgehenden Roman, besonders dem Entwicklungsroman, vgl. außerdem: Eberhard Röhner: *Arbeiter in der Gegenwartsliteratur*, Berlin 1967, S. 72; Sigrid Töpelmann: *Autoren, Figuren, Entwicklungen. Zur erzählenden Literatur in der DDR*, Berlin u. Weimar 1975; *Geschichte der Literatur der DDR*, a.a.O., S. 340.
31. Vgl. Lothar Köhn: *Forschungsbericht über "Entwicklungs- und Bildungsroman"*, in: DVjs 1968, H. 3f.

Es läßt sich schon in Bechers Roman selber eine durchaus vielschichtige Behandlung des Themas vom "Anderswerden", von guten Hoffnungen, die schlecht enden, und schlechten Vorsätzen, die ihr Gutes haben, finden. Als Günter Kunert das Drehbuch für die Verfilmung schrieb, schien ihm gerade die stilistische Unentschiedenheit des Romans einer neuen Deutung zugänglich, und als modern empfand er die Grundidee,

"in einer veränderungsfeindlichen Gesellschaft anders zu werden", "aktuell die Darstellung der Schwierigkeit, innerhalb des sogenannten Establishments gegen das Establishment etwas auszurichten [...] Die restaurative Gesellschaft weist gerade in diesen Tagen offen nach, daß sie trotz gewandelter Herrschaftsmethoden, trotz gewandelter Phraseologie, die alte Gesellschaft geblieben ist: autoritär und repressiv."[32]

Das waren 1968 mehrdeutige Sätze.

So wurde die Gattung des Romans zwar beibehalten, die Thematik und mit ihr das Verhältnis zu Becher veränderten sich. Der autobiographisch getönte Entwicklungsroman der 60er Jahre, der im "Rückblick" eine neue Generation spiegelt, die "angekommen" ist, der neben die "Ankunft" den neuen "Anspruch" stellt, der "Rechenschaft" ablegen will, und wie der literaturkritischen Schlagwörter mehr sind, unterhält zwar noch diplomatische Beziehungen zu ihm, der Rechenschaftsroman ist zwar auch wieder ein Abschiedsroman, aber von Bechers *Abschied* hat er sich entfernt. Nicht nur, daß er die Sprache der "Fakten" an die Stelle der "Lyrik" gesetzt hätte[33]. Auch Bechers notorischer Optimismus, die Haltung, von der Zukunft zu leben, auch in der elegischen Erinnerung, die er sich anerzogen hatte und sozusagen unverwüstlich zu bewahren suchte, dieser zur Schau getragene Optimismus erscheint jetzt gedämpfter, wenn er sich nicht ganz verliert. Christa Wolfs Motto vom *Nachdenken über Christa T.*: "Was ist das: Dieses Zu-sich-selber-Kommen des Menschen?", das immer wieder zum Beweis der Nachfolge angeführt wird, bezieht sich nicht mehr auf seinen Roman, sondern auf seine Tagebücher nach dem Kriege. Hier kehren zwar die zu Slogans erhobenen paränetischen Wendungen des *Abschied* wieder, das "Zu-sich-selber-Kommen des

---

32. Günter Kunert, a.a.O., S. 45. In Bechers Roman ist dem Dichter Sack die Stimme des Zweifels zugeteilt. Vgl. seinen Monolog bei Ausbruch des Weltkriegs, Rowohlt-TB, S. 282f.

33. Becher-Kolloquium, a.a.O.

Menschen" aber ist nicht mehr das "Anderswerden" dort. Es bezieht sich auf die Selbstbesinnung des Schriftstellers, der sich schreibend von seiner Rolle in der Öffentlichkeit zurückziehen, sie wenigstens "korrigieren" will[34]. Die Stelle, die Christa Wolf zitiert, steht in einem Kapitel über den "Aufstand im Menschen", einer Reflexion über die Befreiung von Angst und Schwermut[35]. Noch näher steht ihr die Nachdenklichkeit Bechers über das Leben eines Freundes, der "Abschied genommen" hat:

> Wir haben einen Menschen, einen uns allen lieben, guten, schmählich, schändlich sich selbst überlassen, allein gelassen. Wie lange noch, drängt sich die Frage auf, werden wir unser unmenschliches Verhalten fortsetzen? Sind wir zu schwach zur Umkehr, ist es uns versagt, wieder ins Menschlich-Freie hinauszugelangen, aus dem Käfig des Egozentrismus, in den wir uns selbst eingesperrt haben? Wann werden wir wieder zu uns selbst kommen?

Ob man nicht über den "Kampf für die Menschen" "die Sorge um den einzelnen Menschen" vernachlässigt habe, fragt er[36].

Kann man also für Christa Wolfs zweiten Roman noch die Nähe zum alten Becher feststellen, so ist doch damit sein Einfluß erschöpft. Der Roman *Abschied* hat, entgegen der zitierten Behauptung, im neueren DDR-Roman, dem neuen Entwicklungsroman, der mit Hermann Kants *Aula* seinen Anfang nimmt, keine Spuren hinterlassen, es sei denn solche der Ablösung und Kontrafaktur, wie Kunert sie kennzeichnete. Von den Kritikern wird der Einfluß mehr proklamiert als nachgewiesen. Der Roman kann eher als Maßstab dienen, wenn man an den Nachgeborenen etwas auszusetzen hat[37]. Und ein Kritiker kommt denn auch zu der überraschenden Feststellung: "die durchschlagende Wirkung blieb dem Roman ver-

---

34. Z.B. *Tagebuch 1950*, Ges. Werke, Bd. 12, S. 22. Vgl. Hans Richter: *Erzählen oder...? Bechers "Tagebuch 1950" als Beitrag zur Diskussion über Gegenwartsprosa der DDR*, in: WB 1977, H. 10, S. 5ff. R. bezieht Wolfs Motto auf diese Stelle. Die "Korrektur" in *Bemühungen I*, Ges. Werke, Bd. 13, S. 223.

35. *Tagebuch 1950*, a.a.O., S. 224. Vgl. Alexander Stephan: *Die "subjektive Authentizität" des Autors*, in: Text und Kritik 46, 1975, S. 41, Anm. 40. Dort ist das Motto richtig lokalisiert.

36. *Bemühungen II*, Ges. Werke, Bd. 14, S. 198.

37. Vgl. Horst Haase im Kolloquium des Kulturbundes, a.a.O., S. 107 (Kritik an den "negativen Klischees" Heiduczeks, der Innerlichkeitswendung C. Wolfs), und Hans-Peter Klausnitzers Bericht über die Tagung, in: WB 1978, H. 1, S. 168ff.

sagt"[38]. Auch der Wunsch Hans Richters, in den Tagebüchern "ein erstes großes Modell offener Literatur" zu sehen, bleibt ohne großes Echo, wie er selbst einräumen muß. Das bedeutendste Werk dieser neuen "offenen Literatur", Fühmanns *22 Tage oder Die Hälfte des Lebens*, hat mit Becher nichts zu tun, wie der Dichter betonte[39]. Mag das Prizip der "subjektiven Authentizität" durch Becher autorisiert sein, als Autorität wird er von den Romanschriftstellern der Gegenwart nicht, wie von den Lyrikern gegen Brecht, angerufen. Und auch die Kritiker, die von seiner "Wiederkunft" reden, scheinen sich nicht mehr recht zu glauben[40]. Die jüngeren Versuche schreibender Selbsterforschung und Selbstverwirklichung, die skrupulösen Untersuchungen der faschistischen Vorvergangenheit und der Vergangenheit der DDR, haben für ihn keine Verwendung mehr. Das Band des "Entwicklungs- und Bildungsromans", das einst die "Kriegsbücher" an ihn gefesselt hatte, wird brüchig. Wollte man Christa Wolfs *Kindheitsmuster* oder Hermann Kants *Aufenthalt* oder Klaus Schlesingers *Michael* auf diese Tradition überprüfen, würden die Gemeinsamkeiten mit Becher gering sein, die Andersartigkeit der Erfahrung überwiegen.

Kants *Der Aufenthalt* (um nur ihn zu betrachten) erzählt zwar auch die "Entwicklung" eines Knaben und jungen Mannes, seine Auseinandersetzung mit der Welt der Väter. Der Bildungsroman ist durch ein Brecht-Motto angekündigt: "So bildet sich der Mensch...". Es wird die Geschichte eines jungen Druckers erzählt, der noch am Ende des Krieges in Kriegsdienst und Gefangenschaft gerät. Aber die lineare Entwicklung verschwindet hinter der Überlagerung der Zeitebenen: die Kindheit taucht nur als Erinnerung auf. Auch ist es kein "Kriegsbuch" mehr — der Held rückt nur noch aus, um in Gefangenschaft zu geraten —, sondern sozusagen ein Nachkriegsbuch. Dementsprechend hat der kleinbürgerliche Held nicht einen Gesinnungswandel durchzumachen, sondern sich mit Möglichkei-

38. Dieter Schiller im Kolloquium ibid., S. 14.
39. Hans Richter, a.a.O. (Anm. 34).
40. Horst Haase: *Joh. R. Becher heute*, in: WB 1978, H. 1, S. 79. Er spricht von Bechers "Wiederkunft" nach einer Zeit des "Überangebots", hält es aber für "unwahrscheinlich", daß heutige Erzähler von seiner "poetischen Konfession" ausgehen. In Dieter Schlenstedts *Wirkungsästhetische Analysen*, Berlin 1979, in denen die Romanentwicklung der 60er Jahre sorgfältig rubriziert wird, ist Bechers Roman nicht erwähnt.

ten, "Lebensläufen" (wie Frischs Gantenbein) auseinanderzusetzen. Nicht wer er ist, sondern wofür er gehalten wird, ist, was ihm
zu schaffen macht. Er hat sich mit den Mitgefangenen abzufinden.
Die Themen, die Kant interessieren, sind: die Gruppenpsychologie
der Gefangenen, Szenen gestörten Vergessens und Verdrängens der
nazistischen Vergangenheit (die eindrucksvollsten des Romans),
das Verhältnis zwischen Deutschen und Polen. Das alles ist auch
als Lernprozeß seines Helden gedacht: "Indem er sich hier gesellt,
indem er sich dort gesellt/ So bildet sich der Mensch, indem er sich
ändert" (gemäß dem Brecht-Motto). Und die alte Schwerfälligkeit
des Grünen Heinrich hat die moralisch hilfreiche Form der "Reni-
tenz" angenommen:

> Es ist dies vielleicht wieder eine Stelle, an der zu sagen wäre, daß mich
> nicht höhere Lauterkeit oder verschärfte Intelligenz zu meinen abweichen-
> den Meinungen und ausseitigen Haltungen bewogen haben; ich war nur von
> Hause aus mit den Mustern einer gewissen Renitenz versehen worden, und
> ich fand mich in Verhältnissen, denen ich nur renitent begegnen konnte,
> wenn sie mich nicht erdrücken sollten. Die so gänzliche Auflösung aller bis-
> herigen Ordnung ließ mich auf den Gedanken kommen, ich könnte mit der
> Welt fertig werden, wenn ich mich bockig gegen sie verhielt.[41]

Aber mit "Wandlung" hat das nichts mehr zu tun. Die Lehren
werden auf ein unbeschriebenes Blatt geschrieben. Die Erforschung,
die der Autor hier, wie Christa Wolf in ihrem Roman, nachträglich
auf sich selber richtet, soll keine vorbildliche Bekehrung beschreiben und auch niemanden mehr bekehren. Deshalb ist auch nicht,
ebensowenig wie im *Kindheitsmuster*, die Zeitfolge kontinuierlich
und auf ein Ziel hin gerichtet. Es werden Bruchstücke aneinander-
gesetzt und miteinander verglichen. Das Licht, das aus der Gegenwart auf die Vergangenheit fällt, ist nicht mehr das besseren Wissens, sondern der Grubenlampe eines Bergarbeiters vergleichbar.
Was aus der dunklen Vergangenheit unter den forschenden Blicken
zutage tritt, läßt sich weder poetisch verklären noch als überwunden abtun. Die Aufklärung kommt nicht mehr illuminiert als Erleuchtung einher, sondern als Ernüchterung. Fazit: die Vorbildrol-
le von Bechers *Abschied* ist ausgespielt, die Veränderungen vom
"objektiven" zum "subjektiven" Roman hat sie nicht überstanden.

41. Hermann Kant: *Der Aufenthalt*, Berlin 1977, S. 362.

4. Die "subjektive Prosa" und die Krise des Romans

Hermann Kants *Der Aufenthalt* und Christa Wolfs *Kindheitsmuster* sind herausragende Romane der 70er Jahre. Die "Subjektivierung des Erzählens" hat in den letzten Jahren auch zu den Diskussionen der Wissenschaftler geführt, von denen eingangs die Rede war. Das lebhafte Interesse an der Erzählhaltung erinnert an die Diskussionen, die in der westdeutschen Literaturwissenschaft schon in den 50er Jahren stattfanden. Auch damals ging es um die Erweiterung des Blickfeldes auf den Roman der klassischen Moderne unseres Jahrhunderts. Es geht um die Erzählweisen, die aus der Theorie des "sozialistischen Realismus" ausgeschlossen waren, um die Überlebenschancen des "positiven Helden" und um die Grenzen des Romans zwischen fiktionaler und nichtfiktionaler Prosa, zu benachbarten Gattungen, um die Bestimmung der "neuen Subjektivität"[42]. Für die Reformierung der Mittel, die Eroberung einer "vierten Dimension" des Erzählens, wie sie es nennt, bietet wohl Christa Wolf die größte Anschauungsfülle. Aber auch andere biographisch-autobiographische Romane, "Rückblicksromane", "Rechenschaftsromane", die Abkömmlinge des Entwicklungsromans, welche sich begrenzte Zeitausschnitte, jüngste Vergangenheit, das Leben eines Funktionärs, eines Lehrers, das eigene Leben vornehmen — sie hat es vor allem im letzten Jahrzehnt reichlich gegeben —, haben den Leser mit Reflexionen versorgt, eigene und fremde Erfahrungen, Erzähler und Privatperson, wirkliche und erfundene Lebensläufe zu vergleichen. Daß man mehr als früher und genauer sich in das Leben einzelner Personen und in ihre Verhältnisse hineindenken kann und sie dem eigenen Leben näher gerückt sind, der Konnex zwischen Leser und Autor enger geworden ist, ist wohl das, was man als "Privatisierung" und "Subjektivierung" des Romans bezeichnet. Denn daß er gesellschaftlich ausdrucksärmer und weniger politisch wäre, kann niemand behaupten. Es geht ihm darin ähnlich wie dem westdeutschen Roman.

Die neue Sensibilität für individuelle und charakteristische Äußerungsformen hat nicht nur die Spielarten des Entwicklungsromans vermehrt, sondern häufig auch sein Gehäuse gesprengt: die Lebens-

---

42. S. die Aufsätze und Tagungsberichte zu Problemen zeitgenössischer Erzählkunst in WB 1979, H. 3 u. H. 12. Vgl. die Aufsätze von Heinz Plavius u.a. in: *Ansichten. Aufsätze zur Literatur der DDR*, Halle 1976.

läufe werden von ihren Peripetien, ihren Krisen und Katastrophen her erfaßt; die Erzählung in der Ichform und der Erform machen einander das Feld streitig; die autobiographischen Elemente verselbständigen sich; ein Versuch, den individuellen Rechenschaftsbericht ins gesellschaftliche Umfeld des altgewordenen Betriebsromans zu versetzen, führt in die Sackgasse. Dafür noch einige Beispiele.

Am treuesten den alten Gattungsgesetzen scheinen jene Romane zu sein, die die Geschichte Halbwüchsiger und des Erwachsenwerdens erzählen. So stellt Klaus Schlesingers *Michael*[43] wieder den Abschied vom Vater dar. Der Generationenkonflikt ist an eine neue Generation weitergereicht. Aber anders als etwa einst in Strittmatters *Tinko* ist die jüngere nicht die siegreiche. Der Vater wird irrtümlich für mitschuldig an einer Erschießung von Polen gehalten (das Motiv, welches Kant in *Der Aufenthalt* aufgreift). Der Sohn hat ein Foto mißdeutet. Die Auseinandersetzung bleibt erfolglos, der Abschied ist kein offener Bruch, sondern ein Mißverständnis. Die Parole "Es muß alles anders werden" kehrt wieder, von einem Lehrer ausgeprochen, aber sie motiviert den Erzähler nicht stark, die Unruhe ist an die ihn verlassende Freundin delegiert, sie bleibt ziellos. Ratlosigkeit und Trauer bleiben zurück (in der Jahrmarktstrommel, in welcher man den Boden unter den Füßen verliert, symbolisiert), die Frage nach der Schuld der Väter offen und auf den Frager zurückfallend: vielleicht wäre man selbst nicht anders gewesen, vielleicht ist man genauso.

Die generationsspezifische Entfernung von Krieg und Elterngeneration teilt mit ihm Brigitte Reimanns *Franziska Linkerhand* (1974). Auch hier findet der Abschied vom Elternhaus eher in einer Atmosphäre milden Unverständnisses statt: die bürgerliche Vergangenheit ist so sehr abgestorben oder im Absterben begriffen, daß man sie eher mitleidvoll betrachten kann. Der Ausbruch ist auch kein Übertritt zur "siegenden Klasse" mehr, wie es die Lehre von der Wandlung verlangte. Dennoch trägt er Zeichen eines neuen "gesellschaftlichen Bewußtseins", eines jugendlichen, von der Vergangenheit unbelasteten Optimismus, der noch aus dem "Ankunftsroman" hinübergerettet ist (und auch an den Aufbruch der Jungen im Mai 1968 erinnert). Dafür wurde der Roman auch

43. Klaus Schlesinger: *Michael*, Rostock 1971, u.d.T.: *Capellos Trommel*, Zürich 1972.

sehr gelobt[44]. Das klassische Schema: eine befreit sich von ihrem Milieu, geht durch und fängt neu an, ist mit bemerkenswerter Unbekümmertheit erfüllt. Zum "Durchreißer"typus steuert die Heldin noch eine Portion weiblichen Extramuts und -charms bei. Das pikarische Erbe, ein Abenteurertemperament, hat sich hier in Umkehrung der Aufsteiger des 18. und 19. Jahrhunderts, der Tom Jones-, Julien Sorel-, Lucien de Rubempré-Figuren, an eine klassenflüchtige junge Dame aus dem Großbürgertum gehängt (ihr Name verbürgt außenseiterische Anlage so gut wie talentierte Leichtigkeit). Das Vorbild für Franziska Linkerhand ist die Großmutter, ein Muster von Welt- und Lebensklugheit, die "Große Dame", ein literarisch wohl nicht seltener Generationssprung. Sie erinnert an die jüdische Großmutter von Klaus Manns *Mephisto*, an die Figur der Großmutter in Bechers *Abschied* oder an die Großvätergeneration der *Buddenbrooks*, aber auch Hermlins grandseigneurale Vatergestalt in *Abendlicht* ähnelt ihr. Die Architektin mit dem Anhauch von Exotik einer verschwundenen musisch begabten und hochgebildeten Schicht flieht nun auch nicht nur und vor allem vor bürgerlichen Fesseln, sondern aus ihrer proletarischen Ehe. Die Pointe der Emanzipationsgeschichte ist nämlich, daß gerade sie den Idealismus und Optimismus aufbringt, ihren Pioniergeist in neue, ziemlich karge Verhältnisse des realen Sozialismus zu übertragen. Sie löst sich von dem dumpfen Claus und seinem Clan und auch (das ist der Rahmen des Romans) aus der Bindung an einen Kipper und ehemaligen Funktionär, der von ihr allzu sehr idealisiert, in seiner resignierten Nüchternheit ihr nicht gewachsen ist. Die dichtesten Kapitel sind — wieder einmal — den Kindheitserinnerungen gewidmet, der Darstellung des Untergangs eines bürgerlichen Haushalts, während in der zweiten Hälfte des Romans das Interesse am neuen Leben in Neustadt spürbar nachläßt, der kokette Charme der Heldin allzu gleichförmig, ihre positive Freundinnen- und Selbsthelferrolle zu dick aufgetragen, die Doppelperspektive der Selbstbefragung, der Wechsel von subjektiver Icherzählung zu distanzierter Beurteilungshaltung zwanghaft wirkt (was man der Verwendung derselben Brechung im *Kindheitsmuster* kaum nachsagen wird).

44. Vgl. Eva u. Hans Kaufmann: *Erwartung und Angebot. Studien zum gegenwärtigen Verhältnis von Literatur und Gesellschaft in der DDR*, Berlin 1976; Klaus Jarmatz: *Forschungsfeld Realismus*, Berlin u. Weimar 1975; Dieter Schlenstedt: *Wirkungsästhetische Analysen*, a.a.O., u.a.m.

Die neuen autobiographischen Formen, die am Rande und jenseits des Romans im letzten Jahrzehnt hervorgetreten sind, sollen hier nur gerade erwähnt werden. Sie stellen das in mancherlei Hinsicht interessanteste Kapitel der jüngsten Literaturgeschichte dar. Franz Fühmann gibt sich Rechenschaft in der Form eines Reisetagebuchs. *22 Tage oder Die Hälfte des Lebens* (1973) fängt den Lebensrückblick in Aufzeichnungen über einen Aufenthalt in Budapest ein, wobei das absichtsvolle Nebeneinander so zufällig wie sorgfältig arrangiert erscheint. Spontane Notiz und kunstverständig angelegte poetische Miniatur sind die Elemente, die die Entwicklungsgeschichte ersetzen, in Kalendergeschichten (von Strittmatter), Reisebüchern (z.B. von Kunert), in der hochstilisierten Prosa von Stephan Hermlins *Abendlicht* (1979) oder Thomas Braschs *Vor den Vätern sterben die Söhne* (1977). So weit entfernt voneinander den Jahren, dem Habitus, der Weltanschauung nach diese beiden sind, so entgegengesetzt der gelassene und getragene Altersstil des einen dem zerrissenen und ausfahrenden Stil des zornigen jungen anderen, so poetisch übersetzt ist bei beiden das Autobiographische, übersetzt in Träume, Parabeln, Mythologie, Symbole, Inneren Monolog, streng ineinander komponierte Stücke der Realität und Gespinste der Phantasie. Dennoch, obwohl beiden das Machen von Kunst eine Überlebenshaltung und die Kunst ideologischen Kämpfen und politischen Gesinnungen überlegen ist (wozu sie sich auch in Interviews bekannt haben), sind die Gegensätze unüberbrückbar: wo Hermlin mit geradezu Georgescher Haltung auf die Autonomie und erhaltende Kraft des 'Kunstschönen' Wert legt und eine Proustsche ästhetische Psychologie der aufgehobenen und wiedergefundenen Zeit entwickelt, zeigt Brasch die disiecta membra poetae vor, die geschichtliche Unaufgehobenheit und Unaufhebbarkeit menschlicher Vereinzelung, Entfremdung, Selbstzerstörung. In der Montage setzt er seine Texte, in denen neben kafkaesken und Reportage-Elementen die Trümmer auch der Industrieerzählung stecken, der Zerreißprobe aus. Seine Bilder sind die des Schreis und des Mordes, seine Schlüsselfigur (die auch bei Fühmann immer wieder auftaucht) ist Marsyas, der geschundene Gott der proletarischen Kunst.

Die gleiche Spannweite besitzt der andere Sproß der "Lebensläufe", der "Rückblicks-" oder "Rechenschaftsroman" nicht. Aber er ist die fruchtbarste Gattung. In ihm wird das Leben von der Mitte her, von einem Punkt, an dem es eine Wende nimmt, oder vom Ende her, in einer Art Lebensbeichte betrachtet. Soweit es sich um das Leben eines "Funktionsträgers", eines Wissenschaftlers oder Funktionärs, handelt, fordern die Romane den Vergleich mit den in der DDR zahlreich erschienenen Funktionärsautobiographien heraus, in denen Schicksal des Jugendlichen, Wandlung und Laufbahn mit in der Regel pädagogischer Absicht vorgeführt werden[45] und in denen das Salz der alten, verschwundenen Arbeiterlebensbeschreibung oft taub geworden ist. Soweit sie das Leben eines Schriftstellers oder gar eines Schriftstellers, der Funktionär gewesen ist oder Minister werden will, beschreiben, weisen sie auf den alten Becher und seine Tagebücher zurück. So Hermann Kants *Impressum* (1972), die Gewissensprüfung eines zur Ministerrolle auserkorenen Journalisten, und die Sanatoriumsromane *Tod am Meer* (1977) von Werner Heiduczek und *Collin* (1979) von Stefan Heym.

Heiduczeks Held Jablonski schreibt seine Biographie, kurz bevor er stirbt. Die Vita führt über Hochschule, Lehrer- und Schulratskarriere, Sturz nach dem 17. Juni zu neuer Laufbahn als Arbeiterschriftsteller und ist gezeichnet von Opportunismus, Lieblosigkeit, Selbstgefälligkeit und Trägheit. Dadurch daß die Auf- und Abstiege aus der Perspektive des Todes, der Nichtigkeit und Reue dargestellt sind, bleibt die Satire verdeckt und moralisch versöhnlich eingebettet. Zugleich ermöglicht die Perspektive dem Leser, über Ereignisse (wie den 17. Juni) oder Charaktere (wie den Mentor und Altkommunisten Imme, eine Gegenfigur) sich seine eigenen Gedanken zu machen, die sich nicht mit denen des alten Mannes in seinem bulgarischen Erholungsheim decken müssen. Die klug benutzte Erzählhaltung hat dem Roman Anerkennung und heftige Kritik[46] und wohl auch sein schnelles Verschwinden vom Markt eingebracht.

Die Romane, die von einer Krise in einer wie immer bestimmten Mitte des Lebens erzählen, gibt es so häufig im Osten wie im We-

---

45. Zur Memoirenliteratur in der DDR vgl. Artur Arndt: *Geschichtserlebnis als Lesestoff. Autobiographik in der DDR – Leistungen und Möglichkeiten*, in: NDL 1976, H. 5, S. 144; Marianne Lange: *Es hat sich gelohnt zu leben. Gedanken zur Memoirenliteratur in der DDR*, in: WB 1979, H. 9, S. 42.

46. Vgl. z.B. die Rezensionen in NDL 1978, H. 3, S. 130, mit der Werner Neuberts im "Sonntag", mit der Günter Kunert in der "Zeit" vom 17. Nov. 1978 abrechnet.

sten: von Martin Walser und Gabriele Wohmann so gut wie von Günter de Bruyn und Jurek Becker, von Saul Bellow und Juri Trifonow. Sie können mit besiegeltem Ausbruch oder mit Reintegration in die Gesellschaft oder offen enden. Bei den Romanen aus der DDR scheint das "positive" oder "negative" Ende, das zum mehr oder weniger äußerlichen Erzählvorgang gehört, hauptsächlich darüber zu entscheiden, ob sie in der DDR gedruckt werden dürfen. Deshalb wohl auch sind *Schlaflose Tage* von Jurek Becker und *Atemnot* von Klaus Poche (ebensowenig wie Thomas Brasch und Heyms *Collin*) dort nicht erschienen, obwohl sie in der Tradition der Rechenschaftsromane entstanden und nur aus ihr ganz verständlich sind. Eine Literaturgeschichte des Landes muß künstlich werden, wenn man glaubt, sie nicht mehr einbeziehen zu müssen (das gilt natürlich nicht nur von den genannten Werken, sondern reicht weit zurück in die Geschichte und ist ein Bestandteil restaurativer Kulturpolitik der endsiebziger Jahre. Deren besondere Ironie kann man darin sehen, daß *Der Atem* von Thomas Bernhard, im Unterschied zu *Atemnot*, verlegt wurde).

Auf besondere Weise hat sich auch Dieter Noll in seinem Roman *Kippenberg* der midlife-crisis angenommen. Das Buch wurde als "der Gesellschaftsroman unserer Jahre" ausgezeichnet und mit besonderen Kritikerrundgesprächen und Diskussionen, an denen sich auch sehr kritisch abwertende Stimmen beteiligten, bedacht[47]. Er verdient demnach die interessierte Frage, warum er für so bedeutend gehalten werde. Akademisch gewandet kehrt die alte Rollenbesetzung des Betriebsromans (der Betriebsleiter, der Aufsteiger und Aktivist, der absteigende, aber zu rettende Bürger oder Außenseiter, der Parteisekretär usw.) im gehobenen Milieu eines Laboratoriums wieder, wie es schon das "Neue Ökonomische System" der Planer und Leiter verlangte: der Industrie- ist zum Büroroman sozusagen fortgeschrieben. Verkoppelt ist er mit dem Entwicklungsroman: der Held, proletarischer Aufsteiger und verdienter Wissenschaftler, bekommt seine Krise und wird sich rückblickend seiner "Zerrissenheit allmählich bewußt". Diese Kopplung zwischen privatem und öffentlichem Roman verharmlost die in beiden angelegte revolutionierende Kraft: die gesellschaftlichen Konflikte des Industrieromans sind zu gruppendynamischen Prozessen im

47. WB 1979, H. 8 u. H. 12; SuF 1979, H. 1 u. H. 6 u.a.m.

Wissenschaftslabor degeneriert (etwa der Integrierung eines Homosexuellen und der Zähmung hochbegabter Exzentriker), die Probleme von Individuum und Gesellschaft, der sog. Entfaltung der Persönlichkeit zu Karrierebesorgnissen und Seitensprung. Das ist bei Alfred Wellm, Werner Heiduczek oder Hermann Kant ernsthafter gewesen und auch die Partei und den Staat angegangen.

Die aufbrechenden "Widersprüche" bestehen dann in der Auseinandersetzung mit dem Chef über Neuerungen der Laborarbeit, obwohl dieser auch Schwiegervater ist, mit dem man lieber Kompromisse schließt. Zur Bewältigung dieser schweren Krise verhilft Kippenberg ein "romantisches" junges Mädchen, das sich darauf kapriziert hat, die heroischen Gründungsjahre der Republik für sich selber nachholen zu wollen (das Jugend- und Generationenproblem von seiner schönsten Seite gezeigt). Eine bis auf die letzten Seiten hinausgezögerte Liebesvereinigung, humorig in der Computersprache des Spezialisten erzählt, hat das happy end vorzubereiten. Spätestens angesichts dieses Kunststücks angewandter Naturwissenschaftssprache von der Qualität eines Casinowitzes, in der der Held durch "ein reales Gefühlsereignis" "nach nahezu vollkommenem Stabilitätsverlust" auf seinen "sozialen Sollwert eingeregelt werden" soll, fragt man sich, ob man die Parodie des Betriebsromans vor sich hat, ob sich der Autor über die maschinell regelbare moralische Konstitution seines sozialistischen Dreiviertelhelden lustig machen, die Ökonomie des sozialistischen Realismus, die Pragmatik des "real existierenden Sozialismus" verhöhnen wollte, die auch Liebesnächte zum emotionalen Ausgleich im Betriebs- und Gesellschaftshaushalt verwertet? Blieb dem Helden zur Lösung der Probleme doch sowieso nichts zu tun als die "Ärmel hochzukrempeln" und ein offenes Wort zu sagen, um das Projekt, das ihm untersagt wurde, durchzubringen, zumal die Chef-Partei ohnedies spätbürgerlich absterbend, der Parteisekretär auf seiner Seite war und die Kader andernfalls mit Aufstand drohten.

Offenbar aber meint es der Autor ernst. Er konnte des existentiell-erotischen touch nicht entbehren, um auf seine Intrigenhandlung ein wenig Glanz vom "subjektiven Roman" hinüberzulenken. In einem Roman, in dem es nicht um "Selbstbespiegelung" und "Nabelschau" geht[48], sollen auch "Irrwege" nicht in Form von Reuebekenntnissen, sondern "aktiv" überwunden und die Liebes-

48. Dieter Noll: *Kippenberg*, Berlin u. Weimar 1979, S. 534.

beziehung "ins reale Leben hineingenommen" werden[49]. Der forsche Ton straft alle Wandlungsproblematik im Grunde Lügen. Die Erzählhaltung ist brüchig: die Gegenwart wird als verlängerte Vergangenheit ohne eigentliche Unterscheidung betrachtet (obwohl die erzählte Zeit beruhigend weit zurückliegt, was auch die Kritik bemerkte), der künstliche Wechsel von Er- und Icherzählung bringt nichts ein. Die Nützlichkeit einer Eva im richtigen Augenblick, die alle Probleme des 5. Lebensjahrzehnts schon zehn Jahre früher "erledigt"[50], führt die Rede davon, daß Kippenberg "doch noch von Grund auf umgekrempelt wird"[51] (in ihr erkennt man Bechers Leitmotiv floskelhaft wieder), ad absurdum. Da der Roman die beiden Genres, in denen sich am striktesten traditionelle Erwartungshaltungen und Theorie des sozialistischen Realismus zu erfüllen suchten, den Betriebs- und Entwicklungsroman, noch einmal zu vereinen sucht, zeigt er deutlich die Krise, in die beide geraten sind und schon seit den 60er Jahren (in denen Nolls Roman konzipiert wurde und spielt) geraten waren. Die Ehe war ja nie sehr glücklich. Die Notwendigkeit, den Weg ins "Offene" zu suchen (um auch einmal Hölderlin zu bemühen), dürfte er dem Zurückblickenden ein letztes Mal vor Augen führen. Deshalb wurde er so – zugegeben unangemessen – ausführlich erörtert.

Die Frage, warum er von manchen, durchaus nicht allen Kritikern für so präsentabel gehalten wurde, läßt sich mit den Wünschen der Literaturkritiker beantworten, dem entwickelten Selbstbewußtsein der Literatur ein Stück konservierter Rechtgläubigkeit entgegenzusetzen[52].

49. Ibid., S. 542.
50. Ibid., S. 612.
51. Ibid., S. 534 u.ö.
52. So wurde in dem Rundtischgespräch formuliert: Nolls Geschichte sei "keine gegen die Welt schlechthin gerichtete...ins Überzeitliche gehobene" "allgemeinmenschliche" elegische Provokation, er teile nicht die Auffassung, wir lebten in einer "nachrevolutionären Epoche" und müßten "alternatives Denken" und "die Emanzipation des Menschen" entwickeln. Im Gegensatz zu dieser Position, die entweder neuromantisch die Literatur "auf Selbstdarstellung reduziert" oder neoklassizistisch sie zum "Medium allgemein menschlicher Wesensqualitäten und überzeitlicher ästhetischer Werte" mache, habe Noll einen geschichtlich konkreten politischen Auftrag wahrgenommen (WB 1979, H. 12, S. 57). Noll hatte den Wünschen Rechnung getragen, indem er Sätze gegen "westliches Freiheitsgetön", "ein allgemeindemokratisches Prinzip", Blochs "Traumlaterne" und die "elitären Kreise" des Prager Frühlings einflocht.

Die Gegenprobe beweist: die Krise der geschlossenen Formen und tradierten Gattungen und Erzählhaltungen, die Krise des "Weltgehaltes" und des Wahrheitsbegriffes hat dem Roman wohlgetan. Sie ist ein Häutungs- und Wachstumsprozeß, die er so gut übersteht, wie er die Gefahren überstanden hat, die Wolfgang Kayser einst zu sehen glaubte. Vielmehr ist sie Ausdruck kritischen Bewußtseins und des Verlangens nach Freiheit und Selbständigkeit des Menschen und also die Lust des Lesers. Sie zeigt aber auch als Krankheitssymptom seine Gefährdung, Angst und Verzweiflung, Symptome der Krankheit einer Gesellschaft, die der Schriftsteller nicht zu verantworten hat und die man nicht dadurch kuriert, daß man ihn ausstößt. Die "unheimliche Entdeckung" bei der Marxlektüre, die Stephan Hermlin in seinem fünfzigsten Lebensjahre machte: daß "die freie Entwicklung eines jeden die Bedingung für die freie Entwicklung aller ist" und nicht umgekehrt![53] – diese Entdeckung dürfte vielen noch bevorstehen.

Klaus Poche hat in seinem Roman *Atemnot* den autobiographischen Rückblick auf eine schlüssige Formel gebracht. Indem er zwei unmittelbar aufeinander folgende Tagebücher des Schriftstellers, der über scheiternde Ehe und Liebe, Flucht in die Einsamkeit und Unfähigkeit zu schreiben berichtet, übereinanderlegt und mit dem ersten am Ende dort ankommt, wo das zweite begann, führt er die ausweglose Verfallsgeschichte des Schreibenden auch im Bau des Romans vor. Die "Vorgeschichte" des zurückliegenden Tagebuchs ist in der Ich-Form, das mit Salto mortale in der Erzählgegenwart endende zweite Tagebuch in der distanzierenden Er-Form geschrieben. Die einem Libretto verwandte Konstruktionsweise, das von wenigen Figuren bevölkerte Szenarium, die auslösende Funktion, die Ehe- und Liebesbeziehungen haben, die zwischen Naivität, Schwermut und leichter Schnoddrigkeit pendelnde Schreibart des Mannes von fünfzig Jahren, hat Poche mit seinem Freunde Jurek Becker, den er auch im Roman porträtiert, seinen *Schlaflosen Tagen*, gemeinsam.

Die Präzision, mit der Lebens- und Schaffenskrise über die Spanne weniger Monate verfolgt und in die Enge geführt werden, könnte beinahe hinwegtäuschen über den Ernst, mit dem der Schrift-

53. Stephan Hermlin: *Abendlicht*, Leipzig u. Berlin 1979, in der Berliner Ausg. des Wagenbach-Verlags, S. 21.

steller über seine Vergangenheit Gericht hält und den Gehorsam aufkündigt. Auch er war, im Roman wie in Wirklichkeit, der Verfasser von "Kriegsgeschichten", die ihn heute anwidern:

Mit dem Heraufbeschwören ihrer Vergangenheit offenbaren ihm die meisten Erzähler ihre heutige Sprachlosigkeit.[54]
Die Belehrung, dieses kolossale Gesellschaftsspiel der ewigen Besserwisser. Jeder belehrt jeden, nicht, um aufzuklären, sondern um zu erniedrigen.[55]

Mit dem Bilde des vollständigen Rückzugs endet das Buch: nachdem er Gehör und Sprache verloren und seine beschriebenen Blätter vernichtet (jedoch zuvor auswendig gelernt) hat, steigt der Dichter auf einen Berg, wie um zu reden, und wartet. Es ist die Silvesternacht. Auch Becher hatte im *Abschied* die wiederkehrende Silvesternacht zum Symbol hoffnungsvoller Erwartung auf das "Anderswerden" erhoben. Aber Poches Held hat Angst vor dem ewigen Kreislauf des Karussellpferdes, das schon die Länge des Erdumfangs zurückgelegt hat, ohne etwas gesehen zu haben, er fürchtet: "Geht etwa wieder alles von vorn los?"[56] "Er steht ruhig und wartet", heißt der letzte Satz. Warten wir mit ihm.

54. Klaus Poche: *Atemnot*, Olten u. Freiburg i. Breisgau 1978, S. 30.
55. Ibid., S. 16.
56. Ibid., S. 202.

DIE DARSTELLUNG DER ANTIFASCHISTISCHEN OPPOSITION IN DER FRÜHEN DDR-PROSA

von

Karl-Heinz Hartmann

I.

Die Auseinandersetzung mit dem Widerstand im Dritten Reich ist von Anfang an ein Politikum gewesen. Den Westalliierten war "während einer beträchtlichen Zeitspanne"[1] nach 1945 wenig daran gelegen, ein 'anderes' Deutschland anzuerkennen, das sich in seinem Kampf gegen den Faschismus von patriotischen und humanitären Motiven hatte leiten lassen. Seine Existenz fügte sich nur schwer in das Bild einer verschworenen Gemeinschaft von Führer und Volk. Das Attentat vom 20. Juli 1944 — ein für alle Welt sichtbarer Ausbruch der Gegnerschaft zur Hitler-Diktatur — reduzierte sich unter dem Aspekt einer weitgehenden Identifizierung von 'nationalsozialistisch' und 'deutsch' auf den späten Versuch einer Handvoll enttäuschter konservativ-reaktionärer Aristokraten und Militärs, eine drohende Niederlage abzuwenden, die sich nach der Katastrophe von Stalingrad im Winter 1942/43 ankündigte. Vor allem Hans Rothfels hat hier mit seinem Buch *The German Opposition to Hitler*, das 1948 in Amerika und ein Jahr danach in Deutsch-

---

1. Hans Rothfels: *Die deutsche Opposition gegen Hitler.* Eine Würdigung. Ung., stark rev. Ausg. Frankfurt/Hamburg 1958 (= Fischer-Bücherei 198), S. 25. Vgl. zu den Schwierigkeiten, dem Widerstand Anerkennung zu verschaffen, S. 19ff. Verständlicherweise war die Haltung der Sowjetunion der illegalen Opposition gegenüber, soweit sie vor allem kommunistische Antifaschisten repräsentierte, eine andere. Spätestens seit 1940/41 bildete die Moskauer Gruppe der ZK-Mitglieder das organisatorische Zentrum der KPD, das im Juli 1943 mit dem Nationalkomitee 'Freies Deutschland' auf dem Boden der UdSSR ein Anti-Hitler-Bündnis ins Leben rief, das den Volksfrontvorstellungen der Partei entsprach.

land erschien, eine Bresche geschlagen, indem er in der Verteidigung von Freiheit und Menschenwürde Parallelen zog zwischen dem Untergrundkampf in Deutschland und dem Krieg der Alliierten gegen das NS-Regime. Was für das mit dem Dritten Reich verfeindete Ausland galt: daß Verschweigen und Mißdeuten der Wahrheit im Wege waren, traf nicht minder auf die nach dem Zusammenbruch beginnende innerdeutsche Beschäftigung mit der illegalen Opposition zu.

Aus der klarsichtigen Einschätzung der nationalsozialistischen Gefahr und aus dem charaktervollen Widerstand werden schließlich mit Recht Folgerungen gezogen, wenn es um die Beantwortung der Frage geht: Welchen Schichten kann und soll das deutsche Volk beim Aufbau eines demokratischen Deutschlands besonderes Vertrauen entgegenbringen? Wo ist die beste Gewähr gegeben, daß ein klarer Blick und verantwortungsbewußter Wille die richtigen Mittel ansetzen wird, um uns in eine Zukunft zu geleiten, die nicht wieder unter Schafott und Bomben endet? Weil die Geschichte des Widerstandes in Deutschland also von weiter wirkender politischer Bedeutung ist, muß von denjenigen, die sich ihrer Erforschung widmen, ein hohes Maß von politischer Einsicht und historischer Ehrlichkeit verlangt werden.[2]

In Ost und West ist diese von Greta Kuckhoff scharfblickend erkannte Gewichtigkeit der "Geschichte des Widerstandes" begriffen worden. Intentionen und Programme, von denen die illegalen Bewegungen getragen wurden, haben nach Kriegsende in beiden Teilen Deutschlands ihre politische und ideologische Funktion erfüllt. So sind bis in die 60er Jahre bundesrepublikanische Darstellungen über die Anti-Hitler-Front auf die Vorgänge um den 20. Juli konzentriert geblieben[3], während der Arbeiterwiderstand eine Domäne der DDR-Geschichtsschreibung geworden ist. Auch in diesem

2. Greta Kuckhoff: *Zur Erforschung des deutschen Widerstandes.* In: Einheit 2 (1947), H. 12, S. 1168.
3. Noch 1965 mußte Plum feststellen, daß "der kommunistische und sozialistische Widerstand in der Bundesrepublik nahezu unerforschtes Land geblieben" sei. Vgl. Günter P., *Der Widerstand gegen den Nationalsozialismus als Gegenstand der zeitgeschichtlichen Forschung in Deutschland.* . Eine kritische Analyse der Widerstandsliteratur. In: *Stand und Problematik der Erforschung des Widerstandes gegen den Nationalsozialismus.* Bad Godesberg 1965 (= Studien u. Berichte aus d. Forschungsinst. d. Friedrich-Ebert-Stiftung), S. 29. Wenig später signalisierten dann Arbeiten von Reichhardt und Abendroth, daß die Beseitigung dieses Desiderats in Angriff genommen wurde. Vgl. Hans J. R., *Möglichkeiten und Grenzen des Widerstandes der Arbeiterbewegung.* In: *Der deutsche Widerstand gegen Hitler.* Vier historisch-kritische Studien.

Fall hat das Identitätsbewußtsein der beiden deutschen Staaten politische Akzente gesetzt. Denn mit dem Hinweis, daß der Erfolg sie historisch sanktioniert habe, ließ sich die eine Form der Opposition nicht gegen die andere ausspielen. Nicht durch eine Revolte 'von oben' und nicht durch einen Aufstand des Volkes war das NS-Regime gestürzt worden; weder im Osten noch im Westen Deutschlands konnten sich daher Staat und Gesellschaft mit der Aura einer aus dem Antifaschismus hervorgegangenen Selbstbefreiung schmük-ken. Fast zwangsläufig mußte die Beschäftigung mit dem Widerstand nach 1945 in den Streit um die 'richtige' Bewältigung der Vergangenheit geraten. Die Fixierung in der Bundesrepublik nahezu ausschließlich auf den 20. Juli und die Definition ihres Forschungsgegenstandes durch die Historiographie als Opposition 'gegen Hitler' und 'gegen das nationalsozialistische Regime' ist in der DDR als Indiz für die apologetische Funktion der westdeutschen Geschichtswissenschaft gewertet worden. Es handele sich dabei um den Versuch,

"den Widerstand in eine von sozialen, politischen und ideologischen Faktoren, insbesondere von der Klassenauseinandersetzung zwischen den anti-imperialistischen, antifaschistisch-demokratischen Kräften des werktätigen Volkes und dem faschistischen Herrschaftssystem des deutschen Imperialismus und Militarismus·unbeeinflußte Erscheinung zu verwandeln und Wesen und Ziel des Widerstandes von Vertretern verschiedener Klassen und Schichten sowie unterschiedlicher politischer und weltanschaulicher Richtungen in eine den Interessen der Monopolbourgeoisie genehme Richtung umzudeuten. Mit der begrifflichen Einengung auf den 'Widerstand gegen Hitler' soll die Meinung manipuliert werden, daß sich die antifaschistische deutsche Widerstandsbewegung ausschließlich gegen die Person, die Diktatur oder das diktatorische Regime Hitlers, nicht aber gegen die Machtgrundlagen des Finanzkapitals und des Großgrundbesitzes und gegen das faschistische Herrschaftssystem gerichtet hätte. Deshalb akzeptierte die bürgerliche Geschichtsschreibung Westdeutschlands von vornherein auch nur die Verschwörung großbürgerlicher und militärischer Kreise um Beck und Goerdeler gegen Hitler als 'deutschen Widerstand'."[4]

Hg. v. Walter Schmitthenner u. Hans Buchheim. Köln/Berlin 1966 (= Information 17), S. 169ff.; Wolfgang A., *Der Widerstand der Arbeiterbewegung*. In: *Deutscher Widerstand 1933-1945*. Aspekte der Forschung und der Darstellung im Schulbuch. Hg. v. Edgar Weick. Heidelberg 1967, S. 76ff.

4. Gerhard Roßmann: *Die Verfälschung des antifaschistischen Widerstandskampfes in der westdeutschen Geschichtsschreibung*. In: Zs. f. Geschichtswissenschaft 18 (1970), H. 1, S. 6.

Daß wiederum die DDR-Forschung für ihr Untersuchungsobjekt –
den Widerstand – hartnäckig den Begriff 'antifaschistisch' reklamiert, ist also einerseits Ausdruck des Insistierens auf dem Klassencharakter des Faschismus, anderseits des monopolistischen Anspruchs, mit der sozialistischen und kommunistischen Opposition
die Befreiungsbewegung zum Thema zu haben, in der am konsequentesten und opferbereitesten für Frieden, Demokratie und nationale Unabhängigkeit gerungen worden sei. Demgegenüber verblaßt der 20. Juli zu einem episodischen Ereignis innerhalb des deutschen Widerstands.

Romane und Erzählungen über den Untergrundkampf, die in
der SBZ und später in der DDR veröffentlicht wurden, sind ein
Spiegelbild des Streits der Historiker in West und Ost um Priorität-
ten und Wertungen. Die Konspiration von 1944 hat in ihnen kaum
auffällige Spuren hinterlassen. Wo sie erwähnt wird, liegen die Äußerungen zum 20. Juli auf einer Linie mit den Vorbehalten, die in
Willi Bredels *Die Enkel* (1953) der hohe Gestapomann Wehner geltend macht, der offenkundig in der Absicht, die Einwände gegen
die Putschisten zu 'objektivieren', im Roman als Sprachrohr der
linken Kritik an der Verschwörung fungiert:

> Wiederholt dachte er: Wenn sie mit mehr Geschick, vor allem entschlosse-
> ner vorgegangen wären und etwas mehr Glück gehabt hätten, sie hätten ihr
> Ziel erreichen müssen. Aber dann fand er wieder, die Verschwörer waren
> nur Offiziere ohne Soldaten. Sie hatten wenig Rückhalt in der Bevölkerung.
> In der Arbeiterschaft schon gar keinen. Wer aber heute politisch Erfolg ha-
> ben wollte, mußte eine organisierte Basis im Volk besitzen.[5]

Hinter dem Vorwurf des Dilettantismus an die Adresse der Aufrührer, des Elitären ihrer Unternehmung, der fehlenden Massenbasis, hinter solchen Anschuldigungen, zu denen es auch gehört, den
"Herren" vorzuhalten, daß ihnen "die Einsicht etwas spät" gekommen sei[6], verbirgt sich aber mehr als nur die Vorstellung von alternativen Formen des illegalen Kampfes, mit denen die taktischen
Versäumnisse und organisatorischen Schwächen des Aufstands von
1944 hätten vermieden werden können. Die Bemerkung des alten

---

5. Willi Bredel: *Die Enkel*. Berlin/Weimar [6]1975 (= Ges. Werke in Einzelausg. 6), S. 523. Vgl. z.B. auch Harald Hauser: *Wo Deutschland lag...* Berlin
[2]1952, S. 399; Heinz Rein: *Finale Berlin*. Berlin 1948, S. 536.
    6. Vgl. Anna Seghers: *Die Toten bleiben jung*. Berlin/Weimar [15]1974, S.
546.

Berger in Anna Seghers' *Die Toten bleiben jung* (1949): "Man kann nie etwas für das Volk machen ohne das Volk"[7], läßt im Zusammenhang mit dem 20. Juli auch die andere Lesart zu, daß es bei der Erhebung "ohne das Volk" nicht um die Interessen des Volkes gegangen sei. Aufschlußreich in dieser Beziehung ist ein Gespräch, das in Otto Gotsches *Zwischen Nacht und Morgen* (1955) der kommunistische Werkmeister Ernst Haring, im Roman eine der wichtigsten Figuren der 'Antifaschistischen Arbeitergruppe Mitteldeutschland', mit dem Ingenieur Dr. Belfort führt, einem erklärten NS-Gegner und Sympathisanten der Männer vom 20. Juli. Anlaß der Unterredung Ende April 1945 ist die Frage, wie die Buna-Werke in Schkopau angesichts des nahen Kriegsendes vor der Zerstörung durch sinnlose Kampfmaßnahmen deutscher Soldaten bewahrt werden können. Aber rasch kommen beide auf Probleme der Umgestaltung des Reiches nach der Niederlage zu sprechen. Haring ist der Meinung, daß der Arbeiterklasse die dominierende Rolle in einem Erneuerungsprozeß zufallen müsse und nur ihr die Kraft zuzutrauen sei, die deutschen Industriellen, die Hitler finanziert hätten, endgültig zu entmachten. Wie Belfort reagiert, soll aus Gotsches Sicht die politischen und ideologischen Implikationen in der Haltung 'bürgerlicher' Oppositioneller enthüllen:

> Ohne das Volk, vor allem ohne die Arbeiterklasse wird im Nachkriegsdeutschland niemand regieren, auch die Besatzungsmächte nicht. Wie weit einzelne Führungsgruppen kommen, wenn sie ohne die Arbeitermassen zu Aktionen schreiten, zeigt das Beispiel der Generale...
> Sie schweigen besser davon.
> Nein, Doktor Belfort. Glauben Sie nicht, daß die Arbeiter zulassen, daß wieder dort begonnen wird, von wo aus die Nazis ihren Marsch begonnen haben. In Deutschland müssen Bedingungen geschaffen werden, die es den Leuten, die Hitler auf den Schild hoben, nicht gestatten, sich schon jetzt nach einem Nachfolger umzusehen. Die Folge wäre sonst, daß wir ein drittes Mal den gleichen Weg gehen müßten. [...]
> Was Sie wollen, geht weit über die Beseitigung der Naziherrschaft hinaus; da trennen sich unsere Wege.
> Es ist nicht notwendig, daß sich unsere Wege trennen. Aber mit den Kriegsmonopolen kann es keinen gemeinsamen Weg geben, und das Programm der Leute vom zwanzigsten Juli war das Programm der deutschen Monopole.[8]

Diese Desavouierung des 20. Juli als initiiert von einer Besitzoligarchie stützen bei Gotsche und Anna Seghers Szenen, in denen beide

7. Ebd.
8. Otto Gotsche: *Zwischen Nacht und Morgen*. Halle (Saale) 1961, S. 219f.

die vorsichtigen Absetzbewegungen der deutschen Großindustrie vom NS-Regime schildern. Die gleichen Personen und Gruppen, die den Aufstieg Hitlers und seine Kanzlerschaft gefördert haben, kehren ihm nun den Rücken, um im geheimen Einverständnis mit den Alliierten ihren Einfluß in die Nachkriegszeit hinüberzuretten. Es wird erzählt, daß deutsche Produktionsanlagen von den amerikanischen Bomben verschont bleiben und wie über die Schweiz und Schweden Fäden ins überseeische Ausland gesponnen werden, um die im Krieg unterbrochenen Geschäftsbeziehungen neu zu knüpfen. Spitzenkräfte, die durch ihre Kollaboration mit den Nationalsozialisten kompromittiert sind, werden aus den vorderen Linien zurückgenommen und von politisch unverdächtigen Männern abgelöst. Justizräte, Direktoren und Konzerngewaltige, die vor dem Zusammenbruch des Reiches schon die Weichen für die Zukunft Deutschlands stellen, äußern unverhohlen ihren Unmut über die im Dezember 1944 von der Wehrmacht begonnene Ardennenoffensive, die den feindlichen Vormarsch im Westen verzögerte, bekunden dagegen ein ausgesprochenes Interesse an einer Verlängerung des Krieges im Osten. Die alten Kräfte formieren sich, um wie "im November achtzehn" – so der Generaldirektor Roßberg in *Zwischen Nacht und Morgen* – "die Sache" zu meistern.[9] Vor diesem Hintergrund erscheint der sozialistische und kommunistische Widerstand nicht länger als eine nur taktische Variante konspirativer Tätigkeit, sondern als eine Etappe in der Klassenschlacht des Proletariats.

Auf der Brüsseler und der Berner Konferenz (1935 und 1939) war die Konzeption der KPD für diesen Kampf abgesteckt worden. In ihr fanden Thesen von Georgi Dimitroffs Grundsatzreferat auf dem VII. Weltkongreß der Kommunistischen Internationale (1935) ihren Niederschlag. Dimitroff hatte in Moskau mit der Beschreibung des Faschismus als die "offene terroristische Diktatur der reaktionärsten, am meisten chauvinistischen, am meisten imperialistischen Elemente des Finanzkapitals"[10] dessen Klassencharakter

---

9. Vgl. ebd., S. 45, und Anna Seghers: *Die Toten bleiben jung*, a.a.O., S. 571ff.

10. Wilhelm Pieck/Georgi Dimitroff/Palmiro Togliatti: *Die Offensive des Faschismus und die Aufgaben der Kommunisten im Kampf für die Volksfront gegen Krieg und Faschismus.* Referate auf dem VII. Kongreß der Kommunistischen Internationale (1935). Berlin 1960, S. 87.

nachdrücklich unterstrichen. Er war es auch, der die Spaltung der deutschen Arbeiterbewegung als eine der Hauptursachen für die nationalsozialistische Machtergreifung verantwortlich machte und seine Forderung, die proletarische Einheitsfront zu schaffen, mit der Absage an die 'Sozialfaschismus'-Theorie begleitete, mit der die KPD auf die Koalitionspolitik der SPD in der Weimarer Republik reagiert hatte. Die Auffassung von der Klassenbedingtheit des Faschismus und der Meinungsumschwung im Verhältnis zur Sozialdemokratie sorgten dafür, daß wenige Monate nach der Komintern-Tagung auf der Brüsseler Konferenz Leitsätze formuliert werden konnten, die den Widerstand gegen die Hitler-Diktatur langfristig mit einer antikapitalistischen und antiimperialistischen Strategie verbanden und den Erfolg des Kampfes abhängig machten von der Bildung einer breiten antifaschistischen Volksfront mit der Aktionseinheit der beiden großen Arbeiterparteien als ihrem Kern. Im Prinzip wichen die Proklamationen der Berner Konferenz nicht von dieser Generallinie ab. Allerdings waren die Erfahrungen mit der neuen Politik in der Zwischenzeit nicht sehr ermutigend gewesen. Der 'Ausschuß zur Vorbereitung einer deutschen Volksfront', der sich im Juni 1936 unter dem Vorsitz von Heinrich Mann in Paris konstituiert und in dem man um eine von Kommunisten, Sozialdemokraten und bürgerlichen Antifaschisten getragene Plattform gerungen hatte, war zerfallen. Nicht besser stand es in der Frage der Aktionseinheit, nachdem eine von der KPD angeregte Aussprache zwischen Mitgliedern des ZK und Vertretern der SPD-Führung im November 1935 in Prag ergebnislos verlaufen war. Diese Mißerfolge gaben Anlaß, die Vorstellungen zu präzisieren, die sich seitens der KPD mit der Volksfrontpolitik verknüpften, und noch einmal auf das Spektrum der Bündnismöglichkeiten zu verweisen, für die sich die Partei zur Verfügung stellte.[11]

In seiner Erzählung *Der Leutnant Yorck von Wartenburg* (1947) kreidet Stephan Hermlin es den Männern des 20. Juli als eines ihrer gravierenden Versäumnisse an, die Chance zur Erweiterung der Operationsbasis vertan zu haben, wie sie sich in der Volksfrontbewegung anbot. Es sind Szenen eines "geträumten Lebens" (S. 92), in

---

11. Vgl. dazu die von Klaus Mammach herausgegebenen und eingeleiteten Dokumentationen: *Die Brüsseler Konferenz der KPD* (3.-15. Oktober 1935). Berlin 1975; *Die Berner Konferenz der KPD* (30. Januar bis 1. Februar 1939). Berlin 1974.

denen sich dem wegen seiner Beteiligung an dem Putschversuch zum
Tode verurteilten Offizier die Schwächen des Aufruhrs von 1944
offenbaren. Während der Augenblicke seiner qualvollen Strangulie-
rung durch die Schergen des NS-Regimes hat Wartenburg die Vision von seiner Befreiung und von seiner Flucht auf das Gut des Frei-
herrn von H. In Gesprächen mit diesem väterlichen Freund beginnt
der junge Leutnant zu ahnen, was den Aufstand hat scheitern lassen: die Unkenntnis über die politischen Ziele der 'Roten', die Unfähigkeit auch, die Frage nach Vaterland, Pflicht, Ehre und Eid neu
zu formulieren aus Angst vor dem "Denkenmüssen", aus "Furcht
um die Privilegien" (S. 78). Der Freiherr erwähnt General Walther
von Seydlitz, den Präsidenten des im September 1943 bei Moskau
gegründeten 'Bundes Deutscher Offiziere', des zweiten bedeutenden Zusammenschlusses von Kriegsgefangenen in der Sowjetunion,
nachdem im Juli desselben Jahres vom ZK der KPD das Nationalkomitee 'Freies Deutschland' ins Leben gerufen worden war. Dieser Hinweis auf Seydlitz als einen Mann, der "es gewagt" habe, der
"bis zum letzten" gegangen sei (S. 78), unterstreicht Hermlins Intention, mit der Wahl seines Helden, "Träger eines der berühmtesten Namen deutscher Vergangenheit" (S. 64), ein Signal zu setzen.
An die "Vergangenheit", ein Ereignis aus den Befreiungskriegen,
erinnert ein Rückgriff in der Erzählung: Der russische General Die-
bitsch und der Feldmarschall Yorck von Wartenburg, Befehlshaber
des preußischen Korps bei Napoleon, schließen im Dezember 1812
bei Tauroggen ein Abkommen, demzufolge die deutschen Truppen
auf die Seite der russischen Armee übertreten sollen. In diese pa-
triotische und liberale Tradition reiht Hermlin das Verhalten jener
Offiziere ein, die "mit Reichstagsabgeordneten, Kommunisten sich
an einen Tisch setzen" (S. 78). Für den Leutnant wird der Kontakt
zu den aufständischen Generälen die letzte Möglichkeit für "das
erhöhte Leben" (S. 84). Er durchquert die deutschen Linien im
Osten, gelangt nach Moskau, begegnet Seydlitz und den Männern
jener Partei, "die ihm von jeher als der Inbegriff des Vaterlandslo-
sen, des Übels, des unter keinen Umständen Annehmbaren dargestellt worden waren" (S. 89). Er hört sie "Dinge beim Namen nennen, die er nur zu ahnen gewagt hatte" (S. 89), und begreift, "daß
sie die ganzen Jahre hindurch um das Gleiche gebangt hatten wie
er selbst, nur war alles von ihnen schon ganz durchdacht und entschieden worden" (S. 89). Die Volksfrontstrategie der KPD hätte
also den Brückenschlag zu Teilen der Wehrmacht und zum linken

Flügel der Verschwörung ermöglicht, wie ihn mit Wartenburg die anderen Mitglieder des 'Kreisauer Kreises' und die oppositionell gesinnten Offiziere um Claus Graf Schenk von Stauffenberg repräsentierten. Am Ende von Hermlins Erzählung gipfeln denn auch die Traumbilder des Leutnants in der Nachricht vom Ausbruch des Aufstands im Reich und von seiner Unterstützung durch alle Schichten der Bevölkerung.[12]

Die Rebellion der Massen, wie Hermlin sie schildert, ist eine Fiktion des Dichters geblieben. Obwohl auch dem 'Eliteunternehmen' vom 20. Juli der Erfolg versagt war, hat sich in der westdeutschen Literatur über die politische Opposition in weitreichender Einmütigkeit die Überzeugung durchgehalten, daß jede umstürzlerische Aktion im totalitären Staat aussichtslos sei, die ihren Ausgangspunkt nicht innerhalb der Hierarchie der Macht habe. Damit wird – wie in Bodo Scheurigs Einleitung zu Daniil Melnikows Monographie über den Putsch von 1944 – das Vorgehen der Aufrührer energisch verteidigt:

Wie alle marxistischen Historiker hält Melnikow den Verschwörern vor, ihren Aufstand ohne die Massen geplant zu haben. Solch ein Vorwurf verrät Mangel an Augenmaß. Zu keiner Stunde durfte die Fronde glauben, daß ihre Einsicht in Deutschlands trostlose Lage Allgemeingut sei. Volk und Wehrmacht waren in ihrer Mehrheit in Illusionen befangen. Wollten die Verschwörer – eine einsame Gruppe – kämpfen und obsiegen, hatten sie die Mehrheit zu überrumpeln und vollendete Tatsachen zu schaffen. Wer 1944 entschlossen war, das allgegenwärtige NS-System zu bezwingen, mußte den abgeschirmten Putsch einer handlungsfähigen Minderheit wagen. Eine levée en masse hätte jeden Staatsstreich von vornherein gerichtet. Die eingeschlagene Taktik blieb die beste aller Taktiken; sie hat auch der 20.

12. Seitenangaben nach Stephan Hermlin: *Der Leutnant Yorck von Wartenburg*. In: St. H., *Zwei Erzählungen*. Berlin 1947, S. 61ff. Nicht von ungefähr rückt Hermlin eine exponierte Gestalt aus der Gruppe um Helmuth von Moltke in den Mittelpunkt seiner Geschichte. Die Kreisauer standen den innen- und außenpolitischen Plänen des rechten Flügels der Verschwörung um Carl Goerdeler und Ludwig Beck in manchen Punkten ablehnend gegenüber. Die von der konservativen Fraktion favorisierte Westlösung – Separatfrieden mit England und Amerika – fand bei ihnen entschiedene Kritiker. Dafür daß sie überdies die Kontaktaufnahme zu den kommunistischen Widerstandsgruppen und dem Nationalkomitee 'Freies Deutschland' zumindest erwogen, sind sie von der DDR-Historiographie als wahre Patrioten und Demokraten dem 'echten' Widerstand zugerechnet worden. Vgl. *Geschichte der deutschen Arbeiterbewegung*, Bd. 5: Von Januar 1933 bis Mai 1945. Berlin 1966, S. 409ff.

Juli nicht widerlegt, den einzig der überlebende Hitler entschied und immer entschieden hätte.[13]

Wie die Niederlage der Verschwörer nicht zu prinzipiellen Zweifeln an der Richtigkeit der "eingeschlagenen Taktik" führt, verfällt im Gegenzug der illegale Kampf der Kommunisten offen der Kritik:

> Vor allem der kommunistische Widerstand basierte auf der These, gegen die nationalsozialistische Herrschaft könne eine untergründige revolutionäre Massenbewegung organisiert und zum Siege geführt werden. Zwölf Jahre Hitlerdiktatur haben demgegenüber eindeutig erwiesen, daß es unmöglich ist, in einem totalitären Machtstaat eine breite, politisch effektive Volksopposition, als Grundlage für den Sturz des Regimes, aufzubauen.[14]

Hand in Hand mit diesem negativen Urteil geht die positive Wertung von oppositionellen Haltungen, die als beispielhaft für die illegale Arbeit der SPD im Dritten Reich gelten können[15] und von Otto Wels auf der Reichskonferenz der Partei im April 1933 vorformuliert worden war:

> Wird die Organisation durch Kräfte von außen zerschlagen, dann bleibt immer noch in Millionen Köpfen und Herzen die Idee, und sie sichert auch die Wiedergeburt der Organisation.[16]

Im Klartext bedeutete das den Verzicht auf eine Widerstandspraxis, die auf eine aktive Beseitigung des NS-Regimes gerichtet war. Es gibt gute Gründe, diesen Aufruf zu einer Art 'innerer Emigration' noch vor dem Verbot der Partei im Juni 1933 als Schachzug der Führung zu interpretieren, die vorhandene Aktionsbereitschaft der Basis zu neutralisieren. Er fügte sich schlüssig in die nach dem Machtantritt Hitlers von der SPD verfolgte Politik, sich nur parlamentarischer Mittel als Kampfmaßnahmen zu bedienen, im übrigen aber angesichts der Interessengegensätze im Hitler-Hugenberg-Papen-Kabinett auf ein rasches 'Abwirtschaften' des Regimes zu hoffen

13. Daniil Melnikow: *20. Juli 1944.* Legende und Wirklichkeit. Eingel. v. Bodo Scheurig. [Hamburg 1968], S. 9.

14. Kurt Klotzbach: *Gegen den Nationalsozialismus. Widerstand und Verfolgung in Dortmund 1930-1945.* Eine historisch-politische Studie. Hannover 1969 (= Schriftenreihe d. Forschungsinst. d. Friedrich-Ebert-Stiftung), S. 235.

15. Vgl. den bei Günther Weisenborn abgedruckten Lagebericht der Gestapo von 1937: *Der lautlose Aufstand.* Bericht über die Widerstandsbewegung des deutschen Volkes 1933-1945. Hg. v. G.W. Hamburg 1954, S. 153f.

16. Zit. nach Jutta v. Freyberg u.a.: *Geschichte der deutschen Sozialdemokratie 1863-1975.* M. e. Vorw. v. W. Abendroth. Köln 1975 (= Kleine Bibliothek 58), S. 203.

und durch Konzessionen an die faschistische Regierung den eigenen Fortbestand als 'legale' Partei zu sichern.[17] In der Illegalität war wegen des hohen persönlichen Risikos, das sich mit jeder antifaschistischen Tätigkeit verband, die Pflege von 'Gesinnungsgemeinschaften' in der Absicht, Vorstellungen von einer sozialen Demokratie über die widrigen Zeitläufe zu retten, eine Form der Opposition, die sich trotz des Fehlens politischer Außenwirkungen nicht ohne weiteres abwerten läßt. Gerade die alles umgreifende Präsenz des NS-Staates, sein Einbruch noch in die privatesten Bereiche des täglichen Lebens, nötigt dazu, einem 'Separatismus' Gerechtigkeit widerfahren zu lassen, bei dem schon der Verzicht auf eine augenfällige Demonstration nationalsozialistischer Gesinnung ein Zeichen des Nicht-Einverständnisses und ein Akt des passiven Widerstands war. Die Kehrseite seiner Anerkennung allerdings ist, daß wiederum Aktivitäten als von Anfang an ineffektiv und zwecklos erscheinen müssen, die auf die Rekrutierung einer schlagkräftigen antifaschistischen Volksbewegung abheben, und somit auch der KPD vorzuwerfen wäre, ihre Opposition habe Opfer gekostet, die nicht hätten gebracht zu werden brauchen.

Jene Art des illegalen Kampfes, die zum Ziel hatte, illegale Massenorganisationen zu schaffen und immer und überall zu demonstrieren, daß die KPD existierte und aktiv war, mochte zwar im Ausland unrealistische Vorstellungen über die Möglichkeiten eines Sturzes der Hitlerdiktatur durch die Massen unter Führung der KPD wachhalten, führte aber zur Vernichtung der Inlandskader.[18]

II.

Die Geschichte des proletarischen Widerstands ist auch eine Geschichte seines Scheiterns. Heiner Müller hat 1953 in einer Rezension zur Neuauflage von Willi Bredels Roman *Dein unbekannter Bruder* (1937) treffend das Problem beschrieben, das die Literatur über die antifaschistische Opposition bewältigen mußte:

Die Schwierigkeit ist, in der zwölfjährigen blutigen Niederlage der deutschen Arbeiterklasse ihre historische Überlegenheit, gegründet auf die Existenz der Sowjetunion, sichtbar zu machen, in den Besiegten die Sieger von morgen, in den Getöteten die Unbesiegten.[19]

17. Vgl. ebd., S. 180ff.
18. Hans-Josef Steinberg: *Widerstand und Verfolgung in Essen 1933-1945*. Bonn-Bad Godesberg [2]1973 (= Schriftenreihe d. Forschungsinst. d. Friedrich-Ebert-Stiftung 71), S. 181.
19. Heiner Müller: *Die Unbesiegten*. In: NDL 1 (1953), H. 5, S. 198.

Nicht nur daß schon der Verfolgungswelle unmittelbar nach dem Reichstagsbrand große Teile der KPD-Führung zum Opfer gefallen waren, unter ihnen der Parteivorsitzende Ernst Thälmann; sondern rückblickend konnte es so scheinen, als sei die Formierung des proletarischen Widerstands einer fatalen Regelhaftigkeit unterworfen gewesen: Illegale Gruppen wurden aufgebaut; für eine kürzere oder längere Zeit hatten sie gewisse Operationsmöglichkeiten; dann zerschlug die Gestapo die konspirativen Zellen, ihre Mitglieder wurden eingekerkert, gefoltert und verurteilt, oft genug zum Tode. Bedeutende antifaschistische Bewegungen in Hamburg und Berlin (um Robert Abshagen, Bernhard Bästlein, Franz Jacob, Anton Saefkow, Robert Uhrig, Harro Schulze-Boysen, Arvid von Harnack, Herbert Grasse, John Sieg), in Thüringen (um Theodor Neubauer, Magnus Poser) und Sachsen (um Georg Schumann, Otto Engert, Kurt Kresse) hat dieses Schicksal ereilt.

Gemessen am Ziel der proletarischen Opposition: dem Sturz der Hitler-Diktatur, bieten Romane und Erzählungen das Bild einer Misere. Der Aktionsradius der Widerstandskämpfer bleibt relativ begrenzt. Kaum je kommt es zu spektakulären Taten, schon gar nicht zu solchen, die das faschistische System in seinen Grundfesten zu erschüttern vermögen. Es zählt schon viel, wenn die Verteilung von Propagandamaterial glückt oder für eine bestimmte Zeit die Störung der Rüstungsproduktion, wenn Nachrichten ins feindliche Ausland gefunkt werden können oder sich Kontakte zwischen einzelnen illegalen Zirkeln knüpfen lassen, die den Handlungsspielraum etwas vergrößern. Aber solche partiellen Erfolge kontert die Gestapo meistens mit vernichtenden Schlägen. Über zwölf Jahre faschistischer Herrschaft sind die Opfer Legion und die Leiden unsäglich, die für politische Aufklärung, Sabotage und Subversion ertragen werden müssen. Bis in die Endphase des Dritten Reiches ändert diese Situation sich nicht grundlegend. Die Schlacht um die Hauptstadt wird für das Mißlingen des Widerstands noch einmal zum Fanal. Nahezu wirkungslos bleiben die Unternehmungen der Illegalen, von denen Heinz Rein in seinem Roman *Finale Berlin* (1948) berichtet. Es gelingt nicht, die Bevölkerung gegen Durchhalteparolen zu mobilisieren, um einen sinnlos gewordenen Krieg abzukürzen. Auf den ersten Blick scheint sich damit die These zu bestätigen, im Würgegriff eines totalitären Staates habe die Opposition der Massen keine Chance. Doch daß die Aufmerksamkeit immer wieder auf die *historischen* Ursachen der Niederlage gelenkt wird: auf die Spaltung der deutschen Arbeiterbewegung und das verschüttete Klassenbewußtsein als Folge der reformistischen SPD-Politik, auf die politische Apathie vieler Deutscher und ihre Anbiederung an das System aus Karrieregründen, ist ein Versuch, im Nachhinein Taktik und Strategie der kommunistischen Hitler-Gegner noch einmal zu rechtfertigen. Eine wichtige, nicht die einzige Leistung der Literatur über den Widerstand im Nachkriegsdeutschland! Sie gestaltet in der Figur des aktiven Antifaschisten einen 'positiven' Helden, den die Überzeugung leitet, im Kampf für die Arbeiterklasse auch für die Sache der Freiheit, der Gerechtigkeit und Menschlichkeit zu streiten, und dessen Kompromißlosigkeit seinem Einsatz die Würde verleiht. Wie in Anna Seghers' *Die Toten bleiben jung* (1949) die Stafette von Generation zu Generation weitergereicht wird — der Spartakist Erwin lebt in seinem Sohn Hans fort und dieser in dem Kind, das seine Freundin unter dem Herzen trägt —, werden die Protagonisten der Widerstandsliteratur eingereiht in die Front der großen Kämpfer der Geschichte gegen die Willkür der Mächtigen.

> Der Weg zur Menschlichkeit war ein langer Golgathaweg, gepflastert mit den Leibern der besten Menschen aller Zeiten. Im Dunkeln sah er [Walter Brenten] die drei 'Thomasse': Thomas Campanella, Thomas Morus, Thomas Münzer. [...] Welch ein Riese an Mut, Standhaftigkeit und Charakter war auch jener ungarische Bauernführer Georg Dósza, den die Ritter und Fürsten auf einem glühend gemachten eisernen Thron lebendig brieten. Welche Helden Stenka Rasin, der russische Bauernrebell, Ludeke Holland, der Zunftbürger und Reformer von Braunschweig, Michael Geismaier, der Bauernhauptmann von Tirol, die revolutionären Patrioten gegen Krone und Militär, Weidig und Schloeffel! Sie alle rief er an in seiner nachtdunklen Zelle, und sie gaben ihm von ihrer Kraft und Härte.[20]

Im Tod der Vielen, die ihr Leben für die Befreiung der Menschheit ließen, ist der Tod des einzelnen aufgehoben; er stirbt nicht wie die Eheleute Quangel in Hans Falladas Widerstandsroman 'für sich allein'; seine Leiden und sein Untergang bereiten den historischen Triumph der Unterdrückten, Erniedrigten und Ausgebeuteten vor.

Daß den ethischen und politischen Gesinnungen soviel Gewicht zugestanden wird wie der Spannung und Dynamik des äußeren Geschehens, der Tat soviel wie ihren Motiven, ist von ausschlaggebender Bedeutung gewesen für die Wirkungsmöglichkeiten dieser

---

20. Willi Bredel: *Die Enkel*, a.a.O., S. 105f.

46

Literatur unter den spezifischen Bedingungen der Nachkriegszeit. Einerseits war an der Niederlage der Arbeiterklasse nicht zu rütteln, anderseits ging es in dem einen Teil Deutschlands um die Durchsetzung einer politischen und sozialen Alternative zu Kapitalismus und Faschismus. Ungeachtet des nicht verschwiegenen Scheiterns der proletarischen Opposition: mit ihren moralisch integren Repräsentanten und deren Fähigkeit, den gesellschaftlichen Kausalkomplex zu durchschauen, konnte nach dem Zusammenbruch in ein 'ideologisches Vakuum' hineingestoßen werden, mit dem im Hinblick auf die historische Rolle der Arbeiterklasse im Widerstand und beim Aufbau eines neuen und besseren Deutschlands in weiten Kreisen der Bevölkerung zu rechnen war. Als Vorgriff auf Staat und Gesellschaft, die seit 1945 auf dem Boden der SBZ Kontur zu gewinnen begannen, gehören Gespräche und Reflexionen über Weltanschauung und Geschichte, über die Wurzeln des Faschismus, die Bedingungen der Machtergreifung und die daraus abzuleitenden Konsequenzen zum festen Bestand von Romanen und Erzählungen. Immer sind Kommunisten die Weitschauenden und Überlegenen. Nirgends ist das so evident wie in Szenen, in denen es um die Aktionseinheit von KPD und SPD geht und um die Schaffung einer einzigen Partei der Arbeiterbewegung. Als Gegner der 'Spaltungspolitik' der SPD und der These vom 'Abwirtschaftenlassen', die eine Lähmung und Desorientierung der Gefolgschaft bewirkt habe, machen sich die KPD-Anhänger für die Vereinigung der beiden Parteien und für ein neues demokratisches Deutschland stark, in dem sich die Fehler von Weimar nicht wiederholen sollen. Der Part, den die Sozialdemokraten in solchen Auseinandersetzungen spielen, ist angesichts dieser demonstrativ hervorgekehrten Einsicht in das geschichtlich Notwendige natürlich vorgezeichnet. Sie schwenken auf die KPD-Linie ein oder riskieren es, von den eigenen Genossen im Stich gelassen zu werden, wenn sie – wie der Gewerkschaftssekretär Weidlinger in *Zwischen Nacht und Morgen* – unbelehrbar auf längst überholten Positionen verharren.[21] Was sich nach dem Krieg in der SBZ ereignete: die Verstaatlichungen und Enteignungen, der Zusammenschluß von KPD und SPD zur SED, die Bildung des Blocks der antifaschistisch-demokratischen Parteien, mußte sich dabei ausnehmen, als werde auf diese Weise das Vermächtnis jener Kämpfer für die nationale Zukunft Deutsch-

21. Vgl. Otto Gotsche: *Zwischen Nacht und Morgen*, a.a.O., S. 228f.

lands erfüllt, die unter dem Hakenkreuz "das Feuer der Liebe zur Menschheit" und auch "das Wissen um den Weg, der zur Verwirklichung der großen Ideen des Humanismus führt", gehütet hatten.[22] Obwohl die Literatur über die illegale Opposition von Anbeginn dem Anspruch zuarbeitete, die DDR wurzele in der Tradition des revolutionären proletarischen Widerstands[23], setzte eine spürbare Verengung in der Einschätzung ihrer operativen Aufgaben ein, als es im Zuge einer Legitimationskrise nach dem XX. Parteitag der KPdSU und den Geschehnissen in Polen und Ungarn galt, anderthalb Jahrzehnte nach dem Niedergang des Dritten Reiches durch den Griff in die Geschichte die Führungsrolle der Partei der Arbeiterklasse und ihres ZK nachdrücklich zu untermauern. Unmißverständlich in diesem Sinne war die Kritik, die 1958 auf einer Konferenz des Germanistischen Instituts der Universität Rostock an Anna Seghers' *Die Saboteure* (1948) laut wurde. Erzählt wird in dieser Geschichte, wie am Tag des Ausbruchs des Krieges gegen die Sowjetunion Hermann Schulz, Franz Marnet und Paul Bohland mit anderen antifaschistisch eingestellten Kollegen verabreden, in ihrem Betrieb im rheinischen Griesheim die Produktion von Handgranaten zu sabotieren. Der Aktion ist kein großer Erfolg beschieden, weil im entscheidenden Moment unter den Arbeitern Zweifel am Sinn des Vorhabens und Furcht vor Entdeckung überwiegen.

> Wir haben gemeint – so Schulz in seiner Enttäuschung –, wir brauchen nur anzufangen. Wir brauchen nur ein Zeichen zu geben. Wir haben gemeint, daß alles in den anderen so aussehen muß wie in uns. Das war aber falsch. Der Faden war morsch.[24]

Nach der Katastrophe von Stalingrad reift aufs neue der Entschluß, etwas zu tun. Flugblätter werden gedruckt und verteilt, Verbindungen zwischen verschiedenen kleinen Widerstandsgruppen geschaffen. Eines Nachts wird Schulz verhaftet, aber nicht wegen der

---

22. Vgl. Werner Eggerath: *Nur ein Mensch*. Weimar 1947, S. 188.
23. Diese Selbsteinschätzung illustriert treffend die dedizierte Äußerung von Bartel: "Was 1939 [auf der Berner Konferenz] Prinzipienerklärung war, wurde in der DDR verwirklicht." Vgl. Walter B., *Probleme des antifaschistischen Widerstandskampfes in Deutschland*. In: Zs. f. Geschichtswissenschaft 6 (1958), H. 5, S. 1011. Dazu z.B. auch Heinz Schumann/Wilhelm Wehling: *Literatur über Probleme der deutschen antifaschistischen Widerstandsbewegung*. In: Zs. f. Geschichtswissenschaft 8 (1960), Sonderheft, S. 382.
24. Anna Seghers: *Die Saboteure*. In: A.S., *Erzählungen 1945-1951*. Berlin/Weimar 1977 (= Ges. Werke in Einzelausg. 10), S. 98.

jüngst unternommenen illegalen Handlungen angeklagt, sondern wegen der lange zurückliegenden Rüstungssabotage, die erst jetzt aufgedeckt worden ist. In Schulz tilgt das allen Argwohn, Verrat oder einsitzenden Genossen abgepreßte Geständnisse hätten den Schlag der Häscher ausgelöst. Anders als im Juni 1941 hat sich zwei Jahre später eine in ihrem Antifaschismus verläßliche und für die Gestapo letztlich unangreifbare Widerstandszelle gebildet. Mag der Gegner im Augenblick triumphieren, in Wahrheit ist seine Macht unabänderlich im Schwinden begriffen. Der hohe Preis, den Schulz entrichten muß – er büßt mit dem Tod –, veranlaßte Wolfgang Brauer in Rostock zu der Frage, ob es nicht "sinnlos" gewesen sei, "wegen einiger unschädlich gemachter Handgranaten ein so wertvolles Leben zu opfern?" Und er machte die Antwort davon abhängig,

> "ob uns die Schriftstellerin durch ihre Gestaltung des antifaschistischen Widerstandskampfes die Voraussicht auf die Bewährung der Überlebenden beim Aufbau einer neuen Gesellschaft vermittelt. Darin muß der Sinn ihres Kampfes in erster Linie gesucht werden, da es der historischen Wahrheit entsprechend nicht möglich ist, im offenen Sieg über den Faschismus den Maßstab für die Bedeutung des Widerstandskampfes zu sehen."[25]

Nach ausführlicher Analyse der Erzählung wird dann moniert, daß Anna Seghers "auf die konkrete, sichtbare Gestaltung der Perspektive" verzichtet habe, was wiederum "Ausdruck eines tieferen Fehlers" sei:

> In Anna Seghers' Werken über die Zeit des Faschismus gibt es überall einzelne standhafte und treue Kommunisten, aber es gibt nicht d i e P a r t e i a l s g e s c h l o s s e n e, d e n W i d e r s t a n d s k a m p f o r g a n i - s i e r e n d e u n d f ü h r e n d e K r a f t.[26] (Hervorhebung nicht im Original)

Auf derselben Konferenz brachte Dieter Schiller die Kritik Brauers sozusagen auf ihren weltanschaulichen Kern, wenn er nicht nur in den *Saboteuren*, sondern in den meisten Prosaarbeiten von Anna Seghers über Ereignisse aus der deutschen Geschichte "eine nicht überwundene T e n d e n z z u r S p o n t a n e i t ä t" walten sah, die eine "Einschränkung des Realismus [...] innerhalb der Er-

---

25. Wolfgang Brauer: *Die Helden in Anna Seghers' Erzählung 'Die Saboteure'*. In: Wiss. Zs. d. Univ. Rostock 9 (1959/60). Gesellschafts- u. sprachwiss. Reihe, Sonderheft: *Die Gestalt des antifaschistischen Widerstandskämpfers in der Literatur*, S. 38.
26. Ebd., S. 41.

fassung des Kampfes der deutschen Arbeiterklasse" nach sich ziehe.[27]

Solche Einwände wie die gegen Anna Seghers, es mangele bei ihr an hoffnungsvollen Ausblicken (auf das 'Modell' DDR) und sie schildere eine aus ungebrochenem Widerstandswillen resultierende Selbstorganisation von kommunistischen Arbeitern, ohne daß in jedem Abschnitt ihres Kampfes die lenkende Hand der Partei sichtbar werde, räumt dann in der Phase der 'ideologischen Offensive' eine Erzählweise aus, für die der Roman von Emil Rudolf Greulich *Keiner wird als Held geboren* (1961) typisch ist. Es gehört zu den Grundanliegen des Autors, an den illegalen Aktionen der Gruppe um Anton Born, der Hauptfigur des Werkes, deren Wirken dem Leben Anton Saefkows nacherzählt ist, die enge Übereinstimmung mit Situationsanalysen und programmatischen Verlautbarungen des exilierten Zentralkomitees der KPD zu demonstrieren. Wie das ZK den inländischen Widerstand gesteuert hat, sollen eine Reihe von Szenen erhellen, in denen Fragen der Organisation der antifaschistischen Opposition oder Möglichkeiten der Zusammenarbeit im Rahmen der Einheitsfront zur Debatte stehen. Immer liefern dabei die Beschlüsse der Brüsseler und der Berner Konferenz oder die Manifeste des Nationalkomitees 'Freies Deutschland' Diskussionsbasis und Handlungsanweisungen.[28] In Greulichs Roman avanciert der 'positive' Held zum 'idealen', auf dessen Wagemut auch nicht der Schatten eines Makels fällt. Nie schwankt er in seinen Überzeugungen, von keinerlei Anfechtungen wird er heimgesucht, schon für die Hoffnung auf einen bescheidenen Erfolg illegaler Aktionen riskiert er ohne Zögern das Höchste — sein Leben.

Auch bei der geringsten Widerstandtätigkeit stand das Leben eines Kommunisten auf dem Spiel. Die Frage: Lohnt es? war eines Kämpfers unwürdig.[29]

Die Heroisierung der im Untergrund agierenden Sozialisten und Kommunisten war verständlich, als es nach 1945 darum ging, ihre Taten dem Dunkel zu entreißen, in das eine Unzahl von Geheim-

27. Vgl. Dieter Schiller: *Die objektive und subjektive Seite der sozialistischen Parteilichkeit*. In: Wiss. Zs. d. Univ. Rostock, a.a.O., S. 44.
28. Vgl. E[mil] R[udolf] Greulich: *Keiner wird als Held geboren*. Ein Lebensbild aus dem deutschen Widerstand. Berlin [6]1976, S. 140f., 234, 324ff., 355ff., 367ff., 380f., 427ff.
29. Ebd., S. 47.

prozessen sie verbannt hatte, und an ihrem verlustreichen Kampf darzulegen, daß sie vor allen anderen berufen seien, einen Staat ohne Militaristen, Imperialisten und Faschisten aufzubauen. Wenn dagegen Greulich 1961 einen fehlerfreien Helden präsentiert, für den sich die Frage nach dem Verhältnis von Mittel und Zweck gar nicht erst stellt, für den der Widerstand oder auch der Verzicht darauf als Problem niemals in Erscheinung tritt, gerät dessen antifaschistisches Engagement leicht in den Ruch politischer Rhetorik, und der Idealismus verkümmert zur Einsatz- und Opferideologie im Dienst der Partei. So offensichtlich konzipiert unter dem Eindruck von Produktionsvorgaben für die Literatur, die sie einem aktuellen Kontext verfügbar macht, schmälert diese Art monumentaler Heldengestaltung die Wirkung des Romans eher, als daß die Konfrontation mit einem Charakter von solch outrierter Vollkommenheit die Lernwilligkeit des Lesers befördern würde. Beharrlich ignoriert Greulich bei seiner Abstinenz gegenüber wahrhaften Konflikten eine Bedingung, deren Erfüllung von Bodo Uhse schon Jahre vorher im Anschluß an einige kritische Bemerkungen von Henryk Keisch über den Roman *Die Patrioten* (1954) als notwendig für die angestrebte Resonanz der Widerstandsliteratur bezeichnet worden war. Keisch hatte 1955 im Januar-Heft der *Neuen deutschen Literatur* mißbilligt, daß Uhse in seinem Werk die äußere Handlung vernachlässige und zur Intellektualisierung und Überpsychologisierung des Geschehens neige,[30] ein Vorwurf, der Uhses heftige Reaktion herausforderte:

> Gegen eine solche Abstempelung muß ich mich mit allem Nachdruck zur Wehr setzen. So reichhaltig wuchert das Seelenleben in unserer Literatur wirklich nicht, daß man jetzt schon nach dem Korsett rufen muß [...] mich interessiert der Mensch, mich interessiert, was er tut, mich interessiert aber auch, warum er es tut, und mich interessiert das, was in ihm vorgeht, während er handelt, leidet, kämpft.[31]

In der Tat hat das, was der literarischen Figur des Antifaschisten an Vorbildlichkeit aufgebürdet wird, Glaubwürdigkeit in dem Maß, in dem sie durch die Darstellung ihrer Krisen und Konflikte der Realität verbunden bleibt und ihr nicht in überbetonter Geradlinigkeit entrückt. Eindringlich wirkt sie, wenn sie den Widerstreit zwi-

---

30. Vgl. Henryk Keisch: *Substanz und Einheit der Handlung im Roman.* In: NDL 3 (1955), H. 1, S. 108ff.

31. *Der Autor und seine Leser.* Ein Gespräch um den Roman 'Die Patrioten'. In: Aufbau 11 (1955), H. 3, S. 235.

schen persönlichen Wünschen und Erwartungen und dem als moralische und politische Pflicht Empfundenen durchleidet, wenn der Leser die Spannungen jener heimlichen und verheimlichten Existenz nacherleben kann, die dem Helden die Gesetze der Konspiration aufzwingen.

III.

Allerdings ist in der Literatur über den Widerstand dort, wo sie sich auf die inneren Gefährdungen ihrer Akteure einläßt, eine Tendenz nicht zu übersehen, solche Konfliktlagen zu entschärfen oder beiläufig abzuhandeln, die tragische Alternativen heraufbeschwören oder irgend Anstoß geben könnten, am Sinn des illegalen Kampfes und seinen politischen Prämissen ernsthaft zu zweifeln. Dabei fielen in das Jahr 1939, nachdem auf der Berner Konferenz nochmals die Marschroute für die Operationen gegen das nationalsozialistische System abgeklärt worden war, zwei Ereignisse, die den inländischen Widerstand in eine schwierige Situation manövrierten. Am 23. August unterschrieben Ribbentrop und Molotow in Moskau den deutsch-sowjetischen Nichtangriffspakt. Nur kurze Zeit danach begrüßte das ZK der KPD aus dem Exil den Vertrag als "eine erfolgreiche Friedenstat von seiten der Sowjetunion". Obwohl es im selben Atemzug zum "verstärkten Kampf gegen die Nazidiktatur" aufrief und weiter verlauten ließ, daß "auf den Schultern der deutschen Arbeiterklasse, der einzigen geschlossenen Kraft, die fähig ist, das Naziregime zu stürzen und eine neue Ordnung zu erkämpfen und zu behaupten, [...] jetzt die Zukunft Deutschlands" liege[32], steht außer Frage, daß die deutsch-russische Verständigung sich zeitweilig lähmend auf die Aktionsbereitschaft der Illegalen ausgewirkt hat. Wenig mehr als eine Woche nach der·Vertragsunterzeichnung – in den Morgenstunden des 1. September – überschritten deutsche Truppen die polnische Grenze. Der 2. Weltkrieg hatte begonnen. Zu der Betroffenheit und dem anfänglichen Unverständnis über die zwischen dem Dritten Reich und der UDSSR getroffene Absprache gesellten sich in den folgenden Monaten nun noch die Siegesmeldungen von den europäischen Kampfschauplätzen, die geeignet waren, die Massenbasis des Faschismus zu stabilisieren, aber keine Stimmung schufen, in der eine Aversion ge-

---

32. Vgl. *Geschichte der deutschen Arbeiterbewegung*, a.a.O., S. 520f.

gen den Führer hätte gedeihen können.

Die Verunsicherung, von der die Vereinbarung zwischen Hitler-deutschland und der UdSSR begleitet war, klingt in der nach 1945 erschienenen Literatur kaum nach. Der Pakt ist nebenbei erwähnte Episode, nicht mehr als ein Tupfer im historischen Kolorit der Erzählhandlungen. Irritation und Unbehagen währen ohnedies nur kurz. Sei es, daß sowjetische Genossen den deutschen Freunden die unvermutete Schwenkung in der russischen Außenpolitik erläutern; sei es, daß die Akteure ein unerschütterliches Vertrauen zu dem haben, "was er [Stalin] tut", oder selbst über genügende politische Erfahrung verfügen, um das Verhalten der Sowjetunion als die letzte Möglichkeit zu begreifen, "der immer bedrohlicher werdenden Gefahr eines Kriegsbündnisses zwischen Deutschland, Frankreich und England zu begegnen".[33] In der Geschichte des Widerstands, wie Romane und Erzählungen ihn beschreiben, sind andere Daten historisch geworden: das Jahr 1941, in dem der Angriff auf die Sowjetunion erfolgte, und der Winter 1942/43, der die Niederlage von Stalingrad besiegelte. Von einem neuen Auftrieb der illegalen Opposition wird berichtet, obwohl auch Enttäuschung mitschwingt, daß die Ereignisse nicht einen "Sturm der Empörung [...] unter den deutschen Arbeitern und Soldaten"[34] entfesselten.

Seit Kriegsbeginn hatte sich die Ausgangslage der Hitler-Gegner verkompliziert. Was sie an Aktivitäten entfalteten, um die militärische Stärke des Reiches zu untergraben, die Möglichkeit seines totalen Zusammenbruchs mußte dabei in Kauf genommen werden mitsamt den nicht kalkulierbaren Risiken für das Schicksal der Deutschen. Keine einfache Konstellation für die KPD, die seit der Brüsseler Konferenz in ihrer antifaschistischen Agitation neben der klassenkämpferischen Komponente auch das "nationale Gefühl der Massen"[35] berücksichtigte und in die Rolle eines Sachwalters von Volk und Vaterland geschlüpft war. Sie vollzog damit eine dringli-

33. Vgl. Willi Bredel: *Die Enkel*, a.a.O., S. 287f., 302f.; Anna Seghers: *Die Toten bleiben jung*, a.a.O., S. 462; Harald Hauser: *Wo Deutschland lag...*, a.a.O., S. 44.
34. Harald Hauser: *Wo Deutschland lag...*, a.a.O., S. 236.
35. Vgl. Wilhelm Pieck: *Erfahrungen und Lehren der deutschen Parteiarbeit im Zusammenhang mit den Beschlüssen des VII. Weltkongresses der Kommunistischen Internationale*. In: *Die Brüsseler Konferenz der KPD*, a.a.O., S. 127ff.

53

che Kurskorrektur, nachdem Dimitroff auf dem VII. Weltkongreß der Komintern den deutschen Genossen vorgehalten hatte, die Bedeutung des Versailler Vertrags für die NS-Propaganda leichtfertig unterschätzt und nicht gesehen zu haben, wie Hitlers Versprechen, die 'Schmach' von Versailles zu tilgen, der Stimmung gegen die Vereinbarungen des 'Diktatfriedens' von 1919 entgegengekommen sei. Nunmehr verlief die Front also zwischen den nationalsozialistischen Machthabern und dem "Finanzkapital" auf der einen Seite, den Verteidigern der 'wahren' Interessen Deutschlands auf der andern: der Arbeiterklasse und ihren Verbündeten. Es ist eine der Bestrebungen der Erzähler, im Sinne dieser Argumentation das Augenmerk auf den Patriotismus jener als 'Landesverräter' gebrandmarkten Illegalen zu lenken, die es als ihre "vaterländische Pflicht" erachten, "mit der Unterdrückung der Freiheit ein Ende [zu] machen, mit dem Krieg".³⁶ Ihre Einschätzung des 2. Weltkriegs als eines imperialistischen Raubzuges, der nur einer bourgeoisen Minderheit gelegen komme, und − nach dem Einmarsch deutscher Truppen in Rußland − die Gewißheit von der weltweiten Verflechtung des Widerstands mit den Kräften des Friedens, der Demokratie und des Sozialismus erleichtern ihnen dabei die Entscheidung, den Gegnern des Reiches auf diese oder jene Weise in die Hände zu arbeiten. Allerdings war jetzt nicht mehr auszuschließen, daß mittelbar oder unmittelbar von Sabotageakten in den Rüstungsbetrieben, von der Spionage oder dem bewaffneten Einsatz in ausländischen Partisaneneinheiten mit den eigenen Landsleuten auch andere als die fanatischen Parteigänger des Systems betroffen wurden: die Passiven, die Mitläufer, die Verführten, also Gruppen, deren Wandlungsfähigkeit eines der zentralen Motive der DDR-Literatur über das Dritte Reich geworden ist. Die Erzähler im Osten Deutschlands haben dieses Thema nicht tabuisiert; aber es gibt − soweit feststellbar − keine von der Prosa ausgelöste Diskussion wie jene, die in Westdeutschland nach dem beispiellosen Bühnenerfolg von Zuckmayers *Des Teufels General* (1946) um die Figur des Ingenieurs Oderbruch und dessen Versuch entstand, die 'Mordmaschinerie' selbst um den Preis des Lebens von Kameraden zu stoppen.³⁷

36. Vgl. Bodo Uhse: *Die Patrioten*. Berlin/Weimar 1975 (= Ges. Werke in Einzelausg. 3), S. 431.
37. Vgl. Paul Rilla: *Zuckmayer und die Uniform*. In: P.R., *Literatur, Kritik und Polemik*. Berlin 1950, S. 7ff. Rilla vermerkt vor allem kritisch, daß parallel zur Diskussion um das Verhalten Oderbruchs sich ein weitgehendes

Die Vorgänge in Zuckmayers Stück sind denen in der Seghers-Erzählung *Die Saboteure* durchaus vergleichbar. Erwägungen jedoch, ob "eine Sabotage, die sich nicht gegen das Leben des Tyrannen selbst richtet, sondern gegen die kämpfende Truppe an der Front", ethisch unanfechtbar sei[38], werden als ein mögliches Problem des Widerstands nicht kenntlich gemacht. Lakonisch eröffnet Anna Seghers ihre Geschichte mit einem Vorgriff:

> Im Frühjahr 1943, in einem Abschnitt der ukrainischen Front, als der Befehl an die deutschen Soldaten ausging, das Dorf Sakoje zurückzuerobern, versagten ein paar Handgranaten bei ihrem Sturm auf das Gehöft, das die Schlüsselstellung war. Als man die Verlustliste prüfte, ergab es sich, daß mehrere Leute durch vorzeitige Explosion ihrer eigenen Handgranaten gefallen waren.[39]

Weder an dieser Stelle noch im weiteren Verlauf der Handlung, weder für die Erzählerin noch für die Saboteure Schulz, Marnet und Bohland erscheint die Aktion jemals in einem moralisch zwiespältigen Licht. Angeschrieben gegen den vorab vermeldeten Tod der namenlosen Soldaten formt die Geschichte die Initiatoren des Widerstands zu unerschrockenen Helden, beläßt die Opfer aber in der Anonymität. Im Ungleichgewicht des Erzählten wird die Entscheidung über Störmanöver zu einer Probe auf noch vorhandenes oder verschüttetes Klassenbewußtsein und auf die proletarische Solidarität; sie ist eine Sache der politischen Gesinnung, keine des Gewissens. In Harald **Hausers** *Wo Deutschland lag...* (1947) streift die Fabel des Romans wenigstens die Grenze eines fast unlösbar scheinenden Konflikts. Es geht darum, daß deutsche Antifaschisten in Frankreich über ihren Aktionsradius als innerhalb des Maquis organisierte Partisanengruppe befinden müssen. Die Meinungen sind geteilt. Sie reichen von dem klaren Votum für die Beschränkung der Tätigkeit auf politische Propaganda und Aufklärung bis zu der Forderung nach dem Einsatz mit der Waffe, weil nach dem Überfall auf das "Land des Sozialismus" – die Sowjetunion – "jeder Soldat, der für die Hitlerclique weiterkämpfte, ei-

Einverständnis mit Harras herausgebildet habe, was er wiederum als "Blankoscheck zur moralischen Entschuldigung hoher nazistischer Würdenträger" (S. 11) wertet.
38. Vgl. *Theater in der Zeitenwende*. Zur Geschichte des Dramas und des Schauspieltheaters in der Deutschen Demokratischen Republik 1945-1968, Bd. 1. Berlin 1972, S. 105.
39. Anna Seghers: *Die Saboteure*, a.a.O., S. 67.

nem SS- oder SD-Mann, das heißt einem Feind des deutschen Volkes, gleichzustellen" sei.[40] In Paul, dem führenden Kopf der deutschen Widerständler, hat die Idee vom bewaffneten Kampf zunächst einen entschlossenen Gegner. Als durch eine großangelegte Umzingelungskampagne der deutschen Truppen den Maquisarden und ihren Verbündeten die Vernichtung droht, muß er freilich seine Haltung überprüfen. Der dramatischen Verschärfung der äußeren Situation entspricht nun aber keineswegs ein Zuwachs an innerer Spannung, der denkbar wäre als Folge einer Kollision von Pflichten – der gegen das eigene Leben und der gegen das der deutschen Landser. Dafür sorgt ein Erzähler, der durch ausgeklügelte Handlungsführung allen Konfliktstoff vorzeitig ausräumt. Die Wehrmachtsverbände, die den Maquis hart bedrängen, sind nämlich dieselben, die bei anderen Operationen in Gefangenschaft geratene Deutsche – darunter auch Juden – barbarisch getötet haben. Für Paul gibt das den Ausschlag:

> Es sind Mörder, die man jetzt auf uns losläßt. Von ihren Taten wird man noch viele Jahre als von der 'deutschen Schande' sprechen. Diese Schande zu verringern ist unsere geschichtliche Aufgabe. Es ist unsere Sache, die Sache der Illegalen, der deutschen Freischärler, der deutschen Partisanen, dem Namen Deutschland einen Rest von Achtung zu bewahren.[41]

So gesehen, entbehrt das Geschehen für Paul einer möglichen sittlichen Problematik. Wo bei Anna Seghers der ethische Dualismus nicht eigens reflektiert wird, stutzt Hauser den Fall durch seinen exzeptionellen Charakter auf ein Maß zurecht, bei dem er sich im Schema schlichter Schwarz-Weiß-Zeichnung von selbst erledigt. Zwar wird damit erreicht, daß die Protagonisten die Aura der Unbeirrbarkeit umgibt; sie muß indes mit dem Verzicht auf Entscheidungssituationen erkauft werden, die allererst die Komplexität der Ausgangsbedingungen enthüllen würden, unter denen die illegale Opposition antrat.

Seinen weit über die Grenzen der DDR hinausreichenden Erfolg hat Bruno Apitz' Roman *Nackt unter Wölfen* (1958) sicherlich zum guten Teil dem "sentimentalen Brennpunkt"[42] zu danken –

---

40. Vgl. Harald Hauser: *Wo Deutschland lag...*, a.a.O., S. 288.
41. Ebd., S. 340.
42. Vgl. *Von der Größe und Schönheit des Menschen. Interview mit Bruno Apitz*. In: *Auskünfte*. Werkstattgespräche mit DDR-Autoren. Hg. v. Anneliese Löffler. Berlin/Weimar ²1976, S. 365.

erzählt wird von der Rettung eines kleinen jüdischen Jungen im
KZ Buchenwald; aber auch einer Fabelkonzeption, die anders, als
das bei Anna Seghers und Hauser der Fall ist, den Widerstreit moralischer Prinzipien nicht einfach ausblendet. Der Konflikt, der die
Handlung in dieser auf Selbsterlebtem basierenden Geschichte vor-
antreibt, entsteht, als in den Märztagen des Jahres 1945 der Pole
Jankowski bei einem Zwischenaufenthalt in Buchenwald ein drei-
jähriges Kind ins Lager schmuggelt, dessen Eltern in Auschwitz ums
Leben gekommen sind. Die Häftlinge Höfel, Kropinski und Pippig
nehmen sich des Jungen an. Als militärischer Ausbilder der kommunistischen Widerstandsorganisation in Buchenwald gerät Höfel
dadurch in eine prekäre Lage. Dem "Trieb des Herzens" (S. 116)
folgend, will er das Kind dem Zugriff der SS-Schergen entziehen,
muß sich allerdings wegen seiner wichtigen Rolle in der konspirativen Gruppe hüten aufzufallen, um nicht die Vorbereitungen zum
geplanten bewaffneten Aufstand und damit das Leben von vielen
tausend Inhaftierten zu gefährden. Bochow, vom illegalen Internationalen Lagerkomitee zum Koordinator des Widerstands bestimmt,
nennt Höfels Vorsatz eine "Gefühlsduselei" (S. 35) und fordert
von ihm, den kleinen Polen mit dem nächsten Transport, der das
Lager verlasse, fortzuschaffen und einem ungewissen Schicksal auszuliefern. Höfel fügt sich dieser Anordnung; denn "was von Bochow kam, das kam von der Partei" (S. 40). Die Ereignisse nehmen
eine überraschende Wende, als der Hauptscharführer Zweiling auf
das Versteck des Kindes stößt. Das Ende des Dritten Reiches vor
Augen, verständigt er sich mit der 'Kommune' und beteuert, von
seiner Entdeckung zu schweigen. Ohne Bochow zu informieren,
beschließt Höfel daraufhin, mit Kropinskis und Pippigs Hilfe den
Jungen im Lager verborgen zu halten. Der SS-Mann hält sich jedoch nicht an die Abrede und bringt durch seinen Verrat die KZ-
Leitung auf die Spur der geheimen Organisation. Höfel, Kropinski
und später auch Pippig werden verhaftet. Zwar gelingt es ihnen gerade noch, für den kleinen Polen einen anderen Unterschlupf zu
beschaffen; die Arbeit der Widerstandsgruppen aber wird — wie
von Bochow befürchtet — durch den Schlag der Lagergestapo im
Nerv getroffen.

So wie die Dinge liegen, stehen vorderhand an sich gleichwertige
und verständliche Verhaltensweisen unvereinbar nebeneinander —
Höfels spontan menschliches Verlangen, ein Kind nicht in die Hände der Häscher fallen zu lassen, und Bochows bedächtiges, das Ri-

siko einkalkulierendes "Abwägen der Notwendigkeiten" (S. 36).
Beide haben sie, nur auf sich gestellt, ihre 'einsamen' Beschlüsse gefaßt und dabei getan, als stünden Herz und Kopf "für sich allein"
(S. 182). Als nun Bochow unter dem Eindruck der dramatischen
Zuspitzung der Geschehnisse einsieht, an dieser Entwicklung nicht
unschuldig zu sein, bahnt sich eine Lösung des anfänglich unüberwindbar erscheinenden Widerspruchs an: Wenn es Höfels Schwäche war, einer humanen Regung nachgegeben und damit der Partei
gegenüber einen "Disziplinbruch" (S. 122) begangen zu haben, dann
seine – Bochows – eigene, erst durch Höfels Handeln zu erkennen,
daß "ein Mensch, der Anspruch erhebt, diesen Namen zu tragen,
[...] in all seinem Tun stets für die höhere Pflicht" (S. 184) eintreten müsse. Bochows Eingeständnis seiner Mitschuld vor den Genossen bewirkt, daß sich das ILK die Aufgabe stellt, fortan für die Sicherheit des Jungen zu sorgen. Wie Solidarität, kollektive Verantwortung und proletarischer Internationalismus imstande sind, das
Fehlverhalten von Höfel und Bochow zu 'korrigieren', zeigt eine
Entscheidung des ILK in einer Situation, die Apitz als Variation
des Ausgangskonflikts gestaltet hat. Um das Lager ungestört evakuieren zu können, beabsichtigen die Faschisten, 46 Häftlinge erschießen zu lassen, hinter denen sie die 'Rädelsführer' der konspirativen Organisation vermuten. Ähnlich wie früher Höfel und Bochow, steht nun das ILK vor dem Problem, ob es Kameraden, die
in Wahrheit keine Leitungsfunktionen im Apparat ausüben, opfern
soll, um Zehntausende zu schützen. Es beschließt, die Genossen zu
verstecken und den Aufruhr zu wagen, wenn das Leben auch nur
eines einzigen von ihnen bedroht sei. Bochow formuliert das neue
Selbstverständnis der Untergrundkämpfer, von denen die Verantwortung für die wenigen und für die vielen nicht länger als eine Kollision von Pflichten empfunden wird:

Wir haben es verstanden, uns mit Klugheit und Geschick, mit Glück und
Zufall vor den Gefahren zu ducken. So war unser Weg in allen Jahren. Wir
haben unser Menschsein mit der Schlauheit des Tieres geschützt und verteidigt, wir haben den Menschen oft tief in uns verbergen müssen. [...] Jetzt
gehen wir die letzte Strecke unseres Weges, Freiheit oder Tod! Es gibt kein
Ausweichen mehr. Diesen Raum verlassen wir nicht mehr als *Häftlinge*!
Von dieser Stunde an wollen wir *Menschen* sein! (S. 376)[43]

---

43. Seitenangaben hier und sonst im Text nach der 37. Aufl. Halle (Saale)
[1975].

58

Der Plan der SS wird tatsächlich vom ILK erfolgreich durchkreuzt. Daß es Genossen sind, Kommunisten – "der Vortrupp einer gerechteren Welt" (S. 325) –, die gerettet werden können, macht aus der Aktion mehr als nur eine Bewährungsprobe auf die Kraft des Kollektivs und die Verbundenheit der im Geheimen agierenden Antifaschisten. Ihr Kampf um das Leben jedes einzelnen Genossen verschmilzt mit dem Kampf der Partei um die nationale und soziale Zukunft Deutschlands; die Pflicht zur Menschlichkeit ist unabtrennbar geworden von der revolutionären Pflicht der Klasse. Was zu Beginn zwischen Bochow und Höfel von divergierenden Standpunkten als Frage nach der Möglichkeit humanen Handelns unter den im Lager herrschenden Verhältnissen erörtert wird, erfährt an dieser Stelle seine Ausweitung ins Historisch-Politische. Für den Fortgang des Geschehens ist das noch einmal eine bedeutsame Akzentsetzung seitens des Erzählers, weil es dieser weltanschaulich fundierte Zukunftsoptimismus ist, der die Antifaschisten befähigt, auch in den Wirren der letzten Stunden ihren Handlungsspielraum zu bewahren und immer wieder Befehle der KZ-Leitung geschickt zu unterlaufen. Innerhalb der Führungsclique des Lagers schreitet dagegen angesichts des unvermeidlichen Zusammenbruchs des Dritten Reiches der Autoritätsverfall rapide voran; Kontroversen über das Schicksal des KZ – Evakuierung oder Auslöschung – schaffen unversöhnliche Fronten, bis schließlich in überstürzter Flucht sich jeder nur noch um die eigene Haut kümmert. Der Roman endet mit der Schilderung vom Aufstand der Gefangenen und von ihrem Aufbruch aus dem Lager – nach der langen Nacht in den Morgen der Freiheit.

Wie kein anderes Werk konnte Apitz' *Nackt unter Wölfen* die Erwartungen von der "gesellschaftspraktische[n] Leitfunktion"[44] erfüllen, die sich in der 2. Hälfte der 50er Jahre an die Literatur über den Kampf der Arbeiterklasse gegen die faschistische Diktatur knüpften. Auf Dokumentarisches zurückgreifend, verleiht der Erzähler seinen Helden jenen Grad von Authentizität, der sie als Vorbildfiguren tauglich macht. Die Partei erscheint als die treibende Kraft bei der Organisation des Widerstands und erweist sich in schwierigen Augenblicken flexibel und lernfähig genug, Einzel-und

44. Vgl. Inge von Wangenheim: *Die Geschichte und unsere Geschichten.* Gedanken eines Schriftstellers auf der Suche nach den Fabeln seiner Zeit. Halle (Saale) 1966, S. 53.

Gesamtinteresse in Übereinstimmung zu bringen. Ein Grundkon-
flikt wird gewählt, der die antifaschistische Opposition auch als
moralisches Problem thematisiert, und eine Lösung angeboten, bei
der aus einer Disziplinlosigkeit als produktiver Effekt die Vermit-
telbarkeit von humaner Verpflichtung und politisch-historischer
Verantwortung resultiert. Daß Apitz das alles erst "von den inzwischen errungenen Positionen der siegreichen Arbeiterklasse aus zu
gestalten vermochte"[45], ist Anlaß geworden, den Roman als ästhetisches Modell einer harmonischen Beziehung zwischen Individuum und Kollektiv zu aktualisieren.[46] Nicht veranschlagt wird dabei der Anteil, den die historischen Umstände am guten Ausgang
der Geschichte haben. Von Anfang an stellt der Erzähler einen engen Zusammenhang her zwischen den Ereignissen in Buchenwald
und dem Vormarsch der Alliierten. Der Verzicht der Lagerleitung
auf massive Repressalien gegen die Widerstandskämpfer in der Endphase des Krieges findet darin ebenso seine Erklärung wie die Erfolge, die den Faschisten vom ILK abgerungen werden. Das bedeutet aber, daß die Art der im Roman vorgeführten Konfliktbewälti-
gung auch nur unter den Bedingungen dieser konkreten Situation
überzeugen und verbindlich sein kann. Der einmalige Fall ist nicht
ohne weiteres zu einem exemplarischen umzudeuten, wie es dann
geschieht, wenn Apitz' *Nackt unter Wölfen* als Vorgriff auf den
Zustand einer Gesellschaft interpretiert wird, in der nach der Niederlage des Faschismus und mit dem Aufbau des Sozialismus die
Unüberbrückbarkeit des Gegensatzes zwischen Ethik und Politik,
individuellen und kollektiven Ansprüchen eine aus längst vergangenen Zeiten sei.

---

45. Günther Mehnert: *Aktuelle Probleme des sozialistischen Realismus.*
Berlin 1968, S. 52.
46. Vgl. z.B. die Bemerkungen über die "Gegenwartsbezogenheit" der Fabel bei Hans Jürgen Geerdts: *Zur Thematik des Antifaschismus in der Geschichte der DDR-Prosa.* In: Zs. f. Germanistik 1 (1980), H. 1, S. 74, oder auch Autorenkollektiv: *Geschichte der Literatur der Deutschen Demokratischen Republik.* Berlin 1976 (= Geschichte der deutschen Literatur. Von den Anfängen bis zur Gegenwart. Bd. 11), S. 297, wo es heißt, Apitz habe mit seinem
Roman "auf die Frage nach dem Wesen des sozialistischen Humanismus" geantwortet, "die sich um die Mitte der fünfziger Jahre vielen Menschen angesichts der geschichtlichen Entwicklung in der DDR aufdrängte."

ZUR FUNKTIONSBESTIMMUNG DES HISTORISCHEN ROMANS IN DER DDR-LITERATUR

von

Jay Rosellini

> Vor die Erkenntnis der wahren Beweggründe ihrer Taten haben die großen Männer den Schweiß gesetzt.
>
> Bertolt Brecht[1]

I. Einführung

Die vorliegende Untersuchung geht davon aus, daß der historische Roman zur Erhellung der "inneren Zusammenhänge, Verhältnisse und Prozesse"[2] der menschlichen Gesellschaft in ihrer geschichtlichen Entwicklung beitragen kann – und soll. Ein derartiger Auftrag setzt natürlich voraus, daß beim Lesepublikum ein gewisses Interesse an der Aneignung von Geschichtskenntnissen bzw. an einer (kritischen) Auseinandersetzung mit der Vergangenheit vorhanden wäre. Was die heutige Bundesrepublik betrifft, so kann man einerseits eine um sich greifende "Geschichtsmüdigkeit"[3]

---

1. Bertolt Brecht, *Die Geschäfte des Herrn Julius Cäsar*, in: *Gesammelte Werke in 20 Bänden* (Frankfurt/M. 1967), Bd. XIV, S. 1171.
2. Manfred Buhr/Alfred Kosing, *Kleines Wörterbuch der marxistisch-leninistischen Philosophie* (West-Berlin 1974, 2. Aufl. – ursprünglich Berlin/DDR 1966), S. 65, Sp. 1 (Artikel 'dialektischer und historischer Materialismus').
3. Vgl. dazu Kurt Sontheimer, "Der Antihistorismus des gegenwärtigen Zeitalters" und "Unser verkümmertes Geschichtsbewußtsein", in: *Deutschland zwischen Demokratie und Antidemokratie* (München 1971). Vgl. auch Martin Walser, "Wie und wovon handelt Literatur", in: *Wie und wovon handelt Literatur* (Frankfurt/M. 1973), S. 121: "Die Ideologie der Endzeit, die Variation und Verbreitung des Eindrucks, daß nichts mehr kommt und nichts mehr geht, ebendieses ganze Endspielspiel ist auf den Schriftsteller als Dichter nahezu angewiesen."

feststellen, andererseits aber gleichzeitig das Bedürfnis breiter Kreise, über den oft als trocken-abstrakt empfundenen Geschichtsunterricht in der Schule hinaus gerade das Alltagsleben in früheren Zeiten kennenzulernen. (Die Lust an der "Wiederentdeckung" von Kelten, Germanen oder Etruskern mag einem etwas schrullenhaft vorkommen, doch die Vermarktung der NS-Nostalgie müßte jeden bedenklich stimmen.) Es ist allerdings bemerkenswert, daß die Überschwemmung des westdeutschen Büchermarkts durch eine Flut von populärwissenschaftlichen Geschichtsdarstellungen bisher keine entsprechende Welle historischer Belletristik nach sich gezogen hat.[4] In der Deutschen Demokratischen Republik aber, wo "sozialistisches Geschichtsbewußtsein" und "marxistisch-leninistisches Geschichtsbild" als "unabdingbarer Bestandteil sozialistischer Persönlichkeiten"[5] gelten, sieht die Lage ganz anders aus. Bereits vor Jahren ist die Produktion auf dem Gebiet der historischen Prosa unüberblickbar geworden, und kein Ende dieser Entwicklung ist in Sicht ("Kein Zweifel, in der DDR ist der historische Roman gefragt."[6]). Um die Hintergründe dieses Phänomens zu beleuchten, d.h. in diesem Fall, um die Funktion des historischen Romans im Rahmen der gesamten DDR-Literatur bzw. -Literaturpolitik zu ergründen, wird Folgendes unternommen: 1) Nach einer kurzen Skizze der Entwicklung des historischen Romans in Deutschland wird der Beitrag von DDR-Kritikern zum Verständnis dieser "Zwittergattung"[7] unter die Lupe genommen. 2) Um der Frage nachzugehen, inwiefern die Bemühungen der Kritiker bzw. Theoretiker für die DDR-Autoren relevant sind, werden ausgewählte Romane, die Gestalten aus der Reformations- bzw. Bauernkriegszeit darstellen, ausführlich analysiert. Dabei liegt das Hauptgewicht nicht nur deshalb auf dem "biographischen Untergenre", weil die vorliegende Untersuchung sonst ins Uferlose gegangen wäre, sondern auch, weil sich viele sozialistische Romantheoretiker und -kritiker mit

---

4. Werke wie Horatius Häberles *Kopf und Arm* (1976) oder Elisabeth Plessens *Kohlhaas* (1979) sind immer noch Ausnahmen.

5. *Kulturpolitisches Wörterbuch* (Berlin/DDR [2]1978), S. 237, Sp. 2 (Artikel "Geschichtsbewußtsein").

6. Siegfried Seidel, "Ein historischer Roman als Plädoyer für den historischen Roman", in: *NDL* 1976/7, S. 170 (Rezension von Gerhard W. Menzel, *Die Truppe des Molière*).

7. Hartmut Eggert, *Studien zur Wirkungsgeschichte des deutschen historischen Romans 1850-1875* (Frankfurt/M. 1971), S. 7.

den Vor- und Nachteilen der biographischen Form befaßt haben. Mit dem Aufkommen des spezifisch historischen Bewußtseins im 18. Jahrhundert erfolgten in Deutschland die ersten tastenden Versuche auf dem Gebiet des historischen Romans.[8] Man bemühte sich zum erstenmal um ein von Verfälschung und Verzerrung freies Abbild vergangener Epochen. Bei den Werken der Romantiker, für die historische Fakten "ohne eigenen Wahrheitswert"[9] waren, handelte es sich eher um eine Suche nach Symbolik und Mythos. Erst unter dem Einfluß von Walter Scott entstanden "moderne" Romane, die dem wachsenden Bedürfnis nach historischer Echtheit nachkamen. Zu den von Scott Beeinflußten gehören Wilhelm Hauff und vor allem Willibald Alexis, dessen Werke "an der historischen Kleinlichkeit der Kämpfe zwischen Adel, Krone und Bürgertum in Preußen"[10] leiden. Eine Sonderstellung nehmen die Jungdeutschen ein, die eine Verbindung von Detailtreue und "aufdringliche[r] Gegenwartsbeziehung"[11] anstrebten. Bei ihnen offenbart sich die Problematik des Versuchs, mittels Geschichtsdarstellung politische Agitation zu leisten.

Angesichts der Unzahl von historischen Romanen, die in der zweiten Hälfte des 19. und in den ersten Jahren des 20. Jahrhunderts erschienen, festigte sich das abwertende Urteil der meisten Beobachter, welche (zumindest im Westen) heute noch von einer "fragwürdige[n] Kunst",[12] einer ehemaligen "Modegattung"[13] oder gar einem "Bastard von Phantasie und historischer Forschung"[14] sprechen. Dilettantisch-betuliche "Professorenromane", die (kultur-)geschichtliche Kenntnisse auf eine unterhaltsame, d.h. nicht

8. Vgl. Lieselotte E. Kurth, "Historiographie und historischer Roman: Kritik und Theorie im 18. Jahrhundert", in: *Modern Language Notes* 79 (1964), S. 337-362.

9. Max Wehrli, "Der historische Roman", in: *Helicon* III (1941), S. 99.

10. Georg Lukács, *Der historische Roman*, in: *Probleme des Realismus III* (*Werke*, Bd. VI) (Neuwied und Berlin 1965), S. 83.

11. Helmut Kind, *Das Zeitalter der Reformation im historischen Roman der Jungdeutschen* (Göttingen 1969), S. 22 und 65.

12. Wolfgang Gast, *Der deutsche Geschichtsroman im 19. Jahrhundert: Willibald Alexis* (Freiburg 1972), S. 1.

13. Hans Dieter Huber, *Historische Romane in der ersten Hälfte des 19. Jahrhunderts* (München 1978), S. 19.

14. Hans Georg Peters, "Geschichte als Dichtung. Zur Problematik des historischen Romans", in: *Neue Deutsche Hefte* 91 (1963), S. 10.

anstrengende Weise vermitteln sollten, belletristische Biographien, die dem offenkundigen Bedürfnis nach dieser oder jener "Geschichte eines großen Herzens" nachkamen, verhinderten bzw. verlangsamten lange Zeit hindurch die kritische Rezeption von psychologisierenden Werken eines Meyer oder Fontane. Das politische und geistige Klima der Weimarer Republik, welches von den Erlebnissen des Ersten Weltkrieges und der gescheiterten Revolution in Deutschland maßgeblich geprägt wurde, begünstigte die Entstehung von historischen Romanen, die die Ereignisse der Gegenwart mit denen der vorangegangenen Epochen verknüpften. Dabei handelte es sich sowohl um die Propagierung demokratischer Ideen (Lion Feuchtwanger u.a.) als auch um die Verschleierung der eigentlichen Konflikte mittels Mythisierung bzw. Verklärung (z.B. bei Erwin Guido Kolbenheyer). Ernsthafte Kritiker wandten sich immer mehr einer Gattung zu, die jahrelang ein kümmerliches Dasein als eine trivialliterarische Randerscheinung gefristet hatte. Unter den exilierten Schriftstellern rückte das historische Genre dann sogar in den Mittelpunkt der literarisch-politischen Diskussion, und es wurde mehr denn je zur Waffe im politischen Kampf, d.h. in diesem Fall im Kampf gegen die Verfälschung der deutschen Geschichte von seiten der nationalsozialistischen Autoren und Politiker.[15]

Nach 1945 betrieb man in der SBZ bzw. DDR nicht nur die restlose Beseitigung der faschistischen Version der deutschen Geschichte, sondern auch die Herausarbeitung eines marxistisch-leninistischen Geschichtsbildes, das die Gründung des ersten sozialistischen Staates auf deutschem Boden als eine historische Notwendigkeit erscheinen lassen sollte, wobei die Bürger der DDR als "rechtmäßige Erben und gesetzmäßige Vollstrecker aller bedeutenden humanistischen und revolutionären geschichtlichen Traditionen"[16] zu begreifen wären. Immer wieder wurde betont, daß die neue sozialistische Kultur sich "auf die Bewahrung und schöpferische Fortfüh-

---

15. Vgl. dazu Hans Dahlke, *Geschichtsroman und Literaturkritik im Exil* (Berlin und Weimar 1976). Was den NS-Geschichtsroman angeht, so muß es den heutigen Kritiker befremden, mit welcher Selbstverständlichkeit Max Wehrli ihn als bemerkenswertes Glied einer langen Kette hinstellt. Vgl. Wehrli, a.a.O., S. 102. Eine andere Sicht bietet Wolfgang Wippermann, "Geschichte und Ideologie im historischen Roman des Dritten Reiches", in: *Die deutsche Literatur im Dritten Reich*, hrsg. von Horst Denkler und Karl Prümm (Stuttgart 1976), S. 183-206.

16. *Kulturpolitisches Wörterbuch*, a.a.O., S. 238, Sp. 1.

rung aller revolutionären und humanistischen Traditionen der deutschen und internationalen Literatur, Kunst und Wissenschaft"[17] gründete. Da aber eine sozialistische Historiographie, deren Aufgabe es gewesen wäre, den Anspruch solcher Bekenntnisse wissenschaftlich zu untermauern, zunächst einmal nur in Ansätzen vorhanden war, kam der schönen Literatur nicht unerhebliche Bedeutung zu. Diesbezüglich ist es kaum verwunderlich, daß viele Geschichtsromane antifaschistisch-demokratischer Autoren wie Lion Feuchtwanger, Heinrich Mann und Thomas Mann zum Druck kamen, und "während des ersten Nachkriegsjahrzehnts in der DDR zu den meistgelesenen Prosawerken des jüngsten literarischen Erbes"[18] zählten. Dies konnte allerdings nur eine Übergangslösung sein, da man über die Grenzen des "kritischen Realismus" hinaus auch auf dem Gebiet der historischen Belletristik neue, von der Methode des "sozialistischen Realismus" geprägte Werke forderte. Es ging u.a. darum, den von der NS-Ideologie z.T. noch "verseuchten" Menschen Gestalten und Ereignisse aus der deutschen Geschichte vorzustellen, die bisher entweder verzerrt dargestellt oder einfach nicht erwähnt worden waren. Die Arbeit der Schriftsteller wurde – und wird – von der Arbeit der Literaturkritiker begleitet, deren Aufgabe darin besteht, das Wesen des historischen Romans (auch des historischen Dramas, das aber hier nicht berücksichtigt werden kann) zu erörtern und neue Werke an den im Laufe der Zeit aufgestellten Maßstäben zu messen. Im Folgenden wird anhand der Rezensionen und Aufsätze aus der *Neuen deutschen Literatur*, *Sinn und Form* und den *Weimarer Beiträgen* die kritische Diskussion der letzten drei Jahrzehnte dargelegt und analysiert.

II. Theorie und Kritik des historischen Romans in der DDR

Wer in den zahlreichen Beiträgen ein Ordnungsprinzip oder zumindest einen Orientierungspunkt sucht, kann nicht umhin, sich mit dem "Phänomen Lukács" zu befassen, denn die Auseinandersetzung vieler DDR-Kritiker mit dem ungarischen Theoretiker (dessen Ideen oft diskutiert werden, ohne daß sein Name erwähnt wird) ist von zentraler Bedeutung. Zwar erschien Lukács' kontroverses Buch *Der historische Roman* erst 1955 in deutscher Sprache,[19]

17. ebenda, S. 388, Sp. 1 (Artikel "Kulturerbe").
18. Hans Dahlke, a.a.O., S. 375.
19. Georg Lukács, *Der historische Roman* (Berlin 1955). Erstdruck Mos-

doch seine Aufsätze zum selben Thema wurden 1938 in den Zeitschriften der antifaschistischen Emigranten gedruckt.[20] Es sollte allerdings nicht der Eindruck entstehen, als drehte sich die DDR-Debatte nur um Lukács' Einschätzung des historischen Romans, so wichtig sie auch ist. Die Wandlungen des Lukács-Bildes in der DDR hängen auch sehr stark von außerliterarischen Faktoren ab, nämlich von seiner Rolle als politischem Denker und Aktivisten. Vor seiner Teilnahme am ungarischen Aufstand von 1956 galt er als einer der Hauptvertreter der marxistischen Literaturwissenschaft,[21] und noch im Jahre 1956 konnte man Folgendes lesen: "Die Bedeutung des Buches [des *Historischen Romans*, JR] für die marxistische Ästhetik kann nicht hoch genug eingeschätzt werden."[22] In einer wichtigen Rezension aus dem Jahre 1957 kritisierte Hans-Jürgen Geerdts Lukács' undialektische Kanonisierung frühbürgerlicher Romanformen und seine hegelianisch anmutende "Objektivität", doch letzten Endes fand er das Buch doch "sehr verdienstvoll".[23] Ein Jahr später betonte Hans Kaufmann bei einer Analyse des sozialistischen Realismus ohne Umschweife den "Unterschied zwischen der Auffassung von Lukács und der marxistischen Auffassung".[24] In den letzten Jahren ist derartige Polemik dem Streben nach einer "differenzierte[n] Untersuchung"[25] gewichen. Erwähnt werden

kau, 1937. In dieser Arbeit wird die Abhandlung nach der westdeutschen Ausgabe zitiert (vgl. Anm. 10). Seitenangaben z.T. im Text der Arbeit.

20. Georg Lukács, "Der Kampf zwischen Liberalismus und Demokratie im Spiegel des historischen Romans der deutschen Antifaschisten", in: *Internationale Literatur* 1938/5, S. 63-83; ders., "Die Jugend des Königs Henri Quatre", in: *Internationale Literatur* 1938/8, S. 125-132.

21. Vgl. die charakteristische Formulierung Peter Goldammers: "Aufgabe der marxistischen Literaturwissenschaft ist − nach einem Wort von Georg Lukács − die Betrachtung des gestalteten Kunstwerkes in seiner Beziehung zur objektiven Wirklichkeit." Aus: Peter Goldammer, "Literatur und Geschichte", in: *NDL* 1955/4, S. 144 (Rezension von Jürgen Kuczynski, *Studien über Schöne Literatur und Politische Ökonomie* und Heinz Kamnitzer, *Über Literatur und Geschichte*).

22. Peter Goldammer, "Zur Theorie der literarischen Gattungen", in: *NDL* 1956/9, S. 133 (Rezension von Lukács, *Der historische Roman*).

23. *WB* 1957/4, S. 636.

24. Hans Kaufmann, "Bemerkungen über Realismus und Weltanschauung", in: *WB*, Sonderheft 1958, S. 44.

25. Werner Mittenzwei, "Vorbemerkungen", in: *Dialog und Kontroverse mit Georg Lukács*, hrsg. von Werner Mittenzwei (Leipzig 1975), S. 6.

immer noch "die idealistischen und revisionistischen Grundzüge in Lukács' Auffassungen von der gesellschaftlichen Entwicklung",[26] doch dies verhindert nicht mehr eine kritische Würdigung seiner Leistungen als Literaturtheoretiker und -kritiker. Im Rahmen der vorliegenden Arbeit gilt es nun, die wichtigsten Thesen der Lukácsschen Abhandlung anzuführen und die Aufnahme bzw. Ablehnung dieser Thesen durch die DDR-Kritiker zu erläutern.

Lukács ortet die Entstehung der "klassische[n] Form des historischen Romans" am Anfang des 19. Jahrhunderts: erst in den Werken Walter Scotts finde man "das spezifisch Historische", nämlich "die Ableitung der Besonderheit der handelnden Menschen aus der historischen Eigenart ihrer Zeit" (S. 23). Implizit in dieser Auffassung ist die Absage an eine auf Aktualisierung bedachte Erzählweise: "Die erlebbare Beziehung zur Gegenwart besteht für große historische Kunst nicht in Anspielungen auf zeitgenössische Ereignisse, sondern in dem Lebendigmachen der Vergangenheit als Vorgeschichte der Gegenwart" (S. 64). Diese These wird auch in der DDR im allgemeinen als ein Kriterium eines gelungenen Werkes akzeptiert: der Autor solle "billige Analogien meiden" und von einer "aufdringlichen Aktualisierung" absehen,[27] "aktualisierende Verfälschung"[28] habe keinen Platz mehr. Problematisch wird eine solche Sichtweise jedoch in bezug auf einen Autor wie Feuchtwanger, der Stoffe aus der Vergangenheit nicht um ihrer selbst willen gestaltete: "...ich habe im Kostüm, in der historischen Einkleidung immer nur ein Stilisierungsmittel gesehen, ein Mittel, auf die einfachste Art die Illusionen der Realität zu erzielen."[29] Mögliche Vorwürfe gegen eine solche für die DDR-Produktion unhaltbare

26. Hans Dahlke, a.a.O. (Anm. 15), S. 379.
27. Joachim Müller, "Bemerkungen zu Lion Feuchtwangers neuem historischen Roman: 'Die Füchse im Weinberg'", in: *NDL* 1953/9, S. 134.
28. Joachim Streisand, "Neue historische Romane", in: *NDL* 1961/10, S. 102. Wolfgang Joho, der Aktualisierung einmal "legitim, möglich und fruchtbar" genannt hatte, tadelte später den "ahistorischen Versuch einer künstlerischen Aktualisierung von geschichtlichen Ereignissen". Vgl. Joho, "Entlarvung eines Zeitalters", in: *NDL* 1958/6, S. 150 (Rezension von Hans J. Rehfisch, *Die Hexen von Paris*), und ders., "Tragikomische Ouvertüre", in: *NDL* 1964/5, S. 134 (Rezension von Stefan Heym, *Die Papiere des Andreas Lenz*).
29. Lion Feuchtwanger, "Vom Sinn und Unsinn des historischen Romans (Nach dem Manuskript)", in: *Internationale Literatur* 1935/9, S. 20.

Einstellung werden z.T. dadurch entkräftet, daß man Feuchtwangers Theorie von seinen antifaschistisch-humanistischen Werken trennt: er habe "von der proklamierten Freiheit gegenüber dem historischen Stoff in seinen Romanen immer weniger Gebrauch gemacht".[30]

Teilen Lukács und die meisten DDR-Kritiker im Grunde dieselbe Ansicht in bezug auf historische Echtheit und Aktualisierung, so kommt es im Hinblick auf die Wahl des Helden zu keiner Übereinstimmung. Im *Historischen Roman* werden Scotts Bücher u.a. deshalb so gelobt, weil sie einen "mittleren Helden" zur Gestaltung bringen: "Scott läßt also seine bedeutenden Figuren aus dem Sein der Epoche heraus erwachsen, er erklärt nie, wie die romantischen Heldenverehrer, die Epoche aus ihren großen Repräsentanten. Darum können sie handlungsmäßig nie Zentralfiguren sein. Denn die breite und vielseitige Darstellung des Seins der Epoche selbst kann nur an Hand der Gestaltung des Alltagslebens des Volkes, der Freuden und Leiden, der Krisen und Wirrungen der mittleren Menschen klar an die Oberfläche treten" (S. 47). Solche Figuren besäßen weder klare Charakterkonturen noch große Leidenschaften, kämen also in Konfliktsituationen mit beiden Seiten in Berührung; ihr Agieren könnte also die Komplexität der Begebenheiten veranschaulichen (S. 154). Anders die großen Persönlichkeiten, die Lukács mit Hegel "welthistorische Individuen" nennt: sie sollten im Roman "fertig" erscheinen, ihre Taten seien im Zusammenhang mit den Volksbewegungen darzustellen (S. 382). Nach dieser Auffassung ist es klar, daß Lukács die biographische Form des historischen Romans ablehnen muß, denn er verlangt in erster Linie die Gestaltung der historisch treibenden Kräfte, nicht der "privatpersönlichen, rein psychologisch-biographischen Züge" eines "großen Individuums" (S. 393). Auf den ersten Blick könnte man meinen, Lukács müßte mit dieser Forderung von DDR-Seite Zustimmung ernten, denn im marxistisch-leninistischen Geschichtsbild sollte zwar "das Wirken hervorragender Persönlichkeiten" seine Würdigung finden, doch: "Im Mittelpunkt steht die geschichtsschöpferische Rolle der Volksmassen, ihre Wirksamkeit als Hauptproduktivkraft der Gesellschaft und als Motor des gesellschaftlichen Fortschritts."[31] Da die Zustimmung aber ausgeblieben ist, muß

30. Hans Dahlke, a.a.O., S. 135.
31. *Kulturpolitisches Wörterbuch*, a.a.O., S. 240, Sp. 1 und S. 239, Sp.2 (Artikel "Marxistisch-leninistisches Geschichtsbild").

man fragen, welche Argumente gegen den "mittleren Helden" angeführt werden.

Im Grunde versucht man gar nicht, Lukács zu widerlegen: statt sich mit der Problematik der biographischen Erzählweise auseinanderzusetzen, begnügt sich mancher mit dem Epitheton "dogmatisch".[32] Auch die Behauptung, daß Lukács "die paradigmatische Rolle der klassischen Gattungsprägungen überakzentuiert" habe,[33] so richtig sie auch sein mag, ersetzt nicht eine Diskussion der Vor- und Nachteile des Biographischen (eine Diskussion, die man aber dadurch umgehen kann, indem man den Unterschied zwischen historischen und historisch-biographischen Romanen einfach als unwesentlich bezeichnet[34]). Es führt auch nicht viel weiter, den mittleren Helden als einen notwendigerweise "mittelmäßigen" abzutun.[35] Produktivere Hinweise, daß z.B. die künstlerische Einheit des Biographischen und Historischen nur dann zu schaffen sei, "wenn die darzustellende Persönlichkeit ihre wesentliche Ausbildung und die Kulmination ihres Lebensweges in den behandelten historisch-politischen Ereignissen selbst erfährt",[36] bleiben eher eine Seltenheit. Angesichts der im allgemeinen dürftigen Beweisführung der meisten DDR-Kritiker liegt der Schluß nahe, daß außerästhetische Faktoren im Spiel sind. Es darf nämlich nicht vergessen werden, daß Dutzende von historisch-biographischen Romanen in der DDR erschienen sind, und man könnte wohl davon ausgehen, daß es sich in vielen Fällen um Auftragsarbeiten handelte. Allmählich kommt die Vermutung auf, daß es sich bei diesem Genre um ein "didaktisches Großprojekt" handeln könnte, welches eher zufällig mit ästhetischen Mitteln zu bewältigen wäre, und in der Tat wird im Großteil der Kritiken und Rezensionen der erzieherischen bzw. bewußtseinsbildenden Komponente der betreffenden Romane viel Aufmerksamkeit gewidmet.

Reiht man die verschiedenen Ansprüche aneinander, die gerade

32. Vgl. z.B. J. Streisand, a.a.O. (Anm. 28), S. 105.
33. P. Goldammer, a.a.O. (Anm. 22), S. 133.
34. J. Streisand, a.a.O., S. 104.
35. Gert Hillesheim, "Historischer Roman oder soziologische Typenmalerei?", in: *NDL* 1959/8, S. 141 (Rezension von Günter und Johanna Braun, *Krischan und Luise*).
36. Eduard Zak, "Biographie oder historischer Roman?", in: *NDL* 1954/11, S. 127 (Rezension von Hans-Jürgen Geerdts, *Rheinische Ouvertüre – Ein Georg-Forster-Roman*).

auf diesem Gebiet an den historischen Roman herangetragen werden, so wird man das Gefühl nicht los, daß dieser literarischen Gattung schlicht zuviel zugemutet wird. Zu den erzieherischen Aufgaben gehören u.a. die Erweckung eines Verantwortungsgefühls gegenüber den Ereignissen von heute und morgen,[37] die Enthüllung des Wesens der Geschichte und die Vermittlung historischen Bewußtseins,[38] Hilfe bei der Zerstörung von Vorurteilen[39] und die Einbringung der Forderungen der Geschichte in die Forderungen des Tages.[40] Als Leser historischer Romane sollte der Bürger der DDR klar erkennen, daß "die Verwirklichung der überzeitlichen humanistischen Ideale in der konkreten gesellschaftlichen Situation unseres Arbeiter- und Bauern-Staates" möglich sei.[41] Vor kurzem hat aber zumindest ein Beobachter vor einer "oft falsch verstandenen historischen Überlegenheit" gewarnt,[42] und diese Warnung richtet sich gegen die bedenkliche Neigung, frühere Perioden der deutschen Geschichte hauptsächlich zwecks Verklärung der vermeintlichen Größe der DDR-Gegenwart zur Darstellung zu bringen, eine Tätigkeit, die man eigentlich als anti-historisch bezeichnen müßte.

Früher oder später muß man die Frage aufwerfen, warum die oben erwähnten Aufgaben des historischen Romans nicht von der Geschichtsschreibung (bzw. dem Geschichtsunterricht in der Schule) bewältigt werden könnten, oder, anders ausgedrückt, ob der Dichter etwas leistet, wozu der Historiker nicht fähig sei. Nach einer jahrhundertelangen Diskussion ist diese Frage in der DDR im-

37. ebenda, S. 124.
38. Martin Reso, "Geschichte und Dichtung", in: *NDL* 1967/7, S. 165 (Rezension von Christa Johannsen, *Leibnitz – Roman seines Lebens*). Vgl. auch ders., "Immer mal wieder: Poesie und Geschichte. Bemerkungen zur historischen Belletristik in der sozialistischen Gegenwartsliteratur", in: *Ansichten. Aufsätze zur Literatur der DDR*, hrsg. von Klaus Walther (Halle 1976), S. 198-261.
39. Hans-Jürgen Geerdts, "Erzählkunst und Historie", in: *NDL* 1956/3, S. 146 (Rezension von Rosemarie Schuder, *Der Ketzer von Naumburg* und Gerhard Harkenthal, *Hochgericht in Toulouse*).
40. Wolfgang Predel, "Auf den Spuren des Herrn G.", in: *NDL* 1979/11, S. 140 (Rezension von Inge von Wangenheim, *Spaal*).
41. Günter Wirth, "Michelangelo im Roman", in: *NDL* 1964/6, S. 140 (Rezension von Rosemarie Schuder, *Die zerschlagene Madonna*).
42. Rainer-K. Langner, "Stützpfeiler eines Geschichtsbildes", in: *NDL* 1979/11, S. 144 (Rezension von Johannes Arnold, *Hieronymus Lotter*).

mer noch sehr aktuell. Zur Beleuchtung des Verhältnisses zwischen Dichtung und Historiographie trug Georg Lukács in seinem *Historischen Roman* nicht viel bei. Er behauptete zwar, daß es für den historischen Roman darauf ankomme, "die Existenz, das Geradeso-Sein der historischen Umstände und Gestalten mit *dichterischen* Mitteln zu *beweisen*" (S. 52; Hervorhebungen im Text), doch eine Analyse gerade dieser Mittel war nicht das Ziel seiner Untersuchung. Er begnügte sich mit Hinweisen auf die "menschliche Verlebendigung historisch-sozialer Typen" (S. 42) und die Aufgabe "der dichterischen Erfindung solcher Gestalten aus dem Volk, die dessen inneres Leben, die in ihm waltenden wichtigen Strömungen lebendig verkörpern" (S. 388). In seiner Abhandlung waren ästhetische Aspekte nicht nur deshalb von untergeordneter Bedeutung, weil der historische Roman für ihn "keinerlei eigenes Genre oder Untergenre" bildete (S. 153), sondern auch, weil ihn "weltanschaulich-politische Probleme" (vor allem die Stellung der Schriftsteller zum Volksleben) viel eher interessierten (S. 407). Da Lukács auf die Formprobleme des sozialistischen Romans nicht eingehen wollte, mußten die DDR-Kritiker bei ihren Bemühungen um den Geschichtsroman gleichsam eigene Wege einschlagen (bzw. nach neuen Autoritäten suchen).

Hinsichtlich der Existenzberechtigung dieser Gattung stehen sich zwei Argumentationsweisen gegenüber, die im Grunde genommen nicht miteinander zu vereinbaren sind. Für die einen gilt der historische Roman als "praktisches Instrument zur Herausbildung und Verbreitung eines neuen Geschichtsbildes...und zur Zerstörung der Legenden und Entlarvung der Fälschungen, mit denen das vergangene Regime und dessen Vorgänger das Bild der Vergangenheit vernebelt und verzerrt hatten".[43] Die Vertreter einer solchen Instrumentalisierung der Literatur sind allerdings nicht frei von Schizophrenie: auch ihnen ist es nämlich nicht entgangen, daß dem "künstlerische[n] Ruf" des historischen Romans "nicht wenig geschadet" worden ist, weil er "oft nur des Genres wegen...weniger kritische Beachtung findet als etwa ein Gegenwartsroman".[44] Tatsächlich begegnet man in der DDR-Kritik allzuoft apologetischen

43. Wolfgang Lehmann, "Was kann der historische Roman leisten?", in: *NDL* 1967/7, S. 170 (Rezension von Wolfgang Joho, *Aufstand der Träumer*, Johannes Wüsten, *Rübezahl oder Der Strom fließt nicht bergauf* und Leo Weismantel, *Die höllische Trinität*).
44. ebenda.

Formulierungen wie etwa der folgenden: "Der Roman hat trotz dieser Schwächen ein Verdienst: er macht auf einen der größten Männer des deutschen Volkes aufmerksam..."[45] Für die anderen steht aber fest, daß historische Romane kein "Ersatz für das Studium fachhistorischer Bücher" sein könnten bzw. sollten; sie seien als "Deutung historischen Geschehens mit künstlerischen Mitteln" aufzufassen.[46] Es sei ein Irrtum, auf einer "starre[n] Gegenüberstellung zweier wesensverschiedener Disziplinen" zu bestehen, denn Poesie und Wissenschaft ergänzten einander.[47] Einen Schritt weiter, d.h. zur Behauptung, daß der Dichter dem Historiker manchmal "vorauseilen" könnte,[48] daß die Dichtung gar als "eine Hauptquelle zur Erforschung der Vergangenheit" diene,[49] gehen die meisten Kritiker aber nicht, denn in der DDR möchte man den Dichtern auf keinen Fall die alte, nicht zu Unrecht in Verruf gekommene Rolle des "Künders und Sehers" zuerkennen. Die DDR-Kritiker befinden sich also zwischen Scylla und Charybdis, zwischen Lukács' Forderung der historischen Echtheit und Feuchtwangers Meinung, die Geschichtsschreibung sei gar nicht wissenschaftlich. Einen möglichen Ausweg aus diesem Dilemma hat man bei Alfred Döblin gefunden, der in den dreißiger Jahren den Standpunkt vertrat, Dichtung *und* Historiographie besäßen Wissenschaftscharakter.[50] Es ist natürlich nicht vorauszusehen, inwiefern sich dieser Kompromiß als gültig erweisen wird, denn sein Erfolg hängt eng mit der DDR-Einschätzung von Funktion und Wert des Ästhetischen überhaupt zusammen. Döblins Einstellung impliziert nämlich eine Autonomie des poetischen Bereichs, die es in der DDR

45. Heinz Rusch, "Geschichte im Zwielicht", in: *NDL* 1958/4, S. 143 (Rezension von Rosemarie Schuder, *Der Sohn der Hexe*).
46. W. Joho, "Möglichkeiten des Historischen", in: *NDL* 1979/11, S. 73.
47. M. Reso, "Geschichte und Dichtung" (Anm. 38), S. 164.
48. Marceli Ranicki, "Ein neues Meisterwerk deutscher Prosa", in: *NDL* 1956/3, S. 135 (Rezension von Lion Feuchtwanger, *Die Jüdin von Toledo*).
49. Jürgen Kuczynski, *Studien über Schöne Literatur und Politische Ökonomie*, zitiert nach Peter Goldammer (Anm. 21), S. 145.
50. Vgl. Alfred Döblin, "Der historische Roman und wir", in: *Das Wort* 1936/4, S. 56-71. Dazu Hans Dahlke, a.a.O., S. 155. – Vgl. dazu auch das *Kulturpolitische Wörterbuch*, a.a.O., Stichwort "Ästhetik": "Indem sie [die Ästhetik, JR] mit den objektiven historischen Interessen der revolutionären Arbeiterklasse und der sozialistischen Gesellschaft verschmilzt, *kann* sie zu einer wichtigen und unabdingbaren gesellschaftlich mitgestaltenden Kraft werden" (S. 61, Sp. 2, Hervorhebung von mir).

noch nicht gibt (obwohl man anhand der verschiedenen kulturpolitischen Debatten seit 1945 durchaus eine Bewegung auf dieses
Ziel zu ausmachen kann). Unter solchen Umständen ist es kaum
verwunderlich, daß Geschichtsromane von DDR-Schriftstellern primär nach politisch-historischen Gesichtspunkten beurteilt werden
und erst sekundär nach ästhetischen.

An dieser Stelle sollte aber betont werden, daß manche DDR-
Kritiker die Unhaltbarkeit einer solchen Beurteilungsmethode
längst eingesehen haben. Unter den Produkten der Aufbauzeit erkannte man "viel krampfhaft-aktualisierte historisch-biographische
Literatur" und auch "die historische Genremalerei im neuen Ge-
wand".[51] Mitte der sechziger Jahre beklagte man noch den Mangel
an "historischen Romanen marxistischer Autoren";[52] es wurde
festgestellt, "daß die große Tradition realistisch-historischer Romane nicht fortgeführt und weiterentwickelt worden" sei.[53] Derartige Offenheit ist zu begrüßen, doch wie steht es mit der Suche
nach Gründen für die Fehlentwicklung? Es stimmt schon, daß ein
Geschichtsroman vom Autor mehr Aufwand fordert als ein Zeitroman, daß die DDR-Historiker noch nicht jede Epoche der deutschen
Geschichte gründlich erforscht haben und daß viele Schriftsteller
sich vor dem Urteil der Historiker fürchten,[54] doch diese oder ähnliche Probleme hat es wohl immer gegeben. Um das DDR-Spezifi-
sche an der skizzierten Fehlentwicklung ans Licht zu bringen, muß
man sich mit den Schaffensbedingungen in diesem Land befassen.
Oben wurde von einem mutmaßlichen "didaktischen Großprojekt"
gesprochen, welches wohl dem Zweck dienen sollte, die DDR-Bürger mit ihrem kulturellen und politischen Erbe bekanntzumachen.
Ein solches Vorhaben müßte irgendwie organisiert werden, und
dabei dürfte das Auftragssystem der Verlage wohl die führende Rolle spielen. Dazu gab es schon vor fast 25 Jahren eine scharfsinnige
Bemerkung: "Sie [die Autoren, JR] witterten eine Konjunktur
und machten sich ohne innere Ergriffenheit an historische Themen
heran. Ausgerüstet mit einigen Notizen aus einem marxistischen

51. G. Hillesheim, a.a.O. (Anm. 35), S. 141. Hillesheim bestreitet den guten Willen der Autoren nicht, findet aber, daß sie keinen Beitrag zur "histo-
risch-dialektischen" Gestaltung der deutschen Geschichte geleistet hätten.
52. Werner Ilberg, "Luther und die Folgen", in: *NDL* 1965/4, S. 150 (Rezension von Hans Lorbeer, *Die Rebellen von Wittenberg*).
53. M. Reso, "Geschichte und Dichtung" (Anm. 38), S. 164.
54. ebenda.

Lehrbuch und mit Aufzeichnungen aus einem Geschichtskommentar, versuchten sie lediglich einen Verlagsauftrag zu erfüllen. Natürlich konnte dabei nicht viel Gutes entstehen."[55] An diesem Schlüsselbegriff "innere Ergriffenheit" kommt man nicht vorbei: Wie soll einem Schriftsteller, der sich für Geschichte nicht sonderlich interessiert bzw. der keine Affinität zwischen sich selbst und einer bestimmten Epoche oder Gestalt empfindet, eine künstlerisch und historisch überzeugende Darstellung der Vergangenheit gelingen? Andererseits: Wäre das "Projekt" überhaupt ausführbar, wenn man keine historischen Romane in Auftrag gäbe? Wohl kaum.[56] Damit kommen wir unausweichlich zur dritten und wohl wichtigsten Frage: Warum spielt diese Gattung trotz ihrer problematischen Entstehungsbedingungen immer noch eine nicht unbedeutende Rolle im literarischen Leben der DDR?

Wie zu erwarten, gibt es mehr als eine Antwort auf diese Frage. In der sozialistischen Gesellschaft, die per Definition "ein anderes Verhältnis zur Geschichte hat als die bürgerliche",[57] in einem Land, wo dank der Erhebung des historischen Materialismus zur herrschenden Geschichtsauffassung für den historischen Roman "Voraussetzungen bestehen, wie sie früher nicht bestanden haben",[58] müßte ein neuartiges Lesepublikum anzutreffen sein, das wie keines zuvor mit der historischen Denkweise ausgestattet wäre, die die eigentliche Voraussetzung für die gewinnbringende Lektüre eines solchen Romans ist. Tatsächlich redet man nicht ohne Stolz von den "veränderten Rezeptionsbedingungen" in der DDR, "wo das Bewußtsein der dialektischen Prozeßhaftigkeit geschichtlicher Abläufe schon in der Schule wissenschaftlich begründet" werde.[59] Wenn das stimmen sollte, dann dürfte man in der DDR mit Sicher-

55. Hans Jürgen Geerdts (Anm. 39), S. 144.
56. "Tatsache ist, daß nur eine vergleichsweise geringe Zahl von Schriftstellern unseres Landes aktives Interesse an der literarischen Gestaltung geschichtlicher Vorgänge zeigt..." Aus: Horst Langer, "Kompetenz der Historie", in: NDL 1976/1, S. 162 (Rezension von Hans Pfeiffer, Thomas Müntzer).
57. J. Streisand (Anm. 28), S. 102.
58. ebenda, S. 117.
59. Joseph Pischel, Lion Feuchtwanger (Leipzig 1976), S. 230. – Vgl. dazu Jürgen Kuczynski, "Über unsere Auswahl von Schülern für das Studium – ein Brief", in: Studien zu einer Geschichte der Gesellschaftswissenschaften (Berlin/DDR 1978), Bd. X, S. 103: "...Vermittlung von Faktenwissen darf nicht, auch nicht unter dem Gesichtspunkt künftigen Studiums, ein Hauptziel

heit eine neue, ja die bisher höchste Blüte des Geschichtsromans erwarten. Von den DDR-Kritikern wird aber gerade das Ausbleiben dieser Blüte (vgl. oben) ständig beklagt. Wie reimt sich das zusammen? Wenn manche *Autoren* schon ein eher zwiespältiges Verhältnis zum historischen Stoff haben, dann muß man auch die potentiellen *Leser* unter die Lupe nehmen. Könnte es sein, daß sich die Schüler trotz intensiven Bemühens von seiten der Lehrerschaft doch keine lebendige Beziehung zur deutschen Geschichte aneignen? In der Bundesrepublik, wo den Schülern auf mehr oder weniger subtile Weise beigebracht wird, daß die historische Entwicklung mit dem Kapitalismus aufhört, ist eine gewisse Geschichtsmüdigkeit schlimm genug, aber verständlich; in der DDR aber, wo die Vorstellung einer *Übergangs*gesellschaft zwischen Kapitalismus und Kommunismus fest verankert ist, wäre sie katastrophal. Es würde den Rahmen dieser Arbeit sprengen, wollte man das Geschichtsbewußtsein der DDR-Bürger untersuchen, doch auf eine angehende Diskussion unter den Pädagogen des Landes sollte hingewiesen werden: Im Unterricht scheint es immer schwieriger zu werden, bei den Schülern Interesse am klassischen Erbe zu erwecken;[60] nur das Gegenwartsbezogene "zieht". Sollte dieser Trend überhandnehmen, so käme gerade dem historischen Roman als einer Art Nachhilfeunterricht immer mehr Bedeutung zu. Wo sollten die Leser aber herkommen, wenn die heranwachsenden Generationen bis zu einem gewissen Grade ahistorisch eingestellt wären?

Vielleicht gehen alle diese Fragen in die falsche Richtung, denn sie implizieren, daß der DDR-Leser zu einem historischen Roman greift, weil er mehr über die Vergangenheit erfahren möchte. Es gibt nämlich auch eine andersgeartete Motivierung, welche eher auf Exotik als auf Bildung aus ist. Seit eh und je werden poetische

der Schule sein. Einmal ist es mindestens ebenso wichtig zu lernen, wo man Fakten nachschlagen kann. Und sodann liegt doch meiner Ansicht nach die Hauptaufgabe der Schule, vor allem in den letzten Klassen, auf ganz anderen Gebieten als der Vermittlung und Entwicklung von Fakten. ... Fakten und ideologische Thesen (Dogmen) erziehen weder sozialistische Bürger noch Menschen, die studieren sollen. Ich muß sagen, daß mein Unterricht in der kaiserlichen und der Weimarer Schule besser vom Standpunkt der Gewinnung der Schüler für einen bestimmten Klassenstandpunkt war als der Unterricht an so manchen unserer Schulen."

60. Vgl. Manfred Jäger, "Kultur", in: *Deutschland Archiv* 1980/3, S. 233-235.

(z.T. extrem romantisierte) Darstellungen früherer Epochen bzw. einfühlsame Lebensbeschreibungen bedeutender Persönlichkeiten aus Unbehagen an der eigenen Gegenwart zur Hand genommen. In der DDR bestätigt man zwar die Existenz eines ähnlichen Phänomens in den ersten Nachkriegsjahren ("Vor Jahren...bildete der historische Roman oft ein Domizil gegenwartsabgewandter Zurückgezogenheit für manche Leser wie auch für manche Schriftsteller...[61]), doch es wird energisch bestritten, daß etwas Vergleichbares noch bestünde ("Autor wie Leser sollen der Gegenwart nicht entfliehen und − was noch wesentlicher ist: Sie können es auch nicht."[62]) Wer aber eine Flucht aus dem Hier und Heute als möglichen Lese-Antrieb ausschließt, der muß andere Gründe für die oft registrierte Beliebtheit des Genres anführen. Unter den zahlreichen Erklärungsversuchen ist der folgende besonders bemerkenswert: "Stoffe, Geschehnisse, Figuren und menschliche Konflikte der Vergangenheit interessieren den Leser der sog. Schönen Literatur heute nur soweit, wie er in ihnen Antworten auf die Fragen seines eigenen, zeitgenössischen Lebens findet."[63] Diese Behauptung führt allerdings zur Frage, warum der DDR-Leser solche Antworten nicht eher in der Gegenwartsliteratur seines Landes suchen sollte. Nun, Lion Feuchtwanger und mancher vor ihm wußte, daß eine Auseinandersetzung mit der Gegenwart durch die zeitliche Distanzierung sehr erleichtert wird. Feuchtwanger meinte, in unserer "sehr bewegte[n] Zeit" gebe es Entwicklungen, deren Abschluß nicht vorauszusehen sei.[64] Gerade in bezug auf die gesellschaftliche Realität in der DDR ist dieses Wort aus dem Jahre 1935 von unverminderter Aktualität: Da es den meisten Bürgern (und damit nicht wenigen Schriftstellern) schleierhaft bleibt, nach welchen Kriterien Entscheidungen getroffen werden bzw. was für eine politische Linie in den kommenden Jahren zu erwarten wäre, ist es eine diffizile Aufgabe, ein Werk über die Gegenwart zu schreiben, es sei denn, man verzichtet auf ernsthafte Kritik oder rückt das Private zuungunsten des Öffentlichen in den Mittelpunkt.

Das soll nicht heißen, daß die Schaffensbedingungen immer die gleichen blieben. Die Diskussion über das Wesen und die Funktion

61. W. Lehmann (Anm. 43), S. 170.
62. W. Predel (Anm. 40), S. 138.
63. G. Hillesheim (Anm. 35), S. 140.
64. L. Feuchtwanger (Anm. 29), S. 20.

des historischen Romans in der DDR wäre viel weniger abstrakt, hätte man genaue Statistiken über Erscheinungsjahr und Auflagenhöhe der betreffenden Werke zur Verfügung. In dieser Arbeit können nur gewisse Sachzusammenhänge angedeutet werden, doch eine kurze Notiz aus dem Jahre 1958 gibt einem schon zu denken. Damals hatte der Schriftstellerverband ein Katalogwerk mit dem Titel *Deutsche Literatur der Gegenwart* veröffentlicht, dem laut *NDL* Folgendes zu entnehmen war: "Nach den Angaben des Katalogs behandelten im Jahre 1953 etwa 26 Prozent aller neu erschienenen Bücher Gegenwartsprobleme; diese Anteilzahl sank aber in den Jahren 1954 und 1955 bis auf 11 Prozent. Dafür erreicht 1955 die Prosaliteratur mit historischer Thematik ihren höchsten Stand (24 Prozent) und die Unterhaltungsliteratur macht in jenen Jahren etwa 32 Prozent unserer Neuerscheinungen aus. Die Zahlen belegen, was in der letzten Zeit immer wieder in der Öffentlichkeit konstatiert wurde: das Zurückweichen unserer Literatur vor Gegenwartsstoffen."[6 5] Im *NDL*-Bericht wird der 17. Juni 1953 nicht erwähnt, doch die Leser der Zeitschrift haben die Ereignisse dieses Tages und ihr Nachbeben sicher als wichtige Faktoren bei der literarischen Entwicklung der darauffolgenden Jahre in Erwägung gezogen. Man kann sich sehr wohl vorstellen (obwohl der statistische Nachweis – wie gesagt – noch aussteht), daß es auch in den sechziger und siebziger Jahren gewisse Zeitspannen gab, in denen die Behandlung von Gegenwartsstoffen eine heikle Angelegenheit war, Perioden also, die die Entstehung von Geschichtsromanen begünstigten. Es ist natürlich eine andere Frage, inwiefern es sich dabei um Zeitromane im historischen Kostüm (es bedürfte der intensiven Arbeit eines großen Forschungskollektivs, um die Hunderte von Werken nach Gegenwartsanspielungen abzuklopfen), um "echte" Exemplare des Genres oder um Trivialliteratur handelte. Die Werkanalysen im zweiten Teil dieser Arbeit sollen als bescheidener Beitrag zum Verständnis der Gesamtentwicklung betrachtet werden.

Es wäre müßig, voraussagen zu wollen, wie es in zehn oder zwanzig Jahren um die Produktion von historischer Prosa in der DDR bestellt sein dürfte, denn dazu gehörte das Wagnis, künftige Strömungen in der Kulturpolitik aus der heutigen Lage herauszulesen,

65. "Ein Literaturkatalog", in: *NDL* 1958/5, S. 155. Es heißt weiter, daß Reportagen über die DDR seit 1954 "fast überhaupt nicht mehr veröffentlicht"

was bisher in den meisten Fällen kläglich gescheitert ist. Man kann jedoch auf ein Phänomen hinweisen, das meines Wissens völlig neuartig ist. Im Jahre 1979 widmete die *NDL* ihre ganze November-Ausgabe der Suche nach den "Möglichkeiten des Historischen" (das Rahmenthema hieß: "Bewußt in der Geschichte sein"). Darin äußerten sich einige Autoren zu ihrem Verhältnis zum historischen Roman, zum historischen Stoff überhaupt ("Möglichkeiten des Historischen", S. 73-80). Der Leser findet da weniger brisante Stellungnahmen, wie etwa die, daß es "die vornehmste Aufgabe" des Geschichtsromans sei, "gerade bei den jüngeren Generationen Geschichtsbewußtsein zu wecken" (Wolfgang Joho, S. 74), oder die, daß die "jugendlichen Leser ein innigeres Verhältnis" zur Geschichte erhalten sollten (Gotthold Gloger, S. 79), doch nicht nur solche. Waldtraut Lewin meinte z.B.: "Dann gibt es noch die historischen Romane, die dem Geschichtslehrer die Detailvermittlung abnehmen und in Rationalistenmanier 'dem, der nicht viel Verstand besitzt', die Zeiten der Vergangenheit plausibel machen. Das ist beinah noch schlimmer als so richtig schöner Kitsch" (S. 77). Inge von Wangenheim bestritt sogar, daß der historische Roman die Bezeichnung "unverlierbares Kulturgut" verdiente: "Das 'Dabeigewesensein' läßt sich nicht mehr vorspiegeln" (S. 75). Hat die ganze Gattung also ihrer Meinung nach gar keine Zukunft? "Ich sehe bereits einige historische Romane von einstiger Weltwirkung auf der Walstatt des Vergessens sanft dahinmodern. Es gibt neuerdings gewisse Aufbereitungsanlagen. Es ist unter Umständen damit auch noch Geld zu machen. Ich glaube nicht, daß damit (auf den Spuren von Scott und Dumas) noch Literatur zu machen sein wird" (S. 76). Die einzigen "Spuren", die sie noch als brauchbar betrachtet, sind diejenigen Brechts, der "am radikalsten auf die Behauptung, er brächte einen authentischen historischen Sachverhalt auf die Szene, verzichtete" (ebd.). Die Erhebung von Brechts Fragment *Die Geschäfte des Herrn Julius Cäsar* (1938-39) zum musterhaften Beispiel eines "anderen"[66] historischen Romans (trotz des Lobes

---

66. Vgl. Hans Vilmar Geppert, *Der 'andere' historische Roman* (Tübingen 1976). Auch Geppert möchte ein Alternativ-Modell (und auch eine Alternativ-Geschichte) des historischen Romans aufstellen. Auch ihm gilt Brechts *Cäsar* als einer der Romane, "die die Probleme und Möglichkeiten ihrer Gattung am konsequentesten und intensivsten für das 'Zum-Verstehen-Bringen' von Geschichte einsetzen und so das ihnen jeweils erreichbare Maß an authenti-

der Kritiker hat das Buch offenbar nicht Schule gemacht) bedeutet im Grunde, daß die "Brecht-Lukács-Debatte" auf dem Gebiet der Theorie mit einem Sieg des Augsburgers endete, ohne daß der Einfluß des Ungarn hinsichtlich der literarischen Praxis (in diesem Fall des Geschichtsromans) eingedämmt worden wäre. Es bleibt abzuwarten, inwieweit Wangenheims Vorstellungen gegen die herrschende Praxis und deren stillschweigende Bejahung seitens der Kulturpolitiker werden ankommen können.

III. Historischer Roman und frühbürgerliche Revolution

Vom Standpunkt des historischen Materialismus gibt es keine historischen Epochen, die "unwichtig" wären, doch es gibt manche, mit denen man sich besonders intensiv auseinandersetzt, weil in ihnen entweder die Anfänge oder die Kulmination radikaler Umwälzungen stattfinden. Zu den Perioden der deutschen Geschichte, die dieser Kategorie zuzurechnen wären, gehört die Reformation, die die Historiker der DDR zusammen mit dem Bauernkrieg als "frühbürgerliche Revolution"[67] bezeichnen. Für Marx war die Reformation "Deutschlands revolutionäre Vergangenheit"[68] (allerdings nur eine theoretische), und der Bauernkrieg, der an der Theologie gescheitert sei, galt ihm als "die radikalste Tatsache der deutschen Geschichte".[69] Engels, der bereits 1850 die kurze Studie *Der deutsche Bauernkrieg* veröffentlicht hatte, meinte in späteren Jahren, daß die Reformation die erste große "Entscheidungsschlacht" des Bürgertums gegen den Feudalismus gewesen sei.[70]

scher, geschichtsrelevanter und tendenziell emanzipatorischer Erkenntnisbedeutsamkeit realisieren" (S. 14). Bezeichnend für die westdeutsche Literaturentwicklung ist die Tatsache, daß Geppert nur einen Roman aus der BRD ausführlich behandelt (Alexander Kluges *Schlachtbeschreibung* von 1964). Sein Versuch, eine emanzipatorische Theorie zu entwickeln, hat in seinem eigenen Land leider nur antizipatorische Bedeutung.
67. Vgl. die Arbeiten von Max Steinmetz in: *Reformation oder frühbürgerliche Revolution?*, hrsg. von Rainer Wohlfeil (München 1972). Vgl. auch A. Laube/M. Steinmetz/G. Vogler, *Illustrierte Geschichte der frühbürgerlichen Revolution* (Berlin/DDR 1974).
68. Karl Marx, "Zur Kritik der Hegelschen Rechtsphilosophie, Einleitung", in: Marx/Engels, *Studienausgabe* (Frankfurt/M. 1971), Bd. I, S. 17.
69. ebenda, S. 25.
70. Friedrich Engels, "Einleitung zur englischen Ausgabe der 'Entwicklung des Sozialismus von der Utopie zur Wissenschaft' ", in: Marx/Engels, *Werke* (Berlin/DDR 1956ff.), Bd. XXII, S. 300.

80

Martin Luther, den Engels zum "Fürstenknecht"[71] abgestempelt hatte (sein Urteil milderte er später ab), stand man in der DDR zunächst wegen seines Glaubens und seiner Hetzschriften gegen die aufständischen Bauern ablehnend gegenüber, doch im Laufe der Jahre ist ein differenzierteres Luther-Bild entstanden; den Reformator, dessen Kampf gegen Rom und dessen Sprachschöpfung schon immer gewürdigt wurden, faßt man jetzt als Wegbereiter Thomas Müntzers auf.[72] Müntzer selbst, aus Engelsscher Sicht ein "wahrer Demokrat" und "der berühmte Führer des Bauernaufstandes von 1525",[73] wird in seinen Eigenschaften als Theoretiker und Volksführer als die Schlüsselgestalt der ganzen Epoche betrachtet ("der einzige Reformator, der die theoretische Sphäre durchstieß und aus der Theologie revolutionäre Konsequenzen zog"[74]).

In der DDR trägt nicht nur die Geschichtsschreibung, sondern auch die schöne Literatur zur Aufarbeitung und Vermittlung des Erbes der frühbürgerlichen Revolution bei. Das gilt für alle literarischen Gattungen, also auch für die historische Prosa. Im Folgenden soll durch die Analyse von einzelnen Romanen beleuchtet werden, wie die Erbepflege in die dichterische Praxis umgesetzt wird. Neben Hans Lorbeers Trilogie *Die Rebellen von Wittenberg*, die am Anfang einer langen Reihe von Werken steht, wurden als Gegenstand der vorliegenden Untersuchung zwei historisch-biographische Romane ausgewählt, die den Lesern eine berühmte und eine weniger bekannte Gestalt aus der Reformationszeit vorstellen. Von Interesse sind dabei einerseits die Spezifik und Problematik der von Lukács abgelehnten biographischen Form und andererseits die Wirksamkeit der bei dieser Form eingesetzten dichterischen Mittel.

Als Hans Lorbeer die Arbeit an seiner Trilogie (*Das Fegefeuer*,

71. ders., *Der deutsche Bauernkrieg* (Frankfurt/M. 1970), S. 55.
72. Vgl. Max Steinmetz, "Die Entstehung der marxistischen Auffassung von Reformation und Bauernkrieg als frühbürgerliche Revolution", in: *Reformation oder frühbürgerliche Revolution?*, a.a.O., S. 81 und 99.
73. Fr. Engels, "Deutsche Zustände", in: Marx/Engels, *Werke*, a.a.O., Bd. II, S. 577.
74. Max Steinmetz u.a., *Deutschland von 1476 bis 1648* (Berlin/DDR ²1978), S. 137. Für eine Skizze der Wandlungen des marxistischen Luther- bzw. Müntzerbildes vgl. Jay Rosellini, *Thomas Müntzer im deutschen Drama* (Bern/Frankfurt-M./Las Vegas 1978), S. 19-22, 25-27 und 33-37.

1956; *Der Widerruf*, 1959; *Die Obrigkeit*, 1963)[75] aufnahm, waren in der DDR schon manche literarischen Werke über Gestalten aus der Zeit der frühbürgerlichen Revolution erschienen (das wohl bekannteste war Friedrich Wolfs Drama *Thomas Münzer*[76]), und Lorbeer selbst hat es seit den frühen sechziger Jahren nicht an Nachfolgern gefehlt, doch seine drei Romane sind bis heute der ambitiöseste Versuch, den DDR-Lesern Geschichte und Gesellschaft dieses Zeitalters vorzustellen. Die Anregung zum Schreiben kam 1953 von Johannes R. Becher, der damals vor allem Didaktisches im Sinn hatte: man müsse den Deutschen die großen, revolutionären Traditionen ihres Landes bewußt machen (derselbe Becher hatte dreißig Jahre früher nicht verstehen können, warum sich der Arbeiterschriftsteller Lorbeer für die Reformation interessierte).[77] Als gebürtiger Kleinwittenberger kannte Lorbeer Land, Leute und Sprache der "Luthergegend" aus eigener Anschauung; dies war eine wichtige Voraussetzung für sein Vorhaben, denn er wollte historische Ereignisse nicht "kommentieren", sondern "Menschen darstellen und durch sie die geschichtlichen Ereignisse sichtbar, mit ihren Handlungen die ökonomischen und politischen Zusammenhänge deutlich machen".[78] Anscheinend besaß er also die "innere Ergriffenheit" (vgl. oben), die für das Gelingen eines solchen Projekts notwendig wäre.

Im Rahmen der inzwischen berühmt gewordenen "Sickingen-Debatte" von 1859 wies Friedrich Engels darauf hin, daß jedem Dramatiker, der die Reformationszeit gestalten wollte, ein "Falstaffscher Hintergrund"[79] zur Verfügung stehe. Der Romancier

75. Nach folgenden Ausgaben wird zitiert: *Das Fegefeuer* (Halle 1956); *Der Widerruf* (Halle 1974, 11. Aufl.); *Die Obrigkeit* (Halle 1975, 9. Aufl.).

76. Vgl. Hanna-Heide Kraze, "Thomas Münzer" (1946; Hörspiel); Ernst Sommer, *Die Sendung Thomas Münzers* (1948; belletristische Biographie); Karl Kleinschmidt, *Thomas Münzer* (1952; belletristische Biographie); Friedrich Wolf, *Thomas Münzer, der Mann mit der Regenbogenfahne* (1953; Drama); Ernst Sommer, *Das Leben ist die Fülle, nicht die Zeit* (1955; Porträtstudie Ulrich von Huttens); Horst Ulrich Wendler, *Thomas Müntzer in Mühlhausen* (1953; Drama).

77. Dieter Heinemann, " 'Chemieprolet' und Dichter. Interview mit Hans Lorbeer", in: *Auskünfte – Werkstattgespräche mit DDR-Autoren* (Berlin und Weimar 1974), S. 242. (Erstabdruck: *WB* 1971/12).

78. ebenda, S. 243.

79. Fr. Engels, "Brief an Ferd. Lassalle vom 18.5.1859", in: Marx/Engels, *Über Kunst und Literatur*, hrsg. von Manfred Kliem (Berlin/DDR 1967), Bd. I, S. 186.

Lorbeer wollte diesen Hintergrund in den Vordergrund verwandeln, d.h. die Freuden und Leiden der "gemeinen Leute" sollten bei ihm im Mittelpunkt stehen. Diese Absicht konnte aber nur dann verwirklicht werden, wenn eine Fabel erfunden würde, die den Alltag der Massen mit den Hauptgestalten und -ereignissen der damaligen Zeit verknüpfte. Lorbeer löste seine Aufgabe auf eine für die historische Dichtung leider allzu charakteristische Weise, indem er zunächst eine, dann mehrere Liebesgeschichten (und -intrigen) zum Rückgrat der Handlung machte. Dieses Vorgehen ermöglicht es ihm zwar, das Auftreten von Figuren aus den verschiedenen Ständen zu motivieren, doch nach einer Weile wird das Ganze unglaubwürdig. Es geht noch an, wenn die verwaiste Bauerstochter Barbara Steg (deren Liebe zum Kleinschmiedegesellen Berthold Thamm viele Passagen des ersten Bandes gewidmet sind) im Hause des Gewandschneiders Herberger als Magd aufgenommen wird, aber der Leser findet es unwahrscheinlich, daß Luther (der sich selbst halb in Barbara verliebt!) Zeit gehabt hätte, sich um die Betrügereien von Barbaras Vormund zu kümmern. Die Immoralität des schönen Edelmanns Franz von Haberlitz kommt vor allem durch seine Affäre mit Anna Selinger, Frau des progressiven Rechtsprofessors Markus Selinger ans Licht (die Ehe wird zerrüttet), und Bewußtseinsbildung wird nicht zuletzt durch die Bemühungen des radikalen Jurastudenten und Buchhändlersohnes Hans Bachmann um seine Geliebte Julia Melchthofer (Tochter eines Kleinschmiedemeisters) vorgeführt. Von der "mönchischen Entmannung" Luthers bzw. des antilutherischen Paters Sebaldus ist auch nicht selten die Rede. Es ist klar, daß bei einem solchen Schema die Grenze des Trivialen oft überschritten wird. Man wird das Gefühl nicht los, daß Lorbeer es für nötig erachtete, angesichts der erforderlichen Lese-Anstrengung (insgesamt über 1800 Seiten) dem Leser ständig den erotischen Köder hinzuhalten. Es ist übrigens bemerkenswert, daß der einzige positive Hauptcharakter, der ganz auf Liebe verzichten muß (der junge Bauer Sebastian Balzer), schließlich zum vorbildlichen Freiheitskämpfer wird.

Doch zurück zur Konzeption der Trilogie: Inwiefern stehen die "gemeinen Leute" tatsächlich im Zentrum des Interesses? Das ist keine unwesentliche Frage, nachdem man die Untertitel der drei Bände zur Kenntnis genommen hat, denn sie heißen "Ein Roman um Luthers Thesenanschlag", "Ein Roman um Luthers Wandlung" und "Ein Roman um Luther und den Ausgang des Bauernkrieges".

Die Gesamthandlung erstreckt sich auch vom 1. Mai 1517 bis zum 30. August 1525, eine Zeitspanne, die im Grunde alle wichtigen Ereignisse der frühbürgerlichen Revolution umfaßt. Dazu Lorbeer: "Ich wollte zeigen, daß geschichtliche Bewegungen nicht Ergebnisse von Aktionen großer Geister oder Helden sind, sondern daß sich historische Prozesse als Folgen ökonomisch-sozialer Bedingungen entwickeln und im wesentlichen von den Volksmassen vorangetrieben werden."[80] Gerade in bezug auf die darzustellende Zeit ist das Zeigen des "Vorantreibens" aber außerordentlich schwierig, es sei denn, man setzt sich hauptsächlich mit dem Bauernkrieg auseinander, was Lorbeer — mit Ausnahme der ersten zwei Kapitel des dritten Bandes, die die Schlacht bei Frankenhausen schildern — nicht tut. Beim Kampf gegen Rom hatte Luther das *ganze* Volk auf seiner Seite, doch die Trennung des Geistlichen vom Weltlichen, welche im Endeffekt unausweichlich zur Verdammung des gewaltsamen Aufstandes der Massen gegen die verhaßte Obrigkeit führte, mußte gegen den Willen der Bauern (und z.t. der Bürger) durchgesetzt werden. Aus der Fülle des Stoffes sei ein Beispiel zur Veranschaulichung dieser Problematik herausgegriffen: Im *Fegefeuer* quält sich der noch unbekannte Mönch Luther mit der Formulierung seiner Thesen ("Die Angst, den falschen Weg zu gehen, der Zwiespalt des Verstandes, die Zerrissenheit der Gefühle — dies alles lähmte ihm Sinne und Hände", S. 417). Die Verzweiflung löst sich aber schnell auf, als er Besuch bekommt, und zwar von zwei "Radikalen" aus dem Volk, Berthold Thamm und Hans Bachmann (vgl. oben). Diese klagen die Machenschaften der korrupten Kirche an (Androhung des "Fegefeuers", "Hexen"-Verfolgung) und hoffen auf Luthers Beistand in Barbaras Erbschaftsstreit. Dieser regt sich über Thamms "aufsässige Red'" auf (S. 422), befürchtet jedoch gleichzeitig, daß "Thamms unfrommer Ton immer und immer wieder in die Zeilen" der Thesen geraten könnte (S. 424). Auf einem langen Spaziergang drängen sich ihm Fragen auf: "Was war das für eine Kirche, die den Menschen so in Entsetzen zu stürzen vermochte? Und — was war das für ein Luther, der den Gesellen mit allgemeinem Gerede abweisen wollte?" (S. 430). Nach einer zufälligen Begegnung mit seinem Widersacher Pater Sebaldus greift er dann "voller Hoffnung und Kraft" zur Feder, und vor seinem inneren Auge steigt ein Bild der Zukunft auf: "Er sah glückliche Menschen,

80. Lorbeer-Interview (Anm. 77), S. 244.

frei von Lug und Trug, fröhlich ihrer Arbeit nachgehend, die ihr Gebet war" (S. 431). Diese Luthersche Antizipation der letzten Worte Fausts im zweiten Teil der Goetheschen Tragödie (die von manchen DDR-Germanisten wiederum als geniale Antizipation des Sozialismus ausgelegt werden) streift das Religiöse von Luthers Vorstellungen ab, eine Verzerrung, die sich Lorbeer sonst nicht erlaubt. Der eigentliche Anschlag der Thesen (ob er wirklich geschah, braucht den Romancier nicht zu kümmern) erfolgt dann in einer Szene, die man — milde ausgedrückt — als sehr gewagt bezeichnen müßte: Luther und ein Student kämpfen vergebens gegen den "tükkischen Wind", als Thamm und Sebastian Balzer "zufällig" vorbeikommen. Mönch, Student und Bauer halten dann das Plakat, während der tüchtige Geselle die Nägel einschlägt (bis auf den letzten, den er dem Verfasser der Thesen überläßt). Diese ideale Volksfront bricht gleich darauf wieder auseinander, doch die Botschaft für den Leser ist eindeutig genug. Im letzten Band wird sie von Bachmann noch einmal artikuliert: "Der gelehrte Mann setzte sich ein großes Ziel, der gemeine Mann aber tut, was auf dem Wege dorthin noch alles getan werden muß" (S. 68).

Wie schon angedeutet wurde, eignet sich Luthers Reformation schlecht zur Illustration dieser These. Lorbeer muß das im Laufe der Arbeit eingesehen haben, denn in *Obrigkeit* wendet er sich dem Bauernkrieg zu, den sonstigen Schauplatz Wittenberg durch Frankenhausen ersetzend. Auf diese Weise kann Thomas Müntzer zur Zentralgestalt erhoben werden. Diesem Kunstgriff ist aus zwei Gründen allerdings kein Erfolg beschieden: Zum einen erlebt der Leser nur den Untergang der Bauernbewegung, ohne daß die Lebensumstände der Bauern bzw. ihr Aufbegehren gegen diese Umstände ausführlich dargelegt worden wären (das Schicksal der Familie Balzer bleibt im städtischen Wittenberg an der Peripherie des Geschehens); zum anderen bleibt Müntzer bis zur Schlacht eine Randfigur der Trilogie, die dazu dient, die Widersprüche in Luthers Haltung zum Vorschein zu bringen. Hinzu kommt, daß Müntzers Lehre (mit knappen Strichen) so vorgestellt wird, als hätte sie von vornherein nicht viel mit religiösem Glauben zu tun gehabt, als wäre er schon sehr früh ein Befürworter der Gewalt gewesen.[81] Lor-

---

81. Lorbeers Schilderung entspricht dem damaligen Stand der Müntzer-Forschung in der DDR. Heute ist das Müntzerbild viel differenzierter. Vgl. *Der Widerruf*, S. 72-74, 122-125 und 687-688.

beer entgeht der Gefahr, die Müntzergestalt zu verklären (der Bauernführer zeigt Angst, Schwäche und Verzweiflung vor der Entscheidungsschlacht, *Obrigkeit*, S. 28 u. 62), doch Sebastian Balzers Behauptung, Müntzers Geist werde "wie der Jesu Christi" fortleben (ebd., S. 105), klingt hohl, weil das wahre Wesen dieses Geistes nicht erhellt wird. Das eher Episodenhafte der Bauernkriegsschilderung tritt dadurch offen zutage, daß die Regenbogenfahne, das Symbol des Aufstandes, ausgerechnet von Sebastian Balzer und Hans Bachmann (die Müntzer während der Schlacht beschützen) gerettet wird: die beiden kehren nach Wittenberg zurück, also ist der "Anschluß" geleistet, die Erzählung kann weitergehen.

Oben wurde Lorbeer dahingehend zitiert, er habe Erkenntnisvermittlung durch Menschendarstellung bewerkstelligen wollen. Angesichts der kompositorischen Schwächen, die der Trilogie anhaften, müßten seine besten Leistungen also − wenn überhaupt − auf dem Gebiet der Charaktergestaltung zu finden sein. Diesbezüglich bietet ein Blick auf das Lutherbild einen guten Einstieg. Obwohl der Autor manche Taten des Reformators für seine Zwecke zurechtbiegt, ist er im allgemeinen bestrebt, dessen religiöse Motivierung und politische Entscheidungen als konsequent zu zeigen, wiewohl er selbst nicht damit übereinstimmt. Das Problem dabei ist, daß der Leser diese Konsequenz im Grunde nicht beurteilen kann, weil psychologische Aspekte fast völlig ausgespart bleiben. Es genügt nicht, auf ca. fünf Seiten Luthers Erinnerungen an die ersten dreieinhalb Jahrzehnte seines Lebens vorbeifließen zu lassen (*Fegefeuer*, S. 425-430).[82] Dies wäre bis zu einem gewissen Grad hinzunehmen, sähe es bei den Volksgestalten anders aus; es ist ja keine leichte Aufgabe, das Porträt eines "welthistorischen Individuums" zu malen. Was nun die "gemeinen Leute" betrifft, so schafft Lorbeer durchaus typische Figuren, solange es sich um den "Falstaffschen Hintergrund" handelt. Man kann nicht umhin, mit Frau Herbergers Emanzipationsversuchen zu sympathisieren, dem armen Fischer Schittenbeck glaubt man seine trotzige Haltung, und sogar Bachmann, der als kleinbürgerlicher Revolutionär nicht selten die Sache der Armen vertritt, ist manchmal alles andere als ein

---

82. Dies ist auch von der DDR-Kritik zur Kenntnis genommen worden, ohne daß man Ähnliches bei den anderen Hauptgestalten festgestellt hätte. Vgl. Gert Hillesheim, "Luther und der 'gemeine Mann' ", in: *NDL* 1959/6 (Rezension vom *Widerruf*) und Werner Ilberg (Anm. 52).

strahlender Held (einmal möchte er nach "Utopia" fliehen, *Obrigkeit*, S. 158). Sobald die Typen aber auch als Vorbilder für die Heutigen fungieren sollen, verliert Lorbeer die Kontrolle über sich als "objektiven" Erzähler, und der Leser denkt unwillkürlich an den "sozialistischen Realismus" der dreißiger Jahre. (Es ist natürlich eine Frage für sich, inwiefern die DDR-Leser der fünfziger und sechziger Jahre Ähnliches empfunden haben.) Thamm betrachtet z.B. die arme Waise Barbara so: "Da sah er ihre schönen, ebenmäßigen Züge, einen frischen, weichen Mund und gute, braune Augen. ... Ein fester, keilartiger Rücken, weichgeschwungene Hüften und – unter schmutzigem Hemd – Hügel und Tal des jungen Busens... Er mußte sich abwenden" (*Fegefeuer*, S. 10). Dieser "scheue" Thamm sieht so aus: "Hoch und breit aufgewachsen, mit kräftig und männlich gezeichneten Gesichtszügen, dunklen Augenbrauen und klugen, die Dinge durchschauenden Augen, einem vollen, frischen Mund, über dem ein Bogen dichten Bartansatzes schattete, und dunklem Haar, das kurz gelockt seine Ohren und seinen festen Nacken umspielte..." (ebd., S. 274). Sebastian Balzer schließlich, der wegen seiner Teilnahme am Bauernaufstand gefoltert und dann hingerichtet wird (Bachmann gelingt die Flucht), ist "bärenstark" (*Widerruf*, S. 607), "ein Kerl von riesiger Gestalt" (*Obrigkeit*, S. 14). Schwerwiegender als derartige Mythisierung ist aber der zeitweilige Fehler, diesen Figuren (außer der Barbara, die wenig zu sagen hat) ein Bewußtsein zu unterschieben, das sie schwerlich hätten haben können. Thamm, den Luther einen "rebellischen Wolf" nennt (*Fegefeuer*, S. 661), ist von Anfang an ein mutiger Agitator, der auch den naiven Jungbauern Sebastian Balzer radikalisiert. Manche seiner Aussagen wirken aber zu sehr wie die künstlich aufgepfropften Einsichten des Nachgeborenen Lorbeer: so z.B. wenn er prophezeit, "daß die Hammerschläge gegen die Kirchentür das ganze Land wachklopfen" würden (ebd., S. 465), oder wenn er behauptet, die 95 Thesen seien "für den gemeinen Mann" geschrieben worden (ebd., S. 470). Auch Sebastian, der sich ein bißchen zu schnell zum bewußten Freiheitskämpfer entwickelt, ist dazu imstande, die große Zukunftsperspektive wahrzunehmen: "Ja, den Thomas Müntzer, den Bruder der armen Bauern, den Pfarrer zu Allstedt. ... Und wenn man ihn auch niedergeschlagen, mit dem Schwerte gerichtet, er wird leben, immer weiterleben, bis den Bauern ihr Recht geworden! Wahrlich! ... Die Schlacht...ging verloren, nicht aber die Sach'...des gemeinen Mannes!" (*Obrigkeit*, S. 262)

An solchen Stellen wird es klar, daß die didaktische Absicht das Streben nach historischer Echtheit bzw. poetischer Wahrheit überwiegt: der historische Roman nähert sich der Agitprop. Lorbeer muß man allerdings zugute halten, daß sich das Plakative in Grenzen hält. Der Erzähler in den *Rebellen von Wittenberg* gibt sich im allgemeinen sehr zurückhaltend, was Autorenkommentare zu den dargestellten Verhältnissen und Ereignissen anbetrifft.[83] Das aktuelle Anliegen Lorbeers führt nicht zu einer aktualisierenden Enthistorisierung des Stoffes. Insgesamt kann man feststellen, daß Lorbeer immerhin einige schlechte Traditionen des historischen Genres *nicht* weitergeführt hat. Obwohl er z.b. ein Bild der "kleineren Verhältnisse" einer fernen Epoche heraufbeschwören wollte, hat er es nicht versäumt, auch die Herrschenden auftreten zu lassen, wobei er weitgehend auf Schwarz-Weiß-Malerei verzichtet hat. (Dem Arbeiterschriftsteller fiel es sicher nicht leicht, bei der Gestaltung der Fürsten, die Tausende von Bauern niedermetzeln ließen, objektiv zu bleiben. Die einzigen "dämonischen" Figuren sind der reaktionäre Patrizier Herberger und der fanatische Luthergegner Sebaldus.) Trotz der dargestellten Niederlage des Volkes ließ er die Bewegungsrichtung der Gesellschaft − nämlich die emanzipatorische − durchblicken, ohne auf die DDR als Ziel dieser Bewegung hinzuweisen, was damals überhaupt nicht selbstverständlich war.[84] Er versuchte, die Ereignisse der Reformationszeit historischmaterialistisch zu erklären, anstatt in der Psyche der "Heroen" herumzustöbern (wie oben bemerkt wurde, ging er aber bei der Unterordnung psychologischer Aspekte zu weit). Mit einem Wort:

83. Ein Beispiel dafür: Nachdem dargelegt worden ist, wie sehr die Bürgersfrau Anna Selinger (die von Franz von Haberlitz verführt wird) von der Welt der Adligen fasziniert ist, heißt es verallgemeinernd: "Den Bürgern imponierte − wie seltsam! − der mit ihren Mitteln aufpolierte Glanz des Adels..." (*Widerruf*, S. 284).
84. Vgl. Karl Kleinschmidt, *Thomas Münzer* (Berlin/DDR 1952), S. 132: "Heute sind die Arbeiter und Bauern in den von 'Fürsten und Herren' befreiten Ländern der Erde im festen 'Verbündnis', wohlorganisiert und 'gewappnet gegen alle listigen Pfeile des Bösewichts'.
Und hinter der eisernen Schutzmauer ihrer verteidigungsbereiten Söhne erwachsen aus der vereinigten Kraft der Arbeiter, Bauern und Bürger Betriebe ohne Zahl, Bergwerke, Hütten und Fabriken, Maschinenausleihstationen und Produktionsgenossenschaften, Schulen und Hochschulen, in denen die Träume und Zukunftsgesichte Thomas Münzers Gegenwart und Wirklichkeit werden..."

er genügte fast allen Anforderungen, die Georg Lukács im *Histori-schen Roman* gestellt hatte (Bachmann ist eine Art "mittlerer Held", die welthistorischen Individuen erscheinen "fertig", die Sprache ist nicht archaisierend-naturalistisch usw.).[85] Die Erfindung von typischen Volksgestalten, die Lukács als "die große Aufgabe des historischen Romans" bezeichnet,[86] ist ihm nur teilweise gelungen. Was das relativ niedrige Anspruchsniveau des Textes angeht, so wären jugendliche Leser wohl das geeignete Publikum; an sich impliziert das aber nicht unbedingt ein abfälliges Urteil der Trilogie gegenüber. Die *Haupt*kritik an den *Rebellen von Wittenberg* hängt eng mit der Funktion der historischen Gattung in der DDR-Literatur zusammen, also scheint es ratsam, sie erst am Ende dieser Arbeit zu äußern.

Die intensive Erforschung der frühbürgerlichen Revolution, womit die DDR-Historiker am Anfang der sechziger Jahre anfingen, diente als Anregung für die Schriftsteller,[87] doch erst im Gedenkjahr 1975 (450 Jahre nach dem Bauernkrieg) erschien ein biographischer Roman über den radikalen Reformator, den Hans Lorbeer nur am Rande behandelt hatte. Bereits 1967 bekam Hans Pfeiffer (der sich bis dahin in Theaterstücken, Fernseh- und Hörspielen mit Gegenwartsstoffen befaßt hatte) vom Fernsehfunk der DDR den Auftrag, ein Spiel über Thomas Müntzer zu schreiben. Das fertige Werk (*Denn ich sah eine neue Erde*) wurde 1970 in drei Teilen gesendet, und es entstanden auch zwei Theaterbearbeitungen und der Roman *Thomas Müntzer*.[88] Der Anstoß zum Schreiben des "biographischen Romans" (Untertitel) kam also nicht vom

85. Vgl. Lukács, *Der historische Roman*, a.a.O., S. 51, 59, 73, 154, 174, 238, 256, 377 und 382. In einer Hinsicht weicht Lorbeer doch von Lukács ab: er scheut sich nicht davor, die Brutalität des Krieges bzw. der Folter zu schildern. Vgl. Lukács, ebd., S. 267 und 367. Es braucht kaum hinzugefügt zu werden, daß auch die Erfüllung *sämtlicher* Lukács-Forderungen nicht unbedingt zur Entstehung eines musterhaften Werkes führen müßte.

86. ebenda, S. 388.

87. Vgl. auch Curt Hotzel, *Tat und Traum des Bildschnitzers Veit Stoß* (1960); Benno Voelkner, *Jacob Ow* (1965); Rosemarie Schuder, *Paracelsus und Der Garten der Lüste* (1973); Renate Krüger, *Nürnberger Tand* (1974); Horst Kleineidam, *Hinter dem Regenbogen* (1975).

88. Berlin/DDR 1975. Vgl. Erika Stephan, "Gespräch mit Hans Pfeiffer", in: *Theater der Zeit* 1975/7, S. 48-51. – Der erste Müntzer-Roman (und nicht der schlechteste) ist *Thomas Müntzer. Ein deutscher Roman* von Theodor Mundt (Altona 1841).

89

Autor selbst, und die erzählende Prosa war nur eines der für die
Vermittlung von Geschichtskenntnissen und -bewußtsein gewählten Vehikel. Von "innerer Ergriffenheit" oder gar von einer Bevor-
zugung der romanhaften Erzählweise kann bei Pfeiffer also überhaupt nicht die Rede sein. Als "grundlegendes Ziel" seiner Arbeit
nannte er das Bestreben, "die Vorgänge der Historie zu nutzen als
Modell für die geschichtliche Konstellation in der Gegenwart"; im
Müntzer-Stoff habe er "eine ganz spezifische Vorform der Volksfrontpolitik" gefunden, die für den Dialog zwischen Marxisten und
Christen im Westen und in der Dritten Welt relevant sei. Die "poetische Idee" entspringe dem Konflikt zwischen Luther und Müntzer, d.h. der "dialektische[n] Spannung zwischen dem historisch
Möglichen und dem Unmöglichen".[89] Angesichts dieser Einstel-
lung des Autors muß untersucht werden, inwieweit sich gewollte
Aktualisierung und historische Echtheit die Waage halten.

Der ehemalige Lehrer Pfeiffer vertiefte sich in ein Studium der
Bauernkriegszeit und machte sich mit dem neuesten Stand der
Müntzer-Forschung bekannt. Seine dichterische Aufgabe bestand
infolgedessen nicht hauptsächlich in der Erfindung von Ereignissen
und Gestalten, sondern in der Auswahl derjenigen Aspekte, die
sowohl bedeutend als auch aktuell sein könnten. Die Bewältigung
dieser Aufgabe darf insofern als gescheitert angesehen werden, als
Pfeiffer nicht imstande war, eine Auswahl zu treffen. Der Leser
des 575 Seiten starken Buches wird nämlich mit fast allen Episoden aus den letzten fünf Jahren von Müntzers Leben konfrontiert
(für die Zeit vor 1520 sind die Quellen spärlich). Man begegnet
dem oft zur Wanderschaft bzw. Flucht gezwungenen Prediger in
Wittenberg, Leizig, Beuditz, Prag, Allstedt, Mühlhausen, Frankenhausen und schließlich auf Schloß Heldrungen, wo er nach der Bau-
ernniederlage gefoltert wird (nur die Reise nach Süddeutschland,
die zum Fernsehspiel gehört, fehlt). Wie in einem Stationendrama
folgt man der Titelfigur auf ihren Wegen, wobei vorbeifließende
Zeit und Schauplatzwechsel oft durch Naturbeschreibungen signalisiert werden: "Der erste Frost hat den Erdboden gehärtet und das
Wasser in den Fahrtrinnen mit Eis überzogen. Kahles Gesträuch,
eine blasse Sonne, Stille" (S. 5); "Der erste Oktober ist mit hellem
blauen Himmel gekommen, sehr kühl, sehr klar..." (S. 80); "In hel-

89. "Gespräch mit Hans Pfeiffer", a.a.O., S. 49f.

ler Frühe ziehen sie heute südwärts. Die Nacht hatte Regen ge-
bracht, jetzt blitzt die Sonne schon durch die Tannen..." (S. 157);
"Durch das Gitterfenster sieht Müntzer ein Stück frostigen Him-
mels. Der Februar ist mit grausamem Frost gekommen..." (S. 461).
Der Gang durch die vielen Landschaften wird zum Sinnbild für
Müntzers Suche nach der "neuen Erde" (vgl. bes. S. 551).

Pfeiffers Freude am Chronikartigen gewinnt allerdings nicht selten die Oberhand: der Autor beteuert zwar, daß "ein historisches
Zurechtrücken der Persönlichkeit" erst durch "Individualisierung"
zu schaffen wäre,[90] doch das Verweilen bei Oberflächenerschei-
nungen läuft gerade dieser Individualisierung eher zuwider. Es
"passiert" einfach zuviel, als daß psychologische Faktoren gebüh-
rend berücksichtigt werden könnten. Das heißt aber nicht, daß die
diesbezügliche Schwäche der Lorbeerschen Trilogie schlicht reproduziert wird; in diesem Fall begegnet man vielmehr einer populär-
psychologischen Verbrämung der Charakterbilder – vor allem
Luthers und Müntzers –, die kaum glaubhaft wirkt. Zunächst zu
Luther: Obwohl der Reformator als gewiefter Taktiker agiert, der
sich in der Politik auskennt ("Da hast du meine Hilfstruppen: Fürsten, Adel und Städte. Wären die nicht, hätte ich längst gebrannt,
wie der arme Hus", S. 56), wird das religiöse Fundament seines
Denkens nie in Frage gestellt – übrigens gemäß der Marxschen Bemerkung, die Religion sei ihm "sozusagen Natur" gewesen.[91] Der
Erzähler teilt aber eindeutig die Einschätzung, die er seinen Müntzer in Gedanken aussprechen läßt: "Wie immer vermengt Luther
Wahrheit mit Aberwitz" (S. 249). Zwischen Biederkeit und Jäh-
zorn schwankt der Wittenberger, der mal als gemütlicher Biertrin-
ker (z.B. S. 48f.), mal als Teufelsaustreiber (S. 248) auftritt. Um
ihn jedoch trotz allem nicht in ein allzu schiefes Licht rücken zu
müssen, setzt sich Pfeiffer den Hut des Psychoanalytikers auf. Mehr
als einmal wird nämlich per Rückblende geschildert, wie sehr der
Knabe unter dem harten Regiment des autoritären Vaters leiden
mußte. Die von der Prügelstrafe hinterlassenen Narben dienen einerseits zur Erklärung der Zwei-Reiche-Lehre ("Vater konnte ihn
schlagen, aber er schlug nicht *ihn*, das hier drinnen, dieses Höhlen-
hafte, Gewissen, Seele, Ich, Traum, das traf die Neunschwänzige

90. ebenda, S. 51.
91. K. Marx, "Luther als Schiedsrichter zwischen Strauß und Feuerbach",
in: Marx/Engels, *Werke*, a.a.O., Bd. I, S. 26.

nicht, sie traf den Leib, nicht die Seele", S. 52), andererseits zur Beleuchtung der für den Gang der (Volks-)Reformation verhängnisvollen Hinwendung zur Obrigkeit: "Es wiederholt sich alles, wenn auch mit vertauschten Rollen. So hab ich damals die Schläge des Vaters empfangen und teile jetzt im Namen eines größeren Vaters selber die Schläge aus" (S. 226). Man kann darüber streiten, ob Pfeiffers Bemühungen tatsächlich dazu beitragen, den heutigen Lesern die nahezu sagenhaft gewordene Luthergestalt "menschlich" näher zu bringen. Auf jeden Fall würden sie weniger künstlich wirken, gäbe es keine entsprechenden Bemühungen um Thomas Müntzer.

Es muß nämlich festgestellt werden, daß auch dem "Volksreformator" Kindheitserlebnisse angedichtet werden, die seine historische Rolle mit erhellen sollen. Auch Müntzer soll Hiebe bekommen haben, aber nicht zu Hause, sondern in der Schule: "Ich haßte die Schläge von Herzen, denn der Vater hat niemals die Hand gegen mich erhoben" (S. 230). Der sadistische Mönch, der die Hiebe erteilt, läßt die anscheinend masochistischen Schüler am Saaleufer die besten Weidenruten aussuchen, mit denen sie dann geschlagen werden. Der junge Müntzer, der gezwungen wird, den "Staupbesen" mit Blumen zu schmücken, ist vom ganzen Treiben angewidert: "Während die Mitschüler singend und scherzend ihre fasces heimtrugen, grübelte ich darüber nach, was die Menschen wohl zwingt, ihre Marter mit Blumen zu bekränzen" (S.231). Anhand dieser kurzen Episode kann man bis zu einem gewissen Grad erkennen, warum Pfeiffers Müntzerbild letzten Endes nicht zu überzeugen vermag: es handelt sich um einen Menschen, der so frühreif ist, daß er — zumindest im Rahmen dieser Darstellung — keine große Entwicklung durchmachen muß. Die Märchen erzählende Großmutter scheint bereits um die wahre Bestimmung des kleinen Jungen zu wissen: "Immer öfter...ernannte mich Christiane zum Überwinder der Ungeheuer, die allenthalben den Frieden stören. Ich durchstieß das Herz des Drachens, erschlug den Lindwurm..." (S. 74). Die Gefahr der mythisierenden Verklärung zum strahlenden Helden ist durchaus da, doch sie wird (unfreiwillig) abgewendet, denn Pfeiffers Vorstellungen schließen Erhabenes und Lächerliches ein. Wie ein welthistorisches Individuum Hegelscher Prägung gesteht sich Müntzer ein, daß er Glück "nie gesucht" habe (S.486), doch die Frauen fliegen ihm zu, ohne daß er auch nur den kleinen Finger zu heben brauchte. Als z.B. Ottilie von Gersen (seine spätere Frau) das Kloster verlassen und zu ihm ziehen will, fragt er sich: "Wenn sie nun nichts weiter wäre als eines jener heftigen Geschlechtswesen, die sich mit welchem Mittel auch immer, hier mit schöngeistigem Geschwätz, einen Mann für ihr kreatürliches Bedürfnis einzufangen suchen?" (S. 289).[92] Ernstgenommen werden kann das Ganze spätestens dann nicht mehr, wenn der Erzähler mit sichtlichem Genuß eine andere Nonne Müntzers Ausstrahlung deuten läßt: "...die Nase, Gott, welch ein Zinken, wie die Nase des Mannes ist sein Johannes, Gott o Gott!" (S. 276). Von dieser Warte aus erscheint Lorbeers eher puritanische Haltung immer attraktiver!

Nimmt man zum Zweck der Analyse aber an, daß Pfeiffers Müntzer ein positiver Held sein soll (im Roman wird der die päpstliche Bulle ins Feuer werfende Luther übrigens so genannt, S. 22), dann kommt die Frage auf, wer die Schuld an der vernichtenden Niederlage der Bauern trägt. Es wird darauf hingewiesen, daß Müntzer kein Militärstratege war, doch nach seiner Gefangennahme meint er: "Ich weiß nur von einem Irrtum...zu Großes gewollt zu haben" (S. 558). Der Freund Ulrich Creutz behauptet, er erwarte "Unmögliches" von den Menschen, er suche "Utopia" (S. 513), aber Müntzer kann nicht auf "die Existenz schöpferischer Individuen" warten (S. 514). Im Grunde wird also die sehr aktuelle Kernfrage der Revolution abgehandelt: Ist das neue Bewußtsein eine Voraussetzung der großen Umwälzung, oder entsteht es im Laufe der revolutionären Aktion? Als Volksführer spricht Müntzer in der Öffentlichkeit so, als wäre der neue Mensch schon da ("Wir haben den Kampf begonnen...weil wir gewiß sind, das Volk ist reif", S. 542), aber in Wirklichkeit sieht er sich im Kampf mit Grobheit, Eigennutz, Engköpfigkeit, Unglauben und Furcht (S. 524 u. 529). Das ganze Unternehmen ist also ein Wagnis; spekulierend auf die Früchte eines Sieges wird viel aufs Spiel gesetzt. In Pfeiffers Darstellung

92. Wie man sieht, wäre die Veröffentlichung von Klaus Theweleits *Männerphantasien* in der DDR dringend erforderlich! Vgl. dazu auch Michael Rohrwasser, *Saubere Mädel – Starke Genossen* (Frankfurt/M. 1975). Abschließend sei Pfeiffers Schilderung von Schloß Heldrungen, d.h. dem Ort, wo Müntzer gefoltert wurde, angeführt:
"Die Vorderfront reckt sich dem Gefangenen entgegen wie der rissige Leib einer Hure. Zwei dreist gewölbte Bastionen: die Brüste. Dazwischen, wie bei einer Mißgeburt, das Loch, das ihm schwarz entgegenklafft, das Tor. Müntzer geht hindurch, durch den langen finsteren Schlauch. Steinerne Vagina, mein Gott, in welchen Leichnam kehre ich zurück" (*Thomas Müntzer*, S. 551f.).

ist das Risiko jedoch nicht so offensichtlich, denn man lernt vor allem die Gestalten aus dem Volk kennen, die zum radikalen "Verbündnis" gehören. Kernig-bewußte Kämpfer wie der Gerber Barthel Krumpe oder der Schmied Michael Rumpfer veranschaulichen eindrucksvoll das Potential der "gemeinen Leute", und der Leser bekommt leicht den − falschen − Eindruck, als wären sie typische Figuren. Diese Überlegungen sind für die DDR-Kritik nicht unbedingt relevant: Zumindest ein Beobachter vertritt die These, daß Pfeiffers Müntzer- bzw. Bauernkriegsbild z.T. verzerrt sei, weil Müntzer damals nicht hätte siegen *können*. Horst Langer betont (mit Bezug auf Engels), daß Müntzers Programm "objektiv nicht durchsetzbar" gewesen sei. Es sei zwar das gute Recht des Autors, die Vorgänge aus Müntzers eigener Perspektive darzulegen, doch dazu fehle Pfeiffer der notwendige Abstand zur Titelgestalt − er überschätze zu sehr die Rolle des subjektiven Faktors bei den damaligen Ereignissen.⁹³ Es darf an dieser Stelle daran erinnert werden, daß Georg Lukács im *Historischen Roman* u.a. deshalb vor dem Gebrauch der biographischen Form warnte, weil eine derartige Überschätzung nicht zu vermeiden wäre. Das heißt nicht, daß Lukács' Position zum Dogma erhoben werden sollte, obwohl er sie immerhin bei der Analyse von bedeutenden Werken wie Heinrich Manns *Jugend des Königs Henri Quatre* herausgearbeitet hat. (Brechts Bemerkung, die "Betrachtung großer bürgerlicher Ingenien" sei problematisch geworden,⁹⁴ ließe sich heute dahingehend ergänzen, daß auch die Gestaltung großer (proto-)sozialistischer Ingenien nicht ohne Tücken wäre.) Das Niveau der Exilromane erreicht Pfeiffers Werk sowieso nicht, weder bei der Handhabung des Biographischen noch in stilistischer Hinsicht.

Thomas Müntzer ist als "moderner" Roman konzipiert − nicht im Sinne von etwa Beckett, wohl aber in der Nachfolge der *Geschäfte des Herrn Julius Cäsar*. Pfeiffer benutzt die Sprache seiner Zeitgenossen, mit vielen Ausflügen ins Saloppe, Derbe oder Sarkastische. Friedrich der Weise sagt über Müntzer, "...der Bursche muß Format haben..." (S. 419), Kriegsknechte sind "rechte Fachleute der

---

93. H. Langer (Anm. 56), S. 166. Es scheint Langer nicht zu stören, daß Pfeiffer Müntzers Theologie gar nicht zu erklären versucht, sondern sie im Grunde als taktisch getarnte Vernunft hinstellt.

94. Bertolt Brecht, "Betrachtung großer Ingenien", in: *Schriften zur Politik und Gesellschaft* (Berlin und Weimar 1968), Bd. I, S. 103.

Vernichtung" (S. 421) und das Leben Jesu hört sich so an: "Gott wurde in Christus Mensch und durchlitt in ihm alles Menschliche, lief in Sandalen herum, aß Brot und verrichtete seine Notdurft und wurde ans Kreuz genagelt" (S. 489). Wie oben angedeutet wurde, sucht Pfeiffer in bezug auf Erotisches poppige, wenn nicht skandalöse Formulierungen. Als Beispiel sei die Beschreibung der schmelzenden Wachsglieder in der angezündeten Mallerbacher Kapelle angeführt: "Er [Müntzer, JR] entdeckt den von Hedwigs pietätlosem Wurf schon beschädigten Phallus im Sandkasten, daneben, wie aus insektenhaftem Antrieb hinzugekrochen, eine monströse weibliche Brust. Phallus und mamma sind körperwarm, Müntzer wirft sie auf den brennenden Altar. Die Brust zerreißt knisternd, der Phallus, wie er sich auch wehrt, wird weich und knickt um" (S. 392). Auch Brecht scheut sich nicht vor brisanten Wendungen, doch sein Anliegen ist ein ganz anderes: er interessiert sich nicht für die römische Geschichte an sich, sondern verwendet sie als Parabel, um die Nazi-Diktatur zu geißeln.[95] Pfeiffers Stilbruch kommt vor allem daher, daß er zweierlei Aufgaben zu lösen versucht. Wie Brecht hat er ein aktuelles Anliegen – in diesem Fall die Propagierung der Zusammenarbeit von Marxisten und Christen –, doch anders als er soll Pfeiffer auftragsgemäß auch eine wichtige Gestalt aus dem Kulturerbe heraufbeschwören. Das Erreichen beider Ziele in einem Roman ist kaum vorstellbar, da eine "Nacherlebbarkeit" des Vergangenen im Rahmen einer restlosen Aktualisierung letztlich ausgeschlossen ist. Pfeiffers Scheitern liegt also hauptsächlich darin, daß er zwischen zwei Stühlen sitzt, d.h. daß er sich weder für einen "klassischen" Geschichtsroman noch für eine Kostümierung gegenwärtiger Konflikte entscheiden kann. Er verzichtet auf sowohl Zeitkolorit als auch direkte, unmißverständliche Anspielungen auf das Hier und Heute. Angesichts des konzeptionellen Dilemmas erscheint die konsequente Anwendung von modernen Techniken, z.B. inneren Monologen, abruptem Perspektivenwechsel, Metaphern aus der expressionistischen Lyrik oder surrealistisch anmutenden Traumbildern an sich als kein großer Fortschritt. (Im Vergleich dazu wirkt Hans Lorbeers hausbackene Erzählweise zwar bieder, doch nicht brüchig.) Es kann nur befrem-

95. Vgl. Klaus Schröter, "Der historische Roman. Zur Kritik seiner spätbürgerlichen Erscheinung", in: *Exil und innere Emigration*, hrsg. von Reinhold Grimm und Jost Hermand (Frankfurt/M. 1972), S. 148-151.

den, daß Horst Langer, dessen Analyse etliche kritische Einwände gegen den Roman erhebt, am Schluß trotzdem von den "Verdiensten" spricht, "die sich Hans Pfeiffer erwarb, da er sich an das gewaltige Unternehmen dieses Romans wagte".[96] Ein solches Lob kann nur dadurch erklärt werden, daß der Kritiker andere Autoren dazu ermuntern möchte, sich in diesem schwierigen Genre zu versuchen.

Im Gedenkjahr erschien nicht nur Pfeiffers Müntzer-Buch, sondern auch *Der Widersacher*, ein "Karlstadt-Roman" (Untertitel) von Alfred Otto Schwede.[97] Der Verfasser, der bis 1961 als evangelischer Pfarrer tätig war, bemüht sich seit vielen Jahren um die literarische Gestaltung historischer Stoffe. Schwedes Entscheidung, das Lebensbild des "Nebenreformators"[98] Andreas Bodenstein von Karlstadt (ca. 1480-1541) zu zeichnen, ersparte ihm viele der Schwierigkeiten, die die Beschäftigung mit den Zentralfiguren der Reformationszeit den Kollegen Lorbeer und Pfeiffer bereitet hatte. Anders als Thomas Müntzer, der in der DDR als revolutionärer Volksführer und Denker betrachtet wird, gilt Karlstadt als "bürgerlich-radikaler Reformator", der "besonders in den Jahren 1521-1524 objektiv sehr wesentlich mit dazu beigetragen hat, den 1525 losbrechenden Sturm der bäuerlich-plebejischen Massen auf die feudale Gesellschaftsordnung vorzubereiten".[99] Es handelt sich also um einen Mann, dessen Wirken − wie wichtig es zu seinen Lebzeiten auch gewesen sein mag − nicht als Vorbild für die sozialistische Gesellschaft dienen kann. Dies bedeutet für den Romancier Schwede, daß sein Roman wirklich historisch und in diesem Fall auch biographisch sein darf. Im *Widersacher* wird ein Ausschnitt aus Karlstadts bewegtem Leben dargestellt, und die gewählte Zeitspanne, nämlich die Jahre 1515 bis 1530 (ein "Nachbericht" behandelt die Zeit bis zu Karlstadts Tod), fällt nicht genau mit der

96. H. Langer (Anm. 56), S. 169.
97. A.O. Schwede, *Der Widersacher* (Berlin/DDR 1975). Das Buch wurde vom "christlich-humanistischen" Union-Verlag veröffentlicht.
98. Vgl. Ronald J. Sider, "Andreas Bodenstein von Karlstadt", in: *Radikale Reformatoren*, hrsg. von Hans-Jürgen Goertz (München 1978), S. 29.
99. Gerhard Fuchs, "Karlstadts radikal-reformatorisches Wirken und seine Stellung zwischen Müntzer und Luther", in: *Wissenschaftliche Zeitschrift der Martin-Luther-Universität Halle-Wittenberg*, 1954/3, S. 549f. Im *Lehrbuch der deutschen Geschichte* tritt Karlstadt nur als Randfigur auf. Vgl. Max Steinmetz, *Deutschland von 1476 bis 1648*, a.a.O. (Anm. 74).

96

frühbürgerlichen Revolution zusammen. Die Biographie ist also kein Feigenblatt, hinter dem sich eine nochmalige Nacherzählung von Reformation und Bauernkrieg verbirgt.

Als Drehpunkt einer solchen Nacherzählung würde sich Karlstadts Leben aus DDR-Sicht sowieso nicht eignen. Der ehemalige Mitstreiter Luthers wurde schließlich dessen "ewige[r] Widersacher" (S. 285), und im Kampf gegen den vermeintlichen "Schwärmer" legte Luther soviel Unmenschlichkeit an den Tag ("Es ist doch seltsam, daß aus Verfolgten von einst so böse Verfolger werden können...", S. 311), daß man sich angesichts dessen wundern muß, wie sehr dieser noch (nicht nur in der erbebewußten DDR) als eine geradezu volkstümliche Gestalt angesehen wird. Was Thomas Müntzer betrifft, so lehnte Karlstadt höflich, aber bestimmt ab, als jener ihn darum bat, mit ihm gemeinsame Sache zu machen. Wie Müntzer hatte er zwar für die "großen Hansen mit ihren klingenden Titeln und hochgezogenen Brauen" (S. 315) nichts übrig, doch er wollte auf keinen Fall zur Waffe greifen: "Er...stand zur Sache der Bauern – doch in dem Sinn, wie er Florian verstanden hatte: auf der Grundlage des heiligen Evangeliums. Einen anderen Weg konnte es für ihn nicht geben. Der vernichtenden Gewalt war er immer abhold gewesen, daran hatte sich nichts geändert" (S. 350f.). Wenn Karlstadt oft vor der Gefahr floh, wenn er also "kein Held und Streiter in dieser Welt" war (S. 354), was für Gründe haben Schwede dazu gebracht, gerade sein Leben in ziemlicher Ausführlichkeit darzulegen?

Ein Blick auf Schwedes "am Vorbild Albert Schweitzers orientierte christlich-humanistische Gesinnung"[100] ließe vermuten, daß Karlstadts Rolle als Theologe und Kirchenreformer im Mittelpunkt des Romans stehen müßte. In der Tat wird dessen Glauben und Wirken viel Aufmerksamkeit gewidmet: der einstige "Pharisäer" hat durch die Auseinandersetzung mit Luthers Lehre "sein großes inneres Erlebnis" (S. 83), auf seine "Geistesverwandtschaft...mit den deutschen Mystikern" (S. 113) wird hingewiesen, sein Kampf gegen die "Ölgecken" (S. 224), d.h. gegen Bilder und Statuen als Glaubenshindernisse wird geschildert (vgl. S. 191 u. 235ff.), und auch die umstrittene Abendmahldeutung, die der Erzähler als "wohl den schwersten Irrtum seines Lebens" bezeichnet (S. 319),

100. "Alfred Otto Schwede", in: *Lexikon deutschsprachiger Schriftsteller* (Leipzig ²1974), Bd. II, S. 302.

kommt zur Sprache. Insgesamt erweckt die Darstellung jedoch nicht den Eindruck, als hätte man es mit epochemachenden Einsichten zu tun. Auch hinsichtlich konkreter Schritte zur Reformierung der Kirche wird Karlstadts Beitrag als ein bescheidener hingestellt: Es gelingt ihm nicht, seine 1517 verfaßten Kampfsätze ("Die ersten 'evangelischen' Thesen an den Kirchentüren der Welt", S. 85) in der Disputation mit dem "bayrischen Ketzermeister" Dr. Eck zu verteidigen (S. 129ff.), die Reformen, die er 1521-1522 während Luthers Wartburg-Aufenthalt durchführt, werden nach dessen Rückkehr nach Wittenberg größtenteils wieder rückgängig gemacht, und auch seine "Orlamünder Reformation" von 1523 ist nur von kurzer Dauer. Aus all dem entsteht zwar das Bild eines frommen Mannes mit guten Absichten, doch dies dürfte kaum als wesentliche Schreibmotivierung aufgefaßt werden.

Wie steht es dann mit dem gezeichneten Charakterbild? Der Leser lernt zunächst einen Mann kennen, der von Strebertum, Geldgier und Ämterjagd besessen zu sein scheint. Seine "innere Stimme" hat ihm manches vorzuwerfen (vgl. S. 19 u. 223), doch er muß eine bittere "Schule der Demut" (S. 278) durchmachen, ehe er schließlich einsieht, daß er "zum großen Sieger...wohl nicht geboren wäre" (S. 328). Diese Entwicklung verläuft allerdings nicht geradlinig: immer wieder sagt er sich von der "großen Welt" los (die Sehnsucht nach dem einfachen Landleben erweist sich aber – einmal verwirklicht – als haltlose Illusion), um seine Stimme dann doch erneut zu erheben. Sogar nach seiner beschämenden Verdammung des Bauernaufstandes ("Ja, er hieb nun auf sie ein, die Bauern, für deren gerechte Sache einst ein Florian Geyer sein Herz erwärmt hatte – ein armer Mann trotz allem, auf gütige Gewährung der Hausung und Duldung aus, auf gut Wetter bei Fürsten und Herren hoffend", S. 363), nach Luthers halbwegs erfolgreichem Versuch, ihn zum Widerruf seiner Lehre zu bewegen, rafft er sich zu einer Verteidigung der von Luther angegriffenen Wiedertäufer auf (S. 406). Allmählich schimmert durch, warum Schwede von der Karlstadt-Gestalt fasziniert ist: dieser Mann ist "mit seinen vielen Widersprüchen so recht das Bild eines Suchenden" (S. 225). Es wird auch klar, wer das genaue Gegenteil dieses Bildes ist, nämlich Martin Luther. Dieser "Wiedererbauer des Eingerissenen" (S. 256), der sich "einmal wie ein Rebell gab" (S. 327), bekämpft Karlstadt (und nicht nur ihn) mit Spott, Zensur und schließlich Vertreibung, weil er keine Kritik an der neuen (eigentlich nur erneuten) "Pyramide der Hierarchie" (S. 318) dulden kann. In dem oben erwähnten "Nachbericht" (der zusammen mit der "Chronologische[n] Übersicht" und der "Erklärung einiger Ausdrücke" von dem didaktischen Aspekt des Buches zeugt) betont Schwede, er habe "kein wissenschaftliches Opus", sondern "ein schlichtes Buch für den aufgeschlossenen Leser" schreiben wollen (S. 410). Das Stichwort "aufgeschlossen" führt direkt zum Kernpunkt des Romans und damit auch der vorliegenden Arbeit, denn es ist von grundlegender Bedeutung, für *was* der Leser aufgeschlossen sein soll. Zunächst zum Historischen: Wer den *Widersacher* aufschlägt, wird kein breit angelegtes Panorama der Reformation, geschweige denn des Bauernkrieges vorfinden; die biographische Form ließe das in diesem Fall auch gar nicht zu, da Karlstadt meist am Rande des Geschehens blieb. Vor dem bunten Hintergrund der damaligen Zeit, den der Verfasser mit wenigen Strichen heraufzubeschwören weiß,[101] verfolgt man die Auseinandersetzungen unter den verschiedenen Reformatoren aus einer Perspektive, die den meisten Lesern unbekannt sein dürfte. Es ist Schwedes Verdienst, Luther mittels seiner Reaktion auf Karlstadts Lehre und Taten vorzustellen, ein Vorgehen, welches jeglicher (sonst oft anzutreffenden) Neigung zur Heroisierung entgegenwirkt. Nicht zu bestreiten ist die Tatsache, daß wichtige Geschichtskenntnisse vermittelt werden, daß eine kritische Einschätzung der Reformation gefördert wird. Darüber hinaus sollte eine ganz andere Leistung gewürdigt werden, und es ist dabei nicht uninteressant, daß diese Leistung von einem Schriftsteller erbracht wird, der nicht Marxist-Leninist, sondern christlicher Humanist ist.

Der Widersacher ist in ästhetischer Hinsicht sehr konventionell; er stellt künftigen Vertretern des historischen Genres keine neuen dichterischen Mittel zur Verfügung. Dieses "schlichte Buch" (vgl.

101. Vgl. S. 35: "In den Radspuren der grasüberwachsenen Landstraße rollten die Wagen rumpelnd dahin. Karlstadt und Ruppert fingen Gesprächsfetzen auf, denen Lachsalven folgten. Eine solche Reise mit ihren Beschwerden war andrerseits eine Art Hohe Schule. Man sah neues Land, sah Tiere und Menschen — Scholaren, Landsknechte, Gaukler, Quacksalber, Pastetenbäcker mit tönernen Öfen auf Rädern, Maronenröster mit dunkler Hautfarbe und schwarzen Bärten — Zigeuner. Bauern und Landhändler sah man beisammenstehen. Herren sah man zur Jagd reiten. Freundliche behäbige Mönche, aber auch hohläugige hagere Kuttenträger strebten nach Süden, zwielichtige Gestalten schossen Augenblitze zwischen schmalen Lidern hindurch..."

oben) holt allerdings ein Werkzeug aus der Rumpelkammer der Gattung, die von DDR-Autoren zwar ab und zu benutzt wird, aber auf ziemlich einseitige Weise. Gemeint ist der Gebrauch, vielmehr die Entdeckung von Analogien. Aber wieso einseitig? Nun, es gilt z.b. als erlaubt, Landsknechte des 16. Jahrhunderts so darzustellen, daß der Leser eine gewisse Kontinuität bis zu den deutschen Faschisten bzw. der amerikanischen Aggression in Vietnam erkennt.[102] (Unter den Geschichtsromanen der antifaschistischen Emigranten gibt es bekanntlich mehrere Beispiele für diese Technik.) Die *andere* Seite wäre aber die, daß man in der Vergangenheit gewisse Parallelen zu Erscheinungen in der Gesellschaft des "realen Sozialismus" fände und gestaltete (eine Methode, die − wie oben vermerkt − in der DDR wegen der Problematik der Gegenwartsliteratur doch recht naheliegend sein müßte). Zumindest ein DDR-Kritiker, der die Möglichkeiten und Gefahren eines solchen Ansatzes klar erkannt hat, versucht, Derartiges zu tabuisieren: "Der historische Roman...kann seine Analogiefunktion unter unseren Bedingungen immer dann wahrnehmen, wenn er in der Gestaltung geschichtlicher Ereignisse, die auf dem Gegenüber antagonistischer Klassenkräfte beruhen, Gegenwartsfragen reflektiert, die mehr oder weniger unmittelbar mit dem Grundwiderspruch unserer Epoche zu tun haben. ... Wo es um die literarische Gestaltung von Fragen und Problemen geht, die ihren Ursprung in der sozialistischen Gesellschaft haben und nur hier haben können, verliert der historische Roman, von vereinzelten Ausnahmen abgesehen, seine *Kompetenz*."[103] Alfred Otto Schwedes Karlstadt-Roman zählt zu den kompetenten Ausnahmen. Der Autor schließt seinen "Nachbericht" mit folgender Bemerkung: "Vor allem aber entschied ich mich für diesen Titel, um deutlich zu machen, daß in einem Streit der Meinungen die Gegenargumente, die der Widersacher vorbringt, im dialektischen Sinn für die Wahrheitsfindung nützlich, ja notwendig sind" (S. 410). Schon vorher heißt es über die Titelgestalt: "Er schuf Unruhe, die oft heilsam war − selbst da, wo er irrte..." (ebd.). Ersetzt man den Begriff "lutherische Lehre" durch "Marxismus-Leninismus", "lutherische Kirche" durch "kommunistische

---

102. Vgl. Hannelore Renk/Joachim Streisand, "Der historische Roman auf dem Weg zum sozialistischen Realismus", in: *Sinn und Form* 1970/5, S. 1241.
103. H. Langer (Anm. 56), S. 163. Hervorhebung im Text.

Partei", "Kursachsen" durch "DDR", dann ist die Analogie fast perfekt. Im Laufe der revolutionären Bewegung stößt eine Gruppe zur Führung vor: nach Sieg und Machtübernahme erstarren die Lehrsätze der Vorhut bzw. des Führers zum Dogma, und Andersdenkende ("Schwärmer"/"Renegaten"), auch "alte Genossen", dürfen ihre abweichenden Meinungen ("Irrlehren") nicht in der Öffentlichkeit vortragen. Die Unbelehrbaren werden, wenn sie die Zensur nicht zum Schweigen bringt, aus der Heimat vertrieben (vgl. S. 323: "Man war jetzt mit Ausweisungen schnell bei der Hand."). Daß Schwede das alles erkannt hat, ist natürlich nur eine Vermutung, doch der Text führt den Leser so oft auf diesen Weg, daß mehr als reiner Zufall im Spiel sein müßte. Wem die Verknöcherung des Luthertums in der Obrigkeitskirche vertraut ist, der dürfte imstande sein, beim DDR-Marxismus verblüffend Ähnliches festzustellen. Auch in der DDR ist bekannt, daß die Reformation die Epoche ist, "von der die guten wie die schlechten Traditionen unseres Volkes ihren Ausgang genommen haben".[104]

Zum Schluß noch ein paar Worte zu Lorbeer und Pfeiffer. Die noch ausstehende Hauptkritik an Lorbeer kann jetzt geäußert werden: Obwohl der Verfasser der *Rebellen von Wittenberg* durchaus dazu fähig ist, die Erstarrung des Lutherschen Denkens darzulegen ("Ratgeber litt er nur, wenn sie seine Meinung bestätigten..."; er verfolgte alle, "die an seinen Lehren herumdeuteln" wollten, *Obrigkeit*, S. 275 u. 434), scheint er zu meinen, daß die Wahrheitssuche der Luthergegner kein Modell für Marxisten wäre. Auf jeden Fall interessiert er sich eher für die Idealisierung damaliger Kämpfe als für eine Analyse der heutigen. Bei Hans Pfeiffer hingegen ist kein eindeutiges Urteil möglich: sein Buch setzt sich nämlich von vornherein mit einer Gestalt auseinander, die als "linker" Kritiker an der sich entwickelnden Neo-Orthodoxie Luthers auftritt und agiert. Die moderne Sprache erinnert den Leser sowieso an gegenwärtige politische Diskussionen. Obwohl man nicht umhin kann, die Verklärung der Titelfigur eher als ein Hindernis bei der Herausbildung kritischen Denkens zu betrachten, findet man im Roman eine Müntzer-Äußerung, die sehr aktuell klingt:

> Ich messe die Zustände dieser Welt nach seinem Maß, aber ich messe darüber hinaus mit diesem Maß auch das Maß selbst und sehe, es ist zu klein für

104. W. Ilberg (Anm. 52), S. 150.

meine Zwecke. Luther hat die Welt kritisiert, ich kritisiere auch seine Kritik, ich bin sein Widerspruch. Der Lehrer, der seinen Schüler über sich hinausgehen sieht, die Waffen, die er ihm in die Hand gab, nun gegen sich selber gerichtet sieht, muß erschrecken. Er fühlt sich plötzlich durch mich in Frage gestellt. Wie kann ein Mensch das ertragen! Also trachtet er mich zu vernichten, damit sein Anspruch auf Wahrheit nicht durch mich zunichte gemacht wird. (*Thomas Müntzer*, S. 249)

Dieses Zitat läßt ahnen, was der historische Roman in der DDR leisten könnte, doch Pfeiffers mißlungenes Werk zeigt, wie schwierig die Bewältigung dieser Aufgabe ist. Auch Brecht, dessen Beitrag zur Gattung nicht nur in ästhetischer Hinsicht als musterhaft gilt, schrieb keinen Roman über die Geschäfte des Herrn Dschugaschwili. Einerseits kann man nur hoffen, daß der Christ Schwede seinen marxistischen Schreib-Kollegen den Weg weisen wird; andererseits wäre es produktiver, diesen Weg nicht mehr beschreiten zu *müssen*. Die Weiterentwicklung des Genres in der DDR hängt vor allem davon ab, inwiefern die analytischen Methoden des Materialismus in Zukunft über das *Historische* hinaus auf die *bestehende* Gesellschaft angewandt werden können.[105]

---

105. Es ist mir leider nicht gelungen, vor der Niederschrift dieser Arbeit folgende Abhandlung zu bekommen: Helga Herting. *Geschichte für die Gegenwart. Historische Belletristik in der Literatur der DDR* (Berlin/DDR 1979?). Der von Herting gewählte Titel deutet an, aus welcher Perspektive die Materie betrachtet wird.

ZUR ENTWICKLUNG DES SCHRIFTSTELLERS KARL-HEINZ JAKOBS – AM BEISPIEL DER DARSTELLUNG VON KARRIEREN UND JUGENDLICHEN

von

Jochen Staadt

Bevor Karl-Heinz Jakobs im November 1976 den folgenreichen Offenen Brief unterzeichnete, in dem er gemeinsam mit zunächst 11 Schriftstellerkollegen, denen sich in wenigen Tagen über 100 weitere anschlossen, gegen die Ausbürgerung Wolf Biermanns protestierte und die Staatsführung der DDR bat, "die beschlossene Maßnahme zu überdenken", gehörte er zu den hier wenig beachteten Autoren der DDR.[1] Zu Unrecht, geht man von den Gründen aus, die ihm in der Folgezeit die Aufmerksamkeit bundesdeutscher Feuilletons sicherten. Der Pawlowsche Reflex, der westliche DDR-Literatur-Kritiker noch immer auf die kulturpolitischen Reaktionen der DDR-Staats- und Parteiführung fixiert, zeitigt das erstaunliche Ergebnis, daß einer der für die DDR-Wirklichkeit herausragend brisanten Romane, Jakobs' 1973 erschienenes Werk *Die Interviewer*, mit weitaus weniger Aufmerksamkeit bedacht wurde als sein 1979 erschienener Roman *Wilhelmsburg*, der DDR-Lesern überhaupt nicht zugänglich ist. In der Bundesrepublik ist es diese Ober-

---

* Die Artikel von Horst Domdey und Jochen Staadt sind im Rahmen des "Arbeitskreises DDR-Literatur am Fachbereich 16 der Freien Universität Berlin" entstanden. Der Arbeitskreis befaßt sich mit der Literaturgeschichte der DDR.

1. Mit *Beschreibung eines Sommers* wurde Karl-Heinz Jakobs zwar in der Bundesrepublik bekannt, aber auch auf dieses Buch der "Ankunftsliteratur" festgelegt. Fortan fand er stets, wie viele andere DDR-Autoren, der Vollständigkeit halber seinen Platz in den Aufzählungen der neuen Schriftstellergeneration der DDR. Hans-Dietrich Sander z.B. subsumiert *Beschreibung eines Sommers* unter den Begriff "Ehebruchsroman" (*Geschichte der Schönen Literatur in der DDR*, Freiburg 1972, S. 249).

flächlichkeit — inzwischen zwar häufig kritisiert, doch aufgrund der politischen Frontstellung der beiden deutschen Gesellschaften fortgesetzt in Konjunktur —, die immer wieder Zugänge zu dem Verstehen der inhärenten Entwicklungsbedingungen der DDR-Literatur und ihrer Rezeption verstellt. Die Entfremdung der deutschen Literatur aus der DDR vom bundesrepublikanischen Leser wird so eher verstärkt als abgebaut. Die Ironie der Geschichte will es, daß innerdeutsche Propaganda in der Bundesrepublik, auch was die Literatur der DDR betrifft, nachhaltig stört, was sie zu fördern vorgibt: Nähe und gegenseitiges Verstehen der Menschen in beiden deutschen Staaten. Karl-Heinz Jakobs gilt, nachdem die DDR-Kulturbürokratie mit ihm gebrochen hat, in der DDR einstweilen als literarisch mundtot. Seine Arbeiten hatten in der DDR bisher immerhin eine Auflage von mehr als einer halben Million erlebt.

Im folgenden soll anhand der Aspekte Karrieren und Jugend untersucht werden, welche Entwicklung und welche Brüche sich im Werk von Karl-Heinz Jakobs zeigen: Karrieren, weil Jakobs über gesellschaftlich honorierte Identität literarische Auseinandersetzung mit den Lebensverhältnissen in der DDR sucht, und Jugend, weil sich in ihrem Handeln und Reagieren in der Gesellschaft Erwartungen an die Zukunft aufgehoben finden.

Karrieren

Karl-Heinz Jakobs erzählt in seinen Romanen *Eine Pyramide für mich* und *Die Interviewer*[2] über DDR-Bürger, die im Sinne des in der DDR erwünschten gesellschaftlichen Selbstverständnisses Karriere gemacht haben. Im Unterschied zu den in der DDR verbreiteten Varianten sozialistischer Bildungsromane, die den Aufstieg sozialistischer Arbeiter in hohe gesellschaftliche Verantwortung als Ergebnis moralischer Integrität darstellen, sind Jakobs' Figuren zwiespältig angelegt. In *Eine Pyramide für mich* zerstört Jakobs im Zuge der Handlung die Vorbildidentität des Ich-Erzählers Professor Paul Satie. Am Ende des Romans erkennt der Leser in diesem erfolgreichen Wissenschaftler den Karrieristen. Ein Zusammenhang zwischen Karrierismus und gesellschaftlichem System ist in diesem Roman allerdings nicht ausgesprochen, er kann vermutet werden.

2. *Eine Pyramide für mich*, Berlin und Weimar 1971; *Die Interviewer*, Berlin 1973.

Anders in dem Roman *Die Interviewer*; hier erscheint moralische Unglaubwürdigkeit von Figuren nicht als Folge charakterlicher
Haltungen, sondern als Ergebnis sozialer Widersprüche, die aus der
privilegierten Existenz der "Planenden und Leitenden" (Führungskader) resultieren. Die Konfrontation von Arbeitsbedingungen in
der Produktion und Direktion einer Fabrik[3] bietet ihm dazu kras-
se Möglichkeiten, oder die Auseinandersetzung des Interviewers
Radek mit einer Arbeiterin über Hausarbeit:

'Mein Mann hat viel nach Feierabend geholfen. Zum Beispiel abgewaschen.'
'Das ist keine besondere Leistung', sagte Radek, 'für einen Ehemann sind
solcherart Handreichungen Selbstverständlichkeiten.'
'Helfen Sie auch Ihrer Frau in der Hauswirtschaft?'
'Nein', sagte Radek, 'wir haben eine Haushaltshilfe.'
Einen Augenblick dachte er, sie würde aufspringen und ihm ins Gesicht
schlagen.[4]

Die Intention, mit der Karl-Heinz Jakobs soziale Widersprüche
präsentiert, wird anhand seiner Stellungnahme zur industriellen
Schichtarbeit deutlich:

Ich weiß, welche Bedeutung das Dreischichtsystem in unserer Volkswirt-
schaft hat. Wenn Sie wollen, halte ich Ihnen ein Kolleg darüber mit Zahlen,
Fakten, Problemen, und hinterher werden Sie sagen: Jetzt habe ich verstanden, das Dreischichtsystem ist für unser Land von existenzieller Bedeutung. Aber ich werde niemals und nirgendwo, weder in der Reportage noch
im Roman das Dreischichtsystem bejubeln. Würde ich es bejubeln, so sähe
ich nur die eine, die volkswirtschaftliche Seite. Aber ich muß auch die
menschliche Seite sehen. Und die ist die wichtigere.[5]

Damals bezeichnete es Jakobs als seine Absicht, "die Ursachen bö-
ser Taten aufzudecken und zu sagen: Beseitigt die Ursachen"[6]. In
seinem Roman *Die Interviewer* hat er das radikal getan, radikal bis
an die Grenze des vom VIII. SED-Parteitag Zugestandenen[7]. Seine
damalige Hoffnung auf Reformen wirkte aufklärerisch. Inzwischen
hat Jakobs seine Auffassungen geändert:

3. *Die Interviewer*, S. 93 (zitiert nach Lizenzausgabe Frankfurt/M. 1974).
4. Ebd., S. 90f.
5. Interview mit Karl-Heinz Jakobs, Weimarer Beiträge 5/1975, S. 66f.
6. Ebd., S. 76.
7. Der VIII. Parteitag konstatierte 1971 das Vorhandensein nichtantagoni-
stischer sozialer Widersprüche in der DDR, nachdem in den Jahren zuvor die
Existenz einer "sozialistischen Menschengemeinschaft" behauptet worden
war, in der bereits die Widersprüche zwischen den verschiedenen Klassen beseitigt seien.

Ich halte den sozialistischen Realismus nicht mehr für möglich. Darin steckt zweierlei: Einmal das Resignative. Ich resigniere vor dem Kampf um die Definition des Begriffs. Und zweitens habe ich eingesehen, daß der sozialistische Realist die Wirklichkeit versimpelt. Sie nicht genauer erkennbar macht. Die Probleme der Wirklichkeit nicht durchscheinender macht, begreifbarer macht, wie ich ursprünglich gedacht hatte. [...] Es gibt Konflikte in sozialistischen Ländern, die sind durchaus nichtantagonistisch. Es gibt Konflikte, die sind systemimmanent und nur lösbar, indem das System sich ändert. Indem das System sich von Grund auf erneuert. Indem das System sich als lernfähig erweist. Ich kann die Lernfähigkeit des Systems in der DDR heute leider nicht mehr erkennen.[8]

Mit *Wilhelmsburg* hat sich das Verhältnis von Moral und Karriere umgekehrt. Karriere steht synonym für Opportunismus, Skrupellosigkeit und Untertanengeist; Karrierismus, in *Eine Pyramide für mich* die Ausnahme, ist zur Regel geworden, zur Bedingung sozialen Aufstiegs. Der Held des Romans *Wilhelmsburg*, der gefragte Spezialist Blach, bemüht sich nicht um gesellschaftlichen Aufstieg und beobachtet mit zunehmendem Widerwillen, wie in seiner Umgebung Karrieren erschlichen werden. An einer Stelle des Romans heißt es über die neue Führungsschicht des Landes:

> Wir sehen, wie sie Stück für Stück die Ideale aufgeben, mit denen sie uns in ihren Schulbüchern vollgestopft haben, wie sie Stück für Stück die Lebensweise aufgeben, die sie uns einmal als die beste der Welt eingetrichtert haben. Stück für Stück nähern sie sich einer Lebenshaltung, die sie eben noch verdammt haben. Am Ende bleiben von ihren großen Zielen nur die abgeklapperten Ideale übrig, die sie so lange hüten und von ihren Dichtern besingen lassen, bis sie eines Tages erkennen, wie hinderlich ihnen der Plunder geworden ist.[9]

Über die Figur Blach erschließt sich dem Leser das Bild einer karriere- und eigensüchtigen Oberschicht, in *Eine Pyramide für mich* wurde über den karrieristischen Helden sein Blick auf im Interesse der Bevölkerung handelnde "Planer und Leiter" gelenkt. Anhand der Figur des Karrieristen Paul Satie mahnte Jakobs damals, wie die DDR-Kritik vermerkte, einige Führungskader, "Auffassungen und Lebenshaltungen zu überprüfen"[10], nunmehr klagt er sie an und entlarvt sie als saturiert.

8. Interview mit Karl-Heinz Jakobs, die horen 2/1979, S. 136.
9. *Wilhelmsburg*, Düsseldorf 1979, S. 211.
10. Helga Herting: *Unsere Zeitgenossen in der epischen Literatur*. Berlin 1972, S. 51.

Karl-Heinz Jakobs hat in seinen Romanen nicht Parteiintellektuelle in den Vordergrund gerückt, wie etwa Hermann Kant oder Erik Neutsch[11], sondern Angehörige der technischen und wissenschaftlichen Intelligenz. Wie Neutsch, Kant u.a. erschließt Jakobs seinen Lesern über die rückblickende Aufarbeitung individueller und gesellschaftlicher Entwicklung Gegenwart. Bereits in *Eine Pyramide für mich* unterläuft Jakobs jedoch das in der DDR-Literatur jener Jahre verbreitete "Rechenschaftsmotiv", das die bestehenden Verhältnisse durch deren Geschichte positiv begründen und als historischen Fortschritt identifizierbar machen soll. Am Ende seines geschichtlichen Rückblicks stehen nicht nur die guten neuen Verhältnisse, sondern auch deren negative Begleiterscheinungen sind vorsichtig angemerkt. Der erreichte Zustand sollte nicht selbstzufrieden, sondern als Ausgangspunkt weiterer Veränderungen und Reformen betrachtet werden. Dabei zeigt sich in der Figurensicht und in vielen Handlungselementen, daß Jakobs' Hoffnungen auf Reformen stark auf die gesellschaftlichen Wirkungsmöglichkeiten der wissenschaftlichen und technischen Intelligenz gerichtet sind.

Der Roman *Die Interviewer*, erschienen in den Good-will-Jahren der frühen Honecker-Administration, steht hierfür programmatisch. Der Appell, die gesellschaftliche Stellung und den persönlichen Einfluß zur Veränderung und Weiterentwicklung zu nutzen, prägt diesen Roman, seine reformistische Radikalität. Wandel von sozialem Bewußtsein, Humanisierung der Arbeitswelt z.B. erscheinen als notwendig und unter den gegebenen gesellschaftlichen Bedingungen, trotz Schwierigkeiten, auch möglich.

Im Roman *Wilhelmsburg* ist von alldem keine Rede mehr. Aus der Darstellung der verantwortlich Tätigen spricht die tiefe Enttäuschung des Autors über deren gesellschaftliche Rolle. Keine einzige Figur dieses Romans weist noch die kritisch/produktive zum Verändern und Selbstlernen bereite Haltung auf wie in *Die Interviewer*. Das Milieu der "Führenden und Leitenden" ist in *Wilhelmsburg* als durch und durch verdorben und scheinheilig beschrieben. Karl-Heinz Jakobs kennt dieses Milieu aus persönlicher Biografie, inzwischen hat er sich weit davon entfernt. 1979 sagte er:

---

11. Vgl. Hermann Kant: *Das Impressum*. Berlin 1972; Erik Neutsch: *Auf der Suche nach Gatt*. Halle (Saale) 1973.

Als sozialistischer Realist war ich Teil des real existierenden Sozialismus in der DDR. Jetzt erkläre ich mich parteilich für das historisch entstandene, fleißige, kluge und mündige Volk der DDR, als dessen Teil ich mich jetzt viel mehr fühle als vorher. Ich fühle mich mehr meinen Mitbürgern verpflichtet als dem System des real existierenden Sozialismus.[12]

Diese neue Standortbestimmung ist in die in *Wilhelmsburg* präsentierten Verhältnisse noch wenig eingegangen, die Abrechnung mit den sozialen Trägern des realen Sozialismus hält den Autor in deren hermetisch gesehener Welt gefangen, zu der er trotz satirischer Betrachtung noch nicht die notwendige Distanz gewinnt, um sie nicht zum Klischee gerinnen zu lassen. In *Wilhelmsburg* geraten so die Verhältnisse, in denen sich die Figuren des Romans bewegen, zur Kulisse, vor der sich das absehbare Scheitern des Helden vollzieht. In dieser Statik der in dem Roman beschriebenen Welt scheint der sozialistische Realismus in seiner Negation zunächst nur auf den Kopf gestellt. Obwohl von einem weitaus kritischeren Standpunkt gegenüber dem realen Sozialismus aus geschrieben, bietet dieser Roman weitaus weniger Zugänge zu den wirklichen individuellen Problemen und sozialen Prozessen, die das Leben in der DDR bestimmen als *Die Interviewer*.

Jugend

Junge Menschen sind es, über deren Arbeit und Probleme in der neuen Gesellschaft der DDR *Beschreibung eines Sommers* handelt, 1961. Zehn Jahre später in *Eine Pyramide für mich* noch einmal, diesmal im Rückblick, die Generation der ersten Jahre, Jugendbrigade 1949/50 beim Staudammbau, aber auch die Frage, was aus ihr wurde. Die Jugend von 1949/50 hat 1970 ihren verantwortlichen Platz in der Gesellschaft gefunden, einzelne Schwarze Schafe werden verkraftet. Die Kinder gehen den vorgesehenen Weg zur sozialistischen Persönlichkeit.

1973, in *Die Interviewer*, werden die Kinder aufmüpfig. Der Sohn der Hauptfigur will nicht werden wie seine Eltern. Er beschimpft sie als Angehörige einer "käuflichen Schicht"[13] und läuft von Zuhause weg. Im Dialog mit einem Filmregisseur stellt der Sohn Ernst Grundsätzliches in Frage:

---

12. Interview, die horen, S. 137.
13. *Die Interviewer*, S. 257.

'Was willst du denn werden?' fragte Kritzki.
'Nichts', sagte Ernst.
'Wie, nichts?' sagte Kritzki, 'mit irgendwas mußt du doch Geld verdienen.'
'Muß ich das?'
'Selbstverständlich', rief Kritzki, 'denn du willst doch leben.'
'Leben setzen Sie also gleich mit Geld verdienen.'[14]

In der Auseinandersetzung mit dem Vater setzt sich der Sohn listenreich am Ende durch. Er unterläuft die väterlichen Verbote, indem er den Klassenlehrer auf seine Seite zieht. Um sie zu analysieren, darf er westliche Kriminalromane schließlich doch lesen. Der Konflikt Vater-Sohn ist hier nur vordergründig ein Familienkonflikt. In der "Keimzelle Familie" wird idealtypisch durchgespielt, was sich im Gemeinwesen ganz anders ereignet.

Der Vater stellt seine Funktion als bestimmendes und lenkendes Familienoberhaupt durch seine unangebrachten Erziehungsmaßnahmen selbst in Frage. Die Realität erweist die Undurchführbarkeit seiner autoritären Anordnungen, die der Sohn am Ende lächerlich machen kann:

'Wird auch die Prügelstrafe wieder eingeführt?' fragte Ernst. Radek sah sich in die Enge getrieben. Zuerst scheint es verlockend, Probleme verlieren scheinbar ihre Gefährlichkeit, wenn wir nicht ihre Ursachen beseitigen, sondern sie hinwegkommandieren. Für längere Dauer ist es kein gangbarer Weg, dachte Radek, am Ende kehrt sich alles gegen dich selbst.[15]

Die Autorität, Vater Radek, sieht selbstkritisch die Erfolglosigkeit der Problemverdrängung schon voraus. Folgerichtig bleibt im Streit der Sohn schließlich erfolgreich, unter Ausnutzung des von der Autorität vorgegebenen Wertsystems. In der Auseinandersetzung Vater-Sohn in *Die Interviewer* bleibt für beide Zukunft, für beide weitere Auseinandersetzung, bleiben neue Einheit und neue Gegensätze. Das Ende des Romans zeigt beispielhaft Produktivität von Widersprüchen im Rahmen der familiären Auseinandersetzungen:

'Das ist schön', sagte Radek leise, 'Gott sei Dank, es geht alles wieder von vorne los.'
Liane [seine Frau – JS] sah Radek verblüfft an.
'Du meinst doch nicht etwa, es wäre alles ein Kreislauf.'
'Es fängt alles von vorne an auf höherer Stufe', sagte Radek verlegen.
'Das', sagte Liane, 'wäre etwas, das ich akzeptieren könnte.'[16]

14. Ebd., S. 263.
15. Ebd., S. 268.
16. Ebd., S. 278.

Zwischen diesem letzten Satz des Romans *Die Interviewer* und dem Verstummen ("Er sprach nicht mehr, nicht einmal mit mir"[17]) des Helden in *Wilhelmsburg* liegt die Distanzierung Karl-Heinz Jakobs' vom "realen Sozialismus" der DDR. Für die Tochter des Helden in *Wilhelmsburg* gibt es keine Zukunft mehr, sie begeht Selbstmord. Schon als Kind hatte sie in Briefen an die UNO, an Dayan, an den 1. Sekretär, den Kanzler, den Präsidenten der USA, an Richter, Schuldirektor und Kohlenträger Vorschläge zur Verbesserung der Welt und der Lebensbedingungen gemacht. Nur vom Kohlenträger bekam sie einen Antwortbrief, in dem er sich dafür entschuldigt, daß er einer alleinstehenden Rentnerin die Kohlen vor das Haus gekippt und nicht in den Keller getragen hatte.

Der Konflikt zwischen Vater und Tochter wird in *Wilhelmsburg* nicht mehr ausgetragen. Die Tochter bricht ihre Beziehung zu dem Vater ab, als dieser nur lasch auf Verhaftungen und Bestrafungen von Bürgern, die gegen den Einmarsch in die CSSR protestiert hatten, reagiert. Den Plan, gemeinsam mit ihrem jüdisch/sowjetischen Freund in den Westen überzusiedeln, verwirklicht sie nicht. Das Ausweichen in die Bundesrepublik Deutschland erscheint — wie auch für den Helden — auf eine eigentümliche Weise als unverwirklichbare Hoffnung, obwohl für beide Figuren (Vater und Tochter) im Roman als möglich dargestellt. Vater und Tochter verzweifeln an den Verhältnissen in ihrem Land, ihr Überleben im westlichen Ausland hätte der Empörung, die der Roman *Wilhelmsburg* zu fassen versucht, ihren Stachel genommen.

Der Tod der Tochter wirkt, wie auch der Weg des Vaters in den Wahnsinn, auf den westlichen Leser des Romans konstruiert und vom Gang der Handlung her nicht einsichtig. Vor dem Hintergrund der Diskussion in der DDR wird jedoch die Intention des Autors deutlich. Tod war lange Jahre ein Tabu der DDR-Literatur, erst recht Selbstmord und Wahnsinn. Es ist härteste Kritik an den als gut, human und sozial behaupteten gesellschaftlichen Verhältnissen des realen Sozialismus, wenn dem Individuum nur noch Tod oder Wahnsinn bleibt. Auch der Topos der DDR-Literatur, daß in den Westen nur Irregeführte und Verbrecher fliehen, mag Jakobs noch beeinflußt haben.

Hier wird eine zentrale Schwäche dieses Romans deutlich. Als Abrechnung und Anklage schon nicht mehr für die DDR geschrie-

17. *Wilhelmsburg*, S. 271.

ben, enthält er zahlreiche Anspielungen, innerliterarische Andeutungen und Polemiken, die dem bundesrepublikanischen Leser nur schwer zugänglich sind. Bei DDR-Lesern wird die Tatsache, daß eine junge Frau nicht den Weg in den Westen, sondern in den Tod wählt, weniger die Frage 'Warum eigentlich?' provozieren, als vielmehr die emotionale und intellektuelle Auseinandersetzung mit den im Roman enthüllten und den selbst erfahrenen Lebensverhältnissen positiv oder negativ bestärken.

Das Verlassen ihres Landes ist für die meisten DDR-Bürger keine reale Möglichkeit. Ein akzeptierendes Ja zur allgemeinen Situation in der DDR gibt es für Karl-Heinz Jakobs nicht mehr. Deswegen ist seine öffentlich-literarische Teilnahme an der Diskussion über das Leben in der DDR dort staatlicherseits unterbunden worden. Darüber war sich Jakobs beim Schreiben seines Romans *Wilhelmsburg* offensichtlich im klaren, er nimmt diese Herausforderung jedoch nicht an. In diesem Roman finden sich keine jugendlichen Rebellen, Rocker, Aussteiger oder ähnliche Verweigerer. Die auf Unterschriftenlisten protestierenden Jugendlichen kehren still und gebrochen aus den Gefängnissen zurück, die über die Untätigkeit des Helden empörte Tochter flieht vor ihrem Feitod in Melancholie. Diese Handlungsführung kollidiert mit der ironisch-satirischen Erzählhaltung, die den Roman über weite Strecken bestimmt und eher in antiautoritären oder auch nihilistischen Haltungen Aufhebung gefunden hätte. Die Empörung verliert ihre Zielgerichtetheit und verläuft sich in entwicklungsloser Klage. Mit Blick auf Plenzdorfs antiautoritäre Momente in seinem Stück *Die neuen Leiden des jungen W.*, auf Volker Brauns hartnäckig revolutionäres Beharren in seiner Erzählung *Unvollendete Geschichte* oder auch auf Thomas Braschs kalten Zorn (*Vor den Vätern sterben die Söhne*) wird deutlich, daß Jakobs seinen Jugendfiguren keine vergleichbare Signifikanz verleihen kann, was ihm 1973 in seinem Roman *Die Interviewer* jedoch durchaus gelungen war. Der Held, der in seiner Jugend weder entschieden für noch gegen die Nazis war, genausowenig wie später für oder gegen Stalinismus bzw. realen Sozialismus, wird mit Jugendfiguren konfrontiert, deren Handeln sich aussichtslos, aber auch ohne zwingende Motivation vollzieht. Selbst da, wo sie sich auflehnen, bleiben sie nicht nur ohne Zukunft, sondern auch ohne eigene Konturen. Hieran wird besonders deutlich, daß Karl-Heinz Jakobs, nach seiner Abwendung von früheren

Grundsatzpositionen, mit *Wilhelmsburg*, außer resignativer Retrospektive, noch keinen neuen, literarisch ergiebigen Zugang zum Leben in der DDR-Gegenwart gefunden hat.

Mit der auf den Großbaustellen der frühen DDR sozialisierten Nachkriegsjugend (*Beschreibung eines Sommers* und *Eine Pyramide für mich*) und seinem antiautoritären Skeptiker (*Die Interviewer*) entsprach Jakobs, was Jugendfiguren betrifft, der literarischen Trendentwicklung der sechziger und frühen siebziger Jahre. Zunehmend kritisch zwar, bleibt er trotzdem in diesen Jahren kulturpolitisch für die SED tolerierbar, bis 1977 deren Mitglied und bis 1978 im Zentralen Vorstand des Schriftstellerverbandes der DDR. Sein Bruch mit der SED war vorrangig Folge einer demokratischen Aktion (Biermann-Petition). Er schrieb sich nicht durch seine literarische Arbeit in den Dissens und gewann sein künstlerisches Selbstverständnis auch nicht im Dissens mit der SED, sondern sieht sich nun nach dem politischen Bruch genötigt, eine neue schriftstellerische Identität zu gewinnen.

Als radikaler Reformer literarisch in der DDR zu wirken – wie noch zu Zeiten seines Romans *Die Interviewer* –, ist für Karl-Heinz Jakobs vorläufig nicht mehr möglich. Sein Roman *Wilhelmsburg* zeigt, daß er seinen Dissens mit der politischen Realität der DDR anhand von deren Geschichte ergründen will. Zu radikaler Aufarbeitung des menschlich und politisch Erlebten, wie sie z.b. bei Thomas Brasch, Jürgen Fuchs oder Reiner Kunze gerade in der Auseinandersetzung mit Jugendschicksalen anzutreffen ist, dringt er mit *Wilhelmsburg* jedoch noch nicht vor.

PROBLEME MIT DER VERGANGENHEITSBEWÄLTIGUNG. BEOBACHTUNGEN AN ZWEI ROMANEN VON KARL-HEINZ JAKOBS, *BESCHREIBUNG EINES SOMMERS* UND *WILHELMSBURG*

von

Horst Domdey

Beschreibung eines Sommers erschien 1961 im 'FDJ-Verlag' Neues Leben, *Wilhelmsburg* 1979 bei Claassen in der Bundesrepublik; die Romane markieren Anfangs- und bisherigen Endpunkt der literarischen Entwicklung von Karl-Heinz Jakobs. Während *Beschreibung eines Sommers* zur Kategorie der Entscheidungsromane gehört – der Held entscheidet sich im Verlauf der Handlung für das Gesellschaftssystem der DDR –, versucht der Held in *Wilhelmsburg* sich am Ende nach England abzusetzen, gerät in ein Sanatorium im Schwarzwald und wird als geisteskrank in die DDR abgeschoben. Ist also *Wilhelmsburg* die Abrechnung mit der DDR, gleichsam die Zurücknahme der *Beschreibung eines Sommers*?

Beide Romane setzen sich mit der frühen Entwicklung der DDR auseinander. In *Wilhelmsburg* handeln 150 Seiten über die fünfziger Jahre; das ist mehr als die Hälfte des Romanumfangs. Die Handlung wird dann zügig bis zur Schreibgegenwart 1979 weitergeführt. Ein Vergleich dieser beiden Romane bietet sich an, um die heutige Position des Schriftstellers Karl-Heinz Jakobs in ihrer Genese zu verstehen. Denn Jakobs geht in *Wilhelmsburg* zu den Anfängen zurück und zieht Bilanz. In der Situation des Bruchs 1977/79 (öffentlich deklarierte Distanz zum Kommunismus, Ausschluß aus der Parteileitung des Schriftstellerverbands der DDR)[1] überdenkt

---

* Siehe die entsprechende Angabe zum Artikel von Jochen Staadt.

1. "1977 aus der SED und etwa zeitgleich auch aus der Parteileitung des Schriftstellerverbandes ausgeschlossen", Mitteilung der Redaktion der Zeitschrift 'die horen', 1979, Nr. 2, S. 133; Jakobs in einem Interview mit Johann

Jakobs jene Zeit, in der sich seine loyale Haltung zur Gesellschaftsordnung in der DDR konstituierte. Die folgenden Ausführungen
fragen am Beispiel beider Romane nach der Begründung und Irritation von Loyalität und untersuchen in diesem Zusammenhang Jakobs' Auseinandersetzung mit dem Anspruch der DDR-Führung,
legitimer Sachwalter des antifaschistischen Erbes zu sein.

Neue "Aristokratie"

Jakobs skizziert in seinem Roman *Wilhelmsburg* an der erfolgreichen Karriere der Figur Banzer, ehemaliger Freund und Gegenspieler des Helden Blach, den Aufstieg von Opportunisten und El-
lenbogenmenschen zu einer Führungsschicht, die sich allmählich
als neue 'Klasse' etabliert. Der Lebens- und Repräsentationsstil
dieser Führungsschicht, so der Eindruck des Romanhelden, orientiert sich an Darstellungsformen gehobener Klassen des 19. Jahrhunderts und verleiht der Entwicklung der DDR den Charakter einer gewissen Refeudalisierung:

> Alte Wilhelmsburger erinnerte es an Zeiten, da der Erzherzog die Seinen
> ins Schloß rief. [...] Und als dann, nach langen tristen Jahren, der Direktor
> der Feinmechanischen Fabriken das erste Bankett unter der neuen Ord-
> nung ausrichtete und dazu einlud, war es, als hätten Erzherzog und Kom-
> merzienrat gemeinsam geladen. [...] Es war, sagte Banzer, die endgültige
> Inbesitznahme des Palastes durch die Klasse. Banzer beschrieb das Bankett:

P. Tammen von der Redaktion der 'horen': "Im Februar d.J. habe ich anläßlich einer BRD-Studienreise in Interviews erklärt, daß ich kein Kommunist
mehr sei, weil Kommunist nur einer sein kann, der einer kommunistischen
Partei angehört − und sich der Parteidisziplin beugt. Da ich aus der kommunistischen Partei ausgeschlossen worden bin und nicht die Absicht habe, mich
einer anderen kommunistischen Partei anzuschließen und mich ihrer Parteidisziplin zu beugen, bin ich ergo kein Kommunist mehr − und das ist theoretisch
auch völlig in Ordnung". Jakobs verlor auch seinen DDR-Verlag: "Auf meine
Vorliebe zum Thema Arbeitswelt angesprochen, die − wie der Interviewer
meinte − bei mir immer so 'liebenswert' dargestellt werde, hatte ich außerdem geantwortet, daß es mich durchaus reizen würde, auch einmal eine Arbeitsmeuterei darzustellen. Das führte − als ich nach Hause kam − dazu, daß
mein Verlag (Neues Leben, Anm. d. Red.) mir erklärte, er könne nicht mehr
mit mir zusammenarbeiten. Ein Mann, der öffentlich ausplaudere, er wolle eine Arbeitsmeuterei darstellen, die sich dann womöglich in der DDR abspielen
würde − wie sie mir unterstellten − könne nicht Autor dieses Verlages sein.
Da sie der Verlag der jungen Generation seien und sie sich zum Ziel gesetzt
hätten, die Jugend zu guten Kommunisten zu erziehen, könne ein Autor, der
sich gegen den sozialistischen Realismus ausspreche, in diesem Hause nicht
mehr gedruckt werden." Ebd., S. 135.

Alles im Saal war noch so, wie es der Kommerzienrat hinterlassen hat. Die gefälligen, dicken, weichen und gepflegten Teppiche. Die prunkvollen Kristallüster, die wertvollen Gobelins. Er sei die marmorne Freitreppe hinaufgeschritten, wurde von einem Referenten empfangen, der ihm aus dem Mantel half, ihm und der Gattin den Weg wies. Offiziere in Galauniformen, steingrau die einen, olivgrün die anderen, in dunklen Anzügen die Leitenden & Führenden unserer Stadt, verdiente Tätige und Vertreter der Intelligentia, wie Augenarzt Dr. Schäfer, Domorganist Professor Schmiedekke, der Direktor der Oberschule, Oberstudienrat Werner, sowie Mutzler, der Redakteur der Kreisseite des Bezirksblattes. [...] Bitte, Freunde, langt zu, hatte Banzer schließlich die Zaudernden ermuntert. Hier herrschen keine bourgeoisen Zwänge, hier nimmt sich die Klasse das ihr Zustehende. [...] Wanda fühlte sich bei Banketten in ihrem Element, flirtete mit der Generalität, setzte sich in ein gutes Licht beim Direktor, den man hinter seinem Rücken Erzherzog Konstantin nannte.[2]

Das wachsende Selbstbewußtsein der "Leitenden & Führenden", ihre Entschlossenheit, Macht zu ergreifen und auszuüben (angesprochen sind hier die fünfziger Jahre), artikuliert sich in einer Korrektur an Lenin. In einem Trinkspruch betont die Figur Banzer, aufstrebender Repräsentant der Führungsschicht, die Distanz zu den "körperlich Tätigen" und spricht ihnen mittelbar das Recht auf Mitbestimmung ab, von Selbstbestimmung ganz zu schweigen:

Ein berühmter Mann, so mußte Banzer gesagt haben, habe einmal von einer Köchin gesprochen, die, mit dem entsprechenden Wissen ausgestattet und einem entwickelten Bewußtsein, in den Stand gesetzt wurde, die Regierungsgeschäfte im Lande zu übernehmen. Ich bin zwar keine Köchin, soll Banzer gesagt haben, sondern nur ein einfacher Weißkittel, Klammer auf, Lachen, Beifall, Klammer zu, doch glaube ich nicht, daß dieser berühmte Mann, Klammer auf, Lachen, Beifall, Klammer zu, nur die Köchinnen im Lande gemeint hat, die dazu berufen seien, das schwere Amt des Regierens zu übernehmen, Klammer auf, starkes zustimmendes Lachen, starker Beifall, Klammer zu.
Zu der Zeit, da dieser gedankenschwere Satz ausgesprochen wurde, soll Banzer gesagt haben, gab es uns noch nicht. Vielleicht hätte der berühmte Mann, lebte er heute, sein Beispiel nicht aus der Sphäre der körperlich Tätigen des gastronomischen Gewerbes, sondern sinnigerweise aus der Sphäre der mehr geistig Tätigen an den elektronischen Automaten herangezogen, die es heute überall in Stadt und Land gibt, Klammer auf, sehr starker, zustimmender, ernster Beifall, Klammer zu. Deswegen erlauben Sie mir, meine sehr verehrten Damen und Herren und auch ihr, liebe Kolleginnen und Kollegen, daß ich das Glas erhebe auf die vielen Tätigen, die bei uns in Wil-

---

2. Karl-Heinz Jakobs, *Wilhelmsburg*. Roman. Düsseldorf 1979, S. 150ff.

helmsburg bereits mitplanen, mitarbeiten und selbstverständlich mitregieren, Klammer auf, nichtendenwollender Beifall, Klammer zu.[3]

Legitimation von Macht wird hier nicht mehr in erster Linie von einem Mandat der Beherrschten, sondern von der sozialen Stellung innerhalb des Gesellschaftsgefüges abgeleitet. Jakobs kritisiert die Tendenz, Herrschaftsausübung nur noch durch die Faktizität des Emporgekommenseins aufgrund welcher Faktoren auch immer zu rechtfertigen. Was im Grunde auf Abwehr der Legitimationsforderung überhaupt hinausläuft; womit den so Herrschenden abgesprochen wird, sie hätten noch die Emanzipation der körperlich arbeitenden Bevölkerung im Sinn. Die geistig Tätigen müßten qua Funktion über die körperlich Tätigen herrschen und das sei auch recht so: nicht nur eine klare Zuordnung also der Machtverhältnisse 'wer – wen', sondern letztlich auch ein Festschreiben der Klassenunterschiede von seiten der Herrschenden.

Die Prognose über die weitere Entwicklung dieser Führungsschicht legt Jakobs dem älteren Freund des Helden, dem Astronomen Samuel in den Mund und verleiht ihr dadurch Gewicht; denn bestimmte Attribute stilisieren diese Figur – natürlich der Satire entsprechend in ironischer Brechung – zu einer Art prophetischer Gestalt (der biblische Name; lebt außerhalb der Gesellschaft, in Widerspruch zu den Herrschenden; ist Volkes Stimme; denkt in langen Zeiträumen; beobachtet den Sternenhimmel; betätigt sich gelegentlich Freunden gegenüber als Wahrsager; fungiert für den Helden als moralische Instanz):

Wir wissen nur eins: Nichts währt ewig. Wir sehen, wie sie Stück für Stück die Ideale aufgeben, mit denen sie uns in ihren Schulbüchern vollgestopft haben, wie sie Stück für Stück die Lebensweise aufgeben, die sie uns einmal als die beste der Welt eingetrichtert haben. Stück für Stück nähern sie sich einer Lebensweise, die sie eben noch verdammt haben. Am Ende bleiben von ihren großen Zielen nur die abgeklapperten Ideale übrig, die sie so lange hüten und von ihren Dichtern besingen lassen, bis sie eines Tages erkennen, wie hinderlich ihnen der Plunder geworden ist. Eigenhändig und von heute auf morgen werden sie stillschweigend die Reste beseitigen und die edle Gemeinschaft, die sie propagierten, bald als dumm und verächtlich abtun.[4]

Herrschende und Beherrschte stehen also in Jakobs' DDR-Skizze in scharfem Widerspruch zueinander. Die Funktion der Partei ist

3. *Wilhelmsburg*, S. 190.
4. *Wilhelmsburg*, S. 211.

offensichtlich nicht, die Interessen der Arbeiterklasse zu vertreten, zwischen ihnen und dem Gesamtinteresse der Gesellschaft zu vermitteln; vielmehr sichere die Partei ihr Machtinteresse, das dem Helden mehr und mehr als das Interesse einer neuen Klasse erscheint. Dem einzelnen stelle sich die Frage, in welchem Maß er Leistung und Unterwerfung zu erbringen imstande sei, um entsprechend an Machtpositionen und Lebensstandard zu partizipieren.

Die Frage nach der Kontinuität autoritärer Strukturen

Zweifellos fehlen in dieser Schwarzweißmalerei, deren Tendenz durch die vereinfachende Nachzeichnung verstärkt wird, die Grautöne. Idealisten etwa oder 'gute Kommunisten', die sich im Durchsetzen sozialistischer Zielsetzungen verschleißen, wie in den mittleren Romanen von Karl-Heinz Jakobs (*Eine Pyramide für mich, Die Interviewer*), kommen nicht vor. Die Figur Knauer, 1945 dem Terror der Nazilager entronnen, dann Direktor der Feinmechanischen Werke, wird schon im Verlauf der Handlung 1950 verhaftet (aufgrund pazifistischer Tendenzen; er weigert sich, Teile des Werks auf die Herstellung von Panzerketten umzustellen) und verschwindet aus dem Blickfeld des Romans als handelnde Person, existiert nur noch in der Vorstellung der zurückbleibenden Figuren.

Aber natürlich ist das Bild, das Jakobs entwirft, nicht reine Fiktion; zahlreiche Einzelzüge sind Verarbeitung von Erlebnissen, seien es eigene oder die von Bekannten. So hatte Jakobs 1976 die bekannte Resolution von DDR-Intellektuellen gegen die Ausbürgerung Wolf Biermanns unterschrieben; der Held in *Wilhelmsburg* unterschreibt eine Resolution gegen den Einmarsch in Prag 1968.

Die Untersuchung verfolgt jedoch nicht in erster Linie die Nachzeichnung dieses Abbildes von DDR-Wirklichkeit, sondern fragt nach der Bewertung des Erfahrenen, nach der Haltung des Autors, die sich in seinem Bild artikuliert. Eine Fragestellung, die ja auch der Held in *Wilhelmsburg* direkt oder indirekt immer wieder aufwirft. Denn wie in *Beschreibung eines Sommers* geht es um die 'Entscheidung'. Jetzt aber ist die Frage nach der Loyalität neu und schärfer gestellt, da das Vertrauen in die Legitimation der Entwicklungsrichtung der DDR überprüft wird. In dem Prozeß der Ablösung von einem idealen DDR-Bild, den der Roman beschreibt, gerät nun ein bestimmter Komplex von Wertvorstellungen in den Bereich der kritischen Aufmerksamkeit: die feste Verknüpfung von

DDR und Antifaschismus. Sie hatte und hat für das Bewußtsein vieler Menschen in der DDR, vor allem auch vieler Intellektueller, außerordentlich hohen Stellenwert, war und ist noch heute wichtiger Bestandteil einer weit verbreiteten DDR-Mentalität und selbstverständliche Überzeugung zahlreicher kommunistischer und antifaschistischer Widerstandskämpfer, die in der Sowjetischen Besatzungszone und später in der DDR einen neuen Lebens- und Arbeitszusammenhang fanden, oft in führenden Positionen. Diese Verknüpfung wird nun in Jakobs' jüngstem Roman in Frage gestellt. Ähnlich übrigens schon bei Christa Wolf. Man kann ihre Romane *Nachdenken über Christa T.* und *Kindheitsmuster* als Appelle verstehen, bei der Erziehung Jugendlicher in der DDR sorgfältiger die Erfahrungen zu beachten, die aus der Erkenntnis der Entstehung des Nationalsozialismus gewonnen wurden. Aber bei Jakobs wird noch prinzipieller gefragt: in welchem Maß denn die behauptete Identität von DDR und antifaschistischem Erbe überhaupt bestanden habe, ob sie nicht in weiten Bereichen Illusion war. Nicht so verstanden, als wolle Jakobs die DDR als faschistischen Staat denunzieren, sondern in dem Sinne, daß sich autoritäre 'wilhelminische' Strukturen von Anfang an etablierten, geduldet oder sogar gewollt, die dann eine Entwicklung zu einer weitergehenden Demokratisierung erschwerten und später — im Sinne der Herrschenden — auch verhindern sollten.

So gelesen, wäre Jakobs' Roman ein Beitrag, in einer Tabuzone, die Christa Wolfs Romane behutsam freigelegt haben, weitere Frage- und Denkhemmungen abzubauen. Wie vorsichtig Jakobs hier oft noch vorgeht, illustriert das folgende Beispiel:

> Lauernd lauschte er den neuen Liedern, die auf den Straßen gesungen wurden. Lauernd sah er den neuen Kolonnen hinterher, die beim Klang des Kalbfells marschierten. Lauernd hörte er, sah und fühlte er, schmeckte er das, was sie das neue Leben nannten.
> Neu? sagte Samuel.
> Die Farbe der Uniform hatte gewechselt, die Richtung der Racheschwüre.
> Diesen Untergang solltest du auslassen, sagte Samuel, in diesen Untergang folge ihnen nicht.
> Blach, rief Banzer verzweifelt, versuch's wenigstens. Ich habe dich nach Hause geholt. Ohne mich wärst du in Amerika verreckt. Versuch's mir zuliebe.
> Schau dir diesen Banzer genau an, sagte Samuel, dann weißt du, wie der in zehn Jahren redet.[5]

5. *Wilhelmsburg*, S. 49f.

Mit den trommelnden uniformierten Kolonnen von 1947 [!], in diesem Jahr spielt diese kleine Szene, wird nun ein Beispiel der Übernahme deutscher Tradition in den DDR-Alltag angeführt, das noch weiter in die Anfänge der DDR-Geschichte zurückreicht, zugleich aber auch an noch jüngere Traditionszusammenhänge anknüpft, an Jugendbewegung und Drittes Reich, so daß hier in der Sicht Blachs und Samuels die Kluft zwischen deutscher Vergangenheit und DDR flach erscheint, die Kontinuität dagegen stark ins Bild tritt. Wer da das Kalbfell schlägt, neue Lieder singt und wieder Rache schwört, wird zwar nicht ausdrücklich gesagt; die Hinweise genügen aber, den Leser an organisiert bewegte Jugendliche denken zu lassen. Die vage, sich am Erscheinungsbild orientierende Vorstellung eines Traditionszusammenhangs zwischen Hitlerjugend und Freier Deutscher Jugend, die Jakobs die Figur Samuel assoziieren und aussprechen läßt, ist historisch im Handlungszusammenhang des Romans möglich: Die FDJ wurde im März 1946 gegründet:

> Ihr gehörten neben den Jugendfunktionären der KPD und SPD auch Jugendpfarrer der beiden Kirchen an. Alles, was an Eigentum der Hitlerjugend und der früheren Jugendverbände, auch an Jugendherbergen vorhanden war, wurde dieser Einheitsorganisation zugesprochen. In wenigen Wochen zählte die FDJ 200 000 Mitglieder in der Sowjetzone und einige Zehntausend in den Westzonen.[6]

Die autoritäre Strukturen verstärkende Entwicklung dieser zunächst überparteilich organisierten Jugendorganisation vollzog sich rasch. Schon das II. Parlament der FDJ im Mai 1947 verstärkte "die politische Akzentuierung des Verbandes und beschloß die Uniformierung (Blauhemd, blaue Fahne mit der aufgehenden Sonne). Die Organisationsstruktur wurde gestrafft, deren Schwergewicht von den Wohngebieten in die Betriebe und Schulen verlagert." Auf dem III. Parlament 1949 wurde dann eine neue Verfassung verabschiedet, in der sich "die FDJ die Ziele der SED zu eigen machte, die geheimen Verbandswahlen abschaffte und die Voraussetzungen für ein straffes Schulungssystem schuf."[7]

Der Roman *Wilhelmsburg* akzentuiert also nicht das Neue in der gesellschaftlichen Entwicklung der DDR, wie Jakobs' Romane vor-

6. Harry Pross, *Jugend Eros Politik*. Die Geschichte der deutschen Jugendverbände. Bern/München/Wien 1964, S. 449.

7. *DDR Handbuch*. Wiss. Ltg. Peter Christian Ludz. 2. Aufl. Köln 1979, S. 363.

her, sondern kritisiert das Anknüpfen der Herrschenden an zweifelhafte deutsche Traditionen. Dabei kommt es Jakobs darauf an, die Keime des Verderblichen schon in den Anfängen der DDR-Geschichte zu lokalisieren.

Mangel an Demokratie

Wenden wir uns zunächst weiter der Kritik zu, die Jakobs in *Wilhelmsburg* an der Gesellschaftsordnung der DDR übt. Im Verlauf der Romanhandlung sind vor allem die Verhaftungen und "heimlichen" Verurteilungen als Folge kritischer Äußerungen über den Einmarsch deutscher Truppen "in Böhmen" Gegenstand der Betroffenheit des Helden (die Weigerung Knauers 1950, Panzerketten zu bauen, gewinnt vor diesem Hintergrund einen besonderen Akzent):

> Dann hieß es, der Unterstufenlehrer Ernst Stori sei verhaftet worden, weil sein Name unter einer Liste stand, auf der sich Leute eingetragen hatten, die dagegen waren, daß Deutsche in Böhmen einmarschierten. Dann hieß es, der Bratschist des Wilhelmsburger Theaters, Kuno Steiner, und die Flötistin Angelika Burg seien verhaftet worden, weil ihre Namen unter einer Eingabe standen, in der sie der Behörde vorschlugen, die Truppe aus Böhmen zurückzuziehen. Dann hieß es, der Baumontageschlosser Egon Lorenz, der Hilfsarbeiter Toni Blumenthal und die Serviererin Anita Barchert seien verhaftet worden, weil ihre Namen unter einer Erklärung standen, in der sie zum Ausdruck brachten, daß es nicht Sache der Deutschen sei, in Böhmen für Ruhe und Ordnung zu sorgen. Dann hieß es, der Verdrahter Kurt Wernicke sei verhaftet worden, weil sein Name unter einer Denkschrift stand, in der die Verhaftungen in jüngster Zeit aufgerechnet waren, die Verfassung ermahnend zitiert und der Behörde dringend empfohlen wurde, die Verhafteten freizulassen. Dann hieß es, die Studenten Knut von Hoeven, Erika Schneidereit, Wilfriede Gnaus und der Krankenpfleger Arthur Hochmut seien verhaftet worden, weil ihre Namen unter einem Brief standen, in dem sie baten, den Verdrahter Kurt Wernicke aus der Haft zu entlassen.[8]

Kurz zusammengefaßt kritisiert Jakobs in seinem Roman die staatliche Herrschaftspraxis in folgenden Punkten:

— Es gäbe in wesentlichen Bereichen (Sicherheit der Person) keine Rechtsstaatlichkeit;
— Rechtsverfahren und Exekutivmaßnahmen seien der Öffentlichkeit und damit der Kontrolle entzogen;

---

8. *Wilhelmsburg*, S. 214f.

– Die Äußerungsfreiheit sei energisch eingeschränkt, so daß eine öffentliche Meinungsbildung über die Regierungspraxis vom Staat leicht unterbunden werden könne; was der Staat auch ständig tue;

– Die Organisationsfreiheit sei stark eingeschränkt, so daß Gruppenbildung zum Zweck der Kritik an Regierungspraktiken kaum möglich sei. Der kritische Bürger stehe dem Staat in der Regel als vereinzeltes Individuum gegenüber;

– Die Gewerkschaft könne ungestraft, da das Streikrecht[9] nicht praktiziert werden kann, von hohen Funktionären instrumentalisiert werden, um Ansprüche von Werktätigen gegenüber der Betriebsleitung abzuwehren. Hierzu zwei Textstellen:

> Wenn ich Anweisungen herausgeben soll, sagte Blach, dann müßte ich auch den bestrafen, der sie nicht befolgt. Ich müßte ihn vor meinen Schreibtisch zitieren und ihn zur Rede stellen. Müßte mir seine Entschuldigungen verbitten. Müßte mich hinter die Gewerkschaft klemmen, um zu verhindern, daß er, wenn ich ihn fristlos entlasse, Rechtsmittel gegen mich einlegt.[10]
> Was ist, sagte Blach einmal vorsichtig, um Knauer nicht zu verletzen, man hört viel von der Willkür der neuen Ordnung. Blach wollte sich nicht festlegen, sprach allgemein von anders denkenden, von sozialdemokratischen Arbeitern, von Arbeitern, die sich ihr Streikrecht nicht nehmen lassen wollten.[11]

Dieser Mangel an demokratischen Freiheiten richte sich nun aber nicht gegen eine Klasse von Ausbeutern, denen man diese Rechte vorenthalte, sondern gegen den größten Teil der Bevölkerung. Er könne jeden treffen, der sich kritisch exponiert. Staatliche Repression wird insofern nicht als Diktatur des Proletariats verstanden, erscheint nicht im kommunistischen Sinne als legitimiert. Der Klassencharakter der Gesellschaft mit einer 'refeudalisierten' Ober-

---

9. Die Verfassung von 1949 garantiert in Art. 14 Abs. 2 das Streikrecht der Gewerkschaften. Der FDGB lehnt jedoch jeden Streik in der 'volkseigenen Wirtschaft' ab, da er die Auffassung vertritt, daß der Streik in der DDR ein Streik gegen die Arbeiter selbst sei, weil das Volk sich dort im Besitz der Produktionsmittel befinde. Das am 1.1.1978 in Kraft getretene Arbeitsgesetzbuch (AGB) erwähnt, ebenso wie das bis dahin geltende Gesetzbuch der Arbeit (GBA) aus dem Jahr 1961, das Streikrecht nicht mehr. Auch die neue Verfassung von 1968 i.d.F. v. 1974 kennt das Streikrecht nicht. Siehe *DDR Handbuch*, S. 1074.

10. *Wilhelmsburg*, S. 148.

11. *Wilhelmsburg*, S. 54f.

schicht legt vielmehr den Verdacht nahe, die Staatsgewalt werde wesentlich zur Absicherung der Herrschaft dieser neuen Klasse, die kraft ihrer sozialen Stellung am Mehrprodukt dieser Gesellschaft besonders profitiert, gegen die Interessen der großen Mehrheit benutzt. Insgesamt erinnert dieser Staat, um in der von Jakobs entfalteten Bildebene zu bleiben, an ein absolutistisches Regime, dessen führende Aristokratie Posten wie Lehen verteilt nach dem Grad der Tüchtigkeit und vor allem entsprechend erwiesener Ergebenheit gegenüber der nächsthöheren Instanz.

Die Impulse, die die Klage Jakobs' über diesen Katalog von Demokratiedefiziten stimulieren, sind Pazifismus, entfaltetes Rechtsempfinden, Solidarischfühlen mit der arbeitenden Bevölkerung, Anspruch auf Mündigkeit und Lebensentfaltung für jedermann, Forderung nach Toleranz, Verantwortungsgefühl gegenüber der politischen Entwicklung der Gesellschaft; insgesamt Momente, die eine antifaschistische Haltung beschreiben, bei der die radikaldemokratische Komponente dominiert. Ihr Anspruch steht in Gegensatz, so die Aussage in *Wilhelmsburg*, zur sozialen und politischen Wirklichkeit in der DDR. Der Roman wirft damit im Sinne der Prognose der Figur Samuel[12] die Frage auf, ob denn die neue Führungsschicht eines Tages auch Antifaschismus als lästigen Plunder "beseitigen" wird. An dieser Überzeichnung wird die Schärfe der Kritikintention von Jakobs deutlich. Die DDR, ebensowenig wie andere östliche Gesellschaftssysteme, wird natürlich nicht auf 'Sozialismus' und 'Antifaschismus' als Legitimationsideologien verzichten. Eher stünde zu erwarten, daß zur Abwehr von Demokratieansprüchen ein 'realer' Antifaschismus entdeckt wird. Aber die pessimistische Prognose Samuels stellt die Frage nach der Nützlichkeit der alten 'Ideale' für das Herrschaftssystem in der DDR und profiliert insofern deren Charakter als bloße Legitimationshilfen.

Absage an den Fortschrittsglauben

Die beschwörenden Sätze Knauers, "[...] es gehe darum, daß sie die nächsten fünf Jahre überlebten. Eine kurze Zeitspanne. Es dürfe nicht geschehen, daß auch dieser Versuch scheitere, in Deutschland eine Demokratie einzurichten"[13], gewinnen durch den weite-

---

12. *Wilhelmsburg*, S. 211.
13. *Wilhelmsburg*, S. 54.

ren Verlauf der Romanhandlung ironische Bedeutung. Der Antifaschist Knauer wird kurze Zeit später verhaftet; sein Staat übersteht zwar mehr als nur die als besonders gefährdet erachteten fünf Jahre, erfüllt die an ihn geknüpften Erwartungen jedoch keineswegs, wird nicht Garant, sondern im Gegenteil Grund für die Verhinderung der Demokratisierung; so die Romanaussage.

Konsequenz dieser enttäuschten Erwartung von 1945, der 35jährigen Fehlentwicklung (Blach: "mein Leben ein Irrtum"[14]), ist ein desillusioniertes, nichtmarxistisches Verständnis von Geschichte. Zwar läßt Jakobs den Aufsteiger Banzer noch an einem "Sinn der Geschichte"[15] festhalten; "die Geschichte" wird von ihm noch als determinierende Instanz vorgestellt, die nach Gesetz, einer inneren Mechanik gemäß, verfährt ("Räderwerk der Geschichte"):

> Du willst dich der Geschichte entgegenstellen, sagte Banzer, ausgerechnet du. Wer bist du denn? Die Geschichte liebt solche Einmischung nicht. Sie geht ihren trägen Gang. [...] Knauer hat sich in das Räderwerk der Geschichte geworfen und ist folgerichtig zermalmt worden, sagte Banzer, ob er ein guter Mensch war oder ein schlimmer, spielt dabei keine Rolle. Ein bestimmter historischer Prozeß erforderte unter allen Umständen den Bau von Panzerketten.[16]

Aber Banzer interpretiert diesen Geschichtsablauf nicht mehr als einen aufsteigenden Prozeß im Sinne eines demokratischen Fortschritts der Menschheit:

> Ich dachte immer, sagte Blach, auch wir gehen den Weg vom Niederen zum Höheren, auch wir sind den Gesetzen von Natur und Gesellschaft unterworfen. Auch wir werden einmal freizügig leben können in einer freizügigen Welt.
> Wenn du dieser Meinung warst, sagte Banzer, dann ist das dein tragischer Irrtum. Das Gegenteil ist der Fall. [...] Ich fürchte, sagte Banzer nach einer Weile, dein Leben war ein einziger Irrtum. Nicht Freizügigkeit ist das Ziel, das Ziel ist die Herrschaft des Volkes.[17]

Der unklare Genitiv "Herrschaft des Volkes" bedeutet beides: Herrschaft im Namen des Volkes und verdeckt formuliert Herrschaft über das Volk. Klar jedenfalls die Aussage, daß keine "Freizügigkeit" für das Volk gemeint sei. Hier begegnet wieder die Tendenz Jakobs', den Repräsentanten der Neuen Ordnung Distanz ge-

14. *Wilhelmsburg*, S. 215 u. 258.
15. *Wilhelmsburg*, S. 76.
16. *Wilhelmsburg*, S. 74f.
17. *Wilhelmsburg*, S. 215.

genüber ihren eigenen ursprünglichen Wertvorstellungen zuzuschreiben. Der Fortschrittsglaube im Sinne einer voranschreitenden Emanzipation der Bevölkerung insgesamt wird also von der neuen Führungsschicht, die ja als neue Ausbeuter- und Unterdrückerklasse verstanden wird, konsequenterweise – hier argumentiert Jakobs wieder dem marxistischen Klassenmodell entsprechend – verabschiedet.

Radikaler noch wirkt die Absage an den Fortschrittsglauben auf seiten derjenigen, die nicht an der Herrschaft partizipieren. Samuel: "Ich glaube, daß die Zustände in der Welt immer dieselben gewesen sind." Einen besonderen Stellenwert verleiht Jakobs dieser Passage, indem er sie durch den Erzähler von Freundschaftsbeteuerungen der Figuren Blach und Samuel einrahmen läßt. Der Freundschaftsbund beider wird gleichsam auf der Grundlage dieser gemessen am Fortschrittsmodell der Aufklärung eher konservativen Weltsicht gestiftet: es werde nicht schlechter, nicht besser, die Welt bleibe sich ewig gleich:

So hatte es mit ihnen begonnen, und später gab es Zeiten, da war Samuel Blachs einziger Freund. Blach saß manchmal nächtelang hinter Samuels Teleskop und beobachtete den Sternenhimmel.
Es gibt Leute, sagte Samuel leise, die halten unser Jahrhundert für besonders grausig. Ich bin dieser Meinung nicht. Damals wie heute, überall gebrochene Knochen. Ich glaube nicht, daß es irgendwo in der Welt ein System gibt, das einem anderen System überlegen ist. Ich glaube, daß die Zustände in der Welt immer dieselben gewesen sind. In welchen Bezirk des Himmels ich auch meinen Reflektor richte, überall werde ich denselben Zustand vorfinden. Mir dröhnen die Ohren von all den Beteuerungen in den letzten siebentausend Jahren, daß hier und heute eine neue Epoche in der Geschichte der Menschheit begonnen habe. Die Kulturgeschichte dieser Beteuerungen, das wäre ein Buch, das einer endlich schreiben sollte.
Es war Blach, als werde Samuel mehr und mehr zu einem Bestandteil seines Lebens. Auch als Blach sich von Vera trennte, blieben Samuel und er Freunde.[18]

Allerdings wird diese Absage an die Hoffnung auf Fortschritt nicht strikt durchgehalten:

Was soll ich tun? fragte Blach verzagt. Gar nichts, sagte Samuel, die Zeit arbeitet für dich.[19]

Samuel glaubt sich mit dieser Haltung in Einklang mit Sichtweise und Verhalten der schweigenden Mehrheit:

18. *Wilhelmsburg*, S. 24.
19. *Wilhelmsburg*, S. 76.

Eben wir anderen, sagte Samuel, die geduldig beobachten und geduldig auf das Ende der Regierungen warten. Wir regen uns nicht auf dabei, verfassen keine Resolutionen und Manifeste, reichen keine Unterschriftslisten von Hand zu Hand. Das sind die Eitelkeiten von Intellektuellen, die unzufrieden sind mit sich und nun glauben, auch wir wären es. Wir können uns das System nicht aussuchen, in dem wir leben, wir sind einfach da, leben und tun, was uns Spaß macht und sehen zu, daß wir weder mit dir noch mit den Regierungen in Konflikt geraten.[20]

In der Figur Samuel wird also das Prinzip Hoffnung nicht gänzlich negiert. Es wird aber die Ansicht zurückgewiesen, durch aktives Eingreifen ließen sich bessere Verhältnisse herbeiführen; genauer, Fortschritt wird nicht als Resultat aktiven politischen Handelns einer Avantgarde verstanden, er werde sich auch nicht rasch einstellen. Möglicherweise ließe sich von dieser Position aus das Konzept einer Strategie der ganz kleinen Schritte ableiten. Dieser Aspekt wird aber in *Wilhelmsburg* nicht weiter entfaltet.

Da der Held Blach nach längerem Zögern den Weg der Tat einschlägt (mit seiner Unterschrift unter die Resolution gegen den Einmarsch deutscher Truppen in "Böhmen") und dabei scheitert, ließe sich der Roman *Wilhelmsburg* als Bestätigung der Samuelschen Abwartephilosophie verstehen. Die politisch-moralische Argumentation Blachs hat andererseits so viel Gewicht, daß als Gesamteindruck eher der Widerspruch beider Konzepte dominiert, allerdings insgesamt geschichtspessimistisch eingefärbt.

Antifaschismus – Motiv der Bindung an die DDR

Die Gesellschaftskritik in *Wilhelmsburg* bis hin zur Aufkündigung des Glaubens an das staatsoffizielle geschichtsphilosophische Modell gesellschaftlichen Fortschritts aufgrund vorgeblicher historischer Gesetzmäßigkeit entspricht der Radikalität jüngerer DDR-Literatur, die ja auf breiter Front am Gesellschaftssystem der DDR Kritik übt. Trotz der Schärfe der Kritik ist aber Jakobs' Roman nicht frei von einer gewissen Larmoyanz. Den Grund für diese Wahrnehmung sehe ich in einem Bruch in der Figur des Helden Blach; ihr ist mehr aufgebürdet, als sie ihrer Anlage nach tragen kann – kategorial gesehen, nicht moralisch, so daß bestimmte Aspekte ihres Verhaltens nicht zureichend motiviert erscheinen. Dieses Mißverhältnis, das sich vor allem auf den Schluß auswirkt, sei im folgenden erläutert.

20. *Wilhelmsburg*, S. 210.

Jakobs setzt seinen Helden einem bestimmten Widerspruch aus: als leitender Angestellter eines großen Industriebetriebes muß Blach aus geschäftlichen Gründen ständig ins westliche Ausland reisen, wählt aber trotz zunehmender Pression durch den Staat und zunehmender Entfremdung von seiner Umwelt die Flucht erst zu einem Zeitpunkt, wo sie mit seiner psychischen Störung zusammenfällt. Warum flieht Blach nicht früher und erspart sich und dem Leser den melodramatischen Romanausgang? Anders gefragt, was begründet die intensive Bindung des Helden, die ihn wider Vernunft und Gesundheit bis zu einem Zeitpunkt, wo es zu spät ist, in der DDR verbleiben läßt? Entscheidend ist in diesem Zusammenhang die militärische Vergangenheit des Helden. Blach habe sich, so sein Selbstverständnis, im Dritten Reich schuldig gemacht. Ihn verfolgt zum Beispiel die Erinnerung, wie er als Flugzeugführer auf fliehende Menschen schießen und Dörfer bombardieren ließ. Blach versuchte zwar, mit seiner Bordkanone absichtlich danebenzuschießen[21], sein Heckschütze jedoch "ballerte auf die Leute, die abhauen wollten"[22]. Bombenwürfe absichtlich fehlzuplazieren, sei gänzlich unmöglich gewesen:

[...] beim Bombenwurf werden die Treffer gezählt. Der Navigator zähle sie und melde sie dem Chef. Er, Blach, bekomme den Befehl, die Bombenluken zu öffnen. Er sehe zwar nicht, was er anrichte, aber das, was die Maschinen vor ihm anrichteten, das sehe er deutlich. Er wisse nicht, wozu er Dörfer bombardiere.[23]

Der Einsatz erfolgte auf Befehl und erzwungenermaßen, weil auch durch den mitfliegenden Navigator Banzer kontrolliert, aber doch in Blachs Sicht letztlich in Eigenverantwortung, zu der er sich bekennt, die in ihm Schuldgefühle und Sühnebedürfnis auslöst. Dieses Bedürfnis, so die Figurenzeichnung bei Jakobs, sei das starke Motiv der Bindung an die DDR. In der DDR, so wird vom Helden erwartet, würden aus der Erfahrung der nationalsozialistischen Vergangenheit tiefgreifende Konsequenzen gezogen. Sein Dienst in der DDR wäre so verstanden eine Art Wiedergutmachung und die Entscheidung für jenen Teil Deutschlands, der den historisch richtigen Weg gehe. Jakobs folgt mit dem so gezeichneten Lebensgang des Helden der Selbsteinschätzung der DDR-Führung, die den be-

---

21. *Wilhelmsburg*, S. 37.
22. *Wilhelmsburg*, S. 35.
23. *Wilhelmsburg*, S. 38.

sonderen antifaschistischen Charakter ihrer Gesellschaftsordnung
als so grundlegend verstand, daß sie bekanntlich die Anfangsphase
ihres Staats (1945-49) als 'Antifaschistisch-demokratische Ordnung' bezeichnete. In der Geschichtsschreibung der DDR wird diese Etappenbezeichnung bis heute beibehalten[24]. Indem Jakobs die
langjährige Identifizierung seines Helden mit dieser staatsoffiziel-
len Deutung mehr und mehr in die Verzweiflung über den unde-
mokratischen Charakter dieser Gesellschaftsordnung münden läßt,
problematisiert er die These vom besonderen antifaschistischen
Charakter der DDR und greift damit eines der fundamentalen Tabus in der DDR an.

Die oben skizzierte politisch-moralische Motivation läßt verstehen, warum sich der Held nach dem Krieg in der DDR ansiedelt;
sie bleibt unzureichend, um das lange Ausharren des Helden in der
DDR zu begründen. Denn daß die DDR der neue deutsche Staat
sei, von dem nie wieder ein militärischer Angriff auf andere Völker
erfolgen werde, wird in der Romanhandlung schon früh in Zweifel
gezogen, 1950, als die Positivfigur Knauer wegen der Weigerung,
Panzerketten zu bauen, in Sibirien verschwindet; vollends dann
1968, als vom deutschen Boden aus in "Böhmen" einmarschiert
wird.

Die beiden wichtigen Handlungsmomente, die den Helden zunächst in den Zweifel (Verhaftung Knauers) und dann zur Tat (Resolution 68) treiben und die damit seinen zunehmenden Dissens
zur DDR-Führung bewirken, haben also ihre Quelle in antifaschistisch geprägten Wertvorstellungen, die ihn früher veranlaßten, sich
für die DDR zu entscheiden. Mit anderen Worten, durch die Militärpolitik der DDR empfindet sich der Held in einem Kernbereich
seiner Loyalität gegenüber der DDR irritiert.

Dazu kommt die Beeinträchtigung demokratischer Freiheiten.
Sie wäre möglicherweise lange erträglich, würde sie sich nicht mit
der Wahrnehmung der Etablierung einer neuen "Aristokratie" ver-

24. "Bis Ende der 50er Jahre reichte in der offiziellen Geschichtsschreibung die Periode der AdO. [= Antifaschistisch-demokratische Ordnung] bis
1952; auf der 2. Parteikonferenz desselben Jahres sei der 'Aufbau des Sozialismus' beschlossen und damit eine neue Etappe eingeleitet worden. Im Verlauf
der Periodisierungsdiskussion in der DDR wurde dann der Beginn dieser Etappe auf 1949 zurückdatiert und die der AdO. auf den Zeitraum bis zur Gründung der DDR eingegrenzt". *DDR Handbuch*, S. 46.

binden. Denn Jakobs orientiert sich in seinem Antifaschismusverständnis weitgehend am sozialökonomischen Faschismusmodell der Kommunistischen Internationale (Dimitroff). Da die Monopolbourgeoisie den Faschismus hervorbrachte, sei im Sinne der Etablierung einer demokratischen Gesellschaftsordnung mit Bestand nicht nur deren politische, sondern auch deren soziale Entmachtung unabdingbar. In diesem Klassenkampf sei die partielle Außerkraftsetzung demokratischer Rechte gerechtfertigt. So schreibt das "Sachwörterbuch der Geschichte" (DDR), die antifaschistisch-demokratische Ordnung "bildete sich in hartem Klassenkampf, jedoch ohne Bürgerkrieg heraus"[25]. Durch massive Repressionen der neuen Exekutivorgane wurden dann in den Jahren 1945 bis 48 die sozialen Umwälzungen durchgesetzt; große Teile der Industrie enteignet und damit die Existenzgrundlage der alten Bourgeoisie. Die Bodenreform beseitigte die materielle Basis des preußischen Junkertums. Die Schulreform von 1946 veränderte innerhalb weniger Jahre das ganze Bildungssystem. In *Beschreibung eines Sommers* verteidigt der Held im Streit mit einem älteren Intellektuellen diese Maßnahmen: "...ich war für die Entfernung der Nazis aus den Ämtern, und ich war für die Schulreform"[26]. In den Resultaten der sozialen Umwälzung sieht auch der Held in *Wilhelmsburg* die Grundlagen für den Aufbau eines demokratischen Staats auf deutschem Boden, ohne allerdings konkret auf die Maßnahmen einzugehen.

Im Verlauf der Romanhandlung, die sich über drei Jahrzehnte erstreckt, gewinnen dann die demokratischen Rechte eine neue Bewertung, sie rücken immer stärker in den Brennpunkt des Interesses. Denn mit der Etablierung der neuen "Aristokratie" ist der alte Legitimationsanspruch unterhöhlt. Das Nichtgewähren demokratischer Freiheiten ist nicht mehr durch den revolutionären Kampf gegen alte Klassenkräfte legitimiert. Im Gegenteil, der Held sieht, wie oben gezeigt, in den Herrschenden das Bild alter Kräfte neu erstehen, und der Mangel an Möglichkeiten, sich bei Widerspruch gegen die Regierungspolitik auf rechtsstaatliche Sicherungen zu stützen, läßt die staatlichen Repressionen um so willkürlicher wirken;

25. *Sachwörterbuch der Geschichte Deutschlands und der deutschen Arbeiterbewegung.* Bd. 1. Berlin (Dietz) 1969, S. 64.
26. Karl-Heinz Jakobs, *Beschreibung eines Sommers.* Roman. München 1975 (Kleine Arbeiterbibliothek kürbiskern 9), S. 189.

und vor allem, sie richten sich jetzt gegen den Teil der Bevölkerung, der antifaschistische Wertvorstellungen in der praktischen Politik der DDR verwirklicht sehen möchte. Das Tradieren autoritärer Strukturen, die Etablierung einer neuen "Aristokratie", eine aggressive Militärpolitik gegen den südlichen Nachbarn und die Verweigerung elementarer Grundrechte verbinden sich und radikalisieren die Kritik an der Gesellschaftsordnung der DDR; ihre vorgebliche Verpflichtung auf das antifaschistische Erbe wird jetzt prinzipiell in Frage gestellt.

Bezogen auf die Frage, wie und vor allem durch wen die Forderung nach mehr Rechtsstaatlichkeit durchgesetzt werden könne, also auf die Frage nach der Strategie und dem sozialen Träger der in Aussicht genommenen Veränderungen, herrscht Ratlosigkeit (siehe die Kontroverse Blach/Samuel über politisches Eingreifen). Die Herrschaft der neuen "Aristokratie" triumphiert, so der Eindruck des Helden.

Jakobs konstatiert in diesem Roman zunächst die entstandene Lage, entwirft ein Bild seiner Entwicklungsrichtung und diskutiert aufgrund der gewonnenen Erkenntnisse die Frage nach den Grundlagen der Loyalität gegenüber der Gesellschaftsordnung der DDR.

Ausgegrenzt: das Identifizierungsfeld "Baustelle DDR"

Greifen wir die Kritik an dem 'Bruch' in der Anlage der Figur des Helden in *Wilhelmsburg* wieder auf, das heißt die Frage nach der Motivation für sein langes Ausharren. Es erschiene begründeter, wenn sich der Held etwa als Sozialist durch jahrzehntelangen Einsatz beim Aufbau der wirtschaftlichen und politischen Ordnung verzehrte. Davon ist jedoch nicht die Rede. Die Identifizierung des Helden mit der Gesellschaftsordnung in der DDR ist vielmehr schon von Anfang an, seit 1947, als er aus den USA zurückkehrte, mit Skepsis verbunden (siehe die oben zitierte FDJ-Szene, in der Blach dem kritischen Samuel nicht widerspricht). Weshalb er sich ja auch während der mehr als drei Jahrzehnte trotz lukrativer Angebote konsequent weigert, über ein bestimmtes Maß hinaus in der Wirtschaft oder Politik dieses Staats Karriere zu machen. Daß er dann aber bis zur geistigen Zerrüttung allen Einsichten zum Trotz der DDR verbissen die Treue hält, bleibt unmotiviert.

Auch die Bindung an seine Tochter Therese, die einzig intakt gebliebene familiäre Beziehung seiner zwei gescheiterten Ehen, erscheint nicht als zwingender Grund für sein Verbleiben in der DDR. Eher im Gegenteil, denn Jakobs schildert einen plausiblen Weg, wie Therese über die Ehe mit einem auswanderungswilligen russischen Juden sich aus Moskau in den Westen absetzen will. Daß Jakobs auch diesen Ausbruchsversuch scheitern läßt, belastet den Romanausgang zusätzlich.

Auf der Ebene des Stils erscheint dieses Mißverhältnis zwischen Personalstruktur des Helden und Romanausgang als Bruch zwischen der über weite Strecken hin durchgehaltenen satirischen und einer gegen Ende sich verstärkenden sentimentalen Schreibhaltung.

Der Widerspruch stellt sich nun so dar: der Held Blach ist als 'Bündnispartner' konzipiert, als eine Figur, die die Rolle des sympathisierenden, umworbenen, die Entwicklung der DDR jedoch kritisch beurteilenden Fachmanns spielt; vom Autor wird der Held aber dann so behandelt, als sei er mit allen Fasern seiner Existenz mit dem Aufbau dieser neuen Ordnung verbunden, als sei er deren hundertprozentiger Anhänger, so daß die Tiefe der allmählichen Desillusionierung am Ende notwendig erfordere, der Held müsse der negativen DDR-Entwicklung seinen Verstand zum Opfer bringen. Die Schreibintention erdrückt die wesentlich schmaler angelegte Figur. Die Frage liegt nahe, ob die Abrechnung mit der DDR in solcher Radikalität, daß Trennungs- und Desillusionierungsschmerz zum Verrücktwerden an der Realität führen, nicht glaubwürdiger an einer Figur gelingt, die die DDR-Entwicklung zentral mitträgt und deren Sympathie für die Gesellschaftsordnung in der DDR umfassender begründet ist; die einer stärkeren seelischen Spannung ausgesetzt wäre, weil der Kontrast zwischen Überzeugung und späterer Desillusionierung größer klafft. Eher also an einer Figur aus der Generation von Karl-Heinz Jakobs, der heute Fünfzigjährigen, die zwar auch noch, wie der Held in *Wilhelmsburg* den Nationalsozialismus erlebt hatten und von daher einen starken antifaschistischen Impuls haben entwickeln können, deren weitere Sozialisation als Jugendliche sich dann aber in den schweren, vom Glanz der Pionierzeit überstrahlten Aufbaujahren abspielte; also ein Held, wie ihn zum Beispiel Jakobs in seinem ersten Roman *Beschreibung eines Sommers* schilderte. Die Identifikation mit der DDR in *Wilhelmsburg* gründet sich vor allem in der Abwehr der nationalsozialistischen deutschen Vergangenheit, aber nicht, wie die des Helden in *Beschreibung eines Sommers* in einem positiv erfahrenen Erlebniszusammenhang, der durch die Anfänge der DDR-

Entwicklung selber schon geprägt ist. Daß Jakobs seinen Helden in *Wilhelmsburg* mit psychischem Untergang straft für die mangelnde Entschlossenheit, sich endlich zu trennen, darf vielleicht als Symptom gewertet werden – hier sei einmal Spekulation erlaubt –, daß aufgrund eigner Vergangenheit in der Schreibintention auch die kritische Absicht mitschwang, einen Exponenten der DDR-Ordnung zu treffen, der sich ihr mit Haut und Haaren verschrieben hatte, und nicht nur einen skeptischen Antifaschisten.

Die kleine Szene mit den trommelnden FDJlern in *Wilhelmsburg* zeigt aber deutlich, daß Jakobs seinen Helden gerade zu der Sphäre der Bewegtheit und Begeisterung, ganz anders wie noch in *Beschreibung eines Sommers*, Distanz halten läßt. *Wilhelmsburg* ist also insofern nicht die Rücknahme der *Beschreibung eines Sommers*, vermeidet die Auseinandersetzung mit dieser Sphäre vielmehr ausdrücklich.

Warum Jakobs seinen Helden autobiographisch gesehen von sich abrückt, ihn zehn Jahre älter macht und einen Lebensgang eher am Rande der DDR-Gesellschaft führen läßt, sei dahingestellt. Jedenfalls ist damit die Möglichkeit vergeben, einen Kernbereich, in dem sich Identifizierung mit der DDR in besonders intensiver Weise abspielte, literarisch zu durchleuchten, das heißt Aufklärung zu leisten über die Genese von Loyalitätsbindungen, die sich in einem Milieu starker Emotionalität und Gruppenbildung abspielten und daher besonders tiefgreifend wirkten, nämlich unter Kommunisten oder solchen, die es im Aufbaumilieu wurden. Hierin läge die Beschränkung der Aufklärungsleistung des Romans. Er ist dagegen radikal in der Kritik an vergangenen und gegenwärtigen Herrschaftspraktiken, insofern er zeigt, welche Sprengkraft die Frage nach den Konsequenzen aus der Verpflichtung auf das antifaschistische Erbe in der DDR entwickeln kann, wenn diese Frage konkret gestellt wird.

Die Erinnerung an *Beschreibung eines Sommers* verdeutlicht, welche wesentlichen Bereiche, stofflich gesehen, Jakobs bei seiner Auseinandersetzung mit der DDR-Vergangenheit in *Wilhelmsburg* ausgrenzt, sie profiliert an *Wilhelmsburg* andererseits den für die jüngere kritische DDR-Literatur typischen Zugriff, gesellschaftliche Phänomene in der DDR in ihrer historischen Dimension zu erfassen. Denn davon kann keine Rede sein, daß Jakobs, und er steht hier beispielhaft für den Anspruch der DDR-Literatur damals, schon 1961 einen kritischen Blick für die Zusammenhänge zwischen

132

deutschen Traditionslinien und Aufbau der DDR entwickelt hätte. Jakobs teilte vielmehr die offizielle Auffassung, mit dem Aufbau der sozialistischen Ordnung werde die Loslösung von der deutschen Misere tiefgreifend vollzogen. Wie stark aber Jakobs selber noch in ihr befangen war, zeigt die Lektüre seines frühen Romans *Beschreibung eines Sommers*.

Skepsis?

Als 1961 Karl-Heinz Jakobs' *Beschreibung eines Sommers* erschien, unterzogen Rezensenten der Tagespresse den Helden des Romans einer scharfen Kritik. Ihnen leuchtete nicht ein, wieso Schriftsteller und Verlag die Aufbauleistung im Erdölverarbeitungswerk Schwedt aus der Sicht eines Ingenieurs beschreiben ließen, der nicht in der Partei, nicht einmal in der FDJ war und der von sich sagt:

[...] da gab es nichts in der Welt, das imstande war, einen zu erregen. Außer der Mathematik. Und der Musik. Aber sich dafür zu erregen lohnte, da es einem als das einzige erschien, das auf objektiven Gesetzen beruhte, daher als einziges Bestand habe.[27]

Christa Wolf erläuterte den Genossen, inwiefern gerade dieser Roman geeignet sei, den Leser an die sozialistische Gemeinschaft heranzuführen:

Jakobs [...] geht unbefangen – nicht standpunktlos, allerdings – auf das Leben zu, vorurteilslos, interessiert, neugierig, wie sein Held: Mal sehen, was wirklich damit los ist. [...] Er verhält sich forschend, fordernd und gebend, unsentimental, unpathetisch, streng und unverwandt zuversichtlich. [...] Der dreißigjährige Ingenieur Tom Breitsprecher polemisiert als literarische Gestalt indirekt gegen die generationslosen Einheitsmenschen in anderen Büchern. Er entstammt der Generation, die in der Kindheit dem Faschismus verfallen war, von ihm in den Krieg getrieben wurde, Zusammenbruch, Gefangenschaft, die schweren Nachkriegsjahre erlebte; die hassen lernte, was ihr die Jugend verdorben hatte, die aber auch lernte, mißtrauisch, skeptisch, zynisch zu sein (oder sich so vorzukommen; denn manchmal posiert Tom).[28]

27. *Beschreibung eines Sommers*, S. 23.
28. Christa Wolf, *Ein Erzähler gehört dazu. Karl-Heinz Jakobs: "Beschreibung eines Sommers"*. In: NDL 10/1961, S. 129f.
In diesem Sinne als ein vorurteilsloses, gemessen an der oft klischeehaften DDR-Aufbauliteratur wirklichkeitsnahes Buch ging Jakobs' Romanerstling in die Literaturgeschichtsschreibung der Bundesrepublik Deutschland ein: Konrad Franke, *Die Literatur der Deutschen Demokratischen Republik*. München und Zürich 1971, S. 365f.; Hans-Dieter Sander, *Geschichte der Schönen Literatur in der DDR. Ein Grundriß*. Freiburg 1972, S. 200, 211.

Jakobs skizzierte seine Intention so:

> Es wurde mein Anliegen [...], einen jener Menschen in den Mittelpunkt ei-
> nes Romans zu stellen, der meiner Generation angehört, der, wie viele
> meiner Generation, vom Faschismus verheert, erkennen muß, daß er un-
> rettbar verloren ist, wenn er den Anschluß an die jüngste Arbeitergenera-
> tion nicht findet.[29]

Der Widerspruch zwischen diesem intensiven Anschlußwunsch und
der selbstbewußten Skepsisattitüde wird in einer zentralen Szene
des Romans entfaltet und 'gelöst': Jakobs versammelt die jungen
FDJler ums Lagerfeuer, Ilja Ehrenburgs Aufbaureportage *Der
zweite Tag* wird vorgelesen. Der Held steht verdeckt im Dunkel,
sich von der Gemeinschaft selbst ausschließend, aber doch spöttisch und fasziniert zugleich die Runde belauschend. In dieser Situation erinnert er sich an die Lektüre von Saint Exupérys *Flug nach
Arras*:

> Einmal las ich das Buch eines Franzosen, der von der Besatzung eines Auf-
> klärungsflugzeuges erzählte weit hinter der faschistischen Front in zehn Ki-
> lometer Höhe. Der Flug ging nach Arras, und die Faschisten hatten ihre
> Stellungen vor Luftangriffen und Erkundungen durch drei Kampffliegerge-
> schwader in fünftausend, in siebentausend und in zehntausend Meter Höhe
> hermetisch abgeriegelt. Und inmitten dieser tödlichen Falle erlebte der
> Kommandeur, wie seine Maschine langsam einfror. Zuerst fror das Seiten-
> ruder fest, dann die MGs des Schützen und die eigenen. Langsam froren die
> Atmungsschläuche der Sauerstoffgeräte und die Drosselventile zu. Es war
> das Buch von einem, der den Krieg haßte und den sinnlosen Befehl haßte,
> der ihn in diese Falle gejagt hatte. Denn der Verfasser war jener Komman-
> deur selbst. Als ich das Buch las, war der Verfasser längst tot. Er war bei
> Arras den faschistischen Jägern entronnen. Aber als es vorbei war mit
> Frankreich, als Pétain in Frankreich die Befehle der Nazis ausführte, flog er
> von England aus für die Royal Air Force gegen die Faschisten, und kurz
> vor Kriegsende wurde er abgeschossen. Und was er aufgeschrieben hatte,
> war Wort für Wort wahr. Der Faschismus wurde vernichtet. Er und hun-
> derttausend andere, die starben, überwanden den Faschismus. Und sein
> Buch war beinahe so gut wie das Buch, aus dem die Killmer an diesem
> Abend am Lagerfeuer las. Nichts aber hatte je meiner Lebenshaltung so gut
> entsprochen wie dies: Zuerst fror das Seitenruder fest, dann die MGs des
> Schützen und die eigenen. Langsam froren die Atmungsschläuche der Sau-
> erstoffgeräte und die Drosselventile zu. Wer hinter dem Steuerknüppel einer
> solchen Maschine saß, die einen hermetisch abgeriegelten Luftraum durch-

29. Zitiert bei Christel Berger, *Die Biographie der Dinge oder "Wer präzis
informiert ist, kann präzis formulieren". Methoden und Formen der Realitäts-
aneignung bei Karl-Heinz Jakobs.* In: NDL 23/1975, S. 152.

flog, mußte eiserne Nerven haben, und er mußte fertig sein mit Gott und der Welt. So etwa sah meine Lebenshaltung aus. Aber war ich tatsächlich fertig mit Gott und der Welt? War ich nach Wartha gegangen, weil ich herauswollte aus dieser blind dahinschießenden manövrierunfähigen Maschine? Wozu bin ich denn sonst hergekommen? dachte ich.[30]

Wofür steht dieses Bild der in eisiger Höhe blind dahinschießenden Maschine? Der Held Tom Breitsprecher hat sich vierzehn Jahre lang, wir schreiben das Jahr 1959, aus allen politischen Organisationen herausgehalten, sich nur der beruflichen Qualifizierung gewidmet. Jetzt ist er offenbar von dem Bedürfnis nach erweiterter gesellschaftlicher Aufgabenstellung erfüllt. Dem entspricht sein Wunsch, nun auch die vom Erlebnis des Faschismus pessimistisch geprägte Weltsicht abzuschütteln und durch eine konstruktiv optimistische Haltung zu ersetzen. Das Einverständnis, nach 'Wartha' auf die Baustelle zu gehen, um dort die Jugendbrigade zu leiten, erscheint als Resultat dieser Sehnsucht, aus dem Zustand der Einsamkeit und Sinnleere herauszutreten, sich in Gemeinschaft zu integrieren: Der Held sehnt sich nach Welterklärung (was geschieht, soll nicht blind sein) und nach persönlicher Einbindung in einen Gesamtzusammenhang, so daß Eingreifen, Subjektsein möglich ist. Die Beobachterrolle des Helden gegenüber der in Begeisterung über die Zukunftsaussichten des Sozialismus sich hineinphantasierenden FDJ-Gruppe unterstreicht diese auf Sinngebung gerichtete Erwartungshaltung.

Der Leser begreift, auch wenn es der Held selbst noch kaum merkt, daß dessen skeptische Abwehr gegen sozialistischen Aufbau, FDJ und Partei an der Glut des Lagerfeuers schmelzen wird. Christa Wolf hatte recht, wenn sie, entgegen der damals landläufigen Wahrnehmung des Romans, in Toms skeptischer, gar 'zynischer' Haltung auch Pose vermutete. Seine Haltung ist kaum mehr als Pose, sie ist von dem Wunsch geprägt, verführt, von der Anstrengung der Distanz und des Sich-nicht-Identifizierens befreit zu werden.

Die scharfe Distanz gegenüber dem Nationalsozialismus läßt nicht übersehen, daß den Text die geheime Lust am Heldischen durchzieht. Die heroische Geste des Aushaltens wird gefeiert. Textbeispiele aus Ernst Jüngers Schriften hätten eine ähnliche Funktion übernehmen können (verboten sich natürlich aus verständlichen Gründen). In der Lust nach Opfer und Hingabe schlägt das

---

30. *Beschreibung eines Sommers*, S. 72f.

starke Bedürfnis nach Entscheidung und Bindung durch: gegen
Strapazen wäre nichts einzuwenden, stünde nur der Einsatz in einem sinnvollen Zusammenhang. Hier stilisiert sich der Erzähler
zum Nonkonformisten, der seine Isolation genießt, weil die Besonderheit den Selbstwert erhöht, der zugleich aber auch an ihr leidet.
Entscheidendes Movens der Romanhandlung ist nun die Befriedigung der Sinnsehnsucht durch das Sicheinfügen in die Gemeinschaft,
wobei der heroische Gestus des Einzelgängers in der restringierten
Form anarchischer Ungebärdigkeit beibehalten werden darf und
im übrigen der Gemeinschaft Leben und Glanz verleiht; die Funk-
tionäre müssen es nur begreifen.

Die Baustelle: Erlebnis und Elitebildung

Gegen Ende des Romans liefert Jakobs den Schlüssel zu dessen
Verständnis:

> Und mit einemmal wußte ich, wie es gekommen war, daß ich der Grit verfal-
> len war. Ich kann's ruhig aussprechen: Jawohl, ich war ihr rettungslos ver-
> fallen. Und ich wußte mit einemmal, daß dies kein Zufall war. Die Erleb-
> nisse der letzten Monate hatten mich dazu gebracht, das Erlebnis: Wartha;
> das Erlebnis: Bau der Jugend; das Erlebnis: Wald und mittendrin das künf-
> tige Chemiewerk; ich wußte mit einemmal, daß wir − Grit und ich − nie
> dazu gekommen wären, uns als unentbehrlich füreinander zu halten, wenn
> wir uns woanders begegnet wären. Jede Sekunde in Wartha hatte ich tief
> durchlebt. Alles war eingedrungen in mich, hatte den Boden für die Grit
> bereitet. Jede Warthaer Sekunde war so intensiv erlebt, daß sie unvergeß-
> lich für immer blieb. War das ein Zufall? Nein-nein-nein. Ich hatte ja War-
> tha schon erlebt, als ich mich noch in Berlin befand, als ich mich zum er-
> stenmal mit dem Gedanken: also dann Wartha − vertraut machte. Wie wer-
> den sie sein? hatte ich mich gefragt. Und ich hatte es mit Spannung erwar-
> tet, und ich hatte sie dann erlebt, und sie hatten mich überwältigt, sie, zu
> denen die Grit gehörte.[31]

Die Sehnsucht des Helden nach Gemeinschaft findet ihre Erfüllung
in der 'Überwältigung' durch die FDJ (auf die häufigen Sprachbil-
der aus der Sphäre der Erotik wird hier nicht eingegangen). Die
Stilisierung sucht dem Erleben des Sommers in Wartha darüber
hinaus eine besondere Schicksalsmächtigkeit ("War das Zufall?
Nein-nein-nein") zuzusprechen. Wobei Schicksal hier, säkularisiert,
für den Aufbau des Chemiewerks als Teilprozeß des Aufbaus des Sozialismus in der DDR steht, verstanden als Teil des großen vorwärts-

31. *Beschreibung eines Sommers*, S. 204.

drängenden Geschichtsprozesses hin zur Befreiung der Menschheit. Einzelschicksal und historischer Gesamtprozeß stehen in einander bedingender Verbindung. Der Wunsch des Helden nach Sinngebung ist damit umfassend erfüllt.

Nicht intellektuelle Anstrengung und politische Auseinandersetzung läßt den Helden den Schritt vom Antifaschisten zum Sozialisten vollziehen, sondern das Eintauchen in einen mit Arbeit erfüllten Lebenszusammenhang. Der entscheidende Begriff in der oben zitierten Passage lautet nicht zufällig "Erlebnis". Die Attraktivität der FDJ, der der Held schließlich erliegt, entspringt der Faszination der lustvoll entfalteten Gruppenkommunikation des Lagerlebens. Umfangreiche Passagen des Romans sind der Darstellung der Aufbauarbeit im 'Wald' gewidmet, wobei die Stärke des Widerstands, den die Natur ihrer Bearbeitung entgegensetzt, die Kraft organisierter Arbeit manifestiert und die Möglichkeit, sozialistischen Aufbau auch unter schwierigen Bedingungen zum Erfolg zu führen. Das Bewußtsein, gemeinsam durchgehalten zu haben, führt zum intensiven Gruppengefühl, die gleichzeitige Aufrechterhaltung von Konkurrenz zur Steigerung des Selbstwertgefühls und zur Herausbildung einer inneren Hierarchie, bekannte Phänomene des Männerbündischen.

Die Einheit von Leben und Arbeit bildet hier also die Bedingung, daß die 'Baustelle' zum Ort von Elitebildung werden kann. Sie ist Produktionsstätte von hoher gesellschaftlicher Bedeutung (soll später die Energieversorgung der DDR mit sichern), zugleich aber besonders geeignetes Feld für Erziehungsprozesse und Prüfstand für die Auswahl der Besten. So wird im Roman der Komplex 'Baustelle' mit übergreifender Bedeutung aufgeladen: Er ist der gesellschaftliche Ort, wo sich nicht nur der Fortschritt im technisch-ökonomischen Sinn vollzieht, sondern wo der neue Mensch entsteht.

Dem Idealismus, der in diesem Klima gedeiht, kommt die Aufgabe zu, moralische Werte wie Pflichterfüllung, Opferbereitschaft und Aufrichtigkeit zu intensivieren und in den größeren Zusammenhang einzubinden. Durch die geschichtsphilosophische Interpretation erfährt das Elitebewußtsein zwar eine gewisse 'geistige Überhöhung', intellektuelle Anstrengung, die Entfaltung kritischen Denkens tritt aber insgesamt gesehen gegenüber der Ausbildung einer Leistungs- und Entscheidungsethik zurück. Das illustrieren zum Beispiel die intellektuell anspruchslosen Auseinandersetzungen mit dem 17. Juni, mit dem Komplex 'Westdeutschland' oder die schlichte Idealisierung der UdSSR auch der dreißiger Jahre, so als hätte Jakobs die doch auch in der DDR geführten Diskussionen über die Resultate des XX. Parteitags der KPdSU[32] nicht wahrgenommen. So erfährt der Leser auch nicht, welche Argumente den Helden vierzehn Jahre lang motivierten, sich der neuen Ordnung gegenüber reserviert zu verhalten, obwohl von Diskussionen mit der FDJ die Rede ist[33].

Jakobs hat die Bezüge zur Tradition der deutschen Jugendbewegung[34], die er in seinem Roman ausbreitet bis hin zu den typischen lebensphilosophischen Einflüssen, nicht erörtert, weder im Roman selbst noch in den zahlreichen Interviews, die im Zusammenhang mit dem Roman erschienen. Obwohl die integrierende und Elitebildung fördernde Funktion von Arbeitslagern vom Nationalsozialismus in großem Stil und mit Erfolg in den Jugendorganisationen und im Arbeitsdienst ausgenutzt wurde[35]. Vom Standpunkt einer antifaschistischen Position aus hätte daher eine

32. Siehe Hermann Weber, *Von der SBZ zur DDR*. Bd. 2: 1956-1967. Hannover 1967, S. 7-21; Ralph Giordano, *Die Partei hat immer recht*. Berlin 1980 (Köln 1961).

33. *Beschreibung eines Sommers*, S. 190.

34. "Das Arbeitslager stellt eine sehr wirksame Erziehung zu kollektivem Denken und Handeln dar. Niemand, auch nicht der schärfste Individualist, kann sich dieser Wirkung entziehen. Es wird hier ein neuer Menschentyp geformt, der in Zukunft von entscheidender Bedeutung sein wird. Alle Schicksalsaufgaben des deutschen Volkes, wie Sozialisierung und Siedlung, können allein in gruppenmäßiger Arbeit bewältigt und gelöst werden. Die notwendigen Voraussetzungen hierfür sind vor allem menschlicher, nicht ideologischer Natur. Es fehlt in Deutschland nicht an Leuten, die gehorchen können, die gelernt haben, einen Befehl auszuführen, wohl aber fehlt es an solchen, die fähig sind, ohne eigene machtpolitische Ansprüche freiwillig und verantwortlich in einer Gruppe mitzuarbeiten. Ohne solche wird es aber nicht möglich sein, die Zukunft wirksam zu gestalten." Text aus der "Deutschen Freischar", Zeitschrift des Jugendverbandes "Deutsche Freischar", Jg. 4/1931, S. 206f.; zit. bei Harry Pross, a.a.O., S. 314.

35. "Aber festhalten muß man unter allen Umständen daran, daß der Arbeitsdienst keine irgendwie getarnte militärische Einrichtung ist, sondern daß er in Ausdruck und Form jenen tiefen Gedanken verwirklichen soll, der die Arbeit wieder eingliedert in den lebendigen Organismus des Volkslebens und der die aus der Arbeit fließenden moralischen Kräfte zum Nutzen der ganzen Nation freimacht.
So steht auch die Arbeit als solche im Mittelpunkt des Lagerlebens. Ihr gehören die besten Stunden des Tages. Auf den Forderungen, die sie stellt, hat sich

Problematisierung nahegelegen. Möglicherweise hätten aber Fragen nach der Bedeutung von Analogien im Erscheinungsbild (handelt es sich lediglich um Formen, die wie Hülsen ohne Einfluß auf den je verschiedenen politischen oder sozialen Inhalt sind?) an Tabuzonen gerührt, die 1961 in der DDR nicht diskutierbar waren. Darüber hinaus ist das Ausbleiben einer Problematisierung sozial- und geistesgeschichtlicher Traditionsbezüge, die sich in den Organisationsformen der FDJ deutlich abzeichneten, als Symptom für das Verhaftetsein an einen Faschismusbegriff zu werten, der der Komintern verpflichtet ist. Die Konzentration der Aufmerksamkeit auf die Klassenverhältnisse gibt den Blick nicht frei für die unterhalb der Klassenveränderungen sich gleichbleibenden Strukturen, unterschätzt deren Bedeutung.

Was aus der idealen Gemeinschaft für den sozialistischen Aufbau begeisterter Jugendlicher geworden ist, hat Jakobs in den drei Romanen *Eine Pyramide für mich*, *Die Interviewer* und *Wilhelms-*

der ganze Dienst aufzubauen. Aber daneben darf nicht vergessen werden, daß der Arbeitsdienst den jungen Menschen, der an ihm teilnimmt, mit allen jenen Erscheinungen des Lebens versorgen muß, auf die er Anspruch hat und die geeignet sind, die moralische und erzieherische Wirkung des Dienstes zu vertiefen. Weder das Lager, das den größten praktischen Arbeitserfolg erzielt, ist das beste, noch das andere Lager, dessen Mannschaft im äußeren Auftreten den diszipliniertesten Eindruck macht. Es wäre sehr bedenklich, den Versuch zu unternehmen, die jungen Menschen, die aus so verschiedenen Lebenskreisen hier zusammenströmen, in einer bestimmten Richtung zu beeinflussen und ihnen die Schablone einer Gesinnung überzustreifen, die später keinen Bestand haben kann. Richtig ist, aus der Mannschaft selbst heraus die Fähigkeiten und die Eigenschaften zu entwickeln, die dem tieferen Zweck des Arbeitsdienstes förderlich sind. Eine Gesinnung, von der zuviel gesprochen wird, ist wie ein klingendes Tongefäß, sie wird beim ersten Zusammenstoß mit der Härte des Lebens zerspringen. Der praktische Geist der Arbeits- und Lebensgemeinschaft, der in den meisten Lagern des Arbeitsdienstes heute schon heranwächst, ist keine Angelegenheit der Worte und des Drills. Es ist vielmehr die erste Lebensäußerung eines neuen Menschentyps, der in sich selbst den klaffenden Zwiespalt zwischen Arbeit und Arbeitslosenelend, zwischen Acker und Fabrik, zwischen Besitz und Nichtbesitz, zwischen Kopf und Hand, überwinden muß, um dann das ganze Elend des in Trümmern gefallenen Zeitalters des Liberalismus zu überwinden." Werner Beumelburg, *Arbeit ist Zukunft. Ziele des deutschen Arbeitsdienstes.* Oldenburg 1933, S. 47-49, zit. bei George L. Mosse, *Der Nationalsozialistische Alltag. So lebte man unter Hitler.* Königstein/Ts. 1978 (Dt. Erstausgabe), 323f.

burg zunehmend kritisch verfolgt: die allmähliche Umwandlung der sozialistischen Elite in eine neue "Aristokratie" oder aber ihre Isolierung in Randzonen der Gesellschaft.

Aber schon in *Beschreibung eines Sommers* wird deutlich, allerdings noch kaum mit kritischer Akzentuierung, zu welchen Konsequenzen der Anschluß an Traditionen der deutschen Jugendbewegung führt. Die starke Betonung der 'Gemeinschaft' und die einseitige Favorisierung emotional begründeter Loyalitätsbildung können Tendenzen fördern, die einer Demokratisierung der Gesellschaft hinderlich sind: etwa die Tendenz, den Grundkonsens kritischer Betrachtung zu entziehen; oder die Bildung autoritärer Strukturen aufgrund der starken Ausprägung des hierarchischen Prinzips; die Tendenz zu Opportunismus; die Überzeichnung der Bilder von Außen- und Innenfeinden. In der Summierung führen Faktoren dieser Art zur Bildung 'geschlossener Gesellschaft' mit Tendenzen zur Ausgrenzung. In *Wilhelmsburg* skizziert Jakobs die Karikatur dieser Entwicklung:

> Aber du, sagte Blach zu Banzer, willst den Anschein erwecken, als handele es sich bei uns um eine verschworene Gemeinschaft, die wie Tiere derselben Art im Rudel oder im Schwarm instinktiv koordiniert handeln und alles, was sie als fremd klassifizieren, ausstoßen, verfolgen oder töten.
> Sind wir nicht eine verschworene Gemeinschaft? sagte Banzer, müssen wir nicht zusammenhalten gegen eine Welt voller Feindschaft? Haben nicht die Amerikaner aus Flugzeugen Kartoffelkäfer über unseren Feldern abgeworfen [...][36]

Ohne die Offenheit der Gesellschaft, verstanden als die prinzipiell mögliche Kontrolle und Einwirkung aller, nicht nur einer Elite, auf die sozialen und politischen Prozesse, auf der Basis institutionell gesicherter Rechtsstaatlichkeit, so läßt sich die Aussage von Jakobs zusammenfassen, verkommt die "Gemeinschaft" der Sozialisten zum verschworenen Haufen, der schließlich nur noch um seine Macht bangt.

Damit hat die Entwicklung der Kritik eine Dimension erreicht, die man als Emanzipation des antifaschistischen Engagements zu einem streitbaren Antifaschismus beschreiben kann: Die Argumentation, die besagt, der konsequente Antifaschismus sei der Sozialismus, die damit immer wieder Loyalität gegenüber der Gesellschaftsordnung der DDR provoziert und so radikaler Kritik die Spitze

36. *Wilhelmsburg*, S. 83f.

bricht, wird fragwürdig unter der Bedingung des realen Sozialismus und verliert damit ihre lähmende Funktion. Die jahrzehntelang als selbstverständlich hingenommene Koppelung von Antifaschismus und realem Sozialismus löst sich und setzt damit die Kraft radikaldemokratischer Kritik frei.

ZUR UNTERHALTUNGSFUNKTION VON LITERATUR. DER ZUSAMMENHANG VON ÄSTHETISCHER THEORIE- BILDUNG UND IDEOLOGISCHEN PRÄMISSEN

von

Marleen Parigger und Stef Pinxt

> Nicht in der kausalen Bewirktheit liegt das Wesen der Ideologie, auch nicht in ihrer instrumentalen Verwendbarkeit, bei der es nicht um Wahrheit, sondern um Wirkungen geht, und schließlich auch nicht darin, daß sie die eigentlichen Motive verbirgt. *Ein Denken ist vielmehr ideologisch, wenn es in seiner Funktion, das Handeln zu orientieren und zu rechtfertigen, ersetzbar ist.* Über die Auswechselbarkeit der Ideologien nach Maßgabe ihrer Orientierungsfunktion für das Handeln läßt sich nur Klarheit gewinnen, wenn man das Handeln selbst einer funktionalen Analyse unterwirft.
>
> (Niklas Luhmann, "Wahrheit und Ideologie")

In diesem Aufsatz soll, anhand einer Beschreibung zweier Ansätze aus dem Bereich der Literaturwissenschaft, versucht werden, die Notwendigkeit einer Analyse des Zusammenhangs von Ideologie und Ästhetik aufzuzeigen. Es handelt sich dabei einerseits um die Diskussion, die im letzten Jahrzehnt in der DDR verstärkt um den Gegenstandsbereich der 'Unterhaltungsliteratur' geführt worden ist, und andererseits um einen literaturtheoretischen Ansatz Dieter Wellershoffs, der sich explizit auf die Frage bezieht, welche

* Dieser Beitrag entstand im Rahmen eines DDR-Forschungsprojekts an der Freien Universität Amsterdam, in dem im Sommersemester 1979 unter der Leitung von Jos Hoogeveen eine Übung 'Der Abenteuerroman in der DDR' abgehalten wurde.

Kriterien zur Wertung literarischer Werke herangezogen werden (sollten).

Die Relevanz einer Analyse des Zusammenhangs von Ideologie und Ästhetik ergibt sich aus der ständig beobachtbaren Tatsache, daß vor allem dann, wenn wertende Aussagen in bezug auf literarische Werke gemacht werden, in literaturwissenschaftlichen Diskussionen, vor allem bei solchen, an denen Literaturwissenschaftler aus unterschiedlichen ideologischen Lagern beteiligt sind, verschiedene Sprachen gesprochen werden, und es sich zeigt, daß eine Verständigung, geschweige denn Übereinstimmung, unmöglich ist. Die hier vorzustellenden Ansätze bewegen sich nun beide auf der Ebene einer Problematisierung der die Wertung bestimmenden Kategorien.

Diese literaturwissenschaftliche Diskussion ist in eine Impasse geraten; ideologische Übereinstimmung erscheint als notwendige Voraussetzung für eine sinnvolle Verständigung. Schon innerhalb einer Literaturgesellschaft ergeben sich große Schwierigkeiten bei der Beurteilung der literarischen Qualität von literaturwissenschaftlich (und das heißt dann auch immer gesellschaftlich) kontroversen Werken. Man vergleiche in diesem Zusammenhang die Diskussion in der DDR um das Gesamtwerk Günter Kunerts oder um den Roman *Kindheitsmuster* von Christa Wolf. In den in der Bundesrepublik geführten Diskussionen um Heinrich Bölls *Die verlorene Ehre der Katharina Blum* oder um das Phänomen des dokumentarischen Theaters (Hochhuths *Juristen*) zeigt sich eine große Unsicherheit im Wertungsbereich, da hier ästhetische und politische Kriterien verschwimmen. Sogar innerhalb ein und derselben Literaturgesellschaft ergeben sich erhebliche Diskrepanzen.

Wenn sich nun Mitglieder einer bestimmten Literaturgesellschaft über Werke einer anders gearteten Literaturgesellschaft äußern, so scheint eine Verständigung mit den Mitgliedern jener anders gearteten Literaturgesellschaft ganz und gar unmöglich. Es sind ja genau jene literarischen Werke, die in der DDR entweder in erster Instanz nicht erscheinen durften (man denke z.B. an Stefan Heyms *5 Tage im Juni*) oder starker Kritik unterlagen (vgl. die äußerst positive Rezeption der "ausgebürgerten" DDR-Schriftsteller), die in der bundesrepublikanischen Presse und in den Publikationen bundesrepublikanischer Literaturwissenschaftler starke Beachtung fanden. Jene Werke, die in der DDR eine positive Rezeption erlangten, wurden dahingegen in der BRD stark kritisiert; Zweifel an der literarischen Qualität dieser Werke wurde laut; ein Hinweis auf die Diskussion um den Roman *Ole Bienkopp* von Erwin Strittmatter möge hier genügen. Umgekehrt zeigt es sich, daß Werke von bundesrepublikanischen Autoren, die im eigenen Lande kritisch rezensiert und rezipiert wurden, in der DDR-Literaturgesellschaft starkes Interesse erregten. So wurde die systemkritische Literatur, die Ende der sechziger Jahre von u.a. Enzensberger verfaßt wurde, eben wegen ihrer systemkritischen Komponente, breit ausgemalt. Da die Kriterien, die zur Wertung literarischer Werke herangezogen werden, eher ideologischer als ästhetischer Art zu sein scheinen, ist ideologische Übereinstimmung notwendige Voraussetzung einer einheitlichen Wertung.

Die Wertung literarischer Werke als eigentlicher Gegenstandsbereich der Literaturwissenschaft steht schon seit längerer Zeit zur Diskussion. Die Analyse der oben genannten Aspekte kann wichtige Argumente innerhalb dieser Diskussion liefern. Auch wenn man den Bereich der Wertung nicht als genuinen Gegenstandsbereich der Literaturwissenschaft auffaßt und man sich Problemen der Rezeption zuwendet, so ist eine Verständigung durchaus nicht gewährleistet. Dies ist nicht nur dann der Fall, wenn unterschiedliche Literaturgesellschaften − in diesem Fall die der DDR und die der BRD − Gegenstand der Betrachtung sind, sondern auch dann, wenn Literaturwissenschaftler aus verschiedenen ideologischen Lagern sich mit den gleichen Phänomenen auseinandersetzen; in der Einschätzung der Lesemotivation (und des eigentlichen Leseverhaltens) ergeben sich erhebliche, ideologisch bestimmte, Unterschiede.

Dem hier postulierten Zusammenhang zwischen Ideologie und Ästhetik soll nun im weiteren Verlauf dieses Beitrags nachgegangen werden. Es wäre naiv, davon auszugehen, daß ideologische Prämissen lediglich in eine marxistisch orientierte Literaturgesellschaft eingehen. Jeder literaturtheoretische Ansatz ist auf die Verbindung zwischen Ästhetik und Ideologie zu befragen. Aus den oben schon genannten Gründen soll hier der Ansatz Dieter Wellershoffs exemplarisch herangezogen werden. Es geht uns dabei ausdrücklich nicht darum, die Ausführungen Wellershoffs in bezug auf Unterhaltungsliteratur mit der Unterhaltungsdiskussion in der DDR zu konfrontieren und so zu Aussagen über Unterhaltungsliteratur zu kommen. Unser Interesse richtet sich auf die Frage, wie ideologische Prämissen in die Praxis einer Literaturgesellschaft eingehen.

144

Es soll dabei gefragt werden, welche Kategorien, die in einer Literaturgesellschaft Bedeutung erlangt haben, aus welchen Gründen entworfen und so heftig diskutiert worden sind.

Ein Zitat von Jos Hoogeveen soll hier, sozusagen programmatisch, vorangestellt sein:

> Weder gegenseitige Verketzerung aufgrund einer Verabsolutierung der eigenen ideologischen Überzeugung noch die eitle Hoffnung einer absoluten Widerlegung der Gegenpartei (was wieder automatisch zur Verabsolutierung der eigenen Position führen muß) kann der Sinn einer literaturwissenschaftlichen Auseinandersetzung mit einer *anders* strukturierten Literaturgesellschaft sein, in der auch gelesen wird.[1]

Die Diskussion um den Gegenstandsbereich der 'Unterhaltungsliteratur' in der DDR

Ausgangspunkt dieser Überlegungen ist, daß ideologische Prämissen in die Praxis einer jeden Literaturgesellschaft eingehen. Sowohl Literaturtheorie als auch literarische Produktion sind als dynamische Bereiche innerhalb einer Literaturgesellschaft zu begreifen. Damit ist die Auffassung, die Literaturtheorie sei in marxistisch-leninistischen Literaturgesellschaften eindimensional als präskriptive Poetik aufzufassen, zurückgewiesen.

Prägnant zusammengefaßt werden der Literaturtheorie in der DDR folgende Funktionen zugesprochen:

> Die Theorie dient dem besseren Verständnis der Literaturproduktion, soweit sie als parteilich anerkannt worden ist, und darüberhinaus der Steigerung ihrer literarischen Qualität; im Falle der Nicht-Parteilichkeit bietet die Theorie Möglichkeiten der Korrektur produktionsästhetischer Ansätze und der Stabilisierung der literar-eigenen Entwicklungen.[2]

Neben der Lesehilfe zum besseren Verständnis der Literaturproduktion, die als rezipientenorientierte Funktion der Literaturtheorie aufgefaßt werden kann, weist die Theorie in dieser Auffassung eine produktionsorientierte Komponente auf. In beiden Funktionen hat die Literaturtheorie einen normierenden Charakter. Der

---

1. Jos Hoogeveen: Prolegomena zu einer funktionsgerechten Betrachtung von DDR-Literatur. In: *Zur Literatur und Literaturwissenschaft der DDR*, hrsg. von Gerd Labroisse (= *Amsterdamer Beiträge zur neueren Germanistik*, 1978, Bd. 7), S. 27-66, hier S. 53.
2. Ebenda, S. 54.

Theorie werden Kategorien entlehnt, die es ermöglichen sollten, ein objektives Werturteil über ein literarisches Produkt auszusprechen. Es fragt sich jedoch, von welchen Kategorien die Literaturtheorie bedingt wird. In sie gehen ideologische Prämissen ein, die die Kategorien, die die Wertung bestimmen, festlegen. So dürfen die Termini "parteilich" oder "literarische Qualität" nicht aus autonomästhetischer Sichtweise verstanden werden; sie entlehnen ihre Existenzberechtigung der jeweiligen gesellschaftspolitischen Lage und sind somit als veränderliche Größen aufzufassen. Ein Beispiel dürfte diesen Sachverhalt verdeutlichen. Die Diskussion um die Frage der literarischen Fiktionalität wurde aufgrund der ideologischen Prämisse, Literatur habe Gesellschaftsbezug aufzuweisen – 1. Bitterfelder Konferenz –, mit der Forderung, Literatur habe die Gesellschaft abzubilden, abgeschlossen.

Der Zusammenhang von ideologischen Prämissen und literarischer Wertung in einer Literaturgesellschaft läßt sich deutlich anhand der Diskussion um eine "Randerscheinung" der Literaturproduktion, die Unterhaltungsliteratur, verfolgen. Traditionell fand dieser Bereich in der Literaturtheorie wenig Beachtung. Für die Erfassung dieses Bereichs mußten somit neue Kategorien erarbeitet werden. Die Diskussion um den Gegenstandsbereich 'Unterhaltungsliteratur' kann als Fall einer Konkretisierung der Theorie des sozialistischen Realismus aufgefaßt werden. Diese Diskussion läßt sich nach zwei Gesichtspunkten ordnen: Funktionen und das Funktionieren der Unterhaltungsliteratur.

Gesellschaftspolitische Interessen bewirkten in den sechziger Jahren sowohl in der BRD als auch in der DDR eine zunehmende Beachtung des Phänomens der Unterhaltungsliteratur. So kam es in den späten sechziger Jahren in der BRD unter Einfluß der sozialistischen Studentenbewegung zu dem Versuch, den negativen Einflüssen der westlichen Unterhaltungsliteratur mittels einer engagierten Arbeiterliteratur entgegenzuwirken. Eine Diskussion über eine negative Wirkung der damaligen bürgerlich-kapitalistischen Unterhaltungsliteratur hatte in der DDR in den fünfziger Jahren schon angefangen. Sie führte in erster Instanz dazu, daß man den Versuch unternahm, eine eigenständige Unterhaltungsliteratur zu konzipieren, die den aktuellen Verhältnissen der klassenlosen[3]

3. Wie der klassenlose Charakter der sozialistischen Gesellschaft hier verstanden wird, sei mit Hilfe eines Zitats kurz angedeutet, da auch diese Kate-

DDR-Gesellschaft entspräche. So ist es das erklärte Anliegen des Deutschen Militärverlages Berlin, mit seinen Reihen

"der Erziehung der gesamten Bevölkerung der DDR zur Bereitschaft zur Landesverteidigung im umfassendsten Sinne"[4]

zu dienen. Es gibt mehrere Reihen von verschiedenen Verlagen, die versuchen, auf die unterschiedlichsten Aspekte sozialistischen Lebens Einfluß auszuüben:

> Die Reihe 'Blaulicht' — 1958 im Verlag des Ministeriums des Inneren gegründet, um mit Hilfe der Heftliteratur in der Bevölkerung bei der Verbrechensbekämpfung wirksam zu werden, 1963 vom Verlag Das Neue Berlin fortgeführt — verfolgte das Ziel, in fesselnder Weise zu gesellschaftlichen Problemen in unserer Republik Stellung zu nehmen. Sie soll im Rahmen ihres Genres Entwicklungstendenzen innerhalb des Staates und im Zusammenleben seiner Bürger sichtbar machen, das Vertrauen der Leser zur Arbeiter- und Bauernmacht stärken oder anhand der Darstellung entsprechender Fälle die Menschenfeindlichkeit antagonistischer Gesellschaftsordnungen veranschaulichen.[5]

gorie einem ständigen, historisch bedingten Wandel unterliegt: "Hier entstehen unterschiedliche Bedürfnisse bei Menschen, deren Kulturniveau durchaus nicht unterschieden ist, die aber aufgrund ihrer unterschiedlichen Situation ein unterschiedliches Unterhaltungsbedürfnis haben. Was von unserer Literatur zu leisten wäre, ist: eine solche vielfältige Literatur anzubieten, die die unterschiedlichsten Unterhaltungsbedürfnisse allseitig befriedigt. Dabei hat keiner das Recht, auf die anderen herabzublicken." Helmut John: Zu Fragen der Unterhaltung im literarischen Bereich. In: *Weimarer Beiträge*, 1972, H. 2, S. 162-171, hier S. 169.

Die sozialistische Gesellschaft wird hier also als differenziertes Ganzes aufgefaßt. Ein orthodox-marxistisches Zitat möge den Gegensatz zur neueren Position verdeutlichen: "Die zielbewußt politisch-ideologische Erziehungsarbeit, die Konzentration auf einheitliche, mit dem progressiven Wirken der revolutionären Partei der Arbeiterklasse übereinstimmende Ziele ließen einen neuen Schriftstellertyp entstehen, dessen individuelle künstlerische Interessen mit den Klasseninteressen des Proletariats und der Volksmassen überhaupt übereinstimmten, dessen Einsicht in den richtigen Gang der Dinge durch die Verbindung mit dem revolutionären Klassenkampf die notwendige gesamtgesellschaftliche Dimension besaß." Autorenkollektiv unter Leitung von Klaus Jarmatz: Hauptlinien der sozialistisch-realistischen deutschen Kunst. In: *Zur Theorie des sozialistischen Realismus*, hrsg. von Hans Koch, Berlin/DDR 1974, S. 159-204, hier S. 163.

4. Edith Gaida: Belletristische Heftreihenliteratur in der DDR. Eine erste Bestandsaufnahme. In: *Weimarer Beiträge*, 1970, H. 12, S. 158-176, hier S. 169.

5. Ebenda, S. 170.

Aus diesem Zitat kann die deutliche Intention, der Unterhaltungsliteratur eine meinungsbildende Funktion zuzuerkennen, abgeleitet werden. Ob die hier genannten Ziele auch tatsächlich erreicht werden, steht in Frage. Anfang der siebziger Jahre versuchte man, das Phänomen der Unterhaltungsliteratur auch literaturtheoretisch zu analysieren. Das wissenschaftliche Interesse findet seine Ausprägung in der Diskussion um eine Positionsbestimmung der Unterhaltungsliteratur innerhalb der Literatur als Ganzes. Vor allem die Trennung zwischen 'hoher' Literatur und Unterhaltungsliteratur stand zur Debatte. Eine solche Trennung ist in einer sozialistischen Literaturtheorie nicht vertretbar.

Aus diesen Bedürfnissen, einerseits die Unterhaltungsliteratur in das gesellschaftliche System der DDR einzupassen, andererseits die weit verbreitete Unterhaltungsliteratur als eine eigenständige Literaturgattung mit gleicher Existenzberechtigung zu etablieren, ging eine nähere Auseinandersetzung mit dem Phänomen und seinen Funktionen hervor. Bei dieser Betrachtung stand die (vermeintliche) Dichotomie zwischen 'hoher' und 'niedriger' Literatur im Mittelpunkt des Interesses:

> Eine der größten Leistungen und zugleich eine der kompliziertesten Aufgaben unserer sozialistischen Kulturpolitik ist die Überwindung der für die spätbürgerliche Gesellschaft charakteristischen Trennung in seriöse Literatur für eine privilegierte Elite und manipulierte Literatur für die Massen.[6]

Da der Unterhaltungsliteratur von verschiedenen Literaturwissenschaftlern unterschiedliche Funktionen zuerkannt wurden, ist der Begriff der Funktion und des Funktionierens von Unterhaltungsliteratur zum zentralen Gegenstand der Diskussion geworden. Im nächsten Abschnitt werden einige von Literaturwissenschaftlern und Kulturpolitikern vertretene Funktionsbestimmungen inventarisiert und besprochen.

Funktionen der Unterhaltungsliteratur

Indem der Literatur eine gesellschaftspolitische Funktion zuerkannt wurde, wurde auch die Unterhaltungsliteratur für die Litera-

---

6. Hans Hofmann: Zur Unterhaltungsfunktion der künstlerischen Literatur. In: *Der Bibliothekar*, 1972, H. 5, S. 301-307, hier S. 304.

turwissenschaft zum wichtigen Gegenstand. Die große Verbreitung der Unterhaltungsliteratur machte sie zu einem literarischen Phänomen, das gesellschaftspolitisch interessant war.

In den fünfziger Jahren war die Produktion von Unterhaltungsliteratur vor allem als Gegenzug zur westlichen Unterhaltungsliteratur gemeint. Sie erfüllte eine *defensive* Funktion. Zu der Zeit, als der Verkehr zwischen den beiden deutschen Staaten noch ziemlich frei war, hatte Unterhaltungsliteratur aus der BRD freien Zugang. In der DDR wollte man in einer sozialistischen Unterhaltungsliteratur den Ideen, die auf diese Weise propagiert wurden, eine positiv-sozialistische Gedankenwelt gegenüberstellen. Edith Gaida definiert diese Funktion folgendermaßen:

> So sollte durch die Hefte unserer DDR-Verlage vor allem in den fünfziger Jahren ein wirksamer Damm gegen die Gefahr des Eindringens westlicher Schund- und Kitschliteratur gebildet und damit die Verbreitung feindlicher Ideologie und Propaganda weitgehend unterbunden werden.[7]

Diese defensive Funktion verlor an Bedeutung, nachdem die Mauer gebaut und der freie Verkehr aus und nach dem Westen abgeschlossen worden war.

Neben dieser Möglichkeit zur direkten Einflußnahme auf das gesellschaftliche Denken ergab sich in den Augen einiger Theoretiker die Möglichkeit, über die Unterhaltungsliteratur den Leser an die 'hohe' Literatur heranzuführen, die sogenannte *Brückenfunktion*. Diese Position geht von einer qualitativen Tennung in 'hohe' und 'niedrige' Literatur aus. In diesem Sinne denkt auch Peter Anders. In seinem Artikel "Das reine Vergnügen oder vom Recht einer literarischen Gattung"[8] betrachtet er die Gipfelliteratur als Ausnahmefall einer breiteren Basisliteratur. Die Basisliteratur entspräche dem geistigen Reifegrad des Lesers und könnte unter günstigen Umständen Ausgangspunkt für den erwünschten Umgang mit Gipfelliteratur bilden. Sie ist

> "unter anderem auch befähigt, einen nicht zu unterschätzenden ästhetisch künstlerischen Zubringerdienst zu garantieren, um jene Literatur der hohen und höchsten Gipfel, die in einmaligen, unverwechselbaren und unvergäng-

---

7. Edith Gaida, a.a.O., S. 159.

8. Peter Anders: Das reine Vergnügen oder vom Recht einer literarischen Gattung. Über einige Aspekte der sozialistischen Unterhaltungsliteratur. In: *Der Bibliothekar*, 1972, H. 10, S. 695-699.

lichen Schöpfungen das Wesen ihrer Zeit gestaltet, auf breitester Basis zugänglich zu machen."[9]

Es wird somit von einer hierarchischen Wertskala von literarischen Werken ausgegangen, wobei nicht nur das ästhetische Werturteil ein bestimmender Faktor ist, sondern der belletristischen Literatur auch eine viel größere Bedeutung hinsichtlich der Bildungsfunktion zugesprochen wird:

> Dadurch, daß die Unterhaltungsliteratur die normale Lage, die einfache und eben nicht eine zweite künstlerische Wirklichkeit gestaltet, ist sie dem geistigen Reifegrad des Lesers, der sich dem Tatsachenroman, der Utopie oder dem Krimi bevorzugt widmet, kaum voraus. Vielmehr hält sie mit ihm Schritt, wobei sie von Fall zu Fall — das entspringt ihrem Wesen und ihrer Aufgabe in einer bestimmten historischen Epoche — durchaus bereit ist, gewisse ästhetische Konzessionen einzuräumen. Gerade in dieser Beziehung unterscheidet sich die Unterhaltungsliteratur wesentlich von der 'hohen' Literatur, die sich stets um eine vollgültige realistische Gestaltung bemüht.[10]

Diese Trennung in Basisliteratur und Gipfelliteratur setzt eigentlich wieder eine Trennung im Lesepublikum voraus, die aber folgendermaßen aufgehoben wird:

> Selbstverständlich gibt es auch in unserer sozialistischen Literatur Niveauunterschiede, aber diese Literatur basiert auf einem einheitlichen Menschenbild...[11]

Literatur bildet zwar keine ästhetische, wohl aber eine ideologische Einheit. Hinter dieser Auffassung verbirgt sich der Versuch, den Widerspruch zwischen nicht-antagonistischer Gesellschaft einerseits und hierarchisch strukturierter Literaturgesellschaft andererseits auszugleichen.

Nicht alle Literaturwissenschaftler erkennen diese Brückenfunktion an. Werner Deicke meint, daß die Überschätzung der Brückenfunktion das Phänomen und den Eigenwert der Unterhaltungsliteratur nicht zur Geltung kommen läßt:

> Sie kann nicht als "Übergang vom 'gemeineren' zum 'höheren' Kunstbedürfnis", als "eine Kunst für die noch 'Ungebildeten'" betrachtet werden.

---

9. Ebenda, S. 697.
10. Ebenda, S. 697f.
11. Hans Hofmann, a.a.O., S. 304.

Sie hat ihre Eigenständigkeit, sie hat ihre Berechtigung; sie hat ihre Besonderheiten, die analysiert und bewertet werden müssen.[12]

Damit wird jetzt auch die Lesemotivation stärker beachtet, so daß die Rezeptionsseite des Phänomens Unterhaltungsliteratur stärker betont wird. Die These von der Brückenfunktion der Unterhaltungsliteratur trägt den situativen Lesebedürfnissen keine Rechnung. Von einer homogenen Lesemotivation kann – darüber ist man sich einig – nicht die Rede sein. Es verhält sich also nicht so, daß man den Leser mittels der Unterhaltungsliteratur automatisch zur Gipfelliteratur aufsteigen lassen kann, da die Wahl der Lektüre eines Unterhaltungsromans bzw. eines Romans der Gipfelliteratur von jeweils anders bedingten situativen Faktoren abhängt. D.h., daß die Umstände, unter denen man liest, bedeutsam für die Wahl der Lektüre sind.[13]

Literatur und Literaturpolitik in der DDR kann man nicht als autonome Phänomene betrachten. Sie stehen direkt im Dienste der Gesellschaftspolitik. Sie sollen bewußt bei dem Aufbau und der Weiterentwicklung der sozialistischen Gesellschaft eingesetzt werden. Die Bewußtmachung, Erziehung, Aufklärung des Lesers ist somit eine der wichtigsten Funktionen der Unterhaltungsliteratur und der Literatur im allgemeinen, eine Bildungsfunktion also. Diese Bewußtmachung geschieht mittels mehrerer darstellungstechnischer Mittel. Eine negative Darstellung der bürgerlich-kapitalistischen Welt geht mit der Schilderung der nicht-antagonistischen Wirklichkeit des Sozialismus Hand in Hand.

Neben der Darstellung der bürgerlich-kapitalistischen Welt versuchen die Kulturpolitiker auch die Möglichkeiten zur direkten Einflußnahme auf die Bildung eines sozialistischen Eigenbewußtseins auszuwerten. Dies soll in der Literatur durch die Beschreibung des Fortschritts in den verschiedenen Bereichen des sozialistischen Alltags geschehen. In dem "Bericht über ein Kolloquium zu Fragen der Unterhaltungsliteratur" heißt es in diesem Zusammenhang:

---

12. Werner Deicke: Literatur und Unterhaltung. Zum Begriff Unterhaltungsliteratur. In: *Weimarer Beiträge*, 1971, H. 11, S. 182-189, hier S. 184.
13. Vgl. zum Begriff der situativ bedingten Unterhaltungsbedürfnisse Helmut John: Zu Fragen der Unterhaltung im literarischen Bereich. In: *Weimarer Beiträge*, 1972, H. 2, S. 169.

Die gesellschaftlichen Konflikte werden auf einfachere Weise verallgemeinert, die spannenden Handlungen sind in der sozialistischen Unterhaltungsliteratur durchaus nicht Selbstzweck, sondern haben die Aufgabe, positive Einstellungen zu unserer Gesellschaftsordnung entwickeln zu helfen.[14]

Der Leser soll bei seiner Unterhaltung nicht nur zum guten Sozialisten erzogen werden, ihm werden auch Sachinformationen vermittelt. Die Vermittlung von Informationen soll neben der Unterhaltungskomponente die auffälligste Motivationskomponente in bezug auf das Lesen von Unterhaltungsliteratur bilden.

In einer Umfrage, die die Bezirksbibliothek Suhl in den Jahren 1966 bis 1968 durchführte, wird dies bestätigt.[15] Es wurden zwei Hauptmotivgruppen unterschieden. Eine wird durch den Hang nach Entspannung, Zerstreuung, Unterhaltung, die andere durch den Hang nach Bildung und Erkenntniserweiterung[16] gekenn-

14. Gerhard Meier: Bericht über ein Kolloquium zu Fragen der Unterhaltungsliteratur. In: *Weimarer Beiträge*, 1972, H. 7, S. 172-176, hier S. 174. Der Terminus "gesellschaftliche Konflikte" scheint im Widerspruch zum Selbstverständnis der DDR als nicht-antagonistischer Staat zu stehen. Hierin liegt auch der Grund dafür, daß solche gesellschaftlichen Konflikte in der Unterhaltungsliteratur meistens an exotischen Schauplätzen angesiedelt werden. Siehe auch weiter unten.

15. Auf diese Umfrage bezieht sich auch Hans Hofmann im folgenden Zitat: "So entfielen beispielsweise bei einer soziologischen Erhebung, die die Bezirksbibliothek Suhl in den Jahren 1966/68 durchführte, auf die vier vorgegebenen Antwortmöglichkeiten folgende Antwortquoten: Unterhaltung 43,8%, Anregung zu Lebensfragen oder Pflichtliteratur 23,4%, Entspannung und Ablenkung 10,1%, ästhetischer Genuß 8,1%." Den Erkenntnisgewinn dieser Quoten problematisiert Hofmann selbst, indem er hinzufügt: "Hierbei soll unerörtert bleiben, inwieweit die vorgegebenen Antworten und ihre zum Teil schwer voneinander abgrenzbaren Formulierungen die Skala der möglichen Lesemotivationen erfassen." Beide Zitate finden sich in: Hans Hofmann, a.a.O., S. 303.

16. Diese Komponente findet eine starke Ausprägung in dem Genre des Tatsachenromans. Solche Romane sind u.a. von Harry Thürk und Wolfgang Schreyer geschrieben worden. Zu diesem Genre findet sich in einem Gespräch von Günter Ebert mit Wolfgang Schreyer folgende Stelle: "Tatsachen aus der jüngsten Geschichte, oft dokumentarisch belegt, bilden den Hintergrund des Romangeschehens, während eine fiktive Handlung im Vordergrund abläuft." Günter Ebert: Zu neuen Grenzen. Gespräch mit Wolfgang Schreyer. In: *Wei-*

zeichnet. Diese beiden Kategorien werden in der DDR-Literaturtheorie aufeinander bezogen. In den sozialistischen Unterhaltungsromanen kann die Kategorie der Unterhaltung nicht Selbstzweck sein; Unterhaltungsliteratur soll eine Unterhaltung bieten, die ihrerseits positiv auf die Realität der Alltagswelt einwirkt. Das anerkannte Bedürfnis nach Entspannung soll befriedigt werden, ein Erholungsbedürfnis ist legitim. Diese Erholung darf jedoch nicht als Flucht aus der Alltagswelt betrachtet werden, sondern hat eine Bereicherung und Ergänzung der Erlebnissphäre der Alltagswelt zu bieten.

Diese Position ist konträr zu jener der westlichen Unterhaltungsliteratur vorgeworfenen Funktion zu sehen, nach der das Lesen von Unterhaltungsliteratur als ein Bedürfnis betrachtet wird, eine unbefriedigende Alltagswelt um in der Wirklichkeit nicht gegebene Dimensionen zu bereichern. Das Vorführen einer Ersatzwelt würde den Leser von seinem eigenen Unbefriedigtsein ablenken, ihn nicht aufklären, problematische Sachverhalte sollten verschleiert, falsche Emotionen geweckt werden. Das folgende Zitat möge als Resümee der vorangegangenen Ausführungen dienen:

> Abenteuerliteratur wird verschlungen, auch bei uns hier, das steht fest (...). Da habe ich mich genau orientiert. Nun muß man bloß untersuchen, ob diese Leselust ein Freud-Komplex ist, in welchem man sein Unbefriedigtsein mit der Wirklichkeit abreagiert, oder ob solche Unterhaltungsliteratur einem echten Bedürfnis entspringt, das auch Zukunft hat. Und noch mehr, ob man auf diesem Wege sich und den Leser literarisch – und das heißt auch immer politisch – steigern kann.[17]

Das Funktionieren von Unterhaltungsliteratur

Die im Vorhergehenden vorgestellten Gedanken resultieren in eine Diskussion einiger inhaltlicher Komponenten. Dabei wird von

marer Beiträge, 1970, H. 2, S. 108-119, hier S. 113. Im übrigen zitiert Schreyer hier Werner Deicke.
Auf diese Weise soll der Leser mittels einer fiktiven Handlung über historische, geographische, kulturelle und vor allem politische Tatsachen informiert werden. Die Werke Schreyers weisen eine Vorliebe für die Länder auf, in denen sich der Klassenkampf, nach Meinung Schreyers, aktuell abspielt. So bildet die Welt der südamerikanischen Guerilleros den Hintergrund für Schreyers neuere Werke.
17. Günter Ebert, zitiert nach: Wolfgang Schreyer: Plädoyer für den Spannungsroman. In: Neue deutsche Literatur, 1966, H. 8, S. 68-89, hier S. 73.

einem monokausalen Wirkungsmechanismus von Literatur ausgegangen, und zwar in der Art und Weise, daß bestimmte inhaltliche Kategorien im Bereich der Wirkung eine unmittelbare Bedeutung erlangen sollten. Die "Person des Helden" wird hinsichtlich ihrer Relevanz für "Identifikationsmöglichkeiten" bewertet. "Innere vs. äußere Spannung", "Schauplatz" und "Figurenkonstellation" sind andere Kategorien, die intensiv diskutiert werden. In der Diskussion um die Person des Helden werden zwei Typen unterschieden. Erster Typus ist der des "bewußten Helden", der als politisch engagierte Person im Mittelpunkt der Geschehnisse steht. Er hat sich schon für den Sozialismus entschieden, während der Typus des "unbewußten Helden" erst im Laufe der Handlung eine solche Entscheidung trifft. Die Abenteuer, die er erlebt, führen ihn zu der Erkenntnis bzw. Entscheidung, sich für die Sache der Unterdrückten einsetzen zu müssen. Die Notwendigkeit der Unterscheidung dieser beiden Typen funktioniert im Rahmen der Frage nach den Implikationen der Wahl eines der beiden Typen für das Rezeptionserlebnis der Leser. Daß der sich entwickelnde unbewußte Held in der Wirkung die Gefahr in sich birgt, daß der Leser sich mit bestimmten falschen Aspekten der Entwicklung des Helden identifizieren könnte, ohne seine Weiterentwicklung mitzuvollziehen, oder sogar die politisch falschen Ausgangspunkte des Helden positiv bewerten könnte, an dem Punkt entzündet sich die Diskussion um die beiden Typen des Helden. So meint Dieter Schade, daß

"...diese Heldengestaltung die Gefahr in sich [birgt], daß sich der Leser mit der distanzfordernden Figur teilweise oder ganz identifiziert, wenn sich der Autor nicht deutlich genug über die Position eines solchen Helden erhebt."[18]

Hier wird also der Typus des "bewußten Helden" bevorzugt. Der statische, bewußte Held, dessen Denken sich nicht entwickelt, bietet die Möglichkeit, sich ganz und gar mit den Entscheidungen des Helden zu identifizieren. Die Wahl dieses Helden macht eine Analyse der vom Helden getroffenen Entscheidungen überflüssig. Die Aktivität des Lesers wird in diesem Fall auf eine bloß bejahende

18. Dieter Schade: Die Romane Harry Thürks. Einiges zur sozialistischen Abenteuerliteratur. In: *Weimarer Beiträge*, 1973, H. 5, S. 98-112, hier S. 105.

Rezeptionshaltung reduziert, dies im Gegensatz zu dem sich entwickelnden Helden, der durch seine Zweifel, durch seine Reflexion
den Leser dazu anhält, selber die verschiedenen Handlungs- und
Entscheidungsmöglichkeiten durchzuspielen und somit auch sein
eigenes Denken zu hinterfragen. Die eindimensionale bejahende
Lesehaltung wird da von einer Lesehaltung abgelöst, die mehr Distanz und Reflexion vom Leser verlangt.[19]

Im Zusammenhang mit dieser Unterscheidung kann die Diskussion um den für die Wirkung unbedingt notwendigen Charakter der
erlebten bzw. erzählten Abenteuer gesehen werden. Der Held der
DDR-Spannungsliteratur sollte nicht auf der Suche nach Abenteuern sein, wie dies von DDR-Literaturkritikern an der westlichen
Spannungsliteratur gezeigt wird, sondern sich durch die Umstände
in einer antagonistischen Welt[20], in die er versetzt wird, gezwungen sehen, eine abenteuerliche Existenz zu führen. Aus seiner sozialistischen Lebensüberzeugung ergibt sich dann in den gegebenen
Umständen ein selbstverständliches Engagement.[21] Die Helden der
westlichen Unterhaltungsliteratur, die James Bonds, versuchen dagegen nur ihren Hang nach Abenteuern zu befriedigen, sie sind zu
einem abenteuerlichen Leben verurteilt. Es steht der westliche
Abenteurer, dessen Unterfangen weder eine gesellschaftliche Bedingtheit noch eine gesellschaftliche Relevanz haben, dem bewußten Sozialisten gegenüber, dessen Fatum es ist, sich in abenteuerliche Situationen begeben zu müssen, um sich als Vertreter einer
überlegenen Ideologie zu bewähren.

Von einem grundsätzlichen Zweifeln des Helden kann nicht die
Rede sein. Sein Engagement für die Unterdrückten steht fest; nur
die Ausarbeitung des Engagements steht noch zur Diskussion. Der
Held zweifelt nicht zwischen "Gut" und "Böse". Das "Böse" kann

19. Die Frage nach der Rezeptionssituation, in der ein bewußter Leser auf
einen unbewußten Helden trifft, wird nicht aufgeworfen. Der denkbare Typus
des "naiven Helden" wird ganz und gar außer acht gelassen; die Möglichkeit
einer grotesken Gestaltungsweise wird somit ausgeklammert.
20. Diese Problematik wird in der Diskussion um die Schauplatzfrage aufgegriffen. Vgl. Anm. 14.
21. Paul Saupe meint in diesem Zusammenhang: "Das Abenteuer selbst
ist, bedingt durch den punktuell-situativen Charakter, nur Bestätigung, Auslö-
ser oder Schlußpunkt bereits getroffener oder reif gewordener gesellschaftlicher Entscheidungen." P.S.: Zum Thema Abenteuerliteratur. In: *Weimarer
Beiträge*, 1974, H. 4, S. 161-168, hier S. 163.

nicht als Alternative für den Helden gelten. Die "innere Spannung" wird somit innerhalb einer grundsätzlich richtigen Entscheidung dargestellt, während die Negativseite mittels der Kategorie der "Figurenkonstellation" eingeführt werden kann. Die Frage ist nicht, ob er das "Gute" tut, sondern wann und warum.

Die Entwicklung im Denken des Helden wird in den Diskussionen mit der Kategorie der "inneren Spannung" gefaßt. Das abenteuerliche Geschehen an sich, die äußere Spannung, kann nicht nur die Funktion einer netten Verpackung haben, darf auch nicht Selbstzweck sein. Die Entwicklung im Denken des Helden muß als Resultat seiner Erlebnisse und Abenteuer dargestellt werden.

Unter anderem in der unterschiedlichen Gewichtung dieser beiden Kategorien unterscheidet sich nach Erika Karsch[22] der Abenteuerroman in der DDR vom Abenteuerroman der westlichen Welt. Während, ihrer Meinung nach, der westliche Unterhaltungsroman als eine lose Aneinanderreihung von Elementen der "äußeren Spannung" erscheint, kommt der "inneren Spannung" in den DDR-Unterhaltungsromanen eine größere Bedeutung zu. Die "äußere Spannung" ist keine autonome Größe, sondern sie ist auf die "innere Spannung" bezogen.

Nicht nur auf oben genannte Weise wird der Versuch unternommen, die Unterhaltungsliteratur der DDR von derjenigen der nicht-sozialistischen Welt abzusetzen. So sollte die sozialistische Unterhaltungsliteratur sich darin von der westlichen unterscheiden, daß sie ihre Themen der sozialistischen Gegenwart entnimmt und auf diese einzuwirken versucht. Damit ist die Frage gestellt, wie sich das Bedürfnis nach Unterhaltung im Hinblick auf die reale Existenz des Sozialismus legitimieren läßt. Der westlichen Unterhaltungsliteratur wird vorgeworfen, sie erfülle das durch das Gesellschaftssystem bedingte Bedürfnis nach Eskapismus; das Bedürfnis, mittels der Unterhaltungsliteratur aus der bestehenden unbefriedigenden Alltagswelt auszubrechen. Diese in der DDR präsupponierte Dichotomie geht auch aus den beiden nachfolgenden Zitaten hervor:

Die ganze moderne Spannungsliteratur ist in den technisiert-bürokratischen Industrieländern entstanden, also in Gesellschaften, die nicht mehr heil-organisch sind. Um so mehr bedürfen diese Gesellschaften der Ekstase, des

22. Erika Karsch: Beobachtungen an Abenteuerromanen der DDR. In: *Weimarer Beiträge*, 1973, H. 5, S. 113-125.

Rausches, der Spannung als Möglichkeit konkreter Freiheit. So kommt es zum Reißer, zum Krimi, zum Happening, zur Sade-Renaissance, zu James Bond, zu den Comics, zum absoluten Thriller. Thriller, Sex and Crime als notwendige Ventile, als Ausbrüche in die totale Existenz, eine Existenz ohne Entfremdung. Die Literatur ist ja nicht nur Literatur, sondern sie hat eine soziale Funktion...[23] Es sind...optimistische Charaktere. Sie beziehen ihre Stärke nicht allein aus dem eigenen Ich, sondern aus dem Volk, dem sie dienen. Und sie sind deshalb auch nicht nur scharfsinnig, sondern vernünftig, weil sie ihre Aufträge von einer Gesellschaft bekommen, die das historisch Vernünftige repräsentiert.[24]

Die Problematik des Bezugs zur Realität schlägt sich stark in der Diskussion um den "Schauplatz" nieder. Das abenteuerliche Geschehen wird in der DDR-Unterhaltungsliteratur sehr oft an exotischen Schauplätzen angesiedelt. Dies forderte die Kritik einiger Literaturtheoretiker heraus[25]: Es könnte einerseits aus der Wahl eines exotischen Schauplatzes der Eindruck hervorgehen, daß sich in der eigenen Alltagswelt keine abenteuerliche Dimension auffinden ließe, andererseits rief diese Art und Weise der Ansiedlung von Handlung den Vorwurf hervor, man verfiele in genau den Eskapismus, den man der westlichen Unterhaltungsliteratur vorgeworfen hatte.

Die Wahl eines exotischen Schauplatzes wird damit legitimiert, daß sich das Bedürfnis der Leser nach Sachinformation über ihm unbekannte Welten befriedigen läßt, während es darüber hinaus eben an Schauplätzen wie in Südamerika oder Vietnam zu jenen Klassenauseinandersetzungen kommt, vor deren Hintergrund die oben genannte Darstellungstechnik der Entwicklung des Denkens des Helden klarer dargeboten werden kann. Es handelt sich hier also um eine Dimension, die in der nicht-antagonistischen Gegenwart der DDR keine Entsprechung mehr findet bzw. finden sollte.

Der literaturtheoretische Ansatz Dieter Wellershoffs als Beispiel für den Zusammenhang zwischen Ideologie und Ästhetik in einer nicht-marxistischen Literaturgesellschaft

Ideologische Prämissen kommen bei der Betrachtung von Funk-

23. Wolfgang Schreyer, a.a.O., S. 74.
24. Ebenda, S. 77.
25. Eine solche Problematisierung findet sich bei Hans Hofmann: Historische Wandlungen des Erlebnisphänomens "Abenteuer". In: *Weimarer Beiträge*, 1977, H. 1, S. 72-88.

tion und Funktionieren von Literatur nicht lediglich innerhalb einer marxistischen Literaturgesellschaft zum Aussdruck, sie erlangen auch in westlichen Ansätzen Bedeutung. Dies sei hier exemplarisch am literaturtheoretischen Ansatz Dieter Wellershoffs illustriert. Für die Ausführungen Wellershoffs ist die Trennung zwischen 'eigentlicher' und 'uneigentlicher' Literatur konstitutiv. Auch Wellershoff geht bei seiner Wertung von Literatur von einem Zusammenhang zwischen Literatur und Gesellschaft aus. Die 'uneigentliche' Literatur sollte eine affirmative Wirkung auf den Leser haben, sie würde in ihrer affirmativen Wirkung den status quo der bestehenden Realität als unveränderbar bestätigen, während die 'eigentliche' Literatur zu einem bewußten Hinterfragen der bestehenden Realität anregen sollte.

Damit ist vorausgesetzt, daß die 'uneigentliche' Literatur das Bedürfnis nach Eskapismus befriedigt. Die Realisierung eines solchen Bedürfnisses wäre als Kompensationsleistung des Unfriedens mit der bestehenden Gesellschaft zu verstehen, sie fände ihren Entstehensgrund in der Unzufriedenheit mit der gesellschaftlichen Realität. Der affirmative Charakter dieser Literatur sollte somit nicht in ihrer Stoffwahl oder in dem Bereich der positiven Lesemotivation gesucht werden, sondern in dem Bereich der Wirkung auf das gesellschaftliche Denken des Lesers. Man postuliert einfach, daß der Inhalt dieser Werke ein traumhaftes Wunschbild, konträr zu der bestehenden Wirklichkeit, vermittelt und daß darum auch die Lesemotivation daraus hervorgeht, daß es dem Leser innerhalb dieser Alternativwelt möglich ist, sich in ein anderes − fiktives − Leben zu versetzen.

Die 'uneigentliche' Literatur nimmt nach dieser Auffassung gesellschaftlich bedingte Frustrationen seiner Leser auf und kanalisiert diese in Richtung auf Ersatzbefriedigung in der Fiktion. Damit wäre die bestehende Realität bestätigt und die Unzufriedenheit über diese Realität immunisiert. In diesem Sinne wäre die 'uneigentliche' Literatur als 'affirmativ' zu bezeichnen.

Der affirmative Charakter der 'uneigentlichen' Literatur ist noch in einem weiteren Sinne zu fassen. Dieser Aspekt bezieht sich unmittelbar auf die inhaltliche Ebene. Die Person des Helden und des Anti-Helden, das Milieu, in dem sich die Handlung abspielt, die Kategorien des 'Guten' und des 'Bösen' entsprechen ganz und gar den Wertvorstellungen des Lesers, seine eigenen moralischen Prinzipien werden im Handeln des Helden sichergestellt. Wellershoff umschreibt diesen Sachverhalt in seiner Analyse des Kelter-Arzt-Romans *Lockende Gefahr für Doktor Bruhn* wie folgt:

> Anpassung seiner Leser an ihre soziale Situation, das leistet der Roman, indem er ein entsprechendes Wertsystem bestätigt und dessen Vertreter belohnt.[26]

Der Gegenpol der 'uneigentlichen' Literatur, die 'eigentliche' Literatur, wird — nach Wellershoff — vom Autor aus dem Bewußtsein der Unzulänglichkeit der bestehenden Realität konzipiert. Der Autor zeigt in seiner Fiktion alternative Möglichkeiten zur Deutung dieser Realität auf:

> Sie (die eigentliche Literatur M.P./S.P.) versucht den Leser zu irritieren, ihm die Sicherheit seiner Vorurteile und gewohnten Handlungsweisen zu nehmen, sie macht ihm das scheinbar Bekannte unvertraut, das Eindeutige vieldeutig, das Unbewußte bewußt und öffnet ihm so neue Erfahrungsmöglichkeiten, die vielleicht verwirrend und erschreckend sind, aber auch die Enge und Abstraktheit der Routine durchbrechen, auf die er in seiner alltäglichen Praxis angewiesen bleibt. Der Gegensatz läßt sich also auch hier nachweisen: der Tendenz des zweck- und erfolgsbestimmten Handelns, das Verhalten zu stabilisieren und die verwirrende Vielfalt der Lebensaugenblicke auf praktikable Schemata zu bringen, wirkt kompensierend die Tendenz der Literatur entgegen, diese Schemata zu stören. Gegenüber der etablierten Lebenspraxis vertritt sie also die unausgeschrittenen und verdrängten Möglichkeiten des Menschen und die Unausschöpfbarkeit der Realität und bedient damit offenbar Bedürfnisse nach mehr Leben, nach weiteren und veränderten Erfahrungen, die gewöhnlich von der Praxis frustriert werden. Aber nur deshalb, weil er nicht zum Erfolg verpflichtet ist, weil er nur fiktive Risiken eingeht, kann der Leser den Schutz seiner Gewohnheiten verlassen und neue Erfahrungen machen, einschließlich der negativen Veränderungen, die er sonst um jeden Preis vermeiden würde. Die Simulationstechnik der Literatur erlaubt es ihm, fremde Verhaltens- und Denkweisen in seinen Erfahrungsspielraum mit einzubeziehen, also weniger borniert zu sein, und in bezug auf den gesellschaftlichen Zusammenhang weniger normenkonform.[27]

Im Wirkungsbereich führt dies dazu, daß der Leser seine eigenen Deutungsschemata zu hinterfragen gezwungen wird. Die Reflexion des eigenen gesellschaftlichen Funktionierens kann in erster In-

26. Dieter Wellershoff: Von der Moral erwischt. Analyse eines Trivialromans. In: D.W.: *Literatur und Veränderung. Versuche zu einer Metakritik der Literatur*. Köln ³1971, S. 72-81, hier S. 78.
27. Dieter Wellershoff: Fiktion und Praxis. In: D.W.: *Literatur und Veränderung*, a.a.O., S. 9-32, hier S. 22f.

159

stanz risikolos geschehen, weil Sanktionsmöglichkeiten der sozialen Umgebung oder der gesellschaftlichen Instanzen den Handlungsspielraum nicht schon von vornherein einschränken. Diesen Sachverhalt bezeichnet Wellershoff mit dem Bild des 'Simulationsraums'.

Das Spannungsverhältnis zwischen Literatur und Wirklichkeit gilt bei Wellershoff als Kriterium für die Bewertung der Literatur. Mit dieser Dichotomie ist direkt ein Werturteil über Literatur ausgesprochen und werden große Bereiche der Literaturproduktion aus der Kategorie der 'eigentlichen' Literatur ausgeschlossen. Es betrifft hier nicht nur den traditionell aus der Literatur ausgeklammerten Bereich der Unterhaltungsliteratur, sondern jede Literatur, die eingefahrene Wertvorstellungen und Deutungsschemata bestätigt.

Diesen Sachverhalt kann man jedoch nicht nur einseitig aus dem Inhalt der jeweiligen Werke ableiten; man müßte auch Rezeptionserwartung bzw. Textverarbeitung in Betracht ziehen. Erst von diesen Ansätzen her läßt sich bestimmen, ob und inwieweit eine Lektüre Anlaß zum Abbau von eingefahrenen Strukturen ist. Hiermit soll gesagt sein, daß ein Text, der für eine Lesergruppe kontroverse Stellungnahmen enthält, bei einer anderen Lesergruppe lediglich eine Bestätigung der schon eingenommenen Positionen bewirkt. Deswegen soll hier die Frage aufgeworfen werden, *warum* eigentlich gelesen wird. Lehnt jemand eine bestehende Realität ab, so wird er keine Bücher lesen, die von anderen Lesern bzw. Lesergruppen zur Bestätigung dieser Realität eingesetzt werden. Stimmt man dieser Beobachtung zu, so fragt sich, inwieweit die Wellershoffsche Dichotomie 'eigentliche' vs. 'uneigentliche' Literatur noch aufrechterhalten werden kann. Anders gesagt, kann das Kriterium für die Wellershoffsche Einteilung als Spannungsverhältnis zwischen literarischer Fiktion und Wirklichkeit aufgefaßt werden oder ist eine Einteilung aufgrund von textbezogenen Merkmalen in dem Moment eine Unmöglichkeit, da man den Faktor des Rezipienten berücksichtigen will?

Wellershoff geht davon aus, daß die Konfrontation mit dem in Literatur gegebenen Denkansatz zu einer Reflexion des eigenen Verhaltens und gegebenenfalls zu einer Veränderung dieses Verhaltens führen wird. Nicht nur die schon oben aufgestellte These, daß Leser jene Bücher lesen werden, die ihr Denken nicht gefährden können, führt dazu, diesen Ansatz zu bezweifeln. Es muß einfach davon ausgegangen werden, daß ein Transfer von in der Lektüre gewonnenen Einsichten in den alltagsweltlichen Bereich keineswegs als selbstverständlich präsupponiert werden darf. Vielmehr läßt sich aus solchen literaturtheoretischen Ansätzen schließen, daß der Bereich der Literatur sich sehr stark gegenüber der realen Wirklichkeit verselbständigt hat und als System an sich betrachtet wird. Sowohl die Verhaltensregularitäten innerhalb dieses Systems als auch die Entscheidung, sich an diesem System zu beteiligen, sind stark konventionalisiert. Man liest, weil man in seiner Relevanzgruppe zu lesen hat, die Zugehörigkeit zu einer Gruppe signalisiert man umgekehrt, indem man der in der betreffenden sozialen Gruppe geltenden Konvention, zu lesen, folgt. Innerhalb einer sozialen Gruppe ist die Art und Weise, wie Texte im Hinblick auf die reale Existenz funktionieren, festgelegt, wobei der Fall einer direkten Interferenz von Lektüre und Leben lediglich als Ausnahmefall auftreten wird[28].

Es soll hier zum Schluß versucht werden, die kurz angedeuteten Ansätze, Lesemotivationen von Lesern zu bestimmen, aufeinander zu beziehen, um festzustellen, aus welcher systembedingten Notwendigkeit wesentliche Aspekte des Rezeptionsvorgangs außer Betracht bleiben müssen. Zuerst soll nochmals vom Wellershoffschen Ansatz ausgegangen werden, dessen Traditionskontext anhand des folgenden Zitats dargestellt sei:

> Es wird nach der innovierenden Wirkung der Wirklichkeitsdarstellung gefragt. Der Rezipient darf in seinen Wahrnehmungsgewohnheiten nicht bestätigt werden, sondern soll sich über die Lektüre und für ihre Dauer dem Abenteuer der Verunsicherung hingeben. Nur solche Texte, die diese Wirkung erziel(t)en, können als literarische Texte angesehen werden.[29]

28. Es ist genau dieser Sachverhalt, der die Grundlage für das Schicksal der Brechtschen Dramentheorie, der Versuche der Absurdisten oder z.B. Handkes *Publikumsbeschimpfung* bildet. Wie weit Literatur und Theater als autonomer Bereich außerhalb der Gesellschaft stehen, zeigt sich in den Publikumsreaktionen, die sich im Laufe der Zeit entwickeln. Die geladene, kontroversielle Intention dieser Stücke ist inzwischen verharmlosend in den Kulturbetrieb eingebettet worden, womit sie jede innovierende Potenz verloren haben.
29. Jos Hoogeveen: Dieter Wellershoff und Raymond Williams: Kunsttheoretische Überlegungen als Rahmen einer handlungsbezogenen Rezeptionstheorie. In: *Neophilologus*, 1980, S. 87-98, hier S. 88.

Vergleicht man diesen Ansatz mit den von DDR-Theoretikern an die Literatur herangetragenen Forderungen, so muß man zu dem Schluß kommen, daß die – im Sinne der DDR-Kritiker – 'ideale' Literatur innerhalb der Wellershoffschen Kategorie der 'uneigentlichen' Literatur anzusiedeln ist. Die Anforderungen der DDR-Kritiker beinhalten, daß die Literatur positiv auf die Wirklichkeit bezogen sein muß. Auch die Wellershoffsche Kategorie der 'eigentlichen' Literatur soll eine positive Wirkung auf die bestehende Realität haben. Da die DDR-Theoretiker die bestehende Wirklichkeit als im Grunde positiv zu bewerten auffassen, kann diese positive Wirkung der Literatur auf die Gesellschaft nur in dem Bestätigen dieser Wirklichkeit bestehen. Dieser affirmative Charakter wäre für Wellershoff nun gerade ein Indiz dafür, daß diese Literatur in den Bereich der 'uneigentlichen' Literatur gehört. Die positive Auswirkung, die die Literatur bei Wellershoff haben soll, geht ja notwendigerweise von der Infragestellung dieser Realität aus.

Diese Funktion hat Literatur in den Augen der DDR-Theoretiker lediglich innerhalb einer antagonistischen Gesellschaft. Die Literatur hat da die Funktion, die Fehler der bestehenden Gesellschaft aufzuzeigen und den Weg zur Lösung vorzuzeichnen. Wenn letzten Endes das Klassenziel, die nicht-antogonistische Gesellschaft, erreicht ist, bekommt die Literatur die Funktion, diese Gesellschaft zu unterstützen, und ihre innovierende Funktion besteht dann lediglich darin, Entwicklungsmöglichkeiten innerhalb des feststehenden Rahmens aufzuzeigen. Es kann darum nicht davon ausgegangen werden, daß alle Literatur aus der Wellershoffschen Kategorie der 'eigentlichen' Literatur in der DDR auf Ablehnung stoßen würde. In ihrer Funktion, Mängel einer bestehenden Gesellschaft aufzuzeigen, finden die beiden Theorien sich, sei es, daß die DDR-Theoretiker dies nur in bezug auf die Literatur in antagonistischen Gesellschaften anerkennen und Wellershoff diese Funktion als grundlegend für jede Literatur, in welcher Gesellschaftsstruktur auch immer, ansieht. Damit ist man wieder in eine literaturwissenschaftliche Diskussion geraten, die sich nicht ohne Verzicht auf die zugrunde gelegten Prämissen lösen läßt. Es wäre jedoch denkbar, diese Aporie folgendermaßen zu überwinden, indem man die Aufmerksamkeit auf die Funktionsidentität des Lesens lenkt.

In der Abenteuer-Diskussion, wie diese hier untersucht wurde, tauchen eine Anzahl von Funktionen auf, die der Abenteuerliteratur zugeschrieben werden. So werden neben der Abwehrfunktion die Brückenfunktion, die bildende Funktion und die Entspannungsfunktion ins Spiel gebracht. Im inhaltlichen Bereich hat die Betonung einer bestimmten Funktion dieser Literatur ihre Konsequenzen in bezug auf Kategorien, wie etwa 'Person des Helden', 'innere vs. äußere Spannung', 'Schauplatz' oder 'Figurenkonstellation'. Es fragt sich, ob diese präsupponierten Zusammenhänge auch in der Tat das reale Leseverhalten und die reale Lesemotivation der Leser widerspiegeln. Die Funktionen, die der Unterhaltungsliteratur zugeschrieben werden, scheinen eher von übergeordneten ideologischen Prämissen als von einer Untersuchung des aktuellen Leseverhaltens zu stammen. Auch in die Theorie Wellershoffs gehen Präsuppositionen hinsichtlich der Lesemotivation und des Leseverhaltens ein, die keineswegs identisch mit dem realen Leseverhalten zu sein brauchen. Es ist hier bereits darauf hingewiesen, daß die Lesemotivation in den meisten Fällen — wenn es sich nicht gerade um eine professionelle Auseinandersetzung mit Literatur handelt — eher als affirmativ zu charakterisieren ist. Wellershoffs Einschätzung scheint demselben Wunschdenken zu entspringen wie das der DDR-Theoretiker. So stimmen die DDR-Literaturtheorie und Wellershoffs literaturtheoretischer Ansatz, so unterschiedlich sie im einzelnen auch sein mögen, in einem Punkt überein: sie übergehen beide die Frage nach der wirklichen Lesemotivation bzw. dem Leseverhalten. Zwar schreiben sie Literatur im allgemeinen bzw. der 'eigentlichen' Literatur bestimmte Funktionen zu, diese Funktionen werden aber nur einseitig, vom Werk in Richtung Leser, aufgearbeitet. Es wird in beiden Literaturauffassungen nicht die Frage gestellt, ob der Hang nach Bildung, Erziehung bzw. einem innovierenden Impuls der 'eigentliche' Grund für das Lesen ist.

Ideologische Prämissen, die sowohl in die DDR-Literaturtheorie als in den Wellershoffschen Ansatz eingehen, verstellen den Blick in das reale Leseverhalten innerhalb einer Literaturgesellschaft, verdecken die pragmatische Dimension von Textverarbeitungsprozessen.

SATIRE ALS REZEPTIONSKATEGORIE.
HERMANN KANTS *AULA* IN DER DISKUSSION ZWISCHEN OST UND WEST

von

Jos Hoogeveen

I

Funktion und Stellenwert der Satire werden innerhalb der marxistisch-leninistischen Ästhetik wesentlich anders betrachtet als im Rahmen der bürgerlichen Literaturtradition. Was ganz allgemein für den Literaturbegriff des sozialistischen Realismus gilt, trifft dort in verstärktem Maße für die Wirkungsmöglichkeiten von Satire zu:

Zu dem aktuellen Anliegen der sozialistischen S[atire], Anachronismus und Menschenfeindlichkeit des Imperialismus mit dem künstlerischen Wort zu treffen und zu entlarven, tritt mit dem Aufbau der sozialistischen und kommunistischen Gesellschaft zunehmend ein neuer satirischer Auftrag: Entwicklungswidersprüche der Individuen und der Gesellschaft signalisieren und lösen zu helfen. Damit ist die S[atire] vor neue Konzeptions- und Gestaltungsfragen gestellt. Der sozialistische Arbeiter- und Bauern-Staat, der die machtgewordene Grundlage für die Aufhebung aller ahumanen Zustände ist, kann nicht mehr Gegenstand der S[atire] sein, sondern vielmehr die ästhetisch fruchtbaren Fälle subjektiver Divergenz mit dem neuen staatlichen Wesen und Anliegen. Ebenso fordert die Überwindung der sozialen Katastrophen durch die nun gesellschaftlich beherrschte Entwicklung von der S[atire], jetzt als ein besonderes ästhetisches "Signalsystem" in Erscheinung zu treten, um die sozialistische Öffentlichkeit auf solche Entwicklungsprobleme und Entwicklungswidersprüche hinlenken zu helfen, für deren Lösung die gesellschaftlichen Kräfte bereits vorhanden sind. Hierbei befindet sich die sozialistische S[atire] bewußt auf dem Boden der Gesamtbemühungen der Gesellschaft um ihre ununterbrochene Vervollkommnung, wodurch sowohl an den Satiriker als auch an die S[atire]-Rezeption qualitativ neue Anforderungen gestellt werden. Die Operativität wird zu einem kennzeichnenden Zug dieser Art S[atire]. Vor dem

Hintergrund der prinzipiellen Lösbarkeit von Konflikten zwischen Individuum und Gesellschaft ist das entlarvende, negierende Moment der S[atire] nicht mehr das bestimmende; in den Vordergrund rückt die erzieherische Absicht. Die S[atire] ergreift damit die weite Thematik der Herausbildung des Menschen der sozialistisch-kommunistischen Gesellschaft in der Besonderheit seiner auch komisch-satirischen Konflikte.[1]

Das Auffällige an dieser Begriffsbestimmung ist ihre Zweispurigkeit. Nach außen und innen hin wird ein präskriptiver Satirebegriff entwickelt, der neben dem zentralen Moment der Parteilichkeit solche Komponenten aufweist, die für eine bestimmte Entwicklungsphase des Sozialismus als charakteristisch gelten. Hauptmerkmal der ex- und internen spezifischen Aufgaben der Satire ist in dieser Umschreibung die Betonung der Überlegenheit des Satirikers, die sich nach außen hin in einer bombastischen Terminologie der Angriffsfreude artikuliert.[2]

Damit stellt sich das Satireverständnis auf marxistischer Seite in die Tradition derjenigen Satiretheorien, die die Magie des Wortes als Waffe des Satirikers betrachten. Diese Juvenalsche Traditionslinie des "Si natura negat, facit indignatio versum" schließt die relativistischere Position Horazens, in der Satire als das "ridendo dicere verum" verstanden wird, von vornherein aus. Mit dem Impetus der Entrüstung und dem Ziel des Belehrens verbindet sich eine Auffassung von den mit Satire gegebenen Möglichkeiten der direkten Einflußnahme von Kunst und Literatur.[3] Deswegen treten innerhalb einer zweckbestimmten Ästhetik wie der marxistischen auch keine wesentlichen Aufgabenveränderungen auf, weil sie unveränderbar

1. Lemma Satire. In: *Kulturpolitisches Wörterbuch.* Berlin [2]1978, hier S. 613f.
2. Vgl. z.B. J.E. Elsberg: Für eine kämpferische Satire. In: *Sowjetwissenschaft. Kunst und Literatur* 5 (1954), S. 224-241. V. Stejskal: Satire als Kampf- und Erziehungsmittel. In: *Ost-Probleme* 6 (1954), S. 646-648. Jurij Ewentow: Das Lachen ist ein Zeichen der Stärke. Bemerkungen über die Satire. In: *Sowjetwissenschaft. Kunst und Literatur* 11 (1963), S. 47-62.
3. Damit hängt auch — speziell in der Tradition der germanistischen Literaturwissenschaft — die Tatsache zusammen, daß das Phänomen Satire stiefmütterliche Behandlung erfuhr. Realitätsbezug und pragmatische Intention verhinderten eingehende Beschäftigung mit Texten, die keine künstlerischen Qualitäten aufweisen könnten.
Symptomatisch für eine solche wertfreie und damit ästhetisch-ideologische Position ist Wolfgang Kaysers Charakterisierung von Satire: "Das Komische hat einen Explosivcharakter. Damit es zu einem explosiven, befreienden

im Dienste eines teleologisch angelegten Gesellschaftssystems stehen. Darum treten immer wieder dieselben zwei Funktionen der marxistischen Satire zutage, wie sie schon 1932 von Georg Lukács formuliert wurden:

> Es ist klar, daß es hier nur zwei Möglichkeiten geben kann: entweder wird eine Klasse von der anderen aus kritisiert, d.h. die Gebrechen, die Mißstände usw. sind integrale Bestandteile des Systems, mit denen die eine Klasse ihre Interessen den anderen Klassen gegenüber durchsetzt. Oder es handelt sich um die Selbstkritik einer Klasse.[4]

Auch diese "Selbstkritik einer Klasse" unterliegt den Bedingungen der Wirksamkeit einer jeden Satire, wie sie von Marxisten als notwendig angesehen werden. Alle Satire hat demnach die Aufgabe, als Kunstwerk mit den spezifischen Mitteln des hassenden Verlachens und des strafenden Verspottens ihr Engagement zu beweisen:

> Es ist zwar richtig, daß jene Erschütterungen, die im Laufe der bürgerlichen Revolution das Klassenbewußtsein der Bourgeoisie und ihrer Ideologen getroffen haben, auch eine Wendung gegen sich selbst hervorgerufen haben, die sich eben in der Theorie und Praxis von Humor, Ironie etc. widerspiegelt. Es wäre aber falsch, diesen selbstzerfleischenden oder — sehr oft — selbstgefälligen Relativismus mit der revolutionären Selbstkritik einer Klasse durch ihre Schriftsteller zu verwechseln. Der Klassenkampf, der Kampf um die Veränderung der Gesellschaft kann auch ideologisch nicht durchgefochten werden, ohne scharfe Selbstkritik der zum Sieg berufenen Klasse. Denn es gibt nur allzuhäufig Situationen, wo die hassenswertesten Erscheinungen auf der Feindesseite unzertrennlich mit zu bekämpfenden Schwächen, Mängeln oder Gebrechen der eigenen Klasse zusammenhängen.[5]

Für westliche Beobachter der DDR-Literaturszene bildet die Zweiteilung in eine Satire des antagonistischen Kampfes und eine der

> Lachen kommt, muß das von der Umschaltung Betroffene seine Aufhebung vertragen können: je mehr eine absichtliche feindliche Tendenz spürbar wird, die auf grundsätzliche Aufhebung gerichtet ist, desto mehr tritt die Komik in den Dienst der *Satire*. Und je mehr die Satire als Sinn-Aussprache gemeint ist — durch gleichsam negierende Darstellung eines Negativen —, desto weiter entfernt sie sich aus der Literatur und begibt sich auf jenes Feld, das als didaktische Literatur bezeichnet wird." (Wolfgang Kayser, *Das sprachliche Kunstwerk. Eine Einführung in die Literaturwissenschaft*. Bern und München [14] 1969, S. 381f.)
> 4. Georg Lukács: Zur Frage der Satire. Hier zitiert nach der Fassung aus dem Jahre 1970, abgedruckt in: *Hefte. Zeitschrift für deutsche Sprache und Literatur* 7/8 (1970), S. 13-30, hier S. 25. Ursprünglich erschien der Aufsatz in: *Internationale Literatur* 4/5 (1932).
> 5. Ibidem, S. 29.

belehrenden Selbstkritik einen willkommenen Anlaß zum Inventarisieren und geschichtlichen Ordnen der produktionsästhetischen Bedingungen und der rezeptionsgeschichtlichen Schicksale von in der DDR geschriebenen oder verbotenen satirischen Texten, welche Arbeit mit Hilfe ins Detail gehender kulturpolitischer Wahrnehmungen unterbaut wird. Auf diese Weise rückt die Frage nach der Wahl des Gegenstandsbereichs von DDR-Satire automatisch in den Mittelpunkt des Interesses:

> Was den Gegenstand der Satire betrifft, so halten die Autoren noch immer fest an der Zweiteilung zwischen dem "tödlichen, unerbittlichen Lachen" über die negativen Erscheinungen der westlichen Welt und dem glimpflicheren Umgang mit den Bürgern eines kommunistischen Landes, die unter schlechten, aus dem Kapitalismus überlieferten Gewohnheiten und negativen Charaktereigenschaften leiden. Während die antiimperialistische Satire sich gegen angeblich unvermeidliche Systemeigenschaften wie Faschismus, Militarismus, Revanchismus usw. richtet, bedient sich die innere Satire der Personalisierung, um die Schuldvorwürfe auf einzelne Träger negativer Verhaltensweisen abzuwälzen, als da sind: Faulenzer, Schlamper, Lügner, Schönfärber, Karrieristen, Wichtigmacher, Snobs, Hauspaschas und Klatschtanten. Der "Eulenspiegel" unterscheidet beim Objekt der inneren Satire zwischen dem "alten Dreck der Vergangenheit" und "einigem neuen Staub, der sich aus Trägheit und Gedankenfaulheit bei manchen sonst recht fortschrittlichen Menschen angesammelt hat". Die Unterscheidung zwischen dem "kapitalistischen Dreck" und dem "neuen Staub", dessen Entstehungsursachen im dunklen bleiben, ist bezeichnend. Nelkens Sünderkatalog nennt: "Schwätzer, Phrasendrescher, Zitatenreiter, 'die auf Sitzungen Versessenen', Manager, engherzige Dogmatiker, überhebliche Buchstabengelehrte, Transparentfetischisten, Prozentzahlenakrobaten, Kampagnenentfalter. Die auffällige Hinzufügung konkretisierender Adjektive in zwei Fällen läßt den mißtrauischen Leser vermuten, der Verfasser sei der Meinung gewesen, es gäbe auch vernünftige Dogmatiker und Buchstabengelehrte, die weder engherzig noch überheblich sind.[6]

Die Kommentarstellen in diesem Zitat dürfen als symptomatisch für eine literaturwissenschaftliche Diskussion gelten, in der an die Stelle wissenschaftlicher Distanz und sachlicher Argumentation

6. Manfred Jäger: Das ganz neue Lachen. Die Funktion von Humor und Satire in der marxistischen Theorie des Komischen und in der Praxis des politischen Kabaretts in der DDR. In: M.J., *Sozialliteraten. Funktion und Selbstverständnis der Schriftsteller in der DDR*. Opladen ²1975, S. 197-215, hier S. 205.
Das Zitat im Zitat bezieht sich auf: Peter Nelken, *Lachen will gelernt sein*. Berlin 1963, S. 73.

rhetorische Irreführung getreten ist. Umgekehrt kann die auf Immunisierung beruhende Überlegenheit auf DDR-Seite in ihrer Geschlossenheit und Negativfixierung auf westliche Positionen in Sachen Satire nicht als operabler Gegenentwurf betrachtet werden.

Das Selbstverständnis beider Satire-Auffassungen beruht auf derartig unterschiedlichen Ausgangspunkten, daß Verständigungsmöglichkeiten über den Gattungsbegriff und die Zugehörigkeit eines bestimmten Werkes zu der Gattung Satire von vornherein ausgeschlossen sind. Funktions-, Inhalts- und Formbestimmungen, seien sie Ergebnisse normativer oder analytischer Beschäftigung mit dem Phänomen Satire, weisen solche unüberbrückbaren Gegensätze auf, daß es auf der Hand zu liegen scheint, weiterhin zwei Arten von Satire in Ost und West zu unterscheiden und diese in ihrem je eigenen Kontext zu betrachten.

Wie selbstverständlich diese Lösung auch erscheinen mag, sie schafft das eigentliche Problem nicht aus der Welt. Denn abgesehen davon, daß beide Auffassungen im- oder explizit den wahren Satirebegriff glauben beanspruchen zu können und sich deswegen verketzern, die eigentliche Unmöglichkeit zur Erreichung einer Intersubjektivität in solchen Gattungsfragen liegt in der Vernachlässigung einer Problematisierung von selbstverständlichen Fragestellungen in der Literaturwissenschaft.

Poetologische Begriffe und Gattungsfragen werden in der Literaturwissenschaft entwickelt als allgemeine Bezeichnungen für eine bestimmte Klasse von besonderen Texten. Neben ihrer Klassifikationsfunktion leisten Gattungsdefinitionen noch ein anderes: sie indizieren traditionsbedingte Lesehaltungen.

Die Erkenntnis des Allgemeinen resultiert somit aus Reflexionen über Lektüreerfahrungen und hat, will sie verbindlichen Charakter besitzen, in einem Bedingungsgefüge zu funktionieren, in dem das Wissen um die spezifischen Merkmale und Strukturen die unerläßliche Basis einer werkgerechten Rezeption oder Interpretation bildet. Diese Sicht auf Funktion und Nutzen von textbezogenen, inhaltlich oder (auch) formal bedingten Klassifikationskriterien hat — ganz abgesehen von dem Problem, wie man auf diese Weise je scharf zwischen Definiens und Definiendum trennen könnte — die Literaturwissenschaft vor allem dadurch in große Verlegenheit gebracht, weil sie darüber hinaus mit einer stringent durchgeführten produktionsästhetischen Kategorie der Literarizität arbeitet.[7] Ein solcher, auf Grundgedanken von Genialität und künstlerischer Innovation basierender Literaturbegriff – es sei in diesem Zusammenhang darauf hingewiesen, daß der marxistisch-leninistische Literaturbegriff des spezifisch ästhetischen Erkenntnismittels keineswegs eine Ausnahme bildet in der Reihe von an sich bestimmten Literaturauffassungen – und die dazugehörige Abhebung von literarischen gegenüber andersartigen bzw. anders funktionierenden Texttypen hat die Theoretiker verzweifeln lassen:

> I can testify that it is a sobering experience to have worked for years on a subject like satire and finally to realize that one cannot define strictly the central term of one's study. I have come, reluctantly, to believe that real definitions of terms like *satire, tragedy*, the *novel* are impossible.[8]

Diese Unmöglichkeit von Definitionsbildung hat ihren Grund in dem inhalts- und formbezogenen methodologischen Ansatz, der über die Unterschiede hinaus ontologische Gemeinsamkeiten ans Licht bringen will:

> Faced by this staggering diversity of forms and tones and materials (all, I must emphasize responsibly designated by the term *satire*), the lexicographer may be pardoned for feeling overwhelmed when asked for a definition.[9]

Die zugrunde gelegte Notwendigkeit einer Wort-Ding-Relation, wie sie aus diesem Zitat hervorgeht, hat in der Literaturwissenschaft, die sich als Wissenschaft von literarischen Texten versteht, dazu geführt, daß der Schwerpunkt der Forschungstätigkeit in erster Instanz auf die Beschäftigung mit dem einzelnen literarischen Text gelegt wurde und wird. Allenfalls entwickelt man zeittypische, autoren- oder werkgebundene Begriffsbestimmungen des Satirischen; allenfalls, weil damit das Hauptproblem nur verschoben wird. In solchen Fallstudien wird nämlich bedingungslos vorausgesetzt, daß die betreffende Gruppe von Texten ihre spezifische Variante des zu untersuchenden Phänomens aufweist. Wer auf solche Weise das Besondere und das Allgemeine aufeinander zu beziehen versucht, hat sich zu überlegen, wie sich die Wahl der zu untersuchenden

---

7. In diesem Zusammenhang kann es nicht überraschen, daß Satiren als (literarische) Eintagsfliegen betrachtet werden.

8. Robert C. Elliott: The Definition of Satire. A Note on Method. In: *Yearbook of Comparative and General Literature* 11 (1962), S. 19-23, hier S. 22.

9. Idem.

Texte und die Abgrenzung anderer Texten gegenüber[10] anders als mit naiv-objektivistischen Gründen legitimieren läßt.

Aus diesem Dilemma, in dem sich intuitiv-ontologische Ansätze befinden, ist nur herauszukommen, wenn man bereit ist, auf erkenntnistheoretisch positivistische Denkmuster zu verzichten. Zwar hat die Literaturwissenschaft ihre positivistischen Methoden schon längt hinter sich gelassen, Grundlagenforschung war und ist durchaus noch immer das Stiefkind dieser Disziplin. Einerseits hat das mit dem Wissenschaftsbegriff des Positivismus zu tun, andererseits ist die Vernachlässigung der Behandlung von Grundsatzfragen zurückzuführen auf die mit dem Scheitern des positivistischen Wissenschaftsideals eingetretene geisteswissenschaftliche Identitätskrise. Symptomatisch für die seitdem ständige Suche nach dem verlorenen Selbstverständnis ist der Versuch, aus der Not eine Tugend zu machen, indem davon ausgegangen wird, daß entweder ein Methodenpluralismus[11] oder ein expliziter Literaturbegriff, der für die Art und Weise der Literaturbetrachtung einen Rahmen absteckt, die Probleme beseitigen kann. Wie plausibel letzterer Ansatz auch erscheinen mag, er ist nicht weniger Ausdruck eines ontologischen Denkens, weil in der Hervorhebung der Einzigartigkeit des Funktionierens von literarischen Texten ein Objektbezug manifest wird:

Aus der Semiotik wissen wir, daß innerhalb eines Systems das Fehlen eines Elements an sich bedeutend ist. Überträgt man diese Feststellung auf den literarischen Text, so muß man sagen: Es charakterisiert diesen, daß er in der Regel seine Intention nicht ausformuliert. Das wichtigste seiner Elemente also bleibt ungesagt. Wenn dies so ist, wo hat dann die Intention des Textes ihren Ort? Nun, in der Einbildungskraft des Lesers. Indem der literarische Text seine Realität nicht in der Welt der Objekte, sondern in der Einbildungskraft seiner Leser besitzt, gewinnt er einen Vorzug vor all den Texten, die eine Aussage über Bedeutung oder Wahrheit machen wollen; kurz, über jene, die apophantischen Charakter haben. Bedeutungen und Wahrheiten sind prinzipiell nicht gegen ihre Geschichtlichkeit gefeit. Zwar

10. Behandelt man Gattungsfragen vereinzelt, so verselbständigen sich Fragestellung und Antworthorizont automatisch. Außerdem wäre zu fragen, ob eine solche Beschäftigung mit Gattungsfragen dem Gattungsproblem eigentlich gerecht werden kann.
11. Vgl. zu diesem Problem H. Bahn, R. Lüthe und J. Thomas: Methodenpluralismus – Kommunikation – Phänomenologie. Zur wissenschaftstheoretischen Lage der Literaturwissenschaft. in: *Orbis Litterarum* 26 (1971), S. 247-261.

sind auch literarische Texte davon nicht frei, doch indem ihre Realität in der Einbildungskraft des Lesers liegt, besitzen sie prinzipiell eine größere Chance, sich ihrer Geschichtlichkeit zu widersetzen. Daran läßt sich der Verdacht anknüpfen, daß literarische Texte wohl in erster Linie nicht deshalb als geschichtsresistent erscheinen, weil sie ewige Werte darstellen, die vermeintlicherweise der Zeit entrückt sind, sondern eher deshalb, weil ihre Struktur es dem Leser immer von neuem erlaubt, sich auf das fiktive Geschehen einzulassen.[1][2]

Dieses Zitat illustriert genau das, was schon seit Jahren und Jahrzehnten die Krise der Literaturwissenschaft ausmacht. All diese Versuche — einschließlich Isers Bestimmung vom Sonderstatus des literarischen Textes — zielen darauf, den literarischen Text als Forschungsgegenstand eindeutig zu explizieren. Entweder greift man auf Modelle anderer Disziplinen zurück oder führt einen mehr oder weniger expliziten Literaturbegriff ein, um damit Aussagen über die Bedeutung oder das Funktionieren des literarischen Textes zu unterbauen. Wolfgang Isers Position bildet dabei in der Hinsicht eine Ausnahme, daß er auf Bedeutungsfragen verzichten und vielmehr eine Wirkungstheorie entwickeln will. Methodologisch konvergieren beide Grundpositionen jedoch in einem Punkt, weil ihnen die Auffassung, daß literarische Texte anders als normalsprachliche Texte funktionieren, gemeinsam ist. Deswegen gerät die Literaturwissenschaft auch nicht aus den Aporien und bewegt sie sich in einem Kreis, weil ihre Neuansätze immer wieder dem Denken in binären Oppositionen von Wirklichkeit und Fiktion verhaftet sind. Der literarische Text, somit auch der satirische, wird entweder als mit spezifischen Mitteln organisiertes Abbild einer historisch-konkreten Wirklichkeit verstanden oder in seiner Funktion als Reaktion auf die jeweilige Wirklichkeit aufgefaßt. Folglich kann der satirische Charakter eines Textes nicht anders als mit Hilfe von aprioristischen Annahmen über Satire begründet werden.

Aus diesem Dilemma ist nur dann herauszukommen, wenn Begriffe wie Wirklichkeit, Bedeutung, Norm etc. nicht länger als statische Gegebenheiten verstanden werden, sondern vielmehr als dynamische Größen aufgefaßt werden. Erst dann wird es möglich sein, dem Vorurteil zu entgehen, die hier skizzenhaft umrissene Bedeutungs- bzw. Funktionsbestimmung wäre als genuine geistes-

12. Wolfgang Iser, *Die Appellstruktur der Texte. Unbestimmtheit als Wirkungsbedingung literarischer Prosa.* Konstanz 1970, S. 33f.

wissenschaftliche Problematik zu betrachten. Stattdessen könnten dann, nachdem eine Absage an die Selbstverständlichkeit einer Literaturwissenschaft als Wissenschaft von literarischen Texten erfolgt ist, Möglichkeiten in den Blick kommen, die Aufgaben einer Literaturwissenschaft zu konzeptualisieren, Fragehorizonte zu entwerfen und den Forschungsbereich auf diese Weise einkreisend abzustecken.

Ein solcher methodologischer Ansatz stellt nicht nur einen Bruch dar mit der bisherigen Praxis des literaturwissenschaftlichen Determinierens, das sich innerhalb des geschlossenen Problembereichs Literatur abspielt, sondern bietet darüber hinaus Möglichkeiten, Gattungsfragen unter dem Aspekt rezeptionstheoretischer Erkenntnisse zu betrachten.

Wer nun meinen möchte, daß Gattungsbestimmungen und rezeptionsorientierte Fragestellungen einander geradezu ausschließen, verfehlt genau den Punkt, an dem die Kritik der interpretatorischen Praxis innerhalb der Literaturwissenschaft mit der Rezeptionsästhetik eingesetzt hat.

Welche tiefgreifenden Folgen der Übergang von einer Produktionsästhetik zu einer leserorientierten Literaturwissenschaft nach sich ziehen muß, darüber sind schon 1971 folgende programmatische Worte geschrieben worden:

> Literaturwissenschaft wird ihren Gegenstand als einen in allen Momenten durch Bewußtsein bestimmten betrachten müssen. Damit muß notwendig auch die Differenz des spezifischen Gegenstandes der Literaturwissenschaft zu Gegenständen anderer Betrachtungsweisen als vom Bewußtsein bestimmte Differenz angesehen werden.
> Jede Bestimmung des Gegenstandes sowie der genannten Differenz, die in irgendeiner Weise das Moment 'naiven Objektivismus' (Gegenstand als An-sich-Bestimmten) in sich enthält, sollte sich mit den hier vorgetragenen Argumenten auseinandersetzen.[13]

Seitdem hat die literaturwissenschaftliche Diskussion sich auf die Frage konzentriert, ob und wie es sich vermeiden läßt, daß rezeptionsorientierte Fragestellungen Autorintention und Text aus dem Auge verlieren, was der notwendigen bewußten Ausfüllung literaturwissenschaftlicher Aufgaben im Wege gestanden hat. Traditionsbedingte oder etymologisch begründete[14] Selbstverständlichkeiten

---

13. Bahn, Lüthe, Thomas, a.a.O., S. 261.
14. Der Nachweis, daß 'Satire' ursprünglich die Bezeichnung für eine mit verschiedenen Früchten gefüllte Opferschale war, findet sich durchgehend in der Satireforschung, hat ihr aber kaum genutzt.

können keine Legitimation einer Wissenschaftspraxis bilden, wenn Wissenschaft als eine bewußte Reflexion auf Wirklichkeitserfahrung verstanden wird. Wenn nun aus rezeptionstheoretischer Sicht Gattungen ihren präskriptiven Orientierungswert verlieren müssen, so liegt darin noch kein Grund, sie als Bestandteil des Begriffssystems Literaturwissenschaft über Bord zu werfen. Vielmehr wäre zu fragen, wie die althergebrachten, darstellungs- und produktionsästhetisch fundierten Gattungsbegriffe in rezeptionstheoretischem Sinne umfunktioniert werden können. Diese Umfunktionierung darf jedoch nicht als Modifizierung oder Aspektbereicherung des bisherigen Fachwissens mißverstanden werden.

II

Die Entdeckung der Rezeptionsdimension ist in der Literaturwissenschaft vielfach als Komplettierung der komplexen Kommunikationssituation des literarischen Textes verstanden worden. Damit wird gleichzeitig der Handlungscharakter des Lesens vernachlässigt. Dieser pragmatische Aspekt wird zugunsten eines geschlossenen Systementwurfs, in dem der intendierte Bedeutungstransfer vom Autor/Text zum Rezipienten gesichert sein muß, unterschlagen. Die Aufmerksamkeit für spezifische Wirkungsprozesse beim Lesen von Literatur ist Ausdruck einer im Grunde ontologischen Betrachtungsweise vom Funktionieren literarischer Texte, wobei ihr spezifischer Status neben anderen Textsorten als Ausgangspunkt für ein Ursache-Folge-Erklärungsmodell genommen wird. Nicht weniger ist eine solche Sichtweise symptomatisch für die Angst vor möglicher Sinnwillkür und der Bedrohung bzw. Zerstörung des fragilen Literaturbegriffs. Daher kommt es, daß der Leser und das Lesen nicht in den Mittelpunkt rezeptionsästhetischen Denkens rücken konnten[15], weil sonst der Rahmen literaturwissenschaftlicher Selbstverständlichkeit gesprengt worden wäre.

Setzten die Konstanzer rezeptionsästhetischen Entwürfe ihre Kritik an bei der unbefriedigenden immanentistischen Interpretationspraxis und hoben sie die Bedeutung von Prozeß und Funktion des Lesens hervor, – jeder überging auf seine Weise die Frage nach

---

15. Textverarbeitung ist im rezeptionsästhetischen Denken nach wie vor das Lesen nach den Regeln der Kunst.

der Bedeutung eines Textes *für* einen Leser. Es handelte sich in allen Fällen um die Bedeutung bzw. die Funktion oder das Funktionieren von Texten, insbesondere solchen literarischer Art.

Auf solche Weise konnte nach wie vor festgestellt werden, ob von adäquater Rezeption die Rede sein konnte, und brauchte auch die Subjekt-Objekt-Konfundierung nicht hinterfragt zu werden. Anders gesagt, trotz des Rezeptionsansatzes konnte die Literaturwissenschaft ihre Identität als hermeneutische Disziplin par exellence bewahren. Das Wissen um den literarischen Text war damit als Erfahrungsproblem fundiert, die Kunst des Lesens als Kompetenzfrage gestellt. Kenntnisse von der historischen Situierung eines Textes, seiner Bezugnahme auf literatureigene Entwicklungsprozesse und der Eigengesetzlichkeit künstlerischer Phänomene gehören somit, trotz des Rezeptionsansatzes, noch immer zu den unabdingbaren Faktoren für das Gelingen des Kommunikationsverlaufs zwischen Text und Leser. Überblickt man die Vielfalt von Lesertypen und Lesertypologien, so fragt man sich, ob die Rezeptionsästhetik nicht eigentlich das liegen läßt, was sie zu mehr als nur einem Rekonstruktionsversuch von mehr oder weniger gelungenen Interpretationsakten machen könnte. Wie vielversprechend eine Interpretationsdiagnostik im Hinblick auf die unter Literaturwissenschaftlern herrschende Unsicherheit bzw. die Auffassung der grundsätzlichen Unmöglichkeit, literarische Texte eindeutig interpretieren zu können, auch erscheinen mag, das Phänomen Literatur — das dürfte wohl das größte Verdienst der Rezeptionsorientierung sein — kann man auch unter dem Aspekt ihrer öffentlichen Bedeutung betrachten.

Merkwürdigerweise hat sich die Rezeptionsästhetik diese Aussicht auf die Überwindung der hermeneutischen Probleme verbaut. Teilweise ließe sich dafür eine Erklärung finden in der schroffen Ablehnung rezeptionsästhetischer Positionen innerhalb der auf genialästhetische Fragestellungen gerichteten vigierenden Literaturwissenschaft der Textexegese[16] und der darauf folgenden Reaktion der Rezeptionsästhetiker, ihren Ansatz in den Rahmen ontologischer Literaturbetrachtung einzupassen; andererseits hat man produktive Entwicklungsmöglichkeiten verpaßt, weil die Handha-

16. Vgl. z.B. Gerhard Kaiser: Nachruf auf die Interpretation? In: *Poetica* 4 (1971), S. 267-277.

174

bung objektspezifischer Einteilungen im Wissenschaftsbereich den Ausblick auf weiterreichende Möglichkeiten der Neuorientierung von literaturwissenschaftlichen Aufgaben verhinderten:

Sinn und Bedeutung also sind nicht dasselbe, wie es die eingangs kritisierte Interpretationsnorm, die an der klassischen Kunst orientiert blieb, nahegelegt hat. "Dadurch also, daß man einen Sinn auffaßt, hat man noch nicht mit Sicherheit eine Bedeutung." Denn die Bedeutung des Sinnes erschließt sich immer nur durch die Beziehung des Sinnes auf eine bestimmte Referenz; sie übersetzt den Sinn in ein Bezugssystem und sie legt ihn im Blick auf bekannte Gegebenheiten aus. Ricoeur formulierte daher einmal im Anschluß an Überlegungen Freges und Husserls: "...es sind darum zwei Stufen des Verstehens zu unterscheiden: die Stufe des 'Sinns'...und die Stufe der 'Bedeutung', die das Moment der Übernahme des Sinns durch den Leser, d.h. das Wirksamwerden des Sinns in der Existenz, darstellt." Daraus folgt, daß die intersubjektive Struktur der Sinnkonstitution sehr viele Bedeutungen haben kann, je nach dem sozio-kulturellen Code bzw. je nach den individuellen Geltungen des Habitus, die nun die Bedeutung des Sinnes auszulegen beginnen. Gewiß spielen subjektive Dispositionen in der jeweiligen Realisierung der intersubjektiven Struktur der Sinnkonstitution eine Rolle. Doch vor dem Hintergrund dieser Struktur bleiben die subjektiven Realisierungen der Intersubjektivität zugänglich. Eine Zuschreibung von Bedeutung hingegen und die damit erfolgende Übernahme des Sinnes in die Existenz wird erst wieder der subjektiven Diskussion fähig, wenn die Codes und der Habitus aufgedeckt werden, die die Auslegung des Sinnes gesteuert haben. Der eine Sachverhalt ist ein solcher der Wirkungstheorie der Texte, der andere ein solcher der Rezeption, deren Theorie eher eine soziologische sein wird.[17]

Hier wird wieder nach dem bekannten Muster aus der Not eine Tugend gemacht. Das Verständnis der Soziologie als deterministischen Grundsätzen verpflichtete Disziplin, in der Ursache und Folge eine entscheidende Rolle spielen, und das Selbstverständnis einer Literaturwissenschaft, die Textverarbeitung literarischer Texte grundsätzlich gesondert von andersartigen Kommunikationssituationen betrachtet, wie auch die eklektische Übernahme der Trennung von Sinn und Bedeutung sind Symptome eines objektspezifi-

17. Wolfgang Iser, *Der Akt des Lesens. Theorie ästhetischer Wirkung*. München 1976, S. 244f.
Das Frege-Zitat stammt aus dem Aufsatz: Über Sinn und Bedeutung. Erschienen in: *Zeitschrift für Philosophie und philosophische Kritik* 100 (1892), S. 28.
Paul Ricoeur wird von Iser zitiert nach der Übersetzung von Johannes Rütsche: *Hermeneutik und Strukturalismus*. München 1973, S. 194.

175

schen Denkens. Die apriorischen Annahmen dienen der Konstruktion und Aufrechterhaltung eines Fragehorizontes, in dem der Text als Objekt im Mittelpunkt steht und der Rezipient die Konstituierung ästhetischer Gegenständlichkeit zu vollziehen hat. Indem auf diese Weise die Bedeutungsfrage außer acht gelassen wird, scheint der Gewinn eines solchen Literaturbetrachtungmodells darin zu bestehen, daß subjektive Faktoren – wo notwendig – ausgeklammert werden können. Außerdem garantiert die Voraussetzung, daß Sinn nicht in Bedeutung überführt werden darf, will man literarische Texte wenigstens adäquat verstehen, daß ihre Funktion nicht auf der Ebene lebensweltlicher Systeme verrechnet werden kann. Dadurch könnten sie im Grunde ihre Wirkung nicht verlieren, funktionierten sie unabhängig von dem historischen Kontext, dessen Problemüberhang sie bilden.[18]

Wie befriedigend eine Wirkungstheorie auch die Aporien einer naiven Interpretationspraxis überwinden mag, in ihrer Negativfixierung auf diese schadet sie den eigenen Entfaltungsmöglichkeiten. Die Aufmerksamkeit für die Dimension des Lesens wird demnach nicht konsequent weiterentwickelt, sondern vielmehr innerhalb des alten Paradigmas als neuer Einfallswinkel verstanden, ohne daß es zu einer Grundlagenuntersuchung kommt. Zwar ist nicht zu verneinen, daß der rezeptionsästhetische Gegenentwurf bestimmte Fragestellungen ausschließt, für einen Übergang von ontologischer zu funktionalistischer Literaturbetrachtung[19] reicht es

18. Vgl. dazu Wolfgang Iser, *Der Akt des Lesens*, a.a.O., S. 143: "Der pragmatische Sinn ist ein Verwendungssinn, der insofern die Funktion des fiktionalen Textes einlöst, als dessen Antwortcharakter einen Komplementarisierungsprozeß in Gang bringt, durch den die Defizite der Bezugssysteme aufgedeckt und bilanziert werden. Der pragmatische Sinn setzt den Leser in ein bestimmtes Reaktionsverhältnis zu der vom Text vermeinten 'Wirklichkeit' mit dem Ziel, diese nun der Verarbeitung aufzugeben. Dabei wird es genauso zur Umschichtung sedimentierter Erfahrung im Habitus des Lesers kommen wie zur pragmatischen Auslegung des gebotenen Verweisungszusammenhangs im Repertoire. Der pragmatische Sinn gibt diesen Spielraum der Aneignung frei, damit das geleistet werden kann, was er intersubjektiv vorzeichnet: die imaginäre Bewältigung defizitärer Realitäten".
19. Den Schritt glaubt Wolfgang Iser mit der Einführung seiner Wirkungstheorie vollziehen zu können. Zur Kritik der Iserschen Position: Jos Hoogeveen, *Funktionalistische Rezeptionstheorie. Eine Auseinandersetzung mit rezeptionsästhetischen Positionen in der Literaturwissenschaft*. Leiden 1978, besonders S. 109-161.

aber nicht, mittels Umkehrungen und absoluter Negationen offensichtliche Widersprüche und Mängel der alten Forschungspraxis beheben zu wollen. Daß ein Rezeptionsansatz weitere Folgen nach sich zieht und nicht ohne ständige Grundlagenforschung auskommen kann, sei hier kurz anhand der Bedeutungsfrage und des Subjektbegriffs erläutert.

Auch die von der alten Interpretationsnorm angewandte Art und Weise von Literaturbetrachtung verstand den Text als primäre Forschungsaufgabe. Freilich verfügte man nicht über ein heuristisches Textmodell bzw. lehnte die Notwendigkeit eines solchen ab. Angesichts der Tatsache, daß im Namen der einen Wissenschaft so allerlei sich kaum reimende Aussagen und Bedeutungsfixierungen produziert werden konnten, erhofft man sich nun von der Mitberücksichtigung des Prozesses des Lesens die Beseitigung individueller Faktoren, die die Aussagen über die Textbedeutung beding(t)en. In der Praxis einer rezeptions- und wirkungsästhetischen Literaturwissenschaft hat das dazu geführt, daß die Bedeutungsfrage als genuin soziologische aus dem literaturwissenschaftlichen Bereich entfernt wurde. Gleichzeitig konnte damit das alte Subjekt-Objekt-Verhältnis beibehalten werden, ja sogar als spezifisch literarische Erkenntnisproblematik herausgestellt werden, eben weil die klassische Interpretationsnorm sich mit erkenntnistheoretisch positivistischen Grundsätzen identifiziert hatte, ohne diese verwirklichen zu können. Ohne sich nun zu vergegenwärtigen, ob die positivistischen Prinzipien überhaupt Gültigkeit beanspruchen könnten, ohne daß versucht wird, ihren historisch bedingten Stellenwert einzukreisen und daraus eine Lehre zu ziehen, versucht man unter neuen Vorzeichen, das alte Ideal zu realisieren. Zwar wird die Bedeutungsfrage tabuisiert bzw. anderen Disziplinen überantwortet, das herkömmliche Fragensystem von Ursache und Folge und artspezifischer Funktionserklärung wird beibehalten. Gezielt wird nur auf den endgültigen Bruch mit wirklichkeitsentsprechenden Bedeutungszuerkennungen. Anlaß und Legitimation dafür ist der literarische Text als Gegebenheit in der Einbildungskraft des Lesers[20],

---

20. Darin sollte der Gegenzug zu unreflektierter, immanentistischer Literaturbetrachtung bestehen, daß literarischen Texten die Qualitäten zugeschrieben werden, die sich aus einem Funktionsvergleich mit sog. normalsprachlichen Erscheinungen ergeben.

was faktisch heißt, daß man den Leser als "den im Text vorgezeichneten Aktcharakter des Lesens"[21] versteht.

Hier nun hat die Rezeptionsästhetik ihre Chance verpaßt, neue Wege einzuschlagen, den Leser ernstzunehmen und die gesellschaftliche Bedeutung vom Umgang mit Literatur als Selbstverständnis herauszuarbeiten. Möglicherweise läßt sich die Richtung, in die sich der Rezeptionsansatz im großen und ganzen entwickelt hat, mit dem seit je fehlenden Selbstbewußtsein der Literaturwissenschaft erklären. Tatsache ist jedenfalls, daß fruchtbare Denkanstöße der analytischen Sprachphilosophie bisher innerhalb von literaturwissenschaftlichen Rezeptionsansätzen nicht zur Kenntnis genommen worden sind, was nicht an letzter Stelle damit zu tun haben könnte, daß sie sich sowohl in ihrem endgültigen Bruch mit dem ontologischen Denken wie auch in ihrer offenen Strukturauffassung kaum für in literaturwissenschaftlichen Kreisen übliche methodenpluralistische Adaptationen zu eignen scheinen.[22]

Hat man einmal den Rezipienten als Einfallwinkel literaturwissenschaftlicher Fragestellungen entdeckt, so verlieren Textbedeutung und regelgeleitetes Verstehen von Literatur ihren Orientierungswert als notwendige Selbstverständlichkeiten, die Aussagen über (das Funktionieren von) Literatur zugrunde liegen müssen. Stattdessen wird man den Umgang mit Literatur als genuinen Forschungsbereich einer Rezeptionstheorie konzipieren müssen, wenn man davon ausgeht, daß die Bedeutung eines Textes von Rezipienten konstituiert wird. Es handelt sich also nicht länger um eine Bedeutungsfrage im Sinne einer Textqualität, sondern um die Gebrauchsfunktion, die ein Text von Rezipienten erfährt. Diese Gebrauchsfunktion ließe sich als Rezeptionskonstellation umschreiben. Sie ist als analytische Begriffsbestimmung vom Rezipientenverhalten zu verstehen; Rezeptionskonstellationen indizieren, unter welchen Bedingungen von welchem Rezipientenverhalten die Rede ist. Daher kann man ihnen weder präskriptiven Wert noch deterministische oder mechanistische Erklärungsmöglichkeiten zu-

21. Wolfgang Iser, *Der implizite Leser. Kommunikationsformen des Romans von Bunyan bis Beckett.* München 1972, S. 9.
22. Die Übernahme *und* Adaption methodischer Ansätze wird immer wieder mit dem Hinweis auf die spezifische Komplexität des Objekts literaturwissenschaftlicher Forschung legitimiert.

schreiben. Mit ihnen wird also verzichtet auf den herkömmlichen Problemrahmen, in dem der Text oder der Leser bzw. ihr Zusammenspiel mit dem hergestellten oder herzustellenden Leseprodukt in Verbindung gebracht wurden. Folgende Überlegungen zum Begriff des Lesers und der Rezeption könnten diesen Schritt von ontologischer zu funktionalistischer Literaturbetrachtung verdeutlichen.

Mit Recht haben die Gegner rezeptionsästhetischer Positionen den Standpunkt vertreten, daß die Berücksichtigung des Lesers zu einer Aufhebung des festen Text-Leser-Verhältnisses führen müßte. Der Rezeptionsästhetik fehlte es in der Zwischenzeit an einem adäquaten Menschenbild, um diesen Angriff parieren und produktiv weiterverarbeiten zu können. Vielmehr wurde der historisch-konkrete Leser dafür zum Fetisch naiver Empiristen und Psychologisten oder er wurde – als Individuum – in seiner Rolle eines gesellschaftlichen Subjekts einfach ausgeklammert. In beiden Fällen reduziert man den Leser zu einem habituell programmierten Registrator von Textbedeutungen und verfehlt man die öffentliche Bedeutung von Lesen und Literatur. Anders gesagt, ein Unterschied zwischen Individuum und Subjekt konnte bei der Aufrechterhaltung von ontologisch fundierten Gruppen- und Textbegriffen nicht in den Blick kommen. Indem man den Leser als Summe seiner Individualerfahrungen nimmt und sein Leseverhalten gegen den Hintergrund der adäquaten Rezeption betrachtet, bleibt der Text als unveränderliche Größe von vorrangigem Interesse. Das Auftreten von unterschiedlichen Rezeptionsweisen eines und desselben Textes kann daher nur mit dem Hinweis auf mangelnde Beherrschung von literarischen Kodes oder eine unterschiedliche Historizität von Text und Leser(n) erklärt werden.

Ein solches historisches Modell läßt Rückschlüsse auf den angewandten Subjektbegriff zu. Das Subjekt wird als Zeitgenosse eines historischen Kontextes verstanden. Historizität faßt man in einer solchen linear-progressiven[23] Geschichtsauffassung als ein Nacheinander von einzelnen Kontexten. Es handelt sich also um einen diachronischen Kontextbegriff, in dem das Subjekt als Produkt seiner Zeit verstanden wird. Diese Instrumentalisierung positivistischer Grundsätze, wie sie im Historismus und Ontologismus ihren

23. Freilich ohne Berücksichtigung der historischen Relativität eines Textes in seiner zeitgeschichtlichen Umgebung.

Ausdruck gefunden haben, wird als solche nicht anerkannt, sondern vielmehr schlicht mit Wirklichkeit an sich verwechselt. Aus diesem Mißverständnis, daß es die eindeutige Wirklichkeit geben würde, ergeben sich dann auch die Probleme, vor denen man sich bei der Berücksichtigung von Rezeptionsdokumenten historisch-konkreter Leser fürchtet.

Allgemein gilt, daß dem Leser keine Lesefreiheit eingeräumt werden kann, weil sonst keine sinnvolle literarische Kommunikation zustande kommen würde. Die in den Rezeptionsdokumenten greifbaren Identifizierungsakte von Lesern mit einem Text werden, um den literarischen Kommunikationsprozeß von Literatur zu retten, anhand von bedeutungssichernden Regulativen auf ihre Textadäquanz hin geprüft. Der literarische Text ist somit gleichzeitig sowohl Forschungsobjekt wie auch Überprüfungsnorm. Deswegen interessiert nicht der eigentliche Gebrauch von Literatur, sondern vielmehr der Gebrauch, der eine gewisse literarische Kompetenz verrät. Damit hat man Literatur aber auch gleichzeitig als Spiel[24] charakterisiert und ihr jede gesellschaftliche Bedeutung abgesprochen. Nicht daß die Bedeutung von Literatur sich in der Inventarisierung der in Betracht kommenden Rezeptionsdokumente ausschöpfen ließe; vielmehr liefe ein derartiges Unternehmen auf eine wahllose Aneinanderreihung von einzelnen Äußerungen zu einem Text hinaus. Jedoch kann diese Erkenntnis kein Gegenargument bilden, um das synchronische Nebeneinander von Rezeptionsdokumenten zum Ausgangspunkt rezeptionstheoretischer Forschung zu nehmen.

Faßt man das Lesen von Literatur als eine Aktivität, die mehr als nur Spielcharakter hat, so wird sich das literaturwissenschaftliche Interesse auf den Interaktionsprozeß von Rezipienten(gruppen) konzentrieren müssen. Voraussetzung für einen sinnvoll funktionierenden Problemrahmen, in dem die öffentliche Bedeutung von Literatur zum Gegenstand rezeptionstheoretischer Forschung gemacht werden kann, ist der Verzicht auf den sozial determinierten Gruppenbegriff.

Gruppen setzen sich eben aus Subjekten zusammen, die sich gerade in ihrer Zugehörigkeit zu mehreren Normgruppen als Subjekt

---

24. Spiel im Sinne eines tautologischen Phänomens, d.h. die Bedeutung des Spiels liegt im Spiel selbst.

manifestieren. Versteht man die Begriffe Individuum und Subjekt wenigstens nicht synonym und sollte darüber hinaus von Kommunikation (vs. Informationsvermittlung) zwischen Subjekten die Rede sein können, so bieten sich Möglichkeiten, über den Textgebrauch zu Aussagen über die Textbedeutung als Rezeptionskonstellation, in der das Verhalten von mehreren Normgruppen in Beziehung zueinander gesetzt wird, zu kommen. Nur auf diese Weise läßt sich die berüchtigte Subjekt-Objekt-Konfundierung aufheben und kann man dem pragmatischen Handlungscharakter eines jeden Lektüreaktes sowie der grundsätzlichen Pluriformität von Rezeptionshaltungen gerecht werden.

Nach diesem Modell funktionieren Normen und Regeln nicht als gesetzmäßige oder bedeutungsregulierende Mechanismen, sondern sind sie vielmehr zu betrachten als Resultate menschlichen Handelns, als notwendige Voraussetzung der Fähigkeit, Handlungsmöglichkeiten zu entwerfen, bilden sie gleichzeitig eine Grundbedingung dafür, daß kommunikatives Handeln Bedeutung(en) haben kann. Freilich entspricht eine solche Auffassung keineswegs den uniformistischen Grundsätzen des positivistischen Objektivitätsprinzips, dieses Prinzip an sich ist jedoch nichts anderes als eine historisch determinierte Variante von Wissenschaftlichkeit. An die Stelle evidenter Wirklichkeitsentsprechungen haben in rezeptionsanalytischen bzw. konstruktivistischen Entwürfen solche Objektivitätskategorien zu treten, deren Gültigkeit systematischen und a-spezifischen Überprüfungskriterien unterliegt. Anders gesagt, das Verstehen von Wirklichkeit setzt nicht so sehr die Existenz einer Wirklichkeit voraus, sondern erfordert vielmehr ein systematisches und konsistentes Entwerfen von analytischen Modellen, mit denen man der Pluriformität von Wirklichkeit und damit dem Erfahrungscharakter von Bedeutungen gerecht werden kann. Nur so kann Wissenschaft als Handlungsakt der Wirklichkeitsbewältigung verstanden werden, indem man die instrumentalen Möglichkeiten benutzt, die, wie Helmuth Plessner das genannt hat, dem Menschen in seiner exzentrischen Positionalität zur Verfügung stehen.

Wendet man diese Erkenntnisse an bei der Konzeptualisierung von literaturwissenschaftlichen Aufgaben, so heißt das, daß sich im Rahmen rezeptionsorientierter Fragestellungen das Forschungsinteresse vom Text als Objekt des Bedeutungsproblems zu verlagern hat auf den Interaktionsprozeß in und zwischen Rezipientengruppen, die – es sei nochmals betont – als offene Gruppen verstanden werden müssen. Es handelt sich also um die Frage der Textbedeutung im Sinne des Textgebrauchs, wie dieser anhand von Rezeptionsdokumenten zugänglich ist. Damit ist gleichzeitig den Gefahren vorgebeugt, die sich aus einseitiger Aufmerksamkeit für den individuellen Rezipienten oder aus einer Identifikation mit einer bestimmten von mehreren möglichen Rezipientengruppen ergeben können. Indem man nämlich die Bedeutungsfrage als Frage nach der Bestimmung einer Rezeptionskonstellation versteht, gerät die Dimension des öffentlichen Funktionierens von Literatur in den Blick und entfallen die sonst bei Beschreibungsprozeduren notwendigen Fragen nach der Vollständigkeit oder Repräsentativität des Rezeptionsmaterials. Solche wären nur dann notwendig, wenn es sich bei rezeptionstheoretischen Fragen um die Aufzählung der Schicksale eines bestimmten Textes handeln würde. Rezeptionstheorie hat es vielmehr dagegen mit Behauptungen über Verhaltensweisen in der Rezeption zu tun, ohne daß solche auf die Eigenart eines bestimmten Textes oder Kontextes zurückgeführt werden. Dafür kommen rezeptionstheoretische Behauptungen dann auch nicht ohne systematische Überprüfung und gegebenenfalls notwendige Modifizierungen aus. Außerdem wird man den Anspruch fallenlassen müssen, daß bestimmte form- und/oder inhaltbedingte, mitunter zeittypische, Phänomene ein adäquates Leseverhalten erfordern. Demgegenüber steht, daß analytische Bestimmungen von Rezeptionsverhaltensweisen realen Publikumsreaktionen Rechnung tragen können, der Pluriformität von Wirklichkeitsauffassungen gerecht werden und damit die einzig konsequente Schlußfolgerung aus dem Rezeptionsansatz ziehen.

Eine Rezeptions*theorie*[25] in diesem Sinne greift auf die Praxis der öffentlichen Dimension von Lesen und Literatur zurück. Sie versucht literaturwissenschaftlichen Aufgaben ein explizites Selbstverständnis zu geben und darf schon daher nicht als Vorstufe prak-

25. Theorie und Praxis stehen hier nicht im traditionellen ontologischen Zusammenhang. Vielmehr bilden analytische Theorien praxisorientierte Beschreibungsmodelle von Wirklichkeit. Ihre Betonung der grundsätzlichen Pluriformität von Realität bedingt ihren Modellcharakter und schließt das Bereitstellen von handlichen Methoden aus, dafür beruht die Wahl des methodologischen Ansatzes auf bewußten Entscheidungen, mit denen man dem Handlungscharakter von Wissenschaft gerecht werden kann.

tischer Arbeit am Text mißverstanden werden: Innovationen erfolgen nicht ohne Folgelast[26], es sei denn um den Preis eines auf alle Fälle abzulehnenden, additiven Methodenpluralismus.

Im Hinblick auf Gattungsfragen wie Satire bringt die Einführung eines Rezeptionsansatzes eine Reihe von notwendigen Veränderungen in alten Denkgewohnheiten mit sich. Das, was sich in Lexika unter dem Stichwort Satire über Merkmale, Mittel und Funktion(en) des Phänomens finden läßt, braucht dabei nicht als unbrauchbar abgetan zu werden. Auch wenn dieser Wissensschatz aus produktions- und darstellungsästhetischen bzw. wirkungsästhetischen Untersuchungen von schon längst nicht mehr haltbaren statischen Begriffen der Sprache, Wirklichkeit und Wahrheit ausgehen, als poetologische Bemühungen um die Suche nach dem Wesen von Satire bilden sie ebenso viele Auffassungen vom Phänomen.[27] Nicht daß hier einem phänomenologischen Ansatz von Poetologie das Wort geredet werden sollte. Im Gegenteil, wie richtig die Betonung der Bedeutung von Konstitutionsprozessen auch gewesen sein mag, mit dem Prinzip der eidetischen Reduktion verbauen die Phänomenologen sich die Aussicht auf eine Überwindung der ontologischen Aporien, weil eben der Schritt von Auffassungs- zu Erfassungsakten einen Rückfall in Denkmuster positivistischer Art zur Folge hat. Es kann sich bei der Inventarisierung von Satiredefinitionen also nicht um die Herausarbeitung eines invarianten Kerns handeln; vielmehr müssen diese in ihrem Status von Rezeptionsdokumenten dazu benutzt werden, das aufzuzeigen, was sie in ihren Bestimmungsfunktionen als selbstverständlich voraussetzen oder abblenden. Eine solche Verarbeitung von Rezeptionsdokumenten kann das zum Vorschein bringen, was nicht so sehr an die Stelle des bis dahin gültigen Wissens zu treten hat, sondern vielmehr zu einer Differenzierung im dynamischen Sinne Anlaß gibt. Anders gesagt, es handelt sich nicht um die Komplettierung oder Umkehrung bestehender Erkenntnisse und faktischen Wissens, es ist dafür ein Hinterfragen von Selbstverständlichkeiten auf allen

26. Zu diesem wissenschaftstheoretischen Begriffspaar: Rainer Specht, *Innovation und Folgelast. Beispiele aus der neueren Philosophie- und Wissenschaftsgeschichte.* Stuttgart- Bad Cannstatt 1972.
27. Eine Aufzählung von allen möglichen Satiredefinitionen findet man in: Jürgen Brummack: Zu Begriff und Theorie der Satire. In: Sonderheft *DVjs.* 1971, S. 275-377.

183

möglichen methodischen und methodologischen Ebenen notwendig, damit man der grundsätzlich vorhandenen Pluriformität von Rezeptionseinstellungen gerecht werden kann. Daher kann der Einwand auch nicht erhoben werden, daß sich mit der Auswertung von Rezeptionsdokumenten das Problem der Interpretation verschieben würde; außerdem entfällt mit dem Auflösen von form- und inhaltbedingten bzw. mit Kategorien von Ursache und Folge operierenden Denkmodellen die Möglichkeit, Objektivitätskriterien als evidente Entitäten einzusetzen, und haben demgegenüber Behauptungen und Argumente an die Stelle von Beschreibungen zu treten. Rezeptionscorpora lassen sich dann auch als indikative Daten verstehen, sie brauchen keine expliziten Eigenartigkeiten zu besitzen, sind allenfalls in ihrer Gebrauchsfunktion eines Textes zu betrachten. Das Entwerfen von Rezeptionskonstellationen als Bedeutungskategorien vom Umgang mit literarischen (und auch anderen) Texten rückt demnach den als-Charakter von Bedeutungen[28] in den Mittelpunkt des Interesses und will keineswegs als Abbild von historisch bedingten Gebrauchssituationen verstanden sein. Vielmehr handelt es sich um das Entwickeln eines Begriffsystems, das sich aus zusammenhängenden wenn-dann-Sätzen aufbaut. Nur auf diese Weise kann man die Schwierigkeiten umgehen, die Erwin Leibfried als Scheinproblem der Gattungstheorie entlarvt hat:

Man kann nun nicht formulieren: Anekdotisches liegt vor, wenn...und dann normative Regeln aufstellen. Ginge man so vor, dann hätte man schon immer einen Vorbegriff von 'anekdotisch', dessen Konstitution nicht mehr reflektiert würde: das, was anekdotisch wäre, würde schlicht postuliert, wobei die empirische Vermittlung dieser Normierung undurchschaut bliebe: denn das, was ich ins Postulat einbrächte, müßte irgendwo gefunden worden sein (an bestimmten 'Anekdoten'): warum diese Texte aber Anekdoten wären, könnte nicht gesagt werden, da an ihnen ja das Kriterium fürs Anekdotische erst gewonnen werden soll.
Man kann aber sagen: wenn von Anekdotischem sinnvoll soll gesprochen werden können, dann muß dieses Moment vorhanden sein; wenn es nicht vorhanden ist, liegt eben ein anderes Phänomen vor. Damit hat man einen puren wenn-dann-Satz, der sich selbst begründet: man hat die Konstitutionsbedingungen (im wenn) des Konstituierten (im dann) entschleiert.[29]

Objektivität wird somit zu einer Kategorie, deren Überprüfungs-

28. Vgl. zu diesem Begriff; Hoogeveen, a.a.O., S. 45-52.
29. Erwin Leibfried, *Identität und Variation. Prolegomena zur kritischen Poetologie*, Stuttgart 1970, S. 17.

möglichkeiten in der zu befragenden Konsistenz des Handelns liegen. Dem entspricht auch das Nebeneinander von Rezeptionskonstellationen und das pluriforme Rezipientenverhalten in den Gebrauchssituationen, was eine ständige intra- und extrasystematische Überprüfung der Gültigkeit (statt einer buchstäblich verstandenen Objektivität) wissenschaftlicher Behauptungen um so notwendiger macht.

Aus diesen Überlegungen folgt, daß Bedeutungen innerhalb von Sprachspielen funktionieren, in denen bestimmte Regeln angewandt werden. Welche diese Regeln sind, darüber kann nur die Praxis des jeweiligen Sprachspiels Aufschluß geben. Regeln — sogar solche in tautologischen Spielsituationen — präskribieren ja keine Handlungen, sie kreisen den Spielraum der Handlungsmöglichkeiten ein und dienen außerdem als Überprüfungsmittel für Fragen nach der Gültigkeit eines Handlungsaktes. Sie beruhen demnach auf per definitionem veränderbaren Verabredungen. Diese Erkenntnis impliziert gleichzeitig, daß eine bestimmte in der Situation X als ungültig betrachtete Handlung nicht nur nicht bedeutungslos ist, sondern daüber hinaus in der Situation Y als sinnvoll betrachtet werden kann. Die Bedeutung zeigt sich also im sozial funktionierenden Gebrauch, und die Regeln widerspiegeln die Gewohnheiten eines Gebrauchs in einer bestimmten Handlungskonstellation.[30]

Deswegen allein schon kann für die an einem Sprachspiel beteiligten Subjekte nicht gelten, daß sie als Individuen in Situationen auftreten. Ihr Handeln ist das Resultat einer Positionssuche innerhalb des Rahmens der betreffenden Situation, wobei das Zusammenspiel von aktivem und passivem Erwartungshorizont von größter Bedeutung ist. Jedesmal wird das Subjekt also aufs neue wählen müssen, weil sein Handeln nicht von seiner Identität als Gesamtheit persönlicher Eigenschaften und Erfahrungen determiniert wird, Identität dagegen vielmehr als Fähigkeit verstanden werden muß, sich in Situationen entfalten und behaupten zu können. Nur unter solchen Voraussetzungen sind Informationsverarbeitung und Kommunikation als Interaktionsprozesse denkbar. Sonst bleibt nur ein Rückfall übrig in eine Vorstellung vom Rezipienten als Empfänger von, nach bestimmten, auf Informationsvermittlung

---

30. Eine detailliertere Auseinandersetzung mit Wittgensteins "Philosophischen Untersuchungen" würde den Rahmen dieses Aufsatzes sprengen.

angelegten, Regelsystemen. Kommunikation muß demnach unter funktionalen Gesichtspunkten betrachtet werden: einerseits ergibt sie sich aus der grundsätzlichen Unmöglichkeit, daß zwei oder mehr Wahrnehmungen sich völlig entsprechen, andererseits dient sie der Stabilisierung, Aufrechterhaltung und Bestätigung von Interessen und Wertsystemen. Faßt man Kommunikation auf eine solche Weise weiter als nur einen Austausch von Fakten auf, so ergeben sich aus der Komplizierung des naiven Kommunikationsbegriffs einige Gesichtspunkte, die den Status und die Möglichkeiten rezeptionstheoretischer Forschung bestimmen können.

Rezeptionsdokumente als das Basismaterial rezeptionstheoretischer Forschung sind in doppelter Hinsicht unter dem Aspekt ihrer gebrauchsbedingten Bedeutung zu betrachten. Als Rezeptionsdokumente sind sie einerseits Ausdruck einer nach gruppenspezifischen Regeln vollzogenen Bedeutungsidentifizierung von Subjekten mit einem Text, andererseits liefert kein einziges Rezeptionscorpus Anweisungen zur Erfassung seiner Bedeutungsbestimmung. Das ist schon deswegen einzusehen, weil einzelne Rezeptionsdokumente als eine Identifizierung mit einem Text zu betrachten sind bzw. den Text in einer pragmatischen ‚Bedeutung als positiv oder negativ verstandene Legitimationsfunktion benutzen. Was einzelnen Rezipienten daher nicht in den Blick kommen kann, das zu formulieren wäre Aufgabe einer Rezeptionsanalyse, deren Ergebnisse in den Rahmen eines Systems von Rezeptionskonstellationen eingepaßt werden müssen bzw. Anlaß zur Modifizierung der bereits entwickelten Begriffsbestimmungen über Rezeptionsverhaltensweisen zwischen Rezipientengruppen bilden können.

Welche Folgen haben diese Überlegungen nun für eine rezeptionstheoretische Ausfüllung des Begriffs Satire? Die Rezeption eines Textes verläuft als ein Prozeß pragmatischer Textverarbeitung, dessen Resultat — auf den Text projeziert — als Stellungnahme positiver oder negativer Art wiedererkannt wird. Je nach dem Maß des Engagements, mit dem dieser Prozeß der Textverarbeitung ihren Niederschlag in Rezeptionsdokumenten findet, wird eine Rezeptionsweise eines Textes die Diskussion um bestimmte Normsysteme von Rezipientengruppen ausgelöst haben. Textverarbeitungsprozesse zwischen Rezipientengruppen haben somit nicht den Text, sondern vielmehr dessen mögliche, positiv oder negativ bewertete Bestätigungsfunktion zum Anlaß. Nebenbei sei bemerkt, daß das Lesen und die Textverarbeitung nur in Theorie als gesonderte Schritte aufgefaßt werden können; in Wirklichkeit bildet jeder Akt der Wahrnehmung eine habituell gesteuerte Interpretation in einer kontinuierlichen Reihe von Realitätserfahrungen, die mit Kategorien der jeweiligen Habitualität verarbeitet werden und außerdem Anlaß zu einer Reorganisation der Wahrnehmungsperspektiven bilden kann. Schon das Fehlen eindeutig funktionierender Zeichensysteme zur Vermittlung von Erfahrung deutet auf die Notwendigkeit der ständigen Herausforderung zur Selbstrealisierung und ist deswegen auch als Grundvoraussetzung der Möglichkeit von dialogischer Kommunikation zu betrachten.

Damit ist gleichzeitig das Problem der Heterochronizität angesprochen. In Denkmodellen, die mit linear historischen Vorstellungen von Wirklichkeit operieren, kann Satire als Verzerrung von Wirklichkeit gelten, deren Funktion auf das Verlachen von Lastern und Mißständen gerichtet ist.

Diese Sicht auf Wirklichkeit verhindert aber gleichzeitig, daß die Frage in den Blick kommen kann, welche Attraktivität eine Satire besitzen könnte, wenn jeder tatsächlich in identischer Weise auf die Stimuli einer Satire reagieren würde. Anders gefragt, wie sollte sich das Lachen im Falle einer Satire von anderen Lachsituationen unterscheiden, wenn das Lachen miteinander um die anderen und sich selbst kein Opfer der Angriffslust des Satirikers kennt?

Ohne nun in das Umgekehrte zu verfallen und ausschließlich – wie das in der Satiretheorie von Juvenal bis zu den marxistischen Theoretikern der Fall ist – den ausgelachten Gegner zum Ausgangspunkt einer Begriffsbestimmung des Phänomens Satire zu machen, genügt ein Blick auf das, was sich gemeinhin in einem Rezeptionsprozeß um sogenannte satirische Texte abspielt, um zu sehen, daß es sich dabei um alles andere als eine uniforme Angelegenheit handelt. Es lassen sich mindestens zwei Rezipientengruppen unterscheiden, die der Lacher und die andere der Beleidigten. Die beiden Gruppen stehen nicht von ungefähr nebeneinander – besser: einander gegenüber –, sondern die Beleidigten fühlen sich in ihrer Identifikation [31] mit bestimmten Werten, Personen, Auffassungen

31. Daß das Lesen und die mit dieser Aktivität verbundene Attraktivität ausschließlich mit Blickfelderweiterung zusammenhängen würde, scheint eher eine unzulässige Verallgemeinerung einer bestimmten Lesehaltung als eine anthropologische Konstante zu sein.

etc., deren Anprangerung für die Lacher Grund zur Schadenfreude bildet bzw. für die Beleidigten als Gegenstand des Spottes tabuisiert ist, von den Lachern angegriffen. Will ein Werk als Satire rezipiert werden, so muß die Reaktion einer der beiden Gruppen schon immer die andere antizipieren.

Indem man also bei der Erforschung des Phänomens Satire die Aufmerksamkeit von im Grunde für jeden (geschulten) Beobachter wahrnehmbaren Form- und Inhaltsaspekten auf den breiteren Rahmen eines Rezeptionsfalls und die heterogenen Reaktionen auf den Text verlagert, rückt man gleichzeitig den Interaktionsprozeß vom Rezipientenverhalten in den Mittelpunkt des Interesses. Diese Alternative zu produktionsästhetischen Ansätzen einer Begriffsbestimmung von Satire kann nicht als Ergänzung zu den bisher gültigen Aspekten der Gattungsproblematik gelten; dafür bildet nicht nur die die notwendige Auflösung eines einheitlichen Textbegriffs bzw. -verständnisses einen grundsätzlichen Bruch mit den Ausgangspunkten der alten Praxis, sondern sind außerdem Status und Funktion von Rezeptionskonstellationen als Bausteine einer Rezeptionstheorie unvergleichbar.

Als rezeptionstheoretische Umformulierung von traditionellen Gattungsbegriffen und anderen poetologischen Problemen bieten Umschreibungen von Rezeptionskonstellationen keine Anweisung für richtiges oder adäquates Lesen von Texten. Sie müssen ja der normrelativen Lesefreiheit von Rezipientengruppen Rechnung tragen. Ebensowenig eignen sie sich dazu, Texte zu klassifizieren oder Textgruppen voneinander abzuheben. Dafür bietet aber der systematische Zusammenhang, in dem Rezeptionskonstellationen entwickelt werden, Möglichkeiten, Fragestellungen (und Aussagen) über Rezeptionsverhaltensweisen zu verfeinern bzw. sie in ihrer spezifischen Abhängigkeit von zeit- und kulturbedingten Determinanten zu durchleuchten.

In diesem Zusammenhang sei dies an einigen Beobachtungen zum Phänomen Parodie erläutert. Es würde auf der Hand liegen, nach der Satire als nächstes, verwandtes Phänomen die Parodie unter rezeptionstheoretischen Gesichtspunkten zu betrachten. Bekanntlich ist es der Parodieforschung nicht leichtgefallen, ihren Gegenstand scharf zu umreißen.[32] Die Existenz des Begriffes Lite-

32. Ein Beispiel neueren Datums: Theodor Verweyen und Gunther Wittig,

ratursatire zeigt, daß Parodie und Satire in ihrer Verspottungs- und Lachfunktion, ihrem Gebrauch von übertreibender, verzerrender Wirklichkeitswiedergabe und anderen ontologischen Kennzeichen gemeinsame bis sogar identische Züge aufweisen. Zieht man in diesem Zusammenhang außerdem Definitionen der Pastiche in Betracht, so rückt auch die Merkmalsbestimmung einer notwendigen Vorgabe für eine Parodie in ein merkwürdiges Licht. Noch abgesehen davon, daß indirekte Anspielungen parodistischer Art je nach Habitualität überall wiedererkannt und festgemacht werden.[33] Das alles heißt nun nicht zwangsläufig, daß die Sekundärliteratur über Parodie als unbrauchbar zur Seite geschoben werden kann. Im Gegenteil, mit Hilfe dieses Quellenmaterials ließe sich eine noch immer ausstehende Theorie über Kanonisierungsprozesse entwickeln. Überlegungen zum Begriff Parodie entstammen nämlich – soweit es die Neuzeit im Abendland betrifft[34] – typisch produktionsästhetischen Auffassungen über Kunst und Literatur, insbesondere solchen, die auf Grundsätzen der Genialität beruhen. Im Bereich von Werturteilen und diesen entsprechenden Stigmatisierungsfragen könnte das Kapitel der Parodie illustrative Dienste leisten. Sicherlich, wenn man bedenkt, daß namhafte Kanonautoren nach den traditionellen Literaturgeschichten immer Satiren und keine Parodien geschrieben haben, es sei denn, es beträfe eine Jugendsünde.

Dieser kleine Exkurs mag verdeutlicht haben, welche Vorteile und Aussichten der Einstieg in rezeptionstheoretische Forschung gegenüber ontologischer Literaturbetrachtung in sich birgt und weswegen ständige Grundlagenforschung jeder wissenschaftlichen Behauptung folgen sollte. Methodologisch bietet ein funktionalistischer Ansatz darüber hinaus den Vorteil, daß der Gültigkeitsbereich wissenschaftlicher Aussagen mitgeliefert wird. Außerdem wird die Bedeutungsfrage dahin umformuliert, daß an die Stelle einer (normativen) Wort-Ding-Relation eine analytische Funktionsbestimmung tritt, die nicht auf die Determination spezifischer

Die Parodie in der neueren deutschen Literatur. Eine systematische Einführung. Darmstadt 1979.
33. Noch schlimmer verhält es sich im Falle der Ironie.
34. Was nicht heißt, daß es in anderen Zeiten und Kulturen per se anders auszusehen hat.

Übereinstimmungen und Besonderheiten angelegt ist, sondern gerade über die Gemeinsamkeiten hinaus die Unterschiede im Gebrauch betont.[35]

Textbezogene Aussagen über Funktion und Wirkung von satirischen Texten setzen in ihrem Universalanspruch notwendigerweise eine Neigung zum Masochismus, zur Scheinheiligkeit oder Subjektlosigkeit voraus. Anders gesagt, will man den Satiriker nicht von vornherein völlig entwaffnen -- an sich ist die Vorstellung einer anprangernden Figur nur einseitig, wenn man das Lachen um eine Satire als die einzig adäquate Rezeptionseinstellung versteht --, will man ihn nicht zum Hofnarren degradieren, so wird man die Komplexität von Rezeptionsverhältnissen berücksichtigen müssen. Eine Schlußfolgerung, die übrigens nicht nur für den Gegenstand Satire zutrifft.

Sonst läßt sich die Frage nach der Bedeutung und Wirkung satirischer Texte vergleichen mit einer Diskussion um die eigentlich richtige Interpretation eines Vexierbildes.

III

Als illustrativer[36] Rezeptionsfall der hier zum Phänomen der Satire entwickelten Gedanken kann Hermann Kants Roman *Die Aula* dienen.

Der Roman, der von November 1963 bis Januar 1964 und von März bis Juli 1965 in der Zeitschrift *Forum* im Vorabdruck er-

35. Anders formuliert, ontologische Ansätze schließen die Kategorie der Funktionsidentität aus.

36. Nebenbei sei bemerkt, daß es keineswegs der Sinn rezeptionstheoretischer Untersuchungen sein kann, zu überprüfen, ob bestimmten Texten eine Charakterisierung — in diesem Falle — als Satire ab- oder zugesprochen werden muß. Eine Exemplifizierung rezeptionstheoretischer Überlegungen darf außerdem nicht als Probe aufs Exempel mißverstanden werden. Korrekturmöglichkeiten bzw. -notwendigkeiten ergeben sich automatisch aus der Forderung, daß eine Rezeptionstheorie systematisch Rezeptionskonstellationen zu beschreiben habe. Indem Rezeptionsverhaltensweisen die Konstituenten bestimmter Konstellationen bilden und somit auch im Zusammenspiel mit wieder anderen Verhaltensweisen auftreten werden bzw. — wie hier am Beispiel der Parodie gezeigt — traditionelle Komplexe von verwandten Gattungsmerkmalen sich zur Analyse aufdrängen, entsteht ein systematischer Fragehorizont, der Begriffsverfeinerungen gewährleistet.

schien[37], wurde im Dezember 1965 als Buch beim Verlag Rütten & Loening in Berlin veröffentlicht.[38] Bis 1977 wurden in der DDR 553.400 Exemplare gedruckt.[39] 1976 durchbrach der Fischer-Verlag mit einer Taschenbuchausgabe die 100.000-Grenze in der Bundesrepublik.[40] Der Erfolg des Romans spiegelt sich in den lebhaften Diskussionen in/zwischen Ost[41] und West über das Werk, welche Beobachtung an sich jedoch noch nichts über das Werk oder dessen Rezeptionsweise besagt.[42] Sowohl in der Bundesrepublik wie auch in der DDR wurde der Roman keineswegs einhellig als gelungene "Laudatio auf die DDR"[43] gelesen. Nur teilweise begrüßte man das Werk als die

37. Eine Funktionsanalyse dieses Distributionsphänomens in seinen historisch-sozialen Erscheinungsformen steht leider noch immer aus.

38. Diese Daten sind dem Kant-Aufsatz von Michael Schädlich entnommen: Die Kunst, vernünftig miteinander umzugehen. Gedanken über Hermann Kants Roman *Die Aula*. Erschienen in: M.S., *Titelaufnahmen*, Berlin 1978, S. 123-140.

39. Diese Zahlen nach der Monographie von Leonore Krenzlin: *Hermann Kant. Leben und Werk*. Berlin/DDR 1979.

40. Die Hallesche Bühnenfassung des Romans erschien 1968 als Beilage zu *Theater der Zeit* (= Neue Sozialistische Dramatik 49). Die Uraufführung fand – nach dieser Quelle, Martin Linzer erwähnt in einer Sammelbesprechung von Aufführungen in Berlin, Brandenburg und Weimar (*Theater der Zeit* 1969, H. 6, S. 28-32) als Datum den 18. April 1968 – am 26. April 1968 am Landestheater Halle in der Regie von Horst Schönemann statt. Das Stück rief in der DDR eine lebhafte Diskussion hervor, zugespitzt auf die Quasi-Riek-Frage. Sie bleibt hier u.a. außer Betracht, weil es sich aussschließlich um einen DDR-internen Rezeptionsfall des Stückes handelt. Weitere Rezeptionsdokumente zu diesem Stück findet man in *Theater der Zeit* 1968, H. 12, S. 11-17, 1968, H. 15, S. 24-26 und 1970, H. 3, S. 2f.; *Weltbühne* 1969, H. 9, S. 279f. und *Neues Deutschland* vom 15.5.1968, 4.8.1968 und 23.2.1969.

41. Der weitere Verlauf dieser Rezeptionsanalyse wird zeigen, daß die im Westen oft erhobene Frage nach der Repräsentativität von DDR-Rezeptionsmaterial eine uneigentliche ist. Reale Rezeptionsverhältnisse und Literaturdiskussionen liegen auch zwischen parteilichen Rezipienten vor. Auch die DDR ist als eine Literaturgesellschaft zu betrachten, in der gelesen wird.

42. Auffällig ist wohl, daß der Roman in beiden deutschen Staaten viele Stellungnahmen hervorrief. Dies könnte mit dem Ruf des Werkes als Satire zusammenhängen.

43. So charakterisierte Hermann Kähler den Roman. H.K.: *Die Aula – Eine Laudatio auf die DDR*. In: *SuF* 18 (1966), H. 1, S. 267-273.

"Neue Satire"[44]:

Mit diesem Buch ist etwas Neues in unsere erzählende Literatur gekommen: der große epische Spaß. Von einem bedeutenden Gegenstand wird heiter erzählt. Humor, Ironie, auch Satire werden mit einer Souveränität eingesetzt, die nicht allein die Beherrschung der künstlerischen Mittel verrät, sondern den echten historischen Sinn des Autors. Der große epische Spaß – das ist das Lachen, das Ernstes und Tragisches nicht verdeckt, das ist die Heiterkeit, die von Überlegenheit zeugt und die Überlegenheit schafft.[45]

Dennoch wurde vor allem die für die DDR-Literatur neue Erzählweise zum Anlaß einer lebhaften Diskussion innerhalb der Literaturgesellschaft DDR. Diese Debatte enthielt die drei Momente, mit denen Wolfgang Lehmann Kants Roman charakterisierte:

Die Aula ist weder ein historischer Roman, noch ein intellektuelles Formexperiment; sie ist der Roman einer Zeit, in der die vergangenen Ereignisse eine auffällige Aktualität erlangt haben.[46]

Als autobiographisches Dokument einer DDR-Generation, als Rückblick auf die Aufbaujahre betrachtet Maria-Verena Leistner Die Aula, ohne dabei die sonst hervorgehobenen satirischen Angriffe auf die BRD in Betracht zu ziehen. Sie sieht den Roman als positiven Beitrag zur sozialistischen Literatur:

Auf dem 11. Plenum des Zentralkomitees der Sozialistischen Einheitspartei Deutschlands sprach Walter Ulbricht von dem Beitrag der sozialistischen deutschen Literatur zur Entwicklung des geistig-kulturellen Lebens unseres Volkes. Diesen Beitrag leisten Schriftsteller, "die es verstehen, Kunstwerke mit nationalem Inhalt zu gestalten, in denen der lebendige Kampf der Menschen zwischen dem Neuen, Fortschrittlichen und dem Alten, Rückständigen, in denen die Konflikte und die Lösung der Konflikte interessant gestaltet werden".
Ein solches Kunstwerk nationalen Inhalts ist mit Hermann Kants Aula unserer sozialistischen Nationalliteratur gegeben worden. Es ist ein echter Gesellschaftsroman zeitgenössischen Charakters. Die Einheit von Gestern und Heute, schon durch das als Motto gesetzte Heine-Zitat angedeutet, die

---

44. So stellte Werner Neubert 1965 eine alte Gattung in den Dienst des sozialistischen Realismus, indem er mit dem einseitigen Postulat des positiven Helden brach. Vgl. W.N.: Satire im sozialistischen Roman. In: *SuF* 17 (1965), 1.-2.H., S. 66-80.
45. Inge Diersen: Humor und Satire und die Kunst, vernünftig miteinander umzugehen. Zu Hermann Kants Roman *Die Aula*. In: *Berliner Zeitung* vom 21.1.1966.
46. Wolfgang Lehmann: Hermann Kant: *Die Aula*. In: *Der Bibliothekar* 1966, H. 4, S. 415-418, hier S. 415.

ständige Verflechtung von Vergangenheit und Gegenwart läßt den Kampf zwischen Altem und Neuem lebendig werden. Humorvoll spießt Kant Schwächen und Kinderkrankheiten der sozialistischen Entwicklung auf und setzt sich mit hemmenden Resten der Vergangenheit auseinander. Die "Gründerzeit", vom Autor selbst miterlebt, wird aber trotz der Mängel in ihrer Größe gezeigt, und zwar aus der Sicht der heutigen Überlegenheit gegenüber den damaligen Schwächen. Die Widersprüche und Schwierigkeiten der vergangenen Jahre werden zu den Ergebnissen der Entwicklung in Beziehung gesetzt. Kants Hauptfiguren, deren Entwicklung Anliegen des Romans ist, bekennen sich zu ihrem Staat und seiner sozialistischen Entwicklung. Die Kraft der jungen Republik und das eigene parteiliche Bekenntnis geben ihnen das Gefühl, mit Schwierigkeiten fertigzuwerden. Schmerzendes wird überwunden und im Ergebnis doch als "Haupttreffer" empfunden. Der Humor des Autors, der auf diesem festen Bewußtsein der eigenen Kraft, der vollbrachten Leistungen und der sicheren Perspektive ruht, vermittelt Lebensfreude und Optimismus. Somit werden -- inhaltlich u n d formal in der Art, wie Hermann Kant die aufgeführten Widersprüche darstellt – wesentliche Forderungen, die die sozialistische Gesellschaft an ihre Literatur richtet, erfüllt. Denn bemerkenswert ist Kants Roman auch in ästhetischer Hinsicht. Aus der Position des allwissenden Erzählers die Dinge betrachtend, werden vom Autor alle Möglichkeiten des Erzählens ausgeschöpft. Der Germanist Kant verfügt über ein vielfältiges stilistisches Können. So schlägt die lebendige Darstellung des gegenwartsnahen Stoffes den Leser bis zuletzt in seinen Bann.[47]

Für Wolfgang Spiewok ist *Die Aula* "nicht schlechthin ein Entwicklungsroman, sondern ein Gesellschaftsroman, der in der historischen Bedeutung der Bildungsrevolution die historische Bedeutung sozialistischer Umwälzungen transparent macht."[48]

Wie viele Rezensenten des Romans unterscheidet auch Spiewok zwei Arten der Satire. Nach dem bekannten Muster wird die tödliche Satire als typisch für antagonistische Gesellschaftssysteme und geeignetes Mittel zur Bekämpfung sozialistischer Feinde geschildert und propagiert. Im Zusammenhang mit der Charakterisierung des Romans als Gesellschaftsroman oder (autobiographisches) Zeitbild kann die geforderte Leistungsfähigkeit der "Neuen Satire" nicht überraschen:

47. Maria-Verena Leistner: Hermann Kants Roman *Die Aula*. "Ich weiß nur, daß ich fragen muß, wenn ich leben will –". In: *Deutsch als Fremdsprache* 1967, H. 2, S. 108-113, hier S. 112f.
48. Wolfgang Spiewok: Hermann Kant. In: *Literatur der DDR in Einzeldarstellungen*. Hrsg. von Hans Jürgen Geerdts. Stuttgart 1972, S. 416-434, hier S. 419.

Man hat – in treffender Formulierung – die *Aula* einen gelungenen Versuch zur lachenden geistigen Bewältigung jener Probleme und Widersprüche genannt, die bei der Erfüllung des entscheidenden nationalen Auftrags in der deutschen Geschichte notwendig auftreten mußten. So schließt denn die ironisch-satirische Beleuchtung sozialistischer Wirklichkeit immer das Lob dieser Wirklichkeit mit ein, mit der sich der Autor – bei aller parteilich wertenden Distanz – stets identifiziert, weil er sie selbst verantwortet.[49]

Dieser Versuch zur Verharmlosung möglicher satirischer Wirkung hat seinen Grund nicht so sehr in der Angst vor weiterreichender als parteilicher Kritik, sondern vielmehr in der Ablehnung der Konsequenzen, die ein anderer Kritiker aus einer Analyse der Erfolgsbedingungen des Romans zog. Rückblickend konstatiert Dieter Schlenstedt 1979:

Hermann Kant hat betont, daß er darauf aus war, ein lesbares Buch zu schreiben. Dieser Versuch wurde aber nicht in der Kombination etwa von Abenteuer und Sachinformation, sondern in einer ästhetischen Weise realisiert: durch das Erzählen ernster und heiterer Geschichten, durch den Versuch, historisches Selbstbewußtsein in vergnüglicher Weise anzuregen (für welchen Doppelansatz das Komische zeugt), durch Einführung einer Kommentarebene, die das Reflektieren ermöglicht und ästhetisches Denken alltagsnah und in Bewegung zeigt, indem Geschichte neu befragt wird. Dieses Bemühen um "ästhetische Emanzipation" der Leser bewirkte zunächst, daß das Buch keineswegs reibungslos rezipiert wurde: Es wurde beim Erscheinen, wie die damalige Kritik bezeugt, durchaus als schwierig empfunden, vermochte aber offenbar auch einen Lernprozeß in Gang zu setzen: *Die Aula* wurde mit einer Auflagenhöhe von etwa 800.000 in Breite und Tiefe der Wirkung zu einem der größten Erfolge unserer Literatur.[50]

Das "Bemühen um 'ästhetische Emanzipation' der Leser" wird von Schlenstedt scharf gegen dogmatische Auffassungen des sozialistischen Realismus abgehoben:

Die dem Roman eingeschriebene Ästhetik betont nämlich das mögliche Spannungsverhältnis zwischen kleinem und großem Geschehen, die mögliche Umweghaftigkeit der großen Entdeckungen. Sie richtet sich gegen eine Darstellungsart, die den Weg durch die Geschichte heroisiert und bengalisch beleuchtet, und proklamiert als Programm von Bedeutungserkenntnis und -vermittlung die Anerkennung der Enthüllungskraft von charakteristischen Details, das Aufdecken der komischen Aspekte im Widerspruch von realem Ereignis und sinngebendem Erlebnis bzw. sinngebenden reflektie-

49. Ibidem, S. 431.
50. Dieter Schlenstedt, *Wirkungsästhetische Analysen. Poetologie und Prosa in der neueren DDR-Literatur.* Berlin 1979, S. 117f.

renden Akten, von alltäglichem und historischem Geschehen. Diese Ästhetik wendet sich dagegen, daß Memoirenkringel aus der Literatur ausgeschlossen werden, daß das Typische als unmittelbar geschichtlich-gesellschaftliche Repräsentanz des Einzelnen gesetzt wird. Sie will keine Fabeln, die ihre Moral glatt in polierten Charakteren und geschlossenen Verläufen unterbringen, und keine Ehrfurcht vor der Geschichte, die jedes Einzelne auf deren allgemeine Linien bringt und somit pathetisiert. Der Roman liefert das seinem Programm entgegengesetzte Literaturkonzept der Zeit, das speziellere Operationsfeld seiner Intentionen in einer Kette von Äußerungen mit. Sie haben durchweg satirischen Charakter, und das zeigt die unversöhnliche Ernsthaftigkeit an, mit der die neuen Vorschläge gemacht werden.[51]

Schon 1965 hatte Schlenstedt Kants *Aula* als programmatischen Wendepunkt in der DDR-Literatur charakterisiert, sei es mit den nötigen Vorbeugungsmaßnahmen, um nicht nolens volens mit manchen westlichen Kritikern verwechselt werden zu können:

Die Spannungen und Wechsel deuten auf eine Grundhaltung des Erzählens, die man am besten mit dem Terminus "epische Ironie" fassen kann. Ironie wurde von der bürgerlichen Kritik natürlich gleich bemerkt, und es wurde die Frage gestellt, was denn sie (wie übrigens auch andere moderne Stilelemente des Buches) mit sozialistischem Realismus zu tun habe. Wenn man sich nun allerdings keinen wirklichen Begriff vom sozialistischen Realismus gemacht hat, sondern nur eine ungefähre Vorstellung, die sich von Vorurteilen lenken läßt, die sich vielleicht auch auf kanonische Interpretationen einiger sozialistischer Theoretiker stützt, so lassen sich leicht Unvereinbarkeiten konstruieren. Dieses Buch erfaßt aber in seinem Episoden- und Figurengefüge Strukturen der wirklichen Welt, gibt ein mögliches Modell des dynamischen Systems menschlicher Beziehungen von einem Standpunkt, der es zuläßt, die wirkliche innere Bewegung des Systems, seine notwendige Entwicklung, sein Hinaustreiben über die Grenze des Gegegebenen [sic] zu erfassen und zu bejahen und sie zu fördern – und das gerade zeichnet Werke sozialistisch-realistischen Charakters aus. Doch kein Werk erschöpft sich in der Allgemeinheit solcher Bestimmungen (die deshalb auch dem Schriftsteller beim Schreiben kaum etwas nützen); die epische Ironie, die wir bei Kant finden, ist eine ihrer möglichen konkreten Formen. Es handelt sich nicht um ein Ironisieren aller Standpunkte und Wertebenen (in welchen Formen die Ironie als eine Form vermeintlicher Freiheit und wirklicher Hilflosigkeit in spätbürgerlicher Poesie auftritt). Vielmehr liegt eine Haltung vor, die den Helden, die im Sozialismus vorgefundenen Verhältnisse, unser aller Entwicklungsgang historisch überlegen, in freier Selbstverständigung sehen kann.
Das schließt hier das Mischen von Bejahen und Kritisieren ebenso ein wie die Form komischer Abführung des Helden, wie die satirische Abstrafung

51. Ibidem, S. 313f.

abgelehnter Wirklichkeitsgegebenheiten. Letzteres vollzieht sich vor allem in der scharfen gestischen Abbildung gesellschaftlicher und individueller Unarten in Haltung und Formulierung (...).[52]

Die Betonung des formalen Aspekts der modernen Erzählweise Kants kulminiert in der Aufzählung der im Roman angewandten Mittel und ihrer Funktionsbestimmung, was Spiewoks Verlegenheitslösung erklären kann:

> In einer Form, die von Erinnerung, Assoziation, Reflexion, innerem Monolog, auch Bewußtseinsstrom lebt, erhebt sich auf diese Weise Objektivität, und hier liegt der Kern dessen, was als "epische Ironie" bezeichnet wurde: Der Autor hält sich frei und erlaubt es dem Leser, den überlegenen Standpunkt mit einzunehmen. Kant läßt seinen Helden das geglättete Bild der Vergangenheit aufrauhen, uns wird ermöglicht, ihm beim Erinnern zuzusehen und uns über ihn zu stellen. Diese Art von Ironie gestattet dem Autor auch, die dargestellte Wirklichkeit in der intensiven Fülle verschiedener Bezüge zu mischen: es wird ernsthaft gespielt.[53]

Ein Jahr später formulierte Schlenstedt, welche inhaltlichen Folgen das Einsetzen dieser erzähltechnischen Mittel für die Einschätzung des Romans haben sollte:

> Der Ton des Komischen hebt sich zur Satire, wenn der 'Anspruch' verletzt wird, der zum Charakter Iswalls gehört und den auch die frühere Zeit begründet, wenn Saturiertheit und dummer Egoismus konstatiert werden müssen oder das Geschwätz von Geschichtsglättern und gedankenlosen Vorwärtsstürmern. – Doch bleiben die enthüllenden Episoden hier beschränkt, der Anspruch wird in den aphoristischen Reflexionen des Helden vor allem rhetorisch vorgetragen. Der zeitgeschichtliche Bezug erscheint dadurch weniger drängend – die komische Gestaltung hat ihre eigenen Bedingungen: Sie zeigt die Gegenwart als von Menschen mit großen und kleinen Interessen gehandhabten Prozeß, als gar nicht 'schicksalhaft' schweren Vorgang, als durchschaut und amüsant – schon als Vergangenheit, da der Erzähler auf einem historisch überlegenen Standort steht.[54]

In seiner mittelbaren Reaktion auf diese Position und unter Ausnutzung einer prohibitierenden Beschwörung der Möglichkeit, daß BRD- und DDR-Kritiker – wie unterschiedlich ihre Ausgangspunkte und Zielsetzungen auch sein mögen – einen scheinbaren Konsensus erreichen könnten, versucht Spiewok unter Berufung auf all-

52. Silvia und Dieter Schlenstedt: Modern erzählt. Zu Strukturen in Hermann Kants Roman *Die Aula*. In: *NDL* 13 (1965), H. 12, S. 5-34, hier S. 30.
53. Ibidem, S. 31.
54. Dieter Schlenstedt; Ankunft und Anspruch. Zum neuen Roman in der DDR. In: *SuF* 18 (1966), H. 3, S. 814-835, hier S. 834.

gemein kulturpolitische Leitsätze auch DDR-intern real existierende Pluriformität und Rezeptionsverhaltensweisen [55] zu verdecken:

Es führt völlig am Wesen der Sache vorbei, wenn Kants Roman von einigen Leuten in der BRD ob seines 'Anti-Dogmatismus' gepriesen wird, und es scheint gleichermaßen unangemessen, die Erzählweise des Autors auf eine — oft wenig durchdachte — 'Modernität' festzulegen. Man las nur gar zu oft, daß Hermann Kant 'modernste Mittel' mit Virtuosität meistere, ohne deshalb in 'Modernismus' zu verfallen, und solche 'modernsten Mittel' seien die Rückblende, der innere Monolog, die epische Ironie, die Verzahnung von Episoden mit Hilfe der Reflexion u.a.m. Wenn nun gar die Anwendung dieser Mittel als Beweis für 'moderne Romanstruktur' dient und kausal auf 'die bis ins ungreifbar Unzugängliche verzweigte Vielgliedrigkeit heutigen Lebens in der modernen arbeitsteiligen Industriegesellschaft' zurückgeführt wird, so wären Rückblenden in die Geschichte des Romans zweifellos ratsam. Dies wiederum zu jenen, die den Begriff des 'Modernen' an einen von subjektivem Ermessen keineswegs unabhängigen Formkanon binden und dann nur gar zu leicht der Gefahr unterliegen, Verstöße gegen diesen Kanon mit pejorativen Attributen zu versehen. Kants Roman *Die Aula* entzieht sich dem wertenden Zugriff, wenn 'Anti-Dogmatismus' und 'Modernität' zu entscheidenden Wertungskriterien werden, wenn das Werk nicht als Teil eines komplexen kulturellen Prozesses begriffen wird, der sich in der Kunst als Herausbildung und Vervollkommnung des sozialistischen Realismus manifestiert. [56]

Eine Mittelposition in den Fragen der erzähltechnischen Gestaltung nimmt Heinz Czechowski ein:

Sylvia und Dieter Schlenstedt haben in ihrer Rezension der *Aula* (NDL 12/ 1965) darauf aufmerksam gemacht, "daß das Subjekt in unserer Literatur in den Mittelpunkt rückt". Sie polemisieren gegen Auffassungen, die in dieser Subjektivierung "Rebellion gegen Kollektivismus" oder Flucht vor der Verantwortung in und gegenüber der Gesellschaft sehen möchten. Tatsächlich liegt in dieser Subjekt-Problematik der entscheidende Punkt bei der Beurteilung des Romans, der sowohl die formale, gestalterische Seite der *Aula* klären hilft als auch die weltanschaulich-moralischen Aspekte des Romans verdeutlichen kann; von ihm aus werden Vorzüge und Schwächen des Romans gleichermaßen deutlich. [57]

---

55. Vgl. dazu Jos Hoogeveen, Prolegomena zu einer funktionsgerechten Betrachtung von DDR-Literatur. In: *Zur Literatur und Literaturwissenschaft der DDR*. Hrsg. von Gerd Labroisse (= Amsterdamer Beiträge zur neueren Germanistik 7-1978), S. 27-66.
56. Spiewok, a.a.O., S. 417f.
57. Heinz Czechowski: Noch einige Fragen zu Hermann Kants Roman *Die Aula*. Hier zitiert nach Krenzlin, a.a.O., S. 208. Ursprünglich erschienen in: *Forum* 1966, Nr. 13.

Die Schwäche des Romans liegt für Czechowski da, wo das Lachen sich verselbständigen kann. Das, was er Ironie nennt, wird als solches nicht abgelehnt; vielmehr vermißt Czechowski einen positiven Hintergrund, vor dem die Mittel der Ironie die Intention des Werkes verdeutlichen können:

So glänzend und zuweilen raffiniert in den parlierenden Partien des Romans Kant zu amüsieren und zum Nachdenken anzuregen versteht — nach beendeter Lektüre bleibt ein Rest Unbehagen in Beziehung auf die historisch-moralische Seite des Romans. Die Ironie, mit der Kant Distanz schafft, ist dort eine echte Bereicherung unserer Literatur, wo er allgemein bekannte Tatsachen neu ausspricht, die im Bewußtsein des einzelnen heute kaum noch eine Rolle zu spielen scheinen, deren Folgen jedoch im täglichen Verhalten des einzelnen noch deutlich spürbar sind. Sie scheint mir auch dort berechtigt, wo Kant global Rückschau auf die 50er Jahre nimmt. Nicht ausreichend ist sie dort, wo er in die individuell-moralische Problematik seiner Figuren, vor allem Iswalls, eintritt. Es wäre freilich verfehlt, alles, was an Rückschau und Handlung in der *Aula* vorhanden ist, schlechthin unter den Begriff Ironie zu subsumieren. Kant weiß natürlich, wo Ironie am Platze ist und wo nicht. Dennoch entsteht über weite Partien des Romans der Eindruck, daß mitunter mit allzu leichter Hand das Ernsthafte beiseitegeschoben wird. Die Ursache dafür sehe ich nicht nur in der Verwendung der Ironie. Sie scheint eher in der Konzeption des Romans begründet, die mitunter der Extensität der Gestaltung in den Konflikten den Vorzug gibt, wo Intensität nötig gewesen wäre.[58]

Überzeugt von der Überheblichkeit eines sozialistischen Gesellschaftssystems enttabuisiert Werner Neubert die Kritikempfindlichkeit gegenüber Satiren:

Unreifes in den Individuen - als dem subjektiven Faktor — verbindet sich mit Widersprüchen und Unfertigkeiten der neuen Gesellschaft als dem objektiven Part. Beide zusammen erst bewirken die satirefordernde Situation, wobei weder die betreffenden Individuen noch die Gesellschaft mit ihren Institutionen im Sinne der "alten" Satire, nämlich als feindliches Objekt, attackiert werden. Hier zerschellen dann auch mancherlei Spekulationen westlicher Provenienz. Die *Aula* ist keine "Abrechnung" mit irgendeinem imaginären Dogmatismus, sondern ein künstlerisches Werk dialektisch verstandener Geschichte unserer Zeit und Gesellschaft. Kant erbringt in der *Aula* zugleich den Beweis, daß es ein "Tabu" für die sozialistische Literatur und in ihr für die Satire tatsächlich nicht gibt, und daß Parteilichkeit, Wahrheit und Satire im sozialistischen Realismus in wahrhaft produktiver Werksgemeinschaft stehen, wenn der Autor hierfür selbst die ideologischen

---

58. Ibidem, S. 212.

und ästhetischen Voraussetzungen zu schaffen weiß. Die Parteilichkeit der Satire liegt hier in der lachenden Entdeckung, daß es sich in der sozialistischen Gesellschaft um durchschaubare und damit handhabbare Vorgänge inmitten eines historisch höherführenden Prozesses handelt. Wie dieser Prozeß im einzelnen verläuft, wird von jedem mitentschieden, der in diesem oder jenem Grad Verantwortung trägt.[59]

Sozialistischer Realismus ist für Neubert nicht nur positive Wirklichkeitswiedergabe, künstlerische Erkenntnis der Wirklichkeit ergibt sich – nach seiner Auffassung – aus dem Sichten und Gewichten von Rezeptionsvorgaben:

> Die freundlich gemeinte Frage Iswalls, ob er [d.h. der Sachsenring fahrende Funktionär, JH] der Leser des Karl-May-Bandes hinter der Heckscheibe des Wagens ist, leitet er auf seinen Fahrer ab – ein Mikrofakt aus dem Strom des täglichen Lebens, der aber in einer bestimmten Situation auch zur Makro-Bedeutung aufsteigen kann, ein Fakt damit, der das Typische als Potenz in sich trägt. Deshalb steht er zu Recht in der Linie der Aula-Fabel. Erst aus dem rezipierenden Verfolg solcher "Aussage-Systeme" im Dienste der "Neuen Satire" erschließt sich der ganze Sinngehalt des Romans *Die Aula*. Der Leser selbst ist in ihm ununterbrochen aufgerufen, Mikro und Makro zu werten, zu scheiden – und zu synthetisieren.
>
> Die Tatsache, daß die Entwicklung unserer sozialistischen Gesellschaft in der DDR mit der drohenden Existenz eines zweiten, und zwar aggressiven, anachronistischen deutschen Staates einhergeht, benutzt Kant mit Hilfe seiner "Zeitmaschine" für die Etablierung einer zweiten Satire-Basis, von wo aus er hinter der glitzernden Fassade des "Wirtschaftswunders" nicht nur die Aushöhlung und Entleerung des menschlichen Wesens sichtbar macht, sondern auch den historisch-qualitativen Kontrast dieser antagonistischen Widersprüche und Konflikte zu unseren Widersprüchen und Problemen neuer Art ins Bild setzen kann, woraus für das Werk als Ganzes eine reiche ideologisch/ästhetische Totalität entsteht.[60]

Die Betonung der indirekten Technik einer Realitätsdarstellung relativiert automatisch die Schärfe der Satire in eigener Sache, so daß die Gründe zum Lachen, wenn auch zögernd, konkret genannt werden können:

> Klassenkampf und überholte Verhaltensweisen werden von Kant durch die Selbstdarstellung des Schwagers von Iswall, eines Kneipenwirtes in Hamburg, der immer kriminell, jedoch niemals im 'Zet' war, durch den Monolog eines Backpflaumenproduzenten, durch das dauernde Mitbedenken der Klassensituation und schließlich durch die Beschreibung einer Vorstands-

---

59. Werner Neubert: Komisches und Satirisches in Hermann Kants *Aula*. In: *WB* 12 (1966), H. 1, S. 15-26, hier S. 20.
60. Ibidem, S. 20f.

tagung des Schriftstellerverbandes, dem [sic] 'Auftritt' eines von Katzen begleiteten Schauspielers im D-Zug und von Auffassungen der Schriftstellerin Tuschmann vorgeführt. Wie es scheint, eine sehr heterogene und periphere Sammlung. Dank der Methode des hier noch weit besser als in den Erzählungen gelungenen Einsatzes von Komik, Ironie und Satire – letzteres reichend vom leicht ironischen Lächeln bis zur geradezu bitteren und doch sehr ernsten Satire, die hart die völlige Verkümmerung des Menschen im Kapitalismus angreift und den geistentleerten Snobismus neureicher Prägung in Gestalt des Schauspielers geißelt –, wird das Gesamtbild dennoch exakt und gerade durch die schrulligen Teile sehr ernst. Wenn dem Leser kein Lachen ankommen will bei dem sich selbst höchst komisch findenden Schwager Iswalls, dann ist es der Sprachkunst Kants zu danken, der ja ansonsten massenhaft beweist, wie er mit geschicktem Dialog und Satzbau, mit einfachem Vorführen und plötzlichem Zuspitzen eines Vorganges oder einer Haltung einprägsame Situationskomik zu machen versteht.[61]

An die Stelle einer Konstruktion, in der die Darstellungsweise des Verhältnisses von Vergangenheit und Gegenwart nostalgisches Lächeln hervorrufen soll, tritt jetzt also die Möglichkeit, den satirischen Angriff auf auch zeitgenössische DDR-Verhältnisse zu retten. Nicht zuletzt, indem ein qualitativer Unterschied in satirischen Tönen eingeführt wird:

Der kämpferische Witz umfaßt alle Schattierungen der Ironie und Satire, trifft die eigene Sache und den Klassengegner, aber jeweils in grundsätzlich anderer Weise.[62]

Damit wird es gleichzeitig möglich, Objekte der satirischen Angriffslust beim Namen zu nennen:

Die rabiatesten Register zieht Kant bei den Parodien der Schriftsteller-Reden, in denen er kleinliche Niveaulosigkeit glossiert.
Von klassischer Komik ist der rhetorische Eiertanz, den der Direktor der Arbeiter-und Bauern-Fakultät aufführt, um der Studentin Rose Paal klarzumachen, daß die historische Notwendigkeit erfordert, sie mit dem Studenten Trullesand zu verkuppeln.[63]

Indem der Nachdruck nicht länger auf gesellschaftssystembedingte Funktionsunterschiede von Satire gelegt wird, erreicht die DDR-

---

61. Anneliese Große: Vom Wert der Geschichte. In: *WB* 18 (1972), H. 8, S. 65-91, hier S. 81.
62. Elisabeth Simons: Geschichtsbewußtsein und Selbstverständnis im Schaffen von Hermann Kant. In: *Weggenossen. Fünfzehn Schriftsteller der DDR.* Leipzig 1975, S. 186-213, hier S. 209.
63. Kähler, a.a.O., S. 271f.

Diskussion[64] um Kants Roman als Satire hier die andere Seite der Rezeptionsskala. Kählers Rezension hätte im Untertitel auch mit Fragezeichen erscheinen können. Damit wäre er der Resonanz, die das Buch in unterschiedlichen DDR-Kreisen beim Erscheinen fand, in ihrer Pluriformität gerecht geworden. Ein solches Fragezeichen hätte ja nicht unbedingt zu besagen brauchen, daß die *Aula* als das Gegenteil einer Laudatio zu lesen wäre.

Genausowenig darf aus dieser Auflockerung der im Westen festgefahrenen Überzeugung, daß Rezeptionsprozesse in der DDR uniform verlaufen, geschlossen werden, daß sie als ein Plädoyer für absolute Lesefreiheit verstanden sein will. Rezeptionsfreiheit ist, will der Umgang mit Literatur nicht notwendigerweise solipsistischen Charakter bekommen, in jeder Literaturgesellschaft immer eine normrelativ bedingte Kategorie.

Wenn ein Subjekt auch mehreren Normgruppen angehören kann, irgendwann wird es mit der Unmöglichkeit des Sprungs über den eigenen Schatten konfrontiert werden. Deswegen stellt Satire auch keine Qualität des Werkes dar. Das Lachen miteinander hört dort auf, wo man sich nicht länger mit anderen Lachern identifiziert wissen will. Kähler liefert dafür ein anschauliches Beispiel:

Als Erzähler bleibt er nicht beim 'Witz', sondern denkt daran, daß die vielen Ereignisbruchstücke, die er locker aneinanderreiht, sich zu einem richtigen, sinnvollen Mosaik zusammenfügen und beim Leser produktive sozialistische Impulse erzeugen. (Das gilt allerdings nicht für alle Anspielungen. Manche sind auch mit allzu flinker oder kratzender Feder geschrieben — und nicht alles auf der Welt ist komisch! Sie tragen dazu bei, den — sagen wir es liebevoll — nicht perfektionierten Eindruck zu verstärken.)[65]

In einer satirischen Situation über sich selbst zu lachen, das wäre eine Zumutung, die von niemandem erwartet werden kann. Deswegen dürfte die Beobachtung Ursula Reinholds auch wohl nur für komische Situationen zutreffen:

In den ersten Jahren, als es darum ging, die Grundlagen der sozialistischen Ordnung zu schaffen, richtete sich die satirische Attacke vor allem gegen Feinde der neuen Ordnung. Inzwischen haben wir gelernt, mehr über uns selbst zu lachen.[66]

64. Jedenfalls im Entstehungskontext. Schlenstedt geht 1979, wie gezeigt, noch entschieden weiter als er schon in den 60er Jahren tat.
65. Kähler, a.a.O., S. 272.
66. Ursula Reinhold: Satire und Ironie in der Literatur der DDR. In: *kürbiskern* 1976, S. 97-105, hier S. 97.

Die westliche Rezeption von Kants Roman reicht von scharfen
Vorwürfen der Schönfärberei und Unaufrichtigkeit über die Frage
der Darstellungsweise von DDR-Realität bis zu Lobpreisungen für
den Nonkonformismus des Aula-Autors.
Dennoch bildet diese Rezeptionslage keinen Grund, Heinrich
Mohrs Schlußfolgerungen ohne Vorbehalt zu unterschreiben:

> Es scheint, daß die kritische Betrachtung bundesrepublikanischer Rezen-
> sionen über Kants Roman einen bedenklichen Sachverhalt hat deutlich
> werden lassen: Die Existenz einer ideologischen Sperre, die angemessenes
> Verstehen und gerechtes Urteil verhindert.[67]

Nur beiläufig erwähnt Mohr in seinem Versuch, den Roman "als
Plädoyer für eine größere Freisetzung vom unmittelbaren ideologischen Dienst"[68] und somit im DDR-Kontext zu betrachten, die
Phänomene Satire und Parodie. Für ihn ist das Buch als literarisches Ereignis von Interesse und darf es nur unter diesem Aspekt
betrachtet werden:

> Hermann Kants *Aula* verdient ihrer spezifisch literarischen Qualitäten we-
> gen, und vielleicht noch mehr als politisches Dokument Aufmerksamkeit.
> Mit dem Placet der Offiziellen versehen, scheint sie in höherem Maße vom
> lesenden Teil der DDR-Bevölkerung als Zeitspiegel, Selbstdarstellung und
> politische Aussage akzeptiert zu werden.[69]

Anders gesagt, Kant wird von Mohr gegenüber seinen westlichen
Rezensenten in Schutz genommen[70]:

> Da das poetische Verfahren, das wir unter der Formel 'Gerechtes Erinnern'
> versucht haben zu beschreiben, nicht erkannt wird, muß dessen Resultat,
> die Darstellung einer vielschichtigen Wirklichkeit mit ihren dunklen und
> unaufgeklärten Stellen in der Rezeption vereinfacht werden zur einschich-
> tigen bloßen Laudatio auf die DDR, angestimmt von einem Emporkömm-
> ling und tauglich allenfalls dazu, Einblicke zu gewähren "in die vertrackte

67. Heinrich Mohr: Gerechtes Erinnern. Untersuchungen zu Thema und
Struktur von Hermann Kants Roman *Die Aula* und einige Anmerkungen zu
bundesrepublikanischen Rezensionen. In: *GRM* 21 (1971), S. 225-245, hier
S. 245.
Positiv gestimmte BRD-Rezensionen behandelt Mohr nicht.
68. Ibidem, S. 237. Es wird bei Mohr nicht deutlich, ob sein Plädoyer für
eine offenere Rezeptionshaltung gegenüber DDR-Literatur nur Kants Roman
gilt.
69. Ibidem, S. 239.
70. Die DDR-Kritik wird einfach nach dem Schema des Guten und Bösen
eingeteilt.

Psychologie jener Menschenschicht, die man sehr treffend die neue Klasse genannt hat" (Zehm).[71]

Und zwei Seiten weiter:

Die politische Haltung des Buches weckt Mißtrauen gegen seine literarische Qualität. Sie aktiviert ein Vorurteil, ein Klischee, das, den Rezensenten unbewußt, das Urteil wesentlich bestimmt. Es wäre etwa so zu umreißen: Ein Roman über die DDR — für die anderen sozialistischen Staaten ist das Klischee in dieser Schärfe nicht gültig — ist entweder rückhaltlose Laudatio — dann handelt es sich um ein schlechtes Buch und um einen moralisch minderwertigen Autor — oder es ist ein Werk des Widerstands, der Resignation, der Verzweiflung, jedenfalls aber der entschiedenen Absage an Staat und System — dann kann es ein guter Roman und der Autor Held, Märtyrer oder Opfer sein. Ja oder nein, tertium non datur.[72]

Mohrs "tertium" bildet jedoch ausschließlich eine Verkehrung der von ihm gerügten Rezensionspraxis. Außerdem verkennt er die Unmöglichkeit gerechten Rezensierens, d.h. er verwechselt wissenschaftliche und rezipierende Aussagen über Literatur. Dadurch unterscheidet sich Mohrs Auffassung vom Roman letzten Endes nicht grundsätzlich von den Positionen, die er ablehnt. Es steht nur Behauptung gegen Behauptung.

Zu den von Mohr attackierten Kritikern gehört Marcel Reich-Ranicki. Seine Stellungnahme hat Kants Feigheit, die Wahrheit über die Wirklichkeit in der DDR zu schreiben, zum Thema. Reich-Ranickis Tadel entspringt nicht zuletzt seiner Empörung über Kants Darstellung von BRD-Verhältnissen:

Daß den kritischen Vorbehalten in der *Aula* fast nur Lappalien und Marginalien ausgesetzt sind und daß die homöopathische Dosis Zweifel hier äußerst karg bemessen ist, kann uns natürlich nicht wundern. Daß jedoch Kant unentwegt mit seinem angeblichen Mut kokettiert, daß er stets mit seinem schnoddrigen Pseudozweifel protzt, wirkt peinlich und läßt die Unaufrichtigkeit des Buches um so deutlicher werden. Dieser Erzähler geht auf flacher Erde, aber er bewegt sich wie ein Seiltänzer über einem Abgrund. "Das wäre eine schöne Geschichte", ruft Iswall kühn und augenzwinkernd

71. Ibidem, S. 242. Das eingebaute Zehm-Zitat bezieht sich auf die Rezension von Günther Zehm: Die Aula der neuen Klasse. Zu Hermann Kants Roman vom arrivierten Proletarier. In: *Die Welt der Literatur* 3 (1966) Nr. 4, S. 7.

72. Mohr, a.a.O., S. 244. Bevormundend mutet es an, Kritikern vorzuwerfen, ihre Vorurteile seien ihnen unbewußt. Außerdem wäre es interessant, belegt zu sehen, daß die Rezeptionspraxis sich im Falle anderer sozialistischer Literaturen anders ausnimmt.

zugleich, "in der nicht wäre, was nicht paßt." Wozu das Gerede, wenn in dem Buch doch nur zu finden ist, was bequem hineinpaßt, wenn aus den vielen und oft authentischen Einzelheiten am Ende immer das erwünschte Bild entsteht? Wenn in den in Hamburg spielenden Szenen meist Gauner und Betrüger auftreten oder zumindest gescheiterte Existenzen und zwielichtige Figuren, während die DDR bevölkert wird von tüchtigen Wissenschaftlern und fleißigen Beamten, von Studenten, deren Moral an Pfadfinder erinnert und deren Kameradschaft rührend ist? [73]

Mit Argumenten ad hominem geht Günter Zehm ins Gericht:

Im allgemeinen pflegen Schriftsteller zu den Emporkömmlingen, die sie schildern, größere Distanz zu halten. Fielding ist nicht Tom Jones, Sterne nicht Tristram Shandy, beides eiskalte Gewächse der kapitalistischen Gesellschaft, sind immerhin noch sympathischer als Robert Iswall, dieses deutsche, demokratische Stiftlergeschmäckchen, das es so weit gebracht hat und auch noch weiter bringen wird. [74]

Kants Sympathie für Iswall macht für Zehm die Hauptgestalt ungenießbar:

Iswalls deutlich neureiche Allüren, sein kokettes Spiel mit den Autoschlüsseln, seine schneidende Verachtung der Kleinbürger (die einem preußischen Leutnant wohl angestanden hätte), sein ambivalentes, aus Überheblichkeit und Minderwertigkeitskomplex gemischtes Verhältnis zum westdeutschen Wirtschaftswunder lassen ihn als eine ziemlich fragwürdige Gestalt erscheinen, zu der man keineswegs ja sagen möchte. [75]

Der "Roman vom arrivierten Proletarier" [76] — Zehm liest ihn als Autobiographie — ruft durch die Selbstverherrlichung und die (damit zusammenhängende) Haltung des Opportunismus Zehms Ärger hervor:

Allerdings fallen dem sich erinnernden Iswall auch verschiedene Scheußlichkeiten ein, (...) und er verschweigt sie nicht. Aber das durchgehende Pathos des "Es ist erreicht!" wird dadurch nicht im geringsten beeinträchtigt, im Gegenteil. Dadurch, daß alles ins verklärende Licht der Erinnnerung getaucht ist, daß alles vom glücklichen Ende her gesehen wird, erhalten die Schatten im Gesamtbild automatisch die Funktion des Mephistopheles, der stets das Böse will und stets das Gute schafft; Kant hat sich vor der Todsünde des "Skeptizismus" und "puren Kritizismus" wohl gehütet,

73. Marcel Reich-Ranicki: Ein Land des Lächelns. Hermann Kant, *Die Aula*. In: M.R.-R., *Zur Literatur der DDR*, München 1974, S. 83-89, hier S. 87. Die Rezension erschien ursprünglich in: *Die Zeit* vom 1.4.1966. Solche extrem negativen Rezensionen wie diese bleiben in der DDR unbeantwortet.
74. Zehm, a.a.O.
75. Idem.
76. So der Untertitel der Rezension.

·und das hat ihm die uneingeschränkte Anerkennung der Partei auch nach der Verkündung des harten Kurses in der Kulturpolitik eingebracht.[77]

In einer Hinsicht fällt Zehms Besprechung von Kants Roman aus dem Rahmen negativ gestimmter, westlicher Reaktionen. Er führt seine – vor allem moralischen – Bedenken nicht zurück auf die Manipulation mit Wirklichkeit. Für ihn ist der Roman DDR-Wirklichkeit schlechthin und als solche zu verurteilen.

> ...ein Buch..., das viele soziologische und sozialpsychologische Aufschlüsse über die "DDR" gibt, das uns – wie selten eins zuvor – manche Einblicke tun läßt in die vertrackte Psychologie jener Menschenschicht, die man sehr treffend "die neue Klasse" genannt hat.

Robert Iswall, die Zentralfigur des Kantschen Romans, ist ein typisches Gewächs dieser "neuen Klasse": wohldotierter, "aus der Arbeiterklasse aufgestiegener" Parteijournalist und im Besitz fast sämtlicher Privilegien, die die SED zu vergeben hat. Iswall unterliegt nicht der "Pflicht zur Arbeit" wie die übrigen "DDR-Bürger", er besitzt ein Auto und er darf, wenn er es für opportun hält, nach Westdeutschland fahren, ohne das Rentenalter schon erreicht zu haben.[78]

Anhand eines sehr engen literarischen Wertmaßstabes kommt Fritz J. Raddatz zu einer Negativeinschätzung des Romans. Er wirft Kant – und en passant der ganzen deutschsprachigen Literatur der Gegenwart[79] – vor, sie übe nur oberflächliche Kritik an herrschenden Mißständen:

> Prosa, als auf Kommunikation ausgerichtete Sprache, die den gesellschaftlichen Alltag bestenfalls interpretieren, also 'verzieren', aber keinesfalls unterhöhlen darf, steht ständig in der Gefahr, Konsumartikel zu werden – als 'ein Gespinst schön kommunizierter schöner Inhalte' integriert zu werden. Nur Prosa, die sich ständig gegen diesen Zugriff wehrt, kann Kunst sein. Sich dagegen wehren heißt aber nicht, gesellschaftliche Mißstände durch Worte zu entkleiden suchen, die ihrerseits nicht entkleidet sind, sondern eben jene Mißstände nur benennen; die Kritik muß in die Sprache selber getragen werden. So, wie westliche Literatur bis hin zu Grass, wenn sie so tut, als sei unser geschichtlicher Ort noch der Storms oder Fontanes, von vornherein eher – mag sein, unbewußt – Verschleierungsfunktionen ausübt, zur Unwahrheit verdammt ist und sich damit selber zum Teil der Kulturindestrie macht, so hat auch ein Buch wie Kants *Aula* einen konservie-

---

77. Idem.
78. Idem.
79. Welche Werke (welcher Literaturen) Raddatz' Maßstäben genügen könnten, ist der Passage leider nicht zu entnehmen.

renden, also konservativen Charakter: es trägt bei zur Illustration, also
Aufrechterhaltung des Bestehenden. Es ist neu, aber nicht jung – ein altes
Buch.[80]

Es charakterisiert die Einwände von Raddatz, daß sie Ausdruck eines Wahrheitsfanatismus sind. In der Hinsicht ist es aufschlußreich,
daß von Raddatz als kritisch betrachtete Elemente des Romans
unter Berufung auf exakte Wirklichkeitsverhältnisse zurückgewiesen werden:

> Kant, der in Gesprächen gern erwähnt, daß über seinem Schreibtisch ein
> Bild von Hemingway und in seinem Regal vor allem Thomas-Mann-Bände
> stehen, bleibt in seinen Romanen undurchlässig für jedes ernsthaft kriti-
> sche Element, für Zweifel oder gar Verzweiflung. Seine Kritik verkommt
> zu kritischen Mätzchen, zu einer Art marktkonformer Nörgelei: die be-
> kannte Szene, in der Hauptheld Robert Iswall am Bahnhof Friedrichstraße
> den Chemiefachmann trifft, der gerade von einer Tagung aus Bombay
> kommt und sich von dort, um die halbe Welt, ein Netz voll Zwiebeln mit-
> brachte, ist Applikation. (Bezeichnenderweise stimmen in dieser Szene
> auch die Details nicht – wer auf dem Flugplatz Schönefeld aus Bombay
> landet und einen Dienstwagen hat, wird am S-Bahnhof Friedrichstraße be-
> sagtes Netz nicht mehr in der Hand tragen.) Und der auf kritische Ironie
> als Stilmittel so erpichte Hermann Kant merkt nicht: der Mut seines Ro-
> bert Iswall, mit dem er Zensurversuche des Rektors abwehrt, als der ihm
> den Festvortrag zur Schließung der ABF vorab lektorieren will, wirkt läp-
> pisch angesichts der Tatsache, daß noch heute jede Visitenkarte und jeder
> bedruckte Briefbogen in der DDR eine Kontrollnummer trägt und daß
> noch immer Buchveröffentlichungen von Hermann Kants Kollegen unter-
> bunden werden – sogar von Hermann Kant selber, inzwischen.[81]

Mit scheinbarer Großzügigkeit und naiv-objektivistischen Wertungs-
maßstäben versucht Raddatz ideologische Sperren zu überwinden
und so dem Verdacht einer eigenen Standortgebundenheit zu entgehen. Wie wenig ihm das gelingt, zeigt sich, wenn er im Anschluß
an die merkwürdigen Widerlegungsversuche die für ihn entscheidende Frage stellt, ohne zu bemerken, in welchem unmöglichen
Zusammenhang diese beantwortet werden sollte:

> In einem Interview kurz nach Erscheinen des Romans machte Kant die
> Wahrnehmbarkeit seiner kritischen Observanz zum Kriterium für die künst-

---

80. Fritz J. Raddatz, *Traditionen und Tendenzen. Materialien zur Literatur der DDR.* Frankfurt am Main ²1976, S. 333f. Das eingebaute Zitat betrifft: Hans G. Helms: Zur Phänomenologie gegenwärtiger Prosa. In: *alternative.* Oktober 1964, S. 108.
81. Raddatz, a.a.O., S. 332.

lerische Wirkung des Buches. Wobei selbstverständlich mit 'kritischer Observanz' weder verstanden noch etwa verlangt werden soll, daß ein Autor wie Kant sich vom Sozialismus distanziere. Die entscheidende Frage ist, ob eine Phänomenkritik angedeutet wird oder Strukturen grundsätzlich kritisch erörtert werden.[82]

Zusammen mit dieser quasi neutralen und somit nichtssagenden Raddatz-Position bildet Jost Hermands Besprechung der *Aula*[83] die Mitte der Rezeptionsskala im Westen. Wie schon aus dem Titel des Sammelbandes, in den die Besprechung aufgenommen wurde, hervorgeht, kommt Hermand — völlig anders als Raddatz — zu der Schlußfolgerung, daß Kants Roman ein großes Werk genannt werden kann:

> Statt sich von einem westlich-modischen Nihilismus-Gerede anstecken zu lassen oder einem östlich-automatischen Optimismus zu huldigen, weicht Kant allen dürren intellektuellen Schemata aus und konfrontiert sich mit altmodischer Naivität und zugleich höchst geschickter Arrangierfähigkeit mit jener welterzeugenden Lebensfülle, die nun einmal zu allen großen Romanen gehört.[84]

Als Hauptcharakteristikum des Romans hebt Hermand die doppelte Satire hervor:

> Es empfiehlt sich daher [will man dem Buch kein Unrecht tun, JH], mit dem 'Satirischen' zu beginnen, das auf den ersten Blick reichlich vordergründig erscheint und doch zur Kernzone dieses Werkes gehört. Einmal ganz grob gesprochen, gibt es bei Kant zwei Arten von Satire: die an dem anderen Deutschland, der BRD, und die an dem eigenen Deutschland, der DDR.[85]

Nicht nur deswegen, sondern auch weil sonst die Gefahr besteht, daß man in die Fehler der bisherigen Rezeptionspraxis verfällt, bietet sich, nach Hermand, ein solcher Interpretationsansatz an:

> Wie zu erwarten, machte man es sich dabei recht bequem und suchte sich aus diesem Buch lediglich das jeweils 'Passende' heraus. Im Westen sprach man in den üblichen Zeitungsfeuilletons meist von einer gelungenen Satire auf den SED-Apparat, vom 'Wolf im Schafspelz' oder einem ironischen In-Frage-Stellen des gesamten 'mitteldeutschen' Regimes, wobei man dem jungen Autor in westdeutscher Onkelmanier gönnerhaft auf die Schulter klopfte. Im Osten ließ man sich nicht entgehen, Kant für das Erreichen

82. Ibidem, S. 332f.
83. Jost Hermand: Hermann Kant: *Die Aula*. In: *Unbequeme Literatur. Eine Beispielsreihe*. Heidelberg 1971, S. 176-192.
84. Ibidem, S. 177.
85. Ibidem, S. 178.

neuer Bewußtseinshöhen, die überlegene Heiterkeit des sozialistischen Denkens oder das erzählerische Weltniveau zu rühmen.[86]

Wie vielversprechend Hermands Beobachtungen in Hinblick auf die doppelte Satirefrage auch erscheinen mögen, es läßt sich nicht vermeiden, daß er im weiteren Verlauf seiner Ausführungen "das Satirische" nach inhalts- und funktionsbezogenen Gesichtspunkten ontologischer Art bestimmen muß. Das heißt, daß sich nach und nach Hermands Blickwinkel verengt, was schließlich kulminiert im traditionellen Bild des Satirikers, der den Spiegel vorhält:

Wie in manchen anderen DDR-Romanen der frühen sechziger Jahre wird damit der SED ein Spiegel vorgehalten, der die alten Stalinisten recht erbittert haben muß.[87]

Inzwischen verschwindet damit auch die Satire "an dem anderen Deutschland" aus dem Bild; ein textbezogener Satirebegriff muß ja das voraussetzen, was Karl Robert Mandelkow ganz allgemein für DDR-Literatur überhaupt gelten lassen will:

DDR-Literatur ist eine Literatur des geschlossenen Regelkreises, geschrieben von Bürgern der DDR für Bürger der DDR.[88]

Deswegen richtet Hermand fast alle Aufmerksamkeit auf Kants — für BRD-Leser offensichtlich neues — Satireverständnis:

Eine solche Haltung kann man nicht als Satire an den 'Kinderkrankheiten des Sozialismus' abtun. Dazu ist sie viel zu umfassend. Und doch läßt sich Kant nie zur einseitigen Verdammung hinreißen. Wohin man auch blickt, werden diese karikierenden Elemente stets mit ironischen Zwischentönen, psychologischer Relativierung und menschlicher Verständnisbereitschaft angereichert. Denn schließlich geht es dem Autor der *Aula* nicht um ein negatives Gegenbild, sondern um die Aufrichtung eines neuen Ideals, das den Leser, in bester marxistischer Tradition, zur kritischen Distanz an den Widersprüchen der eigenen Gegenwart erziehen soll.[89]

Wie gesagt, Hermands Beitrag zur Aula-Diskussion in der BRD bildet nicht weniger als der von Raddatz einen Versuch, den Roman scheinbar aus neutraler Position zu betrachten. Beide unterscheiden sie sich wiederum jedoch von Mohr, der die Diskussion um

86. Ibidem, S. 177f.
87. Ibidem, S. 182.
88. Karl Robert Mandelkow: DDR-Literatur und ihre bürgerliche Rezeption. In: K.R.M.: *Orpheus und Maschine. Acht literaturgeschichtliche Arbeiten.* Heidelberg 1976, S. 136-162, hier S. 141.
89. Hermand, a.a.O., S. 184.

den Roman aus unbefangener, rein literarischer Rezeptionshaltung führen will, indem sie Literatur pragmatische Wirkungsmöglichkeiten – spezifisch oder allgemein – keineswegs absprechen wollen.

Beide fühlen sich allerdings nicht von Kants Roman angesprochen – Raddatz überhaupt nicht, Hermand nur im Namen der in Betracht kommenden Adressaten –, wollen dafür vielmehr angebliche Fehler ihrer Zunftgenossen verbessern und ziehen sich dafür auf eine Ebene der Argumentation zurück, auf der nur literarische Werturteile eine Rolle spielen. In der Hinsicht bilden sie für rezeptionstheoretische Forschung unter dem Aspekt ihrer ästhetisch-ideologischen Rezeptionshaltung – dies wiederum zusammen mit Mohr – interessantes Forschungsmaterial.[90]

Auf der anderen Seite der bundesrepublikanischen Rezeptionslage befinden sich die positiven Äußerungen zu Kants Roman von Franz Schonauer[91] und Hans-Georg Hölsken.[92] Sie bilden Spiekows

> Rezensenten in der BRD, die aus dem 'kritischen Ton' des Romans die Berechtigung ableiten, ihn in eine nebulöse Einheit nonkonformistischer Literatur zu integrieren, um so einen Widerspruch zwischen sozialistischer Literatur und sozialistischem Staat konstruieren und die konkret bezogene Gesellschaftskritik anderer als allgemeingesellschaftliche Haltung deklarieren zu können.[93]

Obwohl diese abwehrende Einschätzung von Spiewok für bestimmte DDR-interne Rezeptionspositionen nicht weniger angebracht wäre und er außerdem – merkwürdigerweise – kein Wort verliert

90. Unter rezeptionsorientierten Gesichtspunkten eröffnet sich für die Literaturwissenschaft eine völlig neue Perspektive auf das Problem der Ideologie. Die Frage nach dem Zusammenhang von Literatur und Ideologie verlagert sich dann von der Ebene des ideologischen Textgehalts zur Erforschung der Erscheinungsformen von Ideologie im Umgang mit Literatur.
Ein Forschungsprojekt mit diesem Zusammenhang als Thema wird in den Jahren 1981-1983 von den Deutschabteilungen der Vrije Universiteit Amsterdam und der Rijksuniversiteit Leiden in gemeinsamer Arbeit durchgeführt werden.
91. Franz Schonauer: Hermann Kant/*Die Aula*. In: *Neue Rundschau* 77 (1966), S. 308-312.
92. Hans-Georg Hölsken: Zwei Romane: Christa Wolf *Der geteilte Himmel* und Hermann Kant *Die Aula*. Voraussetzungen und Deutung. In: *Der Deutschunterricht* 21 (1969), H. 5, S. 61-99.
93. Spiewok, a.a.O., S. 417.

über die schwer negativen Stimmen im westlichen Lager, läßt sich vermuten, daß ihm eine Reaktion wie die von Schonauer vor Augen geschwebt haben muß:

> *Die Aula* ist der erste Versuch eines DDR-Schriftstellers über die Verhältnisse 'drüben' so zu schreiben, daß den Leser nicht vor lauter Aktivisten, Arbeiterhelden und Klassenkämpfern das Gähnen ankommt. Im Gegenteil! Gußeiserne Linientreue, Parteijargon und leeres Parolengeplapper kommen bei Kant schlecht weg. Andererseits: Kant mag — was sein gutes Recht ist — die Bundesrepublik nicht, aber einen westdeutschen Zöllner porträtiert er ganz menschlich; und vor Hamburg kapituliert selbst seine Spottlust, und er wird ein bißchen sentimental.Will sagen: Kant ist weder ein sturer Ideologe noch ein strammer Dummkopf. Keiner, der meint, es genüge, strahlendes Weiß gegen finsteres Schwarz zu setzen. Er hat Verstand und schriftstellerischen Witz; und er benutzt beides.[94]

Spiewoks Skepsis gegenüber solchen gutwollenden, ein neues literarisches Klima begrüßenden Stimmen läßt auf eine Angst schließen, als ob hier der Wolf im Schafspelz aufträte. Unwidersprochen bleiben dagegen radikal antikommunistische Reaktionen wie z.B. die Hans-Georg Hölskens:

> Kant parodiert in seinem Roman den Versuch, den Menschen zu "konfektionieren", und er wendet sich gegen alle Denkschematismen der Partei, die der menschlichen Individualität keinen Raum lassen. Mit anderen Worten: der eigentliche Gegenstand der Gesellschaftskritik ist die Auseinandersetzung des Individuums mit den Erstarrungserscheinungen der sozialistischen Gesellschaft, mit dem also, was der österreichische Reformkommunist Ernst Fischer die "Deformation des Kommunismus" nennt.[95]

Übrigens ist an diesen beiden westlichen Reaktionen auffällig, daß mit der positiven Bewertung von Kants Roman als Satire — wie unterschiedlich diese Urteile im einzelnen auch begründet sein mögen — eine verharmlosende, bisweilen sogar von bewußter Ignoranz zeugende Beurteilung der satirischen Ebene, in der BRD-Verhältnisse beleuchtet werden, einhergeht:

> Im ganzen sieht der Erzähler Robert Iswall den Westen mit ironischer Überlegenheit des erfolgbewußten Sozialisten, aber — bei aller einseitigen Auswahl der Erlebnisse — ohne Gehässigkeit.[96]

94. Schonauer, a.a.O., S. 311.
95. Hölsken, a.a.O., S. 71.
96. Ibidem, a.a.O., S. 97. Vgl. unter diesem Aspekt auch die aus Schonauers Rezension zitierte Passage.

Solche auf den ersten Blick erstaunlichen Behauptungen hängen
engstens mit einer bestimmten Auffassung über den wahren Satiriker zusammen. Vom Satiriker, so lautet die Voraussetzung, dürfen
aufrichtige Wahrheitsliebe und ein gerechtes Urteil erwartet werden:

> Entscheidend ist, daß der Satiriker hinreichend "Autorität" besitzt, die
> sein strafendes Vorgehen rechtfertigt und ihn zur Kommentierung der Er-
> kenntnisvorgänge befähigt. Solche Autorität kommt ihm als Vertreter ei-
> ner akzeptierten Norm zu, er kann sie jedoch auch erst im Vorgang der Sa-
> tire zu erwerben suchen. Vom Moment der Autorität ist die Verbindung
> Autor–Norm in bezug auf das Publikum bestimmt. Die Leser sollen den Sa-
> tiriker als gerechten Kritiker empfinden, den die sozialen oder moralischen
> Verhältnisse zum Satiriker gemacht haben (...): *"difficile est satiram non
> scribere".*[97]

Mit einer solchen Auffassung über die Aufgaben eines Satirikers
kann jedes Lager für sich in Anspruch nehmen, daß man den gerechten Zorn teilt. Sogar scheut man sich nicht, die Unumgäng-
lichkeit der Autorität des Satirikers auch fürs andere Lager verbindlich zu erklären:

> Der Autor will beweisen, daß eine politisch opportune Geschichte sich an-
> sprechend 'modern' erzählen läßt. So mutet Kants Roman *Die Aula* inner-
> halb der ostdeutschen Literatur extravagant an. Trotzdem überstand er die
> Beschlüsse des 11. Plenums und bekam von der Kritik 'drüben' einmütig
> gute Noten.[98]

Oder man schreibt Kant und seinem Roman die Bedeutung eines
historischen Wendepunkts in der Geschichte der marxistisch-leninistischen Ästhetik zu:

> In the USSR satire led at times to crises and to the imprisonment or exile
> of the critics. But Kant's doubts about Iswall's motives do not seem to me
> to belong to the introverted kind. Kant, in other words, is as extroverted
> as the society which he is dissecting. So he may never find himself suffer-
> ing official rebuke. This could be a good thing, for he seems to promise
> exciting veins of satire available to Communists within the life of the Com-
> munist State.[99]

97. Jörg Schönert, *Roman und Satire im 18. Jahrhundert. Ein Beitrag zur
Poetik.* Stuttgart 1969, S. 29. Die zitierte Stelle stammt aus der allgemeinen Einleitung in das Satireproblem.
98. Schonauer, a.a.O., S. 308.
99. Derek von Abbé: Autobiography of an extrovert generation. In:
German Life & Letters 26 (1972/73), S. 50-58, hier S. 57f.

Kurz, nicht der Satiriker hält einen Spiegel vor, sondern Rezipientengruppen finden das im Werk widergespiegelt, was ihnen ins Bild
paßt.

Das gilt nicht weniger für die Rezeption außerhalb des unmittelbaren Entstehungskontextes, wie das letzte Beispiel veranschaulicht.[100] Nicht von ungefähr entzieht sich Manfred Durzak auf ab-
blendende Weise einer Auseinandersetzung mit Kants BRD-Schil-
derung und deren Rezeption:

Auf die denunziatorische Verzerrrung, die hier in den revuehaft eingeblen-
deten. Ausschnitten von bundesdeutscher Wirklichkeit zum Vorschein
kommt — neben Grieper sind der redselige Wirtschaftswunder-Spießer, den
Iswall im Speisewagen des Zugs trifft, der Böll und Enzensberger lesende
Kaufmann Windshull und der zur monströsen Karikatur gemachte Nestroy-
Schauspieler zu erwähnen, den Iswall auf der Rückfahrt nach Berlin im
Zug trifft —, soll nicht eingegangen werden. Sie ist Teil einer wohl auch
von Kant verinnerlichten Schreibstrategie, die gerade dort blinde Flecken
in seiner Prosa schafft, wo seine Darstellung sich auf der Vergleichsebene
der DDR-Wirklichkeit dadurch auszeichnet, daß die standardisierten Muster außer Kraft gesetzt werden und nicht die von kulturpolitischer Ideologie polierte Oberfläche der Dinge lediglich reproduziert wird.[101]

Ein Vergleich mit Spiekows Beobachtungen zur Wirkung von Kants
Satire bringt mutatis mutandis interessante Parallelen ans Licht:

Die satirische Beleuchtung bundesdeutscher Wirklichkeit verrät absolute
Distanz des Autors, der von einem prinzipiell anderen weltanschaulichen
Standpunkt aus urteilt, einem Standpunkt, der mit den Erscheinungsfor-
men dieser Wirklichkeit absolut nicht vereinbar ist. Die Satire der Pom-
mernplatz-Episode läßt natürlich gleichfalls dichterisch distanzierte Darstellung erkennen, ohne daß diese Distanz freilich absolut wäre, gilt der
Angriff doch gesellschaftlichen wie individuellen Unfertigkeiten einer
Wirklichkeit, mit der sich der Autor dank seiner Weltanschauung prinzipiell identifizieren muß, da sie seine Wirklichkeit ist, von ihm, von seiner
Generation in ihren Vorzügen wie in ihren Irrtümern und Unfertigkeiten
gestaltet. So kann er auch gar nicht den Standpunkt des absolut distanzierten, überlegenen, für die widersprüchliche Wirklichkeit nicht verantwortli-

100. Es wäre einer selbständigen Untersuchung wert, zu analysieren, welche Rezeptionsaspekte der Erstrezeption spätere literaturgeschcihtliche Diskussionen prägen. Hier handelt es sich nur um die Rezeptionshaltung bei einem Werk, das als Satire gilt. Außerdem sind 15 Jahre zu wenig, um schon
nicht mehr von zeitgenössischer Literatur zu sprechen.
101. Manfred Durzak, *Der deutsche Roman der Gegenwart: Entwicklungs-
voraussetzungen und Tendenzen: Heinrich Böll, Günter Grass, Uwe Johnson,
Christa Wolf, Hermann Kant.* Stuttgart ³1979, S. 438.

212

chen Richters einnehmen, sondern er muß sich selbst als Mithandelnder und Mitirrender einbeziehen in das Kollektiv jener, deren Tun und Irren Gegenstand ironisch-satirischer Darstellung ist. Demgemäß muß denn auch das Ziel dieser ironisch-satirischen Darstellung grundsätzlich verschieden sein vom Ziel der Satire auf der bundesrepublikanischen Ebene: Ging es dort um absolute Verneinung, um ein grundsätzliches Infragestellen der gesellschaftlichen Ordnung als Trägerin jener abgelehnten Erscheinungen, so geht es hier, auf der Ebene der sozialistischen Wirklichkeit, keinesfalls um ein Verneinen der gesellschaftlichen Ordnung in ihrer Totalität, sondern um die Anwendung eines speziellen ästhetischen Wertungssystems, mit dessen Hilfe Tadelnswertes kritisch und zugleich selbstkritisch dargestellt wird, dargestellt wird als überwindbare, die Widersprüchlichkeit des historischen Prozesses kennzeichnende Erscheinung, deren geistige Bewältigung durch die Figuren wie durch ihren Schöpfer die weite Perspektive der sozialistischen Ordnung sinnfällig vor Augen führen.[102]

Durzaks zwischen den Zeilen mitschwingende Enttäuschung hat ihre Ursache darin, daß er Kants Romanprogramm als Tauwettererscheinung betrachten will:

Diese in den Roman hineingearbeitete ästhetische Standortbestimmung Hermann Kants trägt also alle Züge eines verdeckten literarischen Protestes gegen bestimmte, die DDR-Literatur bis in die sechziger Jahre hinein reglementierende Normen. Kant proklamiert ein gewisses Eigenrecht des Erzählerischen, das von der Erkenntnis einer komplexen und sich jeder vereinheitlichenden Formel entziehenden gesellschaftlichen Realität getragen ist und im Bekenntnis zur poetischen Anschauungskraft der epischen Imagination einen ästhetischen Spielraum beansprucht, in dem sich Darstellung künstlerisch realisiert, ohne dabei vorgeschriebene Regeln erfüllen zu müssen. Wenn man so will, handelt es sich hier um eine in den Roman hineingearbeitete Poetik, die damit auch die Perspektiven signalisiert, die sich an eine Deutung des Buches anlegen lassen.[103]

So will Durzak auch erklären, wie es Kant gelungen ist, "ein gesamtdeutsches Phänomen"[104] zu werden:

Der Erstlingsroman, der 1975 bereits in der Leinenausgabe des Rütten & Loening Verlages in der 17. Auflage vorlag, die Taschenbuchausgabe im Aufbau Verlag nicht mitgerechnet, lag als Fischer Taschenbuch Anfang 1977 im 115. Tausend vor, die Leinenausgabe im Luchterhand Verlag nicht mitgerechnet. Das ist ein Erfolg, der keinem andern Autor auf beiden Seiten der Berliner Mauer auch nur annäherungsweise möglich gewesen ist, auch wenn bei diesem Erfolg von vornherein zu berücksichtigen ist, daß es

102. Spiewok, a.a.O., S. 430f.
103. Durzak, a.a.O., S. 435.
104. Ibidem, S. 425.

offenbar keinem andern Autor so geschickt gelungen ist, kulturpolitische Hindernisse in der DDR und ideologisch aufgestellte Hürden in der Bundesrepublik bei der Rezeption seiner Romane zu überspringen. Dieses Moment läßt sich aus dem Rezeptionsvorgang nicht ausklammern, wie es auch andererseits zu leicht wäre, lediglich damit zu argumentieren, unbezweifelbare literarische Qualität habe sich über ideologisch betonierte Grenzsteine, hier wie dort, hinweggesetzt.[105]

Einen möglichen Erklärungsgrund für Kants Erfolg sieht Durzak in dem — für deutsche Verhältnisse neuen — Zusammenspiel von Literatur und Öffentlichkeit:

Als Autor-Typus widerspricht Kant so völlig den Maßstäben einer langen deutschen Tradition, die den Schriftsteller und die gesellschaftliche Öffentlichkeit stets in einem Spannungsverhältnis zeigt und auch als Begründung dafür ins Feld führen kann, daß jene Phasen, wo die Literatur von der politischen Öffentlichkeit umarmt wurde — das jüngste Beispiel ist das Dritte Reich —, zum Erstickungstod der Literatur geführt haben. Daß es auch andere nationale Traditionen gibt, wo die Öffentlichkeit dem Schrifsteller eine Repräsentanzrolle eingeräumt hat, die nicht von vornherein mit dem Verlust seiner schriftstellerischen Integrität erkauft war — Frankreich wäre ein Beispiel —, übersieht man dabei zu leicht.[106]

Mit dieser Hilfskonstruktion kann Durzak sowohl Kants "denunziatorische Verzerrung bundesdeutscher Wirklichkeit" plausibel machen als auch gleichzeitig die Voraussetzung für Kants Erfolg beim bundesrepublikanischen Publikum erklären:

[I]n beiden durch politisch-gesellschaftliche Grenzziehungen getrennten Rezeptionsbereichen ist es offenbar so, daß man Kant als einen Romancier auffaßt, der einen entscheidenden historischen Entwicklungsschritt der DDR-Geschichte reflektiert und gestaltet hat. Das ist vor allem ein Aspekt, der für die bundesdeutsche Leserschaft wichtig ist, die Kants Romane nicht zum geringen Teil als Informationsquellen benutzt über jenen nach wie vor in den politisch-ideologischen Nebeln der beiderseitigen Zeitungsschlagzeilen gehüllten anderen deutschen Staat. Aber daß man Kant so vorbehaltlos als Romancier der DDR-Geschichte akzeptierte, hat sicherlich auch damit zu tun, daß er diese Geschichte in fabulierenden Geschichten präsentiert, also nicht in trockenen didaktischen Modellen abhandelt, sondern in eine epische Anschaulichkeit übersetzt, die nicht nur einen verinnerlichten politischen Regelkatalog in seiner Leserschaft anspricht, sondern auch ihre Phantasie, Imaginationskraft und ein kulinarisches Lesevergnügen aktiviert.[107]

105. Idem.
106. Durzak, a.a.O., S. 427.
107. Ibidem, S. 425. — Lesehilfen und Schlüssel, um den Roman als In-

Bleibt zu fragen, *wie* Leser solche Informationsquellen verarbeiten. Diese ausführliche und systematische Analyse der Rezeption von Kants *Aula* mag veranschaulicht haben, daß der Roman als Belegliteratur[108] gelesen worden ist, eine Rezeptionssituation, in der ein Werk zur Bestätigung kontroverser Interessen Einsatz von Diskussionen zwischen Rezipientengruppen wird. Daß dabei mehr insbesondere von einer Rezeption als Satire gesprochen werden kann, hat seinen Grund darin, daß hier Gruppen von Lachern andere Rezipienten dazu bringen, ihre Interessen in Schutz zu nehmen.

Pragmatisierung literarischer Texte ist nach produktions- oder rezeptionsästhetischen Gesichtspunkten eine Form inadäquaten Verstehens dieser Texte. Dafür fordern diese Ansätze, daß man sich als Rezipient in den Entstehungs- bzw. Kommunikationskontext dieser Texte versetzt. Das Verstehen sollte also ein regelgeleitetes Verhalten zur Bedingung literarischer Kommunikation haben. Ein solcher Regelbegriff sichert zwar die Autonomie und die Spezifizität literarischer Kommunikation, sie vernachlässigt dafür

formationsquelle lesen zu können, bietet Theodor Langenbruch in seiner Monographie: *Dialectical humor in Hermann Kant's novel 'Die Aula'. A study in contemporary East German literature.* Bonn 1975. Zu diesem Buch bemerkte Alexander Stephan: "Unter Humor werden dabei recht großzügig Sprach-, Stil- und Strukturfiguren subsumiert: also Neologismen, Gegensätze, Dialekt, Umgangssprache, Parteijargon, Antithesen, die Neuverwendung religiöser Begriffe, literarische Anspielungen, offene Form oder auch das Leitmotiv vom "Affen Iswall", wie sich Robert Iswall, die Hauptperson des Romans, selbstkritisch nennt". (Langenbruch-Rezension in: *Monatshefte* 70 (1978), S. 211f., hier S. 211.) Für Langenbruch gibt es denn auch keine Gattungs- oder Interpretationsprobleme:
"Satire, irony, and humor are generally recognized as important features of the *Aula*. These three qualities are ways of saying things indirectly; this means, they may be lost, if unrecognized; yet, if recognized, their functions are still open to interpretation. At worst, one does not see anything but a smooth surface: nice entertainment, interesting information, intelligent remarks – in one word, just "Socialist Biedermeier", but not high art. (...)
This brief survey of papers and book chapters written to date on Kant's *Aula* has shown that detailed studies both on form and content of the *Aula* are lacking. The study undertaken in this book tries to close this gap. This book comprises various methods, and even includes extra-literary material, where necessary, for understanding the *Aula*" (S. 9).
108. Auch eine Ablehnung des Textes gehört zu dieser auf Bestätigung angelegten Rezeptionsverhaltensweise.

die Dynamik von Rezeptionsprozessen, in denen sich die gebrauchs-
bedingte Bedeutung von Literatur niederschlägt. Greift man nun
auf das Selbstverständnis von historisch oder ideologisch bedingten
literarischen oder literaturwissenschaftlichen Begriffsbestimmungen zurück, so verfehlt man damit gleichzeitig die Möglichkeiten
rezeptionstheoretischer Analyse, gerät nur noch das einseitig in
den Blick, was die eigene Rezeption bestätigt oder sie ex negativo
verdeutlicht.[109]

Die Praxis der Rezeption literarischer Texte zeigt, daß es eine
breite Skala von nach bestimmten Rezipienteninteressen zu sy-
stematisierenden Pragmatisierungen eines literarischen Textes gibt.
Betrachtet man sie in ihrer Bedeutung als Beiträge zu Leserdiskus-
sionen, in denen sich die gesellschaftliche Relevanz des Interesses
an Literatur niederschlägt, so lassen sich Rezeptionsverhaltensweisen in/zwischen Literaturgesellschaften als Gattungen von Textverarbeitungsprozessen beschreiben.

---

109. Als Rezeption ist eine solche Stellungnahme zum Text natürlich
durchaus legitim; literaturwissenschaftliche Aussagen sollten jedoch über einfache Identifikation mit Texten hinausgehen.

DIE WIEDERENTDECKUNG DER ROMANTIK: ZUR FUNKTION DER DICHTERFIGUREN IN DER NEUEREN DDR-LITERATUR

von

Patricia Herminghouse

Das mit Willy Brandts Ostpolitik und Christa Wolfs *Nachdenken über Christa T.* (1968) einsetzende Interesse westlicher Leser und Kritiker für die Literatur der DDR scheint in einer *Chronique scandaleuse* zu enden: "Biermann und die Folgen". So mechanisch und vereinfachend die ersten Bemühungen auch waren, eine Skizze der Literaturlandschaft der DDR im Koordinatenkreuz von Kulturpolitik und Parteibeschlüssen nachzuzeichnen, führten sie doch dazu, daß mehrere Literaturgeschichten der DDR im Westen erschienen, schon ehe die DDR ihre eigene im Jahre 1976 veröffentlichte. Aber die literarische Beschäftigung mit der DDR in der Ära "Nach Biermann" scheint weniger durch einen ernsthaften Versuch, der explizit sozialen Funktion der Kunst in jenem Staat Rechnung zu tragen, gekennzeichnet als durch eine bedenkliche Tendenz zur Einteilung der Literatur in (gute) Dissidenten- und (schlechte) Nicht-Dissidentenliteratur. Indem aber unsere Aufmerksamkeit so unverhältnismäßig stark auf Autoren gelenkt wird, die eine kontroverse Stellung bezogen haben oder — was oft auf das gleiche hinausläuft — zu Bestsellern gemacht werden, werden bedeutsame Entwicklungen *innerhalb* des kulturellen Lebens der DDR nicht zur Kenntnis genommen. Dabei handelt es sich um Entwicklungen, an denen Dissidenten wie auch Nicht-Dissidenten genau besehen gleichermaßen beteiligt sein können. Es ist nicht unsere Absicht, die Stichhaltigkeit des Standpunkts der Dissidenten hier in Frage zu stellen oder etwa zu behaupten, daß ihnen aus politischen Gründen

---

* Aus dem Englischen übertragen von Reinhart Jost.

ein größeres literarisches Verdienst zugeschrieben wird, als sie sonst gerechterweise für sich in Anspruch nehmen könnten, obwohl dies gelegentlich durchaus geschehen ist. Es geht vielmehr darum, herauszustellen, daß ein politischen Gesichtspunkten unterworfener Zugang zur DDR-Literatur häufig zu mangelhaften oder verzerrten Perspektiven führt, wenn es um die Beurteilung wichtiger literarischer Entwicklungen geht. Ein Beispiel dafür ist die Wiederentdekkung der Romantik in der DDR, jene Auseinandersetzung, die wesentliche Prämissen der Literaturgeschichte, der Kulturtheorie und Ästhetik berührt und die Literaturwissenschaftlern und Autoren zugleich den Anstoß gab, die Funktion der Literatur in der zeitgenössischen sozialistischen Gesellschaft zu überdenken, Widersprüche aufzugreifen und die Thesen herkömmlicher kultureller Dogmen einer kritischen Prüfung zu unterziehen. Obwohl einige Aspekte dieser internen Diskussion – insbesondere die Betonung der Subjektivität – eine auffallende Ähnlichkeit mit Elementen der Dissidenz aufweisen, ist es wichtig, zu ihrer Beurteilung spezifische Zusammenhänge in der DDR, wo sie in einen kontinuierlichen Prozeß der Reflexion qualitativ neuer Auffassungs- und Erfahrungsweisen eingegliedert sind, nicht außer Acht zu lassen. Das Neue daran ist nicht allein der Eifer, mit dem sich Literaturwissenschaftler und Dichter das romantische Erbe anzueignen suchen, und zwar häufig mit recht unterschiedlicher Betonung, sondern auch die Tatsache, daß die Dichter selbst in einem Ausmaß wie nie zuvor literaturwissenschaftlich tätig werden, indem sie an Konferenzen teilnehmen, Essays verfassen und Ausgaben von Werken der Romantiker veröffentlichen. Obwohl man sich schon lange darüber einig ist, daß das Engagement der Autoren in aktuellen Fragen sich nicht nur auf die Produktionsstätten der Arbeiter zu beschränken hat, sondern daß auch eine Beschäftigung mit Fragen der eigenen Arbeit und des eigenen Verhältnisses zur Gesellschaft durchaus legitim ist, so wurden Probleme dieser Art doch ohne Ausnahme auf einen zeitgenössischen Hintergrund projiziert, wie etwa in Wolfs *Nachdenken über Christa T.*, Günter de Bruyns *Die Preisverleihung* (1972) oder Jurek Beckers *Irreführung der Behörden* (1973). Wie kontrovers die Darstellung des literarischen Lebens in der DDR in diesen Werken auch gewesen sein mag, so erscheint sie doch vergleichsweise konventionell im Vergleich zu jenen kühnen poetischen Experimenten, mit denen man die aktuelle Bedeutung der Dichter der romantischen Ära – insbesondere Hölderlin, Kleist, E.T.A. Hoffmann – für die Autoren der Gegenwart zu erfassen sucht: die Vergangenheit wird erhellt aus der Sicht der Gegenwart, die Gegenwart durch das Medium der Vergangenheit kritisiert. Von Gerhard Wolfs *Der arme Hölderlin* (1972) bis zu Christa Wolfs *Kein Ort. Nirgends* (1979) erweist sich jener Faden, der die Dichter der Gegenwart zu den Dichtern der Romantik führt, als das Leiden an der Realität, der Glaube an revolutionäre Prinzipien, der es ihnen verwehrt, die Gegenwart als damit im Einklang befindlich zu bestätigen. Nicht zufällig ist dies der gleiche Faden, der sie mit den meisten ihrer Kollegen verbindet, die die DDR verlassen haben und es vorziehen, ihre Kritik in westlichen Medien anstatt mit Hilfe des Mediums der Vergangenheit zu artikulieren.

Hatte die DDR ihre Geburt als Staat im Zeichen des Goethejubiläums von 1949 gefeiert, so beschloß sie die siebziger Jahre mit einer markanten Verschiebung der Akzente. Man entdeckte in der deutschen Romantik Züge, die der eigenen Erfahrung zu entsprechen schienen, und distanzierte sich gleichzeitig von der Humanisierung und Anpassung Goethes, der durch seine Ablehnung der Romantik als "krankhaft" in zunehmendem Maße als Ebenbild jener Zeitgenossen erscheint, die jederzeit dazu bereit sind, sich als Geschmacksrichter aufzustellen. Die Bedeutung jener Flut von Konferenzen, Artikeln, Ausgaben und literarischen Arbeiten aus Anlaß des 200. Geburtstags von Caspar David Friedrich (1974), E.T.A. Hoffmann (1976), Heinrich von Kleist, Philipp Otto Runge und selbst einer solch obskuren Figur wie Carl Wilhelm Salice-Contessa (1977) wird um so auffälliger, wenn man vergleicht, wie die zweihundertjährigen Jubiläen etwas älterer Romantiker nur wenige Jahre zuvor ungewürdigt blieben. Diese Arbeit versucht darzulegen, daß hier wesentlich mehr als nur die deutsche Vorliebe für Jahrhundertfeiern am Werk ist; sie stellt sich die Aufgabe, die Funktion gegenwärtiger Versuche zur Integration des romantischen Erbes in das literarische Bewußtsein der DDR zu untersuchen und auf die Frage nach der Rolle des Dichters in der Zeit angemessenere Antworten zu finden. Dabei ist ein Exkurs in die gegenwärtige kritische Diskussion der Romantik unter Literaturhistorikern und -theoretikern unerläßlich, wenn man wichtige Unterschiede in der Funktion der Neuentdeckung der Romantik aus der jeweiligen Perspektive von Literaturkritikern und den Autoren selbst erhellen will.

Die Intensität der Diskussion, in der Werke und Werte der Vergangenheit auf ihre Relevanz für die Gegenwart untersucht werden, ist bezeichnend für das Ausmaß, in dem die gesamte literarische Tradition, definiert als "das entweder bewußt wahrgenommene, erarbeitete oder das unbewußt vollzogene Verhältnis zu den Leistungen und Werten der Vergangenheit",[1] in Frage gestellt wird. Obwohl für Kritiker wie auch Autoren das neuerwachte Interesse an der Romantik "sowohl in den erweiterten gesellschaftlichen Bedürfnissen und Möglichkeiten als auch in neuen, sich aus unseren geschichtlichen Entwicklungen ergebenden Widersprüchen"[2] wurzelt, soll deutlich gemacht werden, daß für die Autoren "Bedürfnisse, Möglichkeiten und Widersprüche" die Hauptanliegen sind, während die Literaturkritik vornehmlich damit beschäftigt ist, die "einseitige gnoseologische Betrachtungsweise"[3] der herkömmlichen Ästhetik zu überwinden und, der historischen Notwendigkeit gehorchend, den Prozeß der "Vorbereitung, Herausbildung und Entfaltung unserer Literatur als sozialistische Nationalliteratur"[4] zu klären.

In den siebziger Jahren führten Versuche, "sozialistische Nationalliteratur" zu definieren, zu scharfer Kritik der früheren Theorie des Sozialistischen Realismus und auch der Erbetheorie, die sich besonders gegen die Naivität der Abbildtheorie richtete, die das "aufschließende Symbol, die Metaphorik, die Parabel, das Phantastische"[5] ausklammerte und die "Suche nach neuen formalen Gestaltungsmöglichkeiten, nach neuen ästhetischen Lösungswegen in der Kunst, nicht zuletzt das Experiment"[6] verwarf. Hans-Dietrich Dahnkes Feststellung umreißt den Konsensus, der aus dieser Diskussion erwuchs:

Während die marxistische Literaturwissenschaft nicht unwesentliche Traditionslinien, bedingt durch enge Realismus- und klassizistische Harmonie-

1. Hans-Dietrich Dahnke, *Erbe und Tradition in der Literatur*. Leipzig: Bibliographisches Institut 1977, S. 62.
2. Ebd., S. 71.
3. Horst Redeker, "Zur Systematik von Abbildung, Erkenntnis und Wahrheit in der Kunst", in: *WB* 24 (1978), H. 1, S. 5.
4. Dieter Schlenstedt, "Literatur der DDR im Spiegel ihrer Literaturgeschichte", in: *WB* 26 (1980), H. 2, S. 38f.
5. Erwin Pracht (Hrsg.), *Einführung in den sozialistischen Realismus*. Berlin: Dietz 1975, S. 292.
6. Ebd., S. 292f.

Vorstellungen, negiert und der bürgerlichen Ideologie als Erbe überlassen hat, wurden von der bürgerlichen Literaturwissenschaft diese Traditionslinien aufgenommen und in ihrem Sinne interpretiert.[7]

Formulierungen wie diese machen unmißverständlich klar, daß ungeachtet der Ähnlichkeiten des neuerwachten Interesses an der Romantik in beiden deutschen Staaten ein gehöriges Maß an Abwehr und Abgrenzung vorhanden ist gegen westliche Ansätze, "die aus den Krisenprozessen der spätbürgerlich-imperialistischen Entwicklung erwachsen und im Hang zum Romantischen einer sentimentalen Fluchtposition Raum geben."[8]

Will man die komplexe Natur der gegenwärtigen Rezeption der Romantik in der DDR analysieren, so liegt der leichteste Einstieg in den vergleichsweise einfachen Erklärungen, warum sie bis vor kurzer Zeit bestenfalls ignoriert, häufiger aber abschätzig behandelt wurde. Im Hinblick auf die negativen politischen Implikationen, mit denen dieser Begriff besetzt war, ist es kaum verwunderlich, daß die DDR immerhin drei Jahrzehnte wartete, ehe sie den Versuch unternahm, die Romantik von den Entstellungen des nationalsozialistischen Romantikkults zu rehabilitieren, der die nationalistischen und irrationalen Momente der Bewegung herausstellte. Stattdessen gründete die DDR ihren literarischen Kanon auf eine "progressive" Tradition, in welcher Reformation und Bauernkrieg, Aufklärung, Klassik, Vormärz und bürgerlicher Realismus als Vorläufer des Sozialistischen Realismus gewertet wurden. Wenn man sich erinnert, wie viele der bedeutendsten Figuren in diesem progressiven Kanon die schwärmerischen Exzesse und formalen Experimente der Romantik als Antithese eines gesunden, handlungsorientierten Realismus verdammt hatten — Goethe, Hegel, Heine, Marx und vor allem Georg Lukács —, dann wird ohne weiteres klar, daß die Mißachtung der Romantik in den Prämissen selbst begründet war. Zugegeben, es gab einige wenige Annäherungen an einzelne Dichter wie E.T.A. Hoffmann, Eichendorff und Hölderlin, die durch die Betonung ihrer Affinitäten zu Klassik und Realismus legitimiert wurden, doch zollte man ihnen eine positive Anerkennung lediglich als Ausnahmefälle der Dekadenz und des Formalismus, von denen man diese Periode beherrscht sah. In ähnlicher Weise

7. Hans-Dietrich Dahnke, "Zur Stellung und Leistung der deutschen Romantik", in: *WB* 24 (1978), H. 4, S. 19.
8. Dahnke, *Erbe und Tradition in der Literatur*, S. 71.

222

fanden auch Achim von Arnim, Clemens Brentano und die Gebrüder Grimm Lob für die "Volksverbundenheit" ihrer Sammlungen.
Als größtes Hindernis auf dem Wege zu einer ernsthaften Beschäftigung mit der Gesamtperiode erwies sich jedoch jene Theorie, die von den angesehensten Antifaschisten der Nachkriegszeit
vertreten wurde, wonach in der Romantik ein Vorläufer des Faschismus zu sehen sei. Zwar gab Heinrich Mann zu, daß die Romantiker unmöglich ahnen konnten, wie ihr Werk ein Jahrhundert später rezipiert würde, doch beschreibt er das Lebensgefühl der deutschen Romantiker nichtsdestoweniger als "das niedrigste, das eine
Literatur haben kann... Zaubermärchen, altdeutsche Maskierung,
künstliche Verzückung, ein grundloser Tiefsinn, wer soll das fortsetzen? Diese Dichter schrieben wie die letzten Menschen."[9] Lukács, der immerhin in der Frühromantik einige fortschrittliche Impulse entdeckte, zog es vor, hinzuweisen auf die "Gefahren, die
aus der romantischen Stellungnahme Deutschlands Zukunft bedro-
hen...":

Von der mittelalterlichen Kaiserherrlichkeit, von der pseudopoetischen
Verklärung der sozialen und politischen Ketten, der 'organisch' gewachsenen historischen Macht bis zur Verherrlichung des 'Gemütslebens', bis zum
verstandesfeindlichen quietistischen Versinken in die Nacht eines beliebigen Unbewußten, einer beliebigen 'Gemeinschaft', bis zum Haß gegen Fortschritt und freiheitliche Selbstverantwortung − erstrecken sich die Folgen
des Sieges der romantischen Ideologie, die bis heute an der deutschen Psyche spürbar sind.[10]

Ähnliche Ansichten ließen sich bei zahlreichen anderen Persönlichkeiten nachweisen, die die Kulturpolitik der frühen Jahre bestimmten, wie etwa bei Alfred Kurella, Friedrich Wolf und Alexander
Abusch, doch erübrigt sich eine Aufzählung für unsere Zwecke.
Die Feststellung mag genügen, daß Auffassungen dieser Art allgemein vorherrschten, so daß andere Stimmen und abweichende Meinungen bis vor kurzem ohne Echo blieben.[11]
Abgesehen von dem Einfluß Lukács' und der Präfaschismusthe-

9. Heinrich Mann, "Das Lebensgefühl", in: *Ein Zeitalter wird besichtigt*.
Stockholm: Neuer Verlag 1945, S. 23.
10. Georg Lukács, "Die Romantik als Wendung in der deutschen Literatur", zit. nach Abdruck in: *Arbeiten mit der Romantik heute* (Hrsg. H. Hess
und P. Liebers). Berlin: Akademie der Künste der DDR 1978, S. 140.
11. Vgl. Günter Hartung, "Zum Bild der deutschen Romantik in der Literaturwissenschaft der DDR", in: *WB* 22 (1976), H. 11, S. 167-176.

orie gab es natürlich noch weitere Hindernisse für eine positive Rezeption der Romantik und ihre Integration in die Literaturgeschichte der DDR; nicht zu übersehen ist dabei der Stand der bürgerlichen Literaturgeschichtsschreibung, die noch bis weit in die Nachkriegszeit hinein ihren Zugang zur Romantik auf Existentialismus und Geistesgeschichte gründete. Bis vor kurzem bot die westliche Forschung kaum Alternativen zu den Ansichten Hayms, Gundolfs, Korffs, Lions und Ungers – um nur einige zu nennen –, von denen sich die DDR mit Nachdruck distanzierte. Dennoch war die von vielen dieser Literaturkritiker vertretene Präromantik-Theorie, die in einer Gegenbewegung zur Aufklärung die Ursprünge der Romantik sieht, einer der Hauptfaktoren, der die DDR davon abhielt, einen eigenen Zugang zu jener Epoche zu suchen. Neuere westdeutsche Versuche, Romantikforschung auf der Grundlage eines Verständnisses von Literatur als historischer Kraft zu betreiben, stießen in der DDR zumindest auf zurückhaltende Zustimmung.[12] In einem Überblick über die progressiveren Tendenzen in der bürgerlichen Romantikforschung seit den späten sechziger Jahren erblickt Claus Träger den "Gewinn der Neubesinnung...in der Integration des Romantikproblems in die Problematik der ganzen Epoche, so daß beispielsweise Klassik und Romantik als zwei Seiten eines dialektischen Verhältnisses erscheinen, und in der Überwindung der national-literarischen verengten Sicht."[13] Jeder Ansatz, in dem eine Kritik der Aufklärung oder Kompensationstheorien mitschwingen,[14] wird aber nach wie vor abgelehnt, ähnlich wie der

"Versuch der Kritischen Theorie Marcusescher Provenienz, die 'repressive' Funktion des prometheischen 'Leistungsprinzip' mit einer Freisetzung der Arbeit durch das 'Lustprinzip' jenseits des Antagonismus der Klassen und Gesellschaftsordnungen zu überwinden. Die Postulierung Prometheus' als 'Archetypus des Helden des Leistungsprinzips' stellt nur auf gelehrte Weise seinen Zusammenhang wieder her, der eine Grundposition aller romantischen Antiaufklärung gewesen ist, den aber die Frühromantik – unver-

12. Vgl. Rezension von Gerda Heinrich zu Dieter Bänsch, *Zur Modernität der Romantik* (Stuttgart: Metzler 1977), in: *WB* 25 (1979), H. 5, S. 168-175.
13. Claus Träger, "Historische Dialektik der Romantik und Romantikforschung", in: *WB* 24 (1978), H. 4, S. 66f.
14. Zum Beispiel: Christian Enzensberger, *Literatur und Interesse, eine politische Ästhetik*. München/Wien: Hanser 1977; Lothar Pikulik, *Romantik als Ungenügen an der Normalität*. Frankfurt/M.: Suhrkamp 1979.

224

blendet und hellsichtig, wie sie war – selber bereits gerade unter der Form der ironischen Aufhebung in die Welt gesetzt hatte."[15]

Anna Seghers' 75. Geburtstag im Jahre 1975 bot Anlaß zu einer eingehenden Überprüfung ihres "Dialogs" mit Georg Lukács im Anschluß an die Expressionismus-Debatte der späten dreißiger Jahre, und erinnerte zugleich daran, daß sie ihren Sympathien für die Gestalten der Übergangsperioden: Kleist, Büchner, Lenz, Hölderlin, die Günderrode und selbst Kafka, nie abgeschworen hatte. "Als Vorbilder galten Anna Seghers...jene Autoren der Vergangenheit, deren Gesellschaftsdiagnose in ein krisenhaft sich zuspitzendes Lebensgefühl umschlug und in deren Werken sich dies unmittelbar ausdrückte."[16] Batt konfrontiert Lukács' Betonung von Widerspiegelung und Gestaltung, seine Vorliebe für den Schriftstellertypus, "der gelassen und ohne Selbstgefährdung die ihn bewegenden Zeitprobleme ins Werk setzt",[17] mit der Subjektivität, die den weniger abstrakten Ansatz von Anna Seghers kennzeichnet:

'Erlebnis' ist das Schlüsselwort für Anna Seghers' kunsttheoretisches Denken. Erlebnis aber bedeutet hier nicht einfach eine dem Gestaltungsvorgang vorausgehende emotionale Begegnung mit der Wirklichkeit, sondern der Akt praktischer Erprobung und Selbsterprobung im Schaffensprozeß, der vom Tun und Verhalten im Leben selbst nicht zu trennen ist, so daß das Werk möglicherweise die Verletzungen, die der Autor im zermürbenden Leben und Schaffen davongetragen hat, als offene Wunde stehenläßt.[18]

In ähnlicher Weise wurde nach dem Tod von Werner Krauss ein fast vergessener Essay dieses prominenten Romanisten mit dem Titel "Französische Aufklärung und deutsche Romantik" wieder ausgegraben, der 1963 in der *Wissenschaftlichen Zeitschrift der Karl-Marx-Universität Leipzig* erschienen war. Eine Gedenkkonferenz von 1977, unter dem Thema "Literaturgeschichte als geschichtlicher Auftrag", zollte ihren Tribut der Kraussschen Fähigkeit, in historischen Kategorien zu denken und in der Romantik etwas ganz anderes zu sehen als jenes konterrevolutionäre, restaurative Programm, mit dem sie gemeinhin identifiziert wurde, sie vielmehr als einen Versuch der fortschrittlichsten Denker der Zeit zu betrach-

15. Claus Träger, "Ursprünge und Stellung der Romantik", in: *WB* 21 (1975), H. 2, S. 44.
16. Kurt Batt, "Der Dialog zwischen Anna Seghers und Georg Lukács", in: *WB* 21 (1975), H 5, S. 114.
17. Ebd.
18. Ebd., S. 114f.

ten, die Forderungen der Französischen Revolution in der Literatur fortzusetzen.[19] In etwas überschwenglicher Weise bezeichnet Claus Träger es als ein Verdienst von Krauss, die veraltete "chandelle" [der Lukácsschen Ästhetik], "deren zuckende Schattenwürfe jedoch nur wieder die wirklichen Konturen der Dinge verunsichert hätten", zugunsten der neuen Lichtquelle der materialistischen Dialektik aufgegeben zu haben, um "in eine literaturgeschichtliche Gruft hineinzuleuchten, die die marxistische Forschung lange hatte in sich beruhen oder rechts liegen lassen."[20] Indem so eine direkte Linie von der Aufklärung zur Revolution und weiter zur Literatur der Romantik gezogen wird, eröffnet Krauss' Analyse die Möglichkeit, die letztere in ein dialektisches Kontinuum einer emanzipatorischen Bewegung zu integrieren, das aus dem 18. Jahrhundert bis in den Vormärz führt. Wie Anna Seghers erweist sich Krauss als eine Heldengestalt im Kampf um die Befreiung der DDR-Literatur vom Geist Lukács', obwohl im Falle der Auseinandersetzung von Krauss und Lukács das Schwergewicht auf jenen Hindernissen liegt, die in Lukács' Theorie den Weg zu einer wahrhaft historischen Schau der Literatur verstellen:

Auf die einfachste Formel gebracht, besteht die Divergenz ihrer Ansichten darin, daß Lukács von der 'Eigenart des Ästhetischen' aus das Historische betrachtet, wodurch dieses der Tendenz nach zu einer Funktion des Ästhetischen wird; wohingegen für Krauss das historische Prinzip den Standpunkt bezeichnet, der an das Ästhetische herangetragen werden muß, wodurch dieses als Funktion des Historischen...ins Blickfeld gerät.[21]

Kaum Erwähnung findet dagegen der Veranstalter jener Romantiktagung von 1962, auf der Krauss sein mittlerweile hochangesehenes Referat hielt. Es handelt sich dabei um niemand anderen als Hans Mayer, der in seinem Eröffnungsreferat über "Fragen der Romantikforschung" ebenfalls Kritik übte an der Weigerung, einzusehen, "daß bestimmte wissenschaftliche Prinzipien der Aufklärung,

19. Krauss' Beitrag zur Romantikforschung wird besonders hervorgehoben in: Werner Weiland, "Politische Romantikinterpretation", in: *Zur Modernität der Romantik* (Hrsg. D. Bänsch). Stuttgart: Metzler 1977, S. 1-59.

20. Claus Träger, "Werner Krauss und die Romantik", in: *Literaturgeschichte als geschichtlicher Auftrag* (Hrsg. H. Scheel). Berlin: Akademie Verlag 1978, S. 87.

21. Manfred Naumann, "Divergenzen im Literaturbegriff: Krauss und Lukács", in: *Literaturgeschichte als geschichtlicher Auftrag*, S. 36.

und damit der bürgerlichen Emanzipation, nicht durch die deutsche Klassik, sondern durch die erste romantische Schule weitergeführt werden."[22] Mayer plädierte für ein Konzept, das Hölderlin, Kleist und Jean Paul nicht mehr als Ausnahmefälle, sondern nunmehr als Schlüsselfiguren integrierte und darüberhinaus der Tatsache Rechnung trug, daß eine Bewegung, die sich als "Weiterführung der bürgerlichen Emanzipationsbewegung" *und* als Protest gegen die nachrevolutionäre Realität verstehen ließ, die Keime seiner Entwicklung in eine "revolutionäre Romantik *und* romantische Restauration"[23] in sich trug. Wenn sich die Ansichten, die 1962 auf dieser Konferenz zum Ausdruck kamen, durchgesetzt hätten, wäre es der Literaturwissenschaft der DDR vielleicht leichter gefallen, mit der eingefahrenen Vorstellung von Literaturgeschichte "als ein[em] Reservoir zur Entnahme von Beispielen..., die sich für die Illustration von im Umlauf befindlichen ästhetischen Kategorien eignen",[24] zu brechen. Winfried Schröders Antwort auf eine Umfrage zu "Fragen der Wertung von Literatur und Kunst" in einer neueren Ausgabe der *Weimarer Beiträge* ist ein Echo dieser Kritik an dem kläglichen Versagen, für die Literaturgeschichte eine historische Perspektive zu gewinnen, die sie von dem Niveau eines "Selbstbedienungsladens" erlöst, "aus dem sich jeder nach subjektiven Bedürfnissen und Interessen das auswählen oder unbeachtet lassen kann, was der Reproduktion oder Legitimation eigener Positionen dient."[25] Wäre man früher bereit gewesen, jenem Bedürfnis nach dem Ersatz abstrakter Normen durch eine historische Fragestellung: "welche Funktion die Werke innerhalb der konkreten Historizität der gesellschaftlichen Prozesse wahrnehmen und wie die literarischen Strukturen beschaffen sind, die diese Funktion vermitteln",[26] noch vor der Veröffentlichung des oft verzögerten und langerwarteten Band 7 der *Geschichte der deutschen Literatur*[27] im Jahre 1978 im vollen Maße zu entsprechen, dann wäre

22. Hans Mayer, "Fragen der Romantik-Forschung", in: *Zur deutschen Klassik und Romantik*. Pfullingen: Neske 1963, S. 293.
23. Ebd., S. 305.
24. Naumann, "Divergenzen im Literaturbegriff", S. 32.
25. Winfried Schroeder, "Fragen der Wertung von Literatur und Kunst", in: *WB* 26 (1980), H. 2, S. 128.
26. Naumann, "Divergenzen im Literaturbegriff", S. 37.
27. *Geschichte der deutschen Literatur 1789 bis 1830* (Autorenkollektiv u. Leitung v. H.-D. Dahnke – 1789-1806 – und T. Höhle i. Zus. m. H.-G. Werner – 1806-1830). Berlin: Volk und Wissen 1978.

dieser Band vielleicht weniger enttäuschend ausgefallen. Trotz aller Verspätung erschien er bedauerlicherweise immer noch zu früh, um ein Licht auf bedeutsame Strömungen in der Literaturtheorie der DDR zu werfen, die mit der Wiederentdeckung der Romantik einhergingen. Aus diesem Grund stützt sich diese Arbeit in der Hauptsache auf jüngste Diskussionen in Zeitschriften und Anthologien der DDR und verzichtet darauf, ein "Standardwerk" heranzuziehen, das wahrscheinlich selbst für jene, die sich so lange damit abgemüht haben, zur Peinlichkeit geworden ist.

Bei Träger wie auch bei anderen führenden DDR-Romantikforschern läßt sich in den siebziger Jahren ein deutlicher Entwicklungsprozeß in ihrer Einschätzung der Romantik verfolgen. Besonders klar zeigt sich dies im Falle Hans-Dietrich Dahnkes, dem Leiter des Autorenkollektivs, das Band 7 der *Geschichte der deutschen Literatur* verfaßte, sowie bei seinem Mitarbeiter Hans-Georg Werner. Ein Vergleich der Vorabdrucke ihrer Arbeit an diesem Band, die 1971 in den *Weimarer Beiträgen* veröffentlicht wurden, mit der 1978 erschienenen Ausgabe, wesentlich auffallender jedoch mit ihren anderen Publikationen zur Romantik seit 1977, zeigt in aller Deutlichkeit, wie viele Vorbehalte zu überwinden waren und welchen tiefgreifenden Veränderungen das Bild der Romantik in diesem Zeitraum unterworfen wurde. 1971 verwarf Dahnke mit seinen Bemerkungen in "Literarische Prozesse in der Periode von 1789 bis 1806" den Utopismus der "revolutionär-demokratischen Richtung" zugunsten des reformerischen Realismus von Goethe und Schiller, die einen evolutionären Fortschritt im "Bündnis mit einsichtigen Vertretern der herrschenden Klasse der Gesellschaft" anstrebten.[28] In der romantischen Opposition zum Kapitalismus sah Dahnke eine deutliche Gefahr, da sie zu "bewußtem Verzicht auf die Fortführung des Antifeudalismus und Realismus" zu führen scheint:

> Die Romantik war in ihrer Ausgangsposition von humanistischen Zielen bestimmt, aber sie reagierte auf die widerspruchsvolle Wirklichkeit mit einem kleinbürgerlichen Antikapitalismus, der...sie in Widerspruch zum Geschichtsprozeß und schließlich auf die Position einer Apologie vorkapitalistischer, feudaler Verhältnisse brachte. Sie versuchte, die bedrohte Individualität gegen die feindliche Wirklichkeit abzuschirmen.[29]

28. Hans-Dietrich Dahnke, "Literarische Prozesse in der Periode von 1789 bis 1806", in: *WB* 17 (1971), H. 11, S. 49.
29. Ebd., S. 49f.

Dahnkes Ton am Ende des Jahrzehnts ist viel weniger zurückhaltend. Das Ausmaß verdeutlichend, in dem die gesamte Romantikdiskussion zu einer Auseinandersetzung mit den Prinzipien der Literaturwissenschaft selbst geworden ist, benutzte Dahnke die 1977 von der Berliner Humboldt-Universität in Frankfurt/Oder veranstaltete Konferenz "Zu Problemen der literarischen Romantik und ihrer Rezeption in unserer Gesellschaft, unter besonderer Berücksichtigung des Werkes von Heinrich von Kleist und E.T.A. Hoffmann", um zu "Abbau und Korrektur undialektischer und illusionärer, idealistisch überzogener Erwartungen...Konfrontation mit... Widersprüchen"[30] aufzurufen. In einer scharfen Polemik

"gegen Erscheinungen einer Disproportion zwischen Ökonomisch-Materiellem und Geistig-Kulturellem, zwischen Sein und Bewußtsein, Äußerem und Innerem des Menschen, gegen allzu einfache und durch die Realität dann widerlegte Vorstellungen von der Modellierung und Lenkung des konkreten Menschen, gegen das Übergewicht einer wissenschaftlich-theoretischen Erklärung von Mensch und Welt, die die Lücken ihrer Kenntnis und Durchdringen der Wirklichkeit nur allzu leicht durch normative Postulate zu füllen geneigt ist",[31]

gesteht Dahnke ein:

Die Musterhaftigkeit des Aufklärerisch-Didaktischen, des Klassisch-Objektiven, des Vormärzlich-Operativen wird auch in ihren verfeinerten Erscheinungsformen als ermüdend und fehlleitend empfunden.[32]

Die Umrisse eines differenzierteren Bildes der Romantik zeigen sich bereits in einem Referat Claus Trägers, das nicht auf einer literaturwissenschaftlichen Konferenz, sondern 1976 auf dem Dresdner Kolloquium über Carl Maria von Weber vorgetragen wurde. Trägers Auffassung der Romantik macht sie "zu einem unveräußerlichen Bestandteil...der sozialistischen Nationalkultur"[33]:

Die Romantik, in ihrem essentiellen konkret historischen Verstande, war im Kern eine Reaktion auf die Menschen- und Kunstfeindlichkeit des sich entfaltenden Kapitalismus..., die letzte künstlerisch-literarische Strömung im bürgerlichen Zeitalter, die gegen diesen Sachverhalt opponierte, ohne ihm die Kunst zum Opfer darzubringen, ohne der Gefahr der Integration zu erliegen, ohne die Kunst auf Kritik zu reduzieren, ohne das menschliche Ideal als unmittelbaren Gegenstand der Kunst zu verlieren: Immer

30. Dahnke, "Zur Stellung und Leistung der deutschen Romantik", S. 5.
31. Ebd.
32. Ebd., S. 6.
33. Claus Träger, "Geschichtlichkeit und Erbe der Romantik", in: *Arbeiten mit der Romantik heute*, S. 27.

noch tritt in ihr der Held...der Welt als Subjekt gegenüber, noch nicht tendenziell als Objekt seiner Verhältnisse...

In West- und Mitteleuropa zwischen der aufklärerisch-klassischen Kunst und dem kritischen Realismus historisch entstanden, widerspiegelt die Romantik den Übergang von den heroischen Illusionen des 18. zu den unheroischen Desillusionen des 19. Jahrhunderts. Da dieser Prozeß, modifiziert nach den jeweiligen historischen Verhältnissen, bis in die Gegenwart hineinreicht, ist auch Romantisches allerwärts immer wieder...anzutreffen.[34]

In der gegenwärtigen Auseinandersetzung mit den literarischen und literaturkritischen Traditionen, die sich in den ersten Jahrzehnten des Bestehens der DDR als eines Staatswesens herausgebildet hatten, ist Träger einer derjenigen, die am nachdrücklichsten "theoretische und methodologische Überlegungen sehr grundsätzlicher Art" fordern, die über bloße "Uminterpretationen oder gar Umbenennungen"[35] hinausgehen müssen:

> Sowohl das *Literaturverständnis als Erbe* wie der *Begriff des Realismus* waren offenbar konzeptionell zu eng gefaßt, um in ihnen das Romantische unterbringen oder zumindest von ihnen aus begreifen zu können; sie schlossen es aus. Da aber nunmehr Schritte getan werden müssen, die auf eine längere Strecke gerichtet sind, sollte der Weg gut gegründet sein und nicht auf Ausbesserungsarbeiten hinauslaufen.[36]

Mit dem Hinweis, daß das Versagen bei der Entwicklung einer dialektischen Perspektive für die Literaturgeschichte mit dem undifferenzierten Gebrauch der historischen Klassik ("Unseren Begriff der Klassik verstehen nur wir — wenn überhaupt"[37]) und des Realismus ("von seinen Grundlagen abstrahiert, nach rück- und vorwärts extrapoliert und zum Wertmaß umgebildet"[38]) zusammenhängt, versucht Träger auch, den Geist von Lukács zu bannen:

> Der dogmatisierte Gegensatz von Klassik und Romantik ist lediglich die Projektion einer einzigen national-literarischen, ja geradezu lokalen (Weimaranischen) Ausprägung dieses Problems an den Horizont der Weltgeschichte. Das ist mit internationalistischem Denken nicht vereinbar.[39]

Mit diesem Argument macht Träger eine Aneignung des Romanti-

---

34. Ebd., S. 26.
35. Träger, "Historische Dialektik der Romantik und Romantikforschung", S. 47.
36. Ebd., S. 52.
37. Ebd., S. 49.
38. Ebd., S. 56.
39. Träger, "Geschichtlichkeit und Erbe der Romantik", S. 25.

schen nicht nur möglich, sondern geradezu erforderlich, indem er eine Beziehung zu den aktuellen Bedürfnissen auf der gegenwärtigen Stufe der Gesellschaftsentwicklung herstellt. Seine Charakterisierung der Quellen romantischer Sehnsüchte enthält mehr als nur eine Andeutung ihrer aktuellen Relevanz:

> Enttäuschung, Trauer über das wirklich Geschehene, bei zugleich uneingeschränkter Zuneigung gegenüber der Umwälzung zugrundeliegenden Ideen, kurz: der Wunsch nach einer Revolution ohne Revolution, nach Veränderung ohne praktische Gewalt... Paradigmatisch dafür ist die Künstlerproblematik.[40]

Schon hier läßt sich ablesen, daß gerade die "Künstlerproblematik" der Romantik die heutigen Autoren in der DDR am meisten zu bewegen scheint. Und obwohl Romantik als Gegenstand der Kunst auch über Form und Methode entscheidet, so bleibt doch der subjektive Faktor, "die konsequente Suche nach den eigenen Möglichkeiten zu literarischer Mitteilung über wesentliche menschliche Verhaltensweisen und Zeitumstände",[41] das zentrale Anliegen des Künstlers von heute in seiner Begegnung mit den Autoren der Vergangenheit. Die Interessen und Bedürfnisse eines Autors in der "entwickelten sozialistischen Gesellschaft" oder, zugespitzter, im "real existierenden Sozialismus" führen ihn in eine Affinität zu den Romantikern, die nur allzu oft in Vernichtung und Verzweiflung endeten — im Wahnsinn oder Selbstmord der Desillusionierten und Enttäuschten —, eine Affinität, die weitaus persönlicher ist als das eher abstrakte Interesse der Literaturwissenschaftler an der Romantik als einer Übergangsperiode. Besonders emotional zeigt sich Christa Wolf in ihrer Verteidigung der Frühromantiker, "eine[r] kleine[n] Gruppe von Intellektuellen — Avantgarde ohne Hinterland..., Fremdlinge...im eignen Land, Vorgänger...ohne Widerhall, Rufer ohne Echo"[42]:

> Die Literaturgeschichte der Deutschen, in den Händen von Studienräten und Professoren, orientiert an den retuschierten Kolossalgemälden ihrer Klassiker, hat sich leichtherzig und leichtsinnig der als 'unvollendet' abgestempelten Figuren entledigt, bis in die jüngste Zeit, bis zu dem folgenreichen Verdikt, das Georg Lukács gegen Kleist, gegen die Romantiker aus-

40. Ebd.
41. Margot Gerisch, "Zur künstlerischen Subjektivität im literarischen Schaffen", in: *WB* 21 (1975), H. 7, S. 173.
42. Christa Wolf, "Der Schatten eines Traumes", in: *Fortgesetzter Versuch*. Leipzig: Reclam 1978, S. 295f.

sprach. Der Dekadenz, zumindest der Schwäche, der Lebensuntüchtigkeit geziehen, sterben sie zum zweitenmal an der Unfähigkeit der deutschen Öffentlichkeit, ein Geschichtsbewußtsein zu entwickeln, sich dem Grundwiderspruch unserer Geschichte zu stellen; ein Widerspruch, den der junge Marx in den lapidaren Satz faßt, die Deutschen hätten die Restaurationen der modernen Völker geteilt, ohne allerdings auch ihre Revolutionen zu teilen. Ein zerrissenes, politisch unreifes und schwer zu bewegendes, doch leicht verführbares Volk, dem technischen Fortschritt anhangend statt dem der Humanität, leistet sich ein Massengrab des Vergessens für jene früh zugrunde Gegangenen, jene unerwünschten Zeugen erwürgter Sehnsüchte und Ängste.[43]

So waren in den siebziger Jahren jene Autoren, die bereits in den Sechzigern, lange vor dem Erscheinen von *Gesellschaft — Literatur — Lesen*,[44] in ihren Werken Fragen der Beziehung der Literatur zur Gesellschaft ausgelotet hatten, ihren Kollegen von der Theorie wieder einmal voraus, was ihre Begegnung mit der Romantik angeht und ihre Einsicht in das Potential dieser Literatur, auf subjektive Bedürfnisse einzugehen. Jüngste theoretische Diskussionen sowie empirische Daten, die 1978 in *Funktion und Wirkung* veröffentlicht wurden,[45] liegen auf der Linie dieser Entwicklung.

Zwar ist es unmöglich, die weitläufige Diskussion über die Funktion der Literatur auf der gegenwärtigen Entwicklungsstufe der DDR auch nur annähernd wiederzugeben, doch sollen einige Hauptgedanken als Rahmen für unsere Untersuchung der Romantikwelle erwähnt werden. In seinem offiziellen Referat "Zu Fragen der Kulturpolitik der SED" auf dem 6. Plenum des ZK der SED (1972) besiegelte Kurt Hager die von den Künstlern wie auch Kritikern bereits vollzogene Abwendung von dem Schlagwort "Kunst ist Waffe" mit dem Imprimatur der Parteipolitik, indem er die Unterbindung einer jeglichen "Funktionsverengung der Künste" forderte.[46] Nicht länger dürfe die Kunst degradiert werden "zum bloßen Illustrationsmittel auch andersweitig zu gewinnender Ideen und Einsichten."[47]

43. Ebd., S. 294.
44. Manfred Naumann, Dieter Schlenstedt et al., *Gesellschaft — Literatur — Lesen. Literaturrezeption in theoretischer Sicht*. Berlin: Aufbau 1975.
45. Dietrich Sommer, Dietrich Löffler et al., *Funktion und Wirkung. Soziologische Untersuchungen zur Literatur und Kunst*. Berlin: Aufbau 1978.
46. Kurt Hager, "Zu Fragen der Kulturpolitik der SED" (6. Tagung des ZK der SED, 6./7. Juli 1972), zit. nach Pracht, *Einführung in den sozialistischen Realismus*, S. 398.
47. Pracht, *Einführung in den sozialistischen Realismus*, S. 405.

Im Verlauf der siebziger Jahre war diese Einsicht in einer Reihe von Formulierungen zutage getreten, die trotz unterschiedlicher Nuancierung alle auf eine Ablehnung dessen hinausliefen, was Horst Redeker als "einseitige gnoseologische Betrachtungsweise"[48] und Schlenstedt als "Wissenschaftsorientierung" bezeichnete, "die die Literatur allzugern als Nachvollzug ideologischer Leitlinien, als Erfüllung kulturpolitischer Programme und als Illustration großer Geschichte interpretierte."[49] Anstelle dieses "rhetorischen Verhältnisses zwischen Autor und Leser" (in Stoff, Themen, Schreibweise) erörtert Schlenstedt ein "partnerschaftliches Verhältnis", das eine Entsprechung findet in der sich ändernden Auffassung von Literaturwissenschaft von einer "Leitwissenschaft der literarischen Produktion" zu einem "Reflexion bereitstellenden Partner im Prozeß gesellschaftlicher Selbstverständigung".[50]

Die Betonung auf Kommunikation durch und über Literatur verrät ein verändertes Verständnis der Kunstfunktion, des Wirkungsprozesses und der Bedeutung der Rezeption, weg von Erkenntnis und Abbildung ("gnoseologische Betrachtungsweise"), hin zu Erfahrung und Wertung. Ein Kunst- oder Literaturkonzept, wonach das Werk wie etwa ein Arzneimittel hergestellt und verabreicht werden könnte, um einen heilsamen Effekt hervorzurufen, wird heute von niemand mehr ernstgenommen. Man ist sich darüber im klaren, daß ein Kunstwerk nur dann Veränderung herbeiführen kann, wenn es die wirklichen Erfahrungen und Bedürfnisse des Rezipienten anspricht: "Wenn die ästhetische Rezeption nicht einfach Konsumtion ist, sondern eher eine 'Analogie-Aktion' zur Produktion des Kunstwerks, so kommt es nicht nur darauf an, was das Buch dem Leser gibt, sondern auch darauf, *was er sich daraus macht.*"[51] Ob das Werk nun die Objekte der empirischen Wirklichkeit reproduziert oder nicht, eignet sich der Rezipierende das Werk an durch Identifizierung, Ablehnung, Imitation oder Uminterpretation im Rahmen eines Vergleichs der "vorgestellten und vorgeführten Ver-

48. Redeker, "Zur Systematik von Abbildung, Erkenntnis und Wahrheit in der Kunst", S. 5.

49. Schlenstedt, "Literatur der DDR im Spiegel ihrer Literaturgeschichte", S. 36.

50. Ebd., S. 35f.

51. Horst Redeker, *Abbildung und Aktion*. Halle 1966, S. 24, zit. nach *Funktion und Wirkung*, S. 225.

233

haltensweisen, Einstellungen, Handlungen..., in deren Aneignung
sich die eigenen Möglichkeiten als Widersprüche zwischen Erreich-
tem und Erreichbarem erleben lassen."[5][2] Die geistige Verarbeitung
der künstlerischen Schöpfung durch den Leser ist in sich selbst ein
schöpferischer Akt, und das Aneignungspotential des Werkes ist
ebenso sehr von der Erfahrung und den Bedürfnissen abhängig, die
das Subjekt an das Werk heranträgt, wie von der ursprünglichen
schöpferischen Leistung des Künstlers. Wie aus den empirischen
Daten in *Funktion und Wirkung* klar hervorgeht, entsteht durch
die Einflüsse von Beruf, Erziehung, Geschlecht, Alter und Umwelt
eine breite Skala von Leseneigungen und ästhetischen Ansprüchen,
die eine ebenso breite Skala von literarischen Werken zur Befriedigung dieser Bedürfnisse erfordert; unterschiedliche Werke also für
ein unterschiedliches Lesepublikum, unterschiedlich auch im Grad
ihrer Verständlichkeit. Obwohl die wissenschaftliche Diskussion zu
diesem Punkt gerade erst begonnen hat, ist es offensichtlich, daß
der Aneignungsprozeß im Falle von Schriftstellern von besonderer
Art ist. Denn während der Schriftsteller einerseits auch ein Leser
von Literatur ist, beruht seine Rezeption auf seinen spezifischen
Erfahrungen, Bedürfnissen und Interessen als Schriftsteller. Befangen in den ästhetischen Problemen des eigenen Schaffens, neigt er
ganz besonders zu einer Beschäftigung mit der Künstlerproblematik:

> Lektüre unter diesen Umständen enthält...nicht nur Genuß und Erkennt-
> nis, ästhetische Aneignung, individuelle Bereicherung, Übereinstimmung
> und Kritik, sondern ebenso Vergleichen, Messen, Bedenken unter dem
> Aspekt des eigenen Schaffens. Sie schließt Herausgefordertsein und Her-
> ausforderung, Nachbildung und Gegenentwurf, Abstoßung und Stimulation
> ein. Sowohl zufälliges Finden als auch bewußtes Suchen können zu pro-
> duktiven Entdeckungen und Anregungen führen.[53]

In der künstlerischen Darstellung dieser Dichterproblematik wird
die Selbstreflexion des Autors gewöhnlich mit Hilfe einer komplexen und vielschichtigen Erzählstruktur mitgeteilt. Indem er die Position des allwissenden Erzählers zugunsten einer anderen aufgibt,
aus der seine eigene Subjektivität — Fragen, Vermutungen, Phantasien — nicht länger ausgeschlossen ist, schafft der Schriftsteller zugleich eine Situation, in der die Subjektivität des Lesers ebenfalls

---

52. *Funktion und Wirkung*, S. 187.
53. Dahnke, *Erbe und Tradition in der Literatur*, S. 79.

in eine kritische Begegnung einbezogen wird. Durch die Subjektivierung des Erzählers – die Aufgabe des "Prinzips scheinbarer subjektloser Objektivität," in der "der Mitteilende im Hintergrund des Mitgeteilten (bleibt)"[54] – wird der Prozeß wichtiger als das Produkt. Dabei spielt es keine Rolle, ob es äußere Anlässe sind, die die Schriftsteller der Gegenwart auf die Romantiker zurückverweisen; ihre literarischen Porträts sind dem Wesen nach Prozesse der Selbstverständigung, nicht aber der Repräsentation.

Die Theorie hat einen vertrauten Klang: Das Konzept einer Subjektivierung der Erzählkunst wurde bereits 1968 von Christa Wolf in ihrem Essay "Lesen und Schreiben" entworfen.[55] In ihrer Besprechung von Georg Büchners Verhältnis zu seiner *Lenz*-Novelle, in der Büchner die Aufzeichnung des Pastors Oberlin "in horrend unverfrorener Weise" benutzt und dabei "sich selbst dazugetan (hat), seinen unlösbaren Lebenskonflikt, die eigene Gefährdung, die ihm wohl bewußt ist",[56] bezeichnet Christa Wolf diese persönliche Teilnahme als die vierte Dimension des erzählerischen Raumes, "die Koordinate der Tiefe, der Zeitgenossenschaft, des unvermeidlichen Engagements, die nicht nur die Wahl des Stoffes, sondern auch seine Färbung bestimmt."[57] Die Einbeziehung der eigenen Subjektivität des Autors, die Wolf bei Büchner herausstellt, durchdringt die neuesten Werke von DDR-Schriftstellern, die bei den Romantikern auffallende Entsprechungen zu ihren eigenen Problemen und Konflikten in der Gesellschaft der Gegenwart entdeckt haben. Während der klassische Idealismus dazu beitrug, die Errichtung einer sozialistischen Gesellschaft zu legitimieren, erwächst ihre Kritik aus dem romantischen Weltschmerz. Nur zögernd begannen die Literaturwissenschaftler und Kritiker in der DDR, sich der vollen Tragweite der Subjektivität, die bei der Neuentdekkung der Romantik durch die Schriftsteller zum Vorschein kam, bewußt zu werden. Auf der Konferenz in Frankfurt/Oder im Jahre 1977 stellte Dahnke fest:

(Es) ist unverkennbar, daß gegenwärtige Schriftsteller unsere Arbeit weithin nicht nur als unbefriedigend empfinden, sondern auch, daß sie unseren

---

54. Hans Richter und Kollektiv, "Erzähler und Erzählweisen in der DDR-Literatur", in: *WB* 25 (1979), H. 3, S. 155.
55. Christa Wolf, "Lesen und Schreiben", in: *Fortgesetzter Versuch*, S. 7-41.
56. Ebd., S. 27.
57. Ebd.

Untersuchungen und Darstellungen in der aktuellen Wirklichkeits-, das heißt Gegenwartsbezogenheit voraus sind – und es ist eine weitere Frage, in welchem Maße sie dabei der Romantik selbst gerecht werden –.[58] Der Bericht über diese Konferenz in den *Weimarer Beiträgen*, der betont, welche Bedeutung dort dem "persönlichen Leseerlebnis des Wissenschaftlers"[59] zugemessen wurde, findet ein Echo in *Funktion und Wirkung*, in dem tadelnd von einer "mangelnden Subjektivität der Kritiker" die Rede ist:

Gravierend ist dieser Mangel insoweit, als die Kritik ihrer wichtigsten, übergreifenden Funktion [als Mittler zwischen Autor und Leser – P.H.] ... nur gerecht werden kann, wenn der Kritiker diesen Gegenstand nicht nur selbst als bedeutsam empfunden hat, sondern wenn seine Betroffenheit und Erregung, seine 'schöne Aufregung' in der Kritik gleichsam mitschwingt.[60]

Selten wie Beispiele dieser Art von Kritik an romantischen Schriftstellern bisher gewesen sind, wird unsere Aufmerksamkeit hier auf literarische Werke im engeren Wortsinne beschränkt bleiben.

Obwohl Stephan Hermlins Hörspiel *Scardanelli* (1970)[61] freilich nicht in die Kategorie der Prosawerke gehört, die hier einer Betrachtung unterzogen werden, verdient es doch eine Erwähnung als das erste Werk jener neuen Entwicklung, die uns beschäftigt. Inmitten der unzähligen Veranstaltungen traditioneller Art, die den 200. Geburtstag Friedrich Hölderlins (1770-1843) würdigten und in ihm den "ewig jungen Genius deutscher Poesie,... Dichter der Menschheit"[62] feierten, befaßte sich Hermlins Hörspiel mit einem Abschnitt im Leben des Dichters, der kaum mit dem Tenor der offiziellen Laudatios harmonierte.[63] Hermlin getraute sich, einen nachjakobinischen Hölderlin vorzuführen, entfremdet und vereinsamt, einen dem Wahnsinn verfallenen Dichter, der sich kaum vereinbaren ließ mit den Ansprüchen auf "Hölderlin, den

---

58. Dahnke, "Zur Stellung und Leistung der deutschen Romantik", S. 7.
59. Olaf Reincke, "Romantik-Konferenz in Frankfurt/Oder" (Bericht), in: *WB* 24 (1978), H. 7, S. 154.
60. *Funktion und Wirkung*, S. 443.
61. Stephan Hermlin, *Scardanelli*. Berlin: Wagenbach 1970. (Auch in *SuF* 21 (1970), H. 3, S. 513-534.)
62. Alexander Abusch, "Hölderlins poetischer Traum einer neuen Menschengemeinschaft", in: *WB* 16 (1970), H. 7, S. 26.
63. Der Wandel der Hölderlin-Rezeption in der DDR wird ausführlicher analysiert in: Helen Fehervary, *Hölderlin and the Left*. Heidelberg: Carl Winter 1977.

Unseren" und den Anspielungen, die die "sozialistische Menschengemeinschaft der DDR" in die Nähe seiner idealistischen Visionen
rückten:

Geist vom Geiste Hölderlins: erhöhtes menschliches Leben... – nicht trotz
der wissenschaftlich-technischen Revolution, sondern als mit ihr einherge-
hende Kulturrevolution... So ist unser Leben und Streben wahrhaftige
Nachfolge von Hölderlins Ganzheitsstreben für den Menschen.[64]

Hermlins Hölderlin dagegen erfährt eine andere Art der Wissenschaft: die "trefflichen Einrichtungen" von Professor Autenrieths
Tübinger Klinik, in der der Wahnsinnige seine Tage fristet: "Ja, die
Wissenschaft... Man legt ihm ein Wams ohne Ärmel an, das man am
Rücken verschnürt. So kann er niemand gefährlich werden. Und
wenn er schreit, setzt man ihm die sogenannte Autenriethsche Maske auf, da ist er kaum noch zu hören."[65] Und während ihn die
DDR mit Festakten und Symposien in Weimar und Jena und anderswo feierte und Hölderlin in die humanistische Tradition der
deutschen Klassik hineinstellte, erinnerte Hermlin seine Leserschaft
ganz unverfroren an die Indifferenz und Herablassung der "Hofrä-
te und Minister", die ihm nahelegten, doch lieber bei "kleinen Gedichten" zu bleiben (18). Das Hörspiel ist eine etwas holprige
Montage, die sich aus Zitaten Hölderlins und seiner Zeitgenossen
zusammensetzt, von denen viele in einem angehängten Glossar von
Personen und Orten für den Nichtfachmann erst erklärt werden
müssen. Trotz dieser Geste in Hinsicht auf die Verständlichkeit
richtet sich das Werk unmißverständlich an einen Kreis von Einge-
weihten, an die Kulturpolitiker und Literaturwissenschaftler, denen nunmehr die Aufgabe zufällt, Hölderlins Schlußfrage in dem
Hörspiel zu beantworten: "Was ist mir fehlgeschlagen? Was wird
man antworten, wenn du dahin bist und die Leute fragen: Was hat
ihm gefehlt?" (43). Anonyme Stimmen in dem Hörspiel erheben
weitere Fragen, die stellvertretend für jene aktuellen Fragen zu
stehen scheinen, die die Hölderlinfeiern ignorierten: "Wie ist das
mit...?", "Ist das wahr?", "Und was bleibt noch?". Zwar bleibt es
jedem überlassen, aus den Bemerkungen zu der Lage Hölderlins eine Parallele zu der des Schriftstellers in der Gegenwart zu ziehen,
doch sind die politischen Implikationen von Hermlins Werk unver-

---

64. Abusch, "Hölderlins poetischer Traum einer neuen Menschengemeinschaft", S. 26.
65. Hermlin, *Scardanelli*, S. 36.

kennbar: mit Hölderlin hatte man eine unglückliche Wahl getroffen, um die Kulturpolitik zu legitimieren.

Gerhard Wolfs *Der arme Hölderlin* (1972)[66] setzt dort ein, wo Hermlin endet: mit Hölderlins Zwangsaufenthalt in der Autenrietschen Anstalt, "da seine Freiheit", wie Sinclair an Hölderlins Mutter schreibt, "selbst dem Publikum gefährlich werden könnte" (15). Sein Verhalten in der Klinik erfordert die Anwendung der Autenriethschen Maske und der Zwangsjacke, die hier noch eingehender als bei Hermlin geschildert werden. "In dieser Zwangslage ließ man die Patienten manchmal für Stunden, und, nach den Versicherungen Autenrieths, schrien sie später nicht mehr, selbst wenn man ihnen die Maske abgenommen hatte. Hölderlin aber ist wahnsinnig" (16). Auch Wolf bedient sich der Montage, indem er Auszüge aus Wilhelm Waiblingers Aufzeichnungen von 1831 über *Friedrich Hölderlins Leben, Dichtung und Wahnsinn* und andere Dokumente zu Hölderlins Leben nebeneinanderstellt. Das kurze Nachwort Wolfs enthält einen taktvollen Hinweis für jeden, dem seine Absicht etwa entgangen sein mag: "Der Autor hofft, daß seine Sicht längst vergangene Ereignisse in ein Licht rückt, in dem bestimmte Motivationen schärfer hervortreten – Anlaß zu immer erneuter, unmittelbarer Begegnung mit diesem Dichter" (153). Mehr noch als im Falle von Hermlins Hörspiel trägt auch hier die Tatsache, daß Wolf in einem Anhang dem Leser mit einer Chronologie von Hölderlins Leben zu Hilfe kommt, herzlich wenig dazu bei, Wolfs subtile und tiefsinnige Gegenüberstellung seiner eigenen Betrachtungen und des objektiven historischen Materials aus Hölderlins Leben und Epoche einem breiten Publikum zugänglich zu machen. Die kapitelweise Nebeneinanderstellung von Waiblingers Aufzeichnungen (Kapitel mit ungeraden Zahlen) und Wolfs eigenem Text, der selbst schon Montage ist, demaskiert die angebliche Objektivität des "historischen" Berichts als höchst subjektiv und – selbst wenn auch nur unbeabsichtigt – irreführend. Wolfs Erzählton ist nachdenklich, fragmentarisch, gezeichnet von einem unwillkürlichen Zögern bei dem Versuch, den tragischen Prozeß vom Zerbrechen eines Dichters am Zeitgeist zu rekonstruieren. Erst in Christa Wolfs *Kein Ort. Nirgends* (1979) wird wieder eine vergleichbare erzählerische Leistung erreicht.

66. Gerhard Wolf, *Der arme Hölderlin*. Berlin: Union 1972.

Günter de Bruyns *Das Leben des Jean Paul Friedrich Richter* (1975)[67] begann als ein Roman, endete aber schließlich als eine Biographie in Form aufeinanderfolgender Essays. In der festen Absicht, sich aus allen gelehrten Debatten über Jean Pauls Werk herauszuhalten, betonte de Bruyn, daß es "vor allem das Leben des Autors (war), das mich zur Darstellung reizte... Meinungen und Urteile auch sehr subjektiver Art zu unterdrücken habe ich mich nicht bemüht... Vielleicht hätte ich diese Lebensbeschreibung 'Mein Jean Paul' nennen sollen" (372). Der bibliographische Essay, den de Bruyn dem Werk anfügt, läßt keinen Zweifel daran, daß sein Versuch, Jean Pauls Leben und Werk unserer Zeit näherzubringen, auf einer höchst persönlichen Faszination beruht, die noch einem von jenen Dichtern gilt, die nicht in der Gunst des Dichterfürsten von Weimar standen. De Bruyn, dessen frühere Romane *Buridans Esel* (1968) und *Die Preisverleihung* (1972) ebenso wie die jüngst erschienenen *Märkischen Forschungen* (1978) sich alle mit jenen Kompromissen befassen, die Künstler und Akademiker im Namen des Erfolgs — oder auch des Überlebens — einzugehen bereit sind, zeigt auch in diesem Werk seine beste Seite, wenn er den nämlichen Aspekt bei Jean Paul beleuchtet. Wie kann ein Autor, der in seinen Werken die herrschenden Zustände aufs schärfste anprangert, seine Gesinnung so gänzlich verleugnen in einem unterwürfigen Brief, in dem er den König um eine Präbende bittet, "das heißt, ein Gehalt ohne Arbeitsleistung, ein Honorar für Ehrenmitgliedschaft, wie es heute, aus ähnlichen Motiven (nämlich um einen bedeutenden Mann zu verpflichten) zum Beispiel noch Kunstakademien zahlen. Man kann das, je nach Standpunkt, Korruption oder Förderung der Künste nennen" (226). De Bruyn stellt fest, daß sich der Dichter zu einer solch kompromittierenden Trennung von Autor und Werk durchringt, weil er gleichzeitig noch Vater und Ehegatte ist: "Und sind die entscheidenden Taten eines Schreibers nicht allein seine Schriften, denen er mehr verpflichtet ist, als seiner Ehrlichkeit?" (227). Es bleibt dem Leser überlassen, diese Frage zu beantworten.

Das Kapitel über Jean Pauls "Freiheitsbäumchen", ein satirisches Pamphlet gegen die Zensur, ist ein ausgezeichnetes Beispiel für die Art und Weise, wie eine Vorlage von Jean Paul in ein Paradigma für

---

67. Günter de Bruyn, *Das Leben des Jean Paul Friedrich Richter*. Halle (Saale): Mitteldeutscher Verlag 1975.

grundlegende Fragen zum Verhältnis des Autors (welches Autors?) zu Gesellschaft und Behörden verwandelt wird. De Bruyn zitiert unmittelbar aus dem satirischen Vorschlag Jean Pauls, die Lesefreiheit dadurch einzuführen, daß man die Anzahl der Zensoren auf die Anzahl der Leser anhebt und anschließend das Zensurverfahren insofern wirkungsvoller gestaltet, indem man anstatt eines unordentlichen Manuskripts jedem Zensor ein frischgedrucktes Exemplar des betreffenden Werkes zur Verfügung stellt. Allerdings ist seine weitere Zusammenfassung von Jean Pauls Büchlein so gestaltet, daß ein Leser, der mit dem Werk selbst nicht vertraut ist, außerstande ist, zu beurteilen, ob die Gedanken, die nicht in Anführungszeichen erscheinen, von de Bruyn oder Jean Paul stammen. Diese Technik ist derart ausgefeilt, daß ein ausführlicheres Zitat an dieser Stelle lohnend erscheint:

"Warum glaubt man überhaupt, daß verderbliche Bücher so großes Unheil stiften können? Ich wünschte, sie könnten dies stark und schnell; dann brächten gute desto leichter Heil."
Und wenn in Schriften Regierungsformen kritisch untersucht werden, sollen die Herrschenden doch froh sein, Wahrheiten über sich zu hören. Wem nutzt denn die Freiheit, den Herrscher zu loben, wenn die, ihn zu tadeln, nicht besteht? Am wenigsten ihm selbst, der doch irren kann wie jeder und falsch handeln auch. "Muß ein Staat erst tot sein, ehe man ihn zergliedern darf, und ists nicht besser, durch dessen Krankheitberichte [sic] die Sektionsberichte abzuwenden?" (273)

Das Ausmaß von de Bruyns persönlichem Engagement in diesem Text wird noch deutlicher in seiner Zusammenfassung des Schlußkapitels vom "Freiheitsbäumchen", in dem Jean Paul seinen Vorschlag, jeden Leser zum Zensor zu machen, zurücknimmt und das Angebot macht, als sein eigener Zensor zu dienen:

Er ahnt dabei nicht, wieviel Ernst sich in diesem Spaß verbirgt. Denn mit dem, was er 'Selber-Zensierung' nennt, beschreibt er, was zur wirklichen Gefahr für den Wahrheitsgehalt von Literatur werden könnte: den unter Zensurdruck und geistiger Manipulation einsetzenden Vorgang, der aus einem sozialen Hemmnis ein psychisches macht, äußere Grenzen vorverlegt ins Innere des Schreibenden und damit zwar den Zensurbeamten entlastet, die Literatur aber von Wirklichkeit entleert (273f.)

In de Bruyns Jean Paul-Buch gehen Vergangenheit und Gegenwart, Fremdes und Vertrautes, Historisches und Aktuelles ineinander über — nicht nur an pikanten Stellen, die die Kulturpolitik betreffen. De Bruyns Interesse gilt dem ganzen Dichter, seiner sexuellen Not, seinem Versagen als Familienvater, seinen Eitelkeiten als

Schriftsteller. De Bruyns Identifizierung mit Jean Paul als einem exemplarischen Fall schließt kritische Distanz und (Selbst-?)Ironie nicht aus. Im Unterschied zu den Werken von Hermlin und Wolf erreichte das Buch von de Bruyn ein weitaus breiteres Publikum und entsprach damit seiner Absicht, Jean Paul einem größeren Leserkreis zugänglich zu machen, als es den Autoren verstaubter Dissertationen gelingt. Daß die politischen Dimensionen des Buches dadurch beeinträchtigt wurden, kann schwerlich behauptet werden. Schon vor dem 200. Geburtstag von E.T.A. Hoffmann spielte der Dichter eine prominente Rolle in Anna Seghers' "Die Reisebegegnung" (1973),[68] einer kleinen Erzählung, welche all jene Leser überraschte, die sie hauptsächlich als Autorin der orthodox-realistischen Trilogie über den Aufbau des Sozialismus — *Die Toten bleiben jung* (1949), *Die Entscheidung* (1959), *Das Vertrauen* (1968) — kannten und ihre früheren Werke und ihre Argumente aus dem Dialog mit Lukács vergessen hatten. Als daher 1967 ihre Erzählung "Das wirkliche Blau" erschien, waren die Kritiker schwerlich darauf vorbereitet, ihren Rückgriff auf die Romantik zu analysieren, und beschränkten sich darauf, die Suche des jungen Töpfers Benito nach dem Blau als ein Symbol für den gemeinschaftsstiftenden Sinn der Arbeit auszulegen, ein bewußter Widerruf der träumerischen Welt von Novalis' *Heinrich von Ofterdingen*. Selbst die einsichtigere Analyse von Walter Kusche, die sieben Jahre später erschien, hält an diesem grundsätzlich instrumentalen Standpunkt fest:

> Es geht um einen höheren Stand der Produktivkräfte, die erst weiterentwickelt werden können, wenn sie nicht mehr einem einzigen gehören... Der tätige und der wissende Mensch, der Arbeit und Kunst braucht, wird in der Gestalt des Töpfers poetisch verwirklicht.[69]

Anna Seghers' Stil ist zwar weniger kompliziert als der anderer Autoren, die hier behandelt werden, doch werden andererseits die Grenzen von Raum und Zeit überschritten, um eine Zusammenkunft von Nikolaj Gogol, Franz Kafka und E.T.A. Hoffmann in einem Prager Café zu gestalten, wo sie eine ausgedehnte Diskussion über das Verhältnis zwischen Wirklichkeit und Realismus führen,

68. Anna Seghers, "Die Reisebegegnung", in: *Sonderbare Begegnungen.* Berlin: Aufbau 1973.
69. Walter Kusche, "Die 'blaue Blume' und das 'wirkliche Blau'", in: *WB* 20 (1974), H. 7, S. 72.

aus ihren Werken vorlesen und diese diskutieren, wobei sie auch über ihre Verwendung des Phantastischen Vergleiche anstellen. Obwohl Seghers den Standpunkt eines jeden Dichters mit Respekt behandelt, erscheint doch Gogol, der zum Reaktionär gewordene Radikale, in einer kritischeren Sicht als die anderen, vor allem gegen Ende der Erzählung, als er zu seiner privilegierten Stellung im zaristischen Rußland zurückkehrt, "zurück ins vergangene Jahrhundert."[70] Bezeichnenderweise ist es allein Gogol, der an einem Aspekt der Verwendung des Phantastischen bei seinem Schriftstellerkollegen Hoffmann etwas auszusetzen hat, – seinem leichtfertigen Umgehen mit der Zeit:

"Sie setzen die Zeit ein, wie Sie wollen. Etwas geschieht heute, was ins Gestern gehört, ein anderes Mal ist vor zweihundert Jahren etwas geschehen, was jetzt erst seine Fortsetzung erlebt." (122)

Im Falle Kafkas wird durch die Erzählung herausgestellt, daß es nicht ein Mangel an mimetischer Realität, sondern seine Resignation und Absonderung waren, die ihn problematisch machen:

"Die Habsburger Monarchie zerfiel, und ich dachte nur an mich selbst. Masaryk zog in den Hradschin. Und ich dachte nur an mich selbst. Die Revolution fegte über die Länder. Und ich dachte nur an mich selbst." (127)

Hoffmann, der im Stillen darüber nachdenkt, wieviel mehr er unter den historischen Ereignissen zu leiden hatte im Vergleich zu den anderen, vertritt dagegen eine Haltung, die auch Seghers' eigenes Credo sein könnte:

Menschen in seiner Nähe, die kümmerten ihn. Er war immer begierig, ihr Schicksal aus ihrem Aussehen zu erraten. Und dann ihr Schicksal weiterzudichten in Geschehnissen, die sie selbst nicht errieten... Was längst geschehen war, noch einmal vergegenwärtigen und erraten, was in Zukunft passieren könnte. (111)

Vergegenwärtigung, die schöpferisch mit den Beziehungen zwischen Vergangenheit und Gegenwart arbeitet, und nicht Historisierung, die lediglich Fakten reproduziert, ist das Erzählprinzip nicht nur in Anna Seghers' Erzählung, sondern auch in allen anderen, die uns hier beschäftigen. Letztlich ist es E.T.A. Hoffmann, der das Argument vollendet, das von Kafka mit der Behauptung angeschnitten wird: "Jeder von uns muß wahr über das wirkliche Leben schreiben. Die Schwierigkeit liegt darin, daß jeder etwas anderes unter 'wahr' und 'wirklich' versteht" (118f.). Alle drei Autoren in der

70. Seghers, "Die Reisebegegnung", S. 148.

Erzählung von Seghers sind sich darüber einig, daß Phantasie und
Träume durchaus realistische Mittel sind, wenn der Künstler sie für
eine Kritik der Realität oder den Entwurf einer besseren Realität
verwendet, – in Hoffmanns Formulierung:

> "Symbolische oder phantastische Darstellungen, Märchen und Sagen wur-
> zeln doch irgendwie in der Wirklichkeit. Genausogut wie greifbare Dinge.
> Ein richtiger Wald gehört zur Wirklichkeit, doch auch ein Traum von ei-
> nem Wald." (142f.)

Wenn auch Seghers' "Reisebegegnung", gemessen an den anderen
hier erwähnten Werken, viel weniger provozierend wirkt, so erhält
sie doch besondere Bedeutung durch Seghers' unbestrittenen Status in der DDR, wobei nicht nur ihre damalige Stellung als Präsi-
dentin des Schriftstellerverbandes, sondern auch die Integrität ihres langen Wirkens als sozialistische Schriftstellerin eine Rolle spielt.
Frei von aller Polemik liefert Seghers hier eine Kritik der Anpassung (Gogol), der Absonderung und Resignation (Kafka), die nur
allzu oft das Verhältnis des Schriftstellers zur Gesellschaft bestimmt
haben, und demonstriert mit einem Beispiel das in Vergessenheit
geratene Potential des Phantastischen – als höchst realistisches Mittel. Obgleich E.T.A. Hoffmann mehr als jeder andere Dichter der
Romantik Gegenstand wissenschaftlicher Studien war, ist es wahrscheinlich, daß die Verwendung des Phantastischen in Verbindung
mit einer entsprechenden Würdigung seines Werkes durch Schriftsteller wie Anna Seghers und Franz Fühmann, der kürzlich einen
Band seiner gesammelten Essays über Hoffmann veröffentlichte,[71]
einen ungleich größeren Einfluß auf die heutige literarische Szene
ausgeübt hat.

Zwar tritt E.T.A. Hoffmann indirekt bereits in Christa Wolfs
Unter den Linden (1974)[72] in Erscheinung – sowohl in den subtilen Anspielungen auf Elemente des "Ritter Gluck" in der Titeler-
zählung als auch in den "Neuen Lebensansichten eines Katers" –,
doch erscheint es in unserem Rahmen angemessener, das neuere
Werk *Kein Ort. Nirgends* (1979)[73] heranzuziehen. Auch Wolf führt
zwei Dichter zusammen, die sich nie begegnet sind, diesmal jedoch

71. Franz Fühmann, *Fräulein Veronika Paulmann aus der Pirnaer Vorstadt
oder Etwas über das Schauerliche bei E.T.A. Hoffmann.* Rostock: Hinstorff
1979.
72. Christa Wolf, *Unter den Linden.* Berlin: Aufbau 1974.
73. Christa Wolf, *Kein Ort. Nirgends.* Berlin: Aufbau 1979.

Zeitgenossen: Caroline von Günderrode (1780-1806) und Heinrich von Kleist (1777-1811):

Daß sie sich getroffen hätten: erwünschte Legende. Winkel am Rhein, wir sahn es. Ein passender Ort.
Juni 1804.
Wer spricht?
Weiße Handknöchel, Hände, die schmerzen, so sind es meine. So erkenne ich euch an und befehle euch, loszulassen, um was ihr euch klammert. Was ist es. Holz, schön geschwungen, Lehne eines Sessels. (6f.)

Dieser Auszug verdeutlicht die extremen Ansprüche, die Christa Wolfs Erzählstil selbst an jene Leser stellt, die mit ihren früheren Werken und Essays vertraut sind. "Juni 1804": Nur ein Leser, dem bekannt ist, wie Wolf sich selbst und ihr früheres Werk in jeder neuen Schöpfung ständig reflektiert, wird in dieser lakonischen Angabe eine Assoziation der nachmittäglichen Teegesellschaft aus *Kein Ort. Nirgends* mit dem "Juninachmittag" ihrer Erzählung aus dem Jahre 1967 entdecken — beide schildern augenscheinlich normale Situationen, die dennoch trächtig sind mit Ahnungen menschlicher Gefährdung. Die Vorahnung der Zerstörung in der früheren Erzählung weicht hier jedoch einem weitaus umfassenderen Pessimismus: "Wir wissen, was kommt" (174). Neben dieser negativen Gewißheit ist diese Erzählung weiterhin durch Fragen und Ungewißheit gekennzeichnet. "Wer spricht?": Der Erzählstil verlangt eine aktive Mitarbeit des Lesers, der nicht nur fortwährend zwischen den Gedanken der verschiedenen "Ich" unterscheiden muß, sondern auch zwischen ihnen und dem "Ich" des Erzählers. Zu jener vierten Dimension des Erzählers, die Christa Wolf in "Lesen und Schreiben" erläuterte, wird nun auch die Dimension des Leser-"Ich" unausweichlich in die Erzählung einbezogen: "Grenzverletzungen zwischen Literatur und Leben"[74], was der Hofrat in der Erzählung als den unstatthaften Versuch bezeichnet, "jene Wand zu durchbrechen, die zwischen Phantasien der Literaten und die Realitäten der Welt gesetzt ist" (19), die Weigerung, einzusehen, "daß es wohltätig eingerichtet ist, wenn das Reich der Gedanken von dem Reich der Taten fein säuberlich getrennt bleibt" (72).

Radikales Beharren auf Subjektivität ist seit langem ein Charakteristikum der Prosa Christa Wolfs. Seit Mitte der siebziger Jahre jedoch — seit dem Erscheinen von "Selbstversuch" (1972),[75] ihrer

74. Wolf, "Der Schatten eines Traumes, S. 309.
75. Christa Wolf, "Selbstversuch", in: *Unter den Linden*, S. 97-133.

Erzählung über eine Geschlechtsumwandlung, und ihren Kommentaren zu Maxie Wanders *Guten Morgen, du Schöne*[76] – galt ihr besonderes Interesse spezifisch weiblichen Formen der Erfahrung und des Schreibens. Mehr noch als *Kein Ort. Nirgends* betont der etwas früher erschienene Essay "Der Schatten eines Traumes", der eine Ausgabe der Briefe Caroline von Günderrodes begleitete, das Bedürfnis der Frauen, sich schreibend hervorzubringen: "Die Frauen lebten lange, ohne zu schreiben; dann schrieben sie – wenn die Wendung erlaubt ist – mit ihrem Leben und um ihr Leben. Das tun sie bis heute, oder heute wieder."[77] Die Romantik, mit ihrer Rebellion "gegen die eiskalte Abstraktion, ...gegen die unaufhaltsame Verfestigung der zerstörerischen Strukturen, gegen das erbarmungslose Zweckmäßigkeitsdenken",[78] war eine Epoche, in der Frauen wie etwa Dorothea Schlegel erfolgreich aus ihrer Rolle als Schwestern, Freundinnen, Geliebte oder Ehefrauen ausbrachen:

> Die Namen derer, die berühmt wurden – wie die Caroline Schlegel-Schelling, die Bettina Brentano, die Sophie Mereau-Brentano, die Rahel Varnhagen –, stehen für andre, ähnlich gebildet, ähnlich unruhig, ähnlich suchend: Der Briefwechsel der Günderrode ist ein Zeugnis dafür. Frauen, die es fertigbringen, ihre eigne Lage zu reflektieren – ein Vorrecht, das wie jedes Privileg seinen Preis hat, der heißt: Aufgabe von Geborgenheit, von Sicherheit, Verzicht auf das frühere Selbstverständnis der abhängigen Frau, ohne die Gewißheit, eine neue Identität zu gewinnen.[79]

Wie Wolf bemerkt, ist Caroline von Günderrode eine dieser Frauen, und *Kein Ort. Nirgends* läßt erkennen, was jenen widerfahren kann, deren Ausbruchsversuch scheitert, angefangen von Kleists Widerwillen gegen schreibende Frauen, seiner Unterdrückung des Wortes "Dichterin" für Caroline, zu Brentanos Unwillen darüber, daß sie ihren anonymen Gedichtband ohne seine Zustimmung veröffentlicht hatte. Für sie, der Schreiben ein Lebensbedürfnis ist, eine Sehnsucht, ihr "Leben in einer bleibenden Form auszusprechen",[80] bedeutet Brentanos Kommentar, daß ihre Dichtung "Anklänge an seine eigene Empfindung" (51) enthalte, nicht ein Kompliment, sondern eine Leugnung ihrer eigenen Authentizität:

76. Christa Wolf, "Berührung", in: *Fortgesetzter Versuch*, S. 280-290.
77. Wolf, "Der Schatten eines Traumes", S. 293.
78. Ebd., S. 298.
79. Ebd., S. 302.
80. Wolf, *Kein Ort. Nirgends*, S. 34f.

Warum wollen Sie mir nicht zugestehn, daß ich in der Poesie wie in einem Spiegel mich zu sammeln, mich selber zu sehen, durch mich hindurch und über mich hinaus zu gehen suche...alles, was wir aussprechen, muß wahr sein, weil wir es empfinden: Da haben Sie mein poetisches Bekenntnis.

Kein Ort. Nirgends enthält zwar Andeutungen über die Intensität von Beziehungen zwischen Frauen, doch behandelt "Der Schatten eines Traumes" das bislang tabuisierte Thema der Frauenfreundschaft wesentlich direkter:

Frauen fühlen sich heftig zueinander hingezogen und widersetzen sich der Anziehung nicht... Diese jungen Frauen haben einander etwas zu geben, was ein Mann ihnen nicht geben könnte, eine andre Art Verbundenheit, eine andre Art Liebe. Als könnten sie, allein miteinander, mehr sie selbst sein; sich ungestörter finden, freier ihr Leben entwerfen — Entwürfe, die denen der Männer nicht gleichen werden.[81]

Doch war die Erfahrung der Freundschaft mit Frauen für die Günderrode nicht stark genug, sie von den Fesseln gesellschaftlicher Konventionen zu befreien, die sie umklammert hielten und schließlich zu ihrem Tod führten. Wolfs kürzlich erschienener Essay in Briefform, der eine neue Ausgabe von Bettina von Arnims Roman *Die Günderrode* begleitet, verweist jedoch darauf, daß es Bettina in ihrer Vormärz-Periode schließlich doch gelang, die Beschränkung von Herkunft und Lebensweise als Frau und Mutter zu überwinden und zu einer viel kühneren Existenz und Ästhetik vorzustoßen, als der Günderrode je möglich gewesen wäre:

Der Günderrode führt die Erfahrung, weder in der Liebe noch in der Kunst ihre Eigenart auszuleben, zum Tod... Wie es mit der Bettina weiterging, wissen Sie: wissen, wie sie nicht aufhören konnte, Vorschläge zu machen für eine andere, nichttötende Art, auf der Welt zu sein.[82]

Wie verlockend es auch sein mag, der Frage einer feministischen Ästhetik nachzugehen, die Wolf in diesen beiden sehr bewegenden Essays anschneidet, und sie etwa mit Sigrid Damms *Begegnung mit Caroline*[83] (Michaelis-Böhmer-Schlegel-Schelling) aus dem Jahre 1979 zu vergleichen: das Wesentliche ist hier, daß *Kein Ort. Nirgends* auf eigentümlich melancholische Weise so ziemlich mit den gleichen Fragen beschäftigt ist, auf die auch beispielsweise Irmgard

81. Wolf, "Der Schatten eines Traumes", S. 317.
82. Christa Wolf, "Nun ja! Das nächste Leben geht aber heute an", in: *SuF* 32 (1980), H. 2, S. 418.
83. *Begegnung mit Caroline. Briefe von Caroline Michaelis-Böhmer-Schlegel-Schelling* (Hrsg. Sigrid Damm). Leipzig: Reclam 1979.

Morgner in ihrem wesentlich witzigeren und umfangreicheren *Leben und Abenteuer der Trobadora Beatriz* (1974)[84] eingegangen war:

> "Könnte nicht…der öfter, manchmal auch heuchlerisch beklagte Mangel an weiblichen Kunst-'Genies' außer mit den Lebensumständen der Frauen auch mit ihrer Untauglichkeit zusammenhängen, sich dem auf den Mann zugeschnittenen Geniebild einzupassen?"[85]

Trotz ihrer Unfähigkeit, das künstlerische Streben von Frauen zu verstehen, leiden natürlich auch die männlichen Künstler in *Kein Ort. Nirgends* an der Gesellschaft. Anders als die Kaufleute, Wissenschaftler und Politiker – Nees von Esenbeck, Wedekind, Mertens und Savigny –, für welche die Antwort auf das menschliche Dilemma aus dem wissenschaftlich-technischen Fortschritt erwächst, sehen diese Schriftsteller nur Bedrohungen:

> Die Wissenschaften? Die sich daran machen, uns eiserne Reifen um Herz und Stirne zu schmieden? Die uns ein eisernes Jahrhundert vorbereiten, in dem die Kunst vor fest verschlossenen Türen stehen, der Künstler ein Fremdling sein wird? (114)
>
> Und da sitzen wir immer noch und handeln mit den Parolen des vergangenen Jahrhunderts, spitzfindig und gegen unsre stärkere Müdigkeit ankämpfend, und wissen: Das ist es nicht, wofür wir leben und worum wir sterben könnten. Unser Blut wird vergossen werden, und man wird uns nicht mitteilen, wofür. (115)
>
> Muß die Menschheit durch diese Einöde, um ins Gelobte Land zu kommen? (116f.)[86]

Kleist ist offensichtlich ein Paradigma für das Leiden des Künstlers an seiner Zeit, das auch dem Schriftsteller der Gegenwart nicht erspart bleibt, der die Widersprüche nicht aufzulösen vermag zwischen seinen Überzeugungen und den "Mühen der Ebene" (Brecht), die sich als die Wüste des real existierenden Sozialismus erweist. Wie beißend die Kritik auch immer ausfallen mag, Christa Wolf spricht

---

84. Irmtraud Morgner, *Leben und Abenteuer der Trobadora Beatriz nach Zeugnissen ihrer Spielfrau Laura. Roman in dreizehn Büchern und sieben Intermezzos.* Berlin: Aufbau 1974. – Dazu der Aufsatz der Verf., "Die Frau und das Phantastische in der neueren DDR-Literatur", in: *Die Frau als Heldin und Autorin* (Hrsg. W. Paulsen). Bern/München: Francke 1979, S. 248-266.

85. Wolf, "Nun ja! Das nächste Leben geht aber heute an", S. 417.

86. Auch Clemens Brentano vergleicht seine Epoche mit einer Wüste: "In unsern Tagen kann man nicht dichten. Man kann nur für die Poesie etwas tun. Der Dichter lebt wie in einer Wüste, die wilden Tiere fallen ihn an, denn alle kann man sie nicht zahm singen, und die Affen tanzen ihm nach" (Wolf, *Kein Ort. Nirgends*, S. 94).

nicht davon, diese Prinzipien aufzugeben. Kleist, der von dem "Unglück" spricht, "von Bindungen abzuhängen, die mich ersticken, wenn ich sie dulde, und die mich zerreißen, wenn ich mich löse" (58f.), entdeckt auf einer Reise ins Ausland, "wie sich sein Vaterland immer besser ausnahm, je weiter er sich von ihm entfernte" (95). Der Leser, der hierin eine Anspielung auf die Affäre Biermann vermutet, dürfte kaum Unrecht haben, denn ein noch deutlicherer Hinweis findet sich in dem Bettina-Essay, wo Wolf Bettinas Lektüre von Jakob Grimms Schrift "Über meine Entlassung" zum Anlaß nimmt, die "Göttinger Sieben" in Erinnerung zu rufen, die 1837, "in einer 'Untertänigsten Vorstellung' am 18. November"[87] [sic! – P.H.] den König ersuchten, sich der Verfassung zu erinnern. Grimms Essay erklärt, warum nur wenige den Mut zur Unterzeichnung besaßen und "auf welche verschiedene Weisen die anderen, die gleich oder ähnlich dachten wie die sieben, sich zurückhielten oder zurückzogen, wie manche das falscheste, doch überzeugendste aller 'Argumente' – nämlich daß sie die Universität retteten, indem sie das Grundgesetz widerstandslos preisgaben – als letzten Anker, ihre Feigheit dran festzumachen, auswarfen."[88]

In diesem Zusammenhang ist man auch versucht, ein weiteres Hörspiel, in dem Kleists Selbstmord als Chiffre für die Biermann-Affäre dient, zumindest zu erwähnen: Günter Kunerts *Ein anderer K.* (1977)[89] [Das Verhältnis zwischen Kunert und diesem K. entspricht analog dem von Kafka und seinem K. – P.H.]. Hier unternehmen die Behörden Anstrengungen, Berichte über Kleists Selbstmord zu zensieren, der als ein Affront des Staates aufgefaßt wird: "Einfach totschweigen", "Das Klügste ist jetzt, die Affäre K. gar nicht mehr anzurühren, das würde ihr nur wieder neue Publizität verschaffen...", "rigides Druckverbot" (111f.).

Der Ausgangspunkt für diese Untersuchung der Wiederentdeckung der Romantik war die Behauptung, daß sich das Medium der Vergangenheit als ein ebenso wirkungsvolles Vehikel für die Kritik der Gegenwart verwenden läßt wie die Medien der westlichen Kommunikationssysteme, deren sich die Dissidenten bedienen. "Eine Schwalbe macht noch keinen Sommer": Es ist der kumulative Effekt, der dialektische Kontext, in welchem diese Werke stehen, der

87. Wolf, "Nun ja! Das nächste Leben geht aber heute an", S. 408.
88. Ebd., S. 408f.
89. Günter Kunert, *Ein anderer K.* Berlin: Aufbau 1977.

ihnen gesellschaftliche Schlagkraft verleiht. Trotz aller Subtilität ist ihr Eindruck auf den Leser, der ihre Herausforderung annimmt, nicht weniger provozierend und wirkungsvoll als jede leichter verständliche, direkte Kritik. Doch vielleicht sollten wir Kunerts Kleist das letzte Wort überlassen:

> Die wahre Erkenntnis erscheint nicht in der Sprache alltäglicher Unterhaltung, nicht in der Sprache des Militärs oder der Büchsenmacher, auch nicht in der Kanzleisprache, sie erscheint nur in Bildern und Gleichnissen, denn das Paradies hat sich hinter uns geschlossen und ist verriegelt. Wir müssen die Reise um die Welt machen, und sehen, ob es vielleicht von hinten irgendwo offen ist. (120)

"SENTIMENTALER STOFF UND FANTASTISCHE FORM": ZUR ERNEUERUNG FRÜHROMANTISCHER TRADITION IM ROMAN DER DDR
(Christa Wolf, Fritz Rudolf Fries, Johannes Bobrowski)

von

Bernhard Greiner

"...ich würde...die alte Fabel vom Apollo und
Marsyas vorschlagen. Sie scheint mir sehr an der
Zeit zu sein. Oder eigentlicher zu reden ist sie
wohl immer an der Zeit in jeder wohl verfaßten
Literatur."
(Friedrich Schlegel, Schlußsatz des *Gesprächs
über die Poesie*, 1800)

I

Zweimal wurde Anfang der siebziger Jahre in der DDR die Geschichte des Satyrs Marsyas neu erzählt. Dieser hat nach Ovid mit seinem Flötenspiel Apollon zum Wettkampf herausgefordert, ist aber dessen Kunst, die Leier zu spielen, unterlegen, worauf ihm zur Strafe für seine Anmaßung die Haut lebend abgezogen wurde. Heiner Müller hat Marsyas' Geschichte in seine Macbeth-Bearbeitung (uraufgeführt 1972) eingeflochten. Macbeth kommentiert mit ihr die freigelassene Tötungslust seiner Soldaten, die einen von Macbeth abgefallenen Lord schinden. Geschehen und Kommentar stehen dabei zueinander verkehrt. Die Rolle des bäurischen unterlegenen Marsyas ist nach diesem Kommentar dem Lord zuerkannt (der im Stück, auf der Gegenseite von Macbeth stehend, die legitime Macht, Ordnung und Sitte vertritt), die Rolle des kunstverständigen Lichtgottes Apollon aber nimmt dann Macbeth für sich in Anspruch, der mit seinen mordenden Soldaten alle natürlichen menschlichen und metaphysischen Ordnungen verkehrt. Im Augenblick, da die Tötung des Lords durch die Soldaten eine sozial aufrührerische Komponente erhält (Rache der Bauern am früheren

Herrn), bricht die anmaßende Rollenzuteilung zusammen. Macbeth läßt den mordenden Soldaten selbst umbringen. Das Prinzip des Ungeschlachten, Rohen, Tierischen — das Prinzip Marsyas in der mythischen Konstellation — behauptet sich in Macbeth. Das Gegenprinzip davon aber, die legitime Macht verkörpernd, Sitte, Macht und Ordnung, Läuterung der Triebe, hat — und hierin unterscheidet sich Müller von Shakespeare — keinen Vertreter mehr. Es erscheint gegenüber einem Bild der Welt als Schlachthaus von seinen Vertretern nur angemaßt: sei dies Macbeth oder der geschundene Lord, der seine Herrschaft über die Bauern nicht weniger blutig errichtet hatte. Heiner Müller erkennt nur dem Prinzip Marsyas geschichtliche Verkörperung zu, das Prinzip Apoll verflüchtigt sich zum Schatten.

Heiner Müller wurde auf die Konstellation Apollon–Marsyas aufmerksam gemacht durch Thomas Braschs Erzählung[1] : *Der Zweikampf*[2] . Marsyas und Apollon werden in dieser Erzählung charakterisiert, wie dies die Mythologie vorgibt. Marsyas erscheint bäurisch, roh, ungesittet, Apoll im Kreis der Musen, gebildet, auf die Künste sich verstehend. Den Zweikampf selbst aber hat Thomas Brasch umgedacht. Marsyas weigert sich, in den Wettstreit einzutreten; denn er kann in ihm nur unterliegen, da die Maßstäbe der Wertung von Apolls Instrument, der Leier, abgezogen sind: technisches Raffinement gilt als Plus, ebenso die Verbindbarkeit von Musik und Sprache, insgesamt die Bändigung des Orgiastischen der Musik durch den Logos. Wenn Apolls Maßstab gilt, kann Marsyas' Flöte, die als orgiastisches Instrument der Sprache der Triebe zur Artikulation verhilft, nur roh und unvernünftig erscheinen. Pallas Athene hatte die Flöte weggeworfen, weil sie, als sie auf ihr spielte, von Juno und Venus ihrer ungestalten Backen wegen ausgelacht worden war. Marsyas hatte die weggeworfene Flöte gefunden. Marsyas verweigert den Kampf, Apoll aber läßt sich zum Sieger ausrufen und dem Unterlegenen die Haut abziehen. Der Schrei des im härtesten Sinne "entblößten" Marsyas, dem Körper und Schmerz ineins zusammenfließen, steht dem Sieger Apoll entgegen. Apoll hat Marsyas nicht besiegt, sondern nur unterdrückt. Der Schrei des Marsyas ist mächtiger als seine geläuterte Kunst. Daher flieht er

1. Nach persönlicher Auskunft des Verfassers.
2. Erschienen in: Thomas Brasch, *Vor den Vätern sterben die Söhne*, W-Berlin 1977, S. 21-26.

vom Kampfplatz und lästert die Musen, die ihn zum Sieger ausgerufen haben.

Auch hier erscheint, wie bei Heiner Müller, die Herrschaft des Prinzips "Apoll" brüchig, während das Prinzip "Marsyas" zuletzt sich durchsetzt. Heiner Müller wie Thomas Brasch zitieren den Mythos, um ihm einen Gegensinn zu geben. Der überlieferte Sieg Apolls (der geläuterten Kunst des Logos) wird widerrufen als Scheinprinzip gegenüber dem Prinzip, das Marsyas verkörpert (die Nähe zum Tier, zu den ungeläuterten Trieben, zur orgiastischen Kunst). Die Geschichte des abendländischen Bewußtseins aber steht im Zeichen Apolls. Entsprechend nachdrücklich hat sie Marsyas abgewertet. Hederichs *Gründliches Mythologisches Lexikon* aus dem Jahre 1770, das unersetzliche Arbeitsmittel auch Goethes, schließt seinen Marsyas-Artikel damit, daß es die Norm der "Verständigkeit" befestigt:

Dieses soll sich denn zumal die Jugend so fern merken, weil sie sonst durch ihre Vermessenheit leicht bey verständigen Leuten zu schanden werden kann.[3]

Noch Kerényi entschuldigt den strafenden Apoll, indem er den tierischen Charakter des Marsyas hervorkehrt:

In Kleinasien erzählt man...von einem [Silenen] namens Marsyas, der so dumm war, daß er im Musizieren mit Apollon wetteifern wollte, besiegt und seines zottigen Felles entkleidet wurde — keine besondere Grausamkeit des Gottes, sobald man in der tierischen Erscheinung nur eine Verkleidung sieht.[4]

Heiner Müller wie Thomas Brasch zeigen eine Abkehr von dieser dem apollinischen Prinzip verpflichteten Tradition. Man bleibt an der Oberfläche des Vorgangs, solange man ihn nur so deutet, daß beide Autoren in der alten Konstellation die Perspektiven einer Klassenauseinandersetzung zwischen dem Bauern Marsyas und dem göttlichen Herrscher Apoll erkannt hätten und nun vom Standpunkt einer höheren geschichtlichen Vernunft dem Plebejer zuletzt sein Recht zuteil werden ließen. Denn zwei so traditionsbewußte Autoren wie Müller und Brasch zitieren mit der als Klassenkampf akzentuierten Auseinandersetzung eine Tradition der Infragestellung des

3. Benjamin Hederich, *Gründliches Mythologisches Lexikon*, Leipzig 1770, Reprograph. Nachdruck, Darmstadt 1967, Sp. 1536.
4. Karl Kerényi, *Die Mythologie der Griechen*, München 1966 (dtv 392), S. 143.

apollinischen Prinzips durch jenes, das Marsyas verkörpert. Diese Tradition können wir von der deutschen Frühromantik an verfolgen. Sie ist uns geläufig in der Entgegensetzung der Prinzipien, die Apoll und Dionysos verkörpern. Im Triumph des Dionysos aber treten die Satyren auf, aus deren Familie Marsyas stammt[5]. Schelling hatte erstmals den im Wesen des Gottes Apoll zutage tretenden klaren, nüchternen, auf Form und Ordnung gerichteten *bewußten* Willen in Gegensatz zu dem in Dionysos sich offenbarenden rauschhaften, alle Formen sprengenden, *unbewußten* und unklaren Schöpfungsdrang gestellt und diesen Gegensatz als eine im Menschen selbst wirkende Dynamik bestimmt: "Im Menschen finden wir eine blinde, ihrer Natur nach schrankenlose Produktionskraft, der eine besonnene, sich beschränkende und bildende, eigentlich also negierende Kraft in dem selben Subjekt entgegen steht"[6]. Nietzsche hat diese Gegenüberstellung wieder ontologisiert, d.h. in ihr entgegengesetzte Seinserfahrungen bestimmt[7]. Das Apollinische und das Dionysische stehen sich gegenüber wie Gestalt und gestaltlose Lebensflut, wie endlich Seiendes und unendlicher Grund des Seins, der immer neue Gestalten aus sich hervorbringt und zurücknimmt. Die Gegenposition zum Dionysischen hat Nietzsche im Laufe seiner philosophischen Entwicklung schärfer bestimmt. Es ist die Herrschaft des Bewußtseins, des Logischen, der Wissenschaft, der die tragische Weltsicht im Bilde eines unendlich bildenden und zerstörenden Lebens widerspricht. Wissenschaft im ganzen wird aus der Perspektive des Dionysischen als fragwürdig erfaßt[8], damit die Arbeit als bewußtes, durch Technik und Wissenschaft geleitetes Verhalten menschlicher Bemächtigung der Natur wie der Geschichte. Entsprechend setzt das Dionysische Prinzip dem Fortschrittsgedanken — als Gedanke fortschreitender Subjekt-Objekt-Spaltung — Vorstellungen eines unendlichen Kreislaufs bzw. einer Überwindung der Zeit entgegen.

Im Wiederaufrichten der Dimension des Dionysischen — als Figuration: im Entthronen Apolls — wird erinnert, was unter der Herrschaft des Bewußtseins, des Prinzips der Arbeit, damit techni-

5. Kerényi, a.a.O., S. 142f.
6. Friedrich Wilhelm Josef Schelling, *Gesammelte Werke*, hg. von K.F.A. Schelling, II. Abtlg., Bd. 4, Stuttgart 1861, S. 25.
7. Friedrich Nietzsche, *Die Geburt der Tragödie aus dem Geist der Musik*.
8. Hierzu: Eugen Fink, *Nietzsches Philosophie*, Stuttgart 1960, S. 14ff.

scher und wissenschaftlicher Bemächtigung der Natur und Geschichte unterdrückt wurde, was als "unvernünftig" dem Verdikt des Logos anheimfiel. Solche Erinnerung des Preises, den neuzeitliches Denken und neuzeitliches Gestalten in der Wirklichkeit gefordert hat, Erinnerung des im Fortschritt neuzeitlicher Kultur Unterdrückten und Verdrängten, hat die deutsche Frühromantik erstmals systematisch unternommen. Hierin hat sie bis heute ihre erregende Aktualität bewahrt. Der frühe Marx der *Ökonomisch-philosophischen Manuskripte* hat in seinem Entwurf eines unentfremdeten Verhältnisses von Mensch und Natur ("Naturalisierung des Menschen, Humanisierung der Natur"[9]) Aspekte dieser Kritik der "fortschrittlichen" Tendenzen der Zeit übernommen; Nietzsche hat diese Tradition in einer umfassenden Kulturkritik der Moderne aus der Optik des Dionysischen weiter befestigt, Freud (*Das Unbehagen in der Kultur*) und Benjamin (*Geschichtsphilosophische Thesen*) haben sie psychoanalytisch bzw. geschichtsphilosophisch weiter begründet. Mit ihrer Umdeutung des Kampfes zwischen Marsyas und Apollon stellen sich Heiner Müller und Thomas Brasch in diese Tradition. Sie wird damit nicht zum ersten Male in der DDR berufen, die beiden Texte heben vielmehr, durch Zurückgehen auf die archetypische Konstellation, eine Strömung ins Prinzipielle, die wir im Roman der DDR – in seinen avanciertesten Repräsentanten – seit Mitte der sechziger Jahre erkennen können: eine Orientierung weg vom Roman der französischen und russischen Realisten des 19. Jahrhunderts, der insbesondere durch Lukács zum Paradigma des Romanschaffens und der Literaturkritik erhoben worden ist, hin zum Roman und zur Romantheorie der Frühromantik (Jenaer Kreis und Jean Paul) als neuem Paradigma.

Die Romantik wurde und wird als Kritik der sich etablierenden bürgerlich-kapitalistischen Gesellschaftsordnung verstanden, als Kritik also der Tendenzen, die sich erst nachfolgend im Laufe des 19. Jahrhunderts voll durchgesetzt haben. Dies gilt auch für den Roman in der Romantik. Er kann als Widerruf der Prinzipien des realistischen Romans bestimmt werden. In einigen Aspekten wird dies nachfolgend verdeutlicht, wobei bewußt zu halten ist, daß die paradigmatische Gegenüberstellung einen hohen Grad der Abstraktion von den individuellen Werken voraussetzt.

9. Karl Marx, *Ökonomisch philosophische Manuskripte*, in: Karl Marx, Friedrich Engels, *Werke*, Erg.-Bd. I, O-Berlin 1968, S. 538.

Grundkategorie des realistischen Romans des 19. Jahrhunderts ist *Totalität*. In ihr manifestiert sich die Bindung an die herrschenden Philosophen der Zeit: "Die Kategorie der Totalität", so führt Lukács aus, "die allseitige, bestimmende Herrschaft des Ganzen über die Teile ist das Wesen der Methode, die Marx von Hegel übernommen...hat"[10]. Für den Roman bedeutet sie den Anspruch, das Wesen der Wirklichkeit zu erarbeiten, in der Erscheinung das Wesen, an der Oberfläche den Gesamtzusammenhang der Wirklichkeit sichtbar werden zu lassen[11]. Leitende Vermögen werden entsprechend "Vermittlung", die "Aufhebung" der Teile im Ganzen, das mehr ist als die Summe seiner Teile, da es außer den Teilen Beziehungen in sich enthält, in denen jeder Teil zu einem anderen und zum Ganzen sich befinden muß, Beziehungen mithin, die aus den Gesetzen, die für die einzelnen Teile gelten, nicht abgeleitet werden können. Das Vermögen vermittelnder Aufhebung schließt notwendig das der Entsagung, des "Vergessens" all dessen ein, was sich den "treibenden Kräften" im Gesamtzusammenhang der Wirklichkeit nicht fügt.

Der Kategorie der Totalität steht in Roman und Romantheorie der Frühromantik die *Arabeske* als Grundkategorie entgegen[12]. Der Begriff bezeichnet in der Bildenden Kunst eine Ornamentik, in der Pflanzen-, Tier- und Menschenfiguren ineinander übergehen. Er ist von Friedrich Schlegel auf den Bereich der Literatur, insbesondere des Romans übertragen worden, als Bezeichnung der Idealform des romantischen Romans, gekennzeichnet durch Mischung von Heterogenem, wunderliche Versetzungen von Form und Materie, Kokettieren mit unbedingter Willkür[13], darum Form der Vereinigung und Potenzierung aller Gattungen, zugleich der Vereinigung von Kunst, Wissenschaft und Philosophie. In den Brüchen, in denen das berufene Heterogene zueinander steht, im Fragmentcharakter des Einzelnen, wird Ganzheit nur noch ex negativo, in der

10. Georg Lukács, *Geschichte und Klassenbewußtsein*, Neuwied 1968 (Sonderausg. Sammlung Luchterhand), S. 94.
11. Vgl. z.B.: Georg Lukács, *Reportage oder Gestaltung*, in: Die Linkskurve 4, 1932, H. 7 und 8.
12. Zur Arabeske als poetologischer Kategorie: Friedrich Schlegel, *Gespräch über die Poesie*, in: *Kritische Friedrich-Schlegel-Ausgabe*, hg. von Ernst Behler (abgekürzt: *KFSA*), Bd. 2, München 1967; Karl Konrad Polheim, *Die Arabeske. Ansichten und Ideen aus Friedrich Schlegels Poetik*, München 1966.
13. Vgl. Friedrich Schlegel, Athenäums-Fragment Nr. 205, 389, 424.

Negation der Negation, berufen. Verlangte die Kategorie der Totalität Vermittlung als leitendes Vermögen, so die Arabeske Phantasie bzw. Witz, da es diese auszeichnet, Heterogenes zusammenzustellen. "Der echte Buchstabe ist allmächtig und der eigentliche Zauberstab", erläutert Friedrich Schlegel, "er ist es, mit dem die unwiderstehliche Willkür der hohen Zauberin Fantasie das erhabene Chaos der vollen Natur berührt."[14] Entsprechend erkennt Friedrich Schlegel in der "Fantasie die Grundkraft der romantischen Poesie"[15]. Der Leistung der Phantasie ist die des Witzes analog: Aufheben überkommener erkannter Grenzen oder Ordnungen durch Herstellen unvermuteter Beziehungen. Darum definiert Friedrich Schlegel den Witz als "Explosion von gebundenem Geist"[16]. Die "witzige" Schreibart hat Jean Paul, hierin auch sich selbst mit meinend, durch ein soziologisches Argument gerechtfertigt:

> ...warum soll man bei den zunehmenden Miß- und Fehljahren und Fehljahrhunderten nicht anspielen können, auf was man will, auf alle Sitten, Zeiten, Kenntnisse, sobald man nur den fremden Gegenstand einheimisch macht, was gerade das Gleichnis besser tut als die voraussetzende Allegorie?[17]

An Jean Paul lobt Friedrich Schlegel phantastische Fülle und Witz als "romantische Erzeugnisse". Der "Brief über den Roman" aus dem *Gespräch über die Poesie* beruft sich in herausgehobener Weise auf Jean Paul als zeitgenössischen Zeugen der vorgelegten Theorie[18].

Fahren wir in der Gegenüberstellung von Prinzipien des realistischen Romans des 19. Jahrhunderts und des frühromantischen Romans fort. Im Zentrum der Handlung des realistischen Romans steht *Arbeit*: die "Mühe" der *Entgegensetzung* von Ich und Welt, der *Spaltung* von Subjekt und Objekt; paradigmatisch führte dies der *Wilhelm Meister* vor. Zielvorstellung ist die Ausbildung eines welthaften Ich, eines Ich, das sich in schaffender Auseinandersetzung mit der Welt selbst verwirklicht, sich in der durch seine Arbeit umgestalteten Welt seiner selbst in seinen Möglichkeiten innewird:

14. Friedrich Schlegel, *Lucinde*, in: *KFSA*, Bd. 5, S. 20.
15. Friedrich Schlegel, *Kölner Vorlesung*, zit. nach Polheim, a.a.O., S. 154.
16. Lyceums-Fragment Nr. 90.
17. Jean Paul, *Vorschule der Ästhetik* (abgekürzt: *Vorschule*), in: J.P., *Werke*, hg. von Norbert Miller, Bd. 5, München 1963, S. 204f.
18. A.a.O., S. 329, 331f., 333.

das Ich, das sich im Akt der Re-Flexion begründet, d.i. das Ich als
Bewußtsein. Die Grundschrift solchen zu sich selbst kommenden
Bewußtseins ist in Hegels *Phänomenologie des Geistes* zu erkennen, oder, bleibt man der strukturellen Verwandtschaft beider Werke eingedenk, in Goethes *Faust*. Im Zentrum der Handlung des
frühromantischen Romans steht statt Arbeit die Dynamik des "Gedächtnisses", dieses tiefenpsychologisch gefaßt als der Ort, an dem
das vom Bewußtsein nicht Anerkannte bzw. nicht Annehmbare bewahrt wird. Was wir heute mit Freuds Begriff des "Gedächtnisses"
kategorial eindeutig fassen[19], wurde in der Frühromantik metapho-
risch bestimmt: als "Nacht" (gegenüber der Tageshelle des Bewußtseins)[20], als Gang in das Innere der Berge, in dem die eigene Vergangenheit und Zukunft begegnet[21], als Interesse an den "Nacht-
seiten der Naturwissenschaft"[22]. Im Aufheben der Trennung von
Bewußtsein und Gedächtnis, d.i. in der Integration der Gedächtnisinhalte ins Ich, bestimmt Freud die Bedingung der Möglichkeit von
Erfahrung. Auf solche "Erfahrung" zielt Friedrich Schlegel, wenn
er von literarischen "Bekenntnissen" als den "einzigen romantischen Naturprodukten" seines Zeitalters spricht: das "verhüllte
Selbstbekenntnis des Verfassers, der Ertrag seiner Erfahrung, die
Quintessenz seiner Eigentümlichkeit"[23].

Das Sich-Einlassen auf die Dynamik der im Gedächtnis bewahr-
ten Prägungen, Wünsche und Kräfte geschieht nicht primär in der
schaffenden Auseinandersetzung eines Ich mit der Welt, sondern in
der *Kontemplation*. Müßiggang wird gerechtfertigt als Voraussetzung der Beschäftigung mit sich selbst — Friedrich Schlegel stimmt
ein Lob der Faulheit in einer "Idylle über den Müßiggang" an[24] —
die "Bildungsreise" wird nicht in die Welt, sondern in das eigene

19. Zur Entwicklung dieses Gedächtnisbegriffs: Henri Bergson, *Matière et
Mémoire* (1908); Sigmund Freud, *Jenseits des Lustprinzips*, in: S.F., *Studienausgabe*, hg. von Alexander Mitscherlich (abgekürzt: *Studienausgabe*), Bd. 3,
Frankfurt 1975; Walter Benjamin, *Über einige Motive bei Baudelaire*, in: W.B.,
Illuminationen, Frankfurt 1955.
20. Vgl. Novalis, *Hymnen an die Nacht*.
21. Novalis, *Heinrich von Ofterdingen*, 5. Kap.
22. Gotthilf Heinrich Schubert, *Ansichten von der Nachtseite der Naturwissenschaft*, Dresden 1808.
23. *Gespräch über die Poesie*, a.a.O., S. 337.
24. *Lucinde*, a.a.O., S. 25ff.

Innere unternommen[25]. Das Freisetzen der Dynamik des Gedächtnisses (statt seiner Einkapselung durch das Bewußtsein) ist nicht
an Entgegensetzung von Ich und Welt, nicht an Spaltung von Subjekt und Objekt orientiert, wie dies Arbeit erfordert und leistet,
sondern an *Vereinigung des Getrennten*. *Liebe* als vereinigende
Kraft wird entsprechend zu einem integrierenden Thema. Darum
kann Friedrich Schlegel das Romantische – und den Roman als "romantisches Buch"[26] – als Verknüpfung des Sentimentalen (verstanden als: "den Geist der Liebe ausdrückend")[27] mit dem Phantastischen (in dem erläuterten Sinn) definieren. Ein Beispiel der
Vereinigung des Phantastischen und des Sentimentalen, von Witz
und Liebe, zugleich der Versuch, die Arabeske als Idealform des
romantischen Romans zu verwirklichen, hat Friedrich Schlegel in
der *Lucinde* gegeben.

Liegt im realistischen Roman des 19. Jahrhunderts, in dessen
Zentrum der Handlung Arbeit steht, ein besonderes Interesse auf
Figurationen des Grenze-Setzens, also auf Kampf und Herrschaft,
so liegt im Roman der Frühromantik, in dessen Zentrum der Handlung das Sich-Einlassen auf die Dynamik des Gedächtnisses steht,
ein besonderes Interesse auf *Figurationen der Grenzüberschreitung*:
also auf Schlaf, Traum, Tod, vor allem aber auf dem Eros. Zielvorstellung ist daher auch nicht die Ausbildung des Ich als Bewußtsein,
sondern Aufheben der Grenzen des Ich, Integration dessen, was im
Zuge der Ich-Bildung unterdrückt wurde: das Unbewußte mit dem
Anspruch auf Lusterfüllung. Auf solches Aufheben der Grenzen
des Ich zielt z.B. die Bemerkung Jean Pauls:

Wir machen aber von dem Länderreichtum des Ich viel zu kleine oder enge
Messungen, wenn wir das ungeheure Reich des Unbewußten, dieses wahre
innere Afrika, auslassen.[28]

In Einklang mit seiner philosophischen Bindung an Hegel und Marx
hat der realistische Roman seine philosophische Grundlage in der
Geschichtsphilosophie. Dieser ist die Position der Fundamentalphi-

25. Entsprechend grenzt sich Novalis mit fortschreitender Arbeit am *Ofterdingen* vom *Wilhelm Meister* ab: *Novalis. Schriften. Das Werk Friedrich
von Hardenbergs*, hg. von Paul Kluckhohn und Richard Samuel, 2. Aufl. (abgekürzt: *Novalis. Schriften*), Bd. 3, Stuttgart 1968, S. 638f. und 646f.
26. *Gespräch über die Poesie*, a.a.O., S. 335.
27. Ebd., S. 333.
28. Jean Paul, *Selina*, in: J.P., *Werke*, a.a.O., Bd. 6, München 1963, S. 1182.

losophie zuerkannt. Die geschichtliche Vernunft ist es, nach der die Welt konstruiert wird. Die fortschreitende Bemächtigung der Natur und der Geschichte durch den Menschen wird aus der "Perspektive des Siegers" gestaltet, d.h. aus der Perspektive der Schichten oder Kräfte, die diese Bemächtigung immer umfassender und zugleich intensiver leisten. Der frühromantische Roman hat seine philosophische Grundlage demgegenüber in der *Ästhetik*. Er setzt das Einrücken der Ästhetik in die Position der Fundamentalphilosophie voraus bzw. betreibt dies. Ästhetischer Bezug zur Natur (Aufheben der Trennung von Natur als Objekt und Mensch als Subjekt) bzw. ästhetischer Bezug zur Geschichte (Aufheben der Trennung von Geschichtsgang als Reich der Notwendigkeit und Selbstverständnis des Menschen als Reich der Freiheit) sind es, nach denen der frühromantische Roman seine Welt konstruiert. Solchem Ansatz wird die Gewalt zum Ärgernis, die der Mensch als die Natur Bearbeitender bzw. als geschichtlich Handelnder anwendet. Bemächtigung der Natur und der Geschichte durch den Menschen wird dann aus der Perspektive des in diesem Vorgang der Bemächtigung Unterdrückten und "Vergessenen" gestaltet.[29] Das "Gespräch der Naturen" in den *Lehrlingen zu Sais* und die Deutung der Kreuzzüge aus der Sicht der Morgenländerin im *Heinrich von Ofterdingen* geben hierfür Beispiele.

Ästhetischer Bezug zur Natur und ästhetischer Bezug zur Geschichte, im Fortschritt neuzeitlicher Kultur und Zivilisation das zutiefst "Vergessene", weisen, sofern Vorbilder, Anlehnungen bzw. Vermittlungen gesucht werden, auf Natur, die mehr ist als gewohnte Natur, auf Geschichte, die mehr ist als gewohnte Geschichte: den *Mythos*. Es überrascht daher nicht, daß in zwei theoretischen Grundschriften der Frühromantik, die ganz unabhängig voneinander entstanden sind, der Gedanke im Zentrum steht, eine "neue Mythologie" zu schaffen: "Das älteste Systemprogramm des deutschen Idealismus", das dem Sym-Philosophieren Hegels, Schellings und Hölderlins entsprungen ist, ebenso die "Rede über die Mythologie" aus dem *Gespräch über die Poesie*, das als Sym-Philosophieren des Jenaer Freundeskreises um die Gebrüder Schlegel vorgestellt wird.

Die neue Orientierung hin zu den dargelegten Prinzipien des

---

29. Vgl. Walter Benjamin, *Geschichtsphilosophische Thesen*, in: W.B., *Illuminationen*, a.a.O.

romantischen Romans läßt sich an drei Romanen verfolgen, die in
der zweiten Hälfte der sechziger Jahre in der DDR erschienen sind:
an Christa Wolfs *Nachdenken über Christa T.* (1968), Fritz Rudolf
Fries' *Der Weg nach Oobliadooh* (1966 im Westen erschienen) und
Johannes Bobrowskis *Litauische Claviere* (1966).
Die Neuorientierung des Romanschaffens, die diese Werke erkennen lassen, wird mit Begriffen wie "Neue Subjektivität", "Inner-
lichkeit", Betonen des "Eigencharakters des Ästhetischen" nur unzureichend erfaßt[30]. Das Feststellen von Tendenzen und Formen
der Verweigerung, des Rückzugs bzw. der Evasion bleibt dem ver-
einfachten Bild der Romantik als Flucht vor der erfahrbaren Geschichtlichkeit verhaftet. Die Betrachtung bewahrt dann die bisher
verbindlichen Prinzipien des realistischen Romans des 19. Jahrhunderts, wobei i n n e r h a l b dieses Systems neue Antworten auf
die überkommenen Fragestellungen erkannt werden, während —
und dies ist die leitende These dieser Untersuchung — in den angeführten Romanen das bisher verbindliche System von Prinzipien
zugunsten eines neuen Paradigmas aufgegeben wird.
So ist die Betrachtungsweise, die die Prinzipien des realistischen
Romans weiterhin zugrunde legt, mit den Kategorien "Totalität"
und dem Handlungsmuster "Arbeit" auf die Polarität von Individuum und Gesellschaft fixiert, wobei die genannten Romane auf neue
Vermittlungen hin abgehört werden; außerhalb des Blicks bleibt
dabei, wieweit in den genannten Romanen gerade der Versuch unternommen wird, eine Position j e n s e i t s dieser Polarität zu erarbeiten (Sich-Einlassen auf die "Dynamik des Gedächtnisses").
Ebenso bleibt die Betrachtungsweise, die den Prinzipien des realistischen Romans folgt, mit der Zielvorstellung einer Ausbildung
des Ich als Bewußtsein auf die Polarität von Selbstverwirklichung
und Entfremdung fixiert; außerhalb des Blicks bleibt dabei wieder,
wieweit hier der Versuch unternommen wird, eine Position jenseits
auch dieser Polarität zu erarbeiten (in der Zielvorstellung einer Aufhebung der Grenzen des Ich). Weiter bleibt die traditionelle Betrachtungsweise mit der Vorstellung progressiver Bemächtigung
von Natur und Geschichte durch den Menschen auf die Polarität
von Natur und Geschichte als Reich der Notwendigkeit und mensch-

---

30. Beispiele für diese Betrachtungsweise: Barbara Einhorn, *Der Roman in
der DDR 1949-1969*, Kronberg 1979; Dietrich Steinbach, *Die neuere Literatur der DDR*, in: Der Deutschunterricht 30, 1978.

lichem Selbstentwurf als Reich der Freiheit fixiert; unbeachtet bleibt hierbei, wieweit in diesen Romanen der Versuch unternommen wird, eine Position jenseits dieser Polarität zu erarbeiten (Ausarbeiten eines ästhetischen Bezugs zu Natur und Geschichte). Während in den angeführten Romanen eine grundlegende Neuorientierung verfolgt werden kann, die, wie erstmals in der Frühromantik, radikal, d.h. jenseits von traditionellen Entgegensetzungen wie bürgerlich-proletarisch, kapitalistisch-sozialistisch, nach dem in der Entwicklung neuzeitlicher Kultur und Zivilisation Unterdrückten fragt, finden wir allerdings weiterhin in der DDR ein umfangreiches Romanschaffen vor, das die bisherige Grundorientierung beibehält, innerhalb der hierin vorgegebenen Problemkonstellation allerdings neue "Lösungen" erarbeitet. Um das Entwickeln grundsätzlich neuer Fragestellungen im Roman der DDR gegenüber dem Erarbeiten neuer Antworten auf die alten Fragestellungen kenntlich zu machen, werden alternativ zu den drei angeführten Romanen, in denen ein neues Paradigma erkannt wird, drei themen- und strukturverwandte Romane betrachtet, die gleichfalls in der DDR viel beachtet und kontrovers beurteilt worden sind, dabei aber im Rahmen des überkommenen Paradigmas bleiben: Hermann Kants *Die Aula* (1965), Ulrich Plenzdorfs *Die neuen Leiden des jungen W.* (1971), Stephan Hermlins *Abendlicht* (1979).

II

Christa Wolf, *Nachdenken über Christa T.*

Abgehoben von den weiteren Teilen des Romans – in die Kapitel-Zählung nicht aufgenommen – stellt die Erzählerfigur in einer programmatischen Einleitung heraus, daß sie sich vom überkommenen Paradigma des Romans ab- und einem neuen zuwenden möchte. Es sind Prinzipien des romantischen Romans, die sie entwickelt. Nicht in einem vom Erzähler ablösbaren Objekt des Erzählens ist dessen Grund beschlossen ("Und bloß nicht vorgeben, wir täten es ihretwegen. Ein für allemal: Sie braucht uns nicht" (9)[31]), sondern im kontemplativen Akt der Erzählerfigur, in deren Nachdenken, das des Objektes zwar bedarf, aber sich in ihm nicht erfüllt. Welcher Art das angekündigte Nachdenken der Erzählerfigur

---

31. Zitate und Seitenangaben nach: Christa Wolf, *Nachdenken über Christa T.* (abgekürzt: *ND*), Darmstadt 1971 (Sonderausg. Sammlung Luchterhand).

sei, aus dem der Roman sich konstituieren und in dem er seinen Sinn finden wird, verdeutlicht die Erzählerfigur durch Abgrenzen des Nachdenkens gegenüber den Akten des Erinnerns und Vergessens:

Nachdenken, ihr nach-denken. Dem *Versuch, man selbst zu sein.* So steht es in ihren Tagebüchern, die uns geblieben sind, auf den losen Blättern der Manuskripte, die man aufgefunden hat, zwischen den Zeilen der Briefe, die ich kenne. Die mich gelehrt haben, daß ich meine Erinnerung an sie, Christa T., vergessen muß. Die Farbe der Erinnerung trügt. So müssen wir sie verloren geben? Denn ich fühle, sie schwindet,... Kein Ohr mehr, Klagen zu hören, kein Auge, Tränen zu sehen, kein Mund, Vorwürfe zu erwidern. Klagen, Tränen, Vorwürfe bleiben nutzlos zurück. Endgültig abgewiesen, suchen wir Trost im Vergessen, das man Erinnerung nennt. Vor dem Vergessen, beteuern wir aber doch, müsse man sie nicht schützen. ... Ich aber sehe sie noch. Schlimmer: Ich verfüge über sie. Ganz leicht kann ich sie herbeizitieren, wie kaum einen Lebenden. (7)

Erinnern, das Vergessen gleichkommt, geschieht aus der Perspektive des Überlebenden als eines Siegers, der über das Objekt der Erinnerung verfügt, wie man über einen Film verfügt, dessen fixierte Bilder man jederzeit abspulen kann. Solches Erinnern macht der Erzählerfigur Angst: Angst, die erzählte Figur könnte nochmals sterben oder die Erzählerfigur selbst könnte etwas Wichtiges versäumen. An die Stelle dieses Erinnerns soll ein Nachdenken treten, das die erinnerte Gestalt "weiterdenkt", "Arbeit an sie wendet", so "daß sie sich zu erkennen gibt", und zwar nicht um dieser Gestalt, sondern um der nachdenkenden Erzählerfigur willen. Das Wichtige, das zu versäumen die Erzählerfigur sich ängstigt, ist das, was die erinnerte Gestalt ist, sofern man n i c h t über sie verfügt. Das erstrebte "Sich-zu-erkennen-Geben" der Gestalt wird von einer nicht verfügenden Zuwendung abhängig gemacht. Worauf diese zielt, kann an der Filmmetaphorik des Vorkapitels verdeutlicht werden. Christa Wolf hat mehrfach Erinnern, das den Charakter des Verfügens über das Erinnerte hat, mit der Weise verglichen, in der Filme über vergangene Wirklichkeit verfügen. An einer Schlüsselszene ihres Werkes, der Erinnerung an die Flucht des heranwachsenden Mädchens aus dem Ort der Kindheit (gestaltet in *Moskauer Novelle*[32], *Blickwechsel*[33], *Lesen und Schreiben*[34], *Kindheitsmu-*

32. *Moskauer Novelle*, Halle 1962, S. 104.
33. *Blickwechsel*, in: Ch. W., *Lesen und Schreiben* (abgekürzt: *LuS*), Darmstadt 1972, S. 36.
34. *Lesen und Schreiben*, in: *LuS*, S. 196f.

ster[35]) hat sie erläutert, was sie durch das Medium Film für faßbar hält und was nicht. Der Film, so Christa Wolf (*LuS* 196ff), gestalte das sichtbare Geschehen und die gesellschaftlich anerkannte Weise seiner psychischen Verarbeitung: zur Szenerie "Haus mit Fluchtauto" also "streitende Stimmen, Klagen, Schluchzen. Fragen, Antworten. Tränen, Winken" (197). Der Film gestalte nicht, um ein Bild aus *Nachdenken* zu gebrauchen, "die Spuren, die die Ereignisse in unserem Innern hinterlassen" (*ND* 218), – am Beispiel: die Ablösung aller Libido des Kindes von den Stätten, an denen ihm bisher aufgegangen war, was Glück ist, in der "aufspringenden" Erkenntnis: "Das siehst du nicht mehr wieder" (197)[36]. Damit ist die Stadt für das erlebende Ich grau und dieses selbst "einsam". Solchen "Spuren, die die Ereignisse in unserem Innern hinterlassen", soll die Figur Christa T. allein den Rang von "Tatsachen" zugesprochen haben. So verklausuliert bringt Christa Wolf diesen "anstößigen" Satz in das Werk ein. Er hat in der DDR dennoch Anstoß erregt[37], und die westliche Literaturkritik ist hierin gefolgt, wobei sie das negativ Gewertete nur ins Positive umgedreht hat: ein Anspruch auf subjektives Erfassen und Umgestalten erfahrbarer Wirklichkeit werde hier formuliert[38]. Der Gehalt dieser Definition von "Tatsache" ist damit nur in vager Weise erfaßt, da das "Innere", auf das hier Bezug genommen wird, nicht weiter bestimmt wird. Am zitierten Beispiel aus *Lesen und Schreiben* hat Christa Wolf unterschieden zwischen "aktiven Lebensflecken", an die man, weil sie unverarbeitet sind, nicht zu rühren wagt, und Stilisierungen, die man von diesen "Lebensflecken" anfertigt, um ihre Sprengkraft einzukapseln, insbesondere das gewordene Ich vor ihr zu bewahren; sie weiß, "man muß viel vergessen und viel umden-

---

35. *Kindheitsmuster* (abgekürzt: *KM*), Darmstadt 1977, S. 330ff.

36. Die Erzählsituation von *KM* ist hier vorgegeben: ein Ich, das seine Identität an den Ort der Kindheit gebunden hat, spricht ein Du an, das diesen Ort und damit seine Identität verliert und entsprechend vor der Aufgabe stehen wird, ein Ich wiederzugewinnen, das um jenen Bereich jenseits des Bewußtseins erweitert ist, in dem der "verlorene" Ort der Kindheit und die an ihn gebundene Libido bewahrt wurde.

37. Kähler zitiert ihn als "unseligen Satz": vgl. Hermann Kähler, *Christa Wolfs Elegie*, in: Sinn und Form 21, 1968, S. 256f.

38. Zusammenstellung der Rezensionen in: Manfred Behn(Hg.), *Wirkungsgeschichte von Christa Wolfs "Nachdenken über Christa T."*, Königstein 1978, S. 33.

ken und umdeuten, ehe man sich immer und überall ins rechte Licht gerückt hat" (196). Solche durch stilisierte Erinnerung stillgelegten ehemals aktiven "Lebensflecken" nennt Christa Wolf "Medaillons". Die Medaillons produziert das Bewußtsein im Interesse des gewordenen Ich, des Ich als Bewußtsein. Sie repräsentieren ein Bild des Lebens aus der Perspektive dessen, was sich durchgesetzt hat, d.i. aus der Perspektive des Siegers. Ihm steht entgegen, was das Ich als Bewußtsein nicht integrieren konnte und darum "stillegen" mußte: psychoanalytisch gesprochen: das Unbewußte. Der Ort, an dem es bewahrt wird, ist das "Gedächtnis". Christa Wolf übernimmt Freuds Trennung von Bewußtsein und Gedächtnis[39]. In *Kindheitsmuster* spricht sie von "verschlossenen Räumen des Gedächtnisses", denen das Ich als Bewußtsein nicht gestattet, ihre Inhalte "auszuschütten", für deren Abdichtung vom Bewußtsein das Ich vielmehr einen hohen Energieaufwand erbringen muß (*KM* 85), der seine Fähigkeit zu handeln einschränkt (*KM* 181). Wo die Inhalte des Gedächtnisses – dem System des Unbewußten zugehörig – gegenüber dem Bewußtsein abgedichtet bleiben, werde "Erfahrung" verhindert (*KM* 350, 375). Damit kann der Tatsachenbegriff, der der Figur der Christa T. zugesprochen wird, geklärt werden. "Tatsachen" sind die Spuren, die die Ereignisse in das Gedächtnis eingeschrieben haben, das vom Bewußtsein, dem Ich als Bewußtsein, getrennt ist[40]. Gefordert ist, die Gedächtnisinhalte in das Bewußtsein zu integrieren, d.h. die Trennung von Bewußtsein und Gedächtnis aufzuheben. Wo dies geschieht, wird die "Tatsache" zur Erfahrung. Im Abrufen der Gedächtnisinhalte, was gleichbedeutend ist mit dem Aufheben der Trennung von Bewußtsein und Gedächtnis (*KM* 85, *LuS* 199, 207), bestimmt Christa Wolf Chance und Aufgabe des Erzählens. Daher überrascht es nicht, daß der Tatsachenbegriff der Figur Christa T. für den Grundvorgang des Erzählens im Roman über diese Figur maßgeblich ist. Der Vergleich des Erinnerns bzw. Vergessens der Figur Christa T. mit dem Verfügen über die Person in der Weise des Films ist nun verständlich. Es

39. S. Anm. 19. Ausführlich bin ich auf diesen Zusar. .nenhang in folgendem Aufsatz eingegangen: *Die Schwierigkeit, 'ich' zu sagen: Christa Wolfs psychologische Orientierung des Erzählens*, in: DVjs 1980.
40. Wenn "Subjektivität" Beharren auf der Perspektive eines Ich bedeutet, das als Bewußtsein definiert ist, wird es mithin geradezu falsch, dem Tatsachenbegriff der Figur Christa T. Subjektivismus vorzuwerfen.

ist dies die Sicht auf Christa T. aus der Perspektive des B e w u ß t - s e i n s der Erzählerfigur, d.h. aus der Perspektive dessen, was sich als "Ich" der Erzählerfigur durchgesetzt hat. Was der Film als vergessendes Erinnern, als Verfertigung von "Medaillons", nicht faßt, was N a c h d e n k e n aber fassen soll, sind die "Tatsachen" im erläuterten Sinn, die Spuren, die die Ereignisse um Christa T. im Gedächtnis der Erzählerfigur eingeschrieben haben, die vom ausgebildeten Ich (das sich den Forderungen und Bedingungen der Außenwelt unterwarf, in diesem Sinne "Bewußtsein" ausgebildet hat) unterdrückt, "verdrängt" worden sind. "Arbeit an Christa T. wenden", meint dann "Gedächtnisarbeit" im Sinne Freuds[41]: Aufheben der Trennung des im Gedächtnis Eingeschriebenen vom Bewußtsein. Ziel des Nachdenkens, daß sich Christa T. "zu erkennen gibt", ist entsprechend als Erkennen des bisher vom Bewußtsein Unterdrückten zu deuten. "Nachdenken", als konstituierender Vorgang und Sinn des Romans programmatisch eingeführt, hat den Sinn, daß im Zentrum der Handlung das *Sich-Einlassen auf die Dynamik des Gedächtnisses* der Erzählerfigur stehen wird, damit sich zu erkennen gibt, was das System Bewußtsein der Erzählerfigur, ihr ausgebildetes Ich, bisher nicht zugelassen hat. "Wirklich gestorben" (*ND* 8) wäre die erinnerte Figur Christa T., wenn deren Spur im Gedächtnis der Erzählerfigur ständig vom Bewußtsein und damit vom Ich der Erzählerfigur abgetrennt bliebe.

Wenn weiter in der programmatischen Einleitung gesagt wird, dies "Nachdenken" geschähe um der Nachdenkenden und nicht um der erinnerten Figur Christa T. willen, so ist dies nicht, wie es ein verbreitetes Mißverständnis des Romans will, so zu deuten, daß ein, wie gebrochen auch immer[42], vorbildhaftes Ich vorgestellt werde, dem dann nachgeeifert werden soll. Solche Deutung bleibt dem überkommenen Paradigma des realistischen Romans verhaftet, nach dem im Zentrum des Romans der Entwurf eines Ich in dessen schaffender Auseinandersetzung mit der Welt stehe, als Prozeß, den der Leser analog zu vollziehen hat. Das Nachdenken "um unseretwegen" meint vielmehr, daß im Zentrum des Romans steht, was die Erzählerfigur "erfährt", indem sie sich auf die bisher un-

---

41. Sigmund Freud, *Erinnern, Wiederholen und Durcharbeiten*, in: *Studienausgabe*, Ergänzungsband, Frankfurt 1975.
42. Vgl.: "...sie ist, als Beispiel, nicht beispielhaft, als Gestalt kein Vor-Bild" (*ND*, S. 57).

terdrückten Gedächtnisinhalte einläßt. Nicht der eventuell sichtbar werdende Umriß einer Biographie Christa T.'s ist Sinn des Romans, sondern das Aufheben der Trennung von Bewußtsein und Gedächtnis in der Erzählerfigur. So konkretisiert Christa Wolf die im Paradigma genannte "Dynamik des Gedächtnisses", die im Zentrum der Handlung des frühromantischen Romans steht. Daher wird *Nachdenken über Christa T.* weder als "Utopie"[43] noch als "Elegie"[44] richtig gefaßt. Denn beide Deutungen setzen ein fest umrissenes Ich an, das entweder antizipatorisch eingebracht oder als verlorenes beklagt wird. Richtiger ist der Roman als "literarisierte Gedächtnisarbeit" zu umschreiben, die sich aufbaut auf dem Spannungsfeld zwischen Ich als Bewußtsein und Gedächtnis als System, dem Unbewußten zugehörig. Zielvorstellung solcher Gedächtnisarbeit ist nicht Ich-Bildung in schaffender Auseinandersetzung mit der Welt, sondern Aufheben der Grenzen des Ich als Bewußtsein.

Das Abrufen der Gedächtnisinhalte steht dem Ich als Bewußtsein aber nicht frei[45]. Widerstände müssen überwunden werden, die die Verbindung zwischen Bewußtsein und Gedächtnis blockieren. Durchgeschlagen ist diese Blockade in jenen Momenten des Zusammenstoßes von Bewußtsein und Gedächtnis, in denen festgehalten ist, was das Bewußtsein dem Gedächtnis anheimgibt. Walter Benjamin hat in Auseinandersetzung mit den Gedächtnistheorien von Bergson und Freud für diesen Zusammenstoß den Begriff des "Choks" geprägt[46]. Nachdem das "Nachdenken" in der Einleitung des Romans programmatisch entworfen worden ist, wendet es sich im ersten Kapitel solch einem "Chok" zu. Die Erzählerfigur ruft jenen Augenblick ihrer Kindheit zurück, in der sie in Christa T. einen nicht verwirklichten Teil ihrer selbst erkannt hat.

"Es war der Tag", so berichtet die Erzählerfigur, "an dem ich sie Trompete blasen sah". Ein grauer, trostloser Schüler-Nachmittag zur Kriegszeit. Christa T. vermag mit einem spontanen Ruf sei-

---

43. Heinrich Mohr, *Produktive Sehnsucht. Struktur, Thematik und politische Relevanz von Christa Wolfs "Nachdenken über Christa T."*, in: Basis 2, 1971; Andreas Huyssen, *Auf den Spuren Ernst Blochs. Nachdenken über Christa Wolf*, in: Basis 5, 1975.
44. Hermann Kähler, *Christa Wolfs Elegie*, a.a.O.; Marcel Reich-Ranicki, *Christa Wolfs unruhige Elegie*, in: Die Zeit, 23.5.1969.
45. Vgl. *KM*, S. 85.
46. Walter Benjamin, *Über einige Motive bei Baudelaire*, in: *Illuminationen*, a.a.O., S. 206ff.

ne Schwere aufzuheben, ihm eine eigene Welt entgegenzusetzen.
Sie zeigt in diesem Augenblick ihre Fähigkeit, ein Leben nach eigenen Gesetzen zu leben. Die Erzählerfigur aber erlebt die Szene in
einer besonderen Weise:

> Da sah ich's nun. Grinste dazu wie alle, wußte aber, daß ich nicht grinsen
> sollte. Denn anders als alle erlebte ich diese Szene nicht zum erstenmal. Ich
> suchte, wann sie schon einmal so vor mir hergegangen sein konnte, und
> fand, daß es kein Vorbild für diesen Vorgang gab. Ich hatte es einfach ge-
> wußt. Nicht, daß ich mit der Trompete gerechnet hätte, da müßte ich lü-
> gen. Aber was man nicht weiß, kann man nicht sehen, das ist bekannt, und
> ich sah sie. Sehe sie bis heute, aber heute erst recht. Kann auch besser ab-
> schätzen, wie lange es dauert und was es kostet, dieses dümmliche Grinsen
> endlich aus dem Gesicht zu kriegen, kann lächeln über meine Ungeduld
> von damals. Nie, ach niemals wieder wollte ich so am Rand eines Stadt-
> parks stehen, vor der eingezäunten Rehwiese, an einem sonnenlosen Tag,
> und den Ruf stieß ein anderer aus, der das alles wegwischte und für einen
> Sekundenbruchteil den Himmel anhob. Ich fühlte, wie er auf meine Schul-
> tern zurückfiel. (14f.)

Das Erzähler-Ich erlebt die Szene als "Déjà-vu". Verstehen wir mit
Bloch das Déjà-vu als Wiederkehr eines intentionalen Erlebens —
"nur ein 'Ichzustand' kehrt wieder, dieser allerdings einzig als abgebrochener, genauer, als ein von außen abgebrochener Willensakt,
... Richtungsakt von damals"[47] —, so reaktiviert Christa T. mit ihrem Ruf, der zu einem Leitmotiv des Romans wird, einen Ich-Zu-
stand, den das Erzähler-Ich, der Außenwelt willfährig, abzubre-
chen gelernt und dem Vergessen anheimgegeben hat. Das Déjà-vu
wird zum "Chok", der die Trennung zwischen aufnehmendem Bewußtsein und Gedächtnis durchschlägt:

> ...ich fühlte auf einmal mit Schrecken, daß es böse endet, wenn man alle
> Schreie frühzeitig in sich erstickt, ich hatte keine Zeit mehr zu verlieren. Ich
> wollte an einem Leben teilhaben, das solche Rufe hervorbrachte... (16)

Der Ruf Christa T.'s ist eine "Tatsache" im Sinne des Tatsachenbe-
griffs, der für diesen Roman aufgestellt worden ist. Er ist dem Gedächtnis der Erzählerfigur eingeschrieben; im "Chok" des Déjà-vu
wird "erfahren", was unter den Forderungen der Außenwelt, psychologisch gesprochen: was unter den Forderungen des Bewußtseins als Anwalt der Außenwelt dem Vergessen anheimgefallen ist.
Die Erzählerfigur fragt nach unterdrückten Teilen ihrer selbst,

---

47. Ernst Bloch, *Bilder des Déjà vu*, in: E.B., *Verfremdungen I*, Frankfurt
1962, S. 26.

wenn sie "Arbeit an Christa T." wendet. Ihr Bewußtsein als Anwalt der Außenwelt kann diese Gestalt nicht integrieren, trennt sich von ihr im Vergessen. "Nachdenken", das Sich-Einlassen auf die Dynamik des Gedächtnisses, tritt dem entgegen. Christa T. ist Projektionsgestalt für einen selbständigen Anteil des Erzähler-Ich. Dies kann als A b s p a l t u n g vorgestellt werden — dann verkörpert Christa T. für die Erzählerfigur einen Anteil der eigenen Person, den sie im Prozeß der Ich-Bildung unterdrückt hat, was mit dem Déjà-vu-Erlebnis des ersten Kapitels nahegelegt wird —, ebenso kann die Projektion aber auch als I d e n t i f i k a - t i o n zweier ursprünglich getrennter Personen vorgestellt werden — dann strebt die Erzählerfigur einer Identifikation mit der ursprünglich von ihr unabhängigen Gestalt zu, was im Tagtraum des vorletzten Kapitels besonders nahegelegt wird. Erzähltechnisch wird die Behandlung Christa T.'s als eigenständige Figur, auch wenn sie nur Projektionsgestalt eines verselbständigten Anteils der Erzählerfigur ist, dadurch ermöglicht, daß diese Gestalt nur im Raum der Erinnerung des Erzähler-Ich gegeben ist. Dieses Erzähler-Ich weist aber mehrfach Szenen, in denen Christa T. auftritt, als von ihm erfunden aus. Auf stilistischer Ebene wird die Projektion eines Anteils der Erzählerfigur in eine von ihr getrennte Gestalt Christa T. durch ein Verwenden der Personalpronomen der ersten und dritten Person angezeigt, das deren Referenz (Erzähler-Ich oder Christa T.?) mehrfach nicht eindeutig bestimmen läßt[48].

Vom Augenblick des Déjà-vu-Erlebnisses an besteht eine besondere Bindung des Erzähler-Ich an Christa T. Christa T. zeichnet aus, daß sie Fixierungen durch die Außenwelt nicht hinnimmt, daß sie immer neu beginnen will. Sie will "sich ausgraben" (191), was heißen soll, daß sie freisetzen will, was sich dem Diktat der Außenwelt und dessen Anwalt im Ich, dem Bewußtsein, nicht fügt. Das Bild vom "Ausgraben" nimmt jenes Frühromantische vom Gang in das Innere der Berge wieder auf, das dem Sich-Einlassen auf die Dynamik des Gedächtnisses als das leitende Handlungsmuster des frühromantischen Romans zuzuschreiben war. Die Spannung zwischen Bewußtsein und Gedächtnis, auf der sich die Konstellation Erzähler-Ich — Christa T. aufbaut, durchwirkt die Figur Christa T.

48. Hierzu: Jürgen Nieraad, *Pronominalstrukturen in realistischer Prosa: Betrachtungen zu Erzählebene und Figurenkontur bei Christa Wolf*, in: Poetica 10, 1978.

selbst; ist im Erzähler-Ich dabei die Fügsamkeit gegenüber den Forderungen der Außenwelt stärker ausgebildet, so in Christa T. die
Hinwendung zu den Gedächtnisinhalten. Aus der Position des
grenzenziehenden Bewußtseins urteilt das Erzähler-Ich:

> Niemals hat sie auseinanderhalten können, was nicht zusammengehört:
> den Menschen und die Sache, für die er eintritt, die nächtlichen unbegrenz-
> ten Träume und die begrenzten Taten im Tageslicht, Gedanken und Gefüh-
> le. Man sagte ihr, daß sie naiv sei, das wäre das mindeste. (82f.)

Nach der Episode, die zum letzten Urteil berichtet wird, hat "naiv"
zwar nur den Sinn von "die gesellschaftlich herrschenden Bewälti-
gungsmuster nicht kennend", als zusammenfassende Charakterisierung für ein Nicht-Auseinanderhalten von Traum und Tat, von Gedanken und Gefühlen, gewinnt "naiv" darüber hinaus aber den
Sinn, den ihm Schiller gegeben hat: Erfahren und Gestalten der be-
gegnenden Wirklichkeit aus einer Position v o r den Trennungen, die
der "reflektierende Verstand" vornimmt[49]. Christa T. widersetzt
sich dessen Trennungen; sie fragt: "Kann man...leben, wenn ganze
Teile nicht mittun?" (90). Oder: "Warum kann der Verstand nicht
sehen, hören, riechen, schmecken, tasten? Warum dieses Ausein-
anderfallen in zwei Hälften?" (94). Die Vereinigung beider "Hälften", Vernunft und Sinnlichkeit, verweist auf Kants Begriff des
Schönen, auf die Kunst; Dichter aber läßt sich Christa T. nennen
(70). Aber gerade in diesem Zusammenhang ist auch das Ungenügen Christa T.'s am deutlichsten hervorgehoben. Sie gelangt nicht
zu einem Werk, bleibt in Ansätzen stecken; die Fragmente, die zitiert werden, bleiben hinter den Erwartungen, die um die Figur
aufgebaut worden sind, weit zurück. Sie verkörpert einen Entwurf
zum Dichter, wie ihre Haltung insgesamt einem Anspruch Gestalt
gibt. Zu ihrer Verwirklichung bedürfen Entwurf und Anspruch der
anderen, die der Außenwelt zwar gefügig sind, damit aber auch Instanzen einer Vermittlung in diese vorstellen. Von Christa T. wird
gesagt, daß sie "kaum Zeichen nach außen gegeben hat" (94). Wirklichkeit erlangt sie erst, wenn die andern den Anteil ihres Selbst,
den Christa T. verkörpert, freizusetzen vermögen. Die Frage, ob
dies gelingt, treibt die Romanhandlung voran.

---

49. Friedrich Schiller, *Über naive und sentimentalische Dichtung*, in: F.S.,
Sämtliche Werke, hg. von Gerhard Fricke und Herbert G. Göpfert, Bd. 5,
München 1967, S. 752 Anm.

Unter den Bedingungen faschistischer Herrschaft hatte das Erzähler-Ich den an Christa T. innegewordenen Anteil seiner selbst unterdrückt. Was wird aus ihm unter den Bedingungen sozialistischer Wirklichkeit der Aufbruchjahre der DDR (der fünfziger Jahre)? Die Frage wird nicht nur für das Erzähler-Ich, sondern auch für weitere Personen gestellt, die bestimmte Haltungen und Lebensläufe dieser Zeit verkörpern. Eine Studienfreundin Christa T.'s, die die Sozialgebote der Außenwelt — aus Unsicherheit — am uneingeschränktesten introjiziert hat und mit dieser Fähigkeit Literatur-Dozentin geworden ist, kann dem Anspruch Christa T.'s keine Wirklichkeit einräumen (Kapitel 5). Ein Geliebter Christa T.'s, der sich in einen autonomen Raum des Schönen zurückgezogen hat, kann ihrem Anspruch Wirklichkeit nur einräumen, solange er, als bloß dem Raum der Kunst zugehörig, "vom Leben" getrennt wird — "Kostja oder die Schönheit" lautet daher das Erkennungswort des betreffenden Kapitels (Kapitel 7).

Das Erzähler-Ich geht das Leben Christa T.'s nochmals durch, das zum eigenen parallel verlaufen ist: provisorische Berufstätigkeit in der unmittelbaren Nachkriegszeit, Studium der Germanistik, Lehrerberuf, Familie. Aufzuarbeiten ist, daß das Erzähler-Ich dem Anteil Christa T. in sich kaum Raum gegeben hat. So bekennt das Erzähler-Ich:

Nachträglich bin ich über ihre Tagebücher erschrocken. Ich könnte mich fragen, warum ich nichts bemerkt habe, oder fast nichts. (57f.)

Und wenig später:

Die Wahrheit ist: Wir hatten anderes zu tun. Wir nämlich waren vollauf damit beschäftigt, uns unantastbar zu machen, wenn einer noch nachfühlen kann, was das heißt. Nicht nur nichts Fremdes in uns aufnehmen — und was alles erklärten wir für fremd! —, auch im eigenen Innern nichts Fremdes aufkommen lassen, und wenn es schon aufkam — ein Zweifel, ein Verdacht, Beobachtungen, Fragen —, dann doch nichts davon anmerken zu lassen. Weniger aus Angst, obwohl viele auch ängstlich waren, als aus Unsicherheit. (65)

Solche Bemerkungen zeigen, daß die Betrachtungsweise sich umgekehrt hat: Nicht mehr wird das Leben Christa T.'s durchgegangen aus der Perspektive der Überlebenden, des Siegers, sondern das eigene Leben wird durchgegangen, aus der Perspektive Christa T.'s, des unterdrückten Anteils im Ich. Im "Selbstinterview" bestätigt dies das angesprochene Ich, wenn es auf die Frage, ob es eine Art von postumem Lebenslauf schreibe, antwortet:

Das dachte ich zuerst. Später merkte ich, daß das Objekt meiner Erzählung gar nicht so eindeutig sie, Christa T., war oder blieb. Ich stand auf einmal mir selbst gegenüber, das hatte ich nicht vorhergesehen. Die Beziehungen zwischen "uns" — der Christa T. und dem Ich-Erzähler rückten ganz von selbst in den Mittelpunkt: die Verschiedenheit der Charaktere und ihre Berührungspunkte, die Spannungen zwischen "uns" und ihre Auflösung, oder das Ausbleiben der Auflösung. (*LuS* 76f.)

Die mythische Figuration aber einer Selbstbetrachtung ohne das Wissen, daß es das eigene Selbst ist, das betrachtet wird, wobei eine tiefe affektive Bindung an das aufscheinende Selbstbild entsteht, ist N a r z i ß . Autoerotik prägt die Beziehung zwischen Erzähler-Ich und Christa T., aber nicht als ein neurotisches Symptom (das hieße die Autoerotik von der Ordnung der zeugenden Sexualität her zu verwerfen), sondern als Drang zur Wiedervereinigung des Getrennten, zur Wiedervereinigung des Ich als Bewußtsein mit dem im Zuge der Ich-Bildung Unterdrückten. Solche Wiedervereinigung weist über sich hinaus auf eine Rücknahme der "normalen" antagonistischen Beziehung zwischen Ich und Außenwelt, auf einen Realitätsbezug mithin, wie ihn Freud im Begriff des "primären Narzißmus" gefaßt hat:

Ursprünglich enthält das Ich alles, später scheidet es eine Außenwelt von sich ab. Unser heutiges Ichgefühl ist also nur ein geschrumpfter Rest eines weit umfassenderen, ja — eines allumfassenden Gefühls...[50]

Die Erinnerung einer narzißtischen Beziehung des Ich zur Realität widerruft die alleinige Gültigkeit der prometheischen, die Scheidung von Ich und Welt voraussetzt und auf progressive Beherrschung der Welt durch das Ich zielt. "Nachdenken" als Sich-Einlassen auf die Dynamik des Gedächtnisses ist getragen vom Geist narzißtischer Liebe. Damit ist es "sentimentaler Stoff", wie Friedrich Schlegel ihn im "Brief über den Roman" definiert:

Was ist denn nun dieses Sentimentale? Das was uns anspricht, wo das Gefühl herrscht, und zwar nicht ein sinnliches, sondern das geistige. Die Quelle und Seele aller dieser Regungen ist die Liebe, und der Geist der Liebe muß in der romantischen Poesie überall unsichtbar sichtbar schweben.[51]

Der Verweisungssinn, den Friedrich Schlegel dem "Geist der Liebe" zuerkennt und der erst begründet, daß er ihn für romantische Poesie fordert, begreift jenen narzißtischer Erotik ein:

50. Sigmund Freud, *Das Unbehagen in der Kultur*, in: *Studienausgabe*, Bd. 3, S. 200.
51. *KFSA*, Bd. 2, 333f.

...für den wahren Dichter ist [der Geist der Liebe] nur Hindeutung auf das Höhere, Unendliche, Hieroglyphe der Einen ewigen Liebe und der heiligen Lebensfülle der bildenden Natur.[52]

Hatte Friedrich Schlegel zuvor das "Romantische" definiert als das, "was uns einen sentimentalen Stoff in einer fantastischen Form darstellt"[53], so führt er jetzt nach der Verdeutlichung des Sentimentalen weiter aus:

> Nur die Fantasie kann das Rätsel dieser Liebe fassen und als Rätsel darstellen; und dieses Rätselhafte ist die Quelle von dem Fantastischen in der Form aller poetischen Darstellung.[54]

In einem phantastischen Kapitel aber erfüllt sich die narzißtische Liebe zwischen Erzähler-Ich und Christa T. Die Frage, ob das Erzähler-Ich und seine Mitgestalten den in Christa T. verkörperten Anteil ihres Selbst unter den Bedingungen sozialistischer Wirklichkeit freizusetzen, in ihr Selbst zu integrieren vermögen, scheint negativ beantwortet zu werden. Der Möglichkeit Christa T. wird weder vom Erzähler-Ich noch von seinen Mitgestalten Wirklichkeit zugestanden; so wird sie aus dieser hinausgedrängt: Christa T. stirbt. Das Nachdenken aber führt das Erzähler-Ich zur Identifikation mit Christa T. Im Überschreiten der bisherigen Ich-Grenze des Erzähler-Ich hat der Roman seinen Höhepunkt.

Das vorletzte Kapitel des Werkes nimmt in einer Art Reprise alle wichtigen Begegnungen des Erzähler-Ich mit Christa T. wieder auf und läßt sie durcheinander gehen. Was bisher gegeneinander abgesetzt war — dokumentarisches Material, Erinnerung, Erfindung —, geht ineinander über. Der bisher vorgestellte Prozeß des Nachdenkens wird zusammengefaßt in der Struktur der Arabeske. Ihr ist das Aufheben der Grenzen des Ich anvertraut. Das Erzähler-Ich weiß sich eins mit dem "Geheimnis" Christa T.'s. Deren Beharren auf dem "Recht...nach ihren eigenen Gesetzen zu leben" (215) speist sich aus zwei Quellen. Einmal aus der Fähigkeit zur "Erfahrung": Christa T. hat einen Zugang zu dem "innersten Innern, jener tiefsten Schicht, in die man schwerer vordringt als unter die Erdrinde oder in die Stratosphäre, weil sie sicherer bewacht ist: von uns selbst" (222). Zum andern speist sich das Beharren auf dem Recht, nach eigenen Gesetzen zu leben, aus Vertrauen in Ge-

52. Ebd., S. 334.
53. Ebd., S. 333.
54. Ebd., S. 334.

schichte: Christa T. ist "gelassen...vor der Nichterfüllung" (221), sie vertraut auf Antizipation, sie vermag von der zukünftigen Zeit als der ihrigen zu sprechen (222). Mit diesem Geschichtsvertrauen versichert sich Christa Wolf der Hoffnungsphilosophie Ernst Blochs[55]. In Frage gestellt bleibt Christa T. allerdings durch ihre Unmittelbarkeit, die Spiegelbild ihrer Nichtintegration in ihre Mitwelt ist: die literarischen Probestücke Christa T.'s wären Nachrichten aus dem innersten Innern geworden (222), wenn sie in einem Werk Gestalt gefunden hätten; dies wurde aber nicht erreicht. Ebenso blieb Christa T.'s Teilhabe an mehreren Zeiten, ihr Antizipationsvermögen, "teilweise unerkannt" (221). Im Vorgang der Identifikation überwindet das Erzähler-Ich diese Unmittelbarkeit. Das Erzähler-Ich hat sich bisher dargestellt als der Außenwelt gefügig; gerade dies befähigt es aber, in die Außenwelt auch zu vermitteln. Das Erzähler-Ich entreißt seine Möglichkeit, Christa T. zu sein, dem Vergessen und machte diese dadurch kommunikativ. Im Durchschlagen der Trennung von Bewußtsein und Gedächtnis wird das Erzähler-Ich umfassender: ein sein bisher Vergessenes mit umfassendes Ich. Das Erzähler-Ich hat durch das "Nachdenken" die Grenzen des Bewußtseins um die Gedächtnisinhalte erweitert, die unter den Bedingungen der sozialistischen Wirklichkeit bisher nicht in das System Bewußtsein aufgenommen werden konnten. Das Ich ist sich damit durchsichtiger, freier geworden. So erfüllt es den Satz, von dem ungewiß bleibt, ob ihn Christa T. geschrieben oder das Erzähler-Ich erfunden hat: "Die große Hoffnung oder über die Schwierigkeit, 'ich' zu sagen" (222). Gleichzeitig wird damit dem Motto des Romans, der Frage aus Bechers Tagebuch: "Was ist das: Dieses Zu-sich-selber-Kommen des Menschen?"[56], eine eigene Antwort gegeben. Becher hatte die Frage ja nicht nur gestellt, sondern sogleich selbst beantwortet. Zu-sich-selber-Kommen sei Erfüllung aller Möglichkeiten, wie sie dem Menschen gegeben sind, sei Aufheben von Verdinglichung und Selbstentfremdung[57]. Becher hat seine Frage im Rahmen des überkommenen Paradigmas beantwortet: Zu-sich-selber-Kommen ist danach der Vorstellung der Selbstver-

55. Hierzu: Huyssen, s. Anm. 43.
56. Vgl. Johannes R. Becher, *Auf andere Art so große Hoffnung. Tagebuch 1950. Eintragungen 1951*, in: J.R.B., *Gesammelte Werke*, Bd. 12, Berlin/Weimar 1969, S. 224.
57. Ebd.

wirklichung in der Arbeit verpflichtet, womit von einem fest um-
rissenen Ich ausgegangen wird, dem aufgegeben ist, sich in Auseinandersetzung mit der Welt seiner selbst innezuwerden. Christa Wolf
übernimmt nur die Frage Bechers. An Stelle der Antwort, die dieser gegeben hat, steht ihr Roman. Damit ist der Anspruch gesetzt,
daß der Roman eine a n d e r e Antwort gebe. Sie wurde hier entwickelt. Nicht Selbstverwirklichung in der Arbeit steht im Zentrum des Romans, sondern Aufhebung der Trennung von Bewußtsein und Gedächtnis als Bedingung eines freieren, umfassenderen
Ich. Sie widerruft derart das Leitbild prometheischen Weltbezugs
durch Entwurf eines narzißtischen. Der Tagebuch-Text, dem Christa Wolf das Motto entnommen hat, ist allerdings, wie dies für Becher charakteristisch ist, abstrakt genug, daß er bei klarem Favori-
sieren des Paradigmas "Selbstverwirklichung in der Arbeit" Christa
Wolfs Entwurf des Zu-sich-selber-Kommens nicht gänzlich ver-
schlossen bleibt. Becher spricht an dieser Stelle vom "Aufstand im
Menschen", er meint damit zwar eine Auseinandersetzung zwischen
phänomenalem (geschichtlichem) und wahrem Ich, in seinen Formulierungen weckt er aber die Vorstellung einer Spaltung des Ich
in Anteile, die sein "wahres" Wesen bergen, jedoch verdrängt sind,
und andere Anteile, die sich manifestieren konnten, weil sie sich
den entfremdenden Bedingungen der Außenwelt gebeugt haben. In
einer ästhetischen Schrift aus dem gleichen zeitlichen Umkreis hat
Becher diesen Gedanken der Ich-Spaltung weiter vertieft. Ihn vor
allem hat Christa Wolf aus Becher herausgelesen. Becher schreibt:

> Der heutige Mensch ist in den meisten Fällen nicht mehr identisch mit dem
> Menschen, der er nach außen hin, und mit dem, der er nach innen hin ist.
> Der Privatmensch ist ein anderer als derjenige im Beruf, und derjenige, den
> er im Beruf darstellt, ist wiederum nicht derselbe, den er in seinen politi-
> schen Ansichten verkörpert. Der Mensch ist nach allen Seiten hin gespal-
> ten, aber das entscheidende dabei ist, daß der eine Mensch vom anderen
> nichts weiß. Jeder verbirgt sich und schämt sich gleichsam vor dem andern,
> jeder verdrängt sich in jedem, und nur manchmal grüßen sie sich 'Unter
> den Linden' und geruhen, flüchtig voneinander Kenntnis zu nehmen...[58]

In der Erzählung *Unter den Linden* wird Christa Wolf die Begegnung und Vereinigung getrennter Anteile eines Ich gestalten[59].

---

58. Zitiert nach: Jürgen Rühle, *Literatur und Revolution*, München 1963,
S. 225.

59. In einen Bezug zur Romantik rückt diese Erzählung: Hans-Georg Werner, *Zum Traditionsbezug der Erzählungen in Christa Wolfs "Unter den Linden"*, in: Weimarer Beiträge 4, 1976.

In *Nachdenken über Christa T.* wird eine Lebensgeschichte, der "lange, nicht enden wollende Weg zu sich selbst" (222) aus der Perspektive des Unterdrückten durchgearbeitet. Seine Erfüllung hat dieser Weg zu sich selbst daher im Aufheben der Grenzen des gewordenen Ich durch Integration der unterdrückten Gedächtnisinhalte. Das Werk Christa Wolfs setzt den Weg des hier entworfenen Erzähler-Ich fort. Nach der Reintegration dessen, was in der Erfahrung sozialistischer Wirklichkeit dem Vergessen anheimgegeben war, geht das Erzähler-Ich im nächsten Roman – *Kindheitsmuster* – den Weg zu sich selbst weiter. Es versucht nun, die Schichten seiner Person freizulegen, die dem Bewußtsein noch weiter entzogen sind: die Kindheit in einer vom Faschismus geprägten Welt. Daß der Weg zu sich selbst nicht selbstverständlich so aufgefaßt wird, wie Christa Wolf ihn gestaltet, daß sie mit *Nachdenken über Christa T.* vielmehr ein neues Paradigma in die literarische Kommunikation eingebracht hat, zeigt ein thematisch verwandter "Erfolgsroman" der Mitte der sechziger Jahre, der wiederum eine Lebensgeschichte durcharbeitet, nun aber aus der Perspektive des Siegers, was, statt in Aufheben, in Festigen der Grenzen des gewordenen Ich mündet: Hermann Kants Roman *Die Aula*.

Hermann Kant, *Die Aula*

Wie in *Nachdenken über Christa T.* entsteht der Roman aus der Erinnerung der Hauptfigur, hier des Journalisten Robert Iswall, der mit Daten und Fakten der Biographie des Autors ausgestattet ist: kleinbürgerliche Herkunft, Soldat, Kriegsgefangenschaft in der Sowjetunion, Handwerkerlehre, dann die entscheidende Wende: Autor wie Figur holen an einer der "Arbeiter- und Bauernfakultäten" (ABF), die 1949 eingerichtet wurden, um Unterschichten den Zugang zum Studium zu ermöglichen, das Abitur nach, es folgen Studium und Journalistentätigkeit. Wie die Figur gehörte der Autor dem ersten Jahrgang der Arbeiter- und Bauernfakultät Greifswald an. Die Zeit, die erinnert wird, sind die drei Jahre auf der ABF (1949-52), die Zeit, in der der Erzähler sich erinnert, liegt zehn Jahre nach Abgang von der ABF. Inzwischen haben die ehemaligen "Schüler" studiert und sind in die Gruppe der Intelligenz aufgerückt, aus der sich die gesellschaftliche Führungsschicht rekrutiert. Jetzt (1962/63) sollen die Arbeiter- und Bauernfakultäten geschlossen werden. Iswall soll auf der Schlußfeier die Schlußrede halten.

Anlaß, die eigenen Erlebnisse und die der Mitschüler noch einmal durchzuleben und Bilanz zu ziehen, dem Heine-Motto folgend, das dem Roman vorangestellt ist:

Der heutige Tag ist / ein Resultat des gestrigen. / Was dieser gewollt hat,/ müssen wir erforschen, / wenn wir zu wissen wünschen, / was jener will.

Zurückgerufen werden, wie in *Nachdenken über Christa T.*, die Gründungsjahre der DDR mit ihrer Aufbruchsstimmung, die vielfache Entbehrungen ertragen ließ, mit ihrem Optimismus, den Angehörige der Unterschicht, die erstmals in deutscher Geschichte intensiv und breit gefördert wurden, durchaus haben konnten. Zurückgerufen wird in diesem gesellschaftlichen Kontext zugleich die Geschichte einer Ich-Bildung. Der Held und seine Mitschüler werden – ironisch zwar, aber doch mit dem Wink, daß dies so falsch nicht sei – als "Findelkinder" apostrophiert (206)[60], denen in der ABF neue Eltern und neues Familienglück geschenkt wurde, durch die sie von gesellschaftlichen Kindern zu gesellschaftlichen Erwachsenen heranreiften, vom perspektivelosen Arbeiter zum klassenbewußten Angehörigen der gesellschaftlichen Führungsschicht eines sozialistischen Staates. Die Erinnerung dieser zweiten Sozialisation zeichnet sich dadurch aus, daß es in ihr eine Identitätsproblematik – zwischen dem erzählten Ich, dem ehemaligen Arbeiter, und dem erzählenden Ich, dem erfolgreichen Akademiker – nicht gibt, untrügliches Zeichen dafür, daß die Lebensgeschichte aus der Perspektive dessen betrachtet wird, was sich in der Geschichte der Ich-Bildung durchgesetzt hat: aus der Perspektive des Siegers. Die Gedächtnisarbeit des *Nachdenkens* hatte demgegenüber aktiviert, was im Prozeß der Ich-Bildung unterdrückt wurde. Entsprechend war Identität von Beginn an Problem des Romans (in der bezeichnend offenbleibenden Frage, ob wir es mit zwei eigenständigen Figuren zu tun haben oder mit einem Ich, das in zwei Ich-Anteile gespalten ist).

Wenn eine Identitätsproblematik zwischen erzähltem Ich und erzählendem Ich auch nicht entfaltet wird, so stellt der Erzähler doch besonders heraus, daß es für ihn ein glattes Aufeinanderpassen beider Größen nicht gebe. Er weiß, daß ein Rückrufen der Aufbaujahre nicht mehr im Stil der heroischen Aufbauromane mit ih-

---

60. Zitate und Seitenangaben nach: Hermann Kant, *Die Aula*, Frankfurt 1968 (Fischer Bücherei 931).

ren festgelegten Typenarsenalen und Handlungsmustern erfolgen kann. Ironisch zitiert er Titel berühmter Aufbauromane: "Du mußt natürlich vom schweren Anfang[61] reden und von den Menschen an unserer Seite[62] und davon, wie der Stahl gehärtet wurde[63] ..." (16). Ebenso polemisiert der Erzähler gegen verfeinerte Ausführungen der gleichen Schreibweise, gegen das Zurechtschleifen der Charaktere, so daß sie nach berechnetem Kalkül ihre Handlungsfiguren zeichnen: "...eine Geschichte schreiben konnte man damit auf keinen Fall, denn die hatte es mit dem Leben, und das hatte Bukkel und Risse, und die Menschen hatten sie auch" (25). Der Erzähler will nicht stilisieren, weder in der derb plakativen Weise der heroischen Aufbauromane noch in der fein kalkulierten, die jetzt gepflegt wird. Er will sich den Ungereimtheiten und Widersprüchlichkeiten des Faktischen öffnen. Wie er die selbstgestellte Doppelaufgabe löst — die vergangene Zeit mit ihren divergierenden Strömungen erinnernd zu wiederholen und zugleich Bilanz zu ziehen —, kann an einer Szene exemplarisch bestimmt werden.

Der Erzähler ist in das Städtchen zurückgekehrt, in dem er drei Jahre als Student der ABF gelebt hat. Er erkennt, daß sich das äußere Bild der Stadt in den vergangenen zehn Jahren wenig geändert hat. Er stellt sich vor, hier einen Film über die ersten Jahre der ABF zu drehen (190ff). Dies ruft die Erinnerung an eine Demonstration der Studenten für die revolutionäre Umbenennung des Hauptplatzes in der Stadt herauf. In der erinnerten Szene wird ein weiter zurückliegendes Geschehen erinnert, die Reaktion auf eine Fehlleistung der Staatszeitung: in der Wiedergabe von Stalins Glückwunschtelegramm zur Gründung der DDR war das Wort "demokratisch" vergessen worden; das Vergessene wurde im ganzen Land durch Belehrungen über Demokratie nachgeholt. Während der Demonstration wird erneut zur Debatte gestellt, ob diese Reaktion angemessen war. Die Frage wird nicht beantwortet, stattdessen wird derjenige, der sie gestellt hat, so terrorisiert, daß er noch am selben Tag flieht. Die Szene vereinigt beispielhaft die verschiedenen Schichten des Buches. Die Hinwendung zu vergangenen Zeiten wird geprägt durch regressiv-verklärende Erinnerung der Erwachsenen an die eigene Schulzeit, das Schwelgen in Schülerstrei-

---

61. Eduard Claudius, *Vom schweren Anfang* (1950).
62. Ders., *Menschen an unserer Seite* (1951).
63. Nikolai Ostrowski, *Wie der Stahl gehärtet wurde*.

chen, hier in der Übernahme der Rolle des revolutionären Bürger-
schrecks vor den erschrockenen Provinzlern. Fazit eines der Schüler: "Das war die lustigste Zeit unseres Lebens, und eine so lustige
kommt nicht wieder" (239). In der Darstellung der vergangenen
Zeiten weiß der Erzähler Typisches herauszustellen: Veränderungs-
wille und Veränderungspathos, die sich auf Nebenschauplätzen
Raum schaffen, was als "revolutionäre Ungeduld" ausgegeben wurde. Kompositorisch verfährt der Erzähler nach dem Prinzip der
ausgleichenden Reihung: auf Textsequenzen, die politisch und
moralisch begrüßenswerte Handlungen oder Erfahrungen vorstellen (hier die Aktion, die getragen ist vom Willen zur antifaschistischen Umgestaltung der Wirklichkeit), folgen Textsequenzen, die
dem "Progressiven" einen politisch oder moralisch fragwürdigen
Akzent verleihen oder umgekehrt. Die erinnerte Zeit ist derart nie
mehr eindeutig. Das Problematische der vergangenen Zeit wird in
diesem reihenden Verfahren aber nur scheinbar durchgearbeitet.
Die in der erinnerten Zeit sich nochmals öffnende Erinnerung an
das vergessene Stalinwort — kompositorisch durch die Brechung
des Erinnerungsvorgangs herausgehoben, durch das Thema "Verarbeiten eines Fehlers" zugleich als programmatisch ausgewiesen —
führt das Muster vor, nach dem in diesem Roman Problematisches
behandelt wird. Das Faktum, daß das Wort "demokratisch" vergessen wurde, wird zum Anlaß, Wissen über Demokratie nachzuholen,
nicht aber, zu fragen, ob in der konkreten Situation Demokratie
erfahrbar war oder vergessen. Der Fehler wurde als rein geistiger
gefaßt, gerade nicht materialistisch, d.h. im Rückgang auf die poli-
tisch-sozialen Verhältnisse, in dem es zu ihm gekommen ist. Dies
erlaubt, das Vergessen rein negativ zu fassen und es durch eine positive Gegenhandlung auszugleichen, durch die umfassende Belehrung über Demokratie. Das Falsche hat damit sogar ein Positives
hervorgebracht, eine "bleibende Lehre" (192); damit ist es gerechtfertigt. Das Durcharbeiten des Erinnerten folgt stets dem Prinzip
des Nacheinander. Es gelingt dem Erzähler gerade nicht, die leuch-
tenden Bilder der Vergangenheit und die hierin eingezeichneten
"Dunkelstellen" einander durchdringen zu lassen; er läßt dem Falschen ein Wahres nur folgen (oder umgekehrt), statt das Wahre i m
Falschen zu erkennen, als wahren Ausdruck eines geschichtlichen
Zustandes und — durch das Falsche — als dessen Negation. In unserem Beispiel: der Erzähler erklärt sich mit der Kompensation der
"vergessenen" Demokratie durch Belehrung über Demokratie ein-

verstanden. Er fragt nicht, ob das Vergessen eine "Fehlleistung"[64] war: das Unterdrückte, die Demokratie in der Zeit des Stalinismus und nicht nur in dieser, schafft sich gegen das Bewußtsein, das sich an die Unterdrückung angepaßt hat, Raum, indem es das im Raum des politischen Handelns nicht Erfahrbare auch im Raum des politischen Anspruchs (im Zentralorgan der SED) vergessen läßt. Demokratie existierte nur der Theorie nach, und nur in der Theorie wurde der Fehler wettgemacht. Derjenige aber, der mit solcher Verarbeitung des Falschen nicht zufrieden war und ist, wird einem Gesinnungsterror ausgesetzt, der ihn fliehen läßt. Er hätte mit seiner Unzufriedenheit die Möglichkeit eröffnet, in der angestrengten Belehrung über Demokratie den Mangel an erfahrbarer Demokratie freizulegen, den gewohnten Zustand so als Zustand der Verkehrung zu deuten, statt dem erkannten Fehler nur ein Wahres nachzureichen. Der Erinnerungsvorgang im Erzähler ist aber ganz auf dieses letzte Verfahren festgelegt, d.h. auf die "dunkle Geschichte" von der Terrorisierung eines Mitschülers folgt sofort wieder eine helle. Haben die Vorgänge während der Demonstration auf der einen Seite dazu geführt, daß ein Schüler terrorisiert wurde, so hatte die Demonstration auf der anderen Seite doch auch ihr Gutes: nicht nur politisch – der Platz erhielt einen fortschrittlichen Namen, "Bewußtsein" wurde gebildet –, sondern auch im Persönlichen. Während der Demonstration entdeckt der Held seine Liebe zu einer Mitschülerin, die seine Frau werden wird. Zwar wird auch diese Liebe wieder ihre Dunkelstellen haben – ihretwegen wird der Held an zwei Mitschülern schuldig –, aber auch diese Schuld hat wieder ihr Gutes, sie bringt den beiden Betroffenen ein siebenjähriges Stipendium in China ein usw.

Der Erzähler benennt das Problematische der erinnerten Zeit, arbeitet es aber nicht durch, sondern läßt ihm ein Gegenbild folgen, das mächtiger ist, weil es festhält, was sich durchgesetzt hat. Aus der während der Demonstration erwachten Liebe ist die Ehe zweier in gesellschaftlich verantwortungsvolle Positionen aufgerückter Personen geworden, aus dem während derselben Demonstration geäußerten Zweifel an der üblichen Kompensation des gesellschaftlich Verkehrten ist nichts geworden. Das Erzählprinzip der ausgleichenden Reihung ist nichts anderes als die Einfühlung des Histori-

---

64. Verstanden im Sinne Freuds: *Zur Psychopathologie des Alltagslebens*, in: S.F., *Gesammelte Werke*, Bd. 4, Frankfurt 1960.

kers in den Sieger, in das, was sich in der erinnerten Zeit durchgesetzt hat. Walter Benjamin hat durch solche Einfühlung den Historismus charakterisiert und dabei angemerkt:

Die jeweils Herrschenden sind aber die Erben aller, die je gesiegt haben. Die Einfühlung in den Sieger kommt demnach den jeweils Herrschenden allemal zugut... Wer immer bis zu diesem Tage den Sieg davontrug, der marschiert mit in dem Triumphzug, der die heute Herrschenden über die dahin führt, die heute am Boden liegen. Die Beute wird, wie das immer so üblich war, im Triumphzug mitgeführt. Man bezeichnet sie als die Kulturgüter.[65]

Die "Beute", die der Held in Kants Roman in der Rückschau auf seine zweite Sozialisation mit sich führt, ist das Muster des Aufstiegs vom gesellschaftlich unmündigen Proletarier zur Führungsschicht, die "proletarische Karriere" im sozialistischen Staat. Der auf sein eigenes Leben zurückschauende Held erkennt an, was dieser Karriere integrierbar war, er verbucht als bedauerlichen Verlust, was in ihr aufgegeben werden mußte. Kant beruft die Situation immer als mehrschichtige. Er zeigt das Leuchtende der früheren Zeit und er benennt die "dunklen Stellen". Er hat sich wegen dieser Mehrschichtigkeit etwas darauf zugute gehalten, daß sein Roman kritisch sei[66] – und sich beklagt, daß er einhellig nur gelobt würde. Erstaunlich ist diese Reaktion auf seinen Roman aber nicht, wenn man beachtet, w i e er das Problematische der erinnerten Zeit behandelt. Er benennt es, um noch einmal den Vorgang vorzuführen, in dem es früher schon als ungelöst abgetan worden war. Dem weiterhin Problematischen wird dann ein positives Gegengewicht gesetzt, es wird gezeigt, wie man mit ihm leben kann. In einer ausführlichen und insgesamt recht wohlwollenden Besprechung des Romans in der DDR wurde dies erkannt. Die Rezensenten führen aus, Kant beginne oft die Debatte über ein Problem, breche dann aber ab und führe die Debatte in neue, das Problem umspielende oder mit einem anderen Gedanken einsetzende Episoden über[67]. Wenn Kant das Problematische einer Situation benannt hat und nun entfalten müßte (durch die Frage nach dem Wahren im Falschen), folgt ein Ausweichmanöver: eine lustige Episode,

65. *Geschichtsphilosophische Thesen*, in: *Illuminationen*, a.a.O., S. 271.
66. *Jean Villain sprach mit Hermann Kant. Ein verregneter Urlaub*, in: Sonntag Nr. 48, 1965.
67. Sylvia und Dieter Schlenstedt, *Modern erzählt. Zu Strukturen in Hermann Kants Roman "Die Aula"*, in: Neue Deutsche Literatur 12, 1965, S. 15.

Schnurren oder das breite Ausführen eines Scheinproblems, in unserem Fall der Frage, ob die geschilderte Demonstrationsszene im Medium Film angemessen gestaltet werden könne. Dem Film wird dabei unterstellt, daß er Widersprüchliches nicht erfassen könne (revolutionäre Handlung und Stimmung u n d persönliche Ängste wie Freuden). Die "Eindeutigkeit" des Films wird mißverstanden als Eindeutigkeit des Bildes einer Situation, die er nur geben könne. Christa Wolf hatte sie genauer erfaßt als die Eindeutigkeit unserer gewohnten, vom Bewußtsein gelenkten Weise, über einen Sachverhalt zu verfügen; sie erwarten wir vom Film eher als das Eingehen auf das, was sich im Verarbeiten eines Sachverhalts dem Bewußtsein entzogen und ins Gedächtnis eingeschrieben hat. Die lange und falsche Reflexion des Helden über die Vielschichtigkeit der Situation, die der Film nicht fassen könne, weil er eindeutig mache, verdeckt, daß der Erinnerungsvorgang des Helden gerade als ein Eindeutig-Machen verläuft, da er alles Problematische der vergangenen Zeit austariert durch Gelungenes. Kants Roman hat eine eminent affirmative Funktion. Er bietet Muster an, mit dem zu leben, was im Aufstieg der bisher unterdrückten Klasse zur gesellschaftlichen Führungsschicht unterdrückt wurde, unverarbeitet blieb und weiterhin bleibt. Das bisher Problematische bleibt ungelöst, es wird auch dem Leser nicht aufgegeben, es zu lösen, sondern zu lernen, es zu ertragen.

Kant schreibt die Geschichte eines Ich. Er folgt dem überkommenen Muster des realistischen Romans des neunzehnten Jahrhunderts. Im Zentrum der Handlung steht Arbeit: die Aneignung des Wissens, das andere Zeiten und soziale Schichten angehäuft haben, dann die Anwendung dieses Wissens. Zielvorstellung ist Selbstverwirklichung: was Angehörigen der Unterschichten bisher immer verwehrt war, die umfassende Verwirklichung der eigenen Möglichkeiten. Die "Karriere", die zu diesem Ziel führt, verläuft ganz dem Muster des Bildungsromans entsprechend im Spannungsfeld der Pole "Ansprüche des Individuums" und "Ansprüche der Gesellschaft", vom Erzähler wird dies einmal als Spaltung des Helden in einen Innen- und einen Außen-Iswall vorgestellt (281). Der traditionellen Gegenüberstellung von Individuum und Gesellschaft ist ein neuer Akzent darin gegeben, daß die Position des Individuums stärker betont wird. Die "persönlichen Verluste" in der gelungenen Karriere kommen zur Sprache: da sie weiterhin unverarbeitet bleiben, nur gelernt wird, sie durch andere Leistungen zu tarieren, leistet der Erinnerungsvorgang wesentlich, das Ich, so wie es geworden ist, zu bestärken. Nur innerhalb des Spannungsfeldes von Individuum und Gesellschaft scheinen Wandlungen denkbar, dieses selbst aber bleibt aufrechterhalten, wie die Vorstellung des Ich als einer festen Größe.

Christa Wolf hat diese Gegenüberstellung außer Kraft gesetzt, da sie deren eine Position, das Ich als fest verfügbare Größe, erschüttert hat. In *Nachdenken über Christa T.* ist das Ich nicht mehr selbstverständlich gegeben und nur vor das Problem gestellt, sich in Auseinandersetzung mit der Welt selbst anzueignen (Opposition Selbstverwirklichung – Entfremdung), das Ich ist vielmehr erst noch zu bilden, wobei das Problem nicht mehr als Ausgleich des Ich-Entwurfs mit der gesellschaftlichen Notwendigkeit aufgefaßt wird, sondern als Integration dessen, was im Zuge der bisherigen Ich-Bildung unterdrückt wurde, als Sich-Einlassen auf die Dynamik des Gedächtnisses. Die grundsätzliche Umorientierung, die Christa Wolfs Roman erkennen läßt, zeigt an, daß das überkommene Konzept (Antagonismus Individuum – Gesellschaft, Ich als Arbeit) nicht mehr für fähig erachtet wird, die begegnende Wirklichkeit zu bewältigen. Nicht in dem Sinn, daß der Antagonismus aufgehoben wäre, sondern in dem, daß die immer noch ausstehende Aufhebung zur Frage fortgetrieben wird, ob die Opposition selbst auf einer tragfähigen Grundlage errichtet ist. Die Ohnmacht der Kritik gegenüber Christa Wolfs Roman ist ein Indiz der in ihm geleisteten Innovation. Demgegenüber war Kants Roman ins bewährte Schema leicht zu integrieren[68]. Nicht innerhalb etablierter Denkschemata setzt Christa Wolfs Roman neue Akzente, er versucht vielmehr, neue Schemata zu begründen. Der Rückgang zur Tradition des romantischen Romans hat es ermöglicht, diesen Neuansatz zu verdeutlichen.

Christa Wolf stellt in *Nachdenken über Christa T.* und fortgeführt in *Kindheitsmuster* die Selbstverständlichkeit "Ich" in Frage, nicht

68. Weitere Interpretationen: Hermann Kähler, *"Die Aula" – eine Laudatio auf die DDR*, in: Sinn und Form 18, 1966; Werner Neubert, *Komisches und Satirisches in Hermann Kants "Aula"*, in: Weimarer Beiträge 12, 1966; Annemarie Auer, *Eine einfache Sache. Zu dem Roman "Die Aula" von Hermann Kant*, in: A.A., *Standorte. Erkundungen. Acht kritische Versuche*, Halle 1967.

im Sinne seiner Auflösung ins gesellschaftlich Allgemeine, sondern im Behandeln des Ich als Ergebnis eines problematischen Prozesses, der revidiert werden muß, was gleichbedeutend ist mit dem Aufheben der Grenzen des Ich. Andere "Selbstverständlichkeiten", die mit dem tradierten Ich-Begriff verbunden sind, werden damit notwendig gleichfalls erschüttert: das Ethos der Arbeit und Entsagung, zu dem ein alternatives Ethos der Faulheit und des Genusses möglich erscheint. Das in der Opposition Selbstverwirklichung – Entfremdung nicht in Frage Gestellte, daß das Ich auf Arbeit gründe, auf der Umgestaltung der Welt, in der das Umgestaltende sich seiner selbst innewerde, wird erschüttert, wenn die Opposition Saint-Simons zwischen producteur und oisif (Industrielle, Arbeitende und Müßiggänger) reaktiviert wird[69], die auf der Seite des producteurs Gruppen zusammenfaßt, die wir gewohnt sind, entschieden zu trennen (Ausbeuter – Ausgebeutete, Besitzende – Besitzlose). Fritz Rudolf Fries' *Der Weg nach Oobliadooh* kann gelesen werden als Versuch, gegen die Welt der Arbeit eine Erkenntnistheorie der Welt der Faulheit zu begründen, das hohe Lied der Entsagung durch ein solches des Eros zu ersetzen.

III

Fritz Rudolf Fries, *Der Weg nach Oobliadooh*

Oobliadooh ist Chiffre für die Wunschwelt der Heldenfiguren, zwar durch einen Schlager eingeführt und damit als Surrogat ausgewiesen, aber mit dem Attribut des "Wunderbaren" ausgestattet[70]. Die Entgegensetzung von Oobliadooh und Alltag im deutschen sozialistischen Staat der fünfziger Jahre ist nach der romantischen Dichotomie von "wunderbarer" und "gewöhnlicher" Wirklichkeit strukturiert[71]. Oobliadooh bleibt im Status eines nie erreichten Ziels, der Roman stellt zwei Figuren ins Zentrum, die sich der "ge-

---

69. Hierzu: Gerd-Klaus Kaltenbrunner, *Revolution und Faulheit*, in: *Romantische Utopie. Utopische Romantik*, hg. von Gisela Dischner und Richard Faber, Hildesheim 1979.

70. "Paasch sang: I knew a wonderful Princess in the land of Oobliadooh..." (48).

71. Am Beispiel E.T.A. Hoffmanns kategorial entwickelt von: Lothar Pikulik, *Das Wunderliche bei E.T.A. Hoffmann*, in: Euphorion 69, 1975.

meinen Wirklichkeit" verweigern[72], indem sie "Wege nach Oobliadooh" suchen. Arlecq und Paasch, die beiden Hauptfiguren, schaffen sich Phantasie- und Kunstwelten oder fliehen in Welten, von denen sie sich Erfüllung ihrer Sehnsüchte erträumen, unabwendbar aber werden sie von der "gemeinen Wirklichkeit" immer wieder eingeholt. Der Roman ist in drei Teile gegliedert. Sie entfalten jeweils dieses Handlungsschema – bei deutlich abnehmendem Umfang der Teile, was dem Scheitern der Evasion immer stärkeren Nachdruck verleiht. Auf rauschhaften Aufflug folgt Ermattung und Zurücksinken ins Gewöhnliche: "Haut mich glatt um" (147, 219)[73] und "Es kotzt mich an" (33, 155) lauten Paaschs Formeln für diese Zustände, von einer "Idylle unterm Stundenglas" (209) ist an anderer Stelle die Rede.

Der erste Teil stellt Arlecq und Paasch auf einem je eigenen Weg nach Oobliadooh vor. Arlecq in phantastisch erhöhter Liebe zur fremdländisch-südlichen, erotisch faszinierenden Frau, Paasch im selbstvergessenen Spiel der freien, "männlichen" (31) Musik des Jazz. Die getrennten Wege nach Oobliadooh ergänzen sich komplementär. Arlecq zeichnet die Fähigkeit aus, Phantasiewelten zu schaffen[74], sein Weg nach Oobliadooh ist der "Tagtraum"[75], Paasch ist durch das Vermögen charakterisiert,die umgebende "gemeine Wirklichkeit" versinken zu lassen, sein Weg nach Oobliadooh ist der "Nachttraum". Liegt entsprechend auf Arlecqs Bahn ein spielerisches Verhalten zur Alltagswelt, das Vermittlung eines utopisch übersteigerten Ich mit der Außenwelt, wie es der Tagtraum versucht, nicht ausschließt, so gehört zu Paasch das Schwanken

---

72. Vgl. Friedrich Schlegel, *Lucinde*: "Lucinde hatte einen entschiednen Hang zum Romantischen... Auch sie war von denen, die nicht in der gemeinen Welt leben, sondern in einer eignen selbstgedachten und selbstgebildeten." (*KFSA*, Bd. 5, S. 53).

73. Zitate und Seitenangaben nach: Fritz Rudolf Fries, *Der Weg nach Oobliadooh*, Frankfurt 1975 (suhrkamp tb 265).

74. Fries bildet eine Erzählhaltung aus, die im Umkreis der Arlecq-Figur mehrfach offen läßt, ob das Erzählte von der Figur erfahren oder von ihr nur gedacht ist als Material für einen Roman; ferner bleibt ungewiß, ob der Roman, der dem Leser vorliegt, mit jenem gleichzusetzen ist, an dem die Figur schreibt. Die verschiedenen Ebenen der Fiktion sind nicht eindeutig voneinander zu scheiden.

75. Begriffe "Tagtraum" und "Nachttraum" nach: Ernst Bloch, *Das Prinzip Hoffnung*, Frankfurt 1959, S. 86ff.

zwischen Eingebundensein in soziale Pflichten (als diensttuender Arzt und werdender Vater) und deren Verdrängung im Rausch, ein Schwanken zwischen Depravierung des Ich unter den Forderungen der Außenwelt und gänzlicher Auslöschung von Ich und Außenwelt, wie es der Nachttraum verspricht.

Oobliadooh erscheint im umfangreichsten ersten Teil (er macht mehr als die Hälfte des Romans aus) gebunden an "künstliche Paradiese". Im zweiten und dritten Teil wird der Weg nach Oobliadooh räumlich fixiert. Im zweiten Teil als Weg nach außen, aus dem gegebenen gesellschaftlichen Umfeld heraus in den Westen als Sehnsuchts- und Traumland, im dritten Teil als Weg nach innen, in den Schon- und Freiraum des Irrenhauses, der sich innerhalb des gegebenen gesellschaftlichen Umfeldes eröffnet.

Aus der Sicht der beiden Hauptfiguren, die die Erzählperspektive abgibt, ist die "gemeine Wirklichkeit", der sich Arlecq und Paasch verweigern, in die sie aber immer wieder zurückgeholt werden, eine Welt der Spießer und Bürokraten, der Angepaßten oder Resignierten, insgesamt eine Welt der Banalität (204) und Trivialität. Solche Charakteristika sind allerdings nicht aus dem gegebenen sozialistischen Gesellschaftssystem abgeleitet, am ehesten noch aus der allgemeinen deutschen Misere, daß Restaurationen ohne vorherige Revolutionen einander folgen:

Berlin war nie die Französische Revolution. [...] Wir...haben uns das [die Veränderungen] vor fünf Jahren [= 1953] abgewöhnt, sagte Arlecq und überlegte. (193f.)

Im aktuellen Kolorit wird vielmehr die alte, der Romantik verpflichtete Entgegensetzung von Philister und Künstler aktiviert. Die Verweigerung der Heldenfiguren gegenüber der Alltagswelt als explizite Kritik am sozialistischen System zu lesen, geht am Organisationsprinzip des Romans vorbei. Ebenso wäre es falsch, aus dem Interesse des Helden (Arlecqs) am Schelmenroman zu schließen, der vorliegende Roman sei jener Schelmenroman, den zu schreiben auf der Ebene der Handlung dem Helden als "zu direkt" (91) verwehrt wird. Im Schelmenroman wird von der Position des Außerhalb-Stehenden eine eindringliche Auseinandersetzung mit der gegebenen gesellschaftlichen Wirklichkeit geleistet[76]. Wogegen die beiden

76. Zum Schelmenroman: Wilfrid van der Will, *Pikaro heute. Metamorphosen des Schelms bei Thomas Mann, Döblin, Brecht, Grass*, Stuttgart 1967.

Helden sich hier verweigern, ist aber nicht sozial und geschichtlich individualisiert, sondern das Immergleiche eines in Banalität erstarrten Daseins: die Nachbarn mit ihren kleinen Nöten und ihrem Klatsch, der schwadronierende Kriegsheld, der Etablierte, der vom Auto schwärmt, der Funktionär, der das Eingelernte abspult, die Resignierten (Linde, Flora), die sich an die Surrogate halten. Es wird nicht ein gesellschaftliches System in seinen Zusammenhängen aufgedeckt, sondern eine prinzipielle Gegenüberstellung vorgenommen. In der Alltagswelt auf der einen und den versuchten Verwirklichungen von Oobliadooh auf der anderen Seite stehen sich gegenüber: ein Dasein, das auf die Prinzipien Arbeit und Leistung verpflichtet ist, und ein Dasein, das dem Prinzip des Müßiggangs, der Freude und des Genusses Recht verschaffen will, hiervon abgeleitet Anpassung und Übernahme sozialer Verantwortung gegen Unabhängigkeit und Bindungslosigkeit, zweckhaftes Tun gegen Spiel, Entgegensetzung der Welt als Objekt der Einwirkung des Ich, hierauf gründend Bewußtseinsbildung gegen Versuche der Vereinigung von Ich und Welt (im Rausch der Liebe oder des Alkohols), hierauf gründend Regression (das Irrenhaus als Zuflucht).

Die Verweigerung der beiden Helden gegenüber der so strukturierten "gemeinen Wirklichkeit" variiert das romantische Thema der "Evasion", durch das Friedrich Schlegel die "neueren", was heißen soll die "romantischen" Romane charakterisiert hat:

[...] immer strebt die Darstellung...auf irgendeine Weise aus der beengenden Wirklichkeit sich herauszuarbeiten, und irgendeine Öffnung, einen Eingang zu gewinnen in ein Gebiet, wo die Fantasie sich freier bewegen kann.[77]

Die Freiräume, die die Heldenfiguren schaffen, tragen aber nicht, der Weg nach Oobliadooh endet immer wieder in der "gemeinen Wirklichkeit". Die Eisenbahnschienen, die das Land durchziehen und in den Westen als Fluchtpunkt von Erlösungsträumen führen, werden zum Bild des Weges nach Oobliadooh, "Ferntrauer", "Fernweh" (73), der "Drang nach Westen" (110) überkommen Arlecq bei ihrem Anblick[78], die Straßenbahnschienen, die die Stadt

---

77. *KFSA*, Bd. 6, S. 275.
78. Das Motiv kehrt bei Nebenfiguren wieder. Falk, der Landvermesser geworden ist, malt sonntags "Bahnhöfe und die sich in der Ewigkeit treffenden Schienenparallelen der S-Bahn" (95); Remann, der gescheiterte Künstler und jetzige Schrankenwärter, vertreibt sich die Wartezeit zwischen den Zügen mit Malen.

durchziehen, führen demgegenüber die beiden Helden immer wieder in den Alltag zurück[79] :

> Wie eine Arche Noah am Fuße des Berges Sinai wartete die Straßenbahn auf sie dort, wo die Ackerfurche wieder Straße und Schiene wurde. (111)

Der Roman bietet seinen Lesern Evasion in Phantasie- und Wunschwelten nur als scheiternde an. Ist er darum resignativ bzw. auf dem "Umweg" über gescheiterte Ausbruchsversuche um so nachdrücklicher sozialisierend? An einer zentralen Stelle des Werkes wird ausgesprochen, daß mit den scheiternden Wegen nach Oobliadooh, die die beiden Helden versuchen, eine bestimmte Haltung im Hinblick auf die erfahrbare Wirklichkeit entworfen und begründet wird:

> Was Sie jetzt noch vermissen, Ihren Shearing, Ihren Proust, das wird Ihnen gegeben werden, sobald Ihr Land ökonomisch und technisch ein starker Staat geworden ist. Da wird man Zeit haben, sich umzuschauen, um zu bemerken, was noch fehlt, womit man auch noch Leuten wie Ihnen, verzeihen Sie bitte, eine Freude bereiten kann.
> Das wird nicht viel ändern, sagte Arlecq. Mein Sinn steht auch nicht nach den Wundern der Chemieindustrie. Und die automatischen Lösungen halten nie lange vor. Viel wichtiger wird es sein, einmal Ideale gehabt zu haben (welche im einzelnen? dachte er), jung gewesen zu sein und sein Leben dann bei der Beobachtung des dialektischen Umwandlungsprozesses zu verbringen, bei dem aus Idealen Enttäuschung wird, Anpassung, ich weiß nicht was. (197)

Arlecqs Gesprächspartner rechtfertigt die Unterwerfung unter die Staatsraison, sofern der Staat ein sozialistischer ist. Fries nimmt diese Position ernst; er legt sie einer Figur in den Mund, die im Unterschied zu den Funktionären des real existierenden Sozialismus als glaubwürdiger Revolutionär vorgestellt wird. Erst der wohleingerichtete Staat, so wird argumentiert, kann das Fundament sein für das Glück des Einzelnen. Problematisch ist diese Position nicht nur wegen der immer drohenden Verselbständigung des Weges ge-

79. Die Straßenbahn führt den arbeitenden Paasch bezeichnenderweise "von West nach Ost" (130); die Straßenbahnen führen an "Meilensteinen" (72) der Spießbürgerwelt vorbei: "...rechts einmal die Grenzdrogerie mit ihren Farbtöpfen Wermutflaschen Verhütungsmitteln, wenig später dann...die wellblecherne Bedürfnisanstalt zur Linken, durch die hindurch die diensttuenden Beamten der ratsherrlichen Vorstadtgemeinde nach Feierabend schritten... Über die beiden Schulgebäude sah Arlecq lieber hinweg...und die Kirche kam links in Sicht, mit dem ummauerten Garten des Pastors, der Paradiesäpfel züchtete..." (72).

genüber dem Ziel, sondern auch und zuerst wegen des ihr zugrundeliegenden Zirkels. Denn der wohleingerichtete Staat kann ohne den freien, sich selbst verwirklichenden Bürger gar nicht entstehen. Arlecq vermeidet diesen Zirkel. Oobliadooh ist der Inbegriff aller Ideale, Arlecq redet aber nicht deren tätiger Verwirklichung das Wort – damit Arbeit –, sondern der Kontemplation: der Beobachtung, wie die Ideale im Zuge der Sozialisation durch die "gemeine Wirklichkeit" zunichte werden. Solche Position hat über eine Verwirklichung von Oobliadooh resigniert, ihr Gewinn liegt jedoch im Ausbilden einer Sicht der "gemeinen Wirklichkeit", die diese nicht bloß als letztlich sich durchsetzende bestätigt, sondern als Negation der Ideale weiter auf diese verweisen läßt, als "Weltschatten, der eben dadurch die Figur des Licht-Körpers abzeichnet": so umschreibt Jean Paul die "vernichtende Idee des Humors"[80]. Er erläutert:

> Wenn der Mensch, wie die alte Theologie tat, aus der überirdischen Welt auf die irdische herunterschauet: so zieht diese klein und eitel dahin; wenn er mit der kleinen, wie der Humor tut, die unendliche ausmisset und verknüpft: so entsteht jenes Lachen, worin noch ein Schmerz und eine Größe ist.[81]

Oobliadooh als der Inbegriff der Ideale der Helden ist nicht sicher verbürgt, so daß am Kontrast zu ihm die "gemeine Wirklichkeit" zuschanden würde. Dies ergäbe eine komische Auflösung der dargestellten Wirklichkeit. Der Blick geht vielmehr von der Alltagswelt als der Zerstörerin Oobliadoohs auf die Wunsch- und Fluchtwelt. In der Sprechweise Jean Pauls: mit der "kleinen", der gemeinen Wirklichkeit wird die "unendliche", Oobliadooh ausgemessen, derart jene mit dieser – vernichtend – verknüpft. Der Rechtfertigung der Staatsraison durch den Revolutionär stellt Fries die "vernichtende Idee des Humors" angesichts des real existierenden Sozialismus entgegen. Schon mit dem Motto stellt er seinen Roman in diesen Zusammenhang:

> "Man denkt sich nur immer die eigne Stadt als das Filial und das Wirtschaftsgebäude zu einer entfernten Sonnenstadt." (Jean Paul)

Das Motto ist "Des Luftschiffers Giannozzo Seebuch" (zweite Fahrt) entnommen. Von seinem Luftschiff "ein Dutzend Marktflecken und ein halbes kleiner Städte" zugleich überblickend, em-

80. *Vorschule*, S. 130.
81. Ebd., S. 129.

pört sich Giannozzo über die elende, nichtige, sich selbst so überaus wichtig nehmende "Gemeinhut der Alltäglichkeit", die er überall antrifft. Vor deren Anspruch, "Filial- und Wirtschaftsgebäude", also Teil und Ermöglichung einer "Sonnenstadt" zu sein, bricht Giannozzo in "Welt-Verlachen"[82] aus, ein Verlachen allerdings, das ebenso "grimmiges Grinsen" wie "weinendes Lächeln" sein kann[83]. Giannozzo, der in Fries' Roman als erster das Wort erhält, verweigert Integration wie Arlecq und Paasch. Giannozzos Ekel an der "Gemeinhut des Alltäglichen" lebt beispielsweise in Arlecqs Ekel an der Politik wieder auf, deren immer gleiche Ereignisse als immer neue Sensationen in die Zeitungen eingerückt werden (vgl. 196). Arlecq verlacht nicht einzelne politische Ereignisse, sondern Politik insgesamt.

Wie Arlecq und Paasch gibt sich auch Giannozzo nicht tätigem Umgestalten der erfahrbaren Wirklichkeit, sondern der Kontemplation hin. Auf die "gemeine Wirklichkeit" läßt er sich nur ein, um seinem Welt-Verlachen neue Nahrung zu geben. Giannozzo verflucht die bürgerliche Welt als "großes Raspel- und Arbeits-Haus...", alle darin schwitzend, keuchend, kartätschend, scheuernd und wütend, ohne sich nur umzugucken und ohne sich zu scheren um Lust und Liebe und Himmel und Hölle[84]. Arlecq und Paasch fliehen analog die Bindung durch eine regelmäßige Berufsarbeit. Ihre Verweigerung betrifft ein Arbeitsethos, das gegenüber dem bürgerlichen in seiner Bedeutung nicht etwa gemindert, sondern um ein Vielfaches gesteigert ist. Denn Überhöhen des Arbeitsgedankens war in sozialistischen Gesellschaftssystemen der Weg, den repressiven Charakter der Arbeit zu verschleiern, an dem sich entgegen den revolutionären Versprechungen für die Massen nichts geändert hat[85]. Giannozzo stellt der rastlosen Arbeit Forderungen des

82. Ebd., S. 126.
83. *Des Luftschiffers Giannozzo Seebuch* (abgekürzt: *Seebuch*), in: Jean Paul, *Werke*, a.a.O., Bd. 3, München 1961, S. 960.
84. Ebd., S. 987.
85. So beruft sich z.B. Georg Maurer auf den Marx-Satz: "Die Gesellschaft findet nun einmal nicht ihr Gleichgewicht, bis sie sich um die Sonne der Arbeit dreht." (G.M., *Das Gedicht ist ein lebendiges Wesen*, in: *Dichtung ist deine Welt. Selbstaussagen und Versuche zum Werk Georg Maurers*, Halle 1973, S. 52). Zum Charakter der Arbeit im sozialistischen Gesellschaftssystem der DDR: Rudolf Bahro, *Die Alternative. Zur Kritik des real existierenden Sozialismus*, Frankfurt 1977 (insbes. Teil II).

"Herzens", der "Lebensfreude" entgegen. Sein Antrieb zur Luft-schifferei — "Wahrlich, bloß zur Lust leb ich oben und aus Ekel am Unten"[86] — könnte ebenso von Fries' Helden als Motivation ihrer Suche nach Oobliadooh angeführt werden. Arlecq und Paasch setzen dem Realitätsprinzip mit seinem zentralen Wert "Arbeit" Spiel (Tagtraum) und Rausch (Nachttraum) entgegen, als Gehalt beider Art Träume aber Lusterfüllung, die sich nicht zur Bestäti-gung des schlechten Gegebenen gebrauchen lassen will. In poetolo-gischen Termini: Oobliadooh wird identifiziert mit einem Zustand, in dem "Wort und Sache sich wieder fänden" (198); dies ist für die Romantiker der "poetische Zustand" einer Einheit von Welt und Ich in Gegensatz zum Geschichtlichen. So schreibt Jean Paul über die Metapher, die er "bildlichen Witz" nennt:

Der bildliche Witz kann entweder den Körper beseelen oder den Geist ver-körpern.

Ursprünglich, wo der Mensch noch mit der Welt auf einem Stamme geimpft blühte, war dieser Doppel-Tropus noch keiner; [...] Das tropische Beseelen und Beleiben fiel noch in eins zusammen, weil noch Ich und Welt ver-schmolz.[87]

Die Moderne charakterisiert Jean Paul — ganz in Übereinstimmung mit Friedrich Schlegel oder Novalis — durch die Entzweiung von Welt und Ich, entsprechend von Wirklichkeit und Sinn, Sache und Wort. "Romantische" Dichtung als Dichtung der Moderne ist Dich-tung aus dieser Entzweiung. Jean Paul entwickelt und begründet den Humor als Weise, sie literarisch zu bewältigen. Wenn Friedrich Schlegel von aller Dichtkunst der Moderne gefordert hat, sie müsse "romantisch" sein[88], so kann Jean Paul dies zur Forderung weiter-führen: "alles muß romantisch, d.h. humoristisch werden."[89] Fries läßt durch seinen Helden signalisieren, daß auch sein Roman aus der Entzweiung von Sache und Wort entsteht, aus einem ge-spannten Verhältnis von Wirklichkeit (des real existierenden Sozia-lismus) und Sinn (dem Versprechen menschlichen Glücks durch re-volutionäre Umgestaltung der Welt). Die Distanzierung der Helden vom bürgerlichen wie sozialistischen Arbeitsethos kündigt vom Zweifel an einer Verwirklichung dieses Sinns im tätigen Umgestal-

86. *Seebuch*, S. 988.
87. *Vorschule*, S. 184.
88. Athenäums-Fragment Nr. 116.
89. *Vorschule*, S. 127.

ten der Welt. Dies gibt den Mustern einer Verweigerung gegenüber der erfahrbaren Wirklichkeit, die die Romantik ausgebildet hat, neue Zugkraft. Fries greift auf Jean Pauls Ansatz zurück[90], die gegebene Entzweiung von Wirklichkeit und Sinn zu bewältigen. Wurde dieser Rückgriff in der DDR durch kulturpolitische Entwicklungen angeregt? Ein Ursache-Wirkungsverhältnis zwischen Kulturpolitik und literarischem Schaffen ist nicht zu erkennen. Ein Zurechtrücken der Bilder der Romantik — in Abkehr von Lukács' einseitiger Ablehnung —[91] findet in publizistisch breiterem Umfang erst in den siebziger Jahren statt, das aber heißt, daß die Literaturkritik dann im wesentlichen aufarbeitet, was in literarischen Werken zuvor entwickelt worden ist. Individuell können für Fries' positive Hinführungen zur Romantik in Frage kommen: er studierte in Leipzig, wo einmal Hermann August Korff weiterhin Vorlesungen über den "Geist der Goethezeit" abhielt, worin Romantiker und hierunter auch Jean Paul breit und positiv besprochen werden[92], ferner lehrte in Leipzig Ernst Bloch, die Romantik konkret-utopisch zu beerben[93], weiter verbürgte dort Hans Mayer ein differenzierteres Bild der Romantik, insbesondere auch Jean Pauls[94]. In größerem literarischen Kreis fand die Hinwendung zu Jean Paul aber erheblich nach Entstehen von Fries' *Weg nach Oobliadooh* statt. Diese Hinwendung erfolgte ferner über eine Rekonstruktion des politischen Revolutionärs Jean Paul (Wolfgang Harich)[95]; erst nachdem Jean Paul für den sozialistischen Staat so "hoffähig" gemacht worden war, widerfuhr mit de Bruyns[96] ein-

90. Jean Paul nähert sich gerade hierin frühromantischen Vorstellungen besonders an. Vgl. z.B. die Aufzeichnungen von Novalis: "Menschheit ist eine humoristische Rolle" (*Novalis. Schriften*, Bd. 2, S. 437), und: "Humor ist Resultat einer freyen Vermischung des Bedingten und Unbedingten" (ebd., S. 425).

91. Insbes. in: Georg Lukács, *Fortschritt und Reaktion in der deutschen Literatur*, Berlin 1945, und: Ders., *Skizze einer Geschichte der neueren deutschen Literatur*, O-Berlin 1953.

92. Hermann August Korff, *Geist der Goethezeit*, insbes. III. Teil "Frühromantik", 6. Aufl., Leipzig 1964.

93. *Das Prinzip Hoffnung*, a.a.O.

94. Z.B.: Hans Mayer, *Jean Pauls Nachruhm*, in: Etudes Germaniques 18, 1963.

95. Wolfgang Harich, *Jean Pauls Revolutionsdichtung. Versuch einer neuen Deutung seiner heroischen Romane*, O-Berlin 1974.

96. Günter de Bruyn, *Das Leben des Jean Paul Friedrich Richter*, Halle 1975.

fühlsamer Biographie auch dem Humoristen Jean Paul Gerechtigkeit. Danach nehmen die Berufungen auf Jean Paul zu: Irmtraud Morgner wählt für ihre "Wundersame Reisen" ein Motto aus dem "Wuz"[97], Karl-Heinz Jacobs wählt für seine Sammlung "Phantastische Geschichten" erneut ein Motto aus dem "Giannozzo"[98], Fries selbst kommt in seinem jüngsten Roman *Das Luftschiff* in leitenden Motiven erneut auf den "Giannozzo" zurück.

Mit seiner Hinwendung zu Jean Pauls literarischen Entwürfen und theoretischer Begründung des Humors stellt sich Fries 1966 völlig außerhalb der üblichen Orientierung literarischen Schaffens in der DDR. Denn wenn der DDR-Literatur etwas gemeinsam ist — über lange Zeiträume hinweg und unbeschadet möglicher Unterschiede in der literarischen Qualität —, so ist dies ihre Humorlosigkeit. Dies spricht ihr nicht Komik ab; sie finden wir in dramatischer und erzählender Dichtung genug, da ideologisch gerechtfertigt durch das Schema: Aufhebung des Mißverhältnisses zwischen beschränkter erfahrbarer Wirklichkeit und sicher verbürgtem gesellschaftlich-revolutionären Sinn. Interesse an der Haltung des Humors zeigt an, daß zwar immer noch vom gleichen Mißverhältnis ausgegangen wird, die gesellschaftlich-revolutionäre Sinnerwartung aber an Gewißheit eingebüßt hat. Andere —häufigere — literarische Äußerungen dieser Entwicklung sind eine Hinwendung zur Form des Grotesken (z.B. Heiner Müller)[99], die "Wiederkehr des Tragischen" (z.B. Volker Braun)[100] oder hermetisches Dichten (z.B. Huchel)[101].

97. Irmtraud Morgner, *Die wundersamen Reisen Gustav des Weltfahrers. Lügenhafter Roman mit Kommentaren*, Berlin/Weimar 1972. Als Motto ist gewählt: "Denn da unser Enzyklopädist nie das innere Afrika oder nur einen spanischen Mauleselstall betreten, oder die Einwohner von beiden gesprochen hatte: so hatt' er desto mehr Zeit und Fähigkeit, von beiden und allen Ländern reichhaltige Reisebeschreibung zu liefern...".
98. Karl-Heinz Jakobs, *Fata Morgana. Phantastische Geschichten*, O-Berlin 1977. Als Motto ist (aus der 6. Fahrt des *Giannozzo*) gewählt: "Die Poesie aber muß frei sein und bloße Form, und es muß ihr — wenn man sie nicht, wie einige Teufel von mehr Herz als Kopf, zum Stoff verkörpern will — jede Empfindung, auch die allersittlichste, darzustellen zugelassen sein."
99. Das "Groteske" verstanden als Aufheben der gewohnten Kategorien der Weltorientierung, ohne daß an deren Stelle neue entwickelt würden. Hierzu: Carl Pietzcker, *Das Groteske*, in: DVjs 45, 1971.
100. Hierzu: Heinz-Dieter Weber, *Die Wiederkehr des Tragischen in der Literatur der DDR*, in: Der Deutschunterricht 30, 1978.
101. Vgl. Gerhard Neumann, *Die absolute Metapher*, in: Poetica 3, 1970.

Jean Paul hat zur "vernichtenden Idee des Humors", der er in Giannozzo Gestalt verleiht, ein ambivalentes Verhältnis. Das Lachen solcher Humoristen, wendet er ein, "hätte zu viel Pein"[102], er verurteilt Giannozzos Haltung als "unmöglich", indem er seinen Helden abstürzen läßt. "Wahrlich, ich gedenke deiner, armer Teufel", spricht ihm sein einziger Freund das letzte Geleit nach, damit zugleich das Werk insgesamt beschließend – "Ich denke deiner", spricht Arlecq zu Paasch am Ende ihrer gemeinsamen Geschichte, ehe er sich in die Alltagswelt zurückholen läßt, während Paasch "in Gott" bleibt (231). Jean Pauls Abwehr des Giannozzohaften kann aber nicht nur als Distanznahme gelesen werden[103], sondern auch als Konzession an den Leser, um ihn für die umfassende Weltverneinung der Figur, d.i. Verneinung nicht nur der Adels-, sondern auch der entstehenden bürgerlichen Welt aufnahmebereit zu machen. So verstanden nimmt Jean Paul in den Entwurf der Giannozzo-Position deren Bestrafung mit herein. Auch Fries' Roman schließt nicht eindeutig. Der Ausblick auf Arlecqs Rückkehr in die Gesellschaft, den der Schlußabschnitt gibt, kann als Wiederholung der in den bisherigen drei Teilen durchgespielten Handlungsstruktur gelesen werden, nun auf ihre abstrakteste Form gebracht[104], zuvor aber wird dieser Rückkehr ein Signal der Hoffnung gegeben, wobei allerdings offenbleibt, ob dieses Signal als Erzählerkommentar oder als Wunsch nur einer Figur aufzufassen ist[105].

Der Schluß des Romans bleibt in der Schwebe. Fries verwehrt es, den *Weg nach Oobliadooh* von einem sicheren Ende her nachträglich festzulegen, sei es als Irrweg, als einzig verbleibender Freiraum oder als zuzugestehender Umweg, der letztlich doch zur positiven

102. *Vorschule*, S. 130.
103. Unter diesem Aspekt deutet Jost Hermand das Werk: J.H., *Jean Pauls Seebuch*, in: Euphorion 60, 1966.
104. Als Ausführung des hier nur abstrakt Gegebenen kann die Erzählung *Ich wollte eine Stadt erobern* (mit Arlecq und Anne als Hauptfiguren) gelesen werden (in: F.R.F., *Das nackte Mädchen auf der Straße. Erzählungen*, Frankfurt 1980).
105. Vgl.: "Denn Arlecq, keiner ahnte es, keiner wußte es, hatte ein Mädchen geschwängert, nicht hinter den Dünen am Strand in der hohen Mittagsstunde, nicht eigentlich zufällig (wie Ines überlegte), da Liebe im Spiel war, und wer könnte sich die Folgen ausmalen, von denen Arlecq hier eingeholt wurde, da Liebe im Spiel war" (231). Zuvor (185ff.) ist jedoch schon – in der Weise einer Montage – die sich anbahnende Verbindung zwischen Arlecq und Anne in die gescheiterte Ehe von Paasch und Brigitte gespiegelt worden.

Sozialisation führt. Derartige Festlegung verbietet sich dem Humor als Thema des Romans. Fries übernimmt aber nicht einfach Jean Pauls Muster humoristischer Haltung. Sein Roman entsteht vielmehr daraus und hat darin seinen Sinn, daß er die Bedingungen der Möglichkeit humoristischer Haltung in der geschichtlichen und gesellschaftlichen Situation des real existierenden Sozialismus untersucht. Fries übernimmt nicht einfach eine Fragestellung der Frühromantik, sondern überprüft deren Erschließungskraft für die Gegenwart. Entsprechend kann er als Aufgabe seiner Romanhelden herausstellen, die Wirklichkeit zu erkunden, statt an einem vorherbestimmten Ziel anzukommen[106]. Wenn er sich in diesem Zusammenhang von den "konservativen Romanen Goethes" distanziert und die "artistischen Romane Jean Pauls" als seine Vorbilder benennt[107], bestätigt er ausdrücklich die eingangs dargelegte Abkehr vom Paradigma des realistischen Romans des 19. Jahrhunderts. Fries' Helden erproben die Haltung des Humoristen, der Autor klärt die Bedingungen ihrer Möglichkeit. Als erstes stellt er Nicht-Integration heraus. Aus dieser Sicht erscheint die Frau als große Gefahr, weil Bindeglied zur Gesellschaft, sie steht für Elternschaft, damit Zwang zur Berufsarbeit, Ehealltag, Spießbürgerdasein. Aber das Buch ist nicht frauenfeindlich, es stellt vielmehr die Festlegung der Sexualität auf Fortpflanzung in Frage, die einerseits die Desexualisierung des Körpers mit Ausnahme des genitalen Bereiches und andererseits die repressive Organisation der Triebe durch die "Kultur" hervorgebracht hat. Der organisierten genitalen Sexualität wird die erotisch bestimmte Gemeinschaft entgegengestellt, wobei Eros eine quantitative und qualitative Erweiterung der Sexualität bezeichnet[108], einerseits "regressiv" einen Zustand vor genitaler Organisation der Sexualität reaktivierend, andererseits "progressiv" über das genitale Triebziel hinaus Organismen in ihrer Gesamtheit zum Substrat der Sexualität erhebend[109]. Da Sexualität

---

106. "Jean Paul est plus proche de moi, car la mission qu'il confie à ses héros est d'explorer le monde, et non pas d'arriver à un but préétabli." (Jean Tailleur, *Entretien avec Fritz Rudolf Fries*, in: Lettres Francaises Nr. 1362 du 2. au 8. Decembre 1970.)
    107. Ebd.
    108. Zum "Eros"-Begriff Freuds: Herbert Marcuse, *Triebstruktur und Gesellschaft*, Frankfurt 1969, S. 195ff.
    109. Ebd., S. 202.

im Dienste der Fortpflanzung und deren repressive Sublimierung in Arbeit, insgesamt: "Kulturleistungen" zusammengehören, muß der Gegenentwurf, die erotisch bestimmte Gemeinschaft, als Widerspruch der Sphäre sozialer Nützlichkeit erscheinen. Einem Bild der Gesellschaft als kollektiver Anstrengung, d.i. als arbeitsteiligem Produktionsprozeß, bestimmt durch die Logik von Arbeit und Herrschaft, wird als Gegenmodell die "intime Gemeinschaft" entgegengehalten, die durch Genuß, Geselligkeit und Verstehen begründet wird. Solche Gemeinschaft ist im frühromantischen Freundeskreis vorgelebt, zu dem man anmerken konnte:

> Gegenüber einer Arbeitswelt und einem Leistungsprinzip erhebt sich das Traumbild einer erotisch gesättigten Genossenschaft sich nicht repressiv bildender und reifender "symphilosophierender" Individuen.[110]

In den Entwürfen solcher Gemeinschaft ist der "sentimentalische Stoff" im Sinne der erläuterten Definition des Romantischen durch Friedrich Schlegel gegeben. Der Roman setzt mit einem Fest des Eros ein, mit der den Grenzen der Zeit, des Ortes und der Individualität entrückten Liebe Arlecqs als Roberto und Maria-Dolores' als Isabel, in der sich sinnliche Lust, Spiel und Schönheit durchdringen, mithin die anthropologische, soziologische und erkenntnistheoretische Modifikation des Ästhetischen. Aber dieser Gemeinschaft ist weder Dauer noch Wiederholbarkeit beschieden. Ein resistenterer Gegenentwurf zur Gesellschaft als kollektiver Anstrengung ist der erotisch getönte Männerbund zwischen Arlecq und Paasch[111]. In ihn sind zwei weitere Figuren als "Boten" Oobliadoohs lose integriert. Stanislaus, der Bote aus dem Westen als dem extravertierten Traumland (Durchbrechen des Realitätsprinzips nach außen), "Gott" als Bote aus dem Irrenhaus als introvertiertes Traumland (Durchbrechen des Realitätsprinzips nach innen).

Der erotisch bestimmte Männerbund soll der Nicht-Integration in die Gesellschaft Rückhalt geben. Giannozzo, in dessen Horizont der Roman gestellt wird, verfügt über denselben Rückhalt; seinem "Bruder Graul" alias Leibgeber, dem einzig verbliebenen nicht in

110. Gerd-Klaus Kaltenbrunner, *Revolution und Faulheit*, a.a.O., S. 144.
111. Sexualität im Dienst der Fortpflanzung wird durch ihn abgewehrt: Paaschs Schirm (phallisches) Symbol des Bundes, wird störend bei sich anbahnenden Beziehungen zu Frauen in Erinnerung gebracht (vgl. 69f.); bezeichnenderweise versucht Arlecq, dieses Symbol in die erotische Beziehung zu Isabel zu integrieren (vgl. 21).

Frage gestellten Gesprächspartner, ist das "Seebuch" gewidmet.
Aber wie dort der erotische Männerbund in die Fiktion entrückt
ist — in das fiktive Gespräch des "Seebuchs", zuletzt dann in den
Traum vom vergeblichen Bemühen Giannozzos und Grauls, einander zu umarmen —, so wird auch hier der erotische Männerbund
in seiner Tragfähigkeit als soziales Gegenmodell zunehmend erschüttert. Die Räume, in denen er sich entfaltet, werden als Flucht-
räume ausgewiesen, ihm selbst damit Fluchtcharakter zugesprochen. Die weltabgewandte, innige Gemeinschaft der beiden Freunde im Vorstadtgarten ist als "faunische Spätsommeridylle" (74) in
einer Art Arkadien lokalisiert[112], der Erzähler hat ihr durch die
Kapitelüberschrift "Flucht in den Hintergrund" schon ihren Kommentar mitgegeben. Innige Gemeinschaft und Flucht durchdringen
sich im folgenden weiter. Die Flucht in den Westen intensiviert ihre
Gemeinschaft: sie verlieren ihre Identität, Namen und Gesicht, werden gegenseitig austauschbar, im Zeitungsbericht über ihre Rückkehr
werden erstmals ihre Namen verwechselt (den Namenstausch als
Ausdruck inniger Gemeinschaft finden wir auch bei Jean Pauls erotischen Männerfreundschaften: Leibgeber und Siebenkäs tauschen ihre Namen). Zuletzt wird die erotische Gemeinschaft der Freunde
durch Flucht nach innen zu retten gesucht. Beide regredieren mit der
Einkehr ins Irrenhaus in den verantwortungsfreien Zustand des Kindes, damit zugleich in die Lebensphase vor der Festlegung auf genitale Sexualität. In diesem Zustand wird der Namenstausch bewußt vollzogen, damit der Höhepunkt ihrer intimen Gemeinschaft angezeigt.
Der erotisch bestimmte Männerbund erweist sich aber als sozial
nicht auslebbar; er wird durchkreuzt und aufgehoben durch die
Vaterschaft beider Helden. Der Gegenentwurf gelingt nur punktu-
ell, Sexualität im Dienst der Fortpflanzung und in deren Gefolge
repressive Organisation der Triebe zugunsten von Arbeit und Leistung setzen sich zuletzt durch.

Zur Nicht-Integration in das Arbeitshaus "Gesellschaft" als Bedingung der Möglichkeit humoristischer Haltung bestimmt Fries
als weitere Bedingung die Abwehr von "Biographien nach dem Leben". Paasch gerät durch das Leben, das an seiner Biographie
schreibt, in Bedrängnis, "das nicht gelebte Leben", so kommen-

---

112. Reinigungsriten — das "Salben" mit (Sonnen)-Öl zu Beginn, die
Fußwaschung am Ende — und das Verbannen alles Weiblichen — "Nichts von
Isabel, nichts von Brigitte" (74) — prägen diese Gemeinschaft.

tiert der Erzähler für ihn, "wäre am Ende das ergiebigste" (75). Verweigern sich Paasch die trivialen Lebensfakten seiner Sinnerwartung, so fühlt sich Arlecq durch nicht gelebte, also fiktive Biographien, die Sinngebungen des Lebens "vorschreiben", eingeengt:

[Er] notierte sich nichtgelebte Biographien, um zu sehen, was dann noch übrig bliebe. Also: keine psychologischen Konflikte großen Stils. Die Generationsfrage hatte den Krieg nicht überdauert. Wo gab es den jungen Mann, der sich bildend die Welt bereist. Die jähen Untiefen der Liebe. Die Große Metaphysische Frage. Der Klassenkampf. Der Sturm auf die Barrikaden. Die Apotheose der Fortschrittsgläubigkeit. Und er hat nicht für umsonst sein Leben gegeben. (52)

Statt der trivialen Sinngebungen will Arlecq sich in seinem Roman auf das Faktische beschränken[113]. Gemeinsam ist Paaschs Abwehr des trivialen Lebens zugunsten phantasierter Biographien[114] und Arlecqs Abwehr der trivialen Biographien zugunsten der Lebensfakten das Bemühen, die unwahre Harmonisierung von Lebenslauf und Sinngebung aufzubrechen. Wo er ihr begegnet, seien es auch authentisch verbürgte Geschichten, zeiht Arlecq sie der Trivialität (vgl. 210); Arlecq und Paasch insistieren auf der nicht gesicherten Vermittlung von Lebenslauf und Sinngebung, denn sie eröffnet den "Spielraum" für das Welt-Verlachen des Humoristen. Wo der Druck der "Biographie nach dem Leben" übermächtig wird, versuchen sie, diesen Spielraum durch "Storys" zurückzugewinnen: Erwin-Story ist gegen den unabweisbaren Zwang zur Heirat gerichtet, die Geschichte ihrer Entführung versucht die Nötigung zu unterlaufen, sich nach der aufgegebenen Flucht positiv in das Gesellschaftssystem der DDR einzugliedern, der Anstaltsinsasse mit dem sprechenden Namen "Faulewetter" wird gegen den Sog der Berufsarbeit erfunden. Die "Storys" entwerfen gesellschaftlich sanktionierte Haltungen, damit in ihrem Schutz diesen widersprechendes Verhalten fortgesetzt werden kann[115]. Als Problem dieser Ab-

113. Faktisches, das nur durch ihn, nicht durch vorgängige Sinnentwürfe geprägt ist: "Sein Abdruck auf den Dingen zeigt sein Gesicht, wenn auch in der Starre der Maske. Arlecq im Gehäuse erweist sich als das zutreffende Stichwort" (53).
114. "Seine Biographie nach dem Leben verstimmt ihn, je weiter er damit in die Jahre kommt. Er sollte es besser mit Fantasiestücken versuchen" (75).
115. Dies Prinzip hat Fries in zwei Erzählungen erläutert. In *Überlegungen zum Ritterroman* wird die literarische Erfindung des edlen Ritters als Maske eines heruntergekommenen Rittertums erklärt: "...indem sie fürderhin mor-

wehr von "Biographien nach dem Leben" wird gezeigt, daß sie von dem Druck nur für die Dauer des Spiels befreit. Daher erscheint es konsequent, daß die beiden Helden im letzten Anlauf versuchen, die Spielwelt zu ihrer wirklichen zu machen, d.h. selbst Faulewetter zu werden. Arlecq wird aus dieser Spielwelt zurückgeholt, während es offenbleibt, ob Paasch das entworfene Ende Faulewetters nachlebt.

Nicht-Integration in das Arbeitshaus "Gesellschaft" und Abwehr von "Biographien nach dem Leben" werden als Bedingungen der Möglichkeit humoristischer Haltung aufgewiesen; zugleich aber als nicht tragfähig bestimmt. Anders steht es mit der dritten Bedingung, die der Roman vorstellt, dem Subjektivismus. Es ist ein Gemeinplatz der Frühromantik, die Moderne durch dichterische Subjektivität – im Gegensatz zur Objektivität der antiken Poesie – zu charakterisieren. "Wir haben der romantischen Poesie im Gegensatz zur plastischen die Unendlichkeit des Subjekts zum Spielraum gegeben"[116], resümiert Jean Paul. Das Subjekt hat die postulierte Sinnhaftigkeit der Wirklichkeit aufzuweisen, damit sich der Leitsatz der Poetik Jean Pauls erfülle:

Sie [die Dichtkunst] soll die Wirklichkeit, die einen göttlichen Sinn haben muß, weder vernichten, noch wiederholen, sondern entziffern.[117]

Der Humorist erfüllt das Dechiffrieren eines Sinns durch sein Welt-Verlachen zwar vernichtend, aber, soweit aus der Negation der Verweis auf den Sinn doch noch gelingt, mit dem Verlachten zugleich versöhnend.

Fries führt seinen Humoristen mit ausdrücklichem Hinweis auf dessen subjektives Weltverhalten ein:

[...] Arlecq zieht zu allen Dingen Verbindungen, wirft über alles, was er sieht, hört, schmeckt, das Koordinatensystem seiner Vorstellungskraft. Gitterwerk oder Spinnennetz. Am Ende aber wird es ein Käfig. (20)

---

deten, schändeten, sich mit Eisen Löcher in die Helme und Schädel bohrten, sahen die Leute nach dem guten Ritter aus, von dem sie gelesen." (In: F.R.F., *Das nackte Mädchen auf der Straße*, a.a.O., S. 123). *Ringling in Amerika* entwirft zwei Variationen einer Flucht: in der ersten Geschichte, die mit den Zügen der Wirklichkeitsnähe ausgestattet ist, mißlingt die Flucht; ihr wird eine zweite, phantastische entgegengehalten, in der die Flucht gelingt, weil die Figur alle erwartbaren Verhaltensmuster erfüllt (in: *Das nackte Mädchen...*, a.a.O.).

116. *Vorschule*, S. 124.
117. *Vorschule*, S. 447.

Der drohenden Einschnürung in den eigenen Sinnbezügen wirkt Arlecq durch Hinwenden zu solchen Zuständen entgegen, die eine Fülle von Möglichkeiten offenhalten: das Kind, Abel[118], vor allem aber das schöpferische Tun, das nicht auf Abschluß im Werk drängt, sondern sich mit dem Tätigsein begnügt: Arlecq, an seinem Roman schreibend, von dem der Erzähler betont, daß er nie beendet werden wird[119] (183).

Die Situation der Entzweiung von Welt und Subjekt, Wirklichkeit und Sinn, die der Humor auf seine Weise bewältigt, wird im Roman nicht zurückgenommen, sondern zugespitzt. Die Notwendigkeit humoristischer Haltung bleibt damit bekräftigt. Das Weltbild, das Arlecq und Paasch in der Anstalt entwerfen, ist entsprechend dualistisch. Die Anstalt als Innenwelt mit dem Gehalt von "Bei-sich-sein", "wahres Ich" steht dem gesellschaftlichen Dasein in der Außenwelt mit dem Gehalt von "Außer-sich-sein", "Verzerrung des Ich" entgegen. Spaltung der Person in wahres Ich und dessen Stellvertreter in der Außenwelt wird als allgemein gegeben erkannt. Der Humorist versucht, zwischen beiden Anteilen der Person dadurch zu vermitteln, daß er in den verzerrten Zügen des "Stellvertreters" den gebrochenen Verweis auf das wahre Ich bewahrt. Arlecqs und Paaschs erotische Gemeinschaft mündet in den Entschluß zu solcher Spaltung: "Einer bleibt hier, der andere geht zurück und trägt die Folgen" (226); nach diesem Programm ist der Schluß gestaltet. Nur beim Kind, Abel, auf das sich, wenn auch stets ironisch zurückgenommen, messianische Hoffnungen richten, ist das Verhältnis umgekehrt. Hier wird das wahre Ich in der Welt erkannt und dessen Verzerrung, Kain, als der Welt entrückt. Für solch "idealistische" Lösung der Situation der Entzweiung hat Fries in der Geschichte "Pan Tadeusz" eine weitere Figuration gefunden. Der Fotograf Pan Tadeusz gibt den Menschen ihr wahres Gesicht wieder und behält ihr "wirkliches", das unter der Gewalt der repressiven Außenwelt zerstört worden ist, zurück. Dieser Gabe wegen erscheint er als begnadeter Künstler, gottähnlich[120]. Arlecq und

118. "Ich will gerade nicht behaupten, sagte Arlecq, daß Abel der Fortschritt ist, die neue Generation hinter den Bergen. ... Aber bedenke doch die Möglichkeiten, die da eingeschlossen liegen" (173, vgl. 41).
119. Auf Arlecqs Roman und dessen untergründigen Zusammenhang mit dem vorliegenden Roman wird häufig gewiesen: 13, 52, 57, 91, 187f., 218.
120. Namen sind bei Fries häufig Sinnträger: "Tadeusz" bedeutet "Gottesgabe".

Paasch verfügen nicht über diese Gabe, sie bekräftigen die humoristische Lösung: der Teufel in der Welt verweist auf Gott in der Anstalt, was aber keine "simple Theologie" (226), d.h. kein Gottesbeweis sein soll; denn der Gott, auf den so verwiesen wird, ist nicht sicher. Ist es nicht der Verrückte? Daher hat das Lachen des Humoristen "zu viel Pein", es gleicht, wie Jean Paul sagt, "dem bunten blühenden Gewande der – Guillotinierten"[121]. Die Zweideutigkeit solchen Humors wird verkannt, wo Fries' Roman auf ein "Ergebnis" festzulegen gesucht wird, sei es, daß die Verweigerung gegenüber der Gesellschaft bekräftigt werde, sei es, daß Arlecqs Rückkehr in die Gesellschaft die Versöhnung mit dieser im Sinne der beliebten "Ankunftsromane" vorstelle.

Ist die Frage nach Vermittlung des Dualismus von Welt und Subjekt, Wirklichkeit und Sinn als grundlegende des Romans erkannt, erschließen sich die Nebenfiguren als Alternativen zur humoristischen Lösung. Stanislaus versucht einen Ausgleich im Doppelleben, er beugt sich der repressiven Außenwelt, bewahrt im Innern aber die Möglichkeit der Flucht aus diesem Gesellschaftssystem. Von dem Zeitpunkt an, da er sich diesen "Fluchtraum" abschneidet, versucht er handelnd, Wirklichkeit und Sinn zur Deckung zu bringen, was ihm Verfolgung durch die repressive Gesellschaft einbringt (seine Haft wird mit KZ-Assoziationen bedacht, vgl. 201). Wie Stanislaus' Weg einer Vermittlung des Dualismus wird auch der der beiden Hübners durch ihren Mißerfolg diskreditiert. Der Maler Hübner hat allen Realitätsbezug getilgt, er versteift sich auf seine Innenwelt, die ihm aber nur zur Ausführung der immergleichen Engel-Schablone gerinnt, er gehört, in der Nomenklatur Jean Pauls, zu den "poetischen Nihilisten", die "den Äther in den Äther mit Äther" malen[122]. Frau Hübner dagegen bleibt ganz der Außenwelt verhaftet, die sie im Trivialroman reproduziert, sie gehört, wieder mit Jean Paul gesprochen, zu den "poetischen Materialisten"[123]. Während die bisher genannten Alternativen verworfen werden, bleibt die Möglichkeit "Remann" unentschieden. Eine mögliche "Schwundstufe" des Humoristen wird so offengehalten. Es ist das Doppelleben als Künstler: Unterwerfung unter die Bedin-

---

121. *Vorschule*, S. 130.
122. Ebd., S. 32.
123. Ebd., S. 34ff.

gungen der Außenwelt im unscheinbaren Beruf, gleichzeitig Gestalten der eigenen "Gesichte" als Maler:

Dann...zeigte Remann noch ein paar Zeichenblätter, Aufzeichnungen von Leuchtspuren in den finsteren Zeiten, die da waren und kommen werden, wie es Arlecq kommentiert haben wollte. Vielleicht war Remanns Leben das beste aller möglichen Leben, lernte man es, seinen Gesichten auf den Grund zu sehen. (211)

Ist das Thema des Romans, die Begründung humoristischer Haltung im Hinblick auf die begegnende Wirklichkeit, in der DDR nicht tragbar? Machtgeschützt, d.h. mit Sanktionen verbunden, wurde dies in der DDR bejaht; der Roman konnte nicht erscheinen. Aber auch im Westen wurde dies immer dort bejaht, wo der Roman einer Art "Gegenliteratur" zur DDR-Wirklichkeit zugerechnet wird[124]. Beide Antworten befriedigen nicht, da sie vulgärem Widerspiegelungsdenken verhaftet bleiben. Der Roman bildet sozialistische Wirklichkeit nicht ab, er versucht vielmehr, eine Weise der Verarbeitung begegnender Wirklichkeit zu klären. Alles Lokale, sozial Konkrete hat entsprechend nicht Selbstzweck, sondern ist Material eines Problemlösungsspiels, der Zeit wohl entliehene, aber ihr nicht verhaftete Ausführung von Schemata (Innenwelt — Außenwelt, poetische Wirklichkeit — Alltag, Künstlertum — Philistertum), deren mögliche Vermittlung zur Debatte steht. Zu wenig ist bisher beachtet worden, wie nachdrücklich die Welt des Romans in ihrer Abbildlichkeit immer wieder negiert wird. Stattdessen wird der Spielcharakter des Romans herausgestellt. Auf der Ebene der Handlung im Entwurf von Figuren, die mit dem, was als Wirklichkeit begegnet, spielen, auf der Ebene des Erzählens einmal durch Potenzieren der Fiktion (es bleibt offen, ob der Roman jenes Werk ist, an dem Arlecq schreibt), vor allem aber durch Ableiten der Helden aus bekannten Kunstfiguren. Ihre Namen weisen auf die commedia dell' arte; in deren Licht ist ihr Spiel, das sie in und mit der DDR-Wirklichkeit treiben, ein Ausfüllen vorgegebener Handlungsschemata mit dem jeweils aktuellen Zeit- und Lokalkolorit. In Arlecq und Paasch kehren die beiden Dienergestalten (Zani) der commedia dell'arte wieder: in Arlecq der Arlecchino (vgl. 54) oder Harlekin, in Paasch der Pasquariello (als eine Sonderform des Brighella). Auch der "Capitano", der schwadronierende Kriegsheld,

---

124. Z.B.: Konrad Franke, *Die Literatur der Deutschen Demokratischen Republik*, Neubearb. Ausgabe, München 1974, S. 455.

fehl nicht. Es ist der Zimmerwirt Paaschs, der Major a.D. Der
Roman läßt sich jederzeit auch als furioses Spiel der beiden Zani
lesen, die ihre Lazzi anbringen, schlagfertige Antworten, Witze, Parodien, Satiren, pathetisch und clownesk, derb und maniriert (viele
Stile sich aneigenend, Kafka und Joyce, Grass und Jean Paul). Im
entfesselten Spiel der commedia dell'arte als Fluchtpunkt des Romans wird jene "fantastische Form" aus Schlegels Definition des
Romantischen erkennbar. Die romantische Selbstreflexion der Poesie wiederum, als einer Poesie der Poesie, ist darin erfüllt, daß der
Roman die Möglichkeit der Gründung seiner Spielwelt im Humor
selbst befragt. Angesichts der Humorlosigkeit der DDR-Literatur
fällt diese Frage allerdings aus dem Rahmen. Nicht weil er eine un-
tragbare Antwort gäbe, sondern weil er eine ungewöhnliche Frage
ausarbeitet, hat der Roman wenig Verständnis gefunden. Unbeachtet blieb daher auch die feine, speziell literaturgeschichtliche Ironie, die ihn durchzieht. Fries führt die Harlekinfigur wieder ein –
in einem Spiel, das im wesentlichen in Leipzig und damit in jener
Stadt angesiedelt ist, in der 230 Jahre zuvor (1737) in einem anderen Spiel, veranstaltet von der Neuberin im Bunde mit Gottsched,
Harlekin öffentlich vertrieben wurde. Seither fehlen im Antlitz der
deutschen Aufklärung die Züge der Lust, der Sinnlichkeit und der
Freude, trägt diese ihr deutsches, grüblerisch-ernstes Gesicht. Nicht
zufällig ist auch ein zweiter Zani – der Fries' Roman gleichfalls
Pate gestanden hat – negativ auf die Stadt Leipzig fixiert. Giannozzo, sein Name leitet sich, wie die "Zani", von "Giovanni" ab[125],
der Humorist Giannozzo also beginnt seine erste Fahrt damit, daß
er sich aus Leipzig in den Himmel verfügt. Der Stoßseufzer, der
sich ihm dabei entringt, ist seinen Nachfahren Arlecq und Paasch
nicht fremd:

> Aber ich strecke meine Arme (an meinem innern Menschen und neuen
> Adam hängen beide) Dank-betend gegen dich aus, göttliche Sonne, und
> danke dir, daß ich dir näher bin und ferner von den Menschen, sowohl von
> den Sachsen als von allen andern![126]

Ulrich Plenzdorf, *Die neuen Leiden des jungen W.*

Christa Wolf stellt die Gewißheit des Ich als Bewußtsein und
damit die Erschließungskraft des Themas "Selbstverwirklichung"

---

125. Der fiktive Herausgeber des *Seebuchs* merkt zum Namen an: "Giannozzo heißet der große Hans, Giannino Hänschen" (*Seebuch*, S. 969).
126. *Seebuch*, S. 931.

in Frage. Fritz Rudolf Fries wird die Begründung des Ich durch Arbeit, die Vorstellung also, daß die schaffende Umgestaltung der Welt zum geglückten Selbstsein führe, zum Problem. Er versucht eine "Rettung" des Ich in der "vernichtenden Idee des Humors"[127]. Wie weit er sich damit vom gewohnten Paradigma des Romans entfernt hat, in dessen Zentrum der Handlung Arbeit, die "Mühe" der Entgegensetzung von Ich und Welt steht, zeigt ein Vergleich mit einem themenverwandten, in der DDR wie der BRD aber ungleich erfolgreicheren Text[128], Ulrich Plenzdorfs *Die neuen Leiden des jungen W.* Die Wahl der Vorbilder läßt die Grundfigur durchscheinen. Hatte sich Fries in bewußter Abkehr von den "konservativen Romanen Goethes"[129] Jean Paul zugewandt, so gelingt Plenzdorf die lebendige Aneignung eines Goethe-Romans.

Plenzdorf ist ein Text von großer integrierender Kraft geglückt. Das Spektrum begeisterter Leser reicht vom Blue-Jeans-seligen Jugendlichen, der sich bewußtlos identifiziert, bis zum Literaturwissenschaftler oder Philosophen, der für seine Theoriegebäude neue Materialien findet, gleichzeitig vom Opponenten des gegebenen sozialen Systems zu dessen Befürworter. Ermöglicht wird diese Integration durch eine besondere Kongruenz von Handlung und Diskurs. Der Text, der auf der Handlungsebene mit der Geschichte des "Aussteigers" (41)[130] um Verständnis für Verweigerung gegenüber eingeschliffenen gesellschaftlichen Erwartungen wirbt, ist auf der Diskursebene gleichzeitig ein Text über das Verstehen, insofern er den Erzählvorgang als produktives Aneignen eines zunächst gänzlich fremd erscheinenden Textes entfaltet. Die Erzählung führt einen hermeneutischen Prozeß vor und zieht den Leser dabei in einen gleichgerichteten hermeneutischen Prozeß hinein – fast unvermeidlich, daß sie damit zum Paradigma hermeneutischer Prozesse aufrückt[131].

127. Vgl. Freud: "Das Großartige [des Humors] liegt offenbar im Triumph des Narzißmus, in der siegreich behaupteten Unverletzlichkeit des Ichs." (Sigmund Freud, *Der Humor*, in: *Studienausgabe*, Bd. 4, S. 278).
128. Die Schwierigkeit, das Werk in die restringierte literarische Öffentlichkeit der DDR zu integrieren, dokumentieren die Diskussionen und Rezensionen in: Sinn und Form 25, 1973.
129. Jean Tailleur, *Entretien avec Fritz Rudolf Fries*, s. Anm. 106.
130. Zitate und Seitenangaben nach: Ulrich Plenzdorf, *Die neuen Leiden des jungen W.*, Frankfurt 1980 (suhrkamp tb 300).
131. Z.B.: Hans-Robert Jauß, *Klassik – wieder modern?*, in: Der Deutschunterricht 30, 1978.

Der Held steht zuerst verständnislos vor dem Selbst- und Weltbild der überkommenen literarischen Figur. Dann lernt er, mit dieser seine Situation auszudrücken, das alte Werk scheint eigens für
ihn geschrieben[132]. Durch "Werther" gelingt ihm ein Objektivieren der eigenen Situation, damit Selbstbewußtwerden, was fortschreitend dann aber auch Bestimmen der Unterschiede, Anerkennen des je eigenen von Gegenwart und Vergangenheit ermöglicht.
Mit dem dargestellten hermeneutischen Prozeß befriedigt der Text
aber nicht nur theoretische Interessen, sondern auch praktische. Er
bereitet den Boden für ein neues Verständnis der beiden Positionen, die er im "hermeneutischen Gespräch"[133] einander zugeführt
hat. Verständnis also einmal für das "humanistische Erbe", das aus
seiner musealen Erstarrung zu neuer Lebendigkeit befreit wird,
womit die Erzählung die Hüter der "kulturellen Werte", die in der
Regel identisch sind mit den Subjekten der Sozialisation, für sich
einnimmt. Zum andern wirbt die Erzählung aber auch um Verständnis für die Objekte der Sozialisation, die Jugendlichen in einer verkrusteten Gesellschaft. Sie verleiht deren Sehnsüchten, Ängs-
ten und Freuden eine Sprache, macht sie öffentlich und nimmt
sie ernst.

Die vielfältigen Brechungsfiguren, die sich aus dem Ineinander-
spiegeln von Handlung und Diskurs ergeben, haben die Interpreten

132. Über die Analogie der Geschichte Edgars zu jener Werthers vgl. Jauß,
a.a.O., S. 47: "...eine abbruchreife Wohnlaube der 'Kolonie Paradies II' statt
der 'paradiesischen Gegend' von Werther — das sich verkannt fühlende Genie,
das als Maler dilettiert und an 'einem' Buch, gleichviel ob Salinger oder Homer, sein Genügen findet — die Begegnung mit Charlie, die als Kindergärtnerin
wie Lotte stets von einer kleinen Schar umgeben ist — die Eifersucht auf ihren
Verlobten, der an Biederkeit und Pflichteifer dem vernünftigen Albert nicht
nachsteht — das Wiedereinsteigen in die gesellschaftliche Aktivität, die bei der
Arbeitsbrigade auf dem Bau so wenig zur Versöhnung mit der Gesellschaft
führt wie Werthers Episode beim Gesandten — die lang verzögerte Umarmung,
zwar nicht durch eine Ossianlektüre, dafür aber durch eine Motorbootfahrt in
ossianischer Szenerie ausgelöst — der traurige Ausgang, mit dem hier wie dort
die Zerstörung des Idylls, sei es durch eine Überschwemmung bei Goethe, sei
es durch die Planierraupe bei Plenzdorf, einhergeht — und am Ende das 'Gefühl der Freiheit...daß er diesen Kerker verlassen kann, wann er will'...".
133. Zum Gespräch als Modellsituation der Hermeneutik: Hans-Georg Ga-
damer, *Wahrheit und Methode*, 2. Aufl., Tübingen 1965, S. 350ff.

besonders herausgefordert[134] und werden zu weiteren scharfsinnigen Analysen Gelegenheit geben. Statt einer solchen wird hier nur nach dem Paradigma des Romans gefragt, dem der Text folgt. Plenzdorfs Erzählung teilt mit Fries' Roman die Ausgangssituation. Indem sie sich nicht auf den klassischen, sondern auf den Sturm-und-Drang-Goethe beruft, wird die Situation der Entzweiung von Welt und Ich, von Wirklichkeit und Sinn mit aller Schärfe gesetzt. Die Bewältigung dieser Situation erfolgt aber auf einem vom zitierten Werk des Sturm und Drang getrennten Weg. Er ist gleichzeitig auch von den frühromantischen Bewältigungsversuchen, auf die Fries zurückgreift, geschieden.

Auf den ersten Blick erscheint der Subjektivismus in den "Neuen Leiden" gegenüber dem "Werther" entschiedener. Die Ich-Perspektive des Erzählens wird durchgehalten, während Goethe ihr bekanntlich im Herausgeber ein Gegengewicht gegeben hat. Die durchgehaltene Ich-Perspektive ist allerdings erkauft mit einer Spaltung des Ich in die erzählte Figur und den aus dem "Jenseits" berichtenden, weise gewordenen Erzähler. Die Unbedingtheit des Anspruchs auf Selbstsein ist damit von vornherein gemildert. Der Versuch, mit Hilfe von Literatur eine eigene Welt aufzubauen, scheint analog entschärft. Werther greift zu Werken (Homer, Os-

---

134. Adelheid Schumann, *U.P. "Die neuen Leiden des jungen W."* Versuche einer linguistisch-pragmatischen Interpretation, in: Recherches germaniques 4, 1974; Gerd Labroisse, *Überlegungen zur Interpretationsproblematik von DDR-Literatur an Hand von P.s "Die neuen Leiden des jungen W."* in: Amsterdamer Beiträge zur neueren Germanistik 4, 1975; Götz Großklaus, *West-östliches Unbehagen. Literarische Gesellschaftskritik in U.P.s "Die neuen Leiden des jungen W."* und *Peter Schneiders "Lenz"*, in: Basis 5, 1975; Aleksander Flaker, *Modelle der Jeans-Prosa. Zur literarischen Opposition bei P. im osteuropäischen Romankontext*, Kronberg 1975; Peter Wapnewski, *Zweihundert Jahre Werthers Leiden*, in: Merkur, 1975; Franz Waiblinger, *Die "Werther"-Zitate in P.s "Die neuen Leiden des jungen W."* in: Poetica 8, 1976; Ilse H. Reis, *U.P.s Gegen-Entwurf zu Goethes Werther*, Bern/München 1977; Bernhard Gajek, *Gegenwart und Geschichte in der Literatur. Zur Diskussion um U.P.s "Die neuen Leiden des jungen W."*, in: Geist und Zeichen, hg. von Herbert Anton u.a., Heidelberg 1977; Edwin Klien, *Die literarische Gestaltung der Adoleszenz in U.P.s "Die neuen Leiden des jungen W."*, Diss. Innsbruck 1977; Gerhard Kluge, *P.s neuer Werther – ein Schelm?*, in: Gerd Labroisse (Hg.), *Zur Literatur und Literaturwissenschaft der DDR*, Amsterdam 1978; Jürgen Scharfschwerdt, *Werther in der DDR. Bürgerliches Erbe zwischen sozialistischer Kulturpolitik und gesellschaftlicher Realität*, in: Jahrbuch der Deutschen Schillergesellschaft 22, 1978.

sian), die auf einen Zustand vor der Geschichte verweisen, die literarisierte Welt soll ein Heraustreten aus der Geschichte ermöglichen. Edgars literarische Anleihen ("Werther", "Der Fänger im Roggen") führen in individuelle geschichtliche Zustände ein, fördern entsprechend das Anerkennen geschichtlicher Vermittlungen. Objektivation des Selbstseins in der Sprache wird Werther zum unauflösbaren Widerspruch. Je mehr er *sich* auszudrücken vermag, um so weniger kann er sich mitteilen. Die kommunikative Fähigkeit der Sprache geht ihm verloren. Demgegenüber kann Edgar immer reden; auf der Ebene der Handlung: weil er sich mit der Sprache eines anderen identifiziert; auf der Ebene des Diskurses: weil er von einer gesellschaftlich akzeptierten Position der Übersicht aus erzählt. In der Sprache kann Edgar das beanspruchte Selbstsein weder begründen noch verwirklichen, damit auch nicht in der Literatur oder in der Liebe. Ein anderer Weg der Selbstbestimmung und Selbstbestätigung wird entsprechend wesentlich, die Arbeit. Nach dem Versuch beim Gesandten verzichtet Werther auf Aktivität. Sie wäre Verrat an seinem besseren Ich. Weil er sich zu den Besten rechnet, fügt er sich nicht in Ordnungen ein, die seine Fähigkeiten verkümmern lassen. Edgar will demgegenüber aus Arbeitserfolgen seinen Ich-Anspruch begründen und bestärken.

Plenzdorf stellt einen "leidenschaftlichen Jüngling" vor, der zum abgeklärten Leser wird, wie ihn Goethe sich wünscht[135]. Edgar beherzigt jene Mahnung, "Sei ein Mann und folge mir nicht nach", die Goethe der zweiten Auflage des "Werther" von 1775 mitgegeben hat[136]. Der Held "ermannt" sich, was immer gleichbedeutend ist mit Tätigwerden, Anerkennen des Prinzips, das die eigenen Leiden verursacht hat. Statt "sein Herzchen zu halten wie ein krankes Kind", ihm "jeden Willen zu gestatten"[137], verfällt er dem Leistungsdenken, den Prinzipien von Kampf und Herrschaft. Seine Mitmenschen sollen geschlagen stehen vor seiner Erfindung.

135. Vgl. Goethe an Kästner (2.5.1783): "...Ich habe in ruhigen Stunden meinen Werther wieder vorgenommen und denke, ohne Hand an das zu legen, was so viel Sensation gemacht hat, ihn noch einige Stufen höher zu schrauben. Dabey war unter andern meine Intention Alberten so zu stellen, daß ihn wohl der leidenschaftliche Jüngling, aber doch der Leser nicht verkennt." (*Goethes Briefe*, Hamburger Ausgabe, Bd. 1, Hamburg 1962, S. 425).
136. Abgedruckt in: *Goethes Werke*, Hamburger Ausgabe, Bd. 6, Hamburg 1951, S. 528.
137. "Brief vom 13. Mai", in: Hamburger Ausgabe, a.a.O., S. 10.

Nicht der "weiche" Eros, sondern Prometheus, der Werkzeuge schafft, damit die Erde dem Menschen untertan werde, wird zuletzt als Leitfigur durchsichtig. *Die neuen Leiden des jungen W.* folgen dem tradierten Paradigma des realistischen Romans des 19. Jahrhunderts. Arbeit, Entgegensetzung von Ich und Welt stehen im Zentrum der Handlung. Durch Anleihe bei einem Roman des Sturm und Drang, der dieser Orientierung widerspricht, gelingt es, dem überkommenen Paradigma neue lebendige Formen zu schaffen. So bleibt es weiterhin annehmbar.

Erfolgte Fries' Neubegründung des Humors in Erneuerung der frühromantischen Tradition des Romans, so ist Plenzdorfs Erzählung demgegenüber als "klassizistisch" zu bezeichnen[138]. Sie entschärft eine Fragestellung, die die Grundlagen der Fragenden einst erschüttert hat, zu einer stabilisierenden und darum "vorbildlichen" Antwort. Plenzdorf beruft einen Sturm-und-Drang-Werther aus der Perspektive des Eckermann-Goethe, der zum Prinzip "Arbeit", "progressive Entzweiung von Ich und Welt", keine Alternative anerkennt und daher die einstmals kompromißlos gestaltete Entzweiung nun entwicklungspsychologisch zum Durchgangsstadium in der Entwicklung eines jeden Heranwachsenden umdeutet:

> Die vielbesprochene Wertherzeit gehört...freilich nicht dem Gange der Weltkultur an, sondern dem Lebensgange jedes einzelnen, der mit angeborenem freien Natursinn sich in die beschränkenden Formen einer veralteten Welt finden und schicken lernen soll. Gehindertes Glück, gehemmte Tätigkeit, unbefriedigte Wünsche, sind nicht Gebrechen einer besonderen Zeit, sondern jedes einzelnen Menschen, und es müßte schlimm sein, wenn nicht jeder einmal in seinem Leben eine Epoche haben sollte, wo ihm der Werther käme, als wäre er bloß für ihn geschrieben.[139]

Dem Klassizismus der "Neuen Leiden" entspricht die kontrollierte kathartische Wirkung, auf die das Werk angelegt ist. In der Identifikation mit dem Helden erlaubt es Ausleben des Protestes und des Freiheitsverlangens seiner Leser, die "vernünftige" Position des Erzählers steht jedoch für die "Reinigung" von diesen Affekten ein:

---

138. Eine vergleichbare Haltung zur Klassik hat Peter Hacks begründet: Peter Hacks, *Versuch über das Theaterstück von morgen*, in P.H., *Das Poetische*, Frankfurt 1972, S. 40ff.

139. Johann Peter Eckermann, *Gespräche mit Goethe*, hg. von H.H. Houben, Wiesbaden 1959, S. 412 (Eintragung vom 2.1.1824).

[...] dies ist die Geschichte eines Ausreißers, aber doch nicht eines Ausreißers aus dem Sozialismus.[140]

IV

Johannes Bobrowski, *Litauische Claviere*

Das Prinzip der Herrschaft im Bearbeiten der Natur wie im geschichtlichen Handeln ist in dichotomischen Konzepten der Stellung des Menschen in Natur und Geschichte (Subjekt-Objekt-Spaltung, Polarität von Individuum und Gesellschaft) gedeutet. In Bobrowskis Roman *Litauische Claviere* wird der Versuch unternommen, solche Konzepte zu überwinden.

Viel ist zum Verständnis des Romans gewonnen, wenn erfaßt wird, daß seine Struktur nicht dichotomisch ist, sondern triadisch[141]. Beginnen wir mit den R ä u m e n. Drei Gruppen lassen sich unterscheiden; einmal Stadt und Dorf, beide von gesellschaftlichen Gegensätzen zerrissen, dann Festplätze als Orte der Gemeinschaftsbildung und Gemeinschaftserfahrung, zuletzt ein imaginärer Ort, von dem der Erzähler "Gesichte" ausgehen läßt. B e v ö l k e r t sind die Räume einerseits von Deutschen bzw. diesen sich zugehörig Fühlenden. Diese Gruppe bringt Streit, Kampf, Herrschaft und Unterdrückung mit sich, sie repräsentiert geschichtliches Dasein als Entzweiung (Prototyp: der Anführer der deutschen Partei im Memelland, "Neumann...mit seinen Spießgesellen" (28)[142]). Bevölkert sind die Räume andererseits von Litauern, die in einem im-

140. Robert Weimann, *Goethe in der Figurenperspektive*, in: Sinn und Form 25, 1973, S. 222.
141. Die vorliegenden Interpretationen gehen von anderen Prämissen aus: Heinrich Bosse, *Johannes Bobrowski/Litauische Claviere*, in: Neue Rundschau 78, 1967; Hubert Ohl, *Johannes Bobrowskis Roman "Litauische Claviere". Struktur und Thematik*, in: *Revolte und Experiment*, hg. von Wolfgang Paulsen, Heidelberg 1972; Ada Beresina, *Johannes Bobrowskis Roman "Litauische Claviere"*, in: Weimarer Beiträge 20, 1974; Gerhard Wolf, *Litauische Claviere. Improvisationen über ein Thema und seine Variationen bei Johannes Bobrowski*, in: *Johannes Bobrowski. Selbstzeugnisse und neue Beiträge über sein Werk*, hg. von Gerhard Rostin u.a. (abgekürzt: *Selbstzeugnisse*), Stuttgart 1976; Bernhard Gajek, *Einführung in Johannes Bobrowskis Dichtung*, in: B.G., Eberhard Haufe, *Johannes Bobrowski. Chronik, Einführung, Bibliographie*, Frankfurt 1977.
142. Zitate und Seitenangaben nach: Johannes Bobrowski, *Litauische Claviere*, München 1970 (dtv 695).

mergleichen geschichtsfernen Dasein der Symbiose mit der umru-
henden Natur gezeigt werden (Prototyp: der Seefahrer und Bauer
Indra, 5. Kap.). Herausgehoben aus beiden Gruppen sind kunstsin-
nige Vermittler zwischen Deutschen und Litauern; sie geben eine
dritte Gruppe ab, die in sich nochmals nach der Struktur der Triade
aufgebaut ist: der Professor Voigt aus Deutschland, der sich um litauische Kultur bemüht und sie den Deutschen nahezubringen
sucht; dann der Lehrer Potschka aus Litauen, der den Kindern in
den deutschsprachigen Schulen des Memellandes die litauische
Sprache lehrt, die zumeist die "Muttersprache" dieser Kinder ist;
zuletzt die historisch verbürgte Gestalt des Donelaitis. Er lebte von
1714 bis 1780, war ein litauischer Pfarrer, in Deutschland ausgebildet, wirkte in einem preußischen Dorf litauischer Zunge (Tol-
minkehmen) von 1743 bis 1780, predigte seiner Gemeinde deutsch
wie litauisch, verfaßte Dichtungen in litauischer Sprache, die ihrem
Anspruch nach (Idyllen in Hexametern) nur von der gebildeten
Schicht, das aber hieß in diesem Raum: von den Deutschen, hätten
aufgenommen werden können.

Triadisch sind nicht nur große Gruppen, sondern auch kleinste
Einheiten strukturiert, so z.B. die Festplätze, die, wie oben erläutert, selbst nur Teil einer Triade sind. Die Deutschen, gesellschaftliches Dasein repräsentierend, haben ihren Festplatz im Gasthaus,
die Litauer, einem geschichtsfernen, natürlichen Dasein zugeordnet,
haben ihren Festplatz auf einem Berg, in einer Natur, die noch ma-
gische Züge trägt (auf der Kuppe des Berges befindet sich ein Op-
ferstein), zwischen beiden Festplätzen — sie sind getrennt durch
"200 Meter Wiese" (25) — pendelt der Vermittler Voigt.

Die Vermittlungsfiguren verbinden die Räume zu einem Handlungszusammenhang. Voigt fährt aus der Grenzstadt Tilsit in das
memelländische Dorf Wilkischken, um den dort wirkenden Potschka für die gemeinschaftliche Arbeit an einem Werk der Vermittlung, einer Oper über die Gestalt des Donelaitis, zu gewinnen. Die
Fahrt und das Zusammentreffen geschehen in einer politisch ge-
spannten Zeit: 1936. Das Memelland, in dem die Handlung spielt,
war nach dem ersten Weltkrieg unter alliierte Verwaltung gestellt
worden, 1923 wurde es von dem nationalistischen Litauen annek-
tiert, 1924 wurde die Annexion durch ein Abkommen entschärft,
das dem Memelland Autonomie unter litauischer Oberhoheit zusi-
cherte, 1936 war die Agitation von deutscher Seite schon voll im
Gange, die im März 1939 mit der Annexion des Gebietes durch das

faschistische Deutschland besiegelt wurde. Wie die Räume und deren Bevölkerung sind auch die Z e i t v e r h ä l t n i s s e nach dem Prinzip der Triade gestaltet. Der Roman beruft einmal geschichtliche Zeit, die Johannisnacht 1936 und den ihr vorausgehenden wie den ihr folgenden Tag, dann das zeitlose Dasein eines mit der Natur verbunden lebenden Volkes, zuletzt, im Andenken des Donelaitis, einen anderen Johannistag, der zur "wahren Zeit" erhöht ist. Auch die drei Feste, die im Roman geschildert werden, haben diesen Zeitsinn. Die im Luisenbund vereinigten Deutschen feiern das geschichtliche Faktum des Zusammentreffens der preußischen Königin Luise mit Napoleon, die Litauer mit ihrem Vytautasbund feiern den zeitlos gegenwärtigen Traum von einem groß-litauischen Reich, Voigt und Potschka aber sind auf eine zukünftige Feier gerichtet: die Donelaitis-Oper, die der geschichtlichen Zerrissenheit wie dem geschichtlichen Traum in Berufung auf das Wirken des Donelaitis "erfüllte Geschichte" entgegenstellen soll.

Das triadische Strukturprinzip des Romans besagt in seiner abstraktesten Formulierung: eine Position der Spaltung und eine Position der Einheit werden gegenübergestellt, dann wird eine Position der Vermittlung beider entwickelt. Letztere zieht das größte Interesse auf sich; denn in ihr ist die Bewältigung im Hinblick auf erfahrene Wirklichkeit gegeben, die der Roman leistet. Was für einen Charakter hat die Vermittlung — sie als "dialektisch" zu bezeichnen, verstellt die Einsicht in den Roman eher, als daß es sie fördert —, was für Träger einer Vermittlung werden bestimmt? Im ausführlicheren Eingehen auf die leitenden Personen des Romans und deren Stellung zum "Fluchtpunkt" Donelaitis und weiter dann auf die Gliederung der Handlung wird eine Antwort auf diese Fragen möglich sein.

Beginnen wir mit der Figur des V o i g t. Er repräsentiert im Roman den Pol der Spaltung. Als Angehöriger der Deutschen, die mit der Konnotation "Streit, Herrschaft, Unterdrückung" versehen sind, steht er — obwohl das friedliche Miteinanderleben auf der Basis gegenseitigen Verstehens wünschend — in den politischen Kämpfen der Zeit, selbst Partei ergreifend, Freund und Feind damit scheidend. Zur litauischen Kultur hat er die Haltung des Forschers, der getrennt ist von seinem Gegenstand. Spaltung zwischen erkennendem oder schaffendem Subjekt und Objekt der Erkenntnis bzw. des Schaffens sind für ihn charakteristisch. Zweimal werden dieser Haltung gegenüber von anderen Figuren des Romans Bedenken geäußert:

Gawehn ist noch nicht überzeugt. Er kennt diesen Ton aus der Deutsch-Litauischen Gesellschaft, die eine Geschichte hat, brave Philologengeschichte aus dem vorigen Jahrhundert, mit Wurzeln im vorvorigen und noch weiter zurück, jetzt aber nur in den Köpfen und Meinungen des Professors Voigt, des Professors Storost, des Professors Kurschat, des Geheimrats Bezzenberger und anderer Herren existiert, oder in ihren Schriften, falls sie gestorben sind inzwischen, es tut nicht sehr viel zur Sache. Und er weiß schon das nächste, was unweigerlich folgt, als eine Schürze, die sich die Herren umbinden, für dieses Geschäft, obwohl Geschäft vielleicht eine zu schnöde Vokabel ist, für diese Neigung also: Ein unwiderruflich untergehendes Volkstum, um das es schade ist, die Zurückdrängung geschieht von Süden nach Norden, eine aussterbende Sprache von größter Schönheit, eine Volkspoesie von höchstem Reichtum, schon Goethe und Herder — — (11f., vgl. 73ff.)

Zur Perspektivgestalt Donelaitis hat Voigt das vergegenständlichende Verhältnis des Philologen. Er schreibt das Libretto zu einer Oper ü b e r Donelaitis. Das Projekt bleibt angesichts der politischen Verhältnisse zutiefst in Frage gestellt, auf eine sehr ungewisse Hoffnung (vgl. 76) gegründet:

Diese Oper. Wer wird sie aufführen wollen? Oder können, jetzt, in Deutschland? Und in Litauen, wie stünde es damit? Das sieht doch alles, hüben wie drüben, sehr ähnlich aus. (77)

Der Voigt-Aspekt kehrt in der Donelaitis-Gestalt, die im dritten Teil des Romans (Kap. 7-9) berufen wird, dort wieder, wo Donelaitis als einer gezeigt wird, der in den politischen und sozialen Auseinandersetzungen seiner Zeit Partei ergreift, der den Streit mit den Herrschenden nicht scheut im Unterschied zu seinen schwachmütigen Pfarrerskollegen.

Von der Zeit-Trias, die zu Beginn des siebten Kapitels entworfen wird, ist die Voigt-Gestalt der Vergangenheit zuzuordnen; Voigts Wirkungsfeld ist entsprechend die Geschichte. Die Vergangenheit aber, so der Entwurf der Zeit-Trias, ist "abgeschlossen, abgetan... erkennbar vielleicht in leblosen Gegenständen" (104). Der Bezug zur Welt, den die Voigt-Gestalt repräsentiert, ist vermittelt durch "Kopf" und "Schrift" (12), er äußert sich entsprechend in Bewußtsein (das durch Subjekt-Objekt-Spaltung erst möglich wird) und Sprache. Als Kulturhistoriker steht Voigt für "intellektuelle", als in den Kämpfen der Zeit Partei Ergreifender, richtiges von falschem Verhalten scheidend, steht er für "moralische" Verhältnisse.

Das Problem dieser Position ist aber das, was sie zugleich konstituiert, die Spaltung. Die Sprache erreicht die vergegenständlichte
Vergangenheit nicht; denn diese ist "nicht mehr zu rufen, weil ohne Gehör" (104).

Die Figur des P o t s c h k a ist in allem der Gegensatz zur
Voigt-Gestalt. Potschka repräsentiert im Roman den Pol der Ein-
heit, des innigen Zusammenhangs. Als Angehöriger der Litauer –
"kein solcher Litauer, sondern ein solcher, nämlich kein Tautynin-
kas" (11) –, die mit den Konnotationen "Naturverbundenheit,
Geschichtsferne" versehen sind, hält er sich aus den Kämpfen der
Zeit heraus. Sein Verhältnis zur Welt ist das der Liebe: Liebe zum
Volk, dem er als Volksschullehrer nahe ist, Liebe zur Sprache, er
ist "Linguist aus Neigung" (11), also nicht, wie offenbar Voigt, aus
Profession, Liebe auch im Bereich des Politischen. Seine Geliebte
gehört der Gruppe der Deutschen im Memelgebiet an. Ihren Ort
hat diese Liebe stets in der Natur. Dort verkörpern die Liebenden
die Möglichkeit der Einheit gegenüber einem in Kämpfen zerrissenen Feld der Geschichte. Mit Liebe als Weltverhältnis verbunden
ist Unmittelbarkeit. Potschka sammelt nicht nur litauische Lieder,
sondern lebt sie auch: was er singt, hat er unmittelbar erlebt (vgl.
52f.). Die Gestalt des Donelaitis ist entsprechend für ihn nicht vergangen, sondern lebendige Gegenwart (vgl. 92); die Gestalten aus
Donelaitis' Werk leben für ihn alle noch (92), was umgekehrt auch
heißt, daß er in der Welt Donelaitis' lebt. Der Potschka-Aspekt in
der Vergegenwärtigung des Donelaitis im dritten Teil des Romans
ist entsprechend darin gegeben, daß Donelaitis bei einem Hoch-
zeitsfest gezeigt wird, bei dem alle die Gestalten auftreten, die für
Potschka zeitlos gegenwärtig sind (Kap. 8).

Von der genannten Zeit-Trias ist die Potschka-Gestalt der Gegenwart zuzuordnen. Ihr Bezug zur Welt ist vermittelt durch den
Körper, allgemein: durch die Sinne (Potschka spricht zu seiner Geliebten mit den Händen (52), zum Volk durch Gesang: vorgestellt
wird er als "ein Mensch, der singt –, immer eine Freude" (23, vgl.
52f.)). Die Sprache des Körpers ist unmittelbar, daher im strengen
Sinne des Wortes gerade keine Sprache; sie ist, vom Sprechenden
aus bestimmt, "Rede ohne Mund", vom Hörenden aus: "Gehör
ohne Ohr" (52). Der Vermittlung durch den Körper verpflichtet,
steht Potschka für die "physischen" Verhältnisse, die durch Einheit und Gegenwart bestimmt sind. Als Problem dieser Position ist

wieder herausgestellt, was sie zugleich konstituiert: ihre Unmittelbarkeit:

Das Gegenwärtige? Das schon immer, indem es bemerkt wurde, abgeschlossen ist, vergangen, Vergangenheit geworden. (104)

Die Gegenwart wird nur bemerkt, wenn sie Vergangenheit geworden ist, was heißt, es gibt von ihr kein Bewußtsein; denn dieses
setzt Spaltung von Subjekt und Objekt voraus. In den "physischen
Verhältnissen" mit ihrem Prinzip der Einheit und ihrer Zeitform
der Gegenwart geht das Einzelne unter, wie die Potschka-Gestalt
sich als einzelne immer wieder verlorengeht, hinüberwechselt in die
Gestalt des Donelaitis.

Aufgrund des bisher Entwickelten lassen sich zwei falsche, wenn
auch beliebte Tendenzen der Interpretation des Romans abweisen.
Die ausgeklügelte Strukturierung des Romans nach dem triadischen
Prinzip gelingt Bobrowski nur, weil er typologisch verfährt. Es ist
daher völlig unangemessen, am Roman zu kritisieren, daß er die
realhistorischen Verhältnisse nicht objektiv, sondern parteiisch
wiedergebe[143]. Der Roman bildet nicht historische Verhältnisse
ab, der Autor ist kein Geschichtsschreiber, der Roman entwirft
vielmehr Repräsentanten zweier, prinzipiell sich unterscheidender
Bezugnahmen des Menschen zur Welt. Realgeschichtliche Begebenheiten liefern nur das Material, das umgemodelt wird, bis es die
prinzipielle Gegenüberstellung zu konkretisieren vermag. Weiter ist
festzuhalten: durch die triadische Struktur des Romans werden die
bisher an Voigt und Potschka konkretisierten Positionen nicht als
für sich gültige, sondern als beschränkte gefaßt. Weder mit der
Voigt- noch mit der Potschka-Figur werden daher Vorbilder gezeichnet, wie dies das zweite häufige Mißverständnis des Romans
wahrhaben will[144]. Der Roman ist auf die Frage gerichtet, wie
diese beiden, für sich beschränkten, nicht tragfähigen Positionen
miteinander vermittelt werden können. Er fragt also, um einige
Repräsentationen der beiden Figuren zu nennen, nach der Vermittlung von toter Vergangenheit und lebendiger Gegenwart, des Prinzips Spaltung und des Prinzips Einheit, von Geschichte und Natur,
von intellektuellen-moralischen und physischen Verhältnissen, des
Feldes des Geistes und der Sinne. Die Frage – nebst einer Antwort
– ist aus der Philosophie- wie Literaturgeschichte bekannt. Als

143. Siehe Interpretationen von Heinrich Bosse und Bernhard Gajek.
144. Siehe Interpretation von Hubert Ohl.

Kantianer stellt sie Schiller, wenn er "naiven" Weltbezug und durch den "reflektierenden Verstand" bestimmten einander gegenüberstellt und das "Sentimentalische" als beider Vermittlung bestimmt[145]. Ein zweites Mal stellt er sie, wenn er Geschichte als Feld der Verwirklichung von Freiheit und Natur als Feld der Notwendigkeit einander gegenüberstellt und der Kunst, dem ästhetischen Zustand, das Vermögen zuspricht, beide zu vermitteln. Die Antwort Schillers scheint auch die Bobrowskis zu sein. Voigt und Potschka, die Repräsentaten geschichtlicher wie natürlicher Verhältnisse, finden zusammen in der Arbeit an einem Kunstwerk, der Oper, die selbst wieder einen Künstler zum Gegenstand hat, der die Aspekte der beiden Figuren vereinigt: das Prinzip Spaltung, Auseinandersetzung im Kämpfer Donelaitis, das Prinzip Einheit, Zusammenhang im Pfarrer Donelaitis, der eine litauische Hochzeit mitfeiert. Diese Oper aber existiert nur als Projekt, sie gehört daher von der genannten Zeit-Trias der Zukunft an, von der gesagt wird:

Das Zukünftige? Das immer herankommt, ganz nah heran, und nie eingetreten ist, immer draußen geblieben. (104)

Das Zukünftige, das nie eingetreten ist, hat keinen Raum der Verwirklichung, ist eine U-topie. Auf der Handlungsebene des Romans ist dies in der Skepsis gegenüber dem Projekt "Oper" gestaltet, für die es weder in Deutschland noch in Litauen Hörer geben wird (77), wie einst Donelaitis' "Idyllen" durch ihre Sprache und ihren kulturellen Anspruch sich um jede Wirkungsmöglichkeit gebracht haben (75). Bobrowski weist der Kunst die Vermittlung geschichtlicher (intellektueller-moralischer) und physischer Verhältnisse zu und er bestimmt diese Vermittlung zugleich als ästhetische Utopie, das Ästhetische als Utopie. Ein von Skepsis durchdrungener Kunstglaube, der sich am moralischen Appell des "Dennoch-Weitermachens" aufrichtet: "Alles auf Hoffnung" (76). "Es muß getan werden, nur auf Hoffnung"[146], dies ist der Tenor der Äußerungen

---

145. Zur Deutung der Schrift im Zusammenhang der Frage nach einer in ihr entworfenen Dialektik: Peter Szondi, *Poetik und Geschichtsphilosophie. Zu Schillers Abhandlung "Über naive und sentimentalische Dichtung"*, in: *Geschichte. Ereignis und Erzählung*, hg. von Reinhard Koselleck u.a., München 1973.

146. Johannes Bobrowski, *Benannte Schuld – gebannte Schuld?*, in: *Selbstzeugnisse*, S. 20.

Bobrowskis zur Frage der Wirkungsmöglichkeit von Literatur. Die bisherige Deutung des Romans läßt sich mithin bruchlos in Bobrowskis Selbstverständnis als künstlerisch Schaffender einfügen. Dies Zusammenstimmen hat allerdings einen "Schönheitsfehler". Die ästhetische Utopie als Antwort auf die Frage nach möglicher Vermittlung von intellektuellen-moralischen und physischen Verhältnissen kann sich auf den Roman bis zu dessen sechstem Kapitel berufen. Diese Deutung läßt jedoch die folgenden Kapitel außer acht, mit denen der Roman eine ganz neue Dimension gewinnt – was auch heißt, daß das Einpassen des Romans in Bobrowskis Äußerungen über sein Schaffen aus früherer Zeit nicht unproblematisch ist. Bobrowski geht mit den Kapiteln sieben bis neun seines Romans über die Position der ästhetischen Utopie, damit über die an Kant und Schiller orientierte Antwort hinaus. Vielleicht ist es grundsätzlich an der Zeit, das Werk Bobrowskis nicht von vornherein als einheitlich, in sich zusammenstimmend aufzufassen, und stattdessen die Möglichkeit von Brüchen in diesem Werk zu erwägen.

Inwiefern gewinnt der Roman mit den Kapiteln sieben bis neun eine neue Dimension? Mit dem Ausblick auf die Kunst als "Lehrerin der Menschheit"[147], die die intellektuellen-moralischen und die physischen Verhältnisse vermittelt, bleiben wir auf der Ebene des Erzählten; es ist der Ausblick auf die Oper, die geschaffen werden soll. Mit dem siebten Kapitel wird einerseits der Vorgang des Erzählens herausgestellt. Der Erzähler gibt kund, daß er erfindet und dabei mit der bisher erzählten Welt als Versatzstück umgeht. Auf dem Boden dieser herausgestellten Mittelbarkeit wird andererseits eine ganz neue Unmittelbarkeit gewonnen. Donelaitis, der bisher Gegenstand der geplanten Oper war, erhält in jedem der Kapitel sieben bis neun selbst das Wort. Der Roman lenkt nicht nur das Interesse auf den Vorgang des Erzählens, sondern geht dabei auch in die Oper über, die bisher von den erzählten Figuren nur beredet worden ist.

Bobrowski hat den Umbruch in seinem Roman durch mehrere Signale angezeigt und zugleich kommentiert. Zu Beginn des siebten Kapitels entwirft der Erzähler einen imaginären Ort, von dem

147. *Das älteste Systemprogramm des deutschen Idealismus*, in: Hölderlin, *Sämtliche Werke*, hg. von Friedrich Beissner, Kleine Stuttgarter Ausgabe (abgekürzt: *KStA*) Bd. 4, Stuttgart 1961, S. 309-311.

aus – mittels der Potschka-Figur als Medium – auf Vergangenheit, Gegenwart und Zukunft geblickt wird. Der Ort, der die Zeit-Trias vereinigt, wird "trigonometrischer Punkt" genannt. "Trigonometrische Punkte" sind Netzpunkte der Landesvermessung. Der Begriff ist zu dem Zeitpunkt, da Bobrowski ihn verwendet, schon auf den Bereich der Poetik übertragen worden: 1956 in Günter Eichs programmatischer Rede "Literatur und Wirklichkeit"[148], durch einen Autor mithin, der in seinem künstlerischen Selbstverständnis und der Weise seiner Dichtung zumindest dem Lyriker Bobrowski nicht fernsteht. Eich definiert in seiner Rede Gedichte als Orientierungsmarken in der Wirklichkeit, in diesem Sinne als "trigonometrische Punkte". Gedichte, die diesen Anspruch erfüllten, seien Übersetzungen aus der "eigentlichen Sprache", die sich rings um uns befinde, zugleich aber nicht vorhanden sei. Diese "eigentliche Sprache" ist dadurch charakterisiert, daß in ihr Sache und Wort zusammenfallen, d.h. Wirklichkeit und Sinn, Natur und Geist, Welt und Ich nicht geschieden sind. Es ist dies, im Verständnis der Romantiker, der Zustand v o r der Geschichte, ein göttlicher Zustand der Welt, der im dichterischen Wort erinnert wird. Mit dem Hinweis auf Eichs Poetologie wird Dichtung in die Sphäre des Religiösen gerückt. Hiermit stimmt das zweite Signal zusammen, das Bobrowski an der Umbruchstelle seines Romans gesetzt hat. Nachdem der "trigonometrische Punkt" als Ort der Vereinigung der Zeit-Trias eingeführt ist, wendet sich das siebte Kapitel der Vergangenheit zu. Donelaitis wird in seinem Voigt-Aspekt, d.h. als Kämpfer, als intellektuell-moralisch Eingreifender berufen. Der Übergang in die Wirklichkeit des Donelaitis aber wird begleitet von einem Hamann-Zitat:

Rede, daß ich dich sehe, sagen wir. Rede, daß wir dich sehn. (105)

Das Zitat führt zu einer Stelle der "Aesthetica in nuce", die für Hamanns Sprachauffassung zentral ist:

Rede, daß ich dich sehe! – Dieser Wunsch wurde durch die Schöpfung erfüllt, die eine Rede an die Kreatur durch die Kreatur ist; ...wir haben an der Natur nichts als Turbatverse und disiecti membra poetae zu unserm Gebrauch übrig. Diese zu sammeln ist des Gelehrten; sie auszulegen, des Philosophen; sie nachzuahmen – oder noch kühner! – sie in Geschick zu bringen, des Poeten bescheiden Teil.

148. Günter Eich, *Literatur und Wirklichkeit*, Rede, gehalten in Vézelay, 1956, abgedruckt in: Akzente 3, 1956, S. 313-315.

Reden ist übersetzen — aus einer Engelsprache in eine Menschensprache, das heißt Gedanken in Worte, Sachen in Namen, Bilder in Zeichen;...[149] Hamanns Sprachauffassung ist theozentrisch. Gott spricht zum Menschen in dreifacher Sprache: verborgen in Natur und Geschichte, offenbar in der Heiligen Schrift. Alle Wirklichkeit ist Rede Gottes an den Menschen, die dessen Antwort herausfordert. Menschliche Rede hat Antwort zu sein auf die göttliche; dadurch hat sie zugleich Teil an dieser. In der Auffassung menschlicher Rede bzw. der Dichtung als "Übersetzung" aus einer "Engelsprache" oder "eigentlichen Sprache" sind die versteckt berufenen Autoren Eich und Hamann vereinigt. Wie der Hinweis auf Eich rückt auch jener auf Hamann[150] alle folgende Rede in die Sphäre des Religiösen. Der dritte Teil des Romans (7.-9. Kapitel) ist mit dem Bild des "trigonometrischen Punktes" unter das Zeichen der Vereinigung gestellt. Was der "trigonometrische Punkt" vereinigt, ergibt sich aus der Folge der Kapitel: die Vergangenheit als das Abgetane, die intellektuellen-moralischen Verhältnisse, dann die Gegenwart als der bewußtlose, natürliche Lebenszusammenhang, die physischen Verhältnisse; zuletzt, an der Stelle, die der Zukunft zuzusprechen ist und die bisher die ästhetische Utopie eingenommen hat, wird ein Symbol der Vereinigung berufen, das versuchte Zusammenspiel der drei Claviere, die Donelaitis gebaut hat, und der menschlichen Stimmen.

Der dritte Teil des Romans steht im Zeichen der Vereinigung und ist dem Anspruch nach zugleich in die Sphäre des Religiösen gerückt. Diese Fassung des Vermittlungsproblems ist von einem Bobrowski sehr wichtigen Autor, der gleichfalls versteckt zitiert

149. *Johann Georg Hamanns Schriften*, hg. von Karl Widmaier, Leipzig 1921, S. 192. Auf Bobrowskis Nähe zu Hamanns Sprachauffassung gehen ein: Renate von Heydebrand, *Engagierte Esoterik. Die Gedichte Johannes Bobrowskis*, in: *Wissenschaft als Dichtung*, hg. von R.v. Heydebrand u.a., Stuttgart 1969; Bernhard Gajek, *Autor — Gedicht — Leser. Zu Johannes Bobrowskis Hamann-Gedicht*, in: *Literatur und Geistesgeschichte, Festgabe für Heinz Otto Burger*, hg. von Reinhold Grimm, Berlin 1968.

150. Neben dem Erzähler wird noch Potschka ein Hamann-Zitat in den Mund gelegt: "o quantum est in rebus inane" (50), ein Teil des Mottos der Schrift *Metakritik über den Purismum der reinen Vernunft (Schriften*, a.a.O., S. 244); Bobrowski verweist damit auf eine Schrift Hamanns, die sich kritisch mit Kants Scheidung von Anschauen und Denken, Sinnlichkeit und Verstand, auseinandersetzt. Der Frau der Donelaitis-Figur wiederum hat Bobrowski den Namen der Frau Hamanns (Anna Regina) gegeben.

wird, theoretisch entwickelt, von Hölderlin (Voigt zitiert zwei Zeilen aus dessen Gedicht "An Landauer", vgl. 77). Hölderlin unterscheidet in seinem Aufsatz "Über Religion" "intellektuell-moralische" und "physische Verhältnisse" in dem hier entwickelten Sinn. Die Vermittlung beider im Horizont eines Ganzen erkennt er dem "höheren Leben" oder "religiösen Verhältnissen" zu, diesen gibt er das Attribut "mythisch"[151]. Damit kann die neue Dimension, die Bobrowski seinem Roman in dessen drittem Teil zugewinnt, begrifflich gefaßt werden. Der ästhetische Zustand, Fluchtpunkt einer Vermittlung der intellektuellen-moralischen und der physischen Verhältnisse bis zum sechsten Kapitel des Romans — das Opernprojekt —, war wegen seiner Unwirklichkeit in Frage gestellt. Die Position ästhetischer Versöhnung wird entworfen, gleichzeitig aber angesichts des gegebenen Zustands der Wirklichkeit als überfordert gezeigt. Bobrowski übernimmt die Frage, die Hölderlin und Schelling, auf Kant und Schiller aufbauend, im endenden 18. Jahrhundert gestellt haben: wie kann der unwirklichen Kunsttätigkeit durch Wirklichkeiten aufgeholfen werden?[152] Bobrowski übernimmt auch die "Lösung", der Schelling und Hölderlin, ebenso auch die Jenaer Frühromantiker zustrebten: die Mythologie wird als Stoff der Kunst bestimmt bzw. die Kunst selbst soll mythisch werden, sie erhält in einer "neuen Mythologie"[153] ihren Fluchtpunkt. Der Übergang von der Position ästhetischer Versöhnung — der Vorstellung der Poesie als "Lehrerin der Menschheit" — zur Forderung einer "neuen Mythologie", der Ansatz also, der als unwirklich erkannten Kunsttätigkeit durch die Wirklichkeit einer neuen Mythologie aufzuhelfen, ist im "Ältesten Systemprogramm des deutschen Idealismus" explizit gemacht, dessen Autorschaft wechselnd Schelling, Hölderlin und Hegel zugesprochen worden ist[154]. Dem Übergang von der Kunst in den Mythos wird dort

151. *Über Religion, KStA*, Bd. 4, S. 292.
152. Hierzu: Odo Marquard, *Zur Funktion der Mythologiephilosophie bei Schelling*, in: *Terror und Spiel. Probleme der Mythenrezeption*, hg. von Manfred Fuhrmann, München 1971, insbes. S. 261.
153. *Systemprogramm*, in: *KStA*, Bd. 4, S. 311; Friedrich Schlegel, *Gespräch über die Poesie* (Kap. "Rede über die Mythologie"), in: *KFSA*, Bd. 2, S. 312.
154. Neuere Forschung zum *Systemprogramm*: Otto Pöggeler, *Hegel, der Verfasser des ältesten Systemprogramms des deutschen Idealismus*, in: Hegel-Studien, Beiheft 4, Bonn 1969; *Das älteste Systemprogramm. Studien zur Frühgeschichte des deutschen Idealismus*, hg. von Rüdiger Bubner, in: Hegel-Studien, Beiheft 9, Bonn 1973.

weiter noch eine entscheidend kommunikative Bedeutung zuerkannt: mit ihm werde die Kluft zwischen Gebildeten und Volk
überwunden:

> Dann herrscht ewige Einheit unter uns. Nimmer der verachtende Blick,
> nimmer das blinde Zittern des Volks vor seinen Weisen und Priestern.
> Dann erst erwartet uns g l e i c h e Ausbildung a l l e r Kräfte, des Ein-
> zelnen sowohl als aller Individuen. Keine Kraft wird mehr unterdrückt wer-
> den, dann herrscht allgemeine Freiheit und Gleichheit der Geister![155]

Im "Systemprogramm" wird eine Überwindung des Hermetismus
angezeigt, den Bobrowski durchaus als Problem seines Dichtens
sah[156]. Wie die Erzählung *Boehlendorff* zeigt, hat sich Bobrowski
intensiv mit dem "Systemprogramm" auseinandergesetzt[157]. An
ihm orientiert, übersteigt er im dritten Teil seines Romans die Position des Ästhetizismus durch eine mythische Figuration des Donelaitis.

Der Übergang von der Sphäre der Kunst in die Sphäre des Mythos ist mit der Deutung der Signale zu Beginn des dritten Teils
des Romans aber nur dem Anspruch nach begründet. Es ist damit
noch nicht gewährleistet, daß der Roman den Übergang in die
neue Sphäre auch vollzieht. Ein erneuter Blick auf die Handlungsstruktur führt in dieser Frage weiter. Der Roman ist in je drei Teile
zu je drei Kapiteln gegliedert. Das dritte Kapitel entwirft jeweils
eine Vereinigung der in den beiden vorherigen entwickelten gegensätzlichen Prinzipien. Der Grad der Vereinigung wird dabei von
Teil zu Teil gesteigert.

Im dritten Kapitel des ersten Teils, der die gegensätzlichen politischen Gruppen aus Deutschen und Litauern aufgebaut hat, ist die
Vereinigung ein bloßes Nebeneinander des Verschiedenen. In der
gleichen Nacht wird Potschka mit seiner Geliebten innig verbunden gezeigt (Prinzip Einheit, den Litauern zugerechnet), während
von diesem Paar wenig entfernt ein Fememord geschieht (Prinzip
Spaltung, auf die Deutschen bezogen). Im dritten Kapitel des zweiten Teils, der im Zeichen der Feste steht, ist die Vereinigung als In-

155. *KStA*, Bd. 4, S. 311.
156. *Selbstzeugnisse*, S. 20.
157. Interpretationen der Erzählung: Horst Nalewski, *Metaphernstruktur
in Johannes Bobrowskis Erzählung "Boehlendorff"*, in: Weimarer Beiträge 19,
1973; Bernhard Greiner, *Zersprungene Identität: Bildnisse des Schriftstellers
in zeitgenössischen Dichtungen über Hölderlin*, in: *Die deutsche Teilung im
Spiegel der Literatur*, hg. von Karl Lamers, Stuttgart 1978.

einander gestaltet, aber in der Form des Kampfes (zwischen Deutschen und Litauern), der mit einem Totschlag endet und die Repräsentanten ästhetischer Versöhnung (Voigt mit seinem Opernprojekt und ein Schriftstellerkollege) ratlos den Schauplatz verlassen läßt (vgl. 108). Erst im dritten Teil hat die Vereinigung den Charakter einer Vermittlung. Schon nach der Großgliederung der Trias kommt diesem Teil die Position der Vermittlung zu (der erste Teil steht mit den politischen Gegensätzen im Zeichen der Spaltung, der zweite Teil mit den Festen im Zeichen innigen Zusammenhangs). In der Folge seiner Kapitel reproduziert der dritte Teil nochmals die auf Vermittlung zielende triadische Struktur. In der einen Gestalt des Donelaitis, die nun selbst – die eigene Dichtung lebend – sprechend und handelnd auftritt, ist der Voigt-Aspekt (Kapitel sieben: die intellektuellen-moralischen Verhältnisse) und der Potschka-Aspekt (Kapitel acht: die physischen Verhältnisse) zusammengezogen. Kapitel neun verwirklicht die Vermittlung, indem es ihr ein Symbol setzt. Donelaitis, der die Vereinigung des einander Entgegengesetzten gelebt hat, deutet sterbend das Ganze seines Lebens in jener Stunde, da die drei Claviere, die er gebaut hat, zusammengespielt und menschlichen Gesang in ihr Spiel zu integrieren gesucht haben. Dies Zusammenspiel, so erkennt Donelaitis, ist nicht absolut zu verwirklichen, sondern nur relativ, im "Verstimmen" der Claviere (vgl. 125). Das Zusammenspiel wird abgebrochen, es bleibt als Symbol das Aufgegebene; darum ist von der genannten Zeit-Trias die Zukunft, die "nie eingetreten ist" (104), dem dritten Teil des Romans, der im Entwurf dieses Symbols gipfelt, zuzuordnen. Das Symbol der Vermittlung ist als Erinnerung des sterbenden Donelaitis an den "letzten Tag" (123) eingeführt: wiederum ein Johannistag, der als "wahrer" vom Johannistag der Romanhandlung abgehoben ist. Ein weiterer Vermittlungsakt hebt die Szene nochmals als besondere heraus. Alle Auftritte des Donelaitis in den letzten drei Kapiteln werden als Gesichte Potschkas vorgestellt. Im letzten Kapitel hat dieses Gesicht aber besondere Voraussetzungen; sie heben das Symbol der Vermittlung erst in den Raum des Mythos. Potschka, der auf dem imaginären "trigonometrischen Punkt" stehend gedacht wird, in dem Wort und Sache zusammenfallen, mithin die "eigentliche" oder "Engelssprache" gegenwärtig ist, dieser Potschka wird vor seiner letzten Vision von der Geliebten gerufen, zugleich von seinem Mörder ergriffen, der ihn vom Turm stößt. Er hat die Vision des sterbenden Donelaitis, die das Symbol der Vermittlung entfaltet, im Durchgang durch den Tod, aus dem ihn Liebe zurückholt und zu einer neuen Sprache bemächtigt. Potschka wird so selbst zu einer mythischen Gestalt. Was als Anspruch im Bild des "trigonometrischen Punktes" gefaßt ist – die Vereinigung von intellektuellen-moralischen und physischen Verhältnissen in einer neuen Mythologie – wird durch die Figur, die dem "trigonometrischen Punkt" zugeordnet ist, vollzogen. Sie geht in den Orpheus-Mythos über, wird, wie Orpheus, im Durchgang durch den Tod, zu dem sie Liebe bemächtigt, von einer neuen Versöhnung alles Streitenden künden:

> Jetzt spricht er, langsam, mit einem Mund, der das Sprechen erlernen, mit einer Stimme, die ihre Laute noch finden wird, heute oder morgen: Herrufen, hierher. Wo wir sind. (126)

Die Position "ästhetischer Versöhnung", die als unwirklich in Frage gestellt worden war, wird überstiegen in einem Entwurf o r p h i - s c h e r   K u n s t . In der Struktur des Romans ist die theoretische Begründung der Hinwendung zu einer "neuen Mythologie" angelegt. Inhaltlich gefüllt wird diese "neue Mythologie" durch ein Wiedereinsetzen des Orpheus-Mythos.

Der Roman entwirft aber nicht nur einen "neuen Orpheus", sondern bestimmt auch den Verwirklichungsraum einer neuen orphischen Kunst. Es ist das "heilige Andenken" Hölderlins. Potschka und mit ihm der Erzähler, die vom "trigonometrischen Punkt" aus sich ihren Visionen des Donelaitis überlassen, und der berufene Donelaitis selbst (im letzten Kapitel) werden als "Andenkende" gezeigt. Potschka im Andenken, das der Donelaitis-Gestalt gewidmet ist, deren verschiedene Aspekte er in e i n e r lebendigen Gestalt vereinigt, Donelaitis selbst, der bei Taufe, Hochzeit und Tod gezeigt wird, d.h. in einem vollen Lebenskreis, in der Deutung des Ganzen seines Lebens im Andenken an den "letzten Tag", der das Symbol der Vermittlung hervorbrachte. Waren die einander entgegengesetzten Positionen des Romans in der Voigt- und Potschka-Gestalt konkretisiert, wenn auch in typologischem Verfahren, so wird die Position der Vermittlung beider nicht mehr individualisiert, sondern als Haltung – der des "Andenkens" – entworfen, die von verschiedenen Figuren (dem Erzähler, Potschka und Donelaitis) eingenommen wird. Der Voigt-Gestalt aber ist die Hindeutung auf den Begriff des "Andenkens" übertragen. Die Strophe vor

jener aus Hölderlins Gedicht "An Landauer", aus der er zitiert (vgl.
77), schließt mit dem Preis des "heiligen Andenkens". Struktur
und Gehalt der Hölderlin-Hymne "Andenken" wiederum entspricht
völlig Struktur und gedanklicher Entwicklung des Romans. Entworfen und gegeneinandergesetzt werden die Daseinsform des
Kampfes (Prinzip Spaltung, heroisches Dasein, von Hölderlin gerne
gefaßt im Bild des Seefahrers) und der Liebe (Prinzip Einheit, idyl-
lisches Dasein); beider Vermittlung im Horizont des Lebensganzen
wird als Aufgabe und Leistung des Dichters bestimmt, genauer:
des mythen-"stiftenden" Dichters:

[...]   Es nehmet aber
Und gibt Gedächtnis die See,
Und die Lieb auch heftet fleißig die Augen,
Was bleibet aber, stiften die Dichter.[158]

Der Roman ist in seiner Struktur wie in seinem Gehalt durch das
Gesetz der Triade bestimmt. Sein Thema ist Vermittlung des Widerstreitenden (der intellektuellen-moralischen und der physischen
Verhältnisse) im Horizont eines Ganzen, das aber nie abgelöst gegeben ist, sondern nur im Vorgang der Vereinigung. So verstanden,
verwirklicht der Roman nicht nur Hölderlins Begründung und Entwurf einer "neuen Mythologie", sondern mit überraschender Konsequenz auch die Poetik der Arabeske, wie sie Friedrich Schlegel
im *Gespräch über die Poesie* entworfen hat. Die Arabeske ist für
Friedrich Schlegel die ideale oder romantische Dichtung, "Poesie
der Poesie", die alles Gegensätzliche vereinigt, das um die Pole
"Liebe" (Prinzip Einheit) und "Witz" (Prinzip Spaltung) konzentriert zu denken ist und in dieser Vereinigung auf das Absolute verweist. Bobrowski erfüllt mit seinem Roman diese Bestimmung; mit
dem Übergang in den Mythos auch die Forderung, daß die Vereinigung Verweisungssinn auf das Absolute haben müsse, zu der
Friedrich Schlegel wiederum mit der Gleichsetzung von Mythologie und Arabeske in der "Rede über die Mythologie" den Weg gewiesen hatte. Wenn Friedrich Schlegel weiter die Arabeske ganz
auf die Phantasie gründet – "und gewiß ist die Arabeske die älteste
und ursprünglichste Form der menschlichen Fantasie"[159] –, so
folgt ihm Bobrowskis Roman sowohl darin, daß er nicht abbildet,

158. *KStA*, Bd. 2, S. 198; zur Interpretation der Hymne: Jochen Schmidt,
Hölderlins letzte Hymnen, Tübingen 1970.
159. *Gespräch über die Poesie*, S. 319.

sondern mit Versatzstücken der geschichtlichen Welt ein eigenes Beziehungsgeflecht schafft, was schon früh anzumerken war, als auch darin, daß der zentrale dritte Teil ausdrücklich aus der Phantasie (des Erzählers wie der Potschka-Figur) entwickelt ist. Die "natürliche" – im Unterschied zur logischen – Gründung des dritten Teils erfolgt durch die Phantasie. Die Phantasie ist auch in diesem Roman die Naturform der Arabeske.

Bobrowski greift in den *Litauischen Clavieren* auf ein frühromantisches Programm zurück, das im "Ältesten Systemprogramm des deutschen Idealismus" und in Friedrich Schlegels *Gespräch über die Poesie* konzipiert worden ist: der von Unwirklichkeit bedrohten Position ästhetischer Versöhnung aufzuhelfen durch Übergang in die Sphäre des Mythischen. Der Rückgriff erfolgt aber 160 Jahre nach der Entwicklung dieses Programms, d.h. er ist zugleich eine Stellungnahme zu dem, was in der Zwischenzeit herrschend war. Philosophiegeschichtlich betrachtet, war die "ästhetische Periode" – die Periode, in der die Ästhetik in den Rang der Fundamentalphilosophie aufgerückt war – nur ein Zwischenspiel, das von Kant bis zur Frühromantik währte[160], ein Zwischenspiel zwischen dem Rationalismus, der die wissenschaftliche Vernunft als leitend bestimmt hatte, und der Geschichtsphilosophie, die die geschichtliche Vernunft zur fundamentalen erhoben hat. Bobrowskis Rückgriff auf Hölderlin und Friedrich Schlegel ist eine Absage an das von Hegel wie Marx begründete und genährte Vertrauen in die geschichtliche Vernunft. Was dies besagt, wird deutlich, wenn wir die früher nicht beantwortete Frage aufgreifen, ob die Vermittlung, auf die Bobrowskis Roman mit seiner alles durchwaltenden triadischen Struktur zielt, als "dialektische" aufgefaßt werden soll. "Vermittlung", so wurde gezeigt, steht hier im Horizont des Hölderlinschen Dichtungsbegriffs, der die Position Kants und Schillers fortzuführen sucht, ohne sie zu transzendieren. Vermittlung ist bei diesen Autoren aber auf ein urteilendes, noch nicht auf ein tätiges Ich bezogen, das Geschichte macht – darum z.B. bleibt die "dialektische" Struktur, die in Kants Kategorientafel angelegt ist, formal[161]. Bobrowskis Rückgriff auf Hölderlin – als Absage an die Geschichtsphilosophie als fundamentaler gelesen – bedeutet Ab-

---

160. Vgl. Odo Marquard, *Kant und die Wende zur Ästhetik*, in: Zeitschrift für philosophische Forschung, 1962.
161. Ausführlicher hierzu: Peter Szondi, s. Anm. 145.

kehr nicht nur vom Vertrauen in die geschichtliche Vernunft, sondern grundsätzlich: Abkehr von einer Dialektik, die im tätigen, Natur wie Gesellschaft gestaltenden Ich ihren Anfang und ihr Vollendungsbild hat. Er bedeutet Abkehr von einer Betrachtung des Verhältnisses des Menschen zu Natur und Geschichte aus der Perspektive des Ich als des Siegers. Ihm wird ein ästhetisches Verhältnis zu Natur und Geschichte entgegengesetzt, das im Mythos des Orpheus die Perspektive des Ich als des Siegers aufkündigt. Orpheus' Durchgang durch das Totenreich ist ein Durchgang durch den Tod des Ich[162]. Darum ist die Schlußvision der Potschka-Gestalt auf den Tod bezogen: er hat den Sinn eines Aufhebens der Grenzen des Ich. Das Potschka-Ich vermag überzugehen in das Ich des Donelaitis (obwohl die Perspektivgestalt wechselt, wird die Ich-Erzählhaltung beibehalten).

Die *Litauischen Claviere* münden in den Entwurf einer orphischen Kunst. Vielleicht ist es an der Zeit, zu fragen, ob dieser Roman weiterhin harmonisch in das Gesamtwerk Bobrowskis eingeordnet werden soll oder ob Bobrowski mit ihm in einem tiefgreifenden Umbruch stand. Die im Roman ausgeklügelt konstruierte und zugleich ausgestellte Entwicklung ist angedeutet in der Erzählung *Mäusefest*. Auch hier begegnen die widerstreitenden Prinzipien "Spaltung" (der Deutsche, der den Krieg repräsentiert) und "Einheit" (der polnische Jude, der in Symbiose mit der Natur gezeigt wird). In der Forderung an den Juden, daß er etwas "tun" müsse, wird die Vermittlungsaufgabe benannt; sie wird nicht gelöst, aber das Feld wird bezeichnet, auf dem sie erfüllt oder verfehlt werden wird: "ich werd Ärger kriegen mit meinem Gott"[163], ein Verweis auf die Sphäre des Religiösen. Die *Boehlendorff*-Erzählung wiederum ist dem Roman zwar in der Struktur nahe, mit der hier gestalteten Vermittlung aber nicht vereinbar. Die Vermittlung der in den physischen wie intellektuellen-moralischen Verhältnissen erfahrenen (Französischen) Revolution im Horizont des Mythischen gelingt Boehlendorff nur in Auflösungsvorstellungen, die zuletzt den ergreifen, der sie entwickelt: er wird verrückt. In der

162. An der einzigen Stelle, an der Bobrowski den Orpheus-Mythos explizit beruft, bringt er ihn in Zusammenhang mit Entpersönlichung. Er deutet die Erde als "die zahllose Stimme Eurydikes", die den Singenden genarrt habe (s.u. Gedicht "Die alte Heerstraße", in: J.B., *Sarmantische Zeit. Schattenland Ströme*, Stuttgart 1961/62, S. 15).

163. *Mäusefest und andere Erzählungen*, W-Berlin 1965, S. 11.

Boehlendorff-Erzählung entwickelt Bobrowski die Aufgabe der Vermittlung in der Spur der geschichtlichen Dialektik vom tätigen Ich aus und zeigt dessen Scheitern – wobei er sich auf das historisch verbürgte Schicksal Boehlendorffs berufen kann, in das er Züge Hölderlins einzeichnet. Demgegenüber ist in den *Litauischen Clavieren* mit dem Entwurf einer orphischen Kunst die leitende Funktion der Ich-Perspektive aufgegeben. So kann der Übertritt in die Sphäre des Mythos, mit dem der Position ästhetischer Versöhnung aufgeholfen werden soll, unbezweifelt bleiben.

Stephan Hermlin, *Abendlicht*

Zeigen Bobrowskis *Litauische Claviere* eine grundsätzliche Umorientierung an, so finden wir doch im Roman der DDR bis in die Gegenwart Werke, die sich mit der Berufung auf geschichtliche Vernunft weiter der philosophischen Grundlage des realistischen Romans des 19. Jahrhunderts versichern bzw. diese neu befestigen. Ein Beispiel hierfür, das auch in der DDR hohe Anerkennung gefunden hat[164], gibt Stephan Hermlins autobiographische Prosa *Abendlicht*.

Die gewählte Gattungsbezeichnung läßt Verlegenheit erkennen. Das Werk kann seinem Totalitätsanspruch nach als Roman aufgefaßt werden, als Roman eines Ich, das rückblickend die Prägungen aufarbeitet, die es von seiner Kindheit an, die in das Deutschland des endenden Kaiserreichs und der Weimarer Republik fällt, bis zur Gegenwart im sozialistischen Deutschland erfahren hat. Die Frage nach einer Bewältigung dieser geschichtlichen Zeit leitet den Vorgang des Erinnerns. Im Zusammenhang unseres Themas interessiert an dem Werk, wie es der literarischen Konstruktion der Welt aus der Perspektive geschichtlicher Vernunft weiterhin Zugkraft bewahrt bzw. neue Zugkraft schafft.

Mit den *Litauischen Clavieren* hat das Werk die Bemühung um ein "Andenken" gemeinsam, das Vermittlung einander entgegengesetzter Lebensbereiche im Horizont des Lebensganzen zu leisten sucht. Wieder ist die Frage nach Vermittlung gestellt, hier zwischen Proletariern als Klasse und dem Individuum, das dem Großbürgertum angehört, eine Polarität, die weiter konkretisiert wird als un-

---

164. Sebastian Kleinschmidt, Dieter Kliche, *Ästhetik der Erinnerung*, in: Sinn und Form 32, 1980.

gebildete, physische Kraft auf der einen Seite, sich äußernd mit einer "metallischen", "blechern scheppernden", "unschönen" Stimme (32, vgl. 97)[165] und einer gebildeten, kunstsinnigen Familie auf der anderen Seite, deren Mitglieder untereinander und mit der Welt im wesentlichen vermittelt über Musik verkehren. Das "mißtönende Schreien der Schalmeien" (53), das auf Massenversammlungen von Arbeitern zu hören ist, trifft auf das an Bach und Mozart geschulte Gehör:

> Ich hörte sie [die Schalmeien] zum ersten-, nicht zum letztenmal, und wenn ich auch täglich mit großer Musik umging, habe ich das Plärren und Gellen dieses Instruments, das man nicht richtig zu spielen vermochte, weil es über keine Halbtöne verfügte, nie ohne innere Schauer, Furcht und Hoffnung hören können. In seiner unverhüllten Häßlichkeit wurden Qual und Not hörbar und das unartikulierte Drängen nach Würde und Schönheit, die für alle da sein sollten. Die Schalmeien hatten 'Brüder, zur Sonne' angestimmt, für diese in Nebel gehüllten Massen hatten Bach und Mozart, was immer sie auch beabsichtigt haben mochten, ihre Architekturen entworfen, aber die grelle Falschheit des Getöns offenbarte, was die Strophe meinte:
> Seht, wie der Zug der Millionen
> Endlos aus Nächtigem quillt
> Bis euer Sehnsucht Verlangen
> Himmel und Nacht überschwillt. (53)

In der Arbeiterbewegung wird die Macht bestimmt, die die entgegenstehenden Positionen vermitteln konnte und kann. Entsprechend erscheint sie als die Verkörperung der geschichtlichen Vernunft. Die Unterschrift, mit der der Eintritt in den Kommunistischen Jugendverband vollzogen wurde, deutet das rückblickende Ich daher als Erweckungserlebnis:

> Ich blickte auf den zerdrückten, verwischten Zettel und unterschrieb. Die Straße drehte sich langsam und unaufhörlich um mich. [...] empfand ich, daß ich das Beste in mir aufgeben mußte, wenn ich je meine Unterschrift, die ich um die Mittagszeit eines beliebigen Tages in einer beliebigen Berliner Straße geleistet hatte, als nicht mehr gültig betrachten würde. (33f.)

Hermlin befestigt in *Abendlicht* das Vertrauen in die leitende Funktion der geschichtlichen Vernunft dadurch, daß er deren Verkörperung, die Arbeiterbewegung, und deren Struktur, die Dialektik, von eingeschliffenen Verzerrungen befreit. Zum ersten: mit der Integration der spezifischen Voraussetzungen seiner Herkunft

---

165. Zitate und Seitenangaben nach: Stephan Hermlin, *Abendlicht*, W-Berlin 1979.

in die Geschichte der Arbeiterbewegung restituiert das zurückblik-
kende Ich ein lange unterdrücktes Element der Arbeiterbewegung,
die aus dem Großbürgertum stammenden, intellektuell und künstlerisch ebenso anspruchsvollen wie sensibilisierten Mitglieder, deren Funktion in der Arbeiterbewegung nicht Selbstauslöschung vor
der neuen geschichtlichen Macht sein kann, sondern Beharren auf
den eigenen Fähigkeiten und Ansprüchen als solchen, die allen zu
eröffnen sind. In der erinnernden Vergegenwärtigung der eigenen
Herkunft und Prägungen arbeitet das schreibende Ich, das sich
gleichzeitig mit der Arbeiterbewegung identifiziert, deren widersprüchlichen Charakter heraus. Auf diesem Weg fortschreitend, gelangt es dann notwendig dazu, die geschichtliche Dialektik von der
falschen Anwendung zu reinigen, die in den etablierten sozialistischen Systemen von ihr gemacht wird und in deren Bann es selbst
lange stand. Das schreibende Ich berichtet über seine wiederholte
Lektüre des Kommunistischen Manifests, dessen Zukunftsentwurf
sich ihm in dem Satz eingeprägt hat:

'An die Stelle der alten bürgerlichen Gesellschaft mit ihren Klassen und
Klassengegensätzen tritt eine Assoziation, worin die freie Entwicklung aller
die Bedingung für die freie Entwicklung eines jeden ist.' Ich weiß nicht,
wann ich begonnen hatte, den Satz so zu lesen, wie er hier steht. Ich las
ihn so, er lautete für mich so, weil er meinem damaligen Weltverständnis
auf diese Weise entsprach. Wie groß war mein Erstaunen, ja mein Entsetzen, als ich nach vielen Jahren fand, daß der Satz in Wirklichkeit gerade
das Gegenteil besagte: '...worin die freie Entwicklung eines jeden die Bedingung für die freie Entwicklung aller ist.'
Mir war klar, daß ich auch hier gewissermaßen in einem Text einen anderen Text gelesen hatte, meine eigenen Vorstellungen, meine eigene Unreife;
daß aber, was dort erlaubt, ja geboten sein konnte, weil das Wort auf andere Worte, auf Unausgesprochenes hinwies, hier absurd war, weil in meinem
Kopf eine Erkenntnis, eine Prophetie auf dem Kopf stand. Dennoch misch-
te sich in mein Entsetzen Erleichterung. Plötzlich war eine Schrift vor meinen Augen erschienen, die ich lange erwartet, auf die ich gehofft hatte. (21 f.)

Restituiert wird hier eine Dialektik, die konkret bleibt (bei jedem
einzelnen), die daher immer nur Negatives faßt: die Einheit aus
Gegensätzen, statt das Ganze von seinen Teilen abzulösen, es, derart abstrahierend, ins Positive aufzuheben, um die Unterwerfung
aller Partikularitäten zu rechtfertigen. Mit der Befreiung der Dialektik aus ihrer Verkehrung zu einem Herrschaftsinstrument regie-
render sozialistischer Parteien wird gleichzeitig das tätige Ich als
Ursprung und Vollendung geschichtlicher Dialektik restituiert. Damit aber gewinnen die alten Fragen, die geschichtlicher Dialektik

inhärent sind und die auf dem Boden einer restringierten Dialektik längst verbindlich beantwortet schienen, neue Aktualität. Die Fragen nach einer Aufhebung der Dichotomie von Selbstverwirklichung und Entfremdung, Individuum und Gesellschaft, ästhetischer Autonomie und parteilicher Kunst. Es sind dies die Themen vieler Stücke in Hermlins *Abendlicht*.

Mit dem Rückgewinnen einer dialektischen Geschichtsphilosophie wird die philosophische Grundlage des realistischen Romans des 19. Jahrhunderts neu befestigt. Diese rechtfertigt die Konstruktion der Welt aus der Perspektive geschichtlicher Vernunft. Verkörpert erscheint die geschichtliche Vernunft hier in der Arbeiterbewegung und einem Ich, das sich mit dieser identifiziert. Solche Orientierung an geschichtlicher Vernunft ermöglicht Kontinuität des "Ich"-Sagens. In allem persönlichen wie geschichtlichen Wandel, der in einer Zusammenschau vereinigt wird (z.B. 56f.), hält sich ein unangreifbares Ich durch. Das Ganze eines Lebens wird aus der Perspektive eines in der Arbeiterbewegung aufgehobenen Ich entworfen. Fragwürdig ist Hermlins Werk darin, daß es eben diese "Perspektive des Siegers" nicht mehr reflektiert. Darum bleibt das schreibende Ich hilflos vor dem, was in der Herstellung des Lebenszusammenhangs aus der Perspektive des Siegers unterdrückt werden mußte und doch mit dem Widerstand des Unverarbeiteten wirksam bleibt. An der Arbeiterbewegung als der einen zentralen Identifikationsfigur des Ich ist dies das erkannte und nicht beschönigte Einschwenken eines großen Teils der Arbeiterschaft in die Reihen der sieghaften Nationalsozialisten, an der Familie als der anderen zentralen Identifikationsfigur des Ich ist es die Diskrepanz zwischen der reklamierten Bildung und Humanität des Vaters und dessen Kooperation als Unternehmer mit den Nationalsozialisten, weiter dann der Tod des Bruders, in dem das schreibende Ich sein Ich-Ideal verkörpert gefunden hatte. Das schreibende Ich rettet die Kontinuität seines "Ich"-Sagens dadurch, daß es sich einerseits auf die Regenerationsfähigkeit der Arbeiterbewegung beruft (vgl. 43), andererseits einen Rückzug des Ich auf sich selbst herausstellt, in dem sich das wahre Ich, den andern gegenüber unkenntlich werdend, bewahrt habe. Das Ich, das sich derart seine Kontinuität bewahrt, unterdrückt all die kollektiven wie individuellen Schichten seines Selbst, die sich in ein Bild des Fortschritts der Verwirklichung geschichtlicher Vernunft nicht integrieren lassen.

Die betrachteten Werke, die auf das frühromantische Paradigma des Romans zurückgreifen, setzen mit ihren leitenden Fragestellungen bei dem an, was im Paradigma des realistischen Romans des 19. Jahrhunderts das Unbefragte, weil Gewisseste ist. Das Ich wird nicht mehr als feste Größe gefaßt, die Grenzen des Ich als Bewußtsein werden aufgehoben; weiter wird die Bestimmung des Ich wie der Gesellschaft vom Begriff der "Arbeit" her problematisiert, ebenso eine Dialektik, die vom tätigen Ich in seiner Auseinandersetzung mit Natur und Gesellschaft ausgeht und in ihm mündet. In der dargelegten Erneuerung frühromantischer Tradition werden so traditionelle zentrale Vorgaben einer Verständigung über die erfahrbare Wirklichkeit neu zur Debatte gestellt. Mit dieser Umorientierung stellten die betrachteten Werke zugleich eigenständige Beiträge zu aktuellen Diskussionen in der westlichen literarischen Öffentlichkeit dar. Es erscheint daher nicht zufällig, daß gerade mit diesen Werken im Westen eine Rezeption der DDR-Literatur einsetzt, die sich um produktive Beziehungen zwischen Werk und Leser bemüht, statt die Werke immer nur auf ihre spezifischen DDR-Voraussetzungen zurückzuweisen.

Noch in einer zweiten Richtung legt die durchgeführte Untersuchung eine Abkehr von eingefahrenen Betrachtungsweisen nahe. Die Erneuerung frühromantischer Tradition erfolgte mit den hier interpretierten Werken zeitlich v o r der Entwicklung eines positiveren und differenzierteren Bildes der Romantik in der Literaturwissenschaft und Publizistik der DDR[166]. Entwicklungen in Publizistik und der sie einrahmenden Kulturpolitik vermögen die dargelegte Umorientierung kaum zu erklären, eher noch könnten sie selbst, was das Bild der Romantik betrifft, Reaktionen auf Neuansätze in der Literatur darstellen. Die Frage erscheint dann aber nicht abwegig, ob nicht die Bedeutung der Kulturpolitik und deren Artikulation in der literarischen Publizistik für das Verstehen und Erklären literarischer Entwicklungen in der DDR häufig überschätzt wird.

---

166. Siehe Beitrag von Patricia Herminghouse im gleichen Band.

ERIK NEUTSCH: DIE REZEPTION SEINES ROMANWERKES

von

Margret Eifler

Der Formierungsprozeß des Autors

Das determinierende Grunderlebnis für das schriftstellerische Werden dieses Autors liegt in seiner frühen Begegnung mit dem Sozialismus. Von proletarischer Herkunft, wird sein Klassenbewußtsein im historischen Augenblick der Spaltung Deutschlands zur sozialistischen Selbstbehauptung geweckt. Während noch einiger Jahre bürgerlicher Schulzeit auf einem Realgymnasium beginnt er sich gegen seine sämtlich dem bürgerlichen Mittelstand angehörenden Mitschüler abzusetzen. Seine Identifikationssuche findet zunächst Zugehörigkeitsgefühl in der Lektüre des Deutschunterrichts, in Autoren wie Schiller, Büchner und Heine; bestätigende und maßgebende Resonanz findet sein Suchen allerdings erst, als der Lehrstoff mit den sozialistischen Literaten Anna Seghers und Michail Scholochow erweitert wird.

Durch Anna Seghers, die ihn auch in seinem späteren Leben zur Schriftstellerlaufbahn ermutigen wird, erfährt er, daß Bücher zu erschüttern vermögen, wenn auch nur klassenspezifisch. Während seine bürgerlichen Mitschüler ihre Werke als langweiliges Zeug empfanden, als "Alltagskram, Alltagsstil, wie ihn unsereins jederzeit auch hinkriegt"[1], fühlte sich Neutsch "tief aufgerüttelt von dem tiefen Leiden und den hohen Idealen der Menschen"[2] in diesen Romanen. Scholochow ergänzt für ihn dieses emotionale Effektvermögen mit Kriterien erkenntnistheoretischer und gestaltungsvorbildlicher Art:

1. Erik Neutsch, *Fast die Wahrheit. Ansichten zu Kunst und Literatur.* Berlin 1979, S. 172.
2. Ebd., S. 219.

An Scholochows Roman *Der stille Don* habe ich gelernt, den Klassenkampf tiefer zu begreifen und ich verdanke ihm persönliche Eindrücke darüber, was die Kunst des Erzählens sein und leisten kann.... Ich liebe an ihm die bedingungslose Ehrlichkeit in der Gestaltung von Konflikten (Schönfärberei ist eine Vokabel, die er nicht kennt), die phantastische (oder auch: phantasievolle) Härte seines Realismus, die ihm mancher, wohl unverständige, Kritiker als Naturalismus auslegen will und was sie natürlich nicht ist, die Poesie des Details und der Souveränität, mit der er Parteilichkeit als seinen Gegenständen ästhetisch innewohnend betrachtet.... Parteilichkeit lernte ich bei Scholochow, ist kein leeres Gefäß, das man mit einem Deckel schließt. Sie ist in der Literatur der Standpunkt des Autors, die Welt zu beurteilen.[3]

Neutschs geistiges Grunderlebnis war künstlerisch vermittelt worden, die schriftstellerischen Vorbilder prägten sein weltanschauliches Engagement. Dieser literarische Einfluß bedingte schließlich seine professionelle Nachfolge, teilzuhaben an jener demokratisch-revolutionären Geistestradition, die sich für ihn über die Jahre hin neben Seghers und Scholochow mit Namen wie Walter von der Vogelweide, Eulenspiegel, Grünewald, Ratgeb, Goya, Forster, Büchner, Heine, Stendhal, Balzac, Tolstoi, Steinbeck, Becher, Aragon, Simonow und vielen anderen verbinden sollte.[4] Doch zunächst machte sich Neutsch auf, eine etwa zehnjährige praktische Lehrzeit zu absolvieren, bevor er sich der Öffentlichkeit als Autor präsentiert:

Ich bin 1949 in die SED eingetreten und habe von 1950-1953 an der Gesellschaftswissenschaftlichen Fakultät der Karl-Marx-Universität Kulturpolitik und, gleichfalls in Leipzig, Journalistik studiert. Diese Jahre könnte ich rückblickend als die Zeit meines 'intellektuellen' Erwachens bezeichnen. Damit meine ich, daß an die Stelle ungeordneter, mitunter etwas wirrer Erlebnisse die Fähigkeit der theoretischen Verarbeitung, der kritischen Kontrolle getreten war und schließlich der Wille nach einer immer weiterführenden rationalen und ästhetischen Durchdringung der Welt. Damit aber nicht genug. So richtig produktiv begann die Sache erst dann zu werden, als sich ästhetisches Erleben und rationale Erkenntnis mit der politischen Praxis verbanden. Dies geschah, als ich als Redakteur bei der FREIHEIT im direkten Auftrag der Partei arbeitete. In der journalistischen Arbeit lernte ich, daß sich die Welt nur in dem Maße verändern läßt, in dem man das Leben kennt, wie es tatsächlich ist, und in dem man die Kenntnisse darüber theoretisch zu verarbeiten vermag.[5]

3. Ebd., S. 214, 215.
4. Ebd., S. 152 und S. 172. Siehe auch *Unsere Zeit* [DKP-Organ] vom 9.3. 1979.
5. Ebd., S. 169.

Diese journalistische Praxiserfahrung wird später nicht nur den literarischen Gehalt, sondern auch sehr stark seinen literarischen Gestaltungsmodus, seinen Stil färben. Nirgends in seinen Darlegungen gibt Neutsch jedoch Aufschluß darüber, was ihn veranlaßte, die journalistische, also eine die Gesellschaft unmittelbar ansprechende Medienform mit der literarischen und damit fiktionalen zu vertauschen. Es läßt sich aber mutmaßen, daß der Autor sein ursprüngliches Kunsterlebnis als nachhaltigere Erfahrung und damit als nachhaltigeren Erfahrungsmodus empfand als das Einwirkungsvermögen ephemerer Journalismusreportage. Zudem mag ihn die statistisch bekannte Lesefreudigkeit der DDR-Gesellschaft in seinem Vorhaben bestärkt haben. Mit der Bewegung des 'Bitterfelder Weges' jedenfalls vertauscht Neutsch seine journalistische Tätigkeit mit der schriftstellerischen, ohne jedoch jemals den Basisbereich der industriellen Umwelt zu verlassen. Es scheint beinahe, als ob die Entscheidung, Schriftsteller zu werden, eine Wiederaufnahme des primären Grunderlebnisses gewesen sei, vielleicht sogar der imitative Wunsch, die Nachfolge Scholochows anzutreten für den DDR-Staat, sozusagen der Parteiromancier des deutschen Sozialismus/Kommunismus zu werden, wobei selbst die Genrewahl an seinem sowjetischen Vorbild ausgerichtet ist, denn Neutsch stimmt mit Scholochows Konstatierung überein, "daß in der Prosa das einzige Genre, das die gewaltigen sozialen Veränderungen in unserer Gesellschaft zu erfassen vermag, der Roman war und bleibt".[6]

Aus dieser geistigen Biographie her sollte verständlich sein, daß Erik Neutsch unter den Typus des eigentlichen DDR-Schriftstellers einzureihen ist, der weder Dissensrichtungen zu verfolgen beabsichtigt noch sich in Zeitloses oder Utopisches zu flüchten sucht. Seine literarischen Ambitionen zielen vielmehr auf Konfliktdarlegungen, die immer einen kommunistischen Werdegang zur Folge haben. Insofern sind alle seine Romane in ihrer Substanz um einen definitiv parteiverpflichteten Sozialismus zentriert und spielen sich stets im Milieu der Arbeiterklasse und deren Nachwuchs ab, die vorwiegend der Neuerergeneration der fünfziger Jahre zugehört hat. Der Auflagehöhe seiner Werke nach zu urteilen (der Mitteldeutsche Verlag hatte sein Werk bis zum Jahr 1979 in einer Million

6. Ebd., S. 213.

Exemplaren herausgebracht)[7] und den Auszeichnungen[8] nach zu urteilen hat sich Erik Neutsch zu einem äußerst populären Schriftsteller avanciert, wenn auch nur innerhalb seiner eigenen DDR-Literaturgesellschaft und da wiederum nur in gewissen Kreisen.

Die bundesrepublikanische Rezeption des Autors

Bevor auf die eigentliche Rezeption des Autors innerhalb seines eigenen Landes eingegangen wird, soll hier ein kurzer Abriß der Einschätzung dieses Autors in der BRD erfolgen. Während viele seiner DDR-Schriftstellerkollegen in westdeutschen Lizenzausgaben verlegt wurden und sich dabei Ruf und Namen erworben haben, kann man das von Erik Neutsch nicht behaupten. Zwar sind seine Romane mittlerweile auch auf dem bundesrepublikanischen Markt zu finden, doch wurde mit der ersten Veröffentlichung bereits ein Schlußstrich unter ihn gezogen. 1974 erschien die westdeutsche Erstverlegung des Romans *Auf der Suche nach Gatt* in der Kleinen Arbeiterbibliothek des Kürbiskernverlags, der auch die

7. Belege:
Aus einem Interview mit Erik Neutsch in der *Freie[n] Presse Karl-Marx-Stadt* vom 28.9.1979: "Erik Neutsch, wir haben einmal nachgerechnet und da zeigt es sich, daß du in diesem Sommer mit deinen Büchern, die allein seit 1960 im Mitteldeutschen Verlag erschienen sind, eine Gesamtauflage von einer Million erreicht hast."
Aus einer Besprechung zu Erik Neutschs Roman *Frühling mit Gewalt* in *Neues Deutschland* vom 11.1.1979: "Der Andrang in den Buchhandlungen und die lange Schlange geduldig Wartender nach einem Autogramm in neuen Buch von Erik Neutsch bewiesen erneut, wie beliebt der Autor von *Spur der Steine, Auf der Suche nach Gatt* und vieler Erzählungen ist. Das erste Buch seines Romanzyklus *Der Friede im Osten* (geplant sind sechs Bücher) ist innerhalb von vier Jahren 191 000mal verkauft worden."
Aus einem Bericht über Erik Neutsch in der Zeitung *Mitteldeutsche Neueste Nachrichten*, Leipzig, vom 11.10.1974: "*Spur der Steine* und *Auf der Suche nach Gatt* sind ständig vergriffen. Und das, obwohl der Roman um Horrath und Balla bereits 18 Mal (in insgesamt 323 000 Exemplaren) aufgelegt wurde und der *Gatt* seit seinem Erscheinen im vergangenen November vier Mal (in insgesamt 125 000 Exemplaren)."
8. Auszeichnungen für Erik Neutsch: Kunstpreis des FDGB 1960, 1961, 1974; Nationalpreis 1974; Heinrich-Mann-Preis der Akademie der Künste 1971; Vaterländischer Verdienstorden Gold 1974; Artur-Becker-Medaille 1974; Kunstpreis der Stadt Halle 1971; Händel-Preis der Stadt Halle 1973; Mitglied des Zentralvorstandes des Schriftstellerverbandes der DDR seit 1963; Ordentliches Mitglied der Akademie der Künste der DDR 1974.

anderen Romane dieses Autors in Auftrag nahm[9]. Ob aus Zufall oder Absicht, *Auf der Suche nach Gatt* wurde jedenfalls von keinem weniger als Heinrich Böll in der renommierten *Frankfurter Allgemeinen Zeitung* rezensiert. Seine Darlegungen, die einen eindeutigen Verriß bezeugten, dürften nicht nur dazu beigetragen, sondern es sozusagen legitimiert haben, daß Erik Neutsch vom westdeutschen Repertoire rezensierbarer DDR-Schriftsteller ausgeschlossen ist. Die Abwertung, die Böll in dieser Besprechung vornahm, läßt erkennen, daß Maßstäbe einer ganz andersartigen Literaturkritik an den Roman herangetragen wurden, die von einem sozialistischen Standpunkt her gar nicht berücksichtigt sein wollen, und Böll somit den realen Sachverhalt sozialistischer Literatur nicht kannte oder was glaubwürdiger scheint, ihn bewußt negierte:

> Die Chance des Kriminalromans, die in jeder Suche nach einer Person liegt, hat Neutsch nicht wahrgemacht. Der Roman entbehrt der notwendigen Spannung, innerlich und äußerlich, er hat nicht den Reiz lyrischer Klage oder des inneren Monologs und nicht den Reiz kriminalistischer Recherchen; die Interruptionen wirken willkürlich und sind ärgerlich. Ich hätte gern viel mehr über Gatt gewußt. Wenn Gatt und Gabriel schon eine, wie mir scheint ziemlich aufdringliche Symbolik nahelegen, ist es dann erlaubt, in der Ehe, der ganzen Beziehung zwischen Ruth und Gatt eine symbolische Symbiose zwischen Arbeiter- und Mittelklasse zu sehen? Der Roman hat zuviel 'Inhalt' für soviel Formspielerei, zuviel ökonomisch-politische Ideologie, wo es genügt hätte, die inneren (und einleuchtenden) Spannungen zwischen Ruth, Gatt, Weißbecher, Gabriel und deren heraufkommenden Marxismusspießern an einem simplen plot, an der gegebenen Situation auszudrücken. Für den insider ist es, wenn auch mühsam erlesen, interessant, wie hier versucht wird, aus der Flächen-Hagiographie in die mythologische Dimension vorzudringen; ein ehrenwertes, doch mißglücktes Experiment.[10]

Was Böll hier neben der ästhetischen Abwertung, die übrigens viele DDR-Rezensenten mit ihm teilen, im wesentlichen rügt, ist die vordergründige Einbettung der Romanthematik in politische anstatt private Bezüge; die Problematik des Individuums ist seiner Meinung nach zu wenig psychologisch fundiert. Sie ist vielmehr in die Zwangsjacke der Ideologie gesteckt worden und die Figuren geraten dadurch zu Marionetten, nicht aber zu Individuen. Mittlerweile ist natürlich hinlänglich bekannt, daß gerade die Umkehrung

9. Erik Neutsch, *Auf der Suche nach Gatt*. München 1974.
10. Heinrich Böll, "Der Mythos Gatt oder: Zuviel gesucht", *Frankfurter Allgemeine Zeitung* vom 16.8.1975.

der Kontexte Voraussetzung sozialistischer Literaturschreibung ist, daß die menschliche Existenz unter sozialistischen Bedingungen nicht mehr ihrer unmittelbaren Selbstheit und ihrer zufälligen zwischenmenschlichen Reaktion überlassen bleibt, sondern daß das Emotionsverhalten von sozialen Ursachen her und zugleich auf soziale, oder vielmehr sozialistische Lösungen hin gedacht wird. Vielleicht wäre es für einen doch ebenfalls sehr politisch denkenden Literaten wie Heinrich Böll deshalb klärender gewesen, zu erläutern, inwiefern eine Arbeiterliteratur wie die Neutschs für den bundesrepublikanischen und generell westlichen Literaturmarkt zu artfremd, zu DDR-partikularistisch ist. Denn alle westdeutsche Arbeiterliteratur, mag sie im Stile von Günter Wallraff, Max von der Grün, Martin Walser oder Heinrich Böll sein, ist gekennzeichnet von dem sie eindeutig unterscheidenden Moment einer systemkritischen Einstellung, jenem Gütezeichen der eben anderen, westlichen Literatenintellektualität. Aus dieser Sicht oder Skepsis, die sich aller Systemaffirmation grundsätzlich verweigert, erscheint eine Schriftstellerei, wie sie Erik Neutsch repräsentiert, als politische Handlangerschaft und ästhetischer Verlust. Die Gegenargumentation wird allerdings allzu oft unsachgerecht geführt. Heinrich Mohr hat diesen Mangel an einem Parallelfall zu Neutsch illustriert, in einer Übersicht zur Rezeption Hermann Kants, einem ebenfalls sehr parteifreundlichen DDR-Schriftsteller, dessen prosaische Fertigkeit sich im bundesdeutschen Literaturmarkt allerdings als verkaufstüchtig erwies. Mohr kommt dabei in seiner kritischen Betrachtung der Kant-Rezeption zu der Schlußfolgerung, daß die Kritik in den bundesdeutschen Besprechungen "zu einer wenig erfreulichen Mischung von Witz, gespeist aus Hochmut und herablassendem Wohlwollen, und Ungenauigkeit oder auch zu purer Gehässigkeit führt" und dies den bedenklichen Sachverhalt der Existenz einer ideologischen Sperre ergebe, "die angemessenes Verstehen und gerechtes Urteil verhindert".[11]

Die feuilletonistische DDR-Rezeption des Autors

Bereits der erste Roman von Erik Neutsch, nämlich *Spur der*

---

11. Heinrich Mohr, "Gerechtes Erinnern. Untersuchungen zu Thema und Struktur von Hermann Kants Roman 'Die Aula' und einige Anmerkungen zu bundesrepublikanischen Rezensionen", *Germanisch-Romanische Monatsschrift*, Band XXI, Heft 2, 1971. S. 244f.

Steine aus dem Jahre 1964, wurde zum einschlägigen Erfolgsereignis, das seinen Schriftstellerruf bis zum heutigen Tag zumindest in seiner Literaturgesellschaft etablierte. Der Rezeptionsprozeß für diesen Roman wie auch für alle folgenden verschaffte ihm allerdings nur den Rang eines Popularschriftstellers, das heißt, er wurde vom parteilich gelenkten Feuilleton stark herausgestellt, während die literaturwissenschaftliche Diskussion ihm eine nur sehr geringe und ästhetisch-kritische Auseinandersetzung einräumte. Seine Bewertung ist damit vorrangig eine partei-intellektuelle, die sich hauptsächlich an der sozialistischen Substanz orientiert, während der fachliche Bereich ihn seiner formalen Simplizität wegen weitgehend unberücksichtigt läßt. Hier zeichnet sich selbst innerhalb der DDR das weiterbestehende Schisma zwischen Gehalt und Gestalt ab. Und gerade daran läßt sich auch ablesen, daß es nach soviel Jahren sozialistischer Instillierung in diesem Lande immer noch sehr stark aufgefächerte Perzeptionsebenen gibt. Vergleicht man z.b. die drei renommiertesten DDR-Gegenwartsromanciers, nämlich Christa Wolf, Hermann Kant und Erik Neutsch, so wird sofort deutlich, daß man es hier mit einem bürgerlich-intellektuellen, einem funktionärszugehörigen und einem proletarischen Kunstniveau zu tun hat. Die Literaturgesellschaft und die Literaturproduktion der DDR besitzt noch keineswegs klassenlosen oder homogenen Charakter, sondern ist weiterhin Ausdruck einer mittlerweile vielleicht schichtenspezifisch zu nennenden Bildungshierarchie. Die literaturtheoretische Erörterung scheint in der DDR noch nicht von dem Dualismusprinzip 'Formalismus versus Sozialistischer Realismus' losgekommen zu sein und eine dialektische Neuformierung gefunden zu haben. Neutsch jedenfalls beharrt auf seiner Prämisse, die sein jüngstes Buch *Fast die Wahrheit*[12] von Anfang bis Ende durchzieht, daß seine Leser nur von einem parteilich-orientierten Wahrscheinlichkeitsverfahren profitieren können und nicht von den Verfremdungsmodi des zwanzigsten Jahrhunderts.

Die im Feuilleton erschienenen Besprechungen zu dem Roman *Spur der Steine* teilen sich zu jenem Zeitpunkt noch in nur zwei Kategorien: erläuternde Rezensionen und Leserbriefe. Die darlegenden Einzelbesprechungen verfolgen vorwiegend parteiliche Ge-

---

12. Erik Neutsch, op. cit.

sichtspunkte. So konzentriert sich die Interpretation von Hella Comichan hauptsächlich auf die Arbeiterfigur des Romans:

> Die zweifellos markanteste Figur des Romans ist Hannes Balla, Zimmer-
> mannsbrigadier in Schkona, Herrscher auf allen Baustellen, an denen er ge-
> arbeitet hat, und er hat an vielen gearbeitet, er ist geachtet und gefürchtet
> zugleich. Geachtet wegen seiner Arbeitsleistungen und des Geldmachens,
> gefürchtet wegen seiner Rücksichtslosigkeit.[13]

Sehr genau wird die zunächst negative Arbeitseinstellung dieses
Hauptcharakters nachgezeichnet als die eines Anarchisten und
Selbsthelfers, doch seine kapitalistische Mentalität nach Geld und
Anerkennung zeigt Comichan als letztlich umgewandelt durch ein
langsames inneres Stolzwerden auf seine Arbeitsleistung, auf jene
Spuren der Steine, die nun den neuen Staat DDR durchziehen,
und für Balla eine größere Herausforderung erfüllten als alle Bau-
projekte, die der Westen zu bieten hatte. Darüberhinaus sieht Comichan Ballas selbsthelferische Brutalität einem Verwandlungspro-
zeß unterworfen:

> Rücksichtslos und brutal stiehlt er von den Nachbarbrigaden, was er
> braucht, wirft die Fahrer von ihren Dumpern, wenn sie nicht freiwillig den
> Kies an den Arbeitsplatz der Ballas fahren. So verschlimmert er die schlechte
> Arbeitsorganisation auf dem Bau noch mehr, protestiert aber auch gleich-
> sam damit gegen die ungenügende Leitungstätigkeit und fordert ungewollt
> Veränderungen heraus und verändert sich selbst dabei. Der Anarchist und
> Selbsthelfer wird zu einem bewußten Arbeiter, dessen Schöpferkraft ge-
> weckt und entwickelt ist, der sich verantwortlich fühlt für seinen Betrieb
> und seinen Staat.[14]

Mit der Erklärung der anderen großen Figur dieses Romans tut
sich Comichan schwerer, denn für einen Parteisekretär fehlt ihr die
nötige Aufstiegslinie. Seine außereheliche Liebesbeziehung und die
Verleugnung des unehelichen Sohnes wird als herzloses Verhalten
zum Mitmenschen bezeichnet und dennoch damit entschuldigt,
daß Neutsch offensichtlich "einen positiven Helden schaffen wollte, der alles andere als schematisch ist". Einleuchtender klingt das
Argument, daß diese Schwäche Horraths ein wichtiges Komposi-
tionskonstrukt für den Kontrahenten Balla ist:

---

13. Hella Comichan, "Spur der Steine: Zu dem ersten Roman von Erik
Neutsch", *Berliner Zeitung* vom 17.7.1964.
14. Ebd.

Das doppelte Gesicht Horraths irritierte ihn, je mehr er seine eigene wilde Vergangenheit ablegt. Als er während einer Übung der Kampftruppe, der er seit seinem Eintritt in die Partei angehört, auf Vorposten steht, fordert er, der bisher stets Geforderte, Horrath. Die Situation der Vorpostenstellung Ballas gibt mehr als ein weniger zufälliges Zusammentreffen mit Horrath, sie ist ein Symbol für die Beziehungen beider, in denen jetzt Balla den Vorposten Horrath gegenüber eingenommen hat. Die Dialektik der Beziehungen der beiden Figuren ist interessant und macht sie auch bedeutsam.[15]

Comichan beanstandet allerdings, daß die intellektuelle Sicht Ballas im dritten Teil des Romans zu sehr sprunghaft geweitet wurde und ihre literarisch-symbolische Überhöhung im poetischen Bild der Spur der Steine diesen Mangel nicht ausgleichen kann. Aber die Symbolwahl an sich hält dieser Rezensent für treffend, diese Metapher, die das Übergehen von der Hände Arbeit zur befreiten Arbeit im Sozialismus/Kommunismus zu erkennen gibt.

Dieser nicht geradlinige Weg ins Neuerertum, die konfliktgeladenen Konstellationen von Dogmatismus und Antidogmatismus, das Miteinander der verschiedenen Gesellschaftssphären, die Problemstellung der Haupt- und Nebenfiguren, die Einbeziehung der verschiedenen Generationsvorstellungen sind auch Basis einer sehr eingehenden anderen Besprechung. Horst Redeker schrieb 1964 in dem Parteiorgan *Neues Deutschland* eine dreiteilige Folge über diesen ersten Roman von Erik Neutsch mit dem Titel: "Ein grenzenloses Werden: Zur Dialektik in der *Spur der Steine*".[16] Auch ihm geht es weniger um eine literarkritische Gesamteinschätzung des Werkes als um den parteitheoretischen Aspekt der Dialektik, der "mitten hineinführt in die Fragen der Gegenwart und Zukunft unserer Kunst und Literatur in der Epoche des umfassenden Aufbaus des Sozialismus und der technischen Revolution".[17] Nach seiner Meinung ist es Erik Neutsch in der Gesamtanlage dieses Werkes gelungen, eine höhere Stufe der Bewältigung des dialektischen Konzepts sozialistischer Wirklichkeit zu erreichen. Wichtig für den Rezensenten dabei ist, daß der Autor zu unterscheiden wußte, daß das Aufzeigen von Widersprüchen nicht schon gleichbedeutend ist mit dialektischer Gestaltung, denn Widersprüche müssen in seiner Ansicht als Quelle der Bewegung behandelt sein, als dynamisches

15. Ebd.
16. Horst Redeker, "Ein grenzenloses Werden. Zur Dialektik der 'Spur der Steine'", *Neues Deutschland* vom 12.7.1964, 16.7.1964 und 21.7.1964.
17. Ebd.

Prinzip. Daß Horrath zunächst Balla erzieht und danach Balla Horrath ist nicht als eine lediglich Umkehrung zu verstehen, sondern als eine dialektische Heldenkonzeption ohne absoluten Helden, wobei die Regression oder der gemachte Fehler nicht Ausscheiden bedeutet, sondern ein neuer Anfang, der nicht ein Von-vorn-Anfangen meint:

> Insofern ist es also nicht eine einfache Umkehrung, kein bloßer Austausch und Stellungswechsel mit gegenläufiger Bewegungsrichtung.[18]

Es gibt für den Rezensenten nur den Prozeß des Vorwärtsschreitens, der Differenzierung. Aus diesem Blickwinkel wird auch Katrin, die dritte Hauptfigur des Romans, gesehen; sie ist durch ihre Schicksalsumstände nicht einfach gescheitert oder soll nicht als resigniert empfunden werden, sondern sie hat durch die Veröffentlichung ihres Zeitungsartikels, der die Ursachen ungenügender Leitungstätigkeit aufzeigt, ihr Vorwärtsschreiten bewiesen und nicht ihre Kapitulation:

> Sie hat die Höhe ihres Artikels erreicht und die liegt schon über ihrer Beziehung zu Horrath, von dem sie sich zugleich mit diesem Artikel lossagt.[19]

Aus der dialektischen Sicht heraus will Redeker auch verständlich machen, daß der sogenannte offene Schluß des Buches nicht pessimistisch angelegt ist, obwohl zwei Hauptpersonen im Widerspruch zurückgelassen werden. Der Leser soll nach Meinung des Rezensenten "den Schluß nicht so sehr als offene Frage, sondern als offen für neue Prozesse sehen, die der im Buch allgemeinen Bewegung entsprechen".[20] Redeker meint, daß es in Neutschs Absicht lag, die Dialektik bis ins Ende hinein zu einem ästhetischen Erlebnis zu machen, indem er Konflikte vorführt, die von beinahe selbstquälerischer Konsequenz sind. Dieses vitale Wechselspiel der Figuren enthüllt die "gewaltige Erziehungsaufgabe des Sozialismus, eine Erziehung als wechselseitige Bereicherung, Korrektur und Entfaltung der Persönlichkeit in der Gemeinschaft, der Entwicklung und Prüfung seines Bedürfnisses, sich als schöpferisches Mitglied der Gemeinschaft zu betätigen und zu bestätigen".[21] So sieht er in der Interaktion von Balla und Horrath, von Katrin und Horrath, von

18. Ebd.
19. Ebd.
20. Ebd.
21. Ebd.

Balla und Katrin, von Balla und Hesselbart usw. die ständige Auseinandersetzung, deren Resultante unendlicher Fortschritt ist. Ähnlich wie Comichan erläutert auch Redeker die Entwicklung der Hauptfigur Balla an Hand der Spurenmetapher, die jeweils auftaucht als hinweisendes Moment seiner schrittweisen Entfaltung. Weit ausführlicher als Comichan geht er aber auf die Erweiterung des Arbeitsbegriffs bei Balla ein. So stellt er heraus, daß Balla von einem veralteten Konzept des Handwerkertums herkommt und nur sehr langsam überzeugt werden kann von der Notwendigkeit und Fortschrittlichkeit des Montagebaus. In Krassin, seinem sowjetischen Gegenbild, doch bereits ausgerüstet mit dem unbedingten Glauben an die wissenschaftlich-technische Voraussicht, erkennt Balla das, was aus ihm werden könnte und aus ihm werden muß. Die parteiliche Erläuterung Redekers dazu lautet:

> Die Erfahrung, die Balla machen muß – und das ist ein Grundproblem unserer technischen Revolution im umfassenden Aufbau des Sozialismus –, besteht darin, daß Wissenschaft und Technik im Sozialismus eine gesellschaftliche Erweiterung und Vertiefung der Beziehung von Subjekt und Objekt im Arbeitsprozeß bedeuten.[22]

An Balla glaubt der Rezensent exemplifiziert, daß die technische Entwicklung nicht zur Entfremdung führen muß, solange die Produktion nicht zu einer Ausbeutung des Menschen durch den Menschen und damit zu einer Entwertung der Menschenwelt schlechthin führt. Insofern interpretiert Redeker auch die Wiederkehr Ballas aus der Sowjetunion in die Heimat nicht als eine Rückkehr in den Status quo, sondern als eine Rückkehr mit neuen Ideen. Die Baustelle an sich wird in diesem Roman zum leitmotivischen Milieusymbol erhoben, die die Begrifflichkeit vertritt, immer wieder sozialistischer Neubau und sozialistische Weiterentwicklung zu sein. Der Rezensent sieht somit in dem Roman auf überzeugende Weise ästhetisch sichtbar gemacht, daß der Begriff Arbeit unter sozialistischen Bedingungen echten Kulturcharakter erhält, "daß der Prozeß der Entfaltung des produktiven Reichtums der sozialistischen Gesellschaft zugleich der Prozeß der Entfaltung des kulturellen Reichtums der sozialistischen Persönlichkeit ist".[23] Diese Wertung der Arbeit wird in einer weiteren Rezension zu diesem Roman sehr geschickt in Verbindung gebracht mit der Ar-

22. Ebd.
23. Ebd.

beitsauffassung, die der westdeutsche Arbeiterliterat Max von der Grün darlegt. Horst Gessler schreibt in der *Berliner Zeitung* einen Beitrag unter dem Titel: "Zwei Bücher — Mensch und Technik: Gedanken zu *Spur der Steine* und *Irrlicht und Feuer*".[24] Der Vergleich geht von der Prämisse aus, daß sich unter kapitalistischen Bedingungen die Kulturentwicklung nur unter der Form der Entfremdung des Menschen vollziehen kann, daß ein Arbeitsprozeß dieser Art nur zur Deformation des Individuums führen kann. Gessler stellt heraus, daß beide Bücher in der Sphäre der materiellen Produktion spielen, daß beide realistisch dargestellt sind, aber dennoch oder gerade deshalb zwei völlig verschiedene Welten vermitteln. Der westdeutsche Autor beschreibt in Gesslers Ansicht jene kapitalistischen Produktionsverhältnisse, die den Sinn der menschlichen Arbeitsleistung pervertieren. Gessler meint, daß die technische Entwicklung ein objektiver Prozeß sei, von dem sowohl im Kapitalismus als auch im Sozialismus alle Zweige der Produktion erfaßt werden. Im Gegensatz zum Kapitalismus hat jedoch die Anwendung der modernen Technik im Sozialismus eine völlig andere Intention:

> Gewiß geht es hier auch um die Steigerung der Arbeitsproduktivität. Aber ihr Ziel ist nicht der Profit, sondern die maximale Befriedigung der materiellen Bedürfnisse der Menschen.[25]

Gessler unterscheidet jedoch dieses Ziel materieller Befriedigung von bürgerlichen Ansprüchen. Es geht ihm darum zu verdeutlichen, daß die Befriedigung erst aus einem echten Lebenssinn resultiert, einer Arbeit, die den Menschen ausfüllt und ihn als Menschen bestätigt:

> Wie gesagt, nichts gegen den Wagen, nichts gegen den Wohlstand. Aber Wohlstand als alleinseligmachendes Lebensziel bedeutet letztlich Deformierung des menschlichen Wesens.[26]

Genau das aufzuzeigen, enthält Neutschs Roman. Nach Gessler ist hier gestaltet worden, wie mit der Aufhebung der kapitalistischen Entfremdung und Entwürdigung des Menschen durch sozialistische Produktionsverhältnisse eine harmonische Übereinstimmung zwischen Individuum und Gesellschaft realisiert werden kann. Arbeit,

24. Horst Gessler, "Zwei Bücher — Mensch und Technik. Gedanken zu 'Spur der Steine' und 'Irrlicht und Feuer'", *Berliner Zeitung* vom 13.12.1964.
25. Ebd.
26. Ebd.

in des Rezensenten Ansicht, darf nicht Arbeitsentlastung durch profitablere Automatisation bedeuten, darf nicht Repressalie oder Gefährdung für den Arbeiter enthalten, darf nicht zu einer fälschlichen Konsumbefriedigung führen, sondern hat schöpferische Leistung und Beitrag zu sein:

> Im Produkt, das für die Allgemeinheit geschaffen ist und dem Produzenten nicht fremd gegenübersteht, findet der Mensch seine wahre Bestätigung.[27]

Entgegen den parteitheoretischen Überlegungen dieser drei Rezensenten, die den Roman sämtlich aus der Perspektive sozialistischer Arbeitsmoral analysieren, zeigen die Leserbriefe entweder eine mehr emotionale Bezugnahme oder eine praxisvergleichende Stellungnahme. Alle Zuschriften beziehen sich auf die drei Hauptgestalten des Romans, also Balla, Horrath und Katrin. Über Balla ist man sich einig; er wird lebensnah und vorbildhaft empfunden, man versteht und akzeptiert die künstlerische Intention. So finden sich folgende Kommentare:

> Erik Neutsch ist es besonders gut gelungen, den Kraftmenschen Balla künstlerisch zu gestalten, sein anfängliches, grobes Draufgängertum, sein langsam sich veränderndes Verhalten, seine mit vielen Rückschlägen und Verzögerungen unterbrochene Einsicht vom 'Ich' zum 'Wir'.[28]

> Es wurde gefragt, ob es Ballas neben uns gibt. Es gibt sie zu Tausenden. Menschen, die durch individuelle Schwierigkeiten nicht den Weg zu ihrer Weiterentwicklung fanden. Sie fühlen sich unter ihrem Wert beschäftigt und nicht ausgelastet. Auch viele Facharbeiter befinden sich in dieser Lage. Sie haben ein gutes theoretisches Wissen und einen Einblick, aber noch keinen Überblick. Sie sind voller Tatendrang und wollen ihre Kraft beweisen. Wo sie daran gehindert werden, machen sie ihrem Ärger Luft. Manchmal finden sie dabei nicht den richtigen Weg und machen Fehler, wie Balla. In der Praxis begegnen sie aber selten einem so verständigen, seiner Verantwortung bewußten Horrath. Oft werden sie von überheblichen oder überlasteten Leitungskadern abgekanzelt. Durch diese falsche Behandlung verkümmern häufig talentierte Kräfte. Ein Zustand, der noch oft auftritt und unserer Entwicklung schadet. Die Ballas benötigen viel mehr Aufmerksamkeit.[29]

Die Gestaltung der Horrath-Figur wird dagegen von der Leserschaft als schwach und kontrovers empfunden. Sein privater sowie sein

27. Ebd.
28. Leserbrief von Charlotte Frenzel, *Berliner Zeitung* vom 30.8.1964.
29. Leserbrief von G. Kulling, *Berliner Zeitung* vom 30.8.1964.

professioneller Lebensverlauf werden als unstimmig bezeichnet. Typisch sind folgende Kommentare zu dieser Gestalt:

> Horrath ist in zweierlei Gestalt geschildert, auf der einen Seite großartig, in Arbeit, Leiten und Planen, auf der anderen Seite seiner Partnerin gegenüber unehrlich und feige. Meiner Meinung nach wird dieses doppelseitige Verhalten der Position eines verantwortungsvollen Parteisekretärs nicht gerecht.[30]

> Nicht gelungen scheint mir der Parteisekretär Horrath. Ich bin der Meinung, daß unsere Parteiorgane auf solch einer wichtigen Großbaustelle unserer Republik solche Menschen als Parteisekretäre vorschlägt, die fest zur Partei der Arbeiterklasse stehen und ein einwandfreies moralisches Verhalten an den Tag legen und kein Doppelspiel treiben. Gewiß sind auch diese Menschen nicht ohne Fehler, aber das Parteikollektiv ist bisher immer in der Lage gewesen, solche Schwächen zu überwinden. Oder ist es denn typisch, daß ein Parteisekretär in unserer Zeit eine Geliebte hat? Solch ein Mensch hat die Grundsätze der sozialistischen Moral nicht begriffen und gehört nicht in eine solch verantwortungsvolle Position.[31]

> Es ist mir unverständlich, daß dieser Mann, der seine Arbeit so liebt, auf der einen Seite den Mut hat, gegen die Mißstände anzukämpfen, auf der anderen Seite in seinem persönlichen Leben so inkonsequent ist und versagt. Hier bin ich der Meinung, daß Neutsch fürchtet, ihn vorher idealisiert zu haben und daher seine Schwächen übertreibt. Wie sollte man sonst seine Haltung verstehen?[32]

> Enttäuschung bereitete mir Erik Neutsch durch den plötzlichen Abstieg von Horrath. Dieser Mann, der fast all seine Kräfte für die zu beseitigenden Mißstände zur Verfügung stellt, aber als Privatmensch mehr oder weniger versagt, muß am Ende seiner Laufbahn Steine klopfen. Bei dieser Arbeit sterben aber Fähigkeiten und Fertigkeiten, welche der Gesellschaft nur zum Nutzen sein können, ab.[33]

Das Liebesverhältnis zwischen Katrin Klee und Horrath findet in der Leserdiskussion allerdings auch Fürsprache, insofern man das Thema für ein wichtiges Gesellschaftsproblem hält, das berechtigt ist, künstlerisch eingebracht zu werden. Zwei Lesermeinungen verkörpern die Brisanz dieses Themas:

> Jeder wird unschwer erkennen, daß die moralische Wertung eines solchen Falles dem Standpunkt Erik Neutschs entgegengesetzt ist. Das weiß auch Neutsch. Und ich sehe gerade darin Neutschs Hauptanliegen, gegen moralisierende Entrüstung anzukämpfen. Neutsch will m.E. vor allem zeigen, daß

30. Leserbrief von Charlotte Frenzel, *Berliner Zeitung* vom 30.8.1964.
31. Leserbrief von Herbert Meißler, *Berliner Zeitung* vom 30.8.1964.
32. Leserbrief von Karla Müller, *Berliner Zeitung* vom 24.7.1964.
33. Leserbrief von Joachim Noetzel, *Berliner Zeitung* vom 31.7.1964.

eine formale, lebensfremde, administrierende Behandlung komplizierter Probleme würdelos ist, daß sie der sozialistischen Lebensauffassung fremd ist, weil sie nicht den Menschen, sondern den Fall sieht. Wer ist wertvoller zum Schluß, Horrath oder Bleibtreu? Neutschs Antwort ist eindeutig. Die andere, schwierige Frage, die sich Neutsch gestellt hat, ist das Finden einer positiven Antwort auf dieses Problem. Neutsch redet keineswegs anarchischen Zuständen, der Sprengung aller Verhaltensnormen das Wort. Es ist jedoch bemerkenswert, daß Neutsch uns eine Ehe als aufhebungswürdig schildert, in der nicht unhaltbare Zustände herrschen. Neutsch stellt auch nicht den asketischen Standpunkt als akzeptabel hin, nach dem die Eltern um der Kinder willen auf die Erfüllung ihrer Sehnsucht nach Liebe und Glück verzichten müssen. Die Hauptursache dafür, daß Horraths Liebe keine Erfüllung hat ist nicht Bleibtreu, so gefährlich und unheilvoll dieser Typ auch ist, solange er noch Macht hat, sondern Horrath selbst, sein Verzicht auf den Kampf führt dahin, daß Horraths und Katrins Glück zerbricht.[34]

Horrath richtet sich und wird gerichtet. Wie endet Bleibtreu? Weit schlimmer sind jene, die unter vier Augen flüstern: Du kannst schon mal fremdgehen. Hauptsache, du läßt dich nicht erwischen. Diese widerlichen Ratgeber trauen anderen auch nur Schürzenjägereien zu. Bei der Versammlung unterschieben sie den Gestrauchelten noch politische Motive, um sich zu decken und den anderen mundtot zu machen. Gut wäre es, wenn der Autor sich diesen Karrieristen etwas näher zuwenden würde.[35]

Die Figur Katrin Klee hat den geringsten Kommentar ausgelöst. Sie wird zumeist im Kontext der Liebesaffaire gesehen, nicht aber als gleichberechtigte Frauenfigur neben den Männern Balla und Horrath. Kommentare zur Wesenswerdung dieser Frau finden sich denn auch nur sehr vereinzelt und relativ negativ:

Enttäuscht war ich lediglich von der Haltung Katrin Klees am Ende des Buches. Mußte sie wirklich kapitulieren?[36]

Mich berührte der Schluß schmerzlich. Katrin, die man in Moskau schon als Genesende angesehen hat, ist am Ende des Buches krank und zwar in einem solchen Grad, daß man große Sorge um sie hat. Ihr seelischer und moralischer Zustand ließ jetzt alle die Eigenschaften vermissen, die sie Horrath und dem Leser liebenswert machten. Soll das dieselbe Katrin sein, die vorher so anspornend und beispielgebend auf mich wirkte? Hier habe ich den Eindruck bekommen, daß Neutsch etwas zu pessimistisch überzeichnet, um beim Leser nicht den Eindruck zu erwecken, er sehe als Autor alles zu rosig.[37]

34. Leserbrief von Hans-Georg Kranhold, *Sonntag* vom 27.9.1964.
35. Leserbrief von Horst Weiner, *Berliner Zeitung* vom 30.8.1964.
36. Leserbrief von Annemarie Krause, *Berliner Zeitung* vom 24.7.1964.
37. Leserbrief von Karla Müller, *Berliner Zeitung* vom 24.7.1964.

Der Umfang dieser Besprechungen, ihre Bemühung um parteiliche Intellektualität und Loyalität, die verschiedenen Angänge, das Buch immer wieder auf seinen sozialistischen Kern hin auszuloten, die breite Hereinnahme in die wichtigsten Zeitungen der DDR deuten darauf, daß hier eine bewußte Kulturpolitik bei der Rezeption angestrebt und verfolgt wird. Diese Methodik, sozialistische Literaturbewertung in den breiten Vermittlungsprozeß des Zeitungswesens einzuschließen, ist auch für den nächsten, 1973 erschienenen Roman *Auf der Suche nach Gatt* beibehalten worden. Eine Tendenz, die im vorausgegangenen Rezeptionsprozeß noch nicht zum Ausdruck kam, wird jetzt die zunehmende Kritik der gestalterischen Mängel werden. Interessant ist vielleicht auch die Tatsache, daß Erik Neutsch seinen Roman in DDR-freundlichen Presseorganen der BRD durch Interviews bekannt macht[38], ein Darlegungsmodus, den man in der DDR erst beim nächsten Werk verwenden wird. Interessant ist vielleicht aber auch, daß man diesen zweiten Roman zu einem Fernsehfilm machte, was wiederum zu einer Fernsehkritik Anlaß gab[39].

Zunächst sei hier die Kontur zweier Einzelerörterungen nachgezogen, die den Roman aus parteilicher Sicht den Lesern des *Neuen Deutschland* und dem FDJ-Organ *Forum* nahelegen wollen. Eberhard Günther schreibt für das Parteiorgan *Neues Deutschland*[40], daß ihn noch selten ein Buch durch die in ihm gestalteten Schicksale, durch die leidenschaftliche Parteinahme des voranschreitenden Lebens und die sich damit aufwerfenden Fragen so gepackt und gezwungen habe wie dieser Roman. Er sieht vor allem die brennende Frage nach dem Verhältnis des einzelnen zu seiner Gesellschaft, zu seiner Klasse angeschnitten:

---

38. Interviews oder Gespräche, wie man sie in der DDR nannte, mit dem Autor werden für diese Arbeit zur Rezeption nicht behandelt; es betrifft hier: "Der Wirklichkeit auf die Schliche kommen. Aus einem Gespräch mit Oskar Neumann", *Deutsche Volkszeitung* [DFU-Organ] vom 28.2.74, in seiner Gesamtheit abgedruckt in *Kürbiskern* 2, 1974. "Ich verachte die Stagnation....", *Unsere Zeit* [DKP-Organ] vom 9.3.73.
39. "Auf der Suche nach Gatt. Fernsehfilm nach dem gleichnamigen Roman von Erik Neutsch. Drehbuch und Regie: Helmut Schiemann; Kamera: Winfried Kleist", *Sonntag* vom 8.2.1976.
40. Eberhard Günther, "Da kam einer tief aus dem Berg. Zu Neutschs Roman 'Auf der Suche nach Gatt' ", *Neues Deutschland* vom 8.11.1973.

Diese Problematik, auf die gerade in letzter Zeit von der Partei wiederholt hingewiesen wurde, steht im Zentrum von Neutschs künstlerischem Bemühen. Was ist in unserem Kampf um eine gute Zukunft der Menschheit, in diesem oft harten, von der Auseinandersetzung mit dem Klassengegner geprägten Kampf, ein Mensch wert? Wie sehen jene inneren Verbindungslinien zwischen der gesellschaftlichen Entwicklung und dem Denken, Fühlen und Handeln des einzelnen aus? Die Suche des Autors nach Gatt ist im übertragenen Sinne vornehmlich eine Suche nach Beantwortung dieser Fragen. Unerbittlich fragt Neutsch immer wieder, wie sich die prinzipielle Übereinstimmung der gesellschaftlichen Interessen mit den Interessen des einzelnen im konkreten Leben seiner Helden in widerspruchsvoller Weise verwirklicht. Mit diesem Streben, den Dingen auf den Grund zu gehen, knüpft Neutsch an die besten Traditionen sozialistischer Literatur an.[41]

Günther beschreibt, daß das bewundernswerteste Merkmal an Gatt seine unerschöpfliche Kraft ist, die ihn jede Niederlage überwinden läßt. Zu jenen Quellen der Kraft gehören seiner Meinung nach die Verantwortung des Individuums, die Einstellung seiner Mitmenschen, aber nicht zuletzt die revolutionären Traditionen seiner Klasse. Dies hat ihm der Autor sichtbar gemacht an der eindrucksvollen Gestalt des ehemaligen KZ-Häftlings und späteren Kaderleiters der Zeitung und dessen geistigem Verhältnis zu Mehring und Marchlewski:

Gerade diese Verwurzelung in der Geschichte seiner Klasse hat einen entscheidenden Einfluß darauf, daß Gatt es gelingt, seine Verzweiflung zu überwinden.[42]

Günther glaubt auch, daß sich diese Klassenverbundenheit in der Erzählweise und der Komposition des Werkes spiegelt. Neutsch habe sich nämlich einerseits um einen Wirkungsmodus bemüht, der den Leser an der Suche nach seinem Helden, seinem Ringen um ein richtiges Urteil teilhaben läßt und andrerseits eine Form der Rechenschaftslegung gewählt, die diese Verantwortung nicht nur einem einzelnen zuteilt, sondern alle Beteiligten diesem Prozeß unterwirft, wodurch deutlich wird, "daß es um die vielfältig miteinander verflochtene, sich gegenseitig bedingende Entwicklung aller geht. Gatt, Weißbecher, Ruth, der Erzähler – sie alle sind sich am Ende der Erzählung auf tiefere Weise ihres kollektiven Wesens bewußt".[43]

41. Ebd.
42. Ebd.
43. Ebd.

Die von Rulo Melchert verfaßte Rezension für das FDJ-Organ *Forum* ist ebenfalls aus parteistandpunktlicher Sicht dargelegt, geht aber etwas von der bisher gewohnten Befürwortung ab und läßt so einige unerwartete kritische Beobachtungen einfließen, die den Beginn einer von nun an einsetzenden zwiespältigen Haltung zu Neutsch ankündigen. Melchert macht zunächst darauf aufmerksam, daß dieser Roman imitativ auf ähnliche Versuche anderer Schriftsteller zurückgreift, die ebenfalls die fünfziger Jahre der DDR zum Thema haben, wie zum Beispiel Anna Seghers' große Romane *Die Entscheidung* und *Das Vertrauen* oder Hermann Kants *Die Aula* und *Das Impressum* oder *Nachdenken über Christa T.* von Christa Wolf. Zudem sei an diesen vorausgegangenen Romanen zu beobachten, daß sie alle einem Berichtschema unterliegen und nun dies auch Neutsch in seinem Roman als Modell verwendet. Insofern sieht er *Auf der Suche nach Gatt* zwar als originelle Variation, wodurch aber etwas Modisches registriert wird. Melchert sagt zwar, daß dieses literarische Schema gut und notwendig sei, denn man könne heute nicht mehr linear über die Kompliziertheit des Lebens schreiben, aber es schwingt doch ein Bedauern in seinen Zeilen mit, daß Neutsch sich diesem Mode-Schema angeschlossen hat. Deutlicher wird das noch, wenn Melchert darauf zu sprechen kommt, daß Gatt nicht mehr die Figurenzeichnung eines Arbeiters vom Typ Balla ist, sondern sozusagen nur eines Arbeiters, der unter die Intellektuellen abwanderte:

> Gatt ist von seiner Herkunft zwar Arbeiter, doch seinen Bergmannsberuf verläßt er frühzeitig, als junger Mann noch, weil ein Parteiauftrag ihn an die Front des journalistischen Kampfes ruft; am Ende finden wir diesen Gatt, nach seinem Scheitern als Journalist wieder als Arbeiter. Den Hauptteil des Romans aber bestreitet ein Gatt, der Journalist ist, der hier seine Erfolge und Mißerfolge, seine Höhen und Tiefen im Beruf und privat hat. Sicher wird eines verdeutlicht, wobei wir Erik Neutsch nicht als prädestiniert für die Gestaltung von Arbeiterfiguren festlegen wollen, daß es mit der Nachfolge eines Balla garnicht so einfach ist. Ein Gatt hat manches von einem Arbeiter an sich, von seinen Charakteranlagen her, von seiner Denk- und Fühlweise, aber seine Biographie, wie sie Neutsch im Roman gibt, verweist darauf, daß die intellektuelle Aufladung einer Arbeiterfigur, wie wir das öfter in der Wirklichkeit, im Leben beobachten, für die Literatur unbedingt Gestaltungsprobleme mit sich bringt.[44]

44. Rulo Melchert, "Auf der Suche nach Gatt", *Forum* 21, 1973.

Wenn nicht eindeutig, so doch zwischen den Zeilen dieser Beurteilung, läßt sich vermuten, daß für Melchert der anfänglichen Romanleistung nichts Ebenbürtiges nachfolgte. Er findet auch das Ende dieses zweiten Romans noch problematischer als das in *Spur der Steine*. Es ist zu rund und glatt. Das Pensum, das Gatt letztlich zu seiner Entwicklung noch zu erledigen hat, ist einfach zuviel und somit werden die Ereignisse nur aufgezählt, statt daß sie aus der Figurenperspektive des Helden selbst kämen:

> In dem Bestreben dem Helden auf die Beine zu helfen, richtet er ihn fast zugrunde. So haben wir einen Schluß, der gar nicht nötig gewesen wäre, wenn Erik Neutsch mehr seiner eigenen Geschichte, seinem Helden vertraut hätte.[45]

Neben den journalistischen Einzelbesprechungen wurde auch die Rubrik Leserbriefe weitergeführt. Die Leserdiskussion zu diesem Roman fand diesmal ausschließlich in den Spalten des *Sonntag* statt. Sie war dadurch vielleicht nicht ganz so umfangreich wie die vorausgegangene zu *Spur der Steine*, vermittelt aber doch ein sehr klares Bild über die Grundstimmung der Leserrezeption. So läßt sich erkennen, daß sich in den knapp zehn Jahren seit dem letzten Roman eine wesentlich anspruchsvollere Leserschicht herangebildet zu haben scheint, die nur noch zum Teil mit der parteilichen Konsequenz oder der emotionalen Anteilnahme ihrer Vorgänger urteilt. Man begegnet somit beinahe zwei konträren Lesergruppen, jenen, die den Roman in treuer Weise befürworten und jenen, die sich nicht scheuen, scharfe Kritik zu üben. Diese unterschiedliche Einschätzung des Buches läßt sich aller Wahrscheinlichkeit nach darauf zurückführen, daß die Leserschaft mittlerweile in einen Generationsunterschied eingemündet ist. Die Jüngeren fühlen sich 1973 einfach nicht mehr von einer Thematik angesprochen, die die Problematik ihrer Eltern zum Gegenstand hat und scheinbar aller Literatur zu unterliegen scheint. Die negativen Urteile kommen zweifellos von Lesern, die sich übersättigt fühlen von den Darlegungen und Verherrlichungen der DDR-Gründerjahre, die die Probleme ihrer Gegenwart nicht angesprochen sehen. Die positive Reaktion, die Faszination mit diesem Roman *Auf der Suche nach Gatt* resultiert denn auch aus der Erinnerung und Identifikation. Folgende Leserkommentare bezeugen das:

45. Ebd.

In der Zeit, wo uns die Frage 'Wer-Wen' persönlich, täglich und stündlich in unmittelbarer Form vor Aufgaben stellte, die keinen Aufschub duldeten, und andrerseits die machtausübende Arbeiterklasse das ihr gemäße Herrschen im Sinne der Diktatur des Proletariats erlernen mußte, waren jene 'Durchreißer' wie Gatt notwendig und traten auch breit in Erscheinung. Und gerade in komplizierten Situationen, wie sie sich am 17. Juni oder am 13. August präsentierten, waren jene erfolgreich, die vom Klassenstandpunkt ausgehend prinzipiell, unkompliziert, zügig ans Werk gingen. Neutsch hat uns aber auch gezeigt, daß das Vermögen dieser Gatts nicht mehr ausreicht, wenn sie nicht mit der ständigen gesellschaftlichen Entwicklung mithalten.[46]

Es ist Neutschs Stärke, daß er aktuelle Widersprüche unserer Gegenwart mit einer gewissen Kraßheit darstellt, allerdings bei einer gleichzeitigen Tendenz, sie ins Versöhnliche münden zu lassen. Daß der Mensch im Sozialismus die Chance hat, in der Mitte seines Lebens noch einmal neu zu beginnen und kraft erworbener Erfahrungen in Situationen zu bestehen, in denen man früher versagte — das ist eine These, die man mit soviel Hoffnung wie Zweifel hört. Neutsch trägt sie mit der Suggestivität einer Utopie vor: Er legt in eine Figur hinein, was dem einzelnen selten oder nur partiell gelingt und wohl nur für eine Folge von Generationen, für die Arbeiter als Klasse Gültigkeit haben kann.[47]

Auf der anderen Seite der Leserrezeption offenbarte sich eine Kritik, die bewies, daß differenziertere Ansprüche an ein literarisches Werk herangetragen werden, daß es mittlerweile eine Leseröffentlichkeit gibt, die neue kulturelle Bedürfnisse hat, deren literarischer Erwartungshorizont über lediglich Identifikation, Emotion, Unterhaltung und parteiliche Selbstverständlichkeiten hinausgewachsen ist. Diese Ablehnungen adressieren dabei vorwiegend Gestaltungsaspekte, die die heutige Realität nicht mehr vertreten, die für das geistige Weitergeschrittensein nicht sensitiv genug sind, die wie ausgediente Schablonen anmuten. Gestaltwechsel ist nicht gleichzusetzen mit Formalismustendenz, er sollte vielmehr etwas aussagen über Differenzierung, über Subtilität, das Neue zu erfassen. Es dürfte deshalb nicht überraschen, wenn im Jahre 1973 Stimmen laut werden zu diesem Roman, die die Gestaltungspraxis von ihrer Lebenspraxis her negieren. Ein vielzitierter und umstrittener Leserkommentar war der von Karin Hirdina:

Mag sein, daß bei gleichen Erfahrungen das Wiederfinden historischer Fakten das Leseerlebnis in eine andere Richtung steuert als meines. Für mich

46. Leserbrief von Rolf Pretorius, *Sonntag* Nr. 15, 1974. S. 6.
47. Leserbrief von Leonore Krenzlin, *Sonntag* Nr. 8, 1974, S. 6.

ergab sich: Hier werden vor allem Thesen und Prinzipien illustriert. Die Hauptthese: Geschichte wird von Menschen gemacht. Dem ist ja gewiß zuzustimmen, aber diese Menschen stehen bei Neutsch für Prinzipien, von diesen werden die literarischen Figuren bewegt. Gatt selbst verkörpert die These, daß revolutionäre Ungeduld, Klasseninstinkt allein nicht mehr als Entscheidungsgrundlage ausreichen, wenn die Frage 'Wer-Wen' komplizierter geworden ist. Neutsch versucht eine Illusion zu widerlegen, die Vorstellung vom unfehlbaren Klassenkämpfer ohne Konflikte. Unter der Hand entsteht ihm eine neue Illusion: Gatt ist der aus Unwissenheit schuldlos Schuldige, dem nur Kenntnisse fehlen (die er dann im Studium erwirbt), um Kraft und Ungebrochenheit wiederzuerlangen. Das individuelle Gesicht so unvermittelt zum Spiegelbild 'unserer Zeit' zu erklären, heißt das Individuum zum allgemeinen Wesen aufzublähen, Gesellschaft und Individuum unvermittelt zu identifizieren. Als literarische Methode erzeugt das Typen, nicht individualisierte Figuren.[48]

Aber nicht nur die Gestaltungsmethodik der sozialen Belange stößt auf Widerspruch, ein ästhetisch verfeinerter Gestaltungsstil wird verlangt, wie folgender Leserbrief verdeutlicht:

So sehr Neutsch sich auch bemüht, seine beiden, die hauptsächlichen Ich-Erzähler, durch sprachliche Differenzierung voneinander abzugrenzen, zeigen beide viele Gemeinsamkeiten. Am deutlichsten wird das in der Eigenart der Erzähler, wichtige Ereignisse und Erfahrungen mit unveränderter Wortfolge in Erinnerung zu bringen. Diese Methode hat einen rationellen Kern, führt aber dazu, daß sich schnell Ungenauigkeiten als Folgen mangelhafter Unterscheidung einschleichen. Führt ferner dazu, daß mehr berichtet denn erzählt wird. Viele Geschichten außerhalb des Erlebnisbereiches von Gatt bleiben im Klischee-Rahmen stecken. Das gilt auch für Impressionen alltäglicher Handlungen, die fernab von der Arbeitswelt existieren. In solchen Passagen ist Neutsch ohne Einfälle. Er bemüht althergebrachte Wortbilder: 'Räder hämmern über die Schiene', 'es schimmern die Sterne', irgendwer 'saugt an einem erkalteten Zigarettenstummel' und 'ein dünner Faden Blut' bekommt dicke Bedeutung. Neutsch beherrscht die Sprache der Ökonomie, der Industrie, die ihm als Erzähler unpoetische, kräftige, kernige Substantivierungen abverlangt. Ein geistreich-philosophischer Erzähler aber ist Neutsch nicht. Wo immer aber der Journalist Neutsch zum Erzähler wird, kommt er mit seinen Absichten am besten voran. Also müßte er sich mehr seinen Erzählereigenschaften verpflichtet fühlen, um seine gesellschaftswissenschaftlichen Lehrbuchtexte entschlossen aus dem Bereich der Didaktik ins Reich der Erzählung zu heben und dem Erzählerischen wären dann auch die Dialoge unterzuordnen. Das heißt, sie müßten konsequent die Geschicke und die Geschichte mitbestimmen.[49]

---

48. Leserbrief von Karin Hirdina, *Sonntag* Nr. 3, 1974. S. 6.
49. Leserbrief von Bernd Heimberger, *Sonntag* Nr. 15, 1974. S. 6.

Diese erstmals negative Leserkritik blieb nicht unbeantwortet. Das Urteil über die Mängel der Gestaltungsaspekte wurde zwar als konstruktiver Verbesserungsmodus befunden und selbst jede parteiliche Rezension wird zukünftig einen guten Teil der Analyse der Ästhetik der Romane widmen. Die gesellschaftliche Darstellungskritik, wie sie Hirdina vorlegte, wurde jedoch nicht zugelassen. Individualisierung der Figurengestaltung zu verlangen, das schien an die Gefahr der Individuation zu grenzen, das würde sich nicht mit den Allgemeinheiten einer Zeitgenossenschaft vereinbaren lassen. So widerspricht ihr ein Leser folgendermaßen:

> Wer den älteren Jahrgängen angehört, hat diese gewichtigen Daten [...] für immer inne. Die Rezensentin weiß das zum mindesten aus Dokumenten. Und solche Überlieferungen aus jüngster Vergangenheit als verbürgte Erfahrung für Jüngere aufzubewahren, das ist ein erheblicher Verdienst von Neutsch. Im übrigen scheint es mir an der Zeit, den heute offenbar in Verruf gekommenen Begriff des Typischen neu zu fassen. Schließlich leben die großen Gestalten der Weltliteratur für immer, weil ihre Persönlichkeit − im Goetheischen Sinne − von Zügen zusammengefaßt wird, die für die Periode ihrer Gesellschaft typisch waren, geschichtsbildend, zukunftsträchtig. Das Recht, nicht naturalistisch einen zufälligen Zeitgenossen, sondern einen Kommunisten mit typischen Merkmalen herauszustellen, Merkmalen, die sich in Übereinstimmung mit den gesellschaftlichen Situationen oder zum Zusammenprall mit echten oder vermeintlichen Abweichungen von der Linie der Partei führen, ist also auch Neutsch zuzubilligen.[50]

Eine weitere Gegenargumentation brachte der die Literaturdiskussion abschließende Bilanzartikel von Mathilde Dau, die sich auch verpflichtet fühlte, derartige Abweichungen kategorisch zurechtzurücken. Sie meint, daß die Suche nach Gatt nicht einfach die Suche nach einem originellen Menschen zu sein habe, sondern "nichts geringeres als die Gestaltung der Geschichtsmächtigkeit, einer revolutionären, proletarischen Subjektivität, deren Klassenrepräsentanz zugleich von gesamtmenschheitlicher, gattungsrepräsentativer Tragweite ist". Mathilde Dau ist es aber auch, die in ihren Abschlußbemerkungen sehr genau auf Neutschs Gestaltungsmängel eingeht und damit einen Schlußstrich unter die bisherige Praxis zieht, die Schwächen zwar sah, ihnen aber keine vermindernde Breite einräumte. Ihre Beobachtungen summieren so ziemlich alle Unzufriedenheiten, die man bisher nur angeschnitten hatte:

50. Leserbrief von Heinz Bär, *Sonntag* Nr. 14, 1974, S. 6.

Vielleicht sollte Neutsch auf den Rat seiner Leser hören und seinen von
der Reportage herkommenden 'harten' Stil beibehalten, der ihm mehr zu
liegen scheint als ein philosophisch reflektierender, ins Symbolisch-Bedeut-
same gesteigerter Stil. Die poetische Verallgemeinerung wird nicht immer
mit der gebotenen Behutsamkeit, dabei in sich konsequent und überzeugend vorgenommen. Verstärkt wird dieser Eindruck durch Stilbrüche;
schöne und schlicht-eindringliche Passagen wechseln mit Stellen, die mit
hypertrophierten, allzu gewollt erscheinenden Stilmitteln überfrachtet
sind. Das gesamte kompositorische Gefüge hat Schwächen. Brüchiges und
Fragmentarisches wird verdeutlicht, wo entscheidende Wendepunkte zu gestalten wären. Manche Reflexionen mißraten zu nackter Didaktik, philosophisch Gemeintes bleibt ohne poetische Verdichtung, die aber in herbeige-
holt wirkende oder wenig originelle, in Kolportage abgleitende Metaphern
nicht erzwungen werden kann.[51]

Die Tendenz zunehmender Leserunzufriedenheit, ihre anspruchsvollen Stellungnahmen zu Gehalt und Gestalt dieses letzten Romans *Auf der Suche nach Gatt* mag Grund gewesen sein, die Leserdiskussion für die nächstfolgenden Werke Erik Neutschs in der
Presse einzuschränken. Die ersten beiden Bände, *Am Fluß* (1974)
und *Frühling mit Gewalt* (1978), des auf sechs Bände geplanten
Romanzyklus *Friede im Osten* lassen jedenfalls die öffentliche Resonanz der Leserzuschriften vermissen. Dafür beginnt man jetzt in
breitem Ausmaß einen neuen Erörterungsmodus einzuführen, nämlich das mit dem Autor geführte Gespräch zu seiner jüngsten Produktion.[52] Dies rückt auch von der abstrakt-didaktischen Erklärungs-
methode ab, versichert aber dennoch eine parteiliche Hinführung zu
dem jeweiligen Roman. Wohl finden sich noch Einzelbesprechungen, sie scheinen aber an durchdringender Intensität verloren zu
haben. Sie haben mehr den auf die Neuerscheinung hinweisenden

51. Mathilde Dau, "Suche nach Gatt. Zur Bilanz einer Literaturdiskus-
sion", *Sonntag* Nr. 25, 1974. S. 3.
52. Gespräche mit dem Autor zu den Romanen *Am Fluß* (1974) und
Frühling mit Gewalt (1978):
"Aufbruch einer Generation ins neue Leben", *Neues Deutschland* vom 5.3.
1974.
"Der Friede im Osten", *Freiheit* (Halle) vom 8.5.1974.
"Erik Neutsch", *Mitteldeutsche Neueste Nachrichten* (Leipzig) vom 11.10.
1974.
"Erik Neutsch über 'Der Friede im Osten'", *Unsere Zeit* [DKP] vom 6.1.1975.
"Heute-Gespräch mit Erik Neutsch", *Freie Presse* (Karl-Marx-Stadt) vom 28.
9.1979.

Charakter angenommen und finden sich gestreuter auch in der Regionalpresse. Aus dieser Tatsache, daß die Selbstdarstellung des Autors maßgebend wird, läßt sich kulturpolitisch gesehen vielleicht folgern, daß man auf einen neuen Einwirkungsprozeß umgestiegen ist, der mehr verspricht als der bisherige paritätische Auswirkungsprozeß von Rezensentenstellungnahme und Lesermeinung.

Die Rezensionen zum ersten Band des entstehenden Romanzyklus *Am Fluß* nahmen ihren Anfang im *Neuen Deutschland*, das Monate vorher bereits den Roman durch ein Gespräch mit Erik Neutsch eingeführt hatte. Die Besprechung von Werner Neubert ist denn auch sehr kurz gehalten.[53] Er stellt heraus, daß es erfreulich sei, mit einem Buch für den 25. Jahrestag der Republik aufzuwarten, das über Weg und Wandlung Aufschluß gibt:

> Die Gründung der Deutschen Demokratischen Republik im Herbst 1949 erscheint als ein Datum, von dem man spürt, daß es auch in diesem Romanwerk Menschenschicksale neu begründen, neu verknüpfen, zu neuen Stationen führen kann.[54]

Er gibt einen kurzen Abriß der Handlung und bespricht die verschiedenen Figuren, und versucht dabei zu erläutern, daß es sich um eine Wandlung von Mensch und Zeit handelt, die von einem gesellschaftlichen, ideologischen, moralisch-ethischen Standpunkt her angegangen ist. Er fügt aber auch kritische Einwürfe hinzu, so zum Beispiel seien entscheidende Kulminationspunkte noch nicht voll ausgeschöpft und viele Passagen seien noch nicht genügend künstlerisch konzentriert und durchgestaltet. Aber der Rezensent endet damit, daß dieses Gebot qualitativer Gleichmäßigkeit von dem Autor geleistet werden wird, denn "ohne Zweifel verfügt Erik Neutsch über eigene Möglichkeiten, das Schwierige zu meistern".[55] Die im Grunde nur wiederholte Kritik mit ihrer konstruktiven Attitüde beginnt hier bereits abgegriffen zu klingen.

In einer weiteren Besprechung zu dem Roman *Am Fluß* zeigt Fritz Matke auf, daß das Lösen junger Menschen aus der faschistischen Ideologie, ihr Anderswerden einem beliebt gewordenen Grundthema folge, das auch bei Dieter Noll, Max Walter Schulz, Martin Viertel und Günter Görlich anzutreffen ist. Er versteht

---

53. Werner Neubert, "Auf der Spur tiefgehender Wandlungen. Zu Erik Neutschs neuem Roman 'Am Fluß' ", *Neues Deutschland* vom 3.10.1974.
54. Ebd.
55. Ebd.

nach einer Nacherzählung der Ereignisse des Romans den übergeordneten Buchtitel *Friede im Osten* als leitmotivisch gesetzt:

> Denn wenn auch die Mühen des Anfangs riesig waren, wenn sich in den er-
> sten Nachkriegstagen noch Schlimmes ereignete, Hunger und Not nur lang-
> sam wichen, so herrscht doch Friede dort, wird er bewahrt und gehütet,
> wo Arbeiter und Bauern regieren.[56]

Als unangenehm fällt ihm die Manier auf, Hervorhebungen durch
Versalien oder Kursivschrift vorzunehmen:

> Ein aufmerksamer Leser, und das Buch fordert mitgehende Leser, hat das
> nicht gern. Ich fühle mich da immer mit der Nase auf Dinge gestoßen, die
> auch ohne typographische Merkzeichen auffallen. Nun das sind winzige
> Schönheitsfehler, die den guten Gesamteindruck nicht schmälern.[57]

Ähnlich wie Fritz Matke versteht auch Heinz Plavius in seiner Besprechung[58] den übergeordneten Titel des Zyklus als Anlehnung
an ex oriente pax. Er sieht jedoch große Probleme auf dieses als
Epopöe angelegte Werk zukommen. Plavius geht davon aus, daß
eine Prosa, die sehr weitgehend auf Fakten beruht, sich im Kon-
kurrenzkampf begreifen muß mit effektiveren Mitteln, vor allem
mit den Medien oder der ausgesprochenen Dokumentarprosa. Für
die Fiktion ergibt sich damit dringender denn je das Kunstgesetz,
daß alles faktische Material einer sehr subtilen Interpretationsidee
untergeordnet sein muß:

> Interessant ist nicht mehr so sehr die Quantität, sondern die Qualität, die
> den Fakten durch die poetische Grundidee, durch das künstlerische Anlie-
> gen und die künstlerische Subjektivität verliehen wird. Gelingt mit ihnen
> tatsächlich ein neuer Einblick in die erzählte Zeit? Erik Neutsch ist mit
> seinem Buch zumindest dieser Gefahr nicht entgangen. Durch die ihm ei-
> gene Besessenheit in der Aneignung von Lebensmaterial hat er in diesem
> Roman große Charaktere und Konflikte überdeckt, die im Ansatz zweifel-
> los vorhanden sind, aber von der Last der mitgeteilten Fakten gewisserma-
> ßen erdrückt werden.[59]

56. Fritz Matka, "Vom Anderswerden junger Menschen", *Tribüne* vom
24.1.1975.
57. Ebd.
58. Heinz Plavius, "Soziale Wandlung im Roman", *Berliner Zeitung* vom
24.11.1974.
59. Ebd.

Die eingehendste feuilletonistische Besprechung zu diesem ersten Band *Am Fluß* hat Friedrich Sommer unternommen.[60] Auch er will einer generellen Leserschaft Vorteile und Nachteile dieses Werkes verdeutlichen. So ist er überzeugt, daß das Buch für ältere und jüngere Jahrgänge gleichermaßen die Geschichte des antifaschistischen Neuaufbaus zu einem Erlebnis macht; denn der Reiz besteht gerade darin, "daß die geschichtlichen Leistungen, welche die Arbeiterklasse in den Jahren vor der Gründung der DDR vollbracht hat, in miterlebbaren Figurenbeziehungen, im Denken und Fühlen liebender und hassender, kämpfender und leidender, irrender und suchender Menschen greifbar werden".[61] Nach einer inhaltlichen Nachzeichnung der vier Hauptkapitel des Buches, also Nachkrieg, Gefangenschaft, Schule und Liebe, die alle von ihrer parteilichen Perspektive her als vorbildlich eingeschätzt werden, kommt Sommer zu der Feststellung, daß es Neutsch gelungen sei, "in einer groß angelegten Handlung den Klassenkampf als treibende Kraft der Geschichtsentwicklung sichtbar zu machen. Zahlreiche Bezüge zu weltpolitischen Ereignissen lassen das konkrete Geschehen in Graubrücken als Teil revolutionärer Weltprozesse erscheinen".[62]

Sommers Meinung nach hat jedoch dieser epische Raum neben der politischen Genauigkeit und atmosphärischen Ausstrahlungskraft auch die Schwäche, daß sich die mitunter mehr mitgeteilten als poetisch beschriebenen Details der Lesereinwirkung entziehen. Auch die Figuren, obwohl sie gleichermaßen als soziale Repräsentanten und als unverwechselbare Individuen angelegt sind, zeigen streckenweise unnötige Exaltiertheit oder bleiben in einer abstrakten Typisierung stecken, die keine "eigene geistige Physiognomie in gestisch durchgestalteter lebendiger Rede" offenbart. Und obwohl es Neutsch nach Ansicht des Rezensenten sehr gut versteht, in einer stark anteilnehmenden und wertenden Erzählweise zu schreiben, so läßt er doch zu oft "denselben Sachverhalt von verschiedenen Figuren wiederholt erleben oder gedanklich verarbeiten, so daß sich variierende Wiederholungen häufen, die gelegentlich überflüssig wirken, weil sie keinen nennenswerten Informationsgewinn bieten".[63] Allerdings will auch dieser Rezensent seine

60. Friedrich Sommer, "Achim, Frank und die Leute aus Graubrücken", *Freiheit* (Halle) vom 3.10.1974.
61. Ebd.
62. Ebd.
63. Ebd.

kritischen Anmerkungen nicht mißverstanden sehen und schließt deshalb seine Besprechung damit, daß diese Überlegungen keinesfalls die ideologisch-künstlerische Leistung in Frage stellen, "können aber vielleicht doch der Arbeit an den folgenden Bänden dienlich sein". Interessant ist vielleicht anzumerken, daß keine dieser gestalterischen Mängel in Sommers Buchkritik eingeflossen sind, die er für das bundesdeutsche DKP-Blatt *Unsere Zeit* schrieb.[64]

Entsprechend wird auch das 1978 erschienene zweite Buch *Frühling mit Gewalt* des geplanten Zyklusvorhabens auf seine Intention geschichtlicher Sozialismusentwicklung der DDR hin gefeiert, doch gleichzeitig scheinen sich die Kommentare zu den erzähltechnischen Schwächen zu steigern. Die Besprechung im maßgebenden *Neuen Deutschland* von Christel Berger[65] stellt zunächst wieder die ungeheure Popularität dieses Schriftstellers heraus: daß der erste Band *Am Fluß* innerhalb der letzten vier Jahre 191 000-mal verkauft worden sei und daß der zweite Band aller Voraussicht nach wieder dieses Erfolgserlebnis haben wird. Im übrigen habe das neue Werk auch nichts an Spannkraft und Parteilichkeit verloren. In ihrer Nachzeichnung der Handlung, die sich diesmal auf den Zeitraum 1951-1953 erstreckt, lobt sie die Stoffwahl, welche die Entwicklungsprobleme, die Unerfahrenheit und die möglichen ideologischen Kinderkrankheiten der damaligen Jugend zum Gegenstand hat:

> Wie Matthias Münz, Achim Steinhauer und Frank Lutter in den unterschiedlichsten Situationen darum ringen, ihrer Verantwortung als Genossen diszipliniert und charakterfest gerecht zu werden, das sind Verhaltensbeispiele, die wohl in den konkreten Fällen die 50er Jahre betreffen, aber ebenso die prinzipielle Haltung von Kommunisten hier und heute meinen.[66]

Doch trotz ihrer Zustimmung zu Neutschs neuem und ihrer Meinung nach im ganzen gelungenem Buch will sie nicht einige kritische Kommentare bezüglich der künstlerischen Gestaltung verhehlen. Dies betrifft ihrer Ansicht nach immer noch die Schwäche, das Wechselspiel zwischen individuellem Schicksal und historischen Fakten poetischer zu verquicken:

64. Friedrich Sommer, "Die neue Gesellschaft aufbauen heißt, neue Menschen erziehen", *Unsere Zeit* vom 16.10.1974.

65. Christel Berger, "Eine Chronik vom Beginn unseres Weges", *Neues Deutschland* vom 18.1.1979.

66. Ebd.

Als Hilfsmittel hat Neutsch hierbei die Möglichkeit von Dialogen oder Tagebucheintragungen genutzt, in denen sich die verschiedenen Figuren ausführlich über Fragen der Zeit verständigen. Gelegentlich werden diese Gespräche oder Überlegungen zu verkappten Kommentaren, mit denen der Autor dem Leser Fragen jener Zeit zu erklären versucht. Dabei gelingt es ihm nicht immer, das Gesprochene oder Gedachte genau mit der jeweiligen Figur zu verbinden. Da sich der dozierende Charakter dieser Gespräche bei den unterschiedlichsten Figuren ähnelt, ist es Neutsch auch nicht immer gelungen, die einzelnen Figuren mittels der Eigenart ihrer Redeweise zu charakterisieren.[67]

Berger rät dem Autor diese Unverwechselbarkeit der Figuren mit mehr poetischem Einfallsreichtum und mit mehr individueller Motivierung zu gestalten. Aber auch sie will diese kritischen Anmerkungen nur als konstruktives Korrektiv verstanden wissen.

Wenn man noch einmal auf die fünfzehn Jahre feuilletonistischer Rezeption des Romanwerkes von Erik Neutsch zurückblickt, so läßt sich erkennen, daß es sich hier um eine sehr sorgfältige und konzertierte, also zu einem gewissen Grad gesteuerte Kulturpolitik der Stellungnahme zu diesem Autor handelt. Der erste Roman, *Spur der Steine*, fand noch eine sehr eingehende parteitheoretische Analyse, die es vermied, die ästhetische Qualität zu werten; die Lesermeinung zu diesem Zeitpunkt basierte noch auf einer möglichen Identifikation. Mit dem zweiten Roman, *Auf der Suche nach Gatt*, schien sich eine liberalere Meinungspraxis abzuzeichnen; im Meinungsstreit enthüllte sich ein Generationskonflikt, der nicht länger den anti-faschistischen Heldenkampf der Eltern nacherleben wollte; zudem wurden die Gestaltungsschwächen des Autors, die längst unterschwellig bestanden, ans Tageslicht gebracht. Für die beiden folgenden Romane des Zyklus *Friede im Osten* nahm man deshalb Abstand von den bisher dominierenden Rezeptionsmechanismen, der intensiven Einzelbesprechung sowie der ausführlichen Leserdiskussion und verlagerte die Presseerörterung der Neuerscheinungen auf die Rubrik 'Gespräch mit dem Autor': Diese Selbstdarstellungsform zielt mehr auf Einwirkung als auf Auswirkung. Offensichtlich wurde auch, daß die Hinweise auf die Gestaltungsmängel keine Änderung brachten, denn der Katalog der ästhetischen Kritik blieb sich über alle Romane hin gleich.

67. Ebd.

Die wissenschaftliche DDR-Rezeption des Autors

Der elfte Band der in der DDR erarbeiteten *Geschichte der deutschen Literatur* beschäftigt sich mit der Darstellung der *Literatur der Deutschen Demokratischen Republik*.[68] Es ist dies die sehr bedacht vorbereitete und für In- und Ausland gültige Version einer Selbsteinschätzung der DDR-Gegenwartsliteratur. Im Kapitel "Darstellung der sozialistischen Gegenwart"[69] steht Neutschs Beschreibung neben denen seiner Schriftstellerkollegen Hermann Kant und Christa Wolf. Ein Vergleich dieser Darlegungen zu den drei Schriftstellern macht es offensichtlich, daß er qualitativ sehr niedrig eingestuft ist. Man widmet ihm wohl eine breite Nachzeichnung der parteilichen Gehaltlichkeit seiner Werke, aber bleibt zu sehr in der inhaltlichen Wiedergabe stecken. Die literarischen Schwierigkeiten werden auf Konfliktdarstellungsprobleme und Personenbeschreibungen beschränkt, die nicht unter die größten Probleme seines künstlerischen Vermögens fallen. Die eigentlichen ästhetischen Erzählschwächen bleiben ausgespart oder vielmehr, sie werden geschickt mit einer Fußnote versehen in den Bilderläuterungsanhang verwiesen; dort findet man einen Brief von Erik Neutsch an die literaturtheoretische Zeitschrift *Weimarer Beiträge* abgedruckt[70], der Stellung nimmt zur Kritik an seinem Roman *Spur der Steine* und wo sich Neutsch gegen die dort aufgebrachten Vorwürfe epischer Gestaltungsschwächen und unpoetischer Sprachbehandlung zu verteidigen sucht. Liest man daneben die sich in diesem Band anschließenden Abhandlungen seiner beiden Schriftstellerkollegen, deren anspruchsvolles Erzählvermögen gleichwertig neben ihre gehaltliche Authentizität gestellt wird, so wird die qualitative Ein- und Abstufung nur allzu deutlich.

Die Skepsis gegenüber seinem ästhetischen Können innerhalb des akademischen Kreises, wie sie dieser Literaturgeschichtsband, wenn auch diskret, zu verstehen gibt, dürfte zutreffen. Dies ist auch daran ersichtlich, daß man seinem Werk unter Literaturspezialisten mit mehr Schweigen als Diskussion begegnet oder daran, daß man seine ästhetischen Prinzipien in Fachzeitschriften sehr angreift.

---

68. *Geschichte der deutschen Literatur.* Hrsg. von einem Autorenkollektiv unter der Leitung von Horst Haase und Hans Jürgen Geerdts, Erich Kühne, Walter Paulus. Berlin 1976.
69. Ebd., S. 525.
70. Ebd., S. 849f.

Zwar bestätigt man in solchen Fachartikeln zunächst auch immer den parteilichen Charakter seines Werkes, aber man läßt Neutsch doch wissen, daß sein Verständnis des sozialistischen Realismus ohne jegliche Differenzierung, ohne Weiterentwicklung geblieben ist. Neutschs ästhetische Gestaltungsmodi werden für eindimensional gehalten, sie haben sich in all den Jahren seiner schriftstellerischen Tätigkeit jedem ästhetischen Zugewinn widersetzt. Selbst dem Schriftsteller wirklich freundlich gesinnte Kritiker werden von dem Autor nicht wahrgenommen, wie das nachfolgende Beispiel demonstrieren soll; denn die hier im Jahre 1974 aufgeworfenen Probleme sind sich auch noch im Jahre 1980 gleichgeblieben.

Dietrich Sommer, der bereits in der feuilletonistischen Darlegung in Erscheinung getreten war, schrieb für die *Weimarer Beiträge* auch eine literaturwissenschaftliche Analyse des Romans *Auf der Suche nach Gatt*.[71] Hatte er als Feuilletonist seine Erörterungen sehr zurückhaltend vorgetragen, so analysiert er als Literaturspezialist diesen Roman wesentlich präziser auf seine ästhetischen Qualitäten hin. Aber es muß doch enttäuschend gewesen sein für diesen Rezensenten, die gleichen Mängel vier Jahre später wiederzufinden. Bei diesem Roman aus dem Jahre 1974 lobt er den Autor zunächst für seine Erzählhaltung, insofern das Erzähler-Ich die Berichte Gatts und anderer kommentiert und stellenweise sogar auktorial unterbricht, um zu korrigieren, und daß dadurch alle Erlebnis- und Zeitebenen, alles Geschehen und alles Gedachte von einer richtigen kommunistischen Erzählperspektive her gewertet wird. Er verweist auch auf die kompositorisch klug eingesetzte Technik vorwärts- und rückwärtsweisender Beziehungen und sinnfälliger Wiederholungen von Vorgängen und Ereignissen. Aber er entblößt auch ästhetische Mängel, die er folgendermaßen beschreibt:

> Erik Neutsch hat sich im *Gatt* wieder zur äußersten Zuspitzung vieler Situationen und zur Überhöhung der Hauptfiguren entschlossen. Allerdings wirkt im Hauptteil Gatts Hang zum Spontan-Anarchischen und zu selbstzerstörerischen Kurzschlüssen trotz der vorgeführten Motivationen mehr als Übersteigerung denn als Überhöhung. Gatts geringe Fähigkeit, aus dem Bannkreis seines Ich herauszukommen, kann den Leser gelegentlich nervös machen, zumal die Kontrastfiguren — der korrupte Erpresser Koslowski, Ruths Vater und Dr. Minnich — ganz und gar auf Nazi-, bürgerliche Arzt- und Altintellektuelltypen festgelegt sind. Überdies bleiben die periphären

71. Friedrich Sommer, "Erik Neutsch: 'Auf der Suche nach Gatt' ", *Weimarer Beiträge*, 5, 1974. S. 153-161.

[sic!] Figuren fast samt und sonders im Chargenhaften stecken. Das ist schade, weil sich der Autor dadurch Möglichkeiten verbaut, mehr zu 'shakespaerisieren' [sic!], also die vorgeführte Welt noch bunter, reicher, sinnlicher zu gestalten.[72]

Er bemängelt auch, daß das philosophische Denken des Autors die Figurendarstellung stärker als nötig beeinflußt, daß die Dialogführung vielfach an lebendiger Natürlichkeit verliert, die Diktion stellenweise strapaziert wirkt und die Überfrachtung mancher Gesprächsteile mit Bildungsgütern das Miterleben erschwert.

Auch in der Fachzeitschrift *Neue deutsche Literatur*, jenem Organ des Schriftstellerverbandes der DDR, kommen neben aller parteilichen Befürwortung des Autors kritische Ästhetikkommentare zum Ausdruck. So sagt Elisabeth Simons zum zweiten Band *Frühling mit Gewalt*:

Erik Neutsch will verständlich schreiben. Er verwendet jedoch teilweise wenig durchgearbeitete sprachliche Mittel und widmet offensichtlich der literarischen Ausdruckskraft und Sprachpräzision zu wenig Aufmerksamkeit. Leider wird dadurch stellenweise das Lesevergnügen beeinträchtigt.[73]

Ebenfalls in dieser Zeitschrift, wenn auch im Zusammenhang mit einer Erzählung und nicht mit einem Roman von Erik Neutsch, erschien eine Beurteilung von Artur Arndt, die eine sehr treffende Gesamtsicht bietet:

Mich beeindruckt immer wieder der ihn auszeichnende hohe Grad an revolutionärem Elan, unverhüllter Parteilichkeit, wie er sich in seinen Werken und Äußerungen stets dokumentiert. Bei jedem Buch von Neutsch aber, das ich zur Hand nehme, empfehle oder mit Studenten behandle, frage ich mich etwas bekümmert, warum ausgerechnet ein Autor wie dieser sich so wenig geneigt zeigt, seine für meine Begriffe einengende Auffassung von Funktion und Qualität, von Rezeption und Wirkung literarischer Arbeiten einer kritischen Prüfung zu unterziehen. Erik Neutsch gehört unbestritten zu jenen führenden Autoren, denen die sozialistische Literatur unseres Landes entscheidende Impulse verdankt [...] Jedoch: Ist 'Parteiliteratur', der sich Neutsch mit sympathischem Nachdruck verpflichtet fühlt, wirklich (und womöglich unwandelbar) so zu begreifen, daß ihre Ausstrahlung, wann auch immer, in erster Linie auf politischen Manifestationen beruht und erst dann (vielleicht gar zufällig) auf ästhetische Komponenten zurückgeht? Wie anders soll man Neutsch verstehen, wenn er faktisch die große Wertschätzung des Wortes des Künstlers nicht mit dem hohen Rang des künstlerischen Wortes gleichsetzt? Für mich ist demgegenüber die Aufhe-

---

72. Ebd., S. 158.
73. Elisabeth Simons, "Episoden eines gesellschaftlichen Panoramas", *Neue deutsche Literatur*, 2, 1979, S. 135.

bung des unseligen Dualismus von Gehalt und Gestalt, wie ich sie bei Georgi Kunizyn formuliert gefunden habe, weit einleuchtender. Danach existiert ein revolutionärer Ideengehalt im Kunstwerk nur in dem Maße, in dem er mit der künstlerischen Qualität übereinstimmt, und im übrigen habe 'das Ästhetische in der Kunst nicht nur eine Form, sondern auch einen Inhalt'. So gesehen, mutet Neutschs Bemerkung, er sei 'kein Schreiber, der sich sagt, nun machst du mal eine Novelle und nun baust du mal künstlich' (künstlich?), sondern er schreibe das, was ihn 'bewegt und erregt mit aller Ehrlichkeit' nieder, fast wie eine archaische Genügsamkeitserklärung an. Natürlich setzen sich im Schreibvorgang, liegt ihm eine umgrenzte Erzählabsicht zugrunde, die dem Gegenstand im wesentlichen adäquaten Genregesetzmäßigkeiten strukturbildend weitgehend spontan durch. Kann aber bei einem solchen — ich übertreibe — 'naiven' Herangehen etwas anderes entstehen als bestenfalls eine mehr oder weniger ausgereifte Vorlage für das, zu gestaltende Werk?[74]

Erik Neutsch und sein Verhältnis zur Rezeptionskritik

Die feuilletonistische sowie die fachliche Rezeption des Romanwerkes von Erik Neutsch ist von zwei übereinstimmenden Urteilen geprägt: auf der einen Seite wird er für einen parteiloyalen Erzähler gehalten; auf der anderen Seite wird sein ästhetisches Gestaltungsvermögen für gering erachtet. Neutsch hat diese Einschätzung nicht unbeantwortet gelassen. Schon 1964 konstatierte er:

Auch die Literaturwissenschaft — viele meiner Kollegen werden mir das bestätigen — läßt uns in unseren Bemühungen allein. Sie nimmt nicht oder sehr spärlich — in Rostock einer, in Greifswald einer und vielleicht hier und dort noch einer — unsere Literatur zur Kenntnis. Sie versucht nicht, bestimmte Dinge zu verallgemeinern: unsere ästhetischen Bedürfnisse, die Fragen, die wir in unserer Literatur zu stellen versuchen, und die ästhetischen Probleme, die vor uns stehen. Manchmal habe ich, wenn ich die Literaturwissenschaft allgemein betrachte, das Gefühl, daß die Literaturwissenschaftler zur Zeit eine ähnliche Haltung einnehmen wie im Jahre 1955 die Landwirtschaftswissenschaftliche Fakultät der Universität Halle: Draußen entstanden die Genossenschaften und in der Fakultät wurde kapitalistische Betriebslehre gelehrt.[75]

An dieser Einstellung hat sich bis heute nichts geändert. Der Literaturkritiker hat nach Neutschs Meinung immer noch keinen Begriff von sozialistischer Literatur, die ästhetischen Kategorien des sozialistischen Realismus werden immer noch nicht von Bewertungsmaßstäben her beurteilt, die dieser Weltsicht entsprächen:

74. Artur Arndt, "Polemische Prosa", *Neue deutsche Literatur*, 12, 1979. S. 133f.

75. *Fast die Wahrheit*, S. 84.

Müßten die Kritiker sich nicht von überlebten und manchmal sogar bürgerlichen Kunstschablonen trennen und statt dessen versuchen, eine der Weltanschauung der Arbeiterklasse, dem wissenschaftlichen Marxismus-Leninismus adäquate Ästhetik zu formulieren? Ich will damit nicht sagen, daß
dergleichen nicht schon geschähe, doch ich bin überzeugt, daß dabei unab-
lässig die Kritiker – wie die Schriftsteller auch – von den Lebensidealen
und dem Schönheitsempfinden des werktätigen Volkes zu lernen hätten,
die sich sicherlich anders geben als in literarischen Salons oder Caféhäusern.
Und vielleicht kämen sie dann auch bei der Betrachtung von Kunstwerken,
einschließlich Büchern, klopften sie sie einmal nach sozialistischen Maßstäben ab, zu Erkenntnissen, die die Leser bereits hinter sich haben.[76]

1978 in einer Rede vor dem VIII. Schriftstellerkongreß, verschärf-
ten sich seine Vorwürfe gegen die Literaturkritik zu satirischem
Ton, als er an einem Beispiel die Doppelzüngigkeit dieses Metiers
darlegte:

Freilich wünschte ich mir auch, was die volksverbundene und parteiliche
Literatur in diesem Lande angeht, die von Millionen gelesen wird, daß die
Kritik ihr ebenfalls mit der nötigen Weitsicht begegnet. Vielleicht könnte
das Motto andernorts einmal lauten: Die Verantwortung des Kritikers in
den Kämpfen unserer Zeit. Ich finde, ein Rezensent macht sich unglaubwürdig – und das ist wohl das Schlimmste, was ihm passieren kann –,
wenn er sich beispielsweise in der einen Zeitung auf Lenin beruft und von
ihm sagt: 'Er wandte sich dagegen, einer Minderheit süßen und raffinierten
Biskuit zu reichen, während es den Massen an Schwarzbrot fehlt; er forderte immer, auch auf dem Gebiet der Kultur und Kunst, die Arbeiter und
Bauern vor Augen zu haben', im gleichen Atemzug in einer anderen Zeitung an einem Buch die 'unmittelbare Wirklichkeitsdarstellung' kritisiert
und von ihr meint: 'Sie bringt uns einen wirklichen Neuansatz bei der Bewältigung unserer Gegenwart, zugleich wird dabei allerdings der Kunstwert,
die Kunstfertigkeit des literarischen Abbilds weniger bedacht.' Dergleichen
von einem Buch zu behaupten, könnte ja möglich sein, wenn, ja, wenn der
Rezensent nicht zugleich auch wieder über die 'Wirklichkeitsdarstellung'
die Nase rümpfte, über das, was man Lebensnähe nennen könnte, sie als
unliterarisch verdächtigt und die Kunst mit ü zu schreiben beginnt, als
'Künst'.[77]

Diese Bemerkungen dürften hinreichend klarmachen, daß Neutsch
zumindest in der ästhetischen Literaturkritik keine parteiliche oder
sozialistische Kunstrezeption sieht, sondern einen an formalistisch-
unsozialistischer Ästhetik orientierten Intellektuellenelitismus.
Wenn man das im Jahr 1979 erschienene Buch *Fast die Wahrheit*

76. Ebd., S. 76.
77. Ebd., S. 135.

in seiner Totalität nimmt, das eine Sammlung seiner Ansichten zu Kunst und Literatur seit dem Jahre 1961 enthält, so wird man bestätigt finden, daß es sich bei diesem Schriftsteller um eine absolut konstant gebliebene Kunstprogrammatik handelt, von deren konservativer Linie abzuweichen für ihn einer Einschwenkung in den verräterischen Modernismus gleichkäme. Nach Neutsch hat sozialistische Ästhetik nach den Grundsätzen Parteilichkeit, Dynamik und Wahrscheinlichkeit zu fungieren, die keiner Flexibilität unterliegen dürfen, weil sonst die Gefahr des Abweichens in den Existentialismus, in die Gesellschaftskritik und in die Abstraktion gegeben ist. Neutsch scheint es schwer zu fallen, zu glauben, daß es auch in der sozialistischen Ästhetik Entwicklung und Differenzierung geben könnte.

GÜNTER KUNERTS ROMAN *IM NAMEN DER HÜTE* – UNTERSUCHT IM WERK- UND KOMMUNIKATIONSZUSAMMENHANG

von

Marieluise de Waijer-Wilke

Kunert war bis 1967, dem Erscheinungsjahr seines Romans, mit zwei Lyrikbänden und einem Kurzprosaband an die bundesrepublikanische Öffentlichkeit getreten. Die West-Rezeption des Kunertschen Werkes setzte mit dem Erscheinen seines ersten Lyrik-Auswahlbandes bei Hanser im Jahre 1963 ein.[1]

Während es über die Lyrik Kunerts und – wenn auch in geringerem Maße – über seine Kurzprosa eine der Rezeption in den Medien parallel laufende wissenschaftliche Rezeption gibt, so war sein Roman noch nie Gegenstand einer ausführlichen Untersuchung. Dies ist um so erstaunlicher, als der Rezeptionsprozeß von *Im Namen der Hüte* in der DDR zwar nicht ungewöhnlich, zumindest aber doch recht bemerkenswert verlief: *Im Namen der Hüte* wurde im Mai-Heft des offiziellen Publikationsorgans des Deutschen Schriftstellerverbandes, *Neue deutsche Literatur*, im Jahre 1967 in Auszügen abgedruckt und so dem DDR-Publikum vorgestellt. Im selben Jahr erschien der vollständige Roman, jedoch dann nur bei dem westdeutschen Hanser-Verlag. Ein DDR-Verlag publizierte Kunerts Romanerstling erst knapp zehn Jahre später: 1976 erschien das Buch in einer ersten Auflage im Eulenspiegel Verlag, Berlin; 1978 folgte eine zweite Auflage.

---

* Dieser Beitrag ist die umgearbeitete Fassung einer Staatsexamensarbeit an der Deutsch-Abteilung der Freien Universität Amsterdam.

1. *Erinnerung an einen Planeten*. Gedichte (1963). – Erstmals außerhalb der DDR vorgestellt hatte den jungen Lyriker ein Niederländer mit einer Anthologie aus dem Jahr 1960: Ad den Besten: *Deutsche Lyrik auf der anderen Seite*, München.

Aus den 60er Jahren liegen keine ostdeutschen Rezeptionsdokumente zu *Im Namen der Hüte* vor, es sei denn, man betrachtet
den Vorabdruck des Romanfragments als ein Dokument, das
durch seine Präsentation Aufschluß zu geben vermag über die damalige Rezeptionslage.

Im Westen wurde *Im Namen der Hüte* empfangen als erster epischer Versuch eines Lyrikers. Die Lyrik- und Kurzprosa-Texte hatten wegen ihrer sprachlichen Konzentration und ihrer paraboli-
schen Aussageweise allgemein Anerkennung gefunden. Die Kurzprosa-Texte galten als "lyrische Prosa" oder "Prosagedichte", da
man ihr Prinzip als ein seinem Wesen nach 'lyrisches' empfand, das
man aber auch für diese Textsorte als durchaus angemessen akzeptierte.

Es soll gezeigt werden, daß das gleiche Prinzip, das der Lyrik
und Kurzprosa Kunerts in den Augen der Literaturkritiker ihren
besonderen literarischen Wert verlieh, auch im Roman Anwendung
fand, dort aber auf die Ablehnung und das Unverständnis derselben Kritiker stieß. Auf sprachlichem Gebiet verurteilte man es als
'Manier', seine strukturbildende Funktion innerhalb des Romans
wurde gar nicht gesehen.

Daß diese Beurteilung auf einer Vorentscheidung für eine bestimmte Art von Prosa beruht, wird in der vorliegenden Arbeit
nachgewiesen. An dieser Vorentscheidung hat der Verlag einen
nicht zu unterschätzenden Anteil: Die Verlagsankündigung versucht, *Im Namen der Hüte* in die literarische Tradition des Schelmenromans einzuordnen. Lesererwartungen werden hierdurch geweckt, die der Roman von seiner spezifischen Anlage her nicht ein-
lösen kann.

Beide Tatsachen erscheinen in leichter Abwandlung in allen vorliegenden Besprechungen des Buches, in denen die Rezensenten
von folgenden Fragestellungen ausgehen: Kann ein Lyriker auch
ein guter Epiker sein? – Ist es dem Autor gelungen, einen Schelmenroman zu schreiben; ist Henry ein rechter Schelm?

Die Argumentationsweise führte zur Verschleierung des funktionalen Charakters der Metaphorik, Motivik und Figurenkonstellation innerhalb des Romans. Ein illustrativer Beleg hierfür ist das
Verkennen des "Hut"-Motivs durch die Rezensenten, dessen Bedeutung auf die Funktion als "Handlungsmotor" reduziert wird,
als auf einen durch die Anlehnung an das Märchen legitimierten

Erzählertrick sozusagen, der zudem noch Parallelen aufweise z.B. zum Verfahren von Grass in der *Blechtrommel*:[2]

"Hüte markieren die Stationen dieser Simpliziade, Hüte erzählen Geschichten, lüften Geschichte, sind Erinnerungsvehikel und Handlungsmotor, deuten voraus oder zurück, wie es dem Autor bzw. seinem Wunderknaben gefällt." (Peter Sager)

"Kurz vor dem Einmarsch der Roten Armee in die Reichshauptstadt entdeckt der halbverhungerte, minderjährige Volkssturmmann Henry an sich die Gabe, Gedanken und Erinnerungen aller lebenden oder toten Personen lesen zu können, wenn er deren Kopfbedeckung sich überstülpt. Von diesem märchenhaften Einfall zehrt die ganze Geschichte; er ist der Motor, der die Handlung in Gang setzt und in Gang hält." (Franz Schonauer)

W. Alexander Bauer fragt sich, ob das Märchenmotiv des Hüteaufsetzens das einzige adäquate Mittel sei, "auf diese speziell ironisch-schelmische Weise der Absurdität jener Nachkriegsjahre auf die Spur zu kommen".

Günter Scholz stellt fest: "...diese Gabe seines Helden nützt der Erzähler Günter Kunert auf verblüffend vielfältige und ergiebige Weise. Einmal taugt sie ihm zur Metapher für den Überlebensmut seines Helden... Zum anderen liefert die mediale Begabung köstliche Handlungsmotive... Und schließlich dient die Hüteschau (erzählerisches Pendant gewissermaßen zur dramatischen Teichoskopie oder Mauerschau) als trefflicher Erzählertrick: Sie erspart dem Autor viel an umständlicher Handlungsführung und -verknüpfung".

Hans Georg Soldat drückt hingegen sein Bedauern darüber aus, daß der Autor Kunert die Möglichkeiten, die ihm das Märchenmotiv an die Hand gab, nicht genutzt hat: "also ein modernes Märchen; also eine Fabel, die, so glaubt man, doch fast von alleine die Zeit, ihre Hoffnungen und Ängste

---

2. Verzeichnis der im Folgenden besprochenen Rezensionen:
Peter Sager: *Günter Kunert: Im Namen der Hüte*. In: Neue Deutsche Hefte, Nr. 116, 1967.
Franz Schonauer: *Poetische Trümmerschau*. In: Die Weltwoche, Nr. 1788, 16.2.1968.
W. Alexander Bauer: *Mit absoluter Redlichkeit*. In: Telegraf, 31.12.1967.
Günter Scholz: *Schelm Henry. Günter Kunerts Erfindungen aus dem Hut*. In: Christ und Welt, 1.12.1967.
Hans Georg Soldat: *Hellsehen macht nicht froh*. In: Der Tagesspiegel, 20.8. 1967.
Peter Jokostra: *Ein mitteldeutscher Grass?* Bemerkungen zu Günter Kunerts erstem Roman. In: Echo der Zeit, Nr. 13, 13.8.1967.
Marcel Reich-Ranicki: *Oskar Schlemihl aus Helsingör*. Günter Kunerts merkwürdiger Romanversuch. In: Die Zeit, 1.12.1967. Ranicki hat diese Rezension aufgenommen in seinen Band: *Lauter Verrisse*, München: Piper 1970, und Frankfurt/Wien 1973 (Ullstein Nr. 3009). Allein schon die Tatsache der weiten Verbreitung dieses Artikels rechtfertigt eine eingehende Besprechung.

wiederzugeben vermag, das Motiv lädt geradezu dazu ein, wirblig ein Sittengemälde zu entwerfen, ein buntes, pralles Bild — man brauchte nur zu erzählen. Aber Kunert erzählt nicht".

Bei Peter Jokostra findet sich neben einer für das Verständnis des Romans unergiebigen Überbetonung von motivischen Parallelen zwischen Grass' *Blechtrommel* und Kunerts Roman ("ein Grass abgelauschtes oder zumindest verpflichtetes Motiv") in einer — im Vergleich zu den oben zitierten Rezensionen — nuancierteren Besprechung doch auch keine integrierende Interpretation dieses Motivs in dem Roman. Dies wird deutlich, wenn Jokostra das Rachemotiv hiervon dissoziiert: "Außerdem ist sein Roman eine breit angelegte Parodie des "Vendetta-Motivs". Die Verwendung des Märchenmotivs des Hutaufsetzens macht dann bei Jokostra Kunerts Roman im Endeffekt zu einem "antirealistischen literarischen Manifest".

Marcel Reich-Ranicki, für den der Roman schlechthin ein "ärgerliches Buch" ist, stellt erleichtert fest, Kunert habe im letzten Viertel des Romans das Motiv des Gedankenlesens aus Hüten, "ein Motiv, dem Kunert ohnehin nicht viel Originelles abgewinnen konnte", "endlich" fallengelassen.
Das Hütemotiv ist hier ein dem Roman aufgepfropfter Fremdkörper. Der Schlußteil des Romans, der bei Ranicki im Gegensatz zu den eher zitierten Kritikern positiv beurteilt wird, erscheint bei ihm desintegriert und trägt nicht zur Sinnkonstituierung für das Ganze bei: "Merkwürdig dieses letzte Viertel...". Ranicki kann sich daraus keinen Reim machen, was ihn vielleicht dazu bewegte, im eingangs formulierten Urteil — "ein ärgerliches Buch" — seinem eigenen 'Ärger' als Leser Luft zu machen.
Man darf die Auswirkungen einer solchen Verurteilung nicht zu gering einschätzen, vor allem nicht für die literarische Öffentlichkeit der sechziger Jahre, in denen Ranickis Einfluß auf seinem Höhepunkt stand.
Manfred Behn spricht in seinem Buch über die Rezeption von DDR-Literatur in der Bundesrepublik von der "Monopolstellung", die Reich-Ranicki in jenen Jahren innehatte: "Marcel Reich-Ranicki hat mit seinen publizistischen Arbeiten zur Literatur der DDR in den frühen 60er Jahren einen entscheidenden Platz in der BRD-Kritik für sich reklamieren können", und weist mit Recht auf den negativen Einfluß einer so verstandenen "Autorenkritik" und "Lesererziehung":

...jedoch dürfte die Abwertung der Autoren insbesondere in ihrer DDR-Entwicklungsphase, die Spekulation über ihr Seelenleben, die unhistorische Zitation früherer Äußerungen gegen ihre jetzige Existenz, die zahlreichen Suggestivfragen, die den Leser kaum anregen, sondern eher verwirren, den

Blick für die reale Entwicklung der DDR-Literatur nicht unbeträchtlich verstellen.[3]

Der Schaffensschwerpunkt liegt bei Kunert ohne Zweifel bei seiner Lyrik und vielleicht auch der Kurzprosa. Bei einer Analyse des Romans sollte nicht so sehr das Trennende zwischen Kunerts Lyrik und Kurzprosa einerseits und seiner Epik andererseits herausgearbeitet werden, sondern vielmehr das diese Genres Verbindende. Dies nicht im Sinne einer Gleichmacherei, sondern Kunerts jüngste Äußerung zu dieser Frage ernstnehmend, wo er – auf die Aufnahme seiner epischen Arbeiten angesprochen – bekennt: "Ich habe immer erkennbar als Lyriker Prosa geschrieben [...]."[4] Die Mißachtung der hieraus resultierenden Spezifik Kunertscher Epik führte zu einer Ablehnung durch die Kritik. Eine Erfahrung, die der Autor sich meiner Meinung nach zu Unrecht als "Niederlage" anrechnet.[5]

Für eine eingehende Analyse des Romans halte ich es für notwendig, diesen in seiner engen thematischen, motivischen und sprachlichen Verflechtung mit dem schriftstellerischen Werk Kunerts aus derselben Schaffensperiode und in seinem Kommunikationszusammenhang darzustellen.hierzu gehören die in den 60er Jahren geltenden Schaffens- und Rezeptionsbedingungen. Für die DDR liegen zwei Besprechungen des Romans vor, beide aus den 70er Jahren. Auf den Vorabdruck des Romanfragments blieb eine deutliche Reaktion aus. Für die Schaffensbedingungen und in gewisser Weise auch für die Rezeptionsbedingungen in der DDR der 60er Jahre sind die literarischen Diskussionen um Kunert als Lyriker und Librettist durchaus relevant, liefern sie doch die Argumente, die die Tatsache des Nicht-Erscheinens von *Im Namen der Hüte* aus dem derzeitigen Stand der literatur- und kulturpolitschen Diskussionen erhellen.

Andererseits waren es wiederum diese Diskussionen, in deren Mittelpunkt einige Arbeiten Kunerts standen, die die westliche Öffentlichkeit auf diesen Autor aufmerksam machten, der doch im-

3. Manfred Behn: *DDR-Literatur in der Bundesrepublik Deutschland*. Die Rezeption der epischen DDR-Literatur in der BRD 1961-1975. Meisenheim 1977 (Hochschulschriften Literaturwissenschaft, Bd. 34), S. 18.

4. *Gespräch mit Günter Kunert*. In: Deutsche Bücher, H. 3, 1980 (Amsterdam).

5. ebd.

merhin schon seit 1948 in seinem Land publiziert hatte. Die Erstveröffentlichung der Lyrikauswahl bei Hanser, die Gedichte aus
15 Jahren bringt, fällt denn auch direkt in die Zeit, in der Kunerts
Fernsehoper in der DDR noch heftig diskutiert wird.[6]

In die Schaffensperiode des Romans reichen folgende lyrische
Produktionen:[7]

Die Gedichte aus den Jahren 1962 bis 1964, die unter dem Titel
Der ungebetene Gast 1965 im Aufbau-Verlag erschienen (zweite
Ausgabe 1966), und die Lyrik, die bei Hanser 1966 unter dem Titel *Verkündigung des Wetters* verlegt wurde.[8] Die Lyrikauswahl
Warnung vor Spiegeln, Hanser 1970, kommt für den Teil von Gedichten in Betracht, die schon 1968 in der Reihe "Poesiealbum" in
der DDR erschienen sind.[9] Von den 24 Gedichten dieses Lyrik-
bändchens sind 21 aufgenommen in die Hanser-Gedichtauswahl
von 1970. Auch der Gedichtband des Aufbau-Verlages *Offener
Ausgang* enthält noch einen Teil von Gedichten aus den 60er Jahren.[10]

An Kurzprosa liegt für den uns interessierenden Zeitraum vor:
Tagträume, 1964 bei Hanser (1972 erweitert mit zum Teil eher erschienenen Prosatexten zu *Tagträume in Berlin und andernorts*),

6. U.a. in einem Artikel von Walter Baumert, dessen Titel die Tendenz
dieser Diskussionen kennzeichnet: *Kunerts Flucht in den Schematismus*. In:
Neues Deutschland, 23.12.1962.

7. Eine Referenz Gregor Laschens in: *Auf der Schwelle des Hauses*. Zu
den neuen Gedichten Günter Kunerts. In: Die Zeit, 13.5.1966.

8. *Der ungebetene Gast* enthält unter der Kapitelüberschrift "Was uns
manchmal bewegt" 31 Gedichte, die schon 1963 bei Hanser veröffentlicht
worden waren. Wahrscheinlich handelt es sich hierbei um die Gedichte, von
denen Stephan Hermlin im Dezember 1964 sagte: "Es ist eine Tatsache, daß
Günter Kunerts letzte Gedichte bei uns nicht erscheinen konnten." Nachzulesen in: *Dokumente zur Kunst-, Literatur- und Kulturpolitik der SED*. Hg. von
Elimar Schubbe. Stuttgart 1972, S. 1011. Künftig zitiert als: *Gast* und: *Dokumente*.
Von den 55 Gedichten in *Verkündigung des Wetters* (künftig zitiert als: *Verkündigung*) stammt ein Großteil aus dem *Gast* und aus *Unschuld der Natur*
(1966).

9. Vom Verlag Neues Leben wurden in *Poesiealbum 8* vierundzwanzig
Gedichte veröffentlicht, einer Reihe, die Anfang der 70er Jahre schon eine
Millionenauflage hatte.

10. *Offener Ausgang* (1972) bringt 20 Gedichte, die schon in *Warnung vor
Spiegeln* publiziert sind und bringt aufs neue Gedichte aus der Reclam-Samm-
lung (Leipzig): *Notizen in Kreide*, die gleichzeitig mit *WvS* erschien.

1968 *Die Beerdigung findet in aller Stille statt.* In diesen Westaus-
gaben ist ein Großteil der Kurzprosa enthalten, die auch in der
DDR veröffentlicht wurde, so daß der thematische Bereich, der in
unserem Interpretationszusammenhang wichtig ist, von den Han-
ser-Ausgaben erfaßt wird.

Um den Stellenwert der in dieser Arbeit untersuchten Einzel-
aspekte zu verdeutlichen, soll im Folgenden die erzählerische Organisation des Romantextes skizziert werden.

Die Einteilung des Romans in vier numerierte Kapitel – ohne
Überschrift und mit von Kapitel zu Kapitel abnehmender Länge –
könnte einen Geschehensaufbau mit vier in sich abgerundeten Ab-
schnitten suggerieren. Die Handlungsstränge sind jedoch auf eine
solche Art ineinander verwoben, daß das Ende eines Kapitels nicht
mit dem Ende einer Handlungseinheit zusammenfallen muß. Mehrmals wird der zeitliche Ablauf des Hauptgeschehens durch einge-
fügte Rückblenden retardiert oder durch Vorausblicke gerafft.

In ein Schema gebracht, stellt sich der Handlungsverlauf folgen-
dermaßen dar, wobei (H) das Hauptgeschehen bezeichnet, (R^1,
R^2 ...) die Rückblenden, und (V) für Vorblende steht:
I. Kapitel: $H - R^1 - H - R^2 - H$
II. Kapitel: $R^3 - H$
III. Kapitel: $H - V+R^4 - H$
IV. Kapitel: $H - R^5 - H$
Der Rezipient ist zu großer Aufmerksamkeit angehalten, will er die
Chronologie des Geschehens während der Lektüre rekonstruieren.
Günter Scholz formuliert in seiner Rezension eine Leseerfahrung,
die zugleich auch die Abwehrreaktionen jener Rezensenten erhellt,
die das Bauprinzip des Romans als unnötige Erschwerung der Lek-
türe kritisierten und als undurchsichtig ablehnten:

> Es zwingt zu aufhaltsamer Genauigkeit beim Aufnehmen, will sich der Le-
> ser nicht verheddern. Nur unwillig findet er sich in die Lektüre eines Tex-
> tes, dessen Eigengeschwindigkeit ihm ein falsches Aufnahmetempo sugge-
> riert. Erst allmählich findet der Leser – bildlich gesprochen – die richtige
> Übersetzung...[11]

Die Romanhandlung wird dem Leser von einem Erzähler vermittelt, der keinen Eigenwert als fiktive Figur mit einer eigenen Sub-

---

11. Hans-Georg Soldat formuliert dagegen seinen "Unwillen": "Man fragt
sich vergebens, was diese komplizierende Technik hier soll [...]. Auf jeden Fall
ist dieser literarische Kreisverkehr mühselig zu lesen [...]".

jektivität gewinnt. Er ist das epische Medium, das dem Geschehen eine "Schein-Objektivität" vermittelt, um mit einem Kunert-Wort zu sprechen.[12] Erzähler-Kommentare signalisieren die erzählerischen Sprünge, Beginn und Ende der Vor- und Rückblenden. Parallele sprachliche Gestaltung zu Anfang und Ende einer Einblende markieren die Knotenpunkte des epischen Fadens. Weitere Lesehilfen geben die zeitlichen und örtlichen Fixierungen der jeweiligen Handlungseinheit, die durch erzählerische Details ermöglicht werden.

Der Erzählgestus ist unpathetisch und unsentimental. Der Ton variiert von kühler Ironie bis zu beißendem Spott. Die Distanz des Erzählers zu Romangeschehen und Romanpersonal macht gegenüber dem jugendlichen Helden Henry auch wohl einer unverhohlenen Sympathie Platz, die sich dem Leser vor allem über die mitunter humorvolle Charakteristik dieser Hauptfigur vermittelt.

Die Romanhandlung setzt ein im Herbst des Jahres 1945, also schon mehrere Monate nach der Kapitulation und Befreiung Berlins durch die Rote Armee: Diesen Tag, — "Ein ziemlich vergessener Tag" — so ein Kurzprosa-Titel Kunerts, 'verschläft' Henry in den Armen seiner 'Venus', Katharina Blessing.[13]

Die erste Rückblende (R^1) versetzt in die letzten Tage und Wochen vor der Kapitulation mit den Kämpfen der Volkssturmgruppen (S. 8-13). Henry entdeckt seine Gabe des Hütelesens und folgt dem Beispiel des Volkssturmleiters Horst Bleinlein, genannt "Horstchen".

Die zweite Rückblende (R^2) stellt dar, wie Henry nach der Fahnenflucht "Horstchens" — selber flieht (S. 18-53). Hier wird die Handlung nachgeholt, die sich in den Monaten zwischen den letzten Kampfhandlungen in Berlin und dem Herbst 1945 abgespielt hat, und wieder angeknüpft bei der Schwarzmarkt-Szene des Anfangs, die sich in der unmittelbaren Umgebung der Reichstagsruine abspielt. Die Verknüpfung geschieht nachdrücklich durch Erzählerkommentar (S. 53 Mitte), der auch vorausweist auf das Geschehen des II. Kapitels (S. 54 oben). Henry, der die Mütze des vor seinen Augen auf den Stufen der Reichstagsruine Ermordeten aufsetzt, liest daraus dessen Lebensgeschichte und Identität: Es han-

12. *Gespräch mit Günter Kunert*. In: Deutsche Bücher, a.a.O.
13. Titel eines Kurzprosa-Textes in: *Tagträume in Berlin und andernorts*. Fischer Taschenbuch 1978, künftig zitiert als *TiB*.

delt sich um seinen eigenen Vater, einen Juden namens Walter Krohn, der für die arische Familie seiner Freundin als Schwiegersohn nicht in Frage kam, so daß man ihm seine Vaterschaft verheimlichte. Das Schicksal von Henrys Vater – vom Moment des Untertauchens im Heizungskeller seines mitleidigen Hauswarts bis zu seiner Ermordung – wird über Henrys Gabe, die Vergangenheit aus den Hüten zu lesen, in den Roman integriert. Doch erschöpft sich auch an dieser Stelle das Hut-Motiv nicht in seiner erzähltechnischen Funktion, sondern steht für eine Konfrontation des Helden mit seiner Vergangenheit. Auf diesen thematischen Bereich wird an anderer Stelle eingegangen. Es sei nur darauf hingewiesen, daß das Hütelesen hier in der erzählerischen Organisation die Rolle einer weiteren Rückblende (R³) übernimmt. Verknüpfung mit dem Hauptgeschehen wird wieder deutlich durch den Erzähler markiert (S. 65 unten).

Danach verläuft die Handlung bis zum Ende des II. Kapitels einsträngig: Henry nimmt die Suche nach dem Mörder seines Vaters auf und wendet sich um Hilfe an die Ämter, die er als nicht registrierter Minderjähriger ohne Erziehungsberechtigten bisher ängstlich gemieden hatte, wird der russischen Militärkommandantur ausgeliefert, flieht durch S-Bahnschächte, wohnt bei Otto, dem Augenzeugen des Mordes an seinem Vater, in der Hoffnung, aus dessen Hut mehr über den Mörder zu erfahren, und begegnet dem ehemaligen Volkssturmmann und späteren S-Bahn-Räuber Horst Bleinlein wieder, mit dem er einen Raubversuch amerikanischen Militärgutes unternimmt. Ende des II. Kapitels entschließt er sich, Otto zu verlassen.

Im III. Kapitel erreicht Henrys Lebensmut seinen absoluten Tiefpunkt: Otto, den er nicht verlassen hat, funktioniert seine Gabe des Hütelesens zum Hellsehen zu kommerziellen Zwecken um. Es ist der schlimmste Nachkriegswinter 1946/47, eine "neue Eiszeit", in dem Henry Katharina Blessing wiederbegegnet, aus deren Kappe er die rätselhafte Entführung Ottos erfährt. Vor dem Tod durch Erfrieren werden Henry und Katharina von Dr. Belmer gerettet, dem Sekretär einer Vereinigung 'deutscher Hoministen', SDH, die von nun an Henry zu ihren ideologischen Zwecken ausbeutet. Henry erfährt die wahre Identität seiner Arbeitgeber und Lebensretter durch deren Kopfbedeckungen: Dr. Belmer ist der gesuchte Mörder seines Vaters, Walter Krohn, dessen Wohnung und Besitz er sich nach dem Verschwinden Krohns angeeignet hatte. Henry plant, den Tod des Vaters an Belmer zu rächen.

Gegen Ende des Kapitels kompliziert sich die Erzählstruktur: Durch Vorausblick (V) versetzt der Erzähler in die Zeit, die durch Nennung historischer Fakten auf 1948/49 zu datieren ist. Henry ist inzwischen Angestellter eines Amtes für Statistik, als ein Kinobesuch mit der zukünftigen Frau Ingeborg die Erinnerung an den damals fehlgeschlagenen Racheakt auslöst und eine neuerliche Konfrontation mit "Horstchen" bringt (R⁴). Horst Bleinlein trägt wieder eine Uniform: diesmal die eines Fremdenlegionärs in Indochina. Henry sieht sein Bild in der Wochenschau. Die Flucht nach Palästina vor der Erinnerung an den gescheiterten Versuch, die Gerechtigkeit durch die Ermordung Belmers wiederherzustellen und eine deutliche Gegenposition gegenüber den Mördern einzunehmen, die auch von Horst Bleinlein verkörpert werden, beendet das III. Kapitel.

Ein Wechsel der über den Erzähler vermittelten Figurenperspektive leitet das IV. Kapitel ein: Erzählt wird, wie Ingeborg einen Brief an den vermeintlichen Vater ihres Kindes, an Henry schreibt. Die Erwähnung des Koreakrieges in diesem Brief ermöglicht eine Datierung auf den Anfang der 50er Jahre. Henry akzeptiert die Vaterschaft trotz berechtigter Zweifel, kehrt in das geteilte Deutschland und Berlin zurück, heiratet und bekommt einen Sohn, David Christian. Ein Arztbesuch gibt den entscheidenden Anstoß, über sich Klarheit zu gewinnen. Ein letzter Handlungsablauf wird als Erinnerung Henrys eingeblendet (R⁵): seine Abrechnung mit der SDH, die mit der Flucht vor den mordwütigen Verfolgern von damals in die S-Bahn endete. Das leitet über zum Abschluß des Romans, einer S-Bahnfahrt mit dem inzwischen einige Jahre alten David Christian in den 50er Jahren.

Stand der Beginn des Romans unter dem Zeichen der Erinnerung an die Vergangenheit − erzähltechnisch realisiert durch die zahlreichen Rückblicke, so endet der Roman mit Blick in die Zukunft: Diese neue Perspektivierung des gegenwärtigen Romangeschehens wird realisiert über die Figur des Kindes, David Christian.

In einer Stellungnahme Kunerts zur Ablehnung seiner größeren Prosaarbeiten (*Im Namen der Hüte* und *Gast aus England*) durch einen Großteil der Kritik sieht der Autor den Grund hierfür u.a. in der "Lesegewohnheit" dieser Kritiker. Hiermit spricht er einen entscheidenden Aspekt der Rezeption an. Die Rezeptionsdokumente legen ein beredtes Zeugnis davon ab, daß der Roman nicht den Rezeptionsgewohnheiten der Kritiker entsprach. Dem Epiker Kunert werden nicht die gleichen Rechte eingeräumt, mit der Sprache über das Gesagte hinauszuweisen, wie dies für den Lyriker mit aller Selbstverständlichkeit der Fall ist. Gestaltungsmittel, die als 'lyrisch' empfunden werden, lehnt man in der Prosa ab. Der metaphorische Charakter der Kunertschen Epik stieß auf den größten Widerstand in der Rezeption.

Die Analyse der Buchbesprechungen westlicher Literaturkritiker ergibt folgendes Bild:

Nach Peter Jokostra verrät die Epik Kunerts auf Schritt und Tritt den Lyriker. Der Kunert zuerkannte "poetische Impuls" setze sich um in "lyrische Bilder und Vergleiche", die für Vf. "naturgemäß zu Wucherungen" führen bei einer Sprache, die er — in stillschweigendem Einverständnis mit der Verlagsankündigung — als "barock" kennzeichnet. Der Rückgriff auf die Lyrik dient Jokostra nur zur Abwertung der sprachlichen Verfahren, die im Grunde als unepisch empfunden und kritisiert werden. Dieser Beurteilung liegt jedoch die eingestandene Leseerfahrung zugrunde, daß das Buch "schwierig" sei: "schwieriger zu lesen als Grass", der für Jokostra und viele andere Rezensenten als literarische Orientierung für die Lektüre und die Beurteilung von *Im Namen der Hüte* fungiert. Immerhin billigt der Kritiker der Sprache Kunerts zu, daß sie ihrem Anspruch der "Wahrheitsfindung" und "Demaskierung" gerecht wird. Über das Wie gibt er keinen Aufschluß.

Wie bei Jokostra, wird auch bei seinen Kollegen die Form vollständig desintegriert vom Inhalt, so daß sie als leere Hülle erscheint. Die sprachlichen Gestaltungsmittel werden nicht als Aussagepotential bewertet. Die Lyrik wird nur zur Abwertung der Epik, nicht unter dem erhellenden Aspekt der werkverbindenden Motivik herangezogen.

Hans Georg Soldat konstatiert nach "mühseliger" Lektüre, daß "Kunert nicht erzählt". Sein Nichtverstehen kreidet er dem Autor an: "Man fragt sich vergebens, was diese komplizierende Technik hier soll, zweifellos ist sie vor allem ein Erbe Kunertscher Lyrik", wobei mit der 'Technik' neben der Sprachform auch die Handlungsführung angesprochen wird.

Die gleiche Meinung vertritt Günter Zehm[14], der den Roman an

---

14. Günter Zehm: *Trümmerbarock aus Ostberlin*. In: Die Welt, 12.10. 1967.

der 'Kahlschlagliteratur' und dem Genre des Schelmenromans gemessen hatte und sich zweifelnd fragt, ob Kunert als Romancier
nicht doch das falsche Pferd bestiegen habe. Den Grund für das
Scheitern des Romans sucht er außer im "subjektiven Ungenügen
des Romanciers Kunert" hauptsächlich in der Wahl des Genres. In
seiner Kritik, gegen Ende des Romans gehe dem Autor der "epische Atem" aus, trifft er sich u.a. mit Ronald H. Wiegenstein[15],
der bedauert, daß die "großartigen Aufschwünge des Beginns, wo
genau gesetzte Bilder zu Metaphern werden, deren jede Wirklichkeit an sich reißt", gegen Ende des Romans seltener werden. Wiegenstein lehnt das als der Prosa nicht angemessen ab, was Günter
Kunert in seiner Selbstdarstellung als "sprachliche Konzentration"
bezeichnet, die er in all seinen schriftstellerischen Arbeiten anstrebe; hierzu können wir bei dem Rezensenten lesen:

> Seine Bemühung, möglichst keinen banalen Satz durchzulassen, die Hohl
> räume aufzufüllen, die Prosa doch braucht, führt gelegentlich zur Überan
> strengung.

Ranicki zeigt sich als derjenige unter den Rezensenten, der sich am
stärksten vom Autor enttäuscht fühlt. Einiges wurde hierzu eher
schon angedeutet. Ergänzt sei, daß er seine persönlichsten Befindungen zum Wertmaßstab für das literarische Kunstwerk nimmt
und diese zudem als bindend für den Leser von *Im Namen der Hüte* hinstellt:

> Daher muß diese häfig verkrampfte und gelegentlich auch aufgequollene
> Prosa rasch auf die Nerven gehen.

Obwohl Ranicki ausführlich eingeht auf das, was er den 'Prolog'
des Romans nennt — (obgleich hier eher von einem Einsetzen in
medias res gesprochen werden muß, wobei die Vorgeschichte des
Romans in einem angefügten Rückblick nachgeholt wird) —, erfaßt
seine Nacherzählung nur einen Teil der Szenerie zu Anfang des
Romans. Das Insistieren des Erzählers auf der Beschreibung des die
Szene beherrschenden Wetters, diese "Verkündigung des Wetters"
über der Stadt, hält er nicht für erwähnenswert. Im Gegensatz zu
den eben besprochenen Rezensionen wird hier davon ausgegangen,
daß Kunert in seiner Epik einen seiner Lyrik in keiner Weise verwandten Stil versucht habe, während die anderen Rezensenten gerade meinten, stets den Lyriker Kunert herauszuhören.

15. Roland H. Wiegenstein: *Vom Nullpunkt aus.* In: Süddeutsche Zeitung,
16.11.1967.

Eberhard Horst[16] schreibt hierzu folgendes: "An diesem Romanerstling hat gewiß auch der Lyriker Kunert mitgeschrieben". Doch hat in den Augen dieses Rezensenten der Autor seine "Begabungsprobe in Prosa bestanden". Darum will Horst ihm das "Fehlen eines weitausholenden epischen Atems" auch nicht "als Fehler ankreiden". Gesagt ist es somit ohnehin und gibt wieder einmal mehr Aufschluß über die getroffenen Vorentscheidungen des Rezensenten. Darum ist es dann auch nicht weiter verwunderlich, daß für Eberhard Horst wie für die meisten seiner Kollegen die zweite Hälfte des Romans "flach" und "gedehnt" ist.

Peter Sager fügt diesen negativen Einschätzungen des Romans die folgende hinzu: Die Abgenutztheit des Themas von *Im Namen der Hüte* bringe es eben mit sich, daß, "wer heute darüber schreiben will", "sich schon etwas einfallen lassen muß". Die Sprachführung Kunerts erinnert ihn an Grass und Walser, "Lyrismen" gestatte sich Kunert selten.

Die Besprechungen von W.Alexander Bauer[17] und Franz Schonauer[18] bringen nichts Neues: Die dünne Fabel sei "über Gebühr aufgeplustert"; man vermißt "erzählerische Leidenschaft und Spannung". Schonauer prägt das Wort von der "lyrischen Manier" Kunerts.

Im Ansatz scheint es so, als wolle Sabine Brandt motivische Bezüge zur Lyrik Kunerts herstellen, die mehr Aufschluß über die Spezifik der Prosa in *Im Namen der Hüte* geben könnten; so, wenn sie auf ähnliche Gleichnisbilder in der Lyrik hinweist. Aber auch sie lobt den Lyriker, um den Romanautor desto härter zu kritisieren:

> Gebändigt wird die wuchernde Phantasie nach wie vor durch intellektuelles Understatement. Aber, und das macht den Unterschied zu den früheren Arbeiten, das intellektuelle Element erscheint hier weniger als Form denn als Kommentar, und der Kommentar ist leider ein bißchen geschwätzig.[19]

Drei Autoren der feuilletonistischen Kritik — Dieter Hildebrandt, Lothar Romain, Günter Scholz — zeichnen sich durch ihren eingestandenen Enthusiasmus für das Prosa-Werk Kunerts sowie durch

16. Eberhard Horst: *Günter Kunert/Verkündigung des Wetters/Im Namen der Hüte.* In: Neue Rundschau, H. 4, 1967, S. 678f.
17. W. Alexander Bauer, a.a.O.
18. Franz Schonauer, a.a.O.
19. Sabine Brandt: *Günter Kunerts erster Roman.* In: Deutschland Archiv, H. 1, 1968.

den Versuch aus, sich den Zugang zu dem Werk nicht durch Klischees und vorgefaßte Meinungen verbauen zu lassen.[20] Romain macht in diesem Zusammenhang eine wesentliche Bemerkung. Sie richtet sich gegen die "gängigen Vorstellungen von Prosa", die einer Aufnahme des Kunertschen Prosa-Werkes nur im Wege stehen können, und stellt zu Recht fest, daß die Prosa Kunerts diesen wenig entspreche.

Die Kunertsche Prosa zeichnet sich geradezu durch die Aufhebung der — vom herrschenden Geschmack auferlegten — Restriktionen aus. Folgendes Ranicki-Zitat kann illustrieren, wie in der Rezeption der Versuch gemacht wird, einen solchen Verstoß gegen die Normen mit Sanktionen zu belegen:

> Sehr bald landet Kunert dort, wo der Verfasser eines Schelmenromans, der ja die Welt immer aus einer mehr oder weniger plebejischen Sicht zeigt, am allerwenigsten landen darf: im Preziösen und Affektierten.

Als Beleg hierfür zitiert der Kritiker folgenden Satz aus Kunerts Roman, der — weil vollständig isoliert von seinem Kontext — den Vorwurf der Preziosität zu bestätigen scheint: "Henry redet, aber das Vibrato seiner häufig absetzenden Stimme erreicht nicht die bebrillte Seele hinter dem Schreibtisch."[21]

Ranicki begründet dieses Werturteil nicht damit, daß die Kunertsche Prosa nicht seinen Auffassungen entspricht und ihm darum nicht gefällt, sondern mit dem Verweis auf den Schelmenroman, dem ein solcher Sprachgebrauch nicht angemessen sei.

Die bisherigen Ausführungen über die Anlage des Romans, die Vermittlung des Geschehens über das Medium des Erzählers und nicht über die "plebejische Sicht" eines Picaro, sollten genügen, um das in *Im Namen der Hüte* realisierte Erzählmodell von einem Schelmenroman abzugrenzen. Tatsache ist, daß es ein großes Hemmnis für die Werkaufnahme war, daß gerade dieses Genre als Rezeptionsmuster fungierte. Dies gilt nicht nur für die Kritiken im literarischen Feuilleton, sondern auch für die wissenschaftliche Rezeption.

20. Dieter Hildebrandt: *Die Stunde Null als Erzählzeit.* In: FAZ, 2.9. 1967. — Lothar Romain: *Hüte — exemplarisch.* Günter Kunerts erster Roman. In: Der Monat, H. 228, 1967, und: *Magischer Realismus.* In: Frankfurter Hefte, H. 10, 1969. — Günter Scholz, a.a.O.
21. *Im Namen der Hüte*, S. 10. Fischer Taschenbuch 1979, künftig zitiert als: *INH.*

Die vier umfangreichen westdeutschen Gesamtdarstellungen der Literatur der DDR aus den 70er Jahren von Hans-Dietrich Sander, Fritz J. Raddatz, Werner Brettschneider und Konrad Franke, befragt nach Aussagen über den Kunertschen Roman und seinen Stellenwert im Gesamtwerk, bestätigen die schon in den Reaktionen der Tageskritik erhellten Tendenzen.[22] Wenn man den Roman überhaupt einer Analyse wert achtet (Raddatz behandelt von Kunerts längerer Prosa nur den *Gast aus England* und sein "Amerika"-Buch), so ist man sich — trotz abweichender methodologischer und ideologischer Positionen — in dem Punkt einig, daß mit *Im Namen der Hüte* die Tradition des Schelmenromans fortgesetzt werde. Franke führt dies auf den großen literarischen Einfluß von Grass' *Blechtrommel* zurück, um *Im Namen der Hüte* dann — wie Sander — auf eine Stufe zu stellen mit Strittmatters *Wundertäter* (1957) und Bielers *Bonifaz* (1967).[23] Für Sander bedeutet das die Bestätigung des von ihm aufgezeigten "Trends zur Ersatzwelt"[24] im DDR-Roman der Jahre, die er kulturpolitisch als Periode des "dritten Kulturkampfes" gekennzeichnet hat.[25]

Der Romanheld Kunerts, Henry, entspricht nach Meinung Frankes[26] dem Muster des "Schelmen", und er kennzeichnet ihn denn auch demgemäß als einen "einfältigen und unpolitischen Menschen".[27] Daß hier auch der pikareske Roman mit seiner politisch-gesellschaftlichen Brisanz zu kurz kommt, zeigen weitere Aussagen über diesen "simplizianischen Roman":

22. Hans-Dietrich Sander: *Zur Geschichte der Schönen Literatur in der DDR*. Freiburg 1972. — Fritz J. Raddatz: *Traditionen und Tendenzen. Materialien zur Literatur der DDR*. Frankfurt 1972. — Werner Brettschneider: *Zwischen Autonomie und Staatsdienst. Die Literatur in der DDR*. Berlin 1972, ²1974. — Konrad Franke: *Die Literatur der Deutschen Demokratischen Republik. Autoren — Werke — Themen — Tendenzen seit 1945*. Zürich/München 1974.

23. Sander, a.a.O., S. 324. Franke, a.a.O., S. 417.

24. Sander, ebd.

25. Sander, a.a.O., S. 236.

26. Franke, a.a.O., Vorwort. Franke verquickt die Analyse der kulturpolitischen Zusammenhänge nicht unmittelbar mit den Werk- und Autorenbesprechungen, wie das bei Sander der Fall ist. Er schickt einen "chronologischen, nach ihren Hauptphasen gegliederten Abriß der DDR-Kulturpolitik" voraus, dem die "Einzelporträts" der Autoren in loser Bezugnahme folgen.

27. Franke, a.a.O., S. 417.

Henry wird der *Gedankenprüfer* (kursiv i.O.) der Berliner Nachkriegsgesellschaft, typische Schicksale werden ohne nähere gesellschaftliche Zuordnung, ohne politische Tendenz durch die Kraft der Hüte Sprache.[28]

Im übrigen bewertet der Autor dieser Literaturgeschichte das Hutmotiv nicht anders als die Kritiker des literarischen Feuilletons: Es ist ein "Kunstgriff", an dem der Verfasser des Romans am Ende selber das Interesse, "die Lust" verliere: "...er selbst [d.i. G.K.] hat dabei den Faden verloren, die Lust verloren".[29]

Die Romankonzeption sowie die Handlungsführung sind Franke nicht einsichtig geworden: "Der Leser will nun endlich wissen, wer dieser Henry ist – da heiratet er, bekommt einen Sohn." An Subjektivität steht ein solches Urteil jenen nichts nach, wie sie die Kritiker des Feuilletons formulieren, mit dem Unterschied, daß diese nicht den Anspruch der Wissenschaftlichkeit erheben. Franke geht in seinem abschließenden Urteil sogar so weit, *Im Namen der Hüte* das Prädikat 'Roman' abzusprechen:

> Eine wuchernde, sich überschlagende Schelmengeschichte, nicht eigentlich ein Roman.[30]

Franke unterscheidet sich von Brettschneider vor allem darin, daß er in seinen Ausführungen von der Existenz zweier deutscher Literaturen ausgeht. Brettschneiders Arbeit ist daraufhin angelegt, zu beweisen, daß die anfangs als "Arbeitshypothese" formulierte Annahme der Existenz einer eigenständigen ostdeutschen Literatur durch seine Darstellung der DDR-Literatur widerlegt werden kann.[31] Hieraus erklärt sich das Bemühen, auch Kunerts Werk außerhalb seines historisch-gesellschaftlichen Zusammenhangs darzustellen. "Den Kern" dieses literarischen Werkes bilde "die Frage nach der Existenz des Menschen":

> Und Kunerts Ketzertum liegt darin begründet, daß er die Antwort nicht in einer Gesellschaftslehre sucht, auch nicht in der von Marx, sondern im Ich.[32]

28. Franke, a.a.O., S. 417 und 418.
29. Franke, ebd.
30. Franke, ebd. – Auch der – dem der DDR-Prosa gewidmeten Kapitel – vorausgeschickte Essay von Heinrich Vormweg: "Ein schwieriger Rückweg. Zur Geschichte der Prosa in der DDR", S. 310f., bringt in bezug auf *INH* eine Wiederholung von Bekanntem.
31. Brettschneider (1972), S. 18 und 20.
32. Brettschneider (1972), S. 224.

In dem den "Epischen Formen" gewidmeten Kapitel heißt es in Hinblick auf H. Kant, C. Wolf, Günter de Bruyn und G. Kunert — in deutlicher Verkennung der zentralen Thematik des Kunertschen Gesamtwerkes:

> Doch auch für Kant und seine Gruppe ist die Auseinandersetzung mit der Geschichte kein zentrales Thema mehr.[33]

Und in einer auf *Im Namen der Hüte* bezugnehmenden Anmerkung können wir lesen, die "polemischen Darstellungen des 'Faschismus' " [Anführungsstriche im Original] dienten "primär dem kalten Krieg gegen Westdeutschland".[34]

Eine Zusammenschau der werkgleichzeitigen und der wissenschaftlichen West-Rezeption von *Im Namen der Hüte* ergibt, daß diese vorgeformten Wertvorstellungen folgten, wobei das als Rezeptionsmuster fungierende Erzähl-Modell des Schelmenromans eine wesentliche Rolle spielte. Andererseits blieb es nicht ohne Folgen, daß die Kunertsche Prosa nicht in ihrem Verhältnis, sondern im Gegensatz zur Lyrik rezipiert wurde, so daß sich die Spezifik dieses Romans dem Zugriff der Rezensenten entzog.

Dies trifft nur bedingt für Dieter Hildebrandt zu, dessen Artikel Ansätze enthält zu einer Analyse des Romans, die dem formalen und inhaltlichen Aspekt gerecht zu werden versucht. Er weist auf die Funktionsbreite der Metaphern im Roman hin, die von der Bildfunktion zum "Instrument der Analyse" reicht.

So ist er der einzige, der dem Insistieren des Erzählers auf dem Bild der Wolken und des Windes über dem Tiergarten von Berlin zu Eingang des Romans einen Sinn abgewinnen kann. Dort heißt es:

> Ein Kreisen, Drehen, Aufschwingen unter dem allzuleeren Himmel: Gott ist vom Flakbunker Friedrichshain aus abgeschossen worden. Die Reste wurden am Boden zerstört. Wolken haben wir noch, aber die sind ohne Tauschwert.
> Ein Kreisen, Drehen, Aufschwingen: der Geist des Ortes treibt sein ungewisses Wesen über der Stadt, verkleidet als Wetter. Kreisen über dem Tiergarten. Drehung über Henry [...].[35]

---

33. Brettschneider ([2]1974), S. 125.
34. ebd. — Als Kunertsches Beispiel für die "Epischen Formen" referiert Brettschneider nur noch kurz an die Erzählung *Gast aus England*, die er allerdings als "Roman" bezeichnet (S. 140).
35. *INH*, S. 7.

Hildebrandt interpretiert dies dahingehend, daß der Erzähler und durch ihn der Autor auf der Unentschiedenheit der Stunde Null beharre. Hiermit wird zweifellos ein inhaltlicher Aspekt dieses formalen Elements aufgezeigt, der aber dann nicht in seiner strukturellen Bedeutung für das Ganze gesehen wird. Schon am Beispiel dieses Motivs, das im weiteren Verlauf des Romans seine Bedeutung voll realisiert, indem es sich in immer neuen Bezügen zu Henry und dem Hauptgeschehen einstellt, läßt sich darstellen, wie der Autor in seinem Roman nach den gleichen sprachlichen Organisationsprinzipien verfährt wie in seiner Lyrik, zu der gerade diese Beschreibung des 'Wetters' enge Beziehungen aufweist.

Das Chaos bei Kriegsschluß und in der unmittelbaren Nachkriegszeit soll dargestellt und verstanden sein als ein "furchtbares" und zugleich ein "fruchtbares" − wie es in dem Kunertschen Gedicht "Verkündigung des Wetters" in dem gleichnamigen Gedichtbuch aus dem Jahr 1966 in nur scheinbar paradoxer Formulierung heißt. Der Nachdruck kommt somit nicht zu liegen auf der Konstatierung des Chaos als heilloser Unordnung, sondern auf der gewonnenen Freiheit. Eine ähnliche Grundsituation schildert Kunert in seinem Kurzprosa-Text "Spazierengehen":

> Erinnerung an eine Zeit einzigartiger Freiheit, durch keine Konvention mehr gedämmt, noch durch keinen Opportunismus gelähmt. Durch die allgemeine Zerstörung schienen auch zwischen Menschen die Mauern und Fassaden vernichtet. Die Utopie war zum Greifen nahe.[36]

Das Bild der Wolken und des Windes hat den Autor durch die ihm innewohnende Dynamik zu immer neuen Gestaltungen angeregt. In den Gedichten erhält es in Verbindung mit dem jeweiligen Thema große Evokationskraft, auch wenn es in seiner Negation − als Fehlen des Windes − auftritt, wie in dem Gedicht "Windstille rheinwärts".[37] In den ersten Zeilen des Romans kommt es zum Tragen für die Möglichkeit eines Neubeginns, indem es über das Prinzip der Bewegung die Hoffnung assoziativ vermittelt.

36. *TiB*, S. 82.
37. In: *Gast* und *Verkündigung*. In den folgenden Gedichten spielt das Motiv eine zentrale Rolle: "Beziehung zu Wolken" (*WvS*); "Was uns manchmal bewegt" (*Gast*); "Pontos euxeinos" (*Gast*); "Die Straßenbahnen" (*Gast*); "Ich bin eine Wolke gewesen" (*Gast*); "Gedicht aus lauter Zerstreutheit" (*WvS*).

Die Korrektur dieser Zukunftserwartung, deren Illusionscharakter schon zu Anfang des Romans durch die harte Fügung der Bilder angezeigt wird, indem die 'lyrische' Gestimmtheit durch die enge erzählerische Verbindung mit der Szene relativiert wird, die den jugendlichen Helden seine Notdurft an einer der Säulen der Reichstagsruine mit der gerade noch lesbaren Aufschrift "Im Namen des Volkes" verrichten läßt, wird im Laufe des Romans am Schicksal der Hauptfigur realisiert. An die Stelle psychologischer Analyse und Charakterstudie tritt eine gleichnishafte Darstellung.

Durch diese Gestaltungsweise kommt dem 'lyrischen' Wind/Wolken-Motiv – neben den Motiven aus Märchen (Motiv des Hütelesens) und Mythos (Ikarus-Motiv) – eine besondere Bedeutung zu. Leitmotivisch durchzieht es den Roman, den Leser dazu anhaltend, an den Schnittpunkten des Romangeschehens Bilanz zu ziehen: Was ist aus der Hoffnung geworden, die sich in dem Bild konkretisierte?

In dieser Leit-Funktion begegnet das Motiv an vier weiteren Stellen des Romans:

Bei Kriegsende kann der fahnenflüchtige Volkssturmmann Henry sein Versteck bei Katharina Blessing verlassen; das Wind-Motiv erscheint hier in Gleichsetzung zur Freiheit:

Ein nie erlebtes Kreisen, Schwingen und Winden war in der sonnendurchwärmten Luft: Freiheit mußte es genannt werden, die endgültige und wahrhafte, die keinen mehr in Bunker zwang, in Schützengräben und Gräber, in steinerne und fleischliche Spalten. Unbefohlenes Kommen und Gehen: Freiheit. Jerichoposaune, aus der es tönte und wehte, zu lange getragene Behauptungen fortblies, daß da aufwirbelte das vaterländische Gemüt und sich überschlug im seltenen Luftzug der Freiheit: Narrenkappen Schlafmützen Dornenkronen.[38]

38. *INH*, S. 44. – Dieses Element letztlich unerfüllter Hoffnung ist dem Ikarus-Mythos inhärent, den Kunert in Lyrik und Prosa mehrfach gestaltet hat. In der Hauptgestalt des Romans verbinden sich Mythos und Märchen zur thematischen Aussage über die Zukunft und die Vergangenheit. Dem Helden sind historisch bedingt nur geringe Möglichkeiten gegeben, die er auszuschöpfen versucht. Hierin liegt seine Verwandtschaft mit dem "Ikarus 64" des gleichnamigen Gedichts aus dem Band *Verkündigung des Wetters*:

1
Fliegen ist schwer:
Jede Hand klebt am Gehebel von Maschinen:
Geldesbedürftig.
Geheftet die Füße

Sinnzuweisung durch Erzählerkommentar verdeutlicht Bedeutung und Stellenwert des an dieser Stelle wiederholten Motivs.

Einen erzähltechnischen Aspekt seiner Leit-Funktion erfüllt es dort, wo es, das Ende der zweiten Rückblende markierend, an die Anfangsszene anknüpft.[39]

Die Konfrontation mit der Vergangenheit durch die Entdeckung der Gabe, vergangenes Geschehen aus den Hüten zu lesen, ist für Henry der wichtigste Schritt auf dem Wege zur Selbstverwirklichung. Sie bedeutet auch, daß er ein Stück der bindungslosen anfänglichen Freiheit aufgeben muß. Auch dies wird markiert durch die Wiederaufnahme des Windmotivs, diesmal in seiner Negation:

An Gaspedal und Tanzparkett. Fest eingenietet
Der Kopf im stolzen im fortschrittlichen
Im vorurteilsharten
Sturzhelm.
2
Ballast. Das mundwarme Eisbein
In der Familiengruft des Magens,
Ballast: Das finstere Blut
Gestaut an hervorragender Stelle
Gürtelwärts.
Töne
Erster zweiter neunter dreißigster Symphonien
Ohrhoch gestapelt zu kulturellem Übergewicht.
Verpulverte Vergangenheit
In handlichen Urnen verpackt.
Tankweise Tränen im Vorrat unabwerfbare:
Fliegen ist schwer.
3
Dennoch breite die Arme aus und nimm
Einen Anlauf für das Unmögliche.
Nimm einen langen Anlauf damit du
Hinfliegst
Zu deinem Himmel
Daran alle Sterne verlöschen.
4
Denn Tag wird.
Ein Horizont zeigt sich immer.
Nimm einen Anlauf.

Ikarus-Stellen im Roman: S. 13, 154,156.
39. *INH*, S. 53.

Hoch über dem polizeilichen Antennenmast steht der Herbsthimmel, feierlich und leer; kein Kreisen, Wehen und Winden, eine ohrenberäubende Stille sinkt aus ihm herab. Blau, hell, gewichtslos, was Henry einstmals vor kurzem sorglos einatmete, da er frei war: frei von blutsverwandtem Spuk, der ihm märchengleich auf die Schulter sprang, wie der Meergreis dem Sindbad, sich festklammert, nie mehr losläßt, antreibt über Stock und Stein, bis der Zusammenbruch erreicht ist.[40]

Steht die Gabe, aus den Hüten zu lesen, in enger Verbindung zur Thematik des Erinnerns, so verdeutlicht ein letztes Aufgreifen des Wind-Motivs gegen Ende des Romans, da Henry die märchenhafte Fähigkeit nahezu verloren hat, daß das Nichtvergessen von nun an sein Bewußtsein prägt, so daß es der Hüte auch nicht mehr bedarf. Henry schlägt den als Integrationshilfe gemeinten "väterlichen" Rat des konsultierten Arztes − "Vergessen, junger Mann, immer vergessen! Jeden Tag dreimal!" − zusammen mit dem Rezept in den Wind:

> Unten vor dem Haus stemmt sich herbstlicher frühlingshafter Sturm gegen Henry, der aus seiner Brusttasche das Rezept holt, es flattern, es fliegen, es fortwirbeln läßt.
> Pardon wird nicht gegeben. Vergessen wird nichts.[41]

So gewinnt reales Geschehen über die künstlerisch bildhafte Gestaltung eine gleichnishafte Bedeutung. Kunert definiert dieses Gestaltungsprinzip folgendermaßen:

> Über die realere und groteskere Darstellung hinaus, jedem Vorgang, jeder Szene, jeder Figur und ihren Begegnungen mit anderen Figuren bis in den "Stil" hinein eben zweite Bedeutungen zu verleihen, die unterhalb der äußeren Bilder diese mittelbar beeinflussen.[42]

Dieser "Gleichnischarakter" der Kunertschen Prosa rückt *Im Namen der Hüte* in unmittelbare Nähe zu seinem übrigen Werk. Mit Henry und seiner Gabe, aus den Hüten die Vergangenheit zu lesen, hat Kunert eine Figur geschaffen, an die er die Hauptthemen seines damaligen und zum Teil auch noch heutigen Schaffens binden kann. Wird mit Henry das Nichtvergessen thematisiert, so wird mit der Gegenfigur, dem an notorischem Gedächtnisschwund leidenden Otto, das Vergessen aktualisiert. Otto, der Zeuge des Vatermordes, wird in seiner Bedeutung als Antagonist zu Henry in keiner der zur Analyse vorliegenden Rezensionen erfaßt.

40. *INH*, S. 71/72.
41. *INH*, S. 171.
42. *Gespräch mit Günter Kunert*. In: Deutsche Bücher, a.a.O.

384

Die Entwicklung der Hauptfigur wird im Verzicht auf die konventionelle Erzählweise (als psychische Charakteristik der Erzählsubjekte durch extensive psychologische Analysen) gestaltet in als Parabelform verfremdeter Darstellung.

Wie in der kleinen Erzählprosa aus der gleichen Schaffensperiode, in der "Legende vom Schal", für den ebenfalls minderjährigen Helden namens Berti ein Schal, so spielt in Kunerts Roman die Mütze des ermordeten Vaters eine entscheidende Rolle im Erkenntnisprozeß des Helden.[43] Gleichnis oder "Legende" einerseits, die Gattung des Märchens andererseits, beide sind sie für Kunert geeignete erzählerische Formen und Mittel für die epische Gestaltung seines Hauptthemas: die Auseinandersetzung mit der faschistischen Vergangenheit. Denn − so formuliert der Autor in dem Text "Paradoxie als Prinzip":

[...] die Vergangenheit bleibt und bleibt relevant, weil die Mörder noch umgehen.[44]

In der Konfiguration Henry − toter Vater − lebender Mörder Dr. Belmer −, in dieser "Dreiheit, deren Versionen und Varianten den Rohstoff liefern, aus dem die zähe Masse hiesiger Historie sich bildet, und in der man so leicht kleben bleibt, wenn man nicht aufpaßt", hat Kunert die epische Formel für seinen thematischen Gegenstand gefunden.[45]

An der Darstellung geschichtlicher Prozesse im Werk Kunerts entzündeten sich in den 60er Jahren die Diskussionen der marxistischen Literaturkritik. Nicht den Antifaschismus Kunerts trifft diese Kritik, sondern die Art und Weise, wie der Autor den technischen und menschlichen Fortschritt in der gesellschaftlichen Entwicklung darstellt und bewertet.

43. Erstveröffentlichung in: Sonntag, Nr. 31, vom 1.8.1965. Danach im bundesrepublikanischen Erzählband: *Die Beerdigung findet in aller Stille statt* (1968) und im ostdeutschen Sammelband *Kinobesuch* (1977).
44. In: *TiB*, S. 199. Erstpublikation des Textes in: Forum 1966; wiederabgedruckt in: *Ein Gedicht und sein Autor. Lyrik und Essay*. Hg. von Walter Höllerer (1969). Der Text wurde 1967 auf einem literarischen Kolloquium in Abwesenheit von Günter Kunert vorgelesen von Reinhard Lettau. (Angaben bei Rainer Rumold: *Warnung vor Spiegeln: Zur kulturpolitischen und sprachlichen Problematik des Schwarzen Lehrgedichts Günter Kunerts*, in: Monatshefte Nr. 4, 1976.
45. *INH*, S. 105.

Diese Diskussionen, zum Teil ausgetragen im *Forum*, bestimmen die Rezeptions- und Schaffensbedingungen Günter Kunerts in den 60er Jahren mit. Der Dresdner Literaturwissenschaftler Klaus Werner referiert in seiner Werk-Analyse an diese Lyrik-Debatte und an Kunerts umstrittenen Beitrag im *Forum*.[46] Die aus dieser Diskussion gezogenen Konklusionen – nachzulesen in dem Referat Horst Haases, gehalten auf einer Vorstandssitzung des DSV im Februar 1967 – bestimmen seine Wertung der gesellschaftlichen Position des Schriftstellers Kunert.[47] Die marxistische Literaturkritik macht für sich das Recht geltend, ja sie erfüllt damit einen wesentlichen Teil ihres gesellschaftlichen Auftrags, zu prüfen, wie sich die weltanschaulichen Positionen eines Autors in seinem Werk niederschlagen. Dabei wird der Tatsache oft nur ungenügend Rechnung getragen, daß deren Vermittlung über ein Kunstwerk keine direkte ist, sondern eine mittelbare. Kunert wendet sich darum auch nicht gegen den gesellschaftlichen Auftrag der Literatur, sondern gegen die funktionalistische Auffassung, Dichtung sei eine politische Plattform für die Verkündigung von Ideologien.[48] Der Vergleich der Besprechungen von Kunerts Roman von Klaus Werner und der *Geschichte der deutschen Literatur. Literatur der DDR* macht deutlich, daß die literarischen Maßstäbe sich nach dem jeweiligen Spielraum richten, der der Literatur durch die Kulturpolitik und, im Zusammenhang damit, die politische Lage gegeben ist.[49] Für den Schriftsteller zieht dies als Konsequenz nach sich, ob er publizieren kann oder nicht.

Der literarischen Öffentlichkeit der DDR wurde 1967 nur ein Fragment des Kunertschen Romans vorgestellt.[50] Die Zeitschrift des Schriftstellerverbandes, *NDL*, bringt unter dem Titel "Die Flucht" eine gekürzte Version des ersten Kapitels von *Im Namen*

46. Klaus Werner: *Günter Kunert*. In: *Literatur der DDR in Einzeldarstellungen*. Hg. von Hans Jürgen Geerdts. Kröner (1972), Verlag Volk und Wissen (1976). – Kunerts Aufsatz in: Forum, Nr. 10, 1966, S. 23: *Lyrik und wissenschaftliche Revolution*.
47. Abgedruckt in: NDL, H. 5, 1967.
48. Vgl. Nachwort zu dem Gedichtbuch *Offener Ausgang* und Essays zur Lyrik in *TiB* und *Warum schreiben*.
49. *Geschichte der deutschen Literatur. Literatur der Deutschen Demokratischen Republik*. Hg. von einem Autorenkollektiv unter Leitung von Horst Haase und Hans Jürgen Geerdts, Erich Kühne, Walter Pallus. Berlin 1977.
50. In: *NDL*, H. 5, 1967, S. 103-121.

der Hüte, dessen Inhalt sich nicht unter der Überschrift des Fragments resümieren läßt. Die Fahnenflucht Henrys endet in den Armen der Katharina Blessing und zeitlich mit Kriegsende. Das Fragment spart beides aus: Henry findet darin nie zu seiner Katharina, und das Kriegsende läßt auch noch auf den letzten Seiten des Auszugs, die jedoch mit dem Kapitelende im Roman zusammenfallen, auf sich warten. So sehen wir einen Henry, der nicht nur aus dem Volkssturm desertiert, sondern mit einer Uhr, auf deren Deckel mysteriöserweise der Name Bruno Blessing eingraviert ist, noch im Herbst 1945 auf der Flucht ist (die Datierung läßt das Fragment allerdings auch nicht zu). Längst schon beherrschen nicht mehr die Gefechte der Roten Armee um die Stadt das Geschehen, sondern die Szenen auf dem Schwarzen Markt. Diese Sinnentstellungen sind Folge des Fortfalls des stark erotischen Katharina-Kapitels.

Die Geschlechterbeziehung als literarisches Thema, "als Element der Befreiung", rückt nach den Worten Hans Kaufmanns seit den 60er Jahren in den Vordergrund:

> Sehr viel wichtiger ist es, für die Darstellung sexueller Vorgänge eine literarische und sprachliche Kunst zu schaffen, in der die natürliche Sinnlichkeit von Rohheit [sic!] und Zynismus befreit ist. Diese Aufgabe fällt offensichtlich in unseren Tagen der sozialistischen Literatur zu.[51]

Klaus Werner beurteilt Kunerts Liebesdarstellungen in seinen frühen Gedichten bezeichnenderweise folgendermaßen:

> Liebe ist reduziert auf Triebbefriedigung; von sittlicher Verantwortung ist keine Rede.[52]

Inwieweit die groteske Darstellung der Liebesbeziehung Henrys den Anforderungen an die Gestaltung dieses Themas "als Element der Befreiung" des Menschen im Sinne von Friedrich Engels entsprach oder nicht, ist hier nicht auszumachen. In "Die Flucht" wurde sie jedenfalls nicht aufgenommen.

Die *NDL*-Nummer, die ganz im Zeichen des "50. Jahrestags der Großen Sozialistischen Oktoberrevolution" steht und auf ihrer letzten Seite einen Aufruf an alle Schriftsteller und Künstler rich-

---

51. Hans und Eva Kaufmann: *Erwartung und Angebot. Studien zum gegenwärtigen Verhältnis von Literatur und Gesellschaft in der DDR*. Berlin 1976, S. 172.
52. Klaus Werner: *Zur Brecht-Rezeption bei Günter Kunert und Hans Magnus Enzensberger*. In: WB 1968, Brecht-Sonderheft, S. 66.

tet, diesen Tag zum Anlaß eines "schöpferischen Wettbewerbs" zu nehmen, läßt in ihrer Fassung des Kunertschen Romans all die Passagen fort, in denen die Angehörigen der Roten Armee negativ charakterisiert werden. So, wenn eine Frau sich vor den Russen verstecken will, weil sie fürchtet, vergewaltigt zu werden[53], oder wenn Henry sich fragt: "Wüßte man doch, wo Iwan Iwanowitsch weilte. [...] Der aus Omsk oder Tomsk zögerte, das scharfe Auge am Zielfernrohr."[54] Durch dieselbe Streichung entfallen auch satirisch-kritische Bemerkungen über Jahn, Fichte und Goethe:

> Auch Goethe hatte Kondition, leider richtete sich diese nach anfänglichem Schlittschuhlaufen und novemberlichen Schwimmübungen völlig auf die sexuelle Sphäre aus, auf das Ewig-Weibliche.[55]

Dies sind neben Änderungen der Interpunktion (Weglassung aller trennenden Kommata bei Aufzählungen) und dem Druckbild (Zusammenrücken der Absätze: beides Änderungen gegenüber der NDL-Fassung), wodurch ein höheres Sprachtempo suggeriert wird, und Weglassen des epischen Rahmens, in dem die Fahnenflucht steht, die auffälligsten und einschneidendsten, inhaltlichen Kürzungen.

Da die Streichungen — wie oben angedeutet — oft sehr sinnentstellend wirken, wurde dem Leser von *NDL* ein stark amputiertes Stück Kunertscher Prosa vorgestellt, das ihm keinen Eindruck von der eigentlichen Konzeption des Romans geben konnte, in dem "Die Flucht" episch als Rückblende funktioniert. Der Vorabdruck kann in dieser Präsentation eher als Dokument betrachtet werden, das Aufschluß gibt über die Rezeptionslage im Jahr 1967, denn als eine ernstzunehmende Vorlage zur literarischen Kommunikation. Klaus Werners Besprechung des Romans aus dem Jahr 1972 verdanken wir dem Umstand, daß sein Beitrag mit anderen 'Einzeldarstellungen' von DDR-Autoren von Hans Jürgen Geerdts für das bundesrepublikanische Publikum zusammengestellt und im Kröner Verlag verlegt wurde.[56] Auffällig ist, daß man in den Stellung-

53. *INH*, Fischer-Ausgabe, S. 20.
54. *INH*, Fischer-Ausgabe, S. 27/28.
55. *INH*, Fischer-Ausgabe, S. 28. (Sonstige Zitate aus *INH* beziehen sich auch auf die Fischer-Taschenbuchausgabe von 1979. An dieser Stelle besonders hervorgehoben, da es sich um einen Vergleich mit dem Vorabdruck in *NDL* handelt.)
56. Hans Jürgen Geerdts in seiner Einleitung: "Er [der Herausgeber] dankt dem Verlag für seine Initiative, erstmals in dieser Art Schriftsteller der DDR dem Publikum in Westdeutschland vorzustellen." Die 1976 im Verlag Volk

nahmen Werners zur Kunertschen Lyrik einen deutlichen Positions-
wechsel gegenüber der von ihm in seinem Artikel aus dem Jahr
1968 vertretenen Meinung feststellen kann. Dort konstatierte er
bei dem Dichter von "Verkündigung des Wetters" eine "Kafkaeske
Determiniertheit"[57] und ein "Krisenbewußtsein", "das dem dialektischen Verstande unzugänglich ist".[58] Damals stand es für
Werner fest, daß Kunert in seinen Gedichten die historische Entwicklung verneint.[59] Im Vergleich mit der Lyrik von Enzensberger
bewertet Werner die Kunertsche Lyrik als eine "epigonenhafte
Anknüpfung" an den "bürgerlichen Nonkonformisten Enzensberger".[60] Dies wird ergänzt durch die Bewertung der weltanschaulichen Entwicklung des Lyrikers: Kunert läßt "seine einst gehandhabte gesellschaftliche Alternative fallen und geht hinter die objektiven Erkenntnismöglichkeiten seiner gesellschaftlichen Wirklichkeit zurück".[61] 1972 beschließt derselbe Autor dagegen seinen
Vergleich von Kunert und Enzensberger mit folgendem Urteil:

> Es zeigt sich, daß auch Kunerts Dichtung, dieser durchaus widersprüchli-
> chen Dichtung, die Perspektive innewohnt: Verheißt Kunert zuzeiten
> Kreislauf und Lebenswidersinn — wie in den Gedichten "Geschichte" oder
> "Der Weg" —, so geht er doch immer wieder zu einer realoptimistischen
> 'Verkündigung des Wetters' über, indem er die Energie der Geschichte und
> den Weg der Veränderung beschreibt.[62]

Nicht die Dichtung Kunerts ist jedoch "widersprüchlich", sondern
die den jeweiligen Stand der Diskussionen reflektierenden Interpretationen dieser Dichtung.

Massive Kritik übt Werner in dieser jüngeren Darstellung des Kunertschen Werks an *Im Namen der Hüte*. Die Wahl von Ort und
Zeit der Handlung, das "Chaos der Nachkriegsjahre", lasse auf die

und Wissen als Band I erschienenen Einzeldarstellungen sind vom Herausgeber
mit einer stark bearbeiteten Einleitung versehen, die der neuen Zielgruppe des
Buches, dem Lesepublikum der DDR, Rechnung trägt, wobei vor allem an die
"lernende Jugend" (Einleitung, S. 19) gedacht wurde. In diesem Sinne sind
wohl auch die Änderungen in Klaus Werners Beitrag in der Ost-Ausgabe zu
sehen, die bis auf eine größere Ergänzung gegenüber der Kröner-Ausgabe systematisch alle Fremdwörter tilgt.
57. Werner (1968), a.a.O., S. 68.
58. Werner (1968), a.a.O., S. 69.
59. ebd.
60. ebd.
61. ebd.
62. Werner (1972), S. 545.

Absicht des Autors schließen, am Helden des Romans die "Determiniertheit" des Menschen schlechthin zu demonstrieren.[63] Der Gleichnischarakter der Kunertschen Metaphern hat in seiner Rezeption keinerlei Assoziationen aufgerufen, die ihn davon hätten abhalten können, Kunert des "mechanischen Determinismus" zu bezichtigen.[64] Daß Werner von der Wahl des Gegenstands auf die Haltung des Autors und dessen Weltanschauung schließt, wird durch Diskussionen marxistischer Ästhetiker um die Parteilichkeit des Dichters/Schriftstellers, die sich schon in der Themenwahl offenbare, nahegelegt.

Klaus Werners Kritik an dem im Roman gestalteten "Menschenbild" wird erst in ihrer vollen Tragweite deutlich, wenn man sie in Beziehung setzt zu den Vorstellungen eines sozialistischen Menschenbildes in der Literatur, wie es beispielsweise Klaus Gysi formuliert:

Dazu gehört auch, daß das Menschenbild in unserer Literatur, das Menschenbild in unserer Kunst, die klare, eindeutige und unmißverständliche Herausarbeitung des absoluten Gegensatzes zur Zersetzung, zur Verkrüppelung des Menschenbildes im Imperialismus, besonders in Westdeutschland, darstellt.[65]

Eine Erklärung für das Festhalten Werners an den negativen Positionen gegenüber dem Roman und einer teilweisen Revision seiner Bewertung der Kunertschen Lyrik könnte die Tatsache sein, daß der Roman zur Zeit der Abfassung und Publikation seines Artikels in der DDR noch nicht erschienen war und Kunert sich inzwischen mit neuen Gedichtpublikationen als Lyriker weiter profiliert hatte.

Diese Annahme wird durch einen Vergleich mit der Würdigung des Buches im 11. Band der *Geschichte der deutschen Literatur* nahegelegt.[66] Dort wird Kunerts Prosa unter dem Aspekt der "Imperialismuskritik und Analyse der bürgerlichen Gesellschaft" besprochen. Die Verfasser sind bemüht, Kunert zu bescheinigen, daß seine Prosa der Gefahr einer enthistorisierenden Darstellungsweise aufgrund der "Kompromißlosigkeit seines antifaschistischen, antiimperialistischen Standpunkts" entgehe.[67] Obwohl der Held

63. Werner (1972), S. 538.
64. ebd.
65. Elimar Schubbe: *Dokumente*, S. 1506.
66. *Geschichte der deutschen Literatur. Literatur der Deutschen Demokratischen Republik*, a.a.O.
67. a.a.O., S. 589.

in seinem Roman dem "sozialen Mechanismus der Zeit ausgeliefert sei und sich ihm bequemen" müsse, vertreten die Verfasser die Ansicht, daß die "Aufhebung" dieser Zustände sich doch "andeutet", "allein in dem moralischen Rigorismus, mit dem Kunert seinen Gegenstand behandelt."[68] Hiermit wird eine wesentliche Forderung an sozialistische Literatur scheinbar fallengelassen, die verlangt, daß die 'Veränderbarkeit' der sozialen Umstände innerhalb des Werks künstlerisch gestaltet wird. Man vertritt deutlich einen gegenüber der Literaturwissenschaft und -kritik der 60er Jahre differenzierten Standpunkt, von dem Horst Haase in seinem Beitrag "Geschichtliche Entwicklung und Literaturverhältnisse" folgendes Bild zeichnet:

> Besonders in der zweiten Hälfte der sechziger Jahre entstand in der literaturwissenschaftlichen und literaturkritischen Arbeit die Gefahr, daß sich bestimmte starre Normen besonders hinsichtlich der Stoff- und Sujetwahl sowie der Helden- und Konfliktgestaltung negativ auswirkten. Diese Normen waren aus wichtigen gesellschaftlichen Aufgaben und aus dem ideologischen Kampf abgeleitet, berücksichtigten aber nicht genügend die Differenziertheit der Bedürfnisse in der sozialistischen Gesellschaft und die notwendige Breite sozialistisch-realistischer Literatur.[69]

Trotz der gegenüber Werners Artikel positiven Wertakzente können die Verfasser der Literaturgeschichte dem Roman und seinem Autor nicht gerecht werden, wenn sie ihm an Hand seines Werkes "Antifaschismus", "Antiimperialismus" und "rigorosen Moralismus" bescheinigen, andererseits aber unzureichende Aussagen machen über den im Roman stattfindenden Sozialisationsprozeß der Romanfigur Henry, der seinen Abschluß findet in einer Gegenwart mit einer sich in Entwicklung befindlichen sozialistischen Gesellschaft. Die ideologische Zielsetzung schlägt sich nieder in einer rein ideologischen Beurteilung, die keinen Eindruck vermittelt vom literarischen Gehalt des Buches. Ein thematischer Zusammenhang mit dem übrigen Werk Kunerts wird nur über das Thema Antifaschismus und Antiimperialismus hergestellt. Wollte man das Geschichts- und Gesellschaftsbild, das der Autor in *Im Namen der Hüte* entwirft, darunter subsumieren, wie das in der Literaturgeschichte implizit geschieht, so käme dies einer groben Vereinfachung und Schematisierung gleich.

68. a.a.O., S. 590.
69. a.a.O., S. 501.

Der Roman enthält eine Vielfalt historischer Fakten, die allerdings nach dem Prinzip gestaltet und in das Romangeschehen integriert sind, das Kunert treffend folgendermaßen bezeichnet: "Literatur erzähle 'Geschichten' und 'keine Geschichte' ". Ein bedeutender Ausschnitt der geschichtlichen Wirklichkeit der Jahre 1945-1952/53 kann so in den Blick geraten. Historische Ereignisse, die im Roman genannt werden, stellen ständig Referenzen zur geschichtlichen Wirklichkeit her: Die Realisierung des Bedeuteten vollzieht sich während des Lektüreakts, indem der Leser angehalten ist, die als 'real' erkannten textuellen Elemente auf dem Hintergrund seiner eigenen Erfahrung dieser Wirklichkeit mit ihrem 'Abbild', wie es der Roman bietet, in Übereinstimmung zu bringen. Da sich dagegen die als nicht-real erkannten Elemente widersetzen, namentlich die märchenhaften und grotesken, entsteht innerhalb dieses Spannungsfeldes ein Drittes, das vom Leser generiert werden kann, wenn er sich diesem dialektischen Spiel von Realität und Fiktion nicht verweigert oder die nicht-integrierbaren sprachlichen und stofflichen Elemente des Textes als 'Spielerei', als irrelevant abtut. Die realen Umstände sollen außerhalb des Rahmens von Gewohntem und Bekanntem einsichtig werden. Auf der stilistischen Ebene geschieht dies im Roman durch sprachliche Verfremdung, auf der inhaltlichen, indem gerade diese beiden Haltungen thematisiert werden: die Gewöhnung und das Vergessen.

> Persönliche Erfahrungen in historischen Dimensionen vermögen oft, zumeist sogar, uns auf die Dauer nicht zu beeindrucken.

Noch in einem rezenten Text mit dem Titel "Erfahrungen" formuliert der Autor die Erkenntnis, die er in seinem Roman episch gestaltet hat.[69a] Vergessen und Gewöhnung arbeiten Hand in Hand. Diese Haltung kann Henry durchbrechen, wobei seine mediale Begabung eine Rolle spielt. Das macht ihn jedoch zur Hauptfigur, zum Helden des Buches, daß er sich gegen das Vergessen auflehnt, am Schluß des Romans aus eigener Kraft — wie gezeigt wurde. Der Roman unternimmt es, diese persönlichen Erfahrungen in ihren "historischen Dimensionen" darzustellen: Die geschichtlichen Mächte bestimmen Henrys Zukunft entscheidend mit. An die Konferenz von Jalta wird referiert, die Potsdamer Konferenz, die von den Westmächten beschlossene Währungsreform, die dem

---

69a. Günter Kunert: *Erfahrungen*. In: FAZ, 28.12.1979.

Schwarzmarkt (ausführlich beschrieben im Roman) ein Ende setzte und zu zwei Währungen führte. Wiederaufrüstung in Westdeutschland, und vor allem der Indochina-Krieg und Korea-Krieg. Welche Bedeutung dem "Überschreiten des 38. Breitengrades" im Roman beigemessen wird, machen verschiedene Stellen deutlich.

Als Kristallisationspunkt dieser über Deutschland und Europa hinausreichenden Ereignisse steht aber immer Berlin und sein Schicksal von der Befreiung durch die Rote Armee über den Status als Viersektorenstadt unter Verwaltung der Militärkommandanturen bis zur Teilung der Stadt. Dies alles wird nicht extensiv erzählt, sondern in einem Erzählgestus, der sich durch seine "sprachliche Konzentration", das Komprimieren von Bedeutungen und Informationen, als die Prosa des Lyrikers Günter Kunert auszeichnet.

In sprachlicher Verkürzung, enger Verknüpfung von Reflexion und Impression, die eine große Anschaulichkeit gewinnen kann, ist im letzten Viertel des Romans ein Zeitbild skizziert, das über das "Jahr Null" hinaus bis in die 50er Jahre hineinreicht und einige welthistorische Aspekte miterfaßt.

Die Lokalgeschichte der Stadt Berlin ist zugleich auch Weltgeschichte — Henry, auf den Fersen einer Frau, die ein Double 'seiner' Katrin sein könnte, eine "Katharina II.": dies ist der epische Anlaß, der dem Autor im untenstehenden Beispiel die Gelegenheit gibt, den Leser über das Medium des Erzählers mit dieser geschichtlichen Wirklichkeit zu konfrontieren:

> Vorbei an Polizisten, taubenblau hier, und an den Zöllnern in moosfarbenen Jacken. Die Grenze zwischen den Welten ist überschritten.
> Weiter hinter dem Falsifikat her und heraus aus dem Kunstlicht des Bahnsteiges die Treppe aufwärts. Flache Buden zu beiden Seiten der Straße, eingerichtet jenseits des Bleistiftstriches, in Jalta säuberlich auf einer Landkarte gezogen, eines historischen Nachmittags, ungewiß, ob ihn ein Radiergummi je wieder wegkriegen würde.[70]

An anderer Stelle werden in der Form des inneren Monologs Bezüge zwischen Weltgeschichte und persönlichem Schicksal des Helden Henry hergestellt:

> Obwohl Ungewißheit herrscht, ob es mir gelingen wird, denn von der Rückseite der Kugel, auf die ich einen Balancierenden mehr stelle, von einem

38. Breitengrad her, kann sich die Frontlinie verschieben, um morgen mittag punkt zwölf Kochstraße und Zimmerstraße zu trennen.[71]

Churchill, Roosevelt und Stalin, die in der Konferenz von Jalta über das Schicksal Europas entscheiden; der Koreakrieg mit seinem Einfluß auf das Leben in Deutschland in den 50er Jahren: Die geschichtlichen Mächte bestimmen auch das Leben im Welt-Modell des Romans.

Im Spiegel dieser wenigen Beispiele, die exemplifizieren, wie vielfache Realitätsverweise über die Figurenperspektive und die verschiedenen Handlungseinheiten des Romans in komprimiertester Form realisiert werden, erscheint eine Kritik, wie sie Sabine Brandt formuliert, als völlig unhaltbar:

> Gebändigt wird die wuchernde Phantasie nach wie vor durch intellektuelles Understatement. Aber, und das macht den Unterschied zu den früheren Arbeiten, das intellektuelle Element erscheint hier weniger als Form denn als Kommentar, und der Kommentar ist leider ein bißchen geschwätzig.[72]

Günter Kunert ist dagegen durchgehend bemüht, zu zeigen, wie zweifelhaft manche als "geschichtliche Wahrheit" hingenommene Tatsache ist. Dieser Zweifel beruht auf der folgenden, in dem Prosatext "Exkursion in die Geschichte nebst Abschweifungen" formulierten Erkenntnis:

> Die Geschichte, ihrer Publicity zum Trotz, ändert sich mit der jeweiligen Betrachtungsweise [...].[73]

Eine wesentliche Rolle in der Darstellung geschichtlicher Ereignisse kommt der Sprache zu. Geschichte wird an keiner Stelle im Roman diskursiv vermittelt, sondern in sprachlichen Kürzeln, in ungewöhnlichen Assoziationen sprachlicher Formeln, die meist, ausgehend von einem historischen Ort (im untenstehenden Beispiel dem Potsdamer Platz), Geschichte evozieren:

> Potsdamer Bahnhof: eine Ruine, flankiert von bunten Buden: Hier können Ostmenschen, Westmenschen, Entwederleute und Oderherrschaften Nähgarn und Cadbury kaufen. Davor der Platz: Hier hat Karl Liebknecht und dreißig Jahre später Schüdtler und auch Belmer und auch ich. Ich als Zünder. Ich als hoministischer Sprengsatz.

71. *INH*, S. 160. Das fehlerhafte 'den' statt 'denn' in der 1. Zeile des Zitats wurde berichtigt gemäß der Ausgabe G.K., *Im Namen der Hüte*, München 1970 (= dtv sr 88), S. 148.
72. Sabine Brandt, a.a.O.
73. *TiB*, S. 100.

Zu dieser Stelle, wo heute niemand, kein Droschkenkutscher, kein Schwarz-
händler Schwanzpendler Gossenrutscher irgendwem Gutnacht sagt, weder
pluralistische noch kollektive Füchse einander, geh' ich bei schönem Wind
manchmal zu wechselnden Jahreszeiten [...].[74]

Ein Ort wird, wie so häufig in Kunerts Texten, zum Kristallisationspunkt für Vergangenes und Gegenwärtiges. Auf den besonderen
Stellenwert der Stadt Berlin im Rahmen der "Ortsbeschreibungen"
wird noch näher eingegangen.[75] An dieser Stelle soll das zitierte
Beispiel demonstrieren, auf welche für Kunerts Stil bezeichnende
Weise sprachliche Verfremdung im Zeichen der Zeitkritik steht.
Zitatparodie und umkehrende Zitierungen sind keine reinen Wort-
spielereien oder, wie Sabine Brandt im oben genannten Artikel
meint:

"Es scheint, als wolle Kunert zeigen, in wie vielen Wendungen er jeweils
ein und denselben Gedanken ausdrücken kann",

sondern haben ihren Ursprung in einer für Kunerts Werk grundlegenden Erkenntnis, die der Autor in dem für seine Poetik der 60er
und 70er Jahre wesentlichen Nachwort zu dem Gedichtband *Offener Ausgang* definiert:

Für mich bedeutet Zeitgenossenschaft auch und insbesondere die Unselbst-
verständlichkeit der Sprache [...].
Dem entspricht nicht mehr die naive Benutzung der Sprache in einem historischen Moment, da sie zur Terminologie entartet, und nicht nur zur
technischen [...].[76]

Die Ablehnung einer "naiven Benutzung der Sprache" beruht auf
der historischen und persönlichen Erfahrung der Manipulierbarkeit
mit und durch Sprache und führt zu Sprachformen, die auch der
Prosa Kunerts ihre unverwechselbare "Handschrift" verleihen. Untersuchungen zur Kunertschen Lyrik haben auf dieses besondere
Verhältnis zur Sprache hingewiesen.[77] Rainer Rumold hat in Überschreitung der Erkenntnisse Laschens den Versuch unternommen,

74. *INH*, S. 172.
75. So der Titel des Nachworts zu dem Prosaband *Betonformen. Ortsan-
gaben* von Günter Kunert, Berlin, Literarisches Kolloquium 1969. Von *Betonformen* erschien 1967 ein Vorabdruck in NDL.
76. "Zeitgenossenschaft des Gedichts", Nachwort zu *Offener Ausgang*,
vgl. Anm. 48.
77. Gregor Laschen: *Lyrik in der DDR. Anmerkungen zur Sprachverfas-
sung des modernen Gedichts*. Frankfurt 1971.

den Standort Kunerts zwischen "sprachlichem Experiment und literarischer Tradition"[78] unter Einbeziehung des Gedichtbandes *Warnung vor Spiegeln* zu bestimmen, der bei John Flores und Gregor Laschen "in ihren Darstellungen der DDR-Lyrik 1971 noch ausgeklammert" ist.[79]

Mit Recht verweist Rumold neben dem schon von Laschen nachgewiesenen sprachkritischen Aspekt in Kunerts lyrischem Werk auf das, was er ein "gleichsam paradoxes Vertrauen auf Sprache" nennt.[80] Ich halte es für durchaus gerechtfertigt, den Kunertschen Stil im Roman aus dieser dialektischen Spannung zwischen Skepsis und Vertrauen zu seinem Material, der Sprache, zu bestimmen — nicht zuletzt deshalb, weil 'Sprache' selbst im Roman mehrmals thematisiert wird und sich unübersehbare Bezüge zur Lyrik herstellen:

> Endlich aber fließen nach einem einleitenden offiziellen Räuspern auch Worte aus dem verkniffenen Mund, glitschig und glatt von häufiger Benutzung.[81]

Die 'Entartung' der Sprache wird bezeichnenderweise an einer weiteren Stelle des Romans mit der Kritik am Bürokratismus — einer "trotz Umsturz und Wandel" bleibenden "historischen Konstanten"[82], einem weiteren Gegenstand Kunertscher Gesellschaftskritik und -satire, auf den in dieser Arbeit nicht weiter eingegangen werden kann[83] — in Zusammenhang gebracht und thematisiert:

> Lava schleimigen Vokabulars ergießt sich, glitschige verrottete Wörter, Sümpfe unbeweisbarer Behauptungen: [...].[84]

Zum Vergleich eine Strophe aus dem Gedicht "Meine Sprache":

> Sprache
> Die mehr scheinen will als sein

78. Wortlaut des Titels einer weiteren Arbeit R. Rumolds.
79. Rumold, a.a.O.
80. Im Rekurs auf Kunerts programmatisches Gedicht "Meine Sprache" in: *Verkündigung*.
81. *INH*, S. 10.
82. Vorstehendes Zitat in seinem vollständigen Wortlaut: "Trotz Umsturz und Wandel, es verbleiben historische Konstanten: Staub und Akten, Akten und Staub." *INH*, S. 70.
83. Verwiesen sei auf *INH*, S. 46 und 47: "Ämter, daß man auf sie scheißt, dazu bestenfalls sind sie nützlich."
84. *INH*, S. 70.

Aufgebläht
Von sang- und klanglosen tingelnden
Dinglosen Dingwörtern;
Schwabbelnde Gallerte
Quillt sie aus den öffentlichen Mündern
Und Mündungen tropft von
Den Lippen der Liebenden
Trieft aus Radios
Triumphiert.[85]

In seiner Prosa weist sich Kunert dort als Satiriker aus, wo Zeit-
und Sozialkritik ein Spiel mit dem sprachlichen Material nicht ausschließen.

Dieter Hildebrandt hat den zugrundeliegenden Ernst der Wort-
spielereien im Roman erkannt:

> "Das Buch ist wortverspielt", schreibt er, "aber es schanzt dem Wortspiel
> apokalyptischen Ernst zu: [...]."

Als Resultat unserer Untersuchung sei festgehalten, daß Wortspiel,
Zitat und Parodie im umfassenderen Zusammenhang der Kunertschen Vorbehalte gegenüber "naiver" Sprachbenutzung gesehen
werden können und vor allem dem Geschichtsbild im Roman, im
Verzicht auf epische 'Breite', seine 'Tiefe' vermitteln.

Daneben werden geschichtliche Bezüge durch Figuren hergestellt, die an der Peripherie der Romanhandlung bleiben, aber als
exemplarische Vertreter eines zeit-geschichtlichen Problems und
geschichtlich bedingten Sozialverhaltens den historischen Rahmen
der Handlung mitkonstituieren. Eine solche Randfigur ist Ida,
nicht entnazifizierte Hominristin und Künstlerin, deren faschistische Vergangenheit Henry aus dem Hut erfährt.[86] Durch die Gestalt der Reichsgräfin – "Eine der letzten!" –, einem Überbleibsel
einer seit dem Zweiten Weltkrieg entmachteten Klasse, werden
Korrespondenzen hergestellt zwischen den Ideologien von damals
und heute. Neben Otto ist die Reichsgräfin die einzige Figur der
Schwarzmarktszene, die als Person schärfer konturiert ist. Wie Otto wird auch diese Figur nicht über die Zeichnung individueller
Züge, sondern über ein für ihre Klasse typisches Sozialverhalten
charakterisiert. Die Szenerie des Schwarzmarkts ist der verwüstete
Tiergarten, ehemaliges kurfürstliches Jagdgebiet. Der Text spielt
darauf an, wenn es heißt:

85. 3. Strophe von "Meine Sprache".
86. *INH*, S. 176.

Folgt ihm durch die Tiergartenwüste, wo brandenburgische Kurfürsten weder Hirsch noch Fuchs noch Nathansohn jagen: weil diese endgültig ausgerottet, jene von ihren Sockeln gefallen und bloß noch Torsi künftiger preußischer Antike sind.[87]

Diese Optik erlaubt keine Glorifizierung einer zur "preußischen Antike" stilisierten Geschichte, sondern suggeriert einen ursächlichen Zusammenhang zwischen preußischer Vergangenheit und jüngster Geschichte. Vor diesem Hintergrund ist das erste Auftauchen der ins Groteske verzerrten Figur der Reichsgräfin mit "friderizianischer Frisur" und bekanntem preußischen Wortgebrauch: "Kanaille" und "Hundsfott", zu sehen.[88] Die Typisierung durch äußere Details wird bei ihrem zweiten Auftreten weiter ausgeführt:

Der schwarze Krückstock, Geschenk des Hauses Hohenzollern an die Reichsgrafen für treue Dienste [...].[89]

An das Hauptgeschehen ist sie gebunden durch ihre Sympathie für die Hoministen, die sie finanziell unterstützt.

Ein Blick auf das weitere Schaffen Kunerts zeigt, wie intensiv er sich mit der preußischen Vergangenheit auseinandersetzt. "Spätestens seit Friedrich II." − (um mit einer Formulierung des Autors zu sprechen) − sind die Weichen für die weiteren Entwicklungen in Deutschland gestellt[90]. Der Autor liefert in seinen Texten eine sehr eigenwillige Interpretation deutscher Geschichte, die nicht ohne weiteres in Einklang steht mit der in der DDR zur Zeit von offizieller Seite vertretenen. Sehr aufschlußreich ist für diesen Sachverhalt die Aufnahme von Heinrich von Kleists Werk und vor allem des *Prinzen von Homburg* in der DDR. Kunert gedenkt dieses von ihm sehr geschätzten Dichters in seinem Roman mit einem parodistischen Zitat aus dem "Prinzen":

[...], das sein Opfer auf den Markt brachte, auf den schwarzen im einstmals grünen Tiergarten, ins Zentrum brandenburgischen Staubes, in welchen nicht zu sinken die Feinde die Stirn hatten.[91]

Der Prosatext "Märchenhafter Monolog", der in die gleiche Schaffensperiode gehört wie der Roman, unternimmt es an einer Figur aus dem Märchen, dem Eisenhans, die Fäden einiger Tendenzen

87. *INH*, S. 65.
88. *INH*, S. 80, 81 und 179.
89. *INH*, S. 178.
90. Essay-Band *Warum schreiben*. Hanser 1976, S. 291.
91. *INH*, S. 48.

der Gegenwart bis in die preußische Vergangenheit zu ziehen.[92]
Märchenhafte und geschichtliche Realität werden miteinander
konfrontiert und vermitteln Erkenntnisse über die Gesellschaft-
lichkeit des Menschen. Im Roman wie im "Märchenhaften Monolog" werden Reales und Geschichtliches aus der Sicht einer mit
märchenhaften Zügen – im Falle Henrys: mit einer wunderbaren
Fähigkeit – ausgestatteten Figur vermittelt. In seinem Artikel über
den "Märchenhaften Monolog" macht Helmut Rücker deutlich,
auf welche Weise das Genre des Märchens bei Kunert zum Instrument der Analyse wird:

> So wird die Gebrochenheit der Textsorte mit ihrer konstitutiven Hetero-
> genität von Märchen-, Realitäts- und Fiction-Elementen zum Aufweis von
> Wahrheit. Der literarische Text verkürzt sich nicht zum Geschichtsbuch-
> Surrogat [...].[93]

Mit dem Rückgriff auf das durch die Tradition als Genre legitimierte Märchen schafft Kunert sich einen Freiraum für die künstlerische Gestaltung von Wirklichkeit, in der neben dem Wahrschein-
lichen das Unwahrscheinliche gleichwertig steht.[94]

Stärker als der "Märchenhafte Monolog" ist *Im Namen der Hüte*
an die geschichtliche Wirklichkeit gebunden, da hier – neben dem
geschichtlichen Gegenstand: Auseinandersetzung mit dem Faschismus und der gesellschaftlichen Entwicklung in den Jahren nach
dem Zweiten Weltkrieg – durch den Ort der Handlung, die Stadt
Berlin, ein sehr konkreter Realitätsbezug hergestellt und für den
ganzen Roman gewährleistet wird.

---

92. Helmut Rücker gibt in seinem Artikel: *Günter Kunerts 'Märchenhafter
Monolog'* in: *Sagen mit Sinne*, Festschrift für Marie-Luise Dittrich, 1976, S.
383f. (Göppinger Arbeiten für Germanistik) – eine detaillierte Darstellung
der Genese dieses Prosatextes, der auf einer Auftragsarbeit des Deutschland-
funks aus dem Jahre 1966 beruht mit dem Titel: *Des Eisenhans Erinnerungen
oder Paraphrase über ein deutsches Thema*. Es sei noch angemerkt, daß Günter Kunert seinen "Märchenhaften Monolog" für so repräsentativ für sein Pro-
sa-Schaffen hält, daß er ihn in das Programm seiner Lesung, Mai 1980, im
Goethe Institut Amsterdam aufgenommen hatte. – "Märchenhafter Monolog", in: *Die Beerdigung findet in aller Stille statt* (1968) und *Kramen in Fä-
chern* sowie im Reclambändchen *Der Hai* (1974).
93. Rücker, a.a.O., S. 397.
94. Hier ist auch die Erzählung *Gast aus England* zu erwähnen, unter besonderer Berücksichtigung des von Kunert im Vorwort entwickelten Programms, auf dessen Relevanz auch Rücker hingewiesen hat.

Was Heinz Czechowski als gültig für die Lyrik Kunerts nachweist, kann auch für Kunerts übriges Schaffen geltend gemacht werden – für seine Kurzprosa ebenso wie für die Erzählung *Gast aus England* und seinen Roman:

Diese permanente Auseinandersetzung mit dem Phänomen Geschichte kennt allerdings einen Ort, der als Fixpunkt direkt und indirekt immer wieder in Kunerts Gedichten erscheint: Berlin. Als Brennpunkt von Kunerts geschichtlichen und literarischen Interessen ist diese Stadt, deren eigenes Schicksal auf die Biographie des Dichters wie keine andere gewirkt hat, eng mit dem Werk des Fünfzigjährigen verbunden.[95]

Deutlich bleibt gerade bei der Darstellung der Stadt die innerliche Betroffenheit des Autors, ist sie doch sein authentischer Erfahrungsraum. Berlin ist ihm das Pompei der Neuzeit, sein Karthago, ein Spreesparta und versunkenes Vineta.[96]

"Einzig Vineta vielleicht versank derart gründlich in einer Sintflut, wie die Stadt versank, von der ich rede" –

heißt es in einem Kurzprosatext, dessen Gegenstand wiederum Berlin ist.[97]

Die Sicht des Zeitgenossen auf seine Stadt wird so zu einer Optik aus historischer und sagenhafter Distanz verfremdet, ein Verfahren, das sich als Instrument zur Analyse von Zeitphänomenen erweist. Dementsprechend funktionieren die geschichtlichen und legendären Benennungen der Stadt Berlin. Pompei und Vineta stehen für den Untergang von Zivilisationen, als die sie auch in der Lyrik Kunerts Verwendung finden. Wenn die DDR-Kritik auch Anstoß nahm an diesen "zwei Beispielen geschichtlicher bzw. legendärer Klischees", da sie unangemessen seien in ihrem Gehalt – in beiden gehe es um eine Naturbedrohung –, so wird doch auf die Vergleichbarkeit der menschlichen "Haltung des Sichgewöhnens" hingewiesen.[97a] Die Vergleiche Berlins mit den zerstörten und untergegangenen Städten erhält im Roman erst durch den Gesamtkontext, in dem gerade auch das Durchbrechen von Gewöhnung thematisiert wird, ein mit dem Gedicht "Ich bringe eine Botschaft",

95. Originalbeitrag H. Czechowskis für den anläßlich des 50. Geburtstags von Günter Kunert bei Hanser 1979 hg. Band: *Kunert lesen*, S. 59.
96. *INH*, S. 29, 46, 63, 79.
97. *TiB*, S. 131.
97a. Dieter Schiller: *Subjektivität und Öffentlichkeit*. In: Silvia Schlenstedt, Heinrich Olschowsky, Bernd Jentzsch (Hrsg.): *Welt im sozialistischen Gedicht*. Berlin 1974, S. 258.

das zur Diskussion stand, vergleichbares Aussagepotential.[97b] Im Roman erscheinen sie während des Lektüreakts zunächst motiviert durch das Bemühen des Autors, das Unsagbare der vollständigen Zerstörung dieser Stadt sagbar zu machen. Durch das wiederholte Auftauchen dieser Vergleiche, die jeweils einen zusätzlichen Aspekt akzentuieren, gewinnen sie über ihre Illustrationsfunktion hinaus an Aussagekraft. Durch die Umkehr des Zeitablaufs gewinnt Vergangenes an Aktualität und erhält Gegenwärtiges eine historische Dimension, die zu erkennen den meisten Zeitgenossen schwer zu fallen scheint: Diese Einsicht vermittelt unter anderen der Kurzprosatext "Exkursion in die Geschichte nebst Abschweifungen":

> Allen Leuten, und das gilt fast ohne Ausnahme, erscheint die Gegenwart als unhistorisch: für das allgemeine Empfinden beginnt die Geschichte erst bei einer zeitlichen Entfernung von fünfzig, sechzig Jahren, als wäre einzig das Geschichte, wozu keine persönliche Beziehung mehr besteht und niemals hergestellt werden kann. Nie war die Antike so antik wie heute.[98]

Einsicht in die Geschichtlichkeit der Gegenwart vermittelt auch *Im Namen der Hüte*, indem die Hauptfigur erfahren muß, daß die Zeit nach Kriegsende keinen absoluten Neu-Beginn bedeutet, und sie in ihrer Bedingtheit durch die Vergangenheit akzeptiert. Für Henry bedeutet das in erster Linie die Erkenntnis seiner eigenen Authentizität als Sohn eines Juden. In der Fiktion des Romangeschehens macht das über die Hüte vermittelte Wissen, daß "die Mörder noch umgehen", für Henry das Vergessen unmöglich.[99] Dieses Wissen wird von Henry in einem langsamen Lernprozeß umgesetzt zu einem neuen Selbst- und Wirklichkeitsverständnis. Hierzu gehört auch ein auf diesem neu erworbenen Realitäts- und Selbstbewußtsein gründendes Zukunftsbild. Im Zusammenhang hiermit finden Aussagen über die verschiedenen gesellschaftlichen Systeme in die Fiktion des Romans Eingang. Der Auseinandersetzung mit der Vergangenheit geht eine ständige Korrektur der Zukunftserwartung Henrys parallel.

Neben seiner euphorischen Stimmung am Romanbeginn steht sein Traum von einem Millionenunternehmen à la Henry Ford; "seine optimistische Zukunftsgewißheit" schien ihm dann die heldenhafte Rolle des Rächers nach dem Beispiel eines Hamlet zu garantieren:

97b. In: *Erinnerung an einen Planeten* und *Gast*.
98. *TiB*, S. 93.
99. *TiB*, S. 199.

Zukunft: in ihr wird Herrn Krohns Mörder gefunden und der Gerechtigkeit zugeführt. Zukunft: sie garantiert den Ausgleich für die Mißgunst der Gegenwart, sie lächelt mit goldenen Lippen und verspricht Henry, du sollst nicht zum Otto schrumpfen, dir steht Außerordentliches bevor, halte dich bereit![100]

Das Inbeziehungsetzen von Henrys Schicksal mit dem mythischer und literarischer Gestalten wie Odysseus, Hamlet oder Peter Schlemihl, das von der Kritik weitgehend zu eng interpretiert wurde, weil man es als Analogon las (vergleiche den sprechenden Titel von Ranickis Rezension: "Oskar Schlemihl aus Helsingör"), unterstreicht das Unheroische der Abenteuer des modernen Helden Henry. Es lenkt jedoch auch den Blick von den Gestalten in ihrer Fiktionalität fort auf das Reale der geschichtlichen Kräfte, die das Schicksal eines Henry für den zeitgenössischen Leser so viel relevanter machen. Als Beispiel sei die Szene zitiert, da Henry durch den Zufall von neuem mit der Erinnerung an den gescheiterten Racheakt, den Mord an Belmer, konfrontiert wird:

Der Ort blutigen Gerechtigkeits-Sieges steht fest: Belmers Wohnung (Belmers, daß ich nicht lache!), gewählt zum Schauplatz: meine hohle Gasse.[100a]

Auch hier fällt der Vergleich mit einem 'klassischen' Helden zu ungunsten Henrys aus: Er ist kein Tell, der die Gerechtigkeit im Alleingang wiederherzustellen vermag. Die 'heroische' Tat ist ihm nicht gegeben. Durch diese Erkenntnis wird eine Entwicklung eingeleitet, die darin mündet, daß das Gefühl seiner persönlichen Verantwortung gegenüber dem ermordeten Vater eine gesellschaftliche Dimension gewinnt: Er macht die Machtpläne der neofaschistischen Vereinigung der Hoministen zunichte, indem er ein Zukunftsbild verkündet, das gründlich aufräumt mit allen, dem orientierungslosen Volk vorgegaukelten, rosigen Zukunftsvisionen und falschen Utopien:

...und ich sehe, [...] deutlich die Zukunft, deutlich ein Schippen und Schaufeln, das nicht aufhört, deutlich ein Hämmern und Schleppen, ein Graben und Tragen, nichts anderes als Arbeit... [...]
...sehe nur Mühe und Mühsal, Anstrengung, und sehe Müdigkeit hinter der Arbeit, und hinter der Müdigkeit alle Arbeit, die noch zu tun ist: die Zukunft riecht nicht nach Kandiszucker, sondern nach Schweiß, ist nicht süß, sondern salzig wie Asche...[101]

100. *INH*, S. 109.
100a. *INH*, S. 139.
101. *INH*, S. 177.

Das Realsymbol "Asche" nimmt in Kunerts Werk eine Schlüssel-
position ein. Hierin werden die geschichtlichen Erfahrungen zentriert, die Kunerts entschiedenen Antifaschismus begründen.Von
dieser Position her ist auch die Figur Henrys gestaltet. Diese Romanfigur verkündet allerdings kein prononciertes antifaschistisches Programm, so wie die Struktur des Romans auch keinen
weltanschaulichen Debatten Raum läßt. Henrys Weg der Selbstfindung geht über den Widerstand gegen solche Ideologien, wie sie
von den Hoministen oder von Otto vertreten werden. Über die
Romanfiguren Belmer und Otto wird ein Zusammenhang hergestellt zwischen dem kapitalistischen Gesellschaftssystem und dem
Wiedererstarken neofaschistischer Tendenzen. In diese Richtung
weist die "Friedensproduktion" Ottos für ein wirtschaftliches Er-
starken Deutschlands bei vollständiger Verdrängung der faschistischen Vergangenheit: Seine Produktion von Zigarettenspitzen erscheint am Romanende als eine Vorwegnahme der Raketenpro-
duktion durch die Rüstungsindustrie. Der Mörder Belmer meldet
sich nach der Auflösung der SDH in den 50er Jahren aus dem Westen Deutschlands, wo er unbehelligt und auf akademischem Niveau weiteroperiert. Über Belmer wird ein Aspekt der – auch in
seinem übrigen Werk formulierten – Kritik am nicht-sozialistischen Teil Deutschlands in den Roman integriert. In dem Essay
"Paradoxie als Prinzip" aus dem Jahr 1967 können wir hierzu das
Folgende lesen:

> Ganz nebenbei ist es für mich weitaus mehr als das, als die Aufnahme eines
> gängigen Themas: es ist ein Gedicht gegen die Pest unserer Zeit: gegen den
> Faschismus. Obwohl ich in einem Staat lebe, dessen Beginn aus einer histo-
> rischen Zäsur erwächst und der daher die Erbschaft mörderischer deut-
> scher Misere nicht antrat, bedrückt mich das kontinuierliche Fortkommen
> der Schuldträger im anderen deutschen Teil.[102]

Diese sozialkritischen Implikationen des Romans ist die Rezeption
nicht bereit zu sehen: Die ostdeutschen Verfasser der Literaturgeschichte billigen – wie oben dargetan – dem Autor zwar Antifaschismus und Antiimperialismus als weltanschauliche Haltung zu,
behaupten aber gleichzeitig, diese habe in den Romanen nur über
eine Form des "moralischen Rigorismus" Eingang gefunden. Ebenso irrelevant sind die Reaktionen derjenigen Westrezensenten, die
Im Namen der Hüte als eine Variante des "Vendetta-Motivs" oder

102. *TiB*, S. 199.

des Hamlet-Stoffes verstehen. Diese entpragmatisierende Interpretationsweise kulminiert in einer schließlichen Enthistorisierung des Romangeschehens. Dem gegenüber steht eine Festlegung des Romans als "historisch getarnte Satire" durch Peter Sager, deren Objekt die Gesellschaft der DDR sei, die durch das Romangeschehen widerlegt wird.

Neben dem geistigen Klärungsprozeß findet der Sozialisationsprozeß Henrys am Romanende seinen Abschluß. Im sozialistischen Teil Deutschlands wird es sich entscheiden, ob "Henry seinem Sohn angsterlöst begegnen könne."[103] Ihm wird er Verantwortung über sein soziales Handeln ablegen müssen. Die vielgehörte Antwort der Generation der Väter: Das haben wir nicht gewußt –, wird im Vorgriff auf die Zukunft variiert zu: "Das, wenn man gewußt haben würde!" – und als Flucht vor der Verantwortung zurückgewiesen.[104]

Als kleiner Angestellter eines Statistischen Amtes im Ostteil Berlins wird der Protagonist mit der sozialistischen Wirklichkeit konfrontiert. Im Rückgriff auf obenstehendes Zitat aus "Paradoxie als Prinzip" erscheint es als auffällig, daß Kunert die "historische Zäsur", und zwar die Gründung der Deutschen Demokratischen Republik im Jahr 1949, in seinem Roman auszusparen scheint. Erzähltechnisch wird dies möglich gemacht durch die einige Monate während Abwesenheit des Helden aus Deutschland. In die Zeit könnte die Staatsgründung fallen, so daß Henry bei seiner Rückkehr nach Berlin (Ost) auch in dieser Hinsicht vor vollendete Tatsachen gestellt wird, und nicht nur, was seine Vaterschaft betrifft. Auch bei der Darstellung des Sozialismus arbeitet der Epiker Kunert mit den Mitteln der sprachlichen Verkürzung und der Komprimierung von Reflexion und Impression:

> Und über dem Haupteingang des Statistischen Amtes das Gerank aus rotem Tuch, beschriftet mit einer vernichtenden Abfuhr für Kriegstreiber, mochte keine sofortigen Erfolge zeitigen, da wahrscheinlich bisher keiner der Kriegstreiber am Haupteingang vorübergekommen war, trotzdem garantierten die weißen Ölbuchstaben, daß selbst das geringste getan würde, damit Henry seinem Sohn angsterlöst begegnen könne.[105]

Was hier in ironisch distanzierendem Gestus gesagt wird, entspricht inhaltsmäßig Äußerungen, wie sie in den Protokollen des III. Par-

103. *INH*, S. 161.
104. *INH*, S. 183.
105. *INH*, S. 161.

teitages der SED von 1950 nachzulesen sind. Trotz dieser Distanzierung durch den Erzählton ist jedoch festzuhalten, daß der Sozialismus Henry für seinen Sohn eine Zukunft zu garantieren scheint.

Diese Perspektivierung des Romans hat weder in der Ost- noch in der Westrezeption, die das Romanende als "flach" oder als "faulen Kompromiß" bewertete, die ihr gebührende Beachtung gefunden.[106] In enger Beziehung zur Abwertung des Schlusses steht die Tatsache, daß der moralisch-ethische Aspekt der Handlungseinheit, in der Henrys Aktion gegen die Hoministen im Zentrum steht, von der Kritik negiert wird.[107] Henry, der nach Plan handelt, hofft Belmer über den Vorsitzenden der Hoministen, Schüdtler, treffen zu können. Der Erzähler weist auf die enge Verbindung des mißglückten persönlichen Racheakts an Belmer und der Sabotage des SDH-Auftretens in der Öffentlichkeit.[108]

Für alle Kritiken ist eine Tendenz zur Enthistorisierung und damit zur Entpolitisierung bestimmend. Bezüge, die über die faschistische Vergangenheit hinausgehen und in die nähere Gegenwart reichen, werden entweder nicht hergestellt oder als Satire DDR-spezifischer gesellschaftlicher Zustände bewertet. Den Hitler-Faschismus ausgenommen, geraten keine anderen Ideologien in

106. Sechs Kritiker halten den letzten Teil des Romans für schwächer als den Anfang; drei äußern sich hierüber nicht. Ranicki schreibt gerade dem letzten Teil besonderen literarischen Wert zu, was bei dem stark negativen Tenor dieser Kritik auffällig ist. Dieses Urteil wird in seiner Bedeutung aber sogleich dadurch entwertet,daß Ranicki durch die Äußerung: "ein Element in Henrys Figur", das gegen Ende des Romans "überraschend" betont werde, sei "das Jüdische", zu verstehen gibt, daß er den wesentlichen Faktor in Henrys Figur nicht erkannt hat (a.a.O.).
Drei Kritiken stellen einen Zusammenhang her zwischen Henrys gesellschaftlicher Position und dem flachen Ende des Romans: Nach Bauer (a.a.O.) schließt die Romanhandlung mit einem "faulen Kompromiß". Für Romain, Verfasser zweier Kritiken, hängt das Abfallen des Romanschlusses mit dem Ende Henrys in der Mittelmäßigkeit zusammen (a.a.O.).
107. Romain führt Henrys Auftreten, das den Zusammenbruch der hoministischen Vereinigung und ihre Auflösung durch die zuständige Kommandantur zur Folge hat, auf Vergeßlichkeit des Helden zurück. Diese Interpretation wird durch den Text eindeutig widerlegt.
108. Hierzu Wiegenstein: "Henry will den unbekannten Vater rächen, aber das mißlingt — wie jeder Versuch, aktiv ins Leben einzugreifen und wer zu werden" (a.a.O.).

den Blick, die das gesellschaftliche Leben nach dem 2. Weltkrieg mitbestimmten. Ein Fortdauern faschistoider Wertvorstellungen auch noch nach dem Zusammenbruch des 3. Reiches als Sujet des Romans wird nirgendwo ausgemacht. Der Antifaschist Kunert wird in Ost und West akzeptiert. Der Analytiker der jetzigen Gesellschaftsformen stößt hüben wie drüben auf einigen Widerstand. Der gesellschaftliche Standpunkt spielt sicher auch eine Rolle bei der ästhetischen Wertung. Die bürgerlichen Literaturkritiker/Wissenschaftler zeigten in ihren Besprechungen geringe Bereitschaft, diesen mitzureflektieren und die eigenen gesellschaftlichen Positionen durch die Prognosen des Epikers in Frage stellen zu lassen.

Die vorliegende Interpretation des Romans *Im Namen der Hüte* hatte zum Ziel, zu zeigen, mit welchen Vorgaben die Rezensenten gearbeitet haben, und darzulegen, daß hier verschiedene Vorentscheidungen und nicht mit dem Roman in Zusammenhang zu bringende Überlegungen die entscheidende Rolle spielten. Eine Festlegung der künstlerischen Zeichen auf flache Eindeutigkeit wurde nicht angestrebt. Die Interpretation versteht sich vielmehr als Beitrag zur literarischen Kommunikation über *Im Namen der Hüte*, die hierdurch hoffentlich neue Impulse erhält.

BEMERKUNGEN ZU BRIGITTE REIMANNS
FRANZISKA LINKERHAND

von

Manfred Jäger

Als Brigitte Reimanns nachgelassener Roman *Franziska Linkerhand* 1974 im Ostberliner Verlag "Neues Leben" erschien, wurde er sowohl vom Publikum wie von der Kritik mit großer Zustimmung aufgenommen. Dabei bedarf weniger der Enthusiasmus der Leserschaft einer Erklärung als die überaus positive Reaktion in den Zeitungen und Zeitschriften[1]. Das kritische Potential des Buches war unübersehbar, die darin aufgegriffenen Tabus betrafen die unmittelbare Gegenwart. Es wurden keine Kämpfe nachgeholt, um die längst überwundenen Schwächen vergangener Epochen nur zu dem Zweck noch einmal aufzuspießen, um der Gesellschaft zu bestätigen, wie herrlich weit sie es gebracht habe. Es bestand auch keine Aussicht, kurzfristige Änderungen der Wohnungsbaupolitik und der neben Ideen auch gewaltige materielle Mittel erfordernden Neugestaltung der Kommunikationsstrukturen herbeizuführen. Insofern konnte das Hauptthema des Buches, eine menschenwürdige Stadtgestaltung, als ein in der Zukunft offenes verstanden werden. Das Buch war nicht als Impulsgeber für rasche Lösungen einer gesellschaftlichen Problematik mißzuverstehen. Die Bemerkung des Ministerpräsidenten Stoph, das Nahziel bestehe darin, daß jeder

Der Roman *Franziska Linkerhand* von Brigitte Reimann erschien 1974 im Verlag Neues Leben, Berlin. Im gleichen Jahr legte der Kindler Verlag, München, die westdeutsche Lizenzausgabe vor, nach der hier zitiert wird. Als Band 5445 der dtv-Sonderreihe folgte 1977 eine Taschenbuchedition.
   1. Die wichtigsten Rezensionen stammen von Karin Hirdina (SuF 1975/2), Heinz Plavius (NDL 1975/1) und Sigrid Töpelmann (WB 1975/6). Sie finden sich leicht zugänglich in dem Sammelbändchen *Kritik 75 — Rezensionen zur DDR-Literatur*, Halle: Mitteldeutscher Verlag1976, S. 137-163.

408

eine Wohnung, aber noch nicht seine Wohnung bekommen werde, deutet auf einen fortbestehenden Widerspruch zwischen individuellen Wünschen und realen Möglichkeiten.

Zum kritischen Potential des Buches gehört freilich auch die leidenschaftliche Tonart, in der die Autorin — gelegentlich sogar atemlos und hektisch — ihre Hoffnungen und Verzweiflungen zu verlautbaren suchte. Daß die subjektive Weltsicht der Titelfigur dennoch keine Bedenken hervorrief, lag zum einen an den offeneren kulturpolitischen Verhältnissen in den ersten Jahren nach dem VIII. Parteitag. Dem Buch wuchs andererseits noch ein zusätzlicher Schutz durch die Umstände seiner Entstehung zu. Die Verfasserin hatte sich das Werk in einem schmerzhaften Kampf mit einer tödlichen Krankheit abgetrotzt, und sie war schließlich am 20. Februar 1973 39jährig dem schweren Krebsleiden erlegen, ohne den Roman wirklich zu einem kompositorischen Abschluß gebracht zu haben. Es bestand eine moralische Verpflichtung, das literarische Vermächtnis zu publizieren und ohne politisches Ressentiment zu akzeptieren. (Unter einer ähnlichen Konstellation erschienen einige Jahre später die Protokollsammlung *Guten Morgen, du Schöne* von Maxie Wander sowie Briefe und Tagebücher aus ihrem Nachlaß.) Seit 1974 ist Brigitte Reimanns Buch immer wieder mit großem Erfolg beim Publikum "nachaufgelegt" worden, und der stellvertretende Kulturminister Klaus Höpcke, der während seiner früheren Tätigkeit als Kulturredakteur des "Neuen Deutschland" gelegentlich Interviewpartner der Autorin gewesen war, nennt den Roman eines seiner Lieblingsbücher. War das Wunder einer problemlosen Integration eines von aller Beschönigung freien Buches gelungen?

Man kann dies mit gutem Grund bezweifeln, denn als das Mecklenburgische Staatstheater Schwerin sich 1978 mit einer über dreistündigen Bühnenfassung des fast 600 Seiten umfassenden Romans an die Öffentlichkeit wagte, gab es sehr unterschiedliche Reaktionen bei der Kritik: enthusiastische Zustimmung, verlegenes Schweigen, kräftige Polemik. Das Projekt, das ein Kollektiv unter führender Beteiligung des Schauspieldirektors Christoph Schroth (der Regie führte), der Ersten Dramaturgin Bärbel Jaksch und des Bühnenbildners Lothar Scharsich erarbeitet hatte, mußte umstritten genannt werden. Die Textfassung hatten Bärbel Jaksch und Heiner Maaß geschrieben. Maaß hat in einem begleitenden Kommentar die Fabel so erzählt:

Franziska erlebt – sehr jung noch – 1945 den totalen Zusammenbruch der bürgerlichen Welt. Sie wird hineingerissen in den gesellschaftlichen Strudel der Neuwertung aller Werte und befreit sich mit Radikalität von allen Beziehungen und Bindungen, die sie an die bürgerliche Welt fesseln. Sie versucht, ihren Lebensanspruch – mit großer Leidenschaft – total nach den Idealen der neuen Zeit zu gestalten. Sie zerbricht fast an den Geburtswehen dieser Zeit, weil das erhoffte Utopia immer hinter den neu gewonnenen Horizonten verschwindet. Will sie zuviel?[2]

Die Wortwahl beweist, daß die Theaterleute nicht vor der Leidenschaftlichkeit und Emotionalität der Vorlage zurückschreckten. Daß die Fabelbeschreibung in eine Frage mündete, zeigt, wie wenig die Schweriner sich anmaßten, die Antworten nachzutragen, die Franziska nicht hatte oder nicht aussprach. Die Regie hatte sich sinnfällige Lösungen einfallen lassen, um die gesellschaftlichen Hindernisse zu zeigen, gegen die Franziska Linkerhand mit ihren ungezähmten Ansprüchen fürs erste vergeblich anrennt. So wird sie von ihrer konservativen bürgerlichen Familie, von ihrem Professor, von ihrem Mann an Stricken wie eine Marionette in verschiedene Richtungen gezogen. Oder sie muß auf einer rotierenden Drehscheibe laufen, ohne doch von der Stelle zu kommen, so ähnlich wie weiße Mäuse in einer Trettrommel. Hatte die Bühnenfassung nicht auf Werktreue geachtet? War die Erzählperspektive objektiviert worden? Eine kinoleinwandgroße Projektion zu Beginn zeigte Franziska (die Schauspielerin Angelika Waller), eine zweite in Großaufnahme nur ihre Augen. Die Handlung, so wurde optisch verdeutlicht, wird aus dem Blickwinkel der Hauptfigur gesehen. Dazu steht freilich in einem gewissen Widerspruch, daß Maaß meint, der subjektive Blickwinkel werde auch durchbrochen, da man den anderen Gestalten der Handlung "große Chancen" gebe, "ihre eigene Weltsicht zu artikulieren". Die Autorin hatte die anderen Roman-

---

2. Heiner Maaß: "Zu unserer Theaterfassung", in "Theater der Zeit" 1978/6, S. 61. Das gleiche Heft enthält den vollständigen Text der für die Bühne eingerichteten Szenen (S. 62-71). Inzwischen gibt es auch einen Kinofilm "nach Motiven des Romans 'Franziska Linkerhand' ". Unter dem Titel *Unser kurzes Leben* wurde der unter der Regie von Lothar Warneke nach einem Szenarium von Regine Kühn gedrehte DEFA-Film im Januar 1981 – also nach Redaktionsschluß dieses Bandes – in der DDR uraufgeführt. Die Hauptrolle wurde von der zweiundzwanzigjährigen Simone Frost gespielt, also gegenüber der Romanheldin um etwa ein Jahrzehnt "verjüngt". Dies läßt auf wesentliche Veränderungen gegenüber der Vorlage schließen, worauf auch der Hinweis deutet, man habe dort nur Motive entlehnt.

figuren ja auch im wesentlichen aus der Sicht Franziskas vorgestellt –, ihnen jetzt eine Gleichgewichtsfunktion zuzumuten, war
wenig plausibel. Offenbar sollte wenigstens im Kommentar der be-
fürchtete Vorwurf einer unzulässigen Subjektivierung schon prä-
ventiv abgeschwächt werden. In der eigentlichen Substanz war die
Form der Vorlage nämlich nicht angetastet worden: eine Bühnen-
einrichtung war, so hatte man erkannt, nur möglich, wenn die inneren Monologe, Tagträume und Reflexionen vor allem der Titelfigur erhalten blieben, zumal sie sich einer Umwandlung in Dialog
auch widersetzt hätten.

Das zwiespältige Echo auf die Aufführung in der DDR beruhte
wohl auf der im Gegenwartstheater ungewohnten, also als "kraß"
empfundenen Deutlichkeit. Zwar wurde die Inszenierung in einer
Umfrage am Ende der Spielzeit von mehreren Theaterkritikern besonders herausgestellt[3], aber es gab doch auch deutliche Ablehnung. Martin Linzer urteilte im Fachorgan vorsichtig. Wo er lobte,
entschuldigte er sich sogleich:

> Der Rezensent hielt es für seine vordringliche Aufgabe, zunächst Initiative
> und Einsatz des Theaters zu unterstreichen und Gelungenes zu würdigen.
> Das weitere Gespräch wird sich allerdings auch dem zuwenden müssen, was
> unbewältigt blieb, was – um im Erschei:.ungsbild der Inszenierung zu blei-
> ben – allzu Schwarz-Weiß, daher mißverständlich geriet, wo die Dialektik
> unseres Lebens im spannungsreichen Verhältnis von Subjektivität und Ob-
> jektivität nicht überzeugend Gestalt fand.[4]

Das hieß im Klartext, die Kritik gehe zu weit, sie sei eben zu radikal. Dem Zuschauer sei, so erläutert Linzer an anderer Stelle seiner
Rezension, die kritisch-distanzierende Sicht auf die Hauptfigur zu
wenig ermöglicht worden. Franziska sei doch auch eine Art Don
Quichotte, aber die Darstellerin Angelika Waller identifiziere sich
so sehr mit der Figur, daß auch das Publikum ganz und gar Partei
für diese ergreife. Daß Franziska sagt, was viele denken, wird in
den seltsam verdeckt geführten "Subjektivismus"-Diskussionen oft
schamhaft verschwiegen. Linzer verlangt jedenfalls vom Theater
Mittel, "die vermeiden helfen, den Zuschauer 'auszuliefern' an

3. Bilanz einer Saison – Theaterkritiker zur Spielzeit 1977/78, in "Sonntag" 1978/34, S. 4f.
4. Martin Linzer: "Es muß sie geben, die kluge Synthese... – *Franziska
Linkerhand* in Schwerin für die Bühne gewonnen", in "Theater der Zeit"
1978/6, S. 61.

auch kritikwürdige, einseitig-verabsolutierende Haltungen, ihn zu 'überrumpeln'".[5]

Franziska Linkerhand (und damit wohl auch die Autorin Brigitte Reimann) sollen also neuerdings in ein gewisses Unrecht gesetzt werden, und einer Inszenierung wird sogar angeraten, die Überzeugungskraft eines Textes absichtlich zu verkleinern. Warum erregt der moralische Rigorismus, der im Roman nicht nur hingenommen, sondern sogar begrüßt worden war, jetzt solchen Anstoß? Offenbar sind die "stillen Wirkungen", die ein Lektüreerlebnis beim einzelnen Leser zu Hause auslöst, weniger brisant als die öffentliche Konfrontation einer kollektiven Zuhörerschaft mit "unerhörten" Vorgängen. Das erklärt, warum solche Transponierungen gelegentlich auf Bedenken stoßen. Das Verbot des nach dem hochgeschätzten und ausgezeichneten Roman von Erik Neutsch, *Spur der Steine*, gedrehten DEFA-Films wie auch der jahrelange Aufführungsstop für Heiner Müllers nach Motiven des gleichen Buches geschriebenen Stücks *Der Bau* erklären sich auch aus der optischen und akustischen Umsetzung eines Druckwerks. Zugleich bedeutet die Reduzierung eines Romans auf   e beschränkte Spieldauer immer auch eine Pointierung und Verschärfung der in der Vorlage enthaltenen Konstellation.

Im Falle der Bühnenfassung von *Franziska Linkerhand* waren die Bearbeiter verantwortlich zu machen, die pietätvolle Zurückhaltung, die der Autorin postum zuteil geworden war, konnten sie nicht beanspruchen. In solchen Fällen wird gern das Original vor dem angeblichen Mißbrauch in Schutz genommen. Oft handelt es sich aber nur um einen Erinnerungsfehler; die "Vorlage" enthält — bei genauer Nachprüfung — durchaus, worüber man sich jetzt entsetzt, weil die "Zutat" zugleich eine böse Tat sei.

Die Schweriner Theaterleute wurden — sozusagen aus Gründen der politischen Psychologie — gelegentlich so sehr in die Defensive gedrängt, daß sie beim Gastspiel während der Leipziger Werkstattage des DDR-Theaters auf den Zusammenhang ihres Spielplans verwiesen, der es ihrem "hauseigenen" Publikum erlaube, die theatralische *Franziska Linkerhand* durch angemessene Einordnung "richtig" zu verstehen. Bei Umfragen haben jugendliche Zuschauer gesagt, daß sie durch Inszenierungen wie "Linkerhand" dem Schau-

5. Ebd., S. 60.

spiel gewonnen worden seien, während sie vorher der Operette zugeneigt waren.[6] Sieht man sich einzelne Vorwürfe des Theaterkritikers von Radio DDR, Wolfgang Stein, an, der insgesamt eine eingeengte negative Sicht im Theaterstück rügt, so zeigt sich, daß er die Einwände auch gegen den Roman vorbringen müßte:

> Jene Szene, in der die Linkerhand sich vorstellt, ein Kind könne in ihrem Leib wachsen, größer und größer werden und sich über diesen Gedanken entsetzt, war für mich eigentlich nur noch eklig [...].
> Dazu kommt, daß es Dramatisierung und Inszenierung nicht allein um die Selbstbehauptung dieser Frau im Prozeß der Emanzipation und Gleichberechtigung geht. Durch Stück und Aufführung zieht sich ein für uns seltsam anmutender Zug feministischer Bewegung, wie man sie heute in westlichen Ländern antrifft. Da wird der Gesellschaft als einer von Männern beherrschten Ordnung der Kampf angesagt.[7]

Die Unterstellung ist unberechtigt, denn im Roman heißt es:

> Gesetze, die mir gleiche Rechte sichern, garantieren nicht Anerkennung, Gleichwertigkeit. Klar. Man muß sich anstrengen, Schritt halten... Später erst habe ich begriffen, daß in einer Gesellschaft, die den Frauen gleichen Lohn für gleiche Arbeit zahlt (darüber gibt es nichts zu reden), daß bei uns noch ungeschriebene Gesetze walten, die *in einer von Männern beherrschten Welt* (Hervorhebung vom Verf.) gemacht worden sind, – die werden mitgeschleppt, zäh und dumm und als ein Joch, unter das man unseren Nacken beugt, nicht anders als das verfluchte Man-tut-das-nicht meiner Eltern. (S. 189)

Brigitte Reimann hat fast zehn Jahre an ihrem letzten Buch gearbeitet, der Krankheit wegen mit vielen Unterbrechungen, die auch konzeptionelle Änderungen nach sich zogen. Zuerst sollte es vor allem von der Liebe handeln und eine Art "Selbstbefreiungsgeschichte" werden. Aber als sie 1963 damit anfing, lebte die Autorin, um den sozialistischen Alltag zu studieren, in Hoyerswerda-Neustadt, der neu entstehenden Wohnsiedlung für die Beschäftigten des Braunkohlenkombinats "Schwarze Pumpe". Sie litt, wie

---

6. Siehe Gespräche mit Jugendlichen und jungen Lehrern, wie sie auszugsweise wiedergegeben wurden in WB 1980/5, S. 37-39. Verweise auf den Kontext des gesamten Spielplans finden sich auch in einem längeren Gespräch mit Generalintendant Fritz Wendrich, Christoph Schroth und Bärbel Jaksch, das "Theater der Zeit" 1980/3 unter dem Titel "Schweriner Dramaturgie" druckte (S. 7-11).
7. Sendung "Kritiker am Mikrofon", Radio DDR II am 13.5.1978, 13.05 Uhr.

Briefe aus jener Zeit[8] bezeugen, bis zur Verzweiflung an dieser "architektonischen Unsäglichkeit", aber sie besaß auch Kraft und Mut genug, ihren Zorn in praktische Interventionen umzusetzen: Sie schrieb Eingaben, Briefe, Zeitungsartikel gegen die "phantasielose Ameisenstadt"[9] und handelte sich damit die Proteste der Technokraten und Ökonomen in den Baukommissionen wie auch der Hymniker unter ihren Schriftstellerkollegen ein, die sich aus Opportunismus oder aus Unfähigkeit entschlossen hatten, "unsere schöne junge Stadt" um jeden Preis zu feiern. In einem Brief erzählte sie am 3. Oktober 1963:

> Vor einiger Zeit schrieb ich einen Artikel, in dem ich einige der Probleme andeutete, und es gab einen wilden Wirbel, ein Für und Wider in der Zeitung, begeisterte Zustimmung und böse Beschimpfungen, die bis zu politischen Denunziationen gingen und bis zu Behauptungen von der Güte: Die Fernheizung ist eine Errungenschaft der Arbeiter- und Bauernmacht. Manchmal ist es deprimierend zu sehen, wie schlecht die Leute informiert sind: Im Westen wohnen alle Arbeiter immerzu in Nissenhütten. Da ich auch den genialen Chefarchitekten angegriffen habe, hat die Geschichte Kreise gezogen, in der Bauakademie gibt es nämlich schon seit langem einen tiefgehenden erbitterten Streit wegen des industriellen Wohnungsbaus. Morgen abend ist großes öffentliches Schlachtfest, aber ich marschiere hin, wohlausgerüstet mit Neuroton-Tabletten und einem Haufen etwas ungeordneten technischen Wissens und dem Segen Henselmanns.[10]

Die Bekanntschaft mit dem Berliner Architekten Henselmann, der die Stalinallee und das Hochhaus an der Weberwiese erbaut hatte, Aufträge erfüllend, die mit seinen eigenen ästhetischen Vorstellungen nicht immer übereinstimmten, beflügelte die architekturkritischen Ambitionen der Autorin. Der Brief zeigt auch den engen Zusammenhang des Romans mit schwer zu verwirklichenden journalistischen Konzeptionen. Sie hat in der Zeitung nur einige Probleme angedeutet, es genügte für einen wilden Wirbel – der Roman aber sollte ihr mehr als bloße Andeutungen ermöglichen. Hans Kaufmann spricht in diesem Zusammenhang von pamphletartigen, subjektiv-rhetorischen Einschlägen: "Man sprengt Formen auf, damit wichtige Angelegenheiten ausgesprochen werden können. Dies aber ist ein immer wiederkehrender Zug von Aufstiegslitera-

8. *Was zählt, ist die Wahrheit. Briefe von Schriftstellern der DDR.* Halle 1975, S. 288-330.
9. Ebd., S. 297.
10. Ebd., S. 301.

turen".[11] Hier ließe sich freilich fragen, ob diese Kennzeichen einer "Aufstiegsliteratur" nicht simpler durch engherzige Presselenkung erzwungen werden, die der Belletristik eine Stellvertreterfunktion aufnötigt.

Auch Brigitte Reimann bildete sich nicht ein, auf raschen unmittelbaren Erfolg hoffen zu dürfen. Sie mußte sich ihre Wut herunterschreiben und auf die langfristige Wirkung der Schönen Literatur vertrauen. So änderte sich die Konzeption des Romans gleich zu Anfang ein erstes Mal, wie die Autorin in einem Brief vom 26. November 1963, wieder an die Kritikerin Annemarie Auer, erläutert:

> Da kommt ein Mädchen, jung, begabt, voller leidenschaftlicher Pläne, in die Baukastenstadt und träumt von Palästen aus Glas und Stahl – und dann muß sie Bauelemente zählen, schnell bauen, billig bauen, sich mit tausend Leuten herumschlagen (o, keine heldenhaften Schlachten, sondern die kleinen zermürbenden Streitereien),...und die Heldentaten bestehen darin, daß man um ein paar Zentimeter Fensterbreite kämpft, und alles ist so entsetzlich alltäglich, und wo bleiben die großen Entwürfe der Jugend? Schließlich hört man auf zu bocken und macht mit... Eine traurige Geschichte, und sie passiert jeden Tag. Ich kann das Wort 'enthusiastisch' schon nicht mehr hören. Manchmal geht sogar mir der Treibstoff aus, und ich möchte aufhören, mich andauernd zu streiten mit Leuten, die ja doch nie Fehler machen, nie sich irren und Dich behandeln wie Hohepriester einen Laienbruder. Sie sagen 'Perspektive', und ich sage 'Heute'. Nun ja, wir haben so unsere Verständigungsschwierigkeiten.[12]

Diese Protesthaltung, die die Autorin ihrer Franziska Linkerhand mitgegeben hat, ist der deutlichste autobiographische Zug des Romans. Die junge Architektin, Meisterschülerin eines auf Restaurierungen und unrealisierbare Modellentwürfe spezialisierten Professors namens Reger, schlägt dessen Angebote zur Mitarbeit aus und geht voller Hoffnungen nach Neustadt, wo die wirklichen Wohnungen für wirkliche Menschen entstehen. Sie durchlebt heftige Konflikte mit ihrem Chef, dem trockenen Bauingenieur Schafheutlin, der die höheren Orts gefaßten Beschlüsse ausführt. Aber die Kritik an ihm ist von Verständnis durchdrungen, wie die Autorin überhaupt die bequeme Sündenbocktheorie verschmäht, es sä-

11. Eva und Hans Kaufmann: *Erwartung und Angebot. Studien zum gegenwärtigen Verhältnis von Literatur und Gesellschaft*. Berlin 1975, S. 43. Vgl. auch S. 193-215.
12. *Was zählt, ist die Wahrheit*, a.a.O., S. 303f.

ßen nur die falschen Leute am falschen oder richtigen Platz.

Man würde den Impetus des Romans nicht voll erfassen, sähe man in ihm nur ein in Romanform abgefaßtes Pamphlet gegen die Unwirtlichkeit der Städte. Die Kritik ist radikaler gemeint: Neustadt mit seinen Wohnzellen, als Beispiel für viele Neubaugebiete genommen, verhindert das Entstehen von Heimat, potenziert die Entfremdung, beschädigt die in den Sozialismus gesetzten Hoffnungen.

Der Roman ist, so sehr er aus der Gefühls- und Gedankenwelt der Titelheldin lebt, gleichwohl ein Gesellschaftsroman. Er handelt von den Schwierigkeiten der Emanzipation und von dem Wohlleben der Privilegierten, die rechtzeitig die Hände hinzustrecken verstanden haben. Er erklärt den intoleranten ideologischen Glaubenseifer der jungen Leute aus ehemals bürgerlichem Hause, der Abtrünnigen, die vom Arbeiter- und Bauernstaat nur unter der Rubrik "Sonstige", also mit deutlichem Vorbehalt, akzeptiert wurden:

> Wir mußten uns selbst immer wieder bestätigen, daß wir richtig gewählt hatten, daß wir übergelaufen waren in die schönste aller Welten – sie mußte vollkommen sein, wir durften uns nicht geirrt haben. (S. 63)

Ähnliche Formulierungen finden sich in Christa Wolfs *Nachdenken über Christa T.* Gelegentlich gibt es beinahe wörtliche Übereinstimmungen. Brigitte Reimann läßt die Franziska über ihren Bruder Wilhelm sagen:

> Er mußte an sich selbst zweifeln, wenn er nicht an der Gesellschaft zweifeln wollte. (S. 62)

Bei Christa Wolf war 1968 über Christa T. gesagt worden:

> Da sie an der Welt nicht zweifeln konnte, blieb ihr nur der Zweifel an sich.[13]

Man wird hier bewußte Übernahmen vermuten dürfen, denn Brigitte Reimann bewunderte ihre vier Jahre ältere Kollegin von ebenfalls bürgerlicher, also "sonstiger" Herkunft: "Die Ruhigen, Klugen schüchtern mich ein, und desto mehr zieht es mich zu ihnen (meine unglückliche Liebe zu Christa Wolf...)", so heißt es in einem Brief vom 11. Februar 1965.[14]

Brigitte Reimann besaß eine sensible Beobachtungsgabe mit Sinn für Schärfen im Detail, etwa bei der Darstellung von Franzis-

13. Christa Wolf: *Nachdenken über Christa T.* Halle 1968, S. 92.
14. *Was zählt, ist die Wahrheit*, a.a.O., S. 308.

kas Familie, wo die Typisierung (Vater = weltfremder Bücherwurm, Mutter = egoistisches 'Erwerbsweib', Großmutter = geistvolle, unabhängige alte Dame) aufgelockert wird durch die szenische Gestaltung einzelner anekdotisch zugespitzter Situationen. Franziskas privater Ausbruch ins Arbeitermilieu – sie heiratet einen dummen Adonis, dessen Beiträge zum Gespräch vor allem aus ressentimentgeladenen Lamentos bestehen, er sei ja nur ein einfacher Arbeiter, wird mit einem Sarkasmus beschrieben, den manche mit Brigitte Reimanns (krankhafter?) Sucht nach Wahrhaftigkeit entschuldigen zu müssen glauben.

Die Todkranke setzte ihre ganze noch verfügbare Energie ein, um dieses Buch druckfertig zu machen. Nur dieses sollte zählen, nicht die frühen, flott heruntergeschriebenen, *Ankunft im Alltag* und *Die Geschwister*, für die es die Preise gab. Sie arbeitete gegen allerlei entmutigende Selbstzweifel an:

> Eine wirklich gute Schriftstellerin, wie ich es früher erträumte – werde ich doch nicht mehr, und alles, was ich der deutschen Literaturgeschichte zu bieten habe, ist der dubiose Begriff der 'Ankunftsliteratur'. Graue Vorgeschichte.

So heißt es in einem Brief vom 16. Januar 1972.[15]

Die Umstände der Entstehung des Romans haben verhindert, daß ein Buch "aus einem Guß" entstehen konnte. Manchmal entzieht die Verfasserin ihrem Geschöpf das Wort und erzählt von außen, was Franziska widerfuhr. Die Autorin brauchte die Reflexionsebene und hat sie eingeführt, und sie hat auch alle Lehren, wie eine Romanfabel auszusehen habe, bewußt in den Wind geschlagen. Einen Schluß zu finden, blieb schwierig. Man hat ein Heft gefunden, in das sie mit fast schon gelähmter Hand den schwer entzifferbaren Anfang des Schlußkapitels geschrieben hat. Da steht die in der DDR gern zitierte optimistische Stelle:

> Es muß, es muß sie geben, die kluge Synthese zwischen Heute und Morgen, zwischen tristem Blockbau und heiter lebendiger Straße, zwischen dem Notwendigen und dem Schönen, und ich bin ihr auf der Spur, hochmütig und ach, wie oft, zaghaft, und eines Tages werde ich sie finden. (S. 582)

Wann und wo sie gefunden werden kann, bleibt offen. Vor jeder Perspektive baut sich mächtig das Heute auf, für das noch immer gilt:

15. Ebd., S. 319.

Wir haben gelernt, den Mund zu halten, keine unbequemen Fragen zu stellen, einflußreiche Leute nicht anzugreifen, wir sind ein bißchen unzufrieden, ein bißchen unehrlich, ein bißchen verkrüppelt, sonst ist alles in Ordnung. (S. 64)

DIE HALBIERTE GESCHICHTSFÄHIGKEIT DER FRAU. ZU IRMTRAUD MORGNERS ROMAN *LEBEN UND ABENTEUER DER TROBADORA BEATRIZ NACH ZEUGNISSEN IHRER SPIELFRAU LAURA*

von

Ingeborg Nordmann

"Auch fiele mir schwer, zu entscheiden,
ob gelacht oder geweint werden sollte."
(I. Morgner)

1. Phantasie maßgeschneidert — Zur Rezeption des Romans in der DDR

Der Roman "Leben und Abenteuer der Trobadora Beatriz" von I. Morgner hat eine Vielfalt von Deutungen und Wertungen provoziert, die über Positionen der Anerkennung oder Ablehnung hinaus in einem übereinstimmen: die mangelnde Eindeutigkeit des Textes sei nachträglich durch die Interpretationsleistung des Rezensenten herzustellen. Diese Haltung ist nicht deshalb erwähnenswert, weil die Interpretationen das bieten, was der Text aus Mangel an Formgebung verschweigt. Vielmehr wird durch die suggerierte sichere Verfügung über den Text stillgelegt, was als produktive Funktion der von der Autorin entwickelten Kunsttechnik des Montageromans bezeichnet wird: Die "seltsam zu- und gegeneinander" (259)[1] stehenden Teile des Romans sollen den Leser zu "schöpferische[r] Arbeit" stimulieren, zur Produktion neuer Wahrnehmungsweisen der Realität also, nicht zur Wiedererkennung der al-

---

1. Irmtraud Morgner: *Leben und Abenteuer der Trobadora Beatriz nach Zeugnissen ihrer Spielfrau Laura*. Roman in dreizehn Büchern und sieben Intermezzos. Berlin-Weimar ³1976.

ten. Alt ist jedoch sowohl das Verdikt gattungstheoretischer Insuf-
fizienz, wie es in einem Teil der Literaturkritik aus der BRD zu
finden ist,[2] als auch die auf bestätigende Einordnung in die Kunstkonzeption des Sozialistischen Realismus bedachte Literaturkritik
in der DDR. Letztere ist deshalb von Interesse, weil sie Antwort
geben kann auf die Frage, warum ein Roman, der wie kein anderer
die Frage der Frauenemanzipation neu thematisiert, nicht zu wi-
dersprüchlicheren Debatten in der DDR geführt hat.

Woran sich die Literaturkritik in der DDR abzuarbeiten hatte,
das ist der Gebrauch des Phantastischen im Roman der Morgner,
und sie reagierte auf ihn nach der Methode des bekannten Chaplin-
Bildes: sie schnitt alle überhängenden Teile, die nicht in den Kof-
fer paßten, einfach ab.[3] Die Phantasie an die Macht – dieser der
Bewegung des französischen Mai von 68 entlehnte Satz, der als
Ausdruck des "Hinausgehen[s] über die Grenzen des Seins und der
Gesellschaft"[4] begriffen wurde, steht zeichenhaft für eine Dimension der Infragestellung der verfestigten Ordnung der Verhältnisse
und Bewußtseinsformen, die in dieser Radikalität vor allem von
der Romantik entworfen wurde. Die Formulierung von Novalis:
"Aus der produktiven Einbildungskraft müssen alle inneren Vermögen und Kräfte und alle äußeren Vermögen und Kräfte dedu-
ziert werden", liest sich daher, wie Richard Faber in einem anderen Zusammenhang deutlich macht,[5] wie eine Interpretation der
Parole der Studentenrevolution. Die Phantasiepotentiale, welche
die Romantik freisetzen wollte, waren antiautoritär, gegen die ver-

2. So Martin Gregor-Dellin in: FAZ, 10.3.1975, und Fritz J. Raddatz in:
Die Zeit, 21.5.1976.

3. In ähnlicher Weise argumentiert Patricia A. Herminghouse, wenn sie die
Einarbeitung von phantastischen Motiven als nunmehr erlaubt qualifiziert
durch die in den 60er Jahren erfolgte Befreiung der Literaturtheorie von "pri-
mitiven Widerspiegelungstheorien" (260). Das harmonische Zusammenspiel
von Realität und Phantasie, wie es in dem von Herminghouse zitierten Satz
Robert Weimanns: Kunst sei "Spiegel für das Wirkliche und Leuchte in das
Mögliche", deutlich wird, trifft tatsächlich bestimmte Tendenzen im Roman
der Morgner, aber der Roman geht nicht in diesem Aspekt auf (*Die Frau und
das Phantastische in der neueren DDR-Literatur. Der Fall Irmtraud Morgner*.
In: *Die Frau als Heldin und Autorin*. Hrsg. von W. Paulsen, Bern und München 1979).

4. *La Chienlit. Dokumente zur französischen Mai-Revolte*. Hrsg. v. J. J.
Lebel u.a., Darmstadt 1969, p. 176.

5. Richard Faber: *Novalis*. Die Phantasie an die Macht. Stuttgart 1970.

steinerte Welt der Konventionen gerichtet, und in diesem entscheidenden Punkt ist die Tradition der Romantik in dem Roman der
Morgner aktualisiert.

Die Romantik war lange Zeit in der DDR, mit dem Verdikt einer reaktionären Ideologie belegt, tabuisiert; in neuerer Zeit findet
zwar eine formelle Rehabilitation statt, die feindliche Distanz ist
aber nicht ausgeräumt, wie die folgende Invektive von Peter Hacks
zeigt:

Und wer fortan über die Ruheplätze der deutschen Literatur den Weg
nimmt und zufällig über Friedrich Schlegels Grabstatt wandelt, sollte ihm,
um des Rechten und der Rechtschaffenheit willen, kräftig auf die Hand treten und nicht dulden, daß er seine widerlichen Leichenfinger mitten in die
höchst lebendigen Tätigkeiten unserer Literatur hineinsteckt.[6]

Hier werden Spannungen deutlich, durch die eine Aktualisierung
der romantischen Methode, Realität phantastisch zu verfremden,
aus dem Bereich rein spielerischen Jonglierens mit kunsttheoreti-
schen Varianten heraustritt. Auf eben diese Weise werden aber in
der Rezeption durch die Literaturkritik in der DDR die Phantasiepotentiale, die der Roman von Irmtraud Morgner durch seine offene Form, die Zitierung und Umfunktionierung von Mythen und
Märchen, durch die Konstruktion von Utopien freisetzt, rück-
übersetzt in die präformierte Konzeption traditionellen Kunstver-
ständnisses, das auf Geschlossenheit der Form und Eindeutigkeit
des Sinns insistiert. Mit Sorgfalt wird betont, daß das märchenhafte und phantastische Element, "so zügellos ihm scheinbar der Lauf
gelassen" wird, "fest" "am Zügel" "eingespannt", "dem Zweck,
der Tendenz untergeordnet"[7] ist, die "Geschlossenheit der Fabel"
sorge dafür, daß "die große Fracht vielfältiger Elemente" "keineswegs aus dem Kurs" gerät.[8] Phantasie, die sich "ihres Maßverhält-
nisses und ideologischen Zielpunktes stets bewußt bleibt"[9], erscheint so als origineller Beitrag innerhalb der Weite und Vielfalt

6. Zit. nach A. Endler: *Eine romantische Liebesgeschichte*. In: *Auskunft 2*.
Hrsg. v. Stefan Heym. München 1978, p. 318.
7. Sigrid Damm: *Irmtraud Morgner: Leben und Abenteuer der Trobadora
Beatriz nach Zeugnissen ihrer Spielfrau Laura*. In: Weimarer Beiträge 9, 1975,
p. 145.
8. Annemarie Auer: *Gedanken beim Lesen, Trobadora unterwegs oder
Schulung in Realismus*. In: Sinn und Form, Sept./Okt. 1976, p. 1083.
9. Werner Neubert: *Zum Manuskript 'Leben und Abenteuer der Trobadora Beatriz...'*. In: Neue deutsche Literatur 8, 1974, p. 103.

sozialistisch-realistischer Schreibweise, ja gar als therapeutisches Gegengewicht zum nüchternen sozialistischen Alltag, zu dem "primär der Technik zugewandten, einseitig logisch strukturierten Denken".[10] Beruhigt nimmt man zur Kenntnis, daß Überschreitungen des Alltäglichen nur als "Schreibexplosionen" zum Ausdruck kommen. Die Phantasie bleibt in die Scheinwirklichkeit verbannt, als "Spielwelt"[11] unterliegt sie der traditionellen Trennung in Arbeit und Freizeit, ihre kritischen Potentiale sollen entlasten vom entfremdeten Alltag, nicht zu seiner Veränderung motivieren. Was in diesen Interpretationen überhaupt nicht ins Blickfeld kommt, ist das subversive Potential der Phantasieproduktion. In die Intention der Morgner, die Emanzipation der Frau mit einer Befreiung der Phantasien zu verbinden, haben sich aber emanzipative Impulse der romantischen Tradition oder auch der Tradition des ruhelosen Pikaro-Helden in komplexer Weise eingeschrieben und geben dem Roman eine untergründig kritische Dimension, die sich gegen Tendenzen des Sich-Einrichtens im Gegebenen durchhalten.

Die Ausblendung von Mehrdeutigkeit und Heterogenität, wie sie sich herstellt aus der textuellen Verschränkung von vergangener und zeitgeschichtlicher Problematik und den ihr gemäßen Formen, führt in der Literaturkritik der DDR durchgängig zu einer rationalistisch verkürzten Interpretation der phantastischen Motive des Romans. Nach der bekannten Denkfigur der Aufhebung des Utopischen im Wissenschaftlichen Sozialismus, der die endlich zu sich gekommene Einheit von Welt und Ich für sich als Besitz reklamiert, bleibt Phantasie Vorform des Geschichtsbewußtseins, ihre kritische Fähigkeit, die Grenzen in der Selbst- und Umwelterfahrung zu überschreiten, ist neutralisiert zu einer bloß ornamentalen Funktion gegenüber der unangefochtenen Herrschaft von Technik- und Wissenschaftskult, den patriarchalischen Normen des Denkens, die die Welt in zwei sich starr gegenüberstehende Lager einteilt, die des Verstandes und der Emotion, der Geschichte und der Natur, der Kopf- und Handarbeit. Daß die Autorin sich nicht mit der Produktion von Phantasie im Reich des schönen Scheins zufriedengibt, sondern auf eingreifender Phantasie besteht, kann nur der übersehen, der ihre Kunstkonzeption dem traditionellen Verständnis zu

10. Ebd.
11. Dieter Schiller: *Nahe Spielwelt der Phantasie*. In: Neues Deutschland, 4.2.1975.

assimilieren versucht. Schreiben ist für Irmtraud Morgner "Weltma-chen", ist Produktion einer Gegenwirklichkeit des Möglichen, die an reale Emanzipationsbedürfnisse des Lesers anknüpft. Nirgends wird das deutlicher als in den Äußerungen zur Konzeption des Montage-Romans. Der Begriff des Montage-Romans erinnert an Tretjakow und dessen Intentionen, Kunst tendenziell in Lebens-praxis zu überführen, durch Montage die Aura des Selbstverständ-lichen zu verfremden und als veränderbar aufzuzeigen. Der Produk-tionsprozeß des Künstlers ist hier nie abgeschlossen, er rechnet mit der eigenständigen Phantasietätigkeit des Lesers, der so zum Ko-Produzenten des Kunstwerks wird. Nicht als Repräsentation, son-dern als Präsentation von Wirklichkeit gibt Kunst das Modell von nicht-entfremdeter Produktion. Die mit der Montage verknüpfte Intention, durch Unterbrechung, Fragment, Umfunktionierung, Konfrontation verschiedener Diskursformen die Geschlossenheit und Einheitlichkeit der Wirklichkeitsbilder zu destruieren und mit einer bewußt unvollendeten Wahrnehmungsweise von Realität den Leser in ein Spiel mit Widersprüchen zu verstricken, ihn zu moti-vieren, die alte Welt neu zu sehen, das Gewöhnliche als auffällig und das Fremde, Verdrängte als vertraut, wird über den identifizie-renden und vereinheitlichenden Modus des traditionellen literatur-theoretischen Diskurses überdeckt, der das Ungewöhnliche zum schmückenden Beiwerk degradiert. So legt A. Auer Wert darauf zu betonen, daß trotz Montage ein "Roman" zustande gekommen sei, also die Fundierung einer disparaten Welt auf ein eindeutiges Sub-jekt und eine eindeutige Perspektive. Sie hat der ästhetisch erfah-rene Leser zu entdecken, indem er die durch den Text hervorgeru-fene Verwirrung nicht befragt, sondern meistert.

Welche Funktion der Roman in einer Selbstverständigungspra-xis von Frauen in der DDR haben könnte, wird als Fragestellung nicht virulent. Der Roman ist dreimal in der DDR aufgelegt wor-den und war jedesmal schnell vergriffen – die Stelle einer mögli-chen Einbeziehung des Romans in eine kollektive Diskussion bleibt allerdings leer. Sie erst würde die lebensgeschichtliche Aktualität einer grenzüberschreitenden Reflexion normierter Einteilungen der Welt ausmachen können, indem sie den Leser in ein Spannungsfeld vielfältiger Bedeutungen und Interpretationen versetzt, dessen nicht auflösbare Widersprüche den Blick auf Realitäten lenken, die dem Text vorausgesetzt sind und über die er nicht verfügt. Innerhalb der komplexen Widerspruchssituation vieler Problemfelder und vieler Sprachen kann die spezifische Präsentationsform des Themas der weiblichen Emanzipation einer ganz anderen Spannung ausgesetzt werden als im Rahmen einer individuellen Lektüre.[12] Damit wäre aber auch die Intention des Romans, nicht Fiktion, sondern Welt zu machen, in ganz anderer Weise wirksam gemacht. In sich wiederholenden Bewegungen des Übergangs von ästhetischer zu alltäglicher Erfahrung, die der Montage-Roman nach Irmtraud Morgner evozieren soll, kann das qualitativ Andere der ästhetischen Erfahrung befragt werden nach ihrer Bedeutung für die Formen der Artikulation und Kommunikation praktischer Bedürfnisse nach Emanzipation in der Alltagspraxis.

Durch die Rückbindung an Alltagserfahrungen im weiblichen Lebenszusammenhang widerspricht I. Morgner der Tendenz, ihren Roman nur als aparte Variante in der Kunstwelt zu rezipieren. Die operationale Form des Romans, die poetische Erfindungslust der Morgner im Umgang mit Utopien und Märchen, die reflektierte Souveränität in der Auseinandersetzung mit verschiedenen Wahrnehmungsweisen und Diskursformen sind Teil ihrer Emanzipationskonzeption. Weibliche Phantasien nach vorwärts und rückwärts sollen die Frauen zu jenem Selbstbewußtsein motivieren, das sie durch ihre Einbindung in eine leere Zeit — Frauen haben keine Geschichte — bisher nicht entwickeln konnten. Die Entdeckung der weiblichen Geschichte in Utopien, Mythen und Märchen richtet sich auf Sehnsuchtspotentiale, deren Nichteinlösung die bisherige Geschichte zur Vorgeschichte macht:

> Die große griechische Kultur basierte auf der Sklavenhalterordnung. Die großen künstlerischen, wissenschaftlichen und technischen Errungenschaften der Kultur, die wir jetzt haben, basieren auf der Frauenhalterordnung. Diese Basisfunktion der Frauen war zwar ganz und gar ruhmlos, aber doch, und nicht nur indirekt, geschichtsbildend. Wenn die Frauen gegenwärtig beginnen, Menschen werden zu wollen, das heißt sich Natur anzueignen, zuerst ihre eigne, brauchen sie das Bewußtsein ihrer Geschichte — als Vorgabe und Widerstandskraft [...] Nach der ökonomischen auch die histori-

---

12. Dies war die Erfahrung eines an der Freien Universität Berlin durchgeführten Frauenseminars. Die nicht auflösbare Widersprüchlichkeit der verschiedenen Lektüren rief eine oszillierende Bewegung zwischen Text und Reflexion der eigenen Lebenssituation hervor, die als eine Möglichkeit, Literatur und Alltagsdiskurs in ein produktives Verhältnis zu setzen, betrachtet werden kann.

425

sche Enteignung rückgängig zu machen, denen, die heute unseren Staat
tragen, ihre legendäre Geschichte als Vorgabe fühlbar zu machen, das halte
ich für eine große Aufgabe der Literatur.[13]

Die Geschichte der Frauen existiert jedoch nicht als empirisches
Faktum der Realität. Sie muß konstruiert werden über die Auseinandersetzung mit den geschlechtsspezifischen Zuordnungen und
Wertungen, welche die reale gesellschaftliche Funktion der Frau und
die Bilder der Weiblichkeit bisher bestimmt haben. Die geschichtliche Schattenexistenz der Frau, ihre Determinierung durch Vorstellungen, die nicht Produkt einer weiblichen Selbstverständigungs-
praxis waren, sondern der Weiblichkeit imaginierenden Phantasietätigkeit des Mannes, zeigt, daß die Entwicklung eines weiblichen
Selbstbewußtseins und einer autonomen Geschichtsfähigkeit der
Frau sich nicht auf vertraute Modelle stützen kann. Die Hypostasierung eines solchen bereits existierenden theoretischen Begrün-
dungszusammenhangs, den die Morgner – und das ist der Punkt
ihrer Übereinstimmung mit der Literaturkritik in der DDR – im
Marxismus identifiziert, ruft nun in ihrem Roman eine zu dem Projekt der Konstruktion eines legendären Geschichtsbewußtseins,
welches das bisher von der Geschichtsschreibung, auch der marxistischen, Verdrängte thematisieren will, entgegengesetzte Bewegung hervor, die dem Text seine spezifische Widersprüchlichkeit
vermittelt. Der Roman der Morgner ist nicht Erscheinungsort *eines*
Sinns, sondern eines Kontrastes, der die Methode der Verknüpfung
seiner verschiedenen Teile strukturiert, Spannung und Disparatheit
der Interpretationsmöglichkeiten evoziert. Die Bewegungsformen
dieses Kontrastes konstituieren die komplexe und widersprüchliche Realität des Romans. Der Text sagt dann mehr, als die Autorin
sagen will.

2. Marxismus und Feminismus

Ich habe keinen Grund, einerseits Kommunistin, andererseits Feministin
zu sein. Seit Marx ist klar, daß sich gesellschaftlicher Fortschritt messen
läßt an der gesellschaftlichen Stellung des 'schönen Geschlechts'.[14]

Mit diesem Satz bekennt sich I. Morgner mit Nachdruck zur Tradi-

13. Irmtraud Morgner: Rede vor dem VII. Schriftstellerkongreß. In: Pro-
tokolle Bd. 2, Berlin-Weimar 1974, p. 113.
14. Gespräch mit Oskar Neumann. In: kürbiskern 1, 1978, p. 98.

tion des Marxismus, der das Problem der Frauenemanzipation bereits grundlegend erfaßt habe. Als Erklärungsmuster ist unschwer erkennbar die Metapher vom "Keim", den Marx gelegt hat und der nun im Sozialismus sich entfalten könne. Den Feminismus in den westlichen Ländern pariert die Morgner mit einem Seitenhieb: er sei absurde Reaktion auf absurde Verhältnisse. Die Sicherheit aber, mit der hier zwischen Marx und dem Sozialismus in der DDR eine lineare Folgerichtigkeit behauptet wird, ist eine vindizierte. Nicht nur deshalb, weil emanzipative Gehalte, die Marx noch antizipiert hat, im Weltanschauungssystem des realen Sozialismus ausgeklammert bleiben, sondern auch deshalb, weil theoretische Entwicklungen in ihrer Widersprüchlichkeit sich dem Modell scientistischer Gewißheit entziehen. Bereits Marx beschreibt im 18. Brumaire Traditionsaneignung in Metaphern des Lächerlichen (Farce, Komödie) oder des Bedrohlichen (Gespenst, Alp). Die Tradition ist "kein erworbener Besitz, der immer größer und sicherer wird; sie besteht aus Spalten und Ritzen und heterogenen Schichten; sie ist schwankend und brüchig und bedroht von innen oder von unten auch den Erben."[15] So ist der Satz, daß die Freiheit einer Gesellschaft an der Freiheit der Frau zu messen sei, auch nicht der theoretische Einfall eines Marx, der als einziger auf dem Gebiet der materialistischen Geschichtstheorie wissenschaftlich und konsequent-emanzipativ verfährt. Der Satz stammt von dem utopischen Sozialisten Fourier.

Mit den aufsässigen Antizipationen Fouriers, die sich nicht vernunftvoll den herrschenden Schranken zwischen Arbeit und Genuß, Rationalität und Emotionalität beugen, kommt eine Dimension ins Spiel, die der Marxismus zumeist ausblendet. Zwar sind ähnliche Gedanken beim jungen Marx zu finden, nur dessen Phantasien über eine gesellschaftliche Utopie, in der "unsere Produktionen [...] ebensoviele Spiegel (wären), woraus unser Wesen sich entgegenleuchtete",[16] ständen nicht in einem Ergänzungsverhältnis zum ökonomieorientierten Marx, sondern in einem Verhältnis des Widerspruchs. Diesen Widerspruch konzipiert die Morgner mit,

15. M. Foucault: *Nietzsche, die Genealogie, die Historie*. In: *Von der Subversion des Wissens*. München 1974, p. 90.
16. Karl Marx: *Aus den Exzerptheften*. Die entfremdete und die unentfremdete Gesellschaft, Geld, Kredit und Menschlichkeit. In: Marx-Engels-Studienausgabe. Hrsg. v. I. Fetscher. Frankfurt a.M. 1966, p. 261.

auch wenn sie, anknüpfend an die Ideologie des geschlossenen Marxismus, meint, sich im Raum einer immanenten Kritik zu bewegen. In dem Roman der Morgner werden dann auch anders als in den mehr der Eindeutigkeit verpflichteten theoretischen und politischen Stellungnahmen die Gegensätze von Marxismus und Feminismus, von Wissenschaft und Utopie derart in Bewegung gebracht, daß das ideologische Projekt der Autorin, mit dem Marxismus sei ein für allemal eine definitive Emanzipationskonzeption entwickelt, sich verliert in einer Vielfalt anderer Sichtweisen, die dem intendierten Sinn die Eindeutigkeit nehmen und die Emanzipationsproblematik in ein komplexes und widersprüchliches Beziehungssystem einflechten, sie derart unter Spannung setzen, Widersprüche und Lücken in der Darstellung preisgeben, die Grenzen der Ideologie signalisieren.

Die Grenzen der Emanzipation über den Beruf werden sichtbar gemacht nicht in der Form des radikalen Bruchs mit dieser Ideologie, sondern über die kritische Befragung von Erfahrungen mit dieser Lebensform. Zugleich exponiert die Morgner den formellen und kurzschlüssigen Charakter der offiziellen Emanzipationsstrategie durch eine Vielfalt von Themen, die sich in satirischer, parodistischer und utopischer Form mit der traditionellen Geschlechterrollenteilung, männlichen Verhaltensweisen, der Emotionsfeindlichkeit von Rationalität und Arbeitswelt, der gesellschaftlich unterprivilegierten Stellung der Reproduktionsaufgaben kritisch auseinandersetzen. Da die Autorin zugleich auf dem Boden logischer Kontinuität eine Synthese von realem Sozialismus und Emanzipation der Frau konstruieren will, ergeben sich in ihrem Werk zwei Bewegungen, die sich nicht ergänzen, sondern in einem konfliktuellen Verhältnis zueinander stehen, da die eine die Harmonie, die andere den Widerspruch zum Ausdruck bringt. Um den Roman von Irmtraud Morgner zu verstehen, muß man die Formen der Konstitution dieser Disparatheit analysieren.[17]

17. Der Marxismus hat der Bilderwelt des Weiblichen vor allem zwei Aspekte hinzugefügt: die berufstätige und politisch-engagierte Frau. Diese Erweiterung hatte zugleich den Effekt einer Eingrenzung. Der Emanzipationsgedanke des Marxismus knüpfte weder an Analysen des realen weiblichen Lebenszusammenhangs an noch anerkannte er die lebenspraktische Bedeutung der in der philosophischen und literarischen Bilderwelt imaginierten Weiblichkeitsvorstellungen. Sie wurden offensichtlich begriffen als ideelle Manifestationen eines ersatzreligiösen Kults, der mit der Abschaffung der realen Unterdrückung

3. Arbeiten wie ein Mann und wie eine Frau dazu. Zur sozio-kulturellen Realität der Frauen in der DDR

In dem Roman von I. Morgner werden verschiedene Lebensläufe von Frauen vorgeführt, die Medium sind für eine Aufarbeitung weiblicher Geschichte in der DDR. Im Mittelpunkt der realistischen Frauenfiguren steht Laura, ehemalige Wissenschaftlerin, jetzige Triebwagenführerin, Mutter und Spielfrau der Trobadora. An der Figur der Laura werden reale Existenzweise und eine an das Konkrete anknüpfende Emanzipationsperspektive beispielhaft vorgeführt. Laura, – das ist der Sprung aus der mythischen weiblichen Vorgeschichte – repräsentiert durch die Muttergöttinnen – in die dialektische Zeit des Geschichtemachens. Mit dem realistischen Blick für das Machbare ausgestattet, definiert Laura die Situation der Frau in der DDR als bereits existierende Gleichberechtigung; defizitär seien nur die Sitten, die letzte Domäne des Mannes sei die Erotik. Voraussetzung einer patriarchalische Normen und Verhaltensweisen kritisierenden Geschichtsfähigkeit der Frau ist die Berufstätigkeit, die für Laura bereits natürlicher Teil ihres Selbstverständnisses und Selbstbewußtseins ist. Ihr kann sich Laura aber im Gegensatz zum Mann, der sich in den Bereichen geschichtsbedeutsamer Praxis, den "drei großen W.[s], Wirtschaft, Wissenschaft, Weltpolitik"[18], zu brillanten Karrieren aufschwingt, nur als halber Mensch widmen. Haushalt und Kindererziehung, laut Gesetz in der DDR eine kameradschaftliche und mit gegenseitiger Unterstützung zu bewältigende Tätigkeit, verhindern eine erfolgreiche Berufstätigkeit Lauras als Wissenschaftlerin. Sie erklärt, daß "ihr der täglich mehrfach auferlegte Hin- und Herweg von der gebückten bodenständigen Tätigkeit der Haushälterei zu jenen Erhebungen, wo sich Gedanken nun mal aufhalten, eines Tages zu kräftezehrend erschienen wäre. Weil deprimierend" (264). Das durch Doppelbela-

der Frau als bloße Scheinproduktion des Glücks seine Funktion verliert. Die Abstraktion von den Realitäten der weiblichen Existenz und die Praktizierung eines in bezug auf die Frauenfrage idealistischen Ideologiebegriffs verraten, daß die marxistische Konzeption des Emanzipationsproblems eine abstrakte Gedankenkonstruktion ist: Die Hypostasierung des Proletariats zum revolutionären Subjekt sans phrase ist Basis eines deduktiv abgeleiteten Konzepts der Aufhebung weiblicher Defizite in Beruf und Politik.

18. Christa Wolf: *Selbstversuch*. In: *Frauen in der DDR*. München 1976, p. 244.

stung entstehende Defizit an geschichtsbedeutsamer Praxis wird kritisch umgedeutet in ein Positivum: der Vereinseitigung und Deformierung des Mannes durch Karrierismus und Kult des abstrakten Denkens steht die Frau mit ihren Fähigkeiten zu bedürfnisorientiertem und nichtinstrumentellem Verhalten gegenüber, die sich aufgrund des anderen Zeitmaßes einer Praxis der affektiven Zuwendung gegenüber Kindern entfalten können. Die Entscheidung von Laura, die Praxis der Kindererziehung als eine von grundlegender Bedeutung für die Emanzipation der Emotionen zu werten, ist verknüpft mit einer anderen, die in der Tradition der Arbeiterbewegung mit emanzipativen Vorstellungen besetzt war. Laura verläßt ihren Beruf als Wissenschaftlerin und wird Triebwagenführerin; sie folgt damit der Vorstellung, daß produktive Arbeit und Basisnähe eine Veränderung in Motivation, Selbstverständnis und Existenzweise der Individuen hervorruft, die tendenziell als Praxis der Überschreitung des Widerspruchs zwischen Kopf- und Handarbeit begreifbar wäre. Laura erscheint somit als Projektionsfigur für das mögliche Bündnis zweier emanzipativer Strömungen: der Frauenbewegung und der Arbeiterbewegung. Die Realisierung dieses Projekts scheitert jedoch an den Widersprüchen, deren Abwesenheit zunächst seine Kohärenz begründen: die Strukturen der Arbeitsteilung bewirken, daß Berufstätigkeit und Kindererziehung nicht eine Praxis der Entfaltung und Verteilung produktiver Fähigkeiten begründen, sondern der Verarmung des einen Bereichs durch den anderen, also eher zu einer Ökonomie der Defizite führen. Daß dies zu Lasten der Zeit geht, die, wie die Kommunikation mit Kindern, den Raum für Erfahrungen eröffnen könnte, die sich subversiv zur herrschenden ökonomischen Rationalität verhalten, versinnbildlicht eine Episode aus dem Leben Lauras als Wissenschaftlerin:

Die Institutsleitung erwirkte einen Krippenplatz für Juliane. Die glückliche Mutter brachte die Tochter morgens in die Krippe, holte sie abends, wusch Windeln und auch sonst alle Wäsche der Familie, kochte, kaufte ein, säuberte die Wohnung, ging mit dem Kind zum Arzt, betreute es, wenn es krank war. Uwe war als Journalist damals häufig auf Dienstreisen. Laura geriet mit den Kommentaren in Verzug, die sie für eine Editionsarbeit des Professors zu liefern hatte. Ihre Forschungsberichte über den Dichter Frank Wedekind bezeichnete er als zunehmend dürftig. Manchmal hielt sie unvorbereitet Seminare. Gab sogar mitunter die Tochter leicht fiebrig in der Krippe ab, um ihren Lehrveranstaltungen nachkommen zu können. 1958, elf Tage vor ihrem ersten Geburtstag, starb Juliane an Lungenentzündung. (167)

Eine eindeutige Antwort auf diesen Konflikt verweigert der Text. Weder die Strukturen der Arbeitswelt noch die im Reproduktionsbereich werden explizit einer kritischen Betrachtung unterworfen. Die Weiterexistenz patriarchalischer Verhältnisse wird allein dem Bewußtsein angelastet.

Irmtraud Morgner entwickelt dagegen eine Art Umwegproduktion der Kritik, indem sie die Elemente der Realitätserfahrung überlagert mit Bildern der Trauer über den irreversiblen Verlust an Selbstverwirklichungsmöglichkeit, den die in patriarchalischen Denk- und Verhaltensmustern versteinerte Umwelt den Frauen bereitet,[19] oder mit Bildern der Utopie, welche die in Vergangenheit und Gegenwart uneingelösten Hoffnungen in die Zukunft projizieren.

Die Spuren lebensgeschichtlicher Brüche, die das Bild der bereits in Ökonomie und Politik emanzipierten Sozialistin durchziehen, sind in ihrer Komplexität nicht ablesbar an singulären Biographien. Auch die Geschichte der Laura, so repräsentativ sie für die lebensgeschichtliche Realität der Frau in der DDR erscheint, läßt erst in ihrer Beziehung zu anderen Lebensgeschichten die Widersprüche deutlich werden, welche die Realität weiblicher Existenz konstituieren. Die Problematik der berufstätigen Frau, die in der Biographie Lauras abbricht, erhält durch die Biographie Herta Kajunkes eine andere Beleuchtung. So nachdrücklich die Lebenstüchtigkeit und Lebenslust der Laura vorgeführt wird, die trotz aller Niederlagen und widrigen Umstände sich durchhält und dadurch beispielhaften Charakter gewinnt, wie Frauen in dem rauhen patriarchalischen Klima sich Überlebenschancen sichern, so vollständig fehlt diese Haltung in der Geschichte Herta Kajunkes. Deren Präsentationsform als "prinzipielle Rede" Lauras an ihren Mann Benno, und zwar über das Thema des Todes, signalisiert, daß hier der düstere Aspekt des Lebens nicht als Außenseiterproblematik abgehandelt werden soll. Die Bekanntschaft mit Herta Kajunke hat für Laura einen besonderen Stellenwert: es ist "das Glück, eine starke Persönlichkeit zu erleben" (495). Durch sie wird Laura motiviert, den

---

19. Hierher gehören u.a. die Fernwehgeschichten Lauras, die trotz der ironisch durchgehaltenen Balance zwischen eingeschränkten Entwicklungsmöglichkeiten und Emanzipationswünschen (Laura: "Die besten Einsichten vom Meer gewinnt man in der Waschschüssel", 394) einen nicht-integrierbaren Überschuß an bitterer Sehnsucht einbringen.

gleichen Beruf einer Triebwagenführerin zu ergreifen. Mit diesem Beruf hat es eine seltsame Bewandtnis. Nicht die Realität eines Arbeitstages einer Triebwagenführerin ist das Faszinierende; sie wird weitgehend ausgeblendet. Es ist vielmehr die mit diesem Beruf verbundene Möglichkeit, neue selbstbewußte Haltungen einzuüben. Hierfür steht die Metapher vom fahrenden Beruf, der als Medium für die Entwicklung von Fähigkeiten gesehen wird, die Dinge des Alltags zu hinterfragen und als veränderbar zu denken, zu einem neuen Selbstverständnis zu kommen, das die Entfremdung zu sich selbst und zu den anderen tendenziell zu überwinden vermag. Die Fähigkeit, nach eigenen Möglichkeiten jenseits der normierten und anerkannten gesellschaftlichen Daseinsformen zu suchen, wird durch ein zweites Motiv bestätigt: Herta wird in besonderer Weise Liebesfähigkeit attestiert, die von der Umwelt tabuisiert wird. Neben diesen ungewöhnlichen Eigenschaften steht unvermittelt die gewöhnliche der Realitätstüchtigkeit, die umgekehrt Beziehungen der Konkurrenz und der Fremdheit produziert: Herta ist mehrfach ausgezeichnete Aktivistin, ohne daß die Problematik dieser durch Leistungsdruck und Konkurrenzverhalten geprägten Praxis auch nur angedeutet wird. Die eigene Verstrickung in entfremdete Praxis wird pauschal nach außen projiziert, auf Verhalten und Bewußtsein der anderen, ein Mechanismus, der nach dem Muster des positiven Helden funktioniert. Es scheint so, als würde die Morgner das alte Aktivistenideal mit einer neuen romantischen Patina versehen. Die isolierte Position des positiven Helden wird hier aber nicht mehr erlebt als die heroische Einsamkeit des absoluten Vorbilds, das den Mangel an alltäglicher Kommunikation kompensiert durch die Verinnerlichung einer abstrakten Notwendigkeit von geschichtsmächtiger Bedeutung. Das Aktivistenbild ist gebrochen: nicht mehr die unvollkommenen Anderen scheitern, sondern die Aktivistin scheitert; zwar aufgrund einsehbarer patriarchalischer Vorstellungen und Praxisformen, die weitgehend auf den Bereich der Sitten beschränkt werden können (die nicht verheiratete Frau wird diskriminiert, einer 50jährigen Frau werden erotische Beziehungen nicht mehr zugestanden); dennoch bleibt auch die Berufswelt nicht die heile Sphäre der Selbstverwirklichung. Der Bericht über einen Selbstmordversuch, für die anderen wiederum nur Anlaß, sich wegen Prämienverlust zu distanzieren, thematisiert Ausweglosigkeit in einer die Erklärungsformel des Noch-nicht der Sitten sprengenden Dimension: ein Leben in Pflichterfüllung für den Beruf = sozialistische Praxis ist fast vergangen, die eigentliche Aufgabe des Sozialismus, eine für das Individuum erfahrbare Vermenschlichung der Beziehungen zu entwickeln, ist kaum begonnen. Die Frage nach den Mechanismen und Strukturen, die am eigentlichen Ort der sozialistischen Praxis, der Produktion, die Entfaltung neuer kommunikativer Verhaltens- und Verständigungsformen verhindert haben, wird zwar nicht offen ausgesprochen, ist aber unabweisbar. Ebenso die schmerzliche Einsicht, daß die Entfremdung für das Individuum nicht aufhebbar ist, auch wenn es in der Vorstellung lebt, die Geschichte schreite voran. Statt eines Bekenntnisses zum heroischen Aktivistenleben steht als Fazit der Biographie Herta Kajunkes die Erschütterung darüber, daß dieses Leben um das Eigentliche betrogen worden ist. Darauf spielt auch der die Biographie abschließende Satz an, dessen rhythmisierter Ton die alltägliche Geschichte der Herta zu einer ungewöhnlichen verfremdet, die unsere Aufmerksamkeit verdient:

> Du hast den Krieg nicht wie ich in den Luftschutzkellern erlebt, du erlebst ihn so. Laß deine Urlaubsanstellung, Benno [als Grabredner], klingel bei meiner Nachbarin Kajunke, wenn du mit dem Tod ein bißchen bekannt werden willst. (498)

Anhand einer anderen Biographie, der von Lauras Mutter Olga Salman, wird die Leere eines Lebens als Auswirkung des borierten Hausfrauendaseins zum Thema gemacht. Im Gegensatz zu ihrem Mann hatte Olga Salman "nie solche Verantwortung tragen und derart hart arbeiten müssen. Ihr Leben war leer von Existenzangst, hatte sie ein Recht, sich zu beschweren, daß es auch sonst leer war?" (571). Aus Abhängigkeit von ihrem Mann, obwohl "klüger" und "härter von Charakter", hatte Olga "lebenslang klein und schwach tun müssen" (572), sie "hatte in vierunddreißig Ehejahren gelernt, ihre Widerreden zu schlucken. Runter, zur Galle hin, wo sie gesammelt und aufbereitet wurden zu unbestimmter Bitterkeit" (286). Umgekehrt hatte ihr Mann, um erfolgreich und stark zu sein, "seine weiche Seele besiegen müssen" (572). Ein "Mann, der sich bewährt hatte als Ernährer" (571), der sich aus diesem Grunde seiner Frau überlegen fühlte, hatte sich jene kleinkarierte Vernunft andressiert, die ein "Infragestellen von Unabänderlichkeiten als verbohrt" (570), Emotionen und Phantasien als Irrealitäten abqualifiziert. Es stehen sich zwei um die Entfaltung ihrer kreativen Fähigkeiten gebrachte Individuen gegenüber, entfremdete Produkte einer einseitigen Praxis – kein Bereich, weder die Berufstätigkeit noch das Hausfrauendasein, wird privilegiert als das kleinere Übel; in beiden Bereichen findet das Individuum aber ebenso zu Haltungen, die es vor der Entfremdung retten können, und erst hier spricht die Autorin von der Möglichkeit einer Differenzerfahrung, die für die individuelle Selbstverwirklichung von Bedeutung ist. Während Johann Salman zu einer "einfache[n] Würde" und "Ruhe" findet, denen "nicht Fatalismus zugrunde" liegt, "aber Hingabefähigkeit dem Gang des Lebens gegenüber" (568f.), hat Olga Salman sich die Fähigkeit bewahrt, Phantasie als Medium der Realitätskritik anzuerkennen. Diese vor allem den Frauen zugeschriebene Eigenschaft wird durch die vom Berufsleben erzwungenen Verhaltens- und Denkmuster gefährdet; sie ist gegenüber den im Beruf erlernbaren Fähigkeiten – Rationalität, technischem Sachverstand oder auch der "Hingabefähigkeit dem Gang des Lebens gegenüber" – die eigentlich produktive Kraft, von der die Impulse zu Veränderungen ausgehen. Deshalb kann Olga an einem Leben der Zukunft teilnehmen; sie wird – nach bewährter Methode des Dornröschentiefschlafs – an den u-topischen Ort versetzt, an den Nicht-Ort als Symbol ihrer Fähigkeit, in einer für die Selbstverwirklichung der Menschen substantiellen Weise unterwegs zu sein, neue Lebensentwürfe herbeizusehnen, sich offen zu halten für sie und sich auf sie zuzubewegen.[20]

Obwohl die Berufstätigkeit als Voraussetzung und entscheidende Sphäre von Selbständigkeit, Selbstbewußtsein und Emanzipation der Frau angesehen wird, wird im Roman kein Beruf vorge-

20. Damit soll nicht gesagt werden, daß im Roman die Ansicht vertreten wird, die Tätigkeit als Hausfrau lasse den Frauen mehr Entwicklungsmöglichkeit. Als eine grundlegende Bedingung für die Emanzipation der Frau wird immer wieder der Beruf herausgestellt; wie an der Figur der Laura deutlich wird. Ein weiteres eindeutiges Beispiel gibt die zweite Fernwehgeschichte der Laura. Die Preisgabe eigener Berufswünsche wird als vollständiger Identitätsverlust der Frau vorgeführt. Die Darstellung der befreienden Funktion der Berufstätigkeit stößt nur ständig auf die Schranken der Realität; andererseits wird das bloße Hausfrauendasein nicht pauschal als absolute Verarmung denunziert. Schließlich wird im Verhältnis zur Kindererziehung die bewußtseinsprägende und -verändernde Rolle des Berufs deutlich relativiert. Hier deutet sich also eine Akzentverschiebung gegenüber dem herrschenden Emanzipationskonzept in der DDR an.

führt, der offen wäre für die Ausbildung von Fähigkeiten, die verfestigte Ordnung des Alltags aufzusprengen, eigene Erlebnismuster und die Beziehungen zu anderen zu hinterfragen und zu verändern. Gerade der avancierteste und anerkannteste Beruf in der DDR, der des Wissenschaftlers, erweist sich als hermetisch gegenüber dem Bedürfnis nach Veränderung der zwischenmenschlichen Beziehungen, gegenüber einer Experimentierpraxis, in der Phantasie, Zufall, Emotionalität mitspielen, nicht nur durch die ihm eingeschriebene Struktur der Konkurrenz, sondern ebenso durch die Struktur seines Erkenntnisinteresses:

> Hier hat man es mit reinen Wechselwirkungen zu tun, die durch Nebeneffekte am wenigsten gestört werden... (596)

Lösbar erscheint der Konflikt zwischen Phantasie und existierender Berufspraxis nur durch den Sprung in einen Beruf, der bereits die kommunikativen und repressionsfreien Züge einer befreiten Tätigkeit antizipiert: als Spielfrau der Trobadora "arbeite[t]" Laura sich "selbst in die Tasche" (257) in dem Sinne, daß sie in ihrer "Produktion sich selbst und den anderen *doppelt* bejaht."[21] Künstlerische Tätigkeit wird zum Paradigma für befreite Arbeit und zugleich der Ort, der das Experiment einer grenzüberschreitenden Praxis der traditionellen Arbeitsteilung möglich macht. Anders als Wissenschaften, welche die Bedürfnisse des Alltags, konkrete Emotionalität, die Anarchie der Phantasien und die Zufälligkeit der Erfahrungen als Störfaktoren aus ihrer Ordnung verbannen, erscheint Kunst durchlässig nach zwei Seiten hin: für die Erfahrungen des Alltags und das grenzüberschreitende Spiel mit Phantasien. Damit wäre Kunst zum privilegierten Medium auch der weiblichen Selbstverwirklichung stilisiert — ein altes Bild, das seine bleibende Evidenz aus der absoluten Vorherrschaft verdinglichter Strukturen und Praxisformen in den anderen gesellschaftlichen Bereichen bezieht. Doch Laura ist nicht die weltferne Muse, das Luxusgeschöpf, das im abgeschlossenen Raum sich als Projektionsfigur harmonischer Verhältnisse stilisiert, sie ist auch nicht die Bewahrerin illegal gewordener Bedürfnisse nach Veränderung, die nur im Reich des schönen Scheins entfaltet werden können und sich hier ausschließlich über die Differenz der ästhetischen Formen artikulieren. Laura produziert eingreifende Kunst, die strukturell die Bedürfnisse und

21. Karl Marx: *Aus den Exzerptheften.* A.a.O., p. 261.

Interessen des Alltags in sich aufnimmt. Das zeigen ihre Aussagen zum Montage-Roman: Die Montage kurzer Prosa entspricht "dem gesellschaftlich, nicht biologisch bedingten Lebensrhythmus einer gewöhnlichen Frau, die ständig von haushaltbedingten Abhaltungen zerstreut wird" (258). Sie macht den Leser zum Mit-Autor des Sinns:

> Kurzgeschichten kann man nur im Einverständnis mit dem Leser schreiben. Ihm ist aufgetragen, die Totale zu ergänzen. Das Genre baut auf die Produktivität des Lesers. (259)

Die Aktivierung der eigenständigen Rezeptionsleistung des Lesers wird nun nicht den Zufälligkeiten einer individuellen Lektüre überlassen. Es werden Lesungen in Betrieben organisiert, die Trobadora macht Betriebspraktika, um Literatur nach den Bedürfnissen der Basis produzieren zu können. Wird hier der Eintritt der Frau in die Geschichte noch einmal nach dem Muster der Bitterfelder Praxis geprobt? Immer wieder stellt die Autorin einen spielerischen Bezug zur Basis her, so als wären die Beziehungen im Alltag bereits durch eine neue Kommunikationsfähigkeit geprägt. Andererseits wird der Bitterfelder Mythos gleich mehrfach unter Spannung gesetzt,[22] am deutlichsten mit der Geschichte "Das Seil", die den Untertitel '3. Bitterfelder Frucht' trägt. Das Seil steht symbolisch für die Fähigkeit der Wissenschaftlerin Vera Hill, sich auf Experimente im Bereich der Phantasie einzulassen, um reale Probleme ihres Alltags zu lösen. Nur durch den zeitersparenden Weg über das Seil ist es ihr möglich, die Aufgaben des Haushalts, der Kindererziehung und der beruflichen Tätigkeit miteinander in Einklang zu bringen; durch ihre Umwelt auf die Irrealität der Verkehrsverbindung aufmerksam gemacht, und darin sind sich die Vertreter des Materialismus, der Wissenschaften und der mit Vorurteilen belasteten Bevölkerung einig, stürzt sie ab, in den Vorgarten einer Volks-

---

22. Auch in der 1. Bitterfelder Geschichte, der Legende von der Genossin Martha in Zeugnissen, ist der ironische Gestus unverkennbar in der genauen Nachzeichnung des Bitterfelder Jargons. Zu einer weiteren ironischen Verkehrung kommt es durch die Literaturkritik in der DDR, die die Geschichte wörtlich nimmt. In der Interpretation von Sigrid Damm, daß "die Legende der erfundenen Kunst-figur Beatriz [...] durch die legendär überhöhte Lebenswirklichkeit dieser alten Kommunistin" abgelöst werde (a.a.O., p. 138), klingt das unfreiwillige Eingeständnis an, daß die DDR nur eine Martha als Trobadora dulden kann.

bücherei, in der, wie zu vermuten ist, viele Werke der Bitterfelder
Bewegung stehen, die enthusiastisch von den Errungenschaften der
Kulturrevolution berichten. Bestimmte Formen der Phantasie, die
Einübung in ein neues Sehen, das die Alltäglichkeit verfremdet, sie
fragwürdig macht, den ideologischen Spiegel der endlosen Bestäti-
gungen zerbricht, erscheinen in der DDR tabuisiert und sanktioniert. Aber gerade diese Wahrnehmungsweisen, die sich den auto-
matisierten Mechanismen des identifizierenden Denkens entziehen,
sollten sich die Frauen in der DDR aneignen, um ihre Emanzipation und die der Gesellschaft zu entwerfen und zu realisieren. Die
schöne Eindeutigkeit, mit der Figur der Laura Emanzipationswünsche und realen Sozialismus in einer suggerierten neuen Identität
zu versöhnen, ist als Lesart nicht aufrechtzuerhalten. Die neue
Sensibilität für transzendierende Wahrnehmungsweisen, die durch
Poesie, das phantastische Experiment für menschliche Selbstent-
würfe par excellence, freigesetzt werden können, steht unvermittelt neben der sozialistischen Realitätstüchtigkeit Lauras. Die Ideologie, daß die Verhältnisse in der DDR günstige Bedingungen dar-
stellten, neue Formen von Subjektivität zu entfalten, bricht sich
an dem Versagen des Textes, die emanzipative Offenheit der beruflichen Situation der Frau in der DDR darzustellen. Das Thema,
weibliche Geschichte und realen Sozialismus zu einer Synthese zu
bringen, schließt sich nicht zu einer positiven Perspektive, sondern
spaltet sich in ein Spektrum offener Fragen.

4. Die andere Realität der Wünsche: Weibliche Mythen, weibliche
Utopien und weibliche Geschichte

Was wir brauchen, ist ein "legendäres Geschichtsbewußtsein",
sagt I. Morgner, damit auf die spezifische Form der Geschichtslosigkeit der Frau anspielend. Da die Tätigkeit der Frauen zunehmend
auf die Privatsphäre beschränkt wurde, die als nicht geschichtsbe-
deutsam gilt, die Geschichtsschreibung sich hauptsächlich auf die
Darstellung der öffentlichen Bereiche konzentriert, bleibt die Stelle leer, an der von den Frauen, ihren Aktivitäten, Fähigkeiten und
Bedürfnissen gesprochen werden müßte. Dagegen ist auf der Ebene
der Literatur, der Mythen und Allegorien geradezu eine vielfältige
Thematisierung des Weiblichen feststellbar. Die "Spannung, die
zwischen dem reichen Bilderrepertoire und der Schattenexistenz

437

der schreibenden Frauen", überhaupt der in öffentlichen Funktionen tätigen Frauen existiert, ist als konstitutiv für die Rekonstruktion einer weiblichen "Geschichte der Geschichtslosigkeit" einzubeziehen:

> Weibliche Realität ist mehr als soziale Stellung plus ein wenig Ideologie. Die Morphogenese der imaginierten Weiblichkeit schiebt sich im Rückblick an die Stelle der weiblichen Geschichte.[23]

Die Entschlüsselung einer möglichen anderen Wahrnehmungs- und Erfahrungsweise, die in den Weiblichkeitsbildern nur verstellt zum Ausdruck kommt, oder die Aktualisierung tabuisierter historischer Erfahrung über die Zitierung von Mythen erhält allerdings ihre emanzipatorische Dimension erst durch die aktuelle politische Praxis der Selbstverständigung. Die Erinnerung an bisher nicht-eingelöste Sehnsüchte nach Befreiung wird organisiert durch das Gegenwartsinteresse. Der Vorgang der Rezeption der kulturellen Tradition kann nur "Gegenstand einer Konstruktion (sein), deren Ort nicht die homogene und leere Zeit, sondern die von 'Jetztzeit' erfüllte bildet."[24] Die konstruktive Vergegenwärtigung von Geschichte überwindet sowohl die scientistische Selbstsicherheit des linearen Fortschrittsbegriffs als auch die melancholische Registrierung geschichtlicher Niederlagen, die beide auf Einfühlung in die geschichtliche Situation und den sie dominierenden Sieger beruhen. Das von Benjamin entwickelte Modell der konstruktiven Entdeckung der Jetztzeit in der Vergangenheit hält die kritische Distanz zur Vergangenheit und die emanzipative Einsicht in die Veränderbarkeit der Gegenwart fest, ein Verfahren, das in Morgners kritischer Souveränität gegenüber den Traditionen weiblicher Geschichte realisiert zu sein scheint. Durch einen distanzierten und parodistischen Umgang mit der Tradition weiblicher Mythen — hier der Muttergöttinnen Demeter und Persephone — entgeht die Morgner der schlechten ursprungsmythischen Haltung, die allzuleicht — gebannt in den Zirkel der Wiederkehr des Immergleichen — in eine Ontologisierung des Weiblichen abzusinken droht. Demeter und Persephone, die ihre "Prinzipien [...] bis auf den heutigen Tag nicht

23. Silvia Bovenschen: *Die imaginierte Weiblichkeit*. Exemplarische Untersuchungen zu kulturgeschichtlichen und literarischen Präsentationsformen des Weiblichen. Frankfurt a.M. 1979, p. 40f.
24. Walter Benjamin: *Geschichtsphilosophische Thesen*. In: *Zur Kritik der Gewalt und andere Aufsätze*. Frankfurt a.M. 1965, p. 90.

geändert haben" und daher "nicht nur ihre alten Rechte" zurück-
verlangen, "sondern die Alleinherrschaft" (684), also die Errichtung
des Matriarchats anstreben, sind im Führungsgremium der Frauenbewegung, der Tafelrunde, entmachtet durch die geheime Opposition. Sie steht im Bündnis mit den Arbeiterführern, die inzwischen
inkognito die Hälfte der Sitze innehaben. Die an matriarchalischen
Vorstellungen festhaltenden Göttinnen werden, gemessen an dem
entwickelten Standard historischer Einsichten, dem Gelächter
preisgegeben. Dadurch wird aber das, was in der männlichen Geschichtsschreibung tabuisiert wird, noch einmal verdrängt. Denn
die Fähigkeit, mit der die vorgegebene Idealität der Göttinnen kritisch vernichtet wird, ist nicht ausgewiesen. Die Autorin ist fertig
mit den weiblichen Mythen, bevor sie sie herbeizitiert. Der Prozeß
der Rekonstruktion des verlorengegangenen Gehalts emanzipativer
Ansprüche bleibt abgeblockt und damit auch die subversive Dimension, die in der Sensibilisierung der Phantasien für die unter-
schwellige Botschaft verbotener Bilder steckt. Die Aneignung von
mythischer Geschichte durch Mimesis an jene "immer noch Betroffenheit erregenden Archetypen, die aus der Zeit eines mythischen Bewußtseins als Kategorien der Phantasie, folglich mit einem
unaufgearbeiteten nichtmythischen Überschuß gegebenenfalls
übriggeblieben sind"[25], ist ein Wagnis, dem die Autorin sich nur
halb stellt. Eine Vergegenwärtigung utopischer Phantasien, die sich
mit den Bildern des Matriarchats verbinden könnten, für aktuelle
Möglichkeiten der Kritik und des Widerstands unterbleibt. Ironi-
siert werden nicht die mythischen Ängste des Mannes vor dem Ma-
triarchat, sondern es selber. Das tatsächlich andere Verhältnis der
Frauen zur Geschichte, akzentuiert in der Bedeutung, die dem legendären Geschichtsbewußtsein zugeschrieben wird, erscheint hier
soweit formalisiert, daß es zum Ornament wird.

Ein weiteres Beispiel dafür, wie die oppositionellen Möglichkeiten einer Märchenfigur durch rationalistische Zurichtung zerstört
werden, ist die Gestaltung des übernatürlichen Naturwesens Melusine. Die übernatürlichen Fähigkeiten der Meerfee Melusine, die ja
im Mythos ein anderes, mimetisches Verhältnis zur Natur anzeigen,
das die Gesellschaft unterdrückt und verdrängt, wird "umfunktioniert" zu den realistischen Einsichten einer Politikerin Leninscher

25. Ernst Bloch: *Das Prinzip Hoffnung*. Bd. 1. Frankfurt a.M. 1967, p. 181.

Provenienz. Das verlorengegangene Andere, von den Individuen in
Träumen sehnsüchtig antizipiert oder als Bedrohung konventionali-
sierter Identität erfahren, wird nun kurzerhand umgedeutet in die
kluge Einsicht in geschichtliche Gesetzmäßigkeiten. Die schöne
Melusine kennt sich in Strategie und Taktik der Arbeiterbewegung
ausnehmend gut aus, wie die Erzählerin deutlich macht:

> Die Agitpropkunst soll für kapitalistische Verhältnisse gefertigt sein, auf
> deren Sturz Melusine ihre illegale Tätigkeit konzentriert. Tendenz der be-
> nötigten Protestsongs: Eine Frau, die sich heute Charakter leisten will,
> kann nur Sozialistin sein. Beatriz soll ihre vor den entmachteten Mächten
> geheimzuhaltende Tätigkeit auf sozialistische Verhältnisse konzentrieren
> und entsprechend ihren Fähigkeiten sittenverändernde und -formende Ar-
> beit leisten. (158)

Wenn auch ironische Zwischentöne nicht zu übersehen sind gegenüber dem eilfertigen politischen Pragmatismus der Melusine, so
bleibt sie doch eine wichtige Präsentationsfigur für die Ansichten
der Erzählerin. Sie ist diejenige, die am konsequentesten den Standpunkt der Arbeiterbewegung in der Frauenbewegung vertritt. Ihre
Zielvorstellung von der "menschlichen" Ordnung, die weder matriarchalisch noch patriarchalisch ist, ist unzweifelbar auch die der
Autorin. Das Attribut "menschlich" ist so unschuldig nicht mehr,
daß es zu unendlichen Antizipationen über befreite Verhältnisse
Anlaß geben könnte, und nicht erst, seit Foucault die hierarchisie-
rende und diskriminierende Funktion dieses Begriffs herausgestellt
hat. In der kulturellen Tradition der Arbeiterbewegung, gerade
auch in der Zeit der Vorherrschaft des Dogmatismus, dienten die
Metaphern des Humanismus: Wahrhaftigkeit, Menschlichkeit, Natürlichkeit, Gesundheit zu Denunzierung und Ausschluß des Anderen. Der Gedanke der Aufhebung des Geschlechtergegensatzes im
Allgemeinmenschlichen, den die Autorin entwickelt, übt eine ähnlich zensurierende Funktion aus, da er von vornherein die Vielfalt
und Disparatheit der Entwicklung unter der totalisierenden Perspektive des Einheitsgeschlechts erstickt. Die schöne Melusine hat
als Projektionsfigur für diesen Traum, der die patriarchalische Ordnung fortschreibt, jede Fähigkeit zur Beunruhigung verloren. Ihre
magischen Qualitäten rücken, losgelöst von dem Anspruch, etwas
an Erfahrung gegenwärtig zu machen, was der wissenschaftliche
Diskurs abblockt, in die Nähe unverbindlichen Spiels.

Die unzweideutige und unkontrollierbare Phantasien eindäm-
mende Wahrheit, wie Geschichte von Frauen zu machen sei, findet

und erfindet die Morgner also mit der Tradition der Arbeiterbewegung. Sie ist die Instanz, die inmitten der mythischen Turbulenz für eine geregelte Perspektive sorgt. Diese Haltung bleibt im Roman jedoch nicht unbestritten. Vor allem die Figur der Trobadora,[26] deren Funktion darin besteht, die "ungeschriebene Geschichte, die nicht von Männern gemacht wurde", zu überbringen, setzt Assoziationen in Gang, die sich der Kontrolle vorgefaßter ideologischer Schemata entziehen. Bereits der Eintritt der Trobadora in die reale Geschichte geschieht in Form der Destruktion eines von männlichen Wunschvorstellungen geprägten Mythos. Auf eigenen Wunsch in einen vieljährigen Schlaf versetzt, um in den paradiesischen Zuständen überwundener patriarchalischer Verhältnisse die ersehnte, im Mittelalter verbotene Tätigkeit einer Liebessängerin auszuüben, muß die Trobadora erwachend erfahren, daß sich befreite Zustände nicht erschlafen lassen. Sie wird nicht wie Dornröschen mit einem Kuß aus ihrer Verzauberung erlöst, um nun ihrerseits in den Gefilden männlicher Sehnsüchte zu verzaubern, indem sie die unvergängliche Rolle der durch den Mann zum Leben erweckten Schönheit spielt. Die Trobadora erwacht durch einen Fluch und befindet sich auf diese Weise sofort mit beiden Beinen im rauhen patriarchalischen Alltag. Wenn Frauen aufwachen, nicht um dem Märchenprinzen in die Arme zu sinken, sondern um ihre eigene Geschichte zu beginnen, dann haben sie sich auf manifeste Auseinandersetzungen gefaßt zu machen. Für diese Auseinandersetzungen werden der Trobadora Eigenschaften zugeschrieben: Stolz, Größenwahn, Ungeduld, in denen sich ein mögliches Konzept weiblicher Souveränität andeutet. Aus der Konfrontation hartnäckig behaupteter Emanzipationsvorstellungen mit der Realität der patriarchalischen Unterdrückung — die Trobadora durchläuft so ziemlich alle Stationen der sexuellen Ausbeutung — konstruiert die Morgner eine Vielfalt polemischer, satirischer und parodistischer Effekte, um männliche Verhaltensweisen in den Geschlechterbeziehungen als autoritär und egozentrisch zu kritisieren, sie dem verfremdenden Blick auszusetzen und als veränderbar aufzuzeigen. Die Methode, die Diskrepanz zwischen Emanzipationsanspruch und Realität gegen die Realität zu wenden, indem ihr der

26. Mit der Kunstfigur der Trobadora wird an die einzige bisher bekannte Minnesängerin aus dem 12. Jhd., die Comtesse de Die, erinnert und zugleich ein Stück Kulturgeschichte der Frau aktualisiert.

Charakter des Selbstverständlichen und Natürlichen genommen wird, wird auch im Verhältnis zur DDR praktiziert, und zwar zunächst in einer zugespitzten Form, da die Trobadora, durch die Begegnung mit einem Musterexemplar von Mann aus der DDR durchschlagenden Erfolg, daß die angeschminkte Positivität durchstischen Frankreich in die DDR als in das "gelobte Land" reist. Hier wird eine Kritikfähigkeit provoziert, die sich auch durch Beruhigungsformeln, die rechtliche Gleichberechtigung der Frau existiere bereits in der DDR, es seien nur noch die Sitten zu verändern, nicht stillegen läßt. Die Radikalität der Trobadora ist systemsprengend; ihre Auseinandersetzung mit den Verhältnissen in der DDR muß daher unterbrochen werden. Die Autorin bedient sich zu diesem Zweck eines in der Literatur der DDR häufig gehandhabten Motivs: des Blicks in den kapitalistischen Westen. In Anspielung auf den weltfremden terroristischen Gestus ihrer Radikalität wird die Trobadora von der vernünftigen Laura auf Aventiure geschickt, das sagenhafte Einhorn zu suchen, um mit Hilfe der zauberischen Kraft des pulverisierten Einhorns die Menschen auf märchenhafte Weise zu verwandeln. Das Reisemotiv ist im Roman doppeldeutig strukturiert: in ironischer Anspielung auf eine Gemütsverfassung, die sich in überstiegener Phantastik in der ergebnislosen Suche nach der blauen Blume erschöpft, soll die Trobadora ähnlich dem mittelalterlichen Helden diese einseitige Ausbildung ihres Charakters durch die Erfahrungen mit einer anderen Praxis und Umwelt korrigieren. Die Konfrontation mit der noch schlechteren Realität des kapitalistischen Westens soll das, was unter dem kritischen Blick gerade als zu verändernde Realität erkennbar wurde, als selbstverständliche und notwendige Durchgangsstufe legitimieren, also als eine Realität, die bereits verändert ist und in sich den "Keim" zu weiteren Veränderungen trägt, auf dessen "Reife" man getrost zu warten habe. Zugleich aber kommt mit dem Reisemotiv Utopisches ins Spiel, das neben der rationalistischen Aufklärungsfunktion als unplanbare Sehnsucht wirkt. Der Wunsch, diese Reise möge mehr als die moralische Einsicht der Trobadora bringen, die DDR sei nun einmal gemessen am Kapitalismus die beste aller Welten, wird im Text mehrmals evoziert. Die pädagogischen Lehr- und Wanderjahre der Trobadora haben so durchschlagenden Erfolg, daß die angeschminkte Positivität durchschaubar wird als kalkulierter pädagogischer Effekt und sich ironisch verkehrt. Die Redeunlust der zurückgekehrten Trobadora, basierend auf Erinnerungsunlust, ist Zeichen für den Abbruch von Reflexionsprozessen, die sich darauf richteten, die Umwelt und sich selbst immer neu erfahrbar zu machen. Das Abenteuer geht zu Ende, wenn die Welt in die Grenzen eines ideologischen Musters gebracht wird. Der Verlust an Fernweh bei der Trobadora, d.h. der Fähigkeit, das alltägliche Bewußtsein aus seiner Fixiertheit an das Gegebene zu lösen, Welt auf der Phantasieebene zu entwerfen, wird konterkariert durch die sehnsüchtige Haltung Lauras, die gerade gelernt hatte, ihre eigene Existenzweise als transitorisch zu begreifen, in den utopischen Antizipationen herrschaftsfreier Verhältnisse reale Funktionen der Emanzipation zu sehen und eine die äußeren und inneren Abhängigkeiten überschreitende Selbstreflexion zu wagen. Nach ihrer Rückkehr paßt sich die Trobadora an die Gegebenheiten in der DDR an, sie "richtet sich immer besser ein und aus", sie nähert sich der Lebensweise ihrer Freundin an, was, so der Kommentar der Erzählerin, sie von ihr "entfernt". Sie hat die Fähigkeiten zu phantasieren verloren, symbolisiert in dem einem Hündchen aufgeklebten Papphorn, das die Trobadora wie eine touristische Attraktion statt des Einhorns präsentiert.

Die Morgner ist weit entfernt davon, eine harmonische und zu sich gekommene Identität Laura/Trobadora zu konstruieren.[27] Sie hält die Spannung zwischen der vernünftigen Anpassung an die Realitäten in der DDR und der Unbedingtheit des Emanzipationsanspruchs aufrecht, der auf die Transformierung traditioneller Antinomien im Denken, Empfinden und Handeln, die wissenschaftlichen, ästhetischen und emotionalen Verhältnisse eingeschlossen, zielt. Gegen die Verfestigung der utopischen Bilder zur schönen Gegenwelt als therapeutischer Ersatz für die reale Welt, wird Utopie als Modell eingreifenden Denkens hervorgehoben:

[...] ein gesellschaftliches Modell, das im Zuge der Aktivität des homo ludens konstruiert wird, braucht keinesfalls nur zum besseren Verständnis

27. In diesem Sinne wird das sich Ein- und Ausrichten der Trobadora von der Literaturkritik in der DDR interpretiert: "Der Abbau der Gestalt ist zugleich ein Abbau von Illusionen, frauenrechtlerischen Zuspitzungen, von Wünschen einer sofortigen radikalen Veränderung der Lage der Frau (wie sie etwa Simone de Beauvoir an den Akt der Revolution knüpft), ist eine Hinwendung zu den tatsächlich existierenden, komplizierten Veränderungsbedingungen." (Sigrid Damm: *Irmtraud Morgner: Leben und Abenteuer...*, a.a.O., p. 144.)

von Bestehendem zu funktionieren, sondern diejenigen Modelle sind geschichtlich viel wichtiger, denen in Gegenwart und Zukunft nichts Wirkliches entspricht und denen in der Zukunft nur deshalb etwas Wirkliches entsprechen wird, weil die Gesellschaft ihre Kraft einsetzt, um dieses Modell
zu verwirklichen. Marx zum Beispiel hat so ein Modell entworfen. (278)

Die aus der Diskrepanz zwischen Emanzipationswunsch und Realität entstehende Ungeduld wird dann ironisch abgewiesen durch die
Schulung in praktischer Erfahrung mit der Realität kapitalistischer
Verhältnisse (die Reise der Trobadora in den kapitalistischen Westen) und durch die parodistische Imitation der bürgerlichen
Scheinproduktion von Glück nach dem Motto: "Ungeduldige sind
angewiesen auf Wunder" (163), und sie bekommen sie in der Form
eines Märchens, aus dessen Distanz zur Realität sich spielerisch
Emanzipation imaginieren läßt. Das im Roman häufiger angesprochene Motiv, das die Frauen zu mehr Größenwahn auffordert, andererseits von einer Bewußtseinsverengung durch "große Gesten"
spricht, verdeutlicht ebenso wie der Tod der Trobadora und Vera
Hills, die beide die *Balance* verlieren, daß es hier um das richtige
Verhältnis zwischen Phantasie und Realität geht. Wie aber ist dies
zu entwickeln, wenn in der DDR das Interesse an einer Erweiterung der Imaginationsräume und individuellen Selbstverwirkli-
chungsmöglichkeiten auf manifeste Schranken in den Verhältnissen und Bewußtseinsformen trifft? Der Zweifel Lauras: "Ob die
DDR Heimstatt für gespensterhafte Sphinxe sein könnte", ist hier
als unaufrichtige Sprechhandlung der Gewißheit zu begreifen. Die
Rückwirkung des Tabus auf Laura selbst ist ungewiß. Unentschieden bleibt bis zum Schluß des Romans, ob ihre Fähigkeit, die Distanz zur Utopie als schmerzlichen Widerspruch zu empfinden und
dennoch sich an ihrem Anspruch zu messen, nicht doch der Übermacht der Traditionen unterliegt. Laura muß sich zu guter Letzt
über den Tod der Trobadora mit einem Märchen trösten lassen, in
dem die herrlichsten Verhältnisse in der DDR, nun endlich auch
die Überschreitung der "Barriere der Familie", prophezeit werden
und das mit der nun schon beschwörenden Formel endet: "Denn
natürlich war das Land ein Ort des Wunderbaren." Auch hier läßt
die ironische Färbung des "positiven" Schlusses in der Schwebe,
wie Utopie denn nun zu werten sei: als Ablenkung von schlechter
Realität oder als ständig zu entwickelnde Fähigkeit, sich im Spiel
antizipatorische Daseinsformen aufzubauen. Zwar ist nicht zu
übersehen, daß die von der Autorin geforderte eingreifende Dimen-

sion des Utopischen merkwürdig in der Luft hängt, wenn die Ebene der weiblichen Geschichtsfähigkeit als politisches Subjekt nur in distanziert-satirischer Form thematisiert wird (die Trobadora als Bombenlegerin) und in das konventionelle Verständnis der DDR, daß die Basis vorwärtsschreite und der Überbau nunmehr an der Reihe sei, integriert wird. Andererseits geriete Utopie erst dann in die Nähe manieristischer Artistik, wenn sie die Stelle der aufständischen Phantasie absolut okkupieren würde.

Der Mechanismus, der die ambivalente Funktionsweise des Utopischen bestimmt, liegt in der konsequenten Abwesenheit von Reflexionen über autonome und kollektive Verständigungsformen der Frauen bzw. in der Anwesenheit des Politischen in Form der gesetzgeberischen Initiative des sozialistischen Staates und der Ideologie *des* Menschen. Das Desinteresse an alternativen öffentlichen Formen kommunikativer Praxis erlaubt die imaginative Vergegenwärtigung befreiter Verhältnisse für das Individuum in seinem privaten Raum und zugleich die Aussparung der Tatsache, daß deren Realisierung die herrschende dichotomische und hierarchische Verfassung der Gesellschaft radikal in Frage stellen würde.

Dennoch gerät die Lektüre, die sich auf die harmonisierenden Auswirkungen der vereinheitlichenden Tendenzen im Roman einließe, ins Stolpern. Es erscheint unmöglich, den Gebrauch des Phantastischen auf *einen* Sinn zu fixieren. Daß die Phantasien immer wieder einer festgefügten Ordnung entschlüpfen, einmal vorhandene Interpretationsmuster nacherleben, dann distanzieren, liegt weniger an den Inhalten, die sie ausmalen, vielmehr an ihrer Fähigkeit, in eine Praxis unabgeschlossener Verwandlungen einzutreten und damit die Anmaßung des herrschenden Denkens, alles zu identifizieren und auf eine Bedeutung festzuschreiben, in Frage zu stellen. Allerdings treibt das "souveräne Wirtschaften mit den Elementen der Realität" (331) nicht kompromißlos auf die Spitze zu. Es ist mehr ein ständiges Aufstören der weltordnenden und einheitlichen Sinn stiftenden Instanz Sozialismus, ein zaghafter Räuber, der am Weg der objektiven Gesetzmäßigkeit lauert, um dem funktionierenden Läufer kleine Steine zwischen die Beine zu werfen.

5. Produktivkraft Sexualität

Ihr Programm einer erotischen Emanzipation akzentuiert Irmtraud Morgner mit dem Begriff der Produktivkraft Sexualität. Dieser Begriff ist kritisch gegen das herrschende Verständnis in der DDR gerichtet, das nur den Begriff Produktivkraft Wissenschaft und Produktivkraft Proletariat kennt. Morgners Vorstellungen zur Produktivkraft Sexualität stehen unmittelbar im Zusammenhang mit der Aufhebung des § 218. Jenseits der im Patriarchat erzwungenen kulturellen Identifikation von Sexualität und Mutterrolle wird Sexualität tendenziell aus den Machtverhältnissen befreit, die durch die familiale Struktur vorgegeben sind. In neue Zusammenhänge gestellt, erscheint sie als Triebfeder und Medium einer Bewegung, welche die Naturbeherrschung am Körper aufdeckt und sprengt, eine neue Ästhetik der Sinne eröffnet und die Entwicklung von Erfahrensweisen ermöglicht, die nicht mehr durch die Einseitigkeiten der Trennung von Denken und sinnlicher Wahrnehmung und deren Herrschaftsbeziehung geprägt sind. Morgner sagt dazu in einem Interview:

> Sexualität ist eine kostbare Unruhe, die erotische Beziehungen ermöglicht, nicht nur zu Menschen, sondern auch zu Landschaften, Tönen, Farben, Gerüchen – zu Erscheinungen dieser Welt überhaupt [...] Kein Denker, kein Politiker, kein Wissenschaftler, kein Dichter, kein Komponist arbeitet nur mit dem Kopf. Er arbeitet als Ganzheit: der Kopf ist ein Teil seines Körpers, nicht sein Widersacher. Mit sich in Harmonie und Spannung wird die Welt gemacht, in sich und außer sich. Das gilt für Frauen ebenso wie für Männer.[28]

In keiner anderen Frage patriarchalischer Strukturen und Verhaltensweisen agiert die Morgner mit *der* satirischen Schärfe und polemischen Sicherheit. Neben weiblichen Parodien auf männliche Verhaltensformen, die den männlichen Helden aus Vollkommenheit und vorgegebener Idealität satirisch herabsetzen und dem Gelächter der Frauen preisgeben, werden an einzelnen Figuren Einseitigkeiten und Deformationen als Folge der Verinnerlichung des herrschenden Männerideals vorgeführt. Es sind im Roman vor allem die Vertreter der männlichen Gattung, die sich dem Karrierismus, dem Rationalitäts- und Wissenschaftskult als Lebensform verschreiben. Die Auswirkung ist eine Verarmung der kommunikativen, emotionalen und imaginativen Fähigkeiten; Welt erstarrt zu

---

28. Karin Huffzky: *"Produktivkraft souverän nutzen". Ein Gespräch mit der DDR-Schriftstellerin Irmtraud Morgner.* In: Frankfurter Rundschau, 16.8.1975.

einem Ensemble objektiver Gesetzmäßigkeiten, Subjektivität auf deren vollkommene Durchschaubarkeit und Beherrschung. Männer, die nicht ohne weiteres sich den Anforderungen des Leistungsprinzips einordnen können, erfahren dies nicht als Verweigerung, als eine Form passiven Widerstands, sondern als Unfähigkeit und Mangel. Beide Haltungen erweisen sich als strukturell hermetisch gegenüber Erlebniswirklichkeiten, die in den objektiven Daseinsbedingungen und genormten Erfahrens- und Wissensmodi nicht zu finden sind. Während der "Leistungsethiker", der sich "systematisch das Wundern abtrainiert (hat), um mehr zu schaffen" (221), souverän auf der Klaviatur der traditionellen weiblichen Rollenzuweisungen, Hausfrau und Geliebte, zu spielen versteht, versinkt der verhinderte Karrierist in regressive Wunschvorstellungen. Er möchte wieder Kind sein und in die mütterliche Geborgenheit flüchten: er ist ein "Mensch, der eine Mutter braucht" (185).

Der Widerstand, den die Eingebundenheit des Mannes in patriarchalische Vorstellungen und Lebensformen einer Veränderung der Geschlechterbeziehung entgegensetzt, ist nicht allein mit Lachen zu brechen. Die satirische und parodistische Entlarvung der schlechten Wirklichkeit kann zudem noch, wie bereits Brecht anmerkte, genossen werden, kann in die Selbstgenügsamkeit des reinen Amusements umschlagen. Die kritische Intention der Morgner geht daher auch nicht in der satirischen und parodistischen Intention auf, ein kritisches moralisches Empfinden zu organisieren. Um Gegenwart als anachronistisch gewordene aufzuzeigen, konstruiert sie erotische Utopien, die einen neuen Modus intersubjektiver Erfahrung aufgreifen, der unter den Bedingungen der bisherigen Geschichte noch nicht entwickelt werden konnte und als reale Antizipation des noch nicht Erreichten zu begreifen ist. So befaßt sich ein Bild, das durch seine Nähe zu konkreten Emanzipationsbedürfnissen und -möglichkeiten Brisanz gewinnt, mit dem Experiment einer Frauenwohngemeinschaft. Die durch sie eröffnete Möglichkeit, gemeinsame Aufgaben der Kindererziehung und des Haushalts "schwesterlich", "als Zärtlichkeitsform" durchzuführen, mildert nicht nur die Anstrengung der Doppelbelastung, sondern verändert ebenso die Bewußtseinsformen, in denen die Geschlechter bisher ihre Beziehungen zueinander erlebten:

> Valeska wartete jetzt anders auf Rudolf als früher. Ruhiger, die Tage ohne ihn waren keine Makulatur, die Leidenschaft schrumpfte das Gegebene

nicht mehr und blähte das Gewollte. Die Liebe verlor ihr dogmatisches System mit Naturereignischarakter, das die Welt mit großen Gesten vergewaltigt. Ereignisse und Gegenstände näherten sich vergleichsweise ihrem Eigenwert. In freundlichem Umgang war Vielfalt, schöne Menschengemeinschaft. (356)

Ebenso wird die Aufforderung Lauras an die Frauen, ihre Sexualität souverän als Produktivkraft zu gebrauchen, im Roman an eine fiktive Voraussetzung gebunden: den utopischen Mann, der durch die Figur des Benno repräsentiert wird. In dieser Figur ist unschwer der jugendliche Außenseiter der DDR-Literatur aus den 70er Jahren zu erkennen. Bennos Außenseiterposition entspringt seiner Kritik am Leistungsprinzip und Konkurrenzdenken, den Grundpfeilern des herrschenden Selbstverständnisses, seinem Interesse an der Aufhebung der Geschlechter- und Generationsrollen, seiner Forderung nach einer neuen befreienden Pädagogik, welche die Welt des Kindes als einen eigenständigen Mikrokosmos betrachtet: nicht die Kinder haben zu lernen von den Erwachsenen, sondern die Erwachsenen müssen lernen, ihre Kindheit zurückzugewinnen. Die auf den utopischen Mann projizierten Eigenschaften verraten, daß die antizipierten Veränderungen, die notwendig wären, um verdinglichte Verhaltensweisen in den Geschlechterbeziehungen zu überschreiten, nur als ein Prozeß verstanden werden können, der die Gesellschaft in ihren Daseins- und Denkformen fundamental umwälzt. Die Befähigung zu einer derartigen Kritik traditioneller Empfindungsmuster und Normen wird mit der Metapher der Jugend und des Kindes benannt und zugleich im Unbestimmten gelassen. Der Gedanke, daß Kindheit und Jugend der Utopie näher stehen, gibt zunächst auf der Phantasieebene der Sehnsucht nur eine Richtung an, wie freiere Zustände imaginiert werden können: über die Erinnerung des Verdrängten und Uneingelösten, jenseits des Reiches der Notwendigkeit, nicht als Regression auf einen Zustand des Nichterwachsenwerdenwollens, sondern im Sinne Blochs als Einlösung einer in der Zukunft sich erfüllenden Vergangenheit. Die Liebesfähigkeit des utopischen Mannes Benno ist fundiert in der Bereitschaft zu kritischer Selbstreflexion, in der die eigene Entfremdung analysiert und durchbrochen wird. Benno ist frei davon, andere zum Medium seiner undurchschauten Abhängigkeiten zu machen, weil er sie selbst an sich erkennt und überwindet.

Hier wird ein Verständnis von Utopie extrapolierbar im Sinne des Brechtschen Satzes: Wichtig sei nicht der richtige Weg, sondern

448

ein richtiges Gehen: die Lust, Veränderungen zu imaginieren und zu erproben. Diese Form des utopischen Denkens, das aus der Überschreitung der Identitätsgrenzen des männlichen und weiblichen Rollenverständnisses neue kommunikative und emotionale Fähigkeiten entwickelt, wird jedoch zur Versöhnung gebracht in dem Projekt einer utopischen Ehe. In dieser Form entpuppt sich das Utopische als eine imaginative Variation des Gegebenen. Die Denkfigur, daß alte Formen nur mit neuen Inhalten zu füllen seien, wiederholt blind das idealistische Motiv der radikalen Umkehrung, das "überhaupt eine bevorzugte Figur (ist), wenn die bestehende Ideologie erhalten bleiben soll."[2][9] Die Reflexionsbewegung, die begonnen wurde, bricht ab, um sich auf den Wellen eines Traums zu wiegen, der das Alte idealisch überhöht. Die Problematik anderer Geschlechterbeziehungen wird verkürzt auf die veränderte Interpretationsfähigkeit des Bewußtseins, wobei weder die bleibende Andersheit der Strukturen noch die Dichotomie Bewußtsein/Unterbewußtsein weiterhin thematisiert werden. Hier schwebt das Utopische allzu schnell über den Realitäten von Mann und Frau, kann daher eher begütigend wirken als ermutigend, sich zunächst einmal durch eine Praxis der Selbstverständigung und Veränderung die befreienden Realitäten zu erschaffen. Die oszillierende Bewegung zwischen Affirmation und Kritik wird am Thema Produktivkraft Sexualität zwar in eine Spannung getrieben, so daß der ideologische Spiegel, der das Spiel der wechselnden weiblichen und männlichen Rollenzuweisungen reflektiert, hervortritt; aber er wird nicht derart unter Spannung gesetzt, daß er zerspringt. Sollte tatsächlich Endstation Sehnsucht aller satirischen und utopischen Kritiken am Patriarchat die Apologie der partnerschaftlichen Ehe sein, wie sie im Familiengesetzbuch der DDR als Keimzelle der sozialistischen Gesellschaft vorgestellt wird? Hier scheint das Spiel der Unentschiedenheit auf geradezu triviale Weise zum Stillstand gebracht. Eine weitere Episode verstärkt den Eindruck, daß in diesem Einverständnis mit den Gegebenheiten das ideologische Projekt der Morgner, es seien nur noch die Sitten zu verändern, dominiert und der kritischen Funktionsweise des Utopischen Grenzen setzt.

29. E. Balibar, P. Macherey: *Thesen zum materialistischen Verfahren*. In: alternative 98, p. 211.

Die "gute Botschaft" der Valeska knüpft in exponierter Weise an die utopische Liebesbeziehung Laura/Benno an. Sie wird von Laura "am Begräbnistag der Trobadora als Offenbarung" gelesen (646). Sie ist Vermächtnis der Trobadora und Enthüllung der Wahrheit über die Emanzipation in den Geschlechterbeziehungen. Die "Lehre, die den Frauen den Glauben an sich" nahelegt, ist in ungewöhnlicher, die alltäglichen Wahrnehmungs- und Erfahrungsweisen bewußt verfremdender Form verfaßt: "Denn die Menschen glauben große Wahrheiten eher in unwahrscheinlichen Gewändern" (682f.). Die Verzauberung der Alltäglichkeit als Medium, ein neues Sehen zu ermöglichen, ist aber kein pädagogischer Trick. Die Frauen, von denen in der guten Botschaft berichtet wird, haben ebenso wie diejenigen, die sie lesen (Laura), ein besonders nahes Verhältnis zum Phantastischen. Im Unterschied zur anderen Seite, der Männerwelt, sind ihnen Wahrnehmungsweisen, die nicht wie der wissenschaftliche Diskurs Wahrheit mit der Destruktion des Geheimnisses identifizieren, vertraut und als Aneignungsform von Welt annehmbar. Denn in ihren Lebensumständen ständig konfrontiert mit Zufällen, die "durch Denken nicht beeinflußbar" sind (659), in den Möglichkeiten, ihren Bedürfnissen Ausdruck zu verleihen und offen der Alltagswelt patriarchalischer Unterdrückung Widerstand entgegenzusetzen, eingeschränkt, wird ihr Leben in einen Dauerzustand der Paradoxie und unauflöslichen Widersprüche versetzt, die eine latente Bereitschaft erzeugen, das Gegebene mit Hilfe der Phantasie zu überschreiten. Das phantastische Ereignis im Leben der Wissenschaftlerin Valeska ist ihre Geschlechtsumwandlung nach mehrmaligem unwillkürlichen Vorsichhinsprechen der Zauberformel: "Man müßte ein Mann sein". Motiviert ist dieser Wunsch durch die Enttäuschung über die andauernde Macht patriarchalischer Verhältnisse in der DDR; die Fähigkeit, den Wunsch Realität werden zu lassen, liegt in der souveränen Aneignung männlichen Selbstbewußtseins, "eine nicht jederzeit ersetzbare Wissenschaftlerin zu sein" (650), nachdem sie zuvor jahrelang aus Mangel an "Größenwahn" sich für eine "jederzeit ersetzbare Mitarbeiterin" gehalten hatte, "die jedesmal selbst überrascht war, wenn sie einen Auftrag erfolgreich erledigt hatte" (647). Die Geschlechtsumwandlung registriert sie mit einem befreienden Gelächter: "Valeska fehlte die entsprechende Rollenerziehung für den ernsten, selbstbewundernden Blick in die Mitte: das Vorurteil. [...]

Auch erwies sich zu allem Überfluß, daß die physischen Unterschiede zwischen Mann und Frau gegenüber den kulturellen gering waren" (658), aber auch mit Angst vor den Strafen, die mit der Verletzung eines Tabus verbunden sind: sie war "nicht in der Lage, sich der ihr jäh zufallenden Privilegien mit dem Komfort eines guten Gewissens zu bedienen" (659). Die Geschlechtsumwandlung Valeskas, die vor der Männerwelt geheimgehalten werden muß (offensichtlich befindet sich die Heldin ähnlich wie die in Christa Wolfs Traktat "Selbstversuch" als Spionin im Hinterland des Feindes), trifft in der Frauenwelt auf die Begeisterung der an Veränderungen Interessierten. Die Erfahrungen Valeskas – in Gestalt des Mannes, aber mit dem Bewußtsein und den Emotionen einer Frau – benutzt die Autorin für eine der schärfsten satirischen Abrechnungen mit männlichen Verhaltensweisen, demonstriert an dem "Partyverhalten" sozialistischer Wissenschaftler in der Sowjetunion. Zugleich entwirft sie im Medium des spielerischen Rollentauschs ein durch seine authentische Erfahrungsbasis fesselndes utopisches Bild repressionsfreier erotischer Beziehungen, die dann entstehen können, wenn der Mann die emotionalen Erfahrungen und Kommunikationsformen der Frau in seine Empfindungsweisen aufnimmt (die Liebe zwischen Valeska im männlichen Kostüm und ihrer Freundin Shenja). Der mit der Metamorphose begonnene Erfahrungsprozeß wird aber, kaum begonnen, wieder abgebrochen. Auch Valeska, die die vorgegebene männliche Überlegenheit als geschichtlich produzierte durchschaut, bleibt in ihren Sehnsüchten fixiert auf den "schönen Luxus Rudolf" (680), mit dem einzigen Unterschied zur traditionellen Ergänzungstheorie, daß die weiblichen Qualitäten nicht mehr dem Männlichen als dem geschlechtlich Objektiven untergeordnet werden, sondern einen gleichberechtigten Stellenwert erhalten, der auch in Grenzen eine Neuverteilung der Aufgaben zuläßt (Beteiligung des Mannes an der Hausarbeit). Die zu große Vertrautheit zu ihrer Freundin Shenja verschließt Valeska die Sinne für neue Erlebniswirklichkeiten, während die emotionalen Abenteuer mit dem männlichen Ich als Helden, dem das Weibliche bewundernd zugeordnet ist, die eigentliche Anziehungskraft behalten nach dem Motto: Gegensätze ziehen sich an. Wenn auch die eigene Verstricktheit in vorgegebene emotionale Muster nicht widerspruchslos gesehen wird, so wird weibliche Souveränität mit einer Art Humor identifiziert, der die tatsächliche Misere in der individuellen Haltung auffangen und erträglich machen soll: " 'wer nicht die Kraft aufbringt, von den historisch gewachsenen sittlichen Verbiegungen abzusehen, kommt zu keinem lichten Augenblick', sagte Valeska" (671). Mit der Inszenierung eines happy-ends wird dann bereits die Existenz einer neuen menschlichen Synthese unterstellt: Die sich männliche Privilegien aneignende Valeska wird schließlich von ihrem Geliebten akzeptiert, ein Beweis dafür, daß er sie als Individuum, nicht als Vertreterin ihrer Art liebt.

Die gute Botschaft an die Frauen: sich doch einfach einmal männliches Selbstbewußtsein an-zu-ziehen, um den Mythos männlicher Überlegenheit zu destruieren und zu neuen Formen weiblichen Selbstbewußtseins zu kommen, erscheint ein Wagnis ohne größere Komplikationen, Umwege und Gefahren. Dieser einfache Weg zu sich selbst unterschlägt aber, daß die "Grenzen zwischen Fremddefinition und eigener Interpretation"[30] der Frau kaum mehr auszumachen sind:

> Denn das Bild der Frau von der Frau besteht keineswegs unabhängig von jener gigantischen, jahrhundertelang angereicherten Bildergalerie des Weiblichen, die mit den ästhetischen Objektivationen und den Trivialmythen bestückt ist.[31]

Die den Frauen attestierte Fähigkeit, neue kommunikative Verhältnisse zu antizipieren, und zwar für sich selbst, nicht um dem Mann eine Welt der Erholung vom Alltag zu imaginieren, hat eine produktive Funktion doch darin, eine unendliche Bewegung der Verfremdung und Infragestellung des Selbstverständlichen und Vertrauten zu eröffnen, sich einzulassen auf ein Spiel mit vielen Rollen, sie zu leben, aber sich nicht in ihnen zu verlieren. Das neue Verhältnis der Frau zu sich selbst ist noch nicht definierbar; es kann sich nur über eine kulturkritische Auseinandersetzung mit weiblichen Rollenvorstellungen konstituieren, indem sie "hunderte von alten Verhältnissen wiederholt, aber keines davon ist."[32]

"Sein wollen wie das bunte Glück", hatte E. Bloch die Wunschphantasie der unmittelbaren Erfüllung genannt, sie ist nicht nur "Ablenkung und Berauschung", sondern auch "Aufreizung und

30. Silvia Bovenschen: *Die imaginierte Weiblichkeit*. A.a.O., p. 41.
31. Ebd., p. 42.
32. Elisabeth Lenk: *Die sich selbst verdoppelnde Frau*. In: *Ästhetik und Kommunikation 25*. Berlin 1976, p. 87.

Einbruch". Zugleich machte er auf Tendenzen aufmerksam, "erzählte Spannungen und Wunschphantasien" durch Herabminderung des Widerspruchs zwischen Realität und Phantasieebene in "kleinbürgerliche Wachliteratur" zu verkehren. Besser kann man den Verlust des Staunens nicht charakterisieren, der durch die Projektion emanzipativer Vorstellungen auf die Ehe hervorgerufen wird: das Neue, die von Machtverhältnissen befreite erotische Beziehung, erscheint somit wie durch Zaubertrick als das Alte. Die inhaltliche Umfunktionierung der Ehe partizipiert aber weiter an den strukturellen Grenzen, die dieser Form eingeschrieben sind. Die eklektische Methode, die sich darin erschöpft, die guten von den schlechten Seiten zu trennen, bleibt an der Oberfläche der Erscheinungen, ist in ihrer Wirksamkeit anti-utopisch, weil sie für das, was über das Experimentieren im Bereich der Phantasien, der Selbstverständigung und der real-praktischen Veränderung zu entwickeln wäre, bereits eine Antwort bereithält: sowohl die Adaption männlichen Selbstbewußtseins als auch die Übernahme weiblicher Rollen durch den Mann abstrahieren davon, daß die vorhandenen männlichen und weiblichen Rollenvorstellungen determiniert sind durch patriarchalische Strukturen. Nicht die Aufhebung von Einseitigkeiten im Rahmen einer Ergänzungsstrategie, sondern das Rollenspiel mit vorgegebenen Mustern, das sich auf keines von ihnen fixiert, eröffnet den Phantasien den Raum für die Überschreitung der vertrauten Wahrnehmungsweisen und Identifikationsmuster in dem Sinne, wie E. Lenk schreibt:

> Im neuen Verhältnis der Frau zu sich ist sie Viele, oder vielmehr: sie löst sich augenblicksweise auf in reine Bewegung. Weiblichkeit ist ihr dann so fern wie Männlichkeit und die ganze von Eigenschaften durchfurchte Welt.[33]

Auf der kurzen kulturkritischen Reise, die Irmtraud Morgner den Frauen anrät, um sich selbst zu finden, ohne die Gemeinsamkeit mit dem Mann zu gefährden, bleibt nur in schattenhaften Umrissen erfahrbar, welche Zeiten patriarchalischer Kultur die Frau durcheilen muß, um die Produktionsbedingungen für das wechselhafte Spiel in der Definition des Weiblichen zu durchschauen. Die Entdeckung und Befreiung der vom Patriarchat verdrängten Emotionalität, die Entwicklung der menschlichen Sinne in Formen, die den Panzer normierter Identitäten sprengen, sind im Roman der

---

33. Ebd., p. 89.

Morgner nur als auf die traditionellen sexuellen Erlebnisweisen projizierte Sehnsüchte greifbar. Die Demokratisierung der Geschlechterbeziehungen durch die gleichberechtigte Anerkennung der weiblichen Empfindungen und Bedürfnisse setzt als immanente Kritikform die Weiterexistenz des patriarchalischen Modells sexueller Beziehungen voraus.

6. Montage – die Romanform der Zukunft?

Um ihr Thema, Aufdeckung und Kritik überlebter Sitten des Patriarchats bewußt zu machen, wählt Irmtraud Morgner eine literarische Form, die eine Verbindung von Realem und Imaginärem, von Alltag und Außergewöhnlichem herzustellen vermag. Reisen in bekannte und unbekannte Welten des Alltags und der Phantasie, der romanhaften Vergegenständlichung, der literaturtheoretischen, wissenschaftlichen und politischen Exkurse, der verschiedenen literarischen Ausdrucksformen und Wahrnehmungsweisen, der verschiedenen literarischen Traditionen.

Das Zusammentreffen von Wirklichem und Imaginärem wird in den fiktiven Teilen des Romans gefaßt in der Erzählform des Abenteuers, wie bereits der Titel "Leben und Abenteuer der Trobadora Beatriz" programmatisch formuliert. Die für sie charakteristische Struktur der Aneinanderreihung zufälliger Episoden sperrt sich gegen einen interpretatorischen Zugriff, das disparate und umhergetriebene Leben der Trobadora sei letztlich doch auf ein selbst-gewisses Subjekt zurückzubinden. Die Außenseiterrolle der Trobadora stellt zwar keine Gefährdung der Gesellschaft dar, sie ist aber auch nicht in sie integrierbar. Das symbolisiert vor allem ihr Tod. Das bleibende Außenseiterdasein der Trobadora hat den Effekt einer Dezentrierung der Blickpunkte des wahrnehmenden Subjekts, dem sich die fragmentarischen Erfahrungen der Trobadora nur zu einem heterogenen Gesamtbild zusammenfügen.

Diese Bewegung der gleitenden Formen und Entwürfe, der andauernden Überschreitung fixierter Rollen und Identitäten wird durch die Montage zum Konstruktionsprinzip des Romans gemacht. Sie dekomponiert den eindeutigen Sinn und die illusionistische Kontinuität, indem sie die fiktive Handlung ständig unterbricht und heterogene Wahrnehmungsweisen und Erkenntnismodelle miteinander verknüpft. Bilder, theoretische und politische Diskurse werden als Teilwahrheiten aneinandergereiht, unterbrechen den

Automatismus des Sehens und den Wiedererkennungsmechanismus
der identifizierenden Lektüre. Die verfremdende Funktion der
Montage erschöpft sich jedoch nicht in der Destruktion gewohnter
Rezeptionsweisen. Verbunden mit dem Thema weiblicher Emanzipation sollen die Verfremdungseffekte einen neuen Wirklichkeits-
bezug herstellen, der der Alltagswahrnehmung verborgen ist und
durch Verfremdung überhaupt erst entdeckt wird. Es findet also
eine Neuperspektivierung statt, die nicht mehr fundiert ist in der
Darstellung ästhetisch-sinnlicher Evidenz, sondern in der Offenle-
gung der Produktion von Bildern und Erkenntnissen, in dem spielerischen Übergang von einer Darstellungsform und Sichtweise zur
anderen, von der Realität zur Utopie, von dem politischen Dokument zur Fiktion, von der Lyrik zur Erzählung etc. als Einübung in
mögliche alternative Wahrnehmungs- und Erlebnisweisen. In dieser
Funktion kann die Montagetechnik bereits als ein neuer Modus
künstlerischer Produktion und Rezeption wirksam werden, den die
Morgner nicht immanent-ästhetisch, sondern aus den Erfordernissen ihres weiblichen Alltags ableitet. Der "Lebensrhythmus einer
gewöhnlichen Frau, die ständig von haushaltsbedingten Abhaltungen zerstreut wird" (258), ist Hindernis und Chance für Frauen,
ihre künstlerischen Fähigkeiten zu entwickeln. Sich die privilegier-
te Lebens- und Arbeitssituation eines Thomas Mann zu wünschen,
der "den täglichen Zerstückelungen und Zerstreuungen entrückt",
seinen Gedanken "ungestört nachgehen" konnte[34], ist nicht Sache
der Frauen, denen es um die Transformierung der herrschenden
Arbeitsteilung geht. I. Morgner begreift daher ihre tägliche weibliche Realität, "dieses Nebeneinander von der schöpferischen Arbeit
und einen Haushalt führen", auch als Chance (ohne aus "der Not
eine Tugend machen" zu wollen)[35], das "Fachidiotentum" des
Schriftstellers, "nicht mit den gewöhnlichen Dingen des Lebens
vertraut zu sein", zu überschreiten und eine an den Rhythmus des
Alltags anknüpfende Schreibweise zu entwickeln, ohne einer falschen Assimilation an die Bornierungen des Alltags zu verfallen.
Die Ausweitung von Kunst auf Lebenspraxis vermittelt dem Verständnis von künstlerischer Tätigkeit eine bewußt schwebende Bedeutung: Kunst ist nicht mehr das vom Leben abgetrennte Werk,

---

34. *"Die täglichen Zerstückelungen", Irmtraud Morgner im Gespräch mit
Ursula Krechel.* In: Frauenoffensive, 1976, Journal Nr. 5, p. 39.
35. Ebd.

sondern prozessuale Tätigkeit durch fortschreitende Transzendierung der Arbeitsteilung. Diese durch verändernde Tätigkeit auf Zukunft gerichtete Dimension spricht I. Morgner an, wenn sie die Verbindung von Kunst und Alltag als "Utopie" begreift. Utopie meint dabei nicht das ganz andere Bild vom befreiten Zustand, sondern die Befreiung der Phantasie für eine an das Konkrete anknüpfende Überschreitung der Arbeitsteilung:

> Die Utopie, wie ich sie mir vorstelle, wäre, daß man sich sowohl mit geistigen Dingen beschäftigt als auch mit den gewöhnlichen Dingen des Alltags, um die Verbindung zu dieser Art von Umgebung nicht zu verlieren, um nicht entfremdet, seiner Umwelt entfremdet zu sein.[36]

Für I. Morgner manifestiert sich in der Montage jenes kritische Potential, das im Bewußtsein der Rezipienten Prozesse der Selbstreflexion und der veränderten Sicht der Dinge des Alltags einleiten kann. Montagebegriff und weibliche Emanzipation koinzidieren in dem Begriff der Souveränität. Phantasie wird im Roman als Zeichen "von souveränem Wirtschaften mit den Gegenständen der Realität" bezeichnet (331). Was "Frauen anstreben sollten", um aktive ästhetische und intellektuelle Fähigkeiten zu entwickeln, "wäre so was wie Größenwahn"[37]. Die Aneignung und Praktizierung grenzenlosen Selbstbewußtseins paradigmatisch vorzuführen, ist auch das Anliegen der Autorin: "Ich möchte die gute Botschaft schreiben von einer genialen Frau, die die Frauen in die Historie einführt."[38] Die eigentlich geniale Frau im Roman ist aber nicht die Trobadora, sondern die Erzählerin, deren auktorialer Gestus leicht mit der Haltung der Autorin identifizierbar ist.[39] Sie entpuppt sich als universal gebildete, selbstbewußte und über Welt verfügende Frau. Sie weiß Bescheid über das internationale politische Geschehen und kann es bewerten, sie kennt sich aus in Wissenschaft und Technik, sie durchschaut die Anmaßung männlicher Hegemonieansprüche und kann sich über sie belustigen, sie weiß von Empfindungen und Träumen der Frauen und kennt die Wege, die zur Selbstbewußtwerdung führen. Sie präsentiert sich im Ge-

---

36. Ebd.
37. Joachim Walther: *Gespräch mit Irmtraud Morgner*. In: *Meinetwegen Schmetterlinge*. Berlin (DDR) 1973, p. 44.
38. Ebd., p. 54.
39. Annemarie Auer spricht sogar von einer "Identität von Thema und eigenem Leben" (*Gedanken beim Lesen*, a.a.O., p. 1082).

geneinanderspiel der verschiedenen Perspektiven, über Identifikation und ironische Distanz, ihren Figuren als überlegen. Auf die durch "Sitten und Konventionen", nicht durch "Gesetze", wie die Autorin ausdrücklich betont, eingeschränkten Möglichkeiten der Frauen, "Welt zu machen, in sich und außer sich"[40], antwortet sie mit einer Entgrenzung der Subjektivität, einerseits über die Veränderung des ästhetischen Formenreichtums, andererseits durch den Versuch, für sich eine spielerische Transformierung zwischen weiblichem Alltag und Kunst auszuprobieren, die bereits die nicht-operative Ebene der ästhetischen Immanenz überschreitet und ebenso den Bildern eine Dynamik geradezu auf ihre Übersetzbarkeit in Lebensmöglichkeiten vermittelt. Denn der Anspruch der Autorin heißt ja: nicht "Kunst zu machen", sondern "Welt". Phantasie wird vorgeführt als Form der Produktion von Welt, nicht als kompensatorisches Surrogat für nicht eingelöste Befreiung in den entfremdeten gesellschaftlichen Bereichen. Allerdings bleiben die neuen Bilder, Gesten, Sprachformen, die alternativen Lektüreangebote zunächst an die ästhetische Immanenz des Kunstwerks gebunden. Ihre emanzipatorischen Impulse müßten erst in Bedürfnisse alltäglicher Kommunikation übersetzt werden, damit sie zur Gegenerfahrung werden können. Der Roman hat nicht den Anspruch, unmittelbar in Lebensprozesse des Alltags einzugreifen, sondern vermittelt über die individuelle Transfiguration ästhetischer Formen und die Fähigkeit des Lesers, deren emanzipative Gehalte zu entschlüsseln. Der Subjektivitätsspielraum, der auf diese Weise eröffnet wird, spiegelt diese Ambivalenz wider: er ermöglicht das Durchspielen von Gedankenexperimenten, die von der Umwelt tabuisiert werden; aber ebenso ist er nicht dagegen gefeit, Medium einer Differenzierung von Erkenntnissen und Phantasien zu sein, die als Ersatz und Verdunkelung der eingeschränkten Eingriffsmöglichkeiten in Realität fungieren und das Inidividuum zu bloßen Einstellungsveränderungen gegenüber dem status quo motivieren. So findet eine Verinnerlichung der kritischen Intentionen statt: der Angriff auf den Gegner beschränkt sich auf erzählte satirische Episoden und Reden, an die Stelle praktischer Formen der Auseinandersetzung treten Vorstellungen, wie der Gegner satirisch zu vernichten sei. Das Negative der Gegenwart, das nicht durch die Tat

40. Irmtraud Morgner: Rede vor dem VII. Schriftstellerkongreß. A.a.O., p. 206.

überwunden werden kann, wird durch potenzierte Reflexionen, durch die Montage sich wechselseitig kritisierender Textteile, für vorläufig erklärt. Fast alle Figuren des Romans erzählen und schreiben über ihr Leben und das Leben anderer oder erfinden Geschichten, die Erzählerin zitiert und montiert bereits Niedergeschriebenes: Dokumente und mysteriöse Quellen; Selbstverständigung, Selbstbehauptung und Selbstentwurf siedeln sich innerhalb einer literarischen Öffentlichkeit an. Die poetische Erfindungslust wird zum unerschöpflichen Medium, um die Spaltung zwischen Emanzipationsanspruch und Realität, Ich und Welt auf der Ebene des Scheins, des Märchens und der Utopie aufzuheben.

Leben wird spielerisch inszeniert. Zwar bleibt die Realität in ihrer Andersheit Anknüpfungspunkt dieses Spiels; sie wird jedoch nicht der Herausforderung eingreifenden Denkens ausgesetzt. Die Balance zwischen beiden Polen gelingt nur in der Permanenz der ironischen Verfremdung. Von ihr bleiben weder die dokumentarisch-sachlichen Darstellungen, in denen der Stellenwert der Gesetze in der DDR für die Gleichberechtigung der Frau thematisiert wird, noch die phantastischen Episoden verschont. So positiv der Ton ist, wenn die Hauptfiguren der fiktiven Handlung sich zu den gesetzlichen Rechten bekennen, in den parodistischen und satirischen Passagen über männliche Verhaltensmuster, denen die Frauen keine kollektive politische Strategie der Verständigung und Entschlossenheit entgegenzusetzen vermögen, wird er relativiert durch das Sichtbarmachen des formellen und bürokratischen Charakters eines staatlichen Geschichtemachens für Frauen, das noch dazu auf die technokratische Perspektive der berufstätigen Frau fixiert ist. Andererseits wirkt auch die Ebene der phantastischen Vergegenwärtigung alternativer Verhaltens- und Wahrnehmungsweisen, der Selbstbewußtwerdung der Frauen durch die Verknüpfung ihres Engagements mit den von der Gesellschaft verdrängten Emotionen, Phantasien und uneingelösten Hoffnungen der Vergangenheit in sich ironisch kommentiert durch den zufälligen und abgerissenen Charakter ihrer Existenz, die keine Beziehung hat zum realen Lebenszusammenhang (die ironische Distanzierung von den Versuchen der Trobadora, Emanzipationswünsche direkt in Politik umzusetzen). Nicht zu übersehen ist, daß die von der Gesellschaft unterdrückte Phantasie in der religiösen Form angerufen wird: als "Offenbarung", als "Entrückung". Damit wird nicht nur der Hinweis vermittelt, daß aufgrund des geringen Veränderungsgrads der Verhältnisse das Individuum noch immer gezwungen ist, seine Wünsche in den Himmel zu projizieren oder aber in alten Kategorien Neues zu thematisieren, wodurch der ideologische Zirkel sich wieder zu schließen scheint, das Neue sei doch nur das Alte, die ständige Wiederkehr des Gleichen. In die Zitierung der religiösen Form des Protestes durch die Marxistin Morgner ist ebenso die Marxsche Charakterisierung der Religion als Opium fürs Volk eingeschrieben und vermittelt ihr die ironischen Töne, jenes Schweben zwischen Ernsthaftigkeit und Eulenspiegelei, z.B. wenn Olga Salman in Verkennung der kriegerischen Einstellung der Göttin Persephone sie als "unsere liebe Frau" anredet, damit die Vorstellung der Mutter Maria assoziierend, die gerade als Sinnbild für die freiwillige Unterwerfung unter die Herrschaft des Mannes (Magd des Herrn) steht. Es scheint so, als wäre Ironie die einzig mögliche positive Haltung, und noch die Suche nach den in Mythen eingebundenen Phantasien diente zu nichts anderem als dazu, das souveräne Spiel der reflektierenden Autorin zu ermöglichen.

Damit wird ein Abbruch der Reflexion und ein Einverständnis mit den Gegebenheiten signalisiert, das die Autorin auch unumwunden zugibt: Die geschichtlich günstigere Situation der Frau in der DDR ermögliche den humorvollen Schlagabtausch mit dem Gegner: "Darum ist mein Buch auch so heiter. Wenn ich in der BRD leben würde, hätte ich es viel grimmiger geschrieben."[41] Es ist also die Fundierung des Romans auf einen Realität vereinheitlichenden politischen Diskurs, der eine Zuspitzung zwischen Emanzipationsanspruch und Realität, zwischen der Zeit der Wunschproduktion und der Zeit der herrschenden Politik nicht zuläßt. Was durch den Verfremdungseffekt der Montage an Destruktion der geschlossenen Evidenz des Werk- und Rezeptionsmodells der klassischen Autonomieästhetik entwickelt wird, erfährt durch die politische Weltanschauung eine Reintegration, die wiederum die Illusion von unbezweifelbarer Allgemeinheit suggeriert. Die kritische Funktionsweise der Montage, gemeint als Transparenz der literarischen Produktionsbedingungen, als einsehbare und partielle Subjektivität des Autors und kritische Selbstreflexion des Lesers, wird überla-

---

41. Zit. nach M. Bengel: *Aus der Welt Funken schlagen*. In: Kölner Stadtanzeiger, 12.8.1976.

gert durch eine Ebene der Vereinheitlichung auf *einen* Diskurs der Wahrheit, der Verfügung über gesellschaftliche Totalität vorspiegelt. Er verkündet eine Strategie der Geduld, des humorvollen Aushaltens patriarchalischer Unterdrückung, da die Geschichte nur noch weiter vorwärts zu schreiten brauche, um die "dritte Ordnung[,] die weder patriarchalisch noch matriarchalisch sein sollte, sondern menschlich" (29), zu begründen. Märchen und Utopien werden dadurch einer spezifischen Beleuchtung ausgesetzt. Sie haben nun nicht mehr die Funktion, in alternative Wahrnehmungs- und Verhaltensweisen einzuüben, sondern in die Geschichtslosigkeit des Phantasiebereichs zu entführen: es ist die existierende Entfremdung zwischen Individuum und Gesellschaft, zwischen Emotionalität und Rationalität auszuhalten. Es findet eine subjektive Überbietung des Dualismus zwischen Phantasie und Welt statt, die nicht an die Realität konkreten Leidens rückvermittelt zu werden braucht. Das abschweifende Spiel der parodistischen und ironischen Umfunktionierung entwirklicht sich dabei teilweise soweit von den realen Problemen patriarchalischer Unterdrückung, daß das Spiel mit Verschlüsselungen Entwicklungsform für Beliebigkeit wird. Souveränität gerät zur Attitüde, wenn sie mit nur geringen Abweichungen *eine* Botschaft wiederholt und der Vielfalt der ästhetischen Ausdrucksformen keineswegs eine Bedeutungsvielfalt in der Sichtweise des weiblichen Lebenszusammenhangs entspricht. Und hier schlägt sie in ihr Gegenteil um: anstatt Fixierungen aufzubrechen und Erkenntnisprozesse zu eröffnen, wird sie zur Flucht vor jeder Authentizität. Unter der Einwirkung bereits fixierter Realität, die objektiv vorgegeben ist, verändert sich die Funktion der Montage. Sie erhöht die Attraktivität des erzählenden Subjekts, dessen Selbstbewußtsein die Aktivität des Lesers zuläßt, allerdings für einen Dialog, der Bekanntes bestätigt.

Selbstbewußtsein und Souveränität verdanken sich einer Tradition, mit der sich I. Morgner nur bedingt kritisch auseinandersetzt. Damit wird auch die Offenheit des Textes für einen die selbständige Reflexion des Lesers motivierenden Dialog relativiert. Es ist auffallend, daß an keiner Stelle des Romans das eigene Selbstverständnis der Autorin problematisiert wird; unausgesprochen bleibt die Angst, daß die Verständigung mit dem Leser nicht gelingen könnte, die Schwierigkeit, die Dinge zu benennen, die Gefahr, daß Realität und Phantasie nicht zusammenzubringen wären, die Möglichkeit, die Widerstände brächten das schreibende Subjekt zum Verstummen. Souveränität erscheint somit auch als Imitation eines Optimismus, dessen fröhliche Selbstsicherheit auf der Verdrängung der eigentlichen Probleme und Schwierigkeiten weiblicher Emanzipation beruht.

Der zufriedene Blick auf das bisher Erreichte in der DDR relativiert auch die häufig behauptete Affinität der Kunstkonzeption Irmtraud Morgners zu Jean Paul. Der Satz Jean Pauls: die Kunst sei "kein glatter Spiegel der Gegenwart; sondern der Zauberspiegel der Zeit, welche nicht ist",[42] erscheint zunächst wie ein Motto des Romans. Jean Pauls "Kunst der Abschweifung" ist Bewegungsform für eine subjektive Überbietung der Dichotomie zwischen der Kontingenz und Übermacht objektiver Realität und dem subjektiven Anspruch auf Sinngebung und Selbstverwirklichung, der auf die eingeschränkten politischen Wirkungsmöglichkeiten reagiert, sich gleichsam in Literatur den Raum einer Ersatzöffentlichkeit schafft, aber auch als antizipierte Unendlichkeit eine neue Haltung verkörpert, die angstfrei ständig sich verändernde Wahrnehmungsweisen, Identitäten und Umwelterfahrungen für sich akzeptieren kann. Auf diesen "Sinn des Grenzenlosen" (Jean Paul) läßt sich die Morgner nicht ein; stattdessen bietet sie ein Selbstbewußtsein an, das sich konstituiert durch Einsicht in die Notwendigkeit. Deren oberflächlichen Fortschrittsglauben hatte bereits Brecht registriert und daher der Arbeiterbewegung den Boden der Unsicherheit empfohlen als Ebene, auf dem über weiterexistierende Unterdrückung nicht geschwiegen werden muß.

Die Frau kann mit ihrer Emanzipation nicht beginnen, indem sie sich vorgegebenen Identitäten anverwandelt, die Errungenschaften der patriarchalischen Kultur feiert, um so sich in eine geschichtsmächtige Tradition einzureihen. Ihre Sicherheit muß viel größer sein. Sie beginnt damit, sicheres Terrain zu verlassen, ohne die Konturen einer neuen Identität bereits zu wissen. Dieses Wagnis ist allerdings kaum vorstellbar im Rahmen der hierarchisierenden und teleologischen Denkordnung des Patriarchats. Wie sehr I. Morgner dieser Ordnung verhaftet bleibt, zeigt die Metapher von "souveränem Wirtschaften mit den Elementen der Realität" (331), mit der

---

42. Jean Paul: *Vorschule der Ästhetik*. Zit. nach W. Preisendanz: *Zur Poetik der deutschen Romantik I: Die Abkehr vom Grundsatz der Naturnachahmung*. In: *Die deutsche Romantik*. Hrsg. v. H. Steffen. Göttingen [3] 1978, p. 59.

ein Modus selbstsicherer Verfügung suggeriert wird, der Phantasien zu einem eindeutig bestimmbaren Material herabsetzt. Die Überfülle der menschlichen Natur, von der I. Morgner spricht, ist nicht dort zu entdecken, wo die Notwendigkeit herrscht. Die Vorherrschaft der Vernunft ist nicht dadurch aufzuheben, daß man den Emotionen und Phantasien ein Mitbestimmungsrecht einräumt.

So hätte am Ende die Marxistin Morgner sich doch der Engelsschen Maxime: Freiheit sei Einsicht in die Notwendigkeit, angenähert. Nur ist das marxistische Selbstverständnis der Morgner und seine Auswirkungen auf den Roman, die verschiedenen Texte und Bilder als Abbilder *eines* Emanzipationskonzepts erscheinen zu lassen, nicht identisch mit dem, was der Roman an möglichen Assoziationen freisetzt. Die zwei Funktionen der Montage – die Herstellung eines auf sozialistische Politik fundierten, gesellschaftliche Totalität umfassenden Sinns, die Destruktion eines einheitlichen Sinns durch die Kunsttechnik der Dekomponierung der Wahrnehmungsweisen – fügen sich nicht zusammen zu einem Gestus, der den anderen dominiert. Zwar wäre Montage nicht a priori die Romanform der Zukunft, sondern ein Medium, über das ebenso wie über den klassisch-realistischen Text Subjektivität zur allgemeinmenschlichen Wahrheit transformiert werden kann. Sie konstituiert sich hier nicht über die sinnliche Evidenz der geschlossenen Form, sondern als einmontierte Teilwahrheit, die durch ihre Rückbindung an ein einheitliches Thema zur allgemeinen Wahrheit wird. Aber die Montage von Teiltexten bewirkt ebenso, daß der Widerstand neben dem Lösungsmodell bestehen bleibt. Das sozialistische Weltbild muß es sich gefallen lassen, daß ihm die Phantasien und nicht eingrenzbaren Assoziationen entschlüpfen. Das ideologische Projekt der Autorin, das Zweiphasenmodell, verliert in der literarischen Umsetzung seine Eindeutigkeit und innere Kohärenz. Die lineare Folgerichtigkeit, mit der unterstellt wird, daß nach der geschichtlichen Entwicklung des Sozialismus bisher, mit allen Repressionen und Versagungen, nun ein Mehr an individueller Eigenständigkeit, an Anerkennung von Phantasie und poetischer Erfindungsfähigkeit möglich sei, bricht sich am Verstummen des Textes dort, wo der sozialistische Anspruch das Reden erforderte, an Übertreibungen der märchenhaften Inszenierung von Befreiung, so daß sie zur Parodie wird, am Scheitern weiblicher Souveränität (Tod der Trobadora, der Valeska, der Vera Hill) und an den nicht einholbaren Sehnsüchten, die die phantastische Vergegenwärtigung nichtentfremdeter Verhaltens- und Denkweisen freisetzt. Diese Disparität sprengt den nur dekorativen Rahmen erlaubter Variationen, der durch die geltenden Spielregeln abgedeckt wäre, wenn auch nur in der Funktion von Stolpersteinen auf der glatten Bahn der objektiven Gesetzmäßigkeit.

ÜBERLEGUNGEN ZU DIETER NOLLS ROMAN *KIPPENBERG*

von

Gerd Labroisse

Ausgangslage und Methodik

Nolls nach 15jährigem Schweigen[1] publizierter Roman[2] wurde als das literarische Ereignis der Leipziger Frühjahrsmesse 1979 hoch gelobt. Auffälligstes Zeichen war die vom stellvertretenden Minister für Kultur Klaus Höpcke bereits im Januar/Februar-Heft von *Sinn und Form* veröffentlichte längere Besprechung[3], in der er *Kippenberg* als den "sozialistische[n] Gesellschaftsroman" unserer Tage enthusiastisch begrüßte[4].

Setzte in der DDR die Rezeption schnell ein und erreichte sie einen erheblichen Umfang, wurde der Roman in der Bundesrepublik nur in wenigen Zeitungen rezensiert[5], meist jedoch

1. Auf der vom Aufbau-Verlag veranstalteten Pressekonferenz gab Noll Auskunft: "Seit dem 'Werner Holt II' habe ich fünfzehn Jahre geschwiegen, [...] aber das war mir eine Hilfe beim Schreiben". Zitat aus Dorothea Körners Bericht über die Pressekonferenz, "Als Mensch fähig, sich zu ändern", in: *Der Morgen* vom 9.2.1979.

2. Dieter Noll: *Kippenberg*, Berlin und Weimar 1979. Alle Zitate, auch die aus der Sekundärliteratur übernommenen, beziehen sich auf diese Ausgabe und werden mit Seitenzahl in Klammern belegt.

3. Klaus Höpcke: "In revolutionärer Sicht", in: *SuF* 1979, S. 144-151.

4. Höpcke, a.a.O., S. 151.

5. An Rezensionen liegen vor:
Walter Nowojski: "Von der Fähigkeit lebenslangen Lernens", in: *Deutsche Volkszeitung* vom 8.3.1979 [DKP; Rezensent ist Chefredakteur von *NDL*].
Rosemarie Labudde: "Kampf gegen Schlendrian, Mut zur Verantwortung", in: *Unsere Zeit* vom 4.5.1979 [DKP-Organ].
Jörg Bernhard Bilke: "Der Fortschritt ruht im Panzerschrank", in: *Die Welt* vom 23.6.1979.
Ernst Elitz: "Bilderbuch-Held", in: *Frankfurter Rundschau* vom 20.7.1979.
Jürgen Beckelmann: "Gefühlsarmut oder kultiviertes Dasein?", in: *Mannhei-*

ignoriert[6].

Daß dieses Ignorieren weniger mit dem Roman selbst als mit dem Minister-Lob und der Person des Autors zu tun haben dürfte, legen Äußerungen von Klaus Sauer und Ernst Elitz nahe sowie die Tatsache, daß die drei nicht-kommunistischen bundesrepublikanischen Rezensionen ausdrücklich auf das Höpcke-Lob hinweisen (was sich auch in ihrem negativen Grundtenor niederschlägt). Nach Sauers 'Notizen von der Leipziger Buchmesse' hat Höpcke den auf der Pressekonferenz des Börsenvereins "ganz oben auf der ministeriellen Empfehlungsliste" stehenden Roman mit seiner *SuF*-Besprechung "gleichsam offiziell approbiert [...]"[7]. In seiner Rezension verbindet Elitz die Meinung, Noll sei "auf klaren Kurs bedacht", mit dem Hinweis, dieser habe in einem Brief an Honecker "kritische Literaten wie Heym, Schneider und Poche als 'kaputte Typen' beschimpft, die sich 'vor den Karren des Westfernsehens spannen' ließen und 'emsig mit dem Klassenfeind' kooperieren"[8].

In den drei erwähnten Rezensionen – das *Deutschland Archiv* bringt nur indirekte, auf DDR-Äußerungen bezogene Hinweise zum Roman – kommt deutlich ein vorentschiedenes Beurteilungs-Schema zum Tragen. Elitz beginnt z.B. mit der Frage, was, nachdem der Schriftstellerverband mit zahlreichen Autoren gebrochen

mer Morgen vom 4.9.1979.
Nach Auskunft des *Spandauer Volksblatts* ist die vom Aufbau-Verlag Berlin genannte Rezension vom 16.9.1979 dort nicht erschienen.

6. *Nicht* rezensiert wurde der Roman in *Die Zeit*, *Frankfurter Allgemeine Zeitung*, *Süddeutsche Zeitung*, *Der Tagesspiegel*, *Der Spiegel*, *Deutschland Archiv*, obwohl diese Zeitungen/Zeitschriften sich sonst intensiv mit DDR-Literatur beschäftigen.

7. Klaus Sauer: "Am Ende einer bestimmten Epoche von Sozialismus", in: *Deutschland Archiv* 1979, H. 4, S. 345.

8. Elitz, a.a.O. – Es handelt sich hier um den in *Neues Deutschland* vom 22.5.1979 abgedruckten Brief, in dem es u.a. (korrekt) heißt: "Einige wenige kaputte Typen wie die Heym, Seyppel oder Schneider, die da so emsig mit dem Klassenfeind kooperieren, um sich eine billige Geltung zu verschaffen, weil sie offenbar unfähig sind, auf konstruktive Weise Resonanz und Echo bei unseren arbeitenden Menschen zu finden, repräsentieren gewiß nicht die Schriftsteller unserer Republik". Zitiert nach *Deutschland Archiv* 1979, H. 9, S. 983 (aus dem Dokumentations-Teil "Zurück in die fünfziger Jahre. Die DDR und ihre Intellektuellen", in dem insbesondere Materialien zu den Vorgängen um Robert Havemann und Stefan Heym vom April bis Juni 1979 vorgelegt werden).

hat, "die auch im Westen Rang und Namen haben", denn nun die DDR-Literatur sei, "die den Ansprüchen der SED genügt". Daß die so aufgebaute Fragestellung bestimmte Folgerungen nach sich zieht, zeigt die Schlußpassage:

> Mit seinen Bilderbuchgestalten, dem Wissenschaftler Kippenberg, dem Parteisekretär Bosskow und der Abiturientin Eva, mogelt sich Noll um die Analyse der DDR-Probleme herum; aber für die belletristisch nicht gerade verwöhnte SED reicht vordergründiger Optimismus schon aus, um das Buch als Musterexemplar des 'sozialistischen Realismus' herauszustellen.[9]

Noch bloßlegender heißt es bei Bilke, der in *Kippenberg* einen "Ökonomieroman der fünfziger Jahre" in neuem Aufguß sieht:

> Was da, gegen alle Einsicht und gegen alle materiellen Widerstände, als sozialistisches Fortschrittsethos beschrieben wird, ist der verzweifelte Versuch, die kommunistische Minderheit der Funktionäre, Bonzen und Staatsparasiten vor den schlimmen Folgen ihrer verfahrenen Wirtschaftspolitik freizusprechen. Kein Wunder also, daß Klaus Höpcke solche Bücher schön findet.[10]

Dieser Abschluß der Rezension geht, auch in seiner 'Form', nur zum Teil zurück auf die vorher genannte Behauptung, daß die DDR angesichts der Wirtschaftsprobleme mehr denn je die Erfüllung ihrer politischen Ziele nicht suche "in der häßlichen Wirklichkeit, sondern in Parteitagsreden und Verklärungsliteratur"[11].

In diesen Rezensionen werden die Angaben zu Thematik und Problematik des Romans und seiner Figurengestaltung sehr häufig so verkürzt gebracht, daß sie schief werden und wegen des Fehlens der für das Verstehen notwendigen Kontexte den Leser zu Mißverständnissen oder vorschnellen Folgerungen führen müssen. So wenn es bei Bilke heißt:

> Kippenberg, faustisch gesinnt, fühlt sich berufen, den sozialistischen Deus ex machina zu spielen und seinen bürgerlichen Schwiegervater kaltzustellen, was auch fast gelingt. Die Jagd auf bürgerliche Wissenschaftler, die angeblich den 'Fortschritt' aufhalten, ist das Hauptmotiv des Romans.[12]

Oder wenn Elitz meint, Autor und Roman-Held

> "gehen berserkerhaft gegen alles vor, was sich ihnen und ihrer Idee vom gesellschaftlichen Fortschritt in den Weg stellt. Auf den 627 Seiten des Ro-

9. Elitz, a.a.O.
10. Bilke, a.a.O.
11. Bilke, a.a.O.
12. Bilke, a.a.O.

mans kennt Joachim Kippenberg, Chemiker in einem staatlichen Forschungsinstitut, nur ein Ziel: seine wissenschaftlichen Erkenntnisse so schnell wie möglich im Produktionsprozeß zu erproben".[13]

Bedenklicher noch ist die Verwendung von Formulierungen, die auf Grund ihres Stellenwertes bestimmte Assoziationen aufrufen. Bei Bilke ist Kortner "eine fiese Type", "der, gekonnt sozialistisch argumentierend [!], an das Ministerium schreibt, um im Namen des Fortschritts ein Großobjekt zu liquidieren [!]"[14].

Der westdeutsche Leser kann auf Grund dieser Rezensionen eigentlich nur zu dem Urteil kommen, daß hier eine simple, recht durchsichtige Thematik/Problematik mit einfachster, parteilicher Schwarz-Weiß-Zeichnung behandelt wird, so daß der Roman gar nicht der Beachtung wert ist, noch dazu, wenn er bei Beckelmann erfährt:

> Überhaupt baut Noll seinen Kippenberg als mögliche Identifikationsfigur sukzessive ab, indem er ihn seinen Rationalismus als Gefühlsarmut und seinen rasanten Aufstieg als Rücksichtslosigkeit selbstkritisch erkennen läßt. Und die Ehe geht fast in die Brüche... Allerdings läßt Noll es keineswegs zur Katastrophe kommen. Andererseits ist er auch klug genug, seine Leser nicht mit einem Happy-End zu bluffen, denn glückliche Lösungen sind sowohl in der Ökonomie, in der es immer wieder Havarien gibt, als auch im persönlichen Lebensbereich, in dem die Scheidungsziffern hoch liegen, in der DDR empfindlich rar geworden. Noll läßt das Ende offen, in dem Sinne etwa: Es wird, wie auch immer, weitergehen.[15]

Im *Deutschland Archiv* behandelte Manfred Jäger verschiedentlich DDR-Reaktionen auf Nolls Roman[16]. Daß auch ihm dabei auffällige Fehlschlüsse unterlaufen, er sich nicht immer logisch einsichtiger Schlußfolgerungen bedient und ebenfalls Angaben wegen des Fehlens der Kontext-Verhältnisse dünn bleiben, stimmt bedenklich.

In der Höpcke-Besprechung spürt er "die Mühe, das politisch brave Buch eines mittelmäßigen Autors zum Spitzenreiter der Saison zu erheben und ihm eine lang andauernde Nachwirkung vorherzusagen". Dessen Hinweis, daß Noll der Versuchung widerstanden habe, seinen Helden "allerlei politische Anspielungen 'abhu-

13. Elitz, a.a.O.
14. Bilke, a.a.O.
15. Beckelmann, a.a.O.
16. Manfred Jäger: 'Zeitschriftenschau Kultur', in: *Deutschland Archiv* 1979, H. 6, S. 578f.; H. 9, S. 914; 1980, H. 3, S. 237f.

sten' zu lassen", liest Jäger "im Klartext" als: "Das Buch ist das Produkt einer geglückten Selbstzensur, also langweilig"[17]. – Jürgen Kuczynskis Überlegungen als Wissenschaftler zu dem in einem Forschungsinstitut spielenden Roman stellt Jäger so dar, als ob dieser – abgesehen von der Einschränkung seines kräftigen Lobes "durch eine Reihe lapidarer Feststellungen" über die von Noll dabei nicht behandelte Problematik der Bürokratie und des notwendigen Meinungsstreits – in einem "leidenschaftliche[n] Plädoyer für den Generationswiderspruch" die Eva-Figur "zu heftiger Kritik" an DDR-Zuständen benutzt. Diese mit einem längeren Zitat belegte Auffassung wirkt wie die vorherige Folgerung Jägers aus der Höpcke-Äußerung durchaus sinnvoll, stellt man beide aber in die entsprechenden Kontext-Verhältnisse, werden sie doch fragwürdig[18].

Angesichts der vorgeführten bundesrepublikanischen Rezeption mit ihrer negativen Bewertung des Romans oder aber seiner völligen Ignorierung und der ganz anders gearteten, im allgemeinen positiven Bewertung bei der sich über das ganze Jahr 1979 erstreckenden und durchaus variable Beobachtungen zeigenden DDR-Rezeption[19] bot es sich an, die an früherer Stelle publizierten theoretischen Überlegungen zur Interpretation von DDR-Literatur[20] an diesem Roman zu exemplifizieren, um dadurch zu argumentativen Urteilen gelangen zu können.

17. Jäger, a.a.O., 1979, H. 6, S. 578f.

18. Jäger, a.a.O., H. 9, S. 914. – Dünn im wahrsten Sinne des Wortes ist der Hinweis auf das Rundtischgespräch in den *Weimarer Beiträgen*, doch auch die Erwähnung der Kritik am Roman bei Gabriele Lindner (*WB*) und Bernd Schick (*SuF*) bleibt ohne entsprechenden Bezug oberflächlich oder mißverständlich (Jäger, a.a.O., 1980, H. 3, S. 237f.).

19. Zu erwähnen ist, daß nach DDR-Aussagen der Roman im Buchhandel schnell vergriffen war. In seinem Gespräch mit Dieter Noll in *Kürbiskern* (1980, H. 3, S. 115-122: "Dieter Noll. Vom Schreiben für eine revolutionäre Zeit") spricht Oskar Neumann von 110.000 im Jahre 1979 ausgelieferten Exemplaren (a.a.O., S. 115). – In einem Zusammenhang damit dürfte auch der Fortsetzungsabdruck des Romans in der Frauenzeitschrift *Für Dich* 1979, Nr. 21 – 1980, Nr. 5 gesehen werden (mit der Angabe: 'Für den Fortsetzungsabdruck gekürzt').

20. Gerd Labroisse: "DDR-Literatur als literaturwissenschaftliches Problem", in: G.L. (Hrsg.): *Zur Literatur und Literaturwissenschaft der DDR*, Amsterdam 1978, S. 7-25 (= *Amsterdamer Beiträge zur neueren Germanistik*, Bd. 7).

468

Das dort vorgeschlagene Ausgehen von der 'Aufnahme' eines Werkes in der DDR[21] verschafft einen Zugang zum Text und seiner Thematik/Problematik über das Rezeptions/Interpretations-Gefüge, innerhalb dessen er veröffentlicht wurde, wodurch nicht bereits von vornherein Überlegungen herangetragen werden, die dort nicht gelten oder die von einer bestimmten Basis aus entworfen sind.

Mit diesem Ausgehen von der DDR-Aufnahme ist *nicht* gemeint, daß diese lediglich ergänzt, angefüllt wird, daß an Bekanntem bloß weitergebaut werden soll, vielmehr wird durch eine gewisse Verzahnung mit dieser Aufnahme[22] ein Ansatz geschaffen für eine argumentative Auseinandersetzung mit ihr.

Die DDR-Rezeption/Interpretation erhält für die neuen Überlegungen die Funktion eines Falsifikators[23], stehen diese doch nun in einem angebbaren, ausmachbaren Verhältnis zu dem bisher Gesagten/Geleisteten, so daß das Neue als solches erkennbar und damit abschätzbar wird in seiner Leistung (im Gegensatz zu Arbeitsweisen, in denen andersartige Überlegungen unabhängig, frei in den Raum gestellt werden und daraufhin nur schwer in ihrem Leistungsvermögen zu taxieren sind).

Durch direktes Konkurrieren mit der realisierten DDR-Aufnahme wird in Falsifizierungsversuchen danach gestrebt, leistungsstärkere Aussagen vorzulegen. Das Falsifizieren erfolgt in Form eines 'Überbietens'[24], was in dem hier vorliegenden Fall sich hauptsächlich zu konzentrieren haben wird auf ein "Auffüllen von Lücken und/oder Beseitigen von Unzulänglichkeiten im Erklärungs-System" und ein "Erweitern, Vertiefen, Verdeutlichen der realisierten Aussagen, einschließlich der Frage- und Problemstellungen"[25]. Bei diesem Überbieten geht es um eine *"angebbar größere, sich bewährende Erklärungs-Leistung"*[26], um ein *"gesicherteres* Erklä-

21. Labroisse, a.a.O., S. 15 (mit Anm. 38).
22. Labroisse, a.a.O., S. 18.
23. Vgl. hierfür die sich auf Imre Lakatos stützenden weitergeführten theoretischen Überlegungen: Gerd Labroisse: "Interpretation als Entwurf", in: Wolfgang Frier/G.L. (Hrsg.): *Grundfragen der Textwissenschaft*, Amsterdam 1979, S. 311-323, hier S. 315 (= *Amsterdamer Beiträge zur neueren Germanistik*, Bd. 8).
24. Labroisse, a.a.O., S. 311ff.
25. Labroisse, a.a.O., S. 314.
26. Labroisse, a.a.O., S. 314 (Hervorhebung im Original).

ren von Text/Werk-Verhältnissen"[27]. Dabei ist zu beachten, daß 'Fakten' nur Fakten sind im Rahmen einer interpretativen Konzeption und deshalb nicht aufgerufen werden können als Entscheidungskriterium für eine 'richtige' Interpretation[28]. Gelingt eine solche *relativ bessere* Interpretation, die verglichen mit dem Bisherigen mehr leistet, indem sie umfassendere, tiefergehende, stringentere Überlegungen überprüft und nachprüfbar vorzulegen vermag, ist damit nahegelegt, sich für sie zu entscheiden. Solche Entscheidung muß nicht erfolgen — auf jeden Fall sind aber die Konsequenzen auch bei der Nicht-Übernahme überschaubar.

Um diese Methode durchführen zu können, werden hier die Dokumente der DDR-Aufnahme in chronologisch angeordneten, in sich zusammengehörigen Gruppen vorgestellt, und zwar als Positionen, bei denen die im Vergleich mit vorherigen Aussagen — ausgehend von der Höpcke-Besprechung — erkennbaren Veränderungen hervorgehoben werden (unter Beachtung des eigenen Stellenwertes). Die erfolgende Reihung der Positionen ist zu verstehen als die bisherige DDR-Aufnahme des Romans.

Positionen der DDR-Rezeption

Seine Überzeugung, daß Noll mit *Kippenberg* den "sozialistische[n] Gesellschaftsroman" unserer Tage geschaffen habe, da hier "bis in die Struktur von Vorzeit (des Helden), Handlungszeit und Erzählzeit hinein sehr dialektisch Leben in unseren Tagen literarisch aufgearbeitet" worden sei[29], hat Klaus Höpcke mit einer Reihe positiv eingeschätzter Besonderheiten dieses Romans zu beweisen versucht. Für ihn wird mit dem Erzählen von 14 entscheidenden Tagen im Leben des erfolgreichen, aber dennoch steckengebliebenen Wissenschaftlers Joachim Kippenberg aus dem Abstand von zehn Jahren heraus "das Gefühl für die Verflechtung der Zeiten gefördert — für den Zusammenhang der Arbeit in den sechziger Jahren mit den Bedingungen des Lebens und Kämpfens in den siebziger Jahren sowie der Arbeit von heute [...]":

Eindringlich nutzt der Autor die in der Verflechtung der Zeiten liegende erzählerische Möglichkeit, Kontinuität und Brüche in Kippenbergs Haltung aufzudecken, Identität und Nichtidentität seines heutigen Charakters mit

27. Labroisse, a.a.O., S. 316 (Hervorhebung im Original).
28. Vgl. Labroisse, a.a.O., S. 317ff.
29. Höpcke, a.a.O., S. 151.

dem vor zehn Jahren. Dabei läßt der Autor Kippenberg Ausblicke gewinnen, die künftiges Steckenbleiben auf halbem Wege ausschließen können. Beim Verfolgen dieser Idee wird Nolls Buch von Seite zu Seite mehr ein unabweisbares literarisches Dokument für die Einsicht, daß unsere weiteren Fortschritte in sozialistischer Gesellschaftsentwicklung und Persönlichkeitsbildung wesentlich davon abhängen, wie fähig und bereit wir sind, die Umstände unseres Handelns und uns selbst wieder und wieder den Erfordernissen des fortschreitenden Lebens folgend – also in Richtung Sozialismus und Kommunismus – umzukrempeln.[30]

Noll sei "unerbittlich in der intellektuellen Genauigkeit der Analyse, der er das Verhalten seines Helden unterzieht", die fast verhängnisvolle "Unentschiedenheit" und sein kritikloses Akzeptieren eines überholten Forschungsstils, von ihm abgedeckt mit der Phrase, er habe inzwischen "eben maßhalten gelernt":

> Noll liefert in höchstem Maße anregenden Lebensstoff, der etwas darüber sagt, warum und wie die Aufforderung zum Meinungsstreit verwirklicht werden muß: zum Zwecke, daß die jeweils beste Lösungsvariante tatsächlich herausgefunden wird und um der charakterlichen Formung der Menschen willen, der Herausbildung und Stärkung kämpferischer Eigenschaften in ihnen, von Mut beispielsweise und Freude am richtigen Entschluß. Es geht um wissenschaftlichen, ökonomischen Gewinn und menschlichen in einem.[31]

In Bosskow, dem Parteisekretär am Institut, einem Mann, der "kämpft, wenn man taktieren und sich arrangieren will statt etwas prinzipiell zu klären", sei dem Autor "eine Romangestalt geglückt, die den widerspruchsvollen Problemen des Helden gerecht wird: die im Meer dieser Probleme nicht untergeht, sondern ihrer Herr zu werden vermag": "Bosskow ist ein großer Mensch"[32].

Mit der Konstellation Kippenberg-Bosskow habe Noll "einen wesentlichen Zug unseres Lebens" mit besonderer "Tiefenschärfe" erkundet[33]:

> Seine Analyse entfernt sich weit von bloßer Feststellung kritisierbarer Umstände und Verhaltensweisen und deren moralisierend beklagender Betrachtung. Man spürt bei Noll vielmehr mit Freude, daß seine revolutionäre Gesinnung den Prüfungen, denen sie durch den von Widersprüchen prallen Stoff seines Buches ausgesetzt wird, standhält. Er widersteht auch der Versuchung, seinen Helden allerlei politische Anspielungen "abhusten" zu las-

---

30. Höpcke, a.a.O., S. 144.
31. Höpcke, a.a.O., S. 145.
32. Höpcke, a.a.O., S. 146.
33. Höpcke, a.a.O., S. 146.

sen, von denen Leute mit geringeren Ansprüchen meinen, sie könnten das
Bedürfnis nach Zeitbezogenheit befriedigen. Ihn interessiert die tiefere,
gründliche Untersuchung der wirklichen Verhältnisse. Handlung und Reflexionen in diesem Roman und insbesondere die Schritte Kippenbergs zur
Überwindung mancher seiner "Flausen" bekräftigen überzeugend den von
Karl Marx und Friedrich Engels in der "Deutschen Ideologie" geführten
Nachweis, daß "alle Formen und Produkte des Bewußtseins nicht durch
geistige Kritik, durch Auflösung ins 'Selbstbewußtsein' oder Verwandlung
in 'Spuk', 'Gespenster', 'Sparren' etc." aufgelöst werden können, sondern
durch die praktische Veränderung der realen gesellschaftlichen Verhältnisse.[34]

Noll mache auch deutlich, daß eine Beziehung wie die zwischen
Kippenberg und Bosskow Gefährdungen ausgesetzt ist, Enttäu-
schungen mit sich bringen kann:

> Vielleicht wird, was die Wirkung des Romans betrifft, gerade darin eine
> seiner Stärken liegen, daß er den potentiellen Kippenbergs und Bosskows
> im Leben die Kraft gibt, tausend und einer Anfechtung zum Trotz zuein-
> ander zu finden und beieinander zu bleiben und miteinander für den er-
> folgreichen Fortgang unserer sozialistischen Revolution kämpfend umein-
> ander zu ringen.[35]

Einen der Vorzüge der DDR-Literatur, die Behandlung von Frau-
enproblemen, habe Noll ausgebaut, indem er "mit wachem Sinn
auch für verborgene Gefühlsschattierungen" die Sorgen und Freuden von Frauen um Kippenberg 'ertastete'[36] — so der Ehefrau
Charlotte, der er sich am Ende neu zu nähern vermag, der Kollegin
Dietrich, der Laborantin Degenhardt und der in ihrer Schwatzhaf-
tigkeit spöttisch porträtierten Sekretärin Seliger. Eine wichtige
Rolle für Kippenberg spiele die junge Eva, da sie ihm "die Sinne
für viele lebendige Beziehungen [schärft]"; in ihren Fragen spreche
Noll aus, "was junge Leute bewegt in ihrem Verhältnis zu Älteren";
in ihrer Unbequemheit entdecke Kippenberg "eine der Quellen ihrer Kraft":

> Lange läßt Noll den Leser warten, bis Kippenberg und Eva miteinander
> aufs Intimste zärtlich werden. Dann aber dürfen die beiden die Freude, "ei-
> ner im anderen wirksam zu bleiben", voller Sinnenlust auskosten. Wie Noll
> die Szene erzählerisch auskostet — ohne Furcht vor Ausführlichkeit und
> doch ganz und gar frei von naturalistischer Aufdringlichkeit —, das gehört
> zum Lesevergnügen, das sein Buch bereitet.[37]

34. Höpcke, a.a.O., S. 147.
35. Höpcke, a.a.O., S. 147.
36. Höpcke, a.a.O., S. 148.
37. Höpcke, a.a.O., S. 148.

Auch die Männergestalten seien "durchweg mit gut beobachteten Eigenheiten unverwechselbar charakterisiert [...]". Verdienstvoll sei, wie Noll bei dem homosexuellen Harra "erprobte menschliche Qualitäten bloßlegt", zeigt, daß Kippenberg ihm hilft, "seinen neurotischen Mangel an Selbstbewußtsein zu überwinden"[38].

Bringe Noll schon durch die Menschengestaltung "viel Milieu in sein Buch", verknüpfe er diese noch "mit reizvollen Studien ihrer Umwelt"[39].

Milieu zu vermitteln, sei sicher auch das Motiv gewesen, "die Fachsprache seiner Wissenschaftler in den Text ihres Redens und Denkens aufzunehmen", – ein gelungener Versuch, da der Autor es vermocht habe, den speziellen Wortschatz "immer zu verdichten [...]"[40].

Der Angst des Institutsdirektors Prof. Lankwitz, dem Schwiegervater Kippenbergs, "vor den Forderungen sich umwälzender Praxis an den Wissenschaftsbetrieb" bediene sich einer "mit übler Absicht": Kortner, Stellvertreter des Chefs und Vater Evas, dessen "Mittelmäßigkeit [...] seiner Gefährlichkeit zugrunde [liegt]". Kippenberg erkenne "spät, aber nicht zu spät", daß er sein Verhalten ändern muß, soll dieser Mann nicht Macht über ihn gewinnen. Bestärkt werde er darin durch den Kontakt mit dem aus Thüringen angereisten Dr. Papst, Chef eines chemischen Produktionsbetriebs, einer "mit Bosskows dominierender Rolle vergleichbar[en]" Gestalt[41]:

> Erkenntnisträchtig der Dialog, in dem Papst mit Kippenberg darüber spricht, was Männer wie er erreicht haben. Dabei verweist Papst mit großem Ernst auf die Möglichkeit, "zu einem Problembewußtsein zu gelangen, das...die Widersprüche der Gesellschaft und jedes einzelnen Menschen nicht nur reflektiert, sondern einiges zu ihrer Überwindung beitragen kann".
> Solches Problembewußtsein wird als Teil der Freiheit im Sozialismus aufgefaßt, und man spürt deutlich: nicht nur von Papst und Kippenberg, sondern auch vom Autor.[42]

Höpckes uneingeschränkt positive Einschätzung des *Kippenberg* gründet sich auf die Überlegung, daß hier mittels der Strukturie-

38. Höpcke, a.a.O., S. 149.
39. Höpcke, a.a.O., S. 149f. In dieser Hinsicht hervorragend gelungen erscheint ihm die Kantinenszene.
40. Höpcke, a.a.O., S. 150.
41. Höpcke, a.a.O., S. 150.
42. Höpcke, a.a.O., S. 150f. Die von ihm zitierte Textstelle des Romans steht auf S. 513f. (richtig muß es heißen: "...nicht nur reflektie*ren*, sondern...").

rung des Romans – Erzählen aus dem Abstand von zehn Jahren (mit Rückgriffen auf die Vergangenheit), was in das Heute führt – und der Darstellungsweise – überzeugende Gestaltung der Figuren, verbunden mit einer auch durch die Verwendung von Fachsprache gelungenen Charakterisierung des Milieus – eine Realitätswiedergabe vorgelegt wird, die Widersprüche nicht nur aufzeigt, sondern durch Entwickeln eines Problembewußtseins zu einer praktischen Veränderung privater und gesellschaftlicher Verhältnisse führt, so daß der Roman seinen Lesern Kraft im Leben zu geben vermag. Nur subjektiv ist sein Hinweis auf das Lesevergnügen, das die Lektüre bereitet hat.

Die zeitlich unmittelbar mit dem Erscheinen des Romans verbundenen Rezensionen[43] geben kein so geschlossenes Bild. Uneingeschränktes Lob spenden Volker Müller[44], Harald Wessel, Werner

43. Herangezogen wurden folgende Rezensionen:
Dorothea Körner: "Verstört und suchend", in: *Der Morgen* vom 17./18.2.1979.
Anneliese Löffler: "Veränderung des Lebens und der Wissenschaft", in: *Berliner Zeitung* vom 1.3.1979.
Volker Müller: "Ein neuer Noll ist da: 'Kippenberg'", in: *Das Volk* vom 9.3.1979.
Klaus Schimanski: "Atemberaubende Spannung und moralischer Appell", in: *Leipziger Volkszeitung* vom 10./11.3.1979.
Harald Wessel: "Kippenberg", in: *Die Weltbühne* 1979, Nr. 11, S. 345-347.
Werner Neubert: "Die Erkundung eines Charakters", in: *Deutsche Lehrerzeitung* vom 17.3.1979.
Klaus Jarmatz: "Schöpfertum und Wert der Persönlichkeit", in: *Neues Deutschland* vom 17./18.3.1979.
Franz Hammer: "Zu Dieter Nolls 'Kippenberg'", in: *Thüringer Neueste Nachrichten* vom 21.3.1979.
Wilfriede Eichler: "Vom Reichtum unsrer Welt", in: *National-Zeitung* vom 26.3.1979.
Sybille Eberlein: "Streit um Dr. Kippenberg", in: *Tribüne* vom 6.4.1979.
Christel Berger: "Kippenberg. Roman von Dieter Noll", in: *Sonntag* vom 8.4.1979.
44. Volker Müller berichtet in seinen 'Notizen nach erstem Lesen und ersten Gesprächen mit dem Autor' (Untertitel der Rezension), Noll habe in der in den sechziger Jahren veröffentlichten Kriminalgeschichte "Kruses letzter Fall" den Selbstmord eines unglücklich verliebten Mädchens behandelt, der auch die bürgerliche Existenz des von ihr geliebten Wissenschaftlers zerstörte. Die ursprünglich nur als Motivationsfigur gedachte Nebengestalt des Forschers habe dann ein Eigenleben bekommen; seine Familiengeschichte bis zurück in die Großväterzeit sei u.d.T. "Kippenbergs" Ende der 60er Jahre in *NDL* er-

Neubert, Franz Hammer und Wilfriede Eichler, wobei hervorgehoben wird, daß das Werk "ein großes Buch" (Neubert), "ein echtes Volksbuch" (Wessel) sei, weil es jeden angeht und den Leser auf Grund des "Reichtum[s] scharfkonturierter Auseinandersetzungen" (Neubert) und Nolls "vorzüglicher Charakterisierungskunst" (Hammer) zu fesseln vermag. Wessel ist der einzige, der die Bedeutung des Romans eingrenzt, indem er in ihm den "künstlerischen Beitrag zur dialektischen Einheit von Theorie und Praxis, von Wissenschaft und Produktion in unserem Lande" sieht, doch andererseits ist gerade er es, der unter Rückgriff auf Jürgen Kuczynskis Ansicht, daß "die Aneignung der Realität mit der Perzeption des Künstlers" "im allgemeinen immer noch die Widersprüche und die Einheit der Realität besser erfaßt als die wissenschaftliche Perzeption"[45], Nolls künstlerische Leistung mit dem Hinweis unterstreicht:

> Ein Schriftsteller kommt und hält den Forschern einen schlierenfreien Spiegel vor. Beinahe jeder kann sich wiedererkennen, nicht unbedingt in Joachim Kippenberg, aber mindestens in einer der verschiedenen [...] anderen Romanfiguren [...].[46]

Ergänzungen zu Höpckes Überlegungen bilden Neuberts Einordnung des Romans als — nach Strittmatters *Ole Bienkopp* (1963) und Brigitte Reimanns *Franziska Linkerhand* (1974) — "kühnste" und "literarisch-künstlerisch gelungenste Erkundung" eines nichtantagonistischen Konflikts "unserer gesellschaftlichen Vorwärtsbewegung zum Sozialismus-Kommunismus"[47] und Wilfriede Eichlers Bemerkung, daß die Struktur des Werkes, das Reflektieren und Kommentieren aus Kippenbergs heutiger Sicht und damit aus der

schienen. — In seinem mit Müller geführten Gespräch für den *Sonntag* (25.2. 1979, Nr. 8) hatte Noll selbst auf "Kruses letzter Fall" hingewiesen und die gedankliche Weiterentwicklung des 'Ur-Kippenberg' zu einer eigenen Geschichte mit bestimmter Konsequenz: "Gegenläufig dazu vollzog sich für das Mädchen Eva der Prozeß der Desintegration aus der Geschichte — und damit erst der der Integration in das Buch. Sie wurde zur 'Stimme von außen', zur Lizenz für den Blick Kippenbergs über die Institutsmauer hinweg".

45. Wessel, a.a.O., S. 346. Für das Zitat wird verwiesen auf Kuczynskis zehnten und letzten Band der *Studien zu einer Geschichte der Gesellschaftswissenschaften*, [Berlin/DDR:] Akademie-Verlag [o.J., o.S.].

46. Wessel, a.a.O., S. 346.

47. Neubert, a.a.O. Er nennt auch Brězans *Krabat*, fügt jedoch hinzu, daß bei Noll die Welt des Labors "in eine Fabel ausschließlich der Gegenwart gebunden [ist]".

"Gewißheit [...] einer Lösung" der Konfrontationen, das Interesse und auch die unterhaltsame Spannung "ganz auf das Wie dieser Lösung" konzentriere[48].

Die von einigen Rezensenten vorgebrachte Kritik erfolgt ebenfalls auf dem Hintergrund einer generell positiven Einschätzung des Werkes[49]. Sie konzentriert sich auf die Darstellungsweise, speziell die Figurengestaltung und die Verwendung von Fachsprache.

Anneliese Löffler[50] ist beim Nachdenken über die mehr "private Linie der Handlung" (der Beziehung zwischen Kippenberg und Eva und damit auch zu seiner Frau Charlotte) "einigen Klischees [begegnet], ob es sich nun um die Konstruktion des Verlaufs dieser Handlungslinie selbst oder um die Details der Figurencharakteristik handelt". Diese Kritik dürfte um so schwerer wiegen, als sie neben dem Hinweis steht, daß es "letztendlich [...] die Herausforderung durch die konsequente, dem Leben alles abverlangende Haltung des Mädchens" ist, die Kippenberg "nicht nur die Tiefe seiner Verstrickung, sondern auch die Möglichkeit des Neuanfangs im Beruf und in der Ehe empfinden und sehen läßt", – also der Anstoß zur Wandlung Kippenbergs (und damit zu einer Lösung der Probleme) in diesem seinem privaten Leben zu finden ist.

Ebenfalls allgemein gehalten sind die Bemerkungen von Klaus Jarmatz[51], daß "einige Figuren mehr Haltungen und Erscheinungen repräsentieren, Allgemeines darstellen als individuell Besonderes", und Klaus Schimanski[52], daß die Figurengestaltung sogar "nicht ganz frei von unterhaltungsliterarischen Typisierungen" ist, wofür er lediglich anführt:

Neben der schwatzhaften, ewig kaffeekochenden Chefsekretärin gibt es das kauzige, kurzsichtige Universalgenie Dr. Harra, dem breitschultrigen Kippenberg steht der spitzgesichtige Intrigant Kortner gegenüber.

---

48. Eichler, a.a.O.
49. So hat Noll nach Löffler "für sich und für die Literatur der DDR eine neue Möglichkeit gefunden, die Fragen der persönlichen Verantwortung in ihrem konfliktreichen, widerspruchsvollen Zusammenhang zu durchdenken" (a. a.O.); für Schimanski ist hier "ein packendes Buch" entstanden "von gesamtgesellschaftlicher Relevanz", wobei sich Noll "in der künstlerischen Bewältigung seines Themas" "erneut als souveräner Erzähler" bewiesen habe (a.a.O.); Jarmatz sieht in *Kippenberg* ein "Buch, das unsere sozialistische Entwicklung von parteilicher Position mit großem erzählerischem Atem gestaltet" (a.a.O.).
50. Löffler, a.a.O.
51. Jarmatz, a.a.O.
52. Schimanski, a.a.O.

Auf einzelne Romanfiguren gerichtet ist Christel Bergers[53] Bedauern, "daß die wichtige Gestalt der Eva nicht mehr geworden ist, als die Typisierung mancher Männerträume von selbstbewußter Jugend", und Klaus Jarmatz'[54] negative Einschätzung der Zeichnung eines der Gegenspieler Kippenbergs:

> Nahezu im Klischee [...] bleibt der Dr. Kortner, der nur noch Schurke und Bösewicht ist. Hätte diese Figur eine genauere individuelle Physiognomie erhalten, könnte auch die Kritik noch genauer sein, weil sie die literarische Analyse einer Erscheinung einschlösse.

Daß einige Figuren des Romans zumindest etwas blaß geraten sind, wird von mehreren Rezensenten angemerkt. Sybille Eberlein[55] spricht von einer nur "allzusehr auf taktvolle Zurückhaltung reduzierte[n] Charlotte", für Dorothea Körner[56] betrifft die Blässe sogar Kippenberg, dessen "Wandlung" sie sich "überzeugender gestaltet" gewünscht hätte.

Bei der Kritik an der Klischeehaftigkeit fällt eine Stellungnahme auf. Christel Berger[57] hält im Gegensatz zu anderen die nicht-differenzierte Zeichnung Kortners gerade für besonders sinnvoll:

> Er muß ein Typ bleiben, mehr gibt sein durch und durch auf Karriere bedachter Charakter nicht her. Hier folgt das Buch ganz berechtigt der praktischen Lebenserfahrung. In der Umgebung vieler differenziert gezeichneter Gestalten ist der Mut zum Klischee ein gelungenes Experiment hinsichtlich der Möglichkeiten realistischen Gestaltens.

In den Umkreis dieser Kritik gehören Körners[58] Hinweis auf die "manchmal vielleicht etwas schematisch[e]" Wiederholung der sich leitmotivisch durch den Roman ziehenden Eigenheiten, ja Ticks der geschilderten Personen und der von Schimanski[59] auf die "vordergründig" wirkende "symbolträchtige Unterteilung des Instituts in Alt- und Neubau. (Keine Frage, wo Lankwitz arbeitet und wo Kippenberg.)".

Kritisch angemerkt wird zudem die umfänglich verwendete wissenschaftliche Fachsprache. So spricht Dorothea Körner[60] davon,

53. Berger, a.a.O.
54. Jarmatz, a.a.O.
55. Eberlein, a.a.O.
56. Körner, a.a.O.
57. Berger, a.a.O.
58. Körner, a.a.O.
59. Schimanski, a.a.O.
60. Körner, a.a.O.

daß der Roman "mühsam zu lesen" ist und in "fachwissenschaftliche Auseinandersetzungen ausufert"[61], die der durchschnittlich naturwissenschaftlich Gebildete nur überfliegen kann:

> Was hier an nicht enden wollenden 'Produktions'-Gesprächen des Guten zuviel getan wurde, fehlt in der psychologisch vielschichtigen Darstellung der Menschen.[62]

Von ganz anderer, weil prinzipieller Art ist die von Christel Berger[63] — bei aller Vorsichtigkeit und auch Vagheit der Formulierung — geäußerte Kritik an der Erzählstruktur, der Ich-Erzählung der Ereignisse vom Februar 1967 aus dem Abstand von 10 Jahren, und damit an Nolls Roman-Konzeption:

> Kippenberg ringt sich zum Schuldbekenntnis durch, wird zu einem Menschen mit unbelastetem Gewissen. Das ist natürlich eine wesentliche Voraussetzung für soziale Aktivität. Er wird jedoch immer neuen Bewährungen ausgesetzt sein, und er wird sie mit moralischer Integrität und Wissen allein nicht ad hoc zu lösen vermögen. Ich meine: Die dialektische Sicht auf unser Heute, von Dieter Noll bei der Darstellung vieler einzelner Begebenheiten gekonnt angewandt, wird zugunsten eines Spannungsbogens in der Handlungsstruktur insgesamt nicht deutlich genug. Gerade weil es damit um grundsätzliche Fragen literarischer Gestaltung geht, sollte dies als Problematik angemerkt werden.

Die von verschiedenen Rezensenten vorgebrachte Kritik vor allem gegen eine häufig zu konstatierende Klischeehaftigkeit der Figurengestaltung, selbst bei Gestalten, die das Geschehen bestimmen, steht gegen die durchgängig lobende Darstellung von Höpcke und anderen. Sie beeinträchtigt allerdings nicht die weiterhin positive Würdigung des Romans als einer gesellschaftpolitisch wichtigen literarischen Aussage. Das gleiche gilt für die vorsichtige Infragestellung des gewählten Roman-Aufbaus.

---

61. Auch Eberlein (a.a.O.) und Berger (a.a.O.) hätten Straffungen begrüßt.

62. Hier sei darauf hingewiesen, daß Noll nach eigener Angabe für den Fortsetzungsabdruck des Romans in der Frauenzeitschrift *Für Dich* "bestimmte Kürzungen" vorgenommen hat (was er gut findet), daß der Verkaufserfolg des Buches ihm andererseits bestätigt habe, daß der Leser die Dialoge zumindest angenommen hat, vor allem aber, daß er "nach wie vor nicht [wüßte], wie ich ohne diese Fachdispute den Roman hätte schreiben können". Vgl. [Ursula Hafranke:] "Ein guter Sozialist fegt zuerst vor der eigenen Tür... Gespräch mit Dieter Noll zum Abschluß unserer 'Kippenberg'-Diskussion", in: *Für Dich* 1980, H. 5, S. 30-32, hier S. 32.

63. Berger, a.a.O.

478

Eine weitere Differenzierung der Rezeption findet sich in den nachfolgenden, sich bis in den September 1979 erstreckenden Zeitungsrezensionen und den anderweitigen Publikationen (Leserzuschriften, Gespräche).

Bei den Rezensionen[64] ist für die insgesamt lobende Beurteilung ausschlaggebend, daß der Roman "aus dem Leben [kommt]" (Standfuß), "wichtige gesellschaftliche Probleme aufgreift" (Hannemann)[65], "grundsätzliche Fragen" stellt (Steiner); daß sich in ihm "aufregende menschliche Prozesse ab[spielen], die in dieser Deutlichkeit noch nie bei uns Gestaltung gefunden haben" (Ebert), im "schöpferischen Mit- und Gegeneinander" der Gestalten "gesellschaftliche Vorwärtsbewegung konkret nachvollziehbar" wird (Müller-Waldeck), ja daß er "ein Bild des Lebens gibt, wie es für viele Menschen in der DDR ist und sein könnte" (Standfuß), er einen "gelungenen Modellversuch" darstellt (Ebert), wobei es Noll "um Vorbilder und die Meisterung des Möglichen geht" (Standfuß). Als besonderes Plus wird vermerkt, daß die Übertragbarkeit des Konflikts in und um Kippenberg "den Leser wachrüttelt, ihn zum Nachdenken zwingt" (Steiner), daß schließlich die Mobilisierung des Kollektivs "eine Begeisterung [ist], die sich ohne weiteres auf den Leser überträgt" (Ebert).

64. Herangezogen wurden folgende Zeitungsrezensionen:
Werner Standfuß: "Erstaunlich, spannend, bewegend", in: *Sächsische Zeitung* vom 27.4.1979.
Joachim Hannemann: "Gegenwart im Kontext mit Vergangenheit und Zukunft", in: *Schweriner Volkszeitung* vom 27.4.1979.
Norbert Peschke: "Ein Ja zum Möglichen statt zum bequemen Maß", in: *BZ am Abend* vom 27.4.1979.
Hartmut Mechtel: "Entdeckung von Menschen", in: *Bauern-Echo* vom 29.4.1979.
Günter Ebert: "Das Abenteuer Wissenschaft", in: *Freie Erde* vom 4.5.1979.
Ulrich Kaufmann: "Freude am Roman", in: *Thüringische Landeszeitung* vom 4.8.1979.
Edgar Steiner: "Wer hier Asche und wer Feuer im Herzen hat", in: *Volksstimme* vom 9.8.1979.
G. Müller-Waldeck: "Neubeginn für Kippenberg", in: *Ostsee-Zeitung* vom 22.9.1979.
65. Hannemann (a.a.O.) erwähnt, daß die Handlung 1967 spielt und Probleme aufgegriffen werden, "vor denen unsere Gesellschaft in jenen Jahren stand". Nach Peschke (a.a.O.) "bewirkt Noll erstaunlicherweise, daß auch der Laie in Sachen Biochemie spürt, wie dringlich, wichtig und weitsichtig die rasche Überführung wissenschaftlicher Forschungsergebnisse in die Praxis ist. Ein Thema von unveränderter Aktualität (der Roman spielt 1967)".

Literaturgeschichtlich wird das Werk von Noll in eine Reihe gestellt mit dem von Claudius und Neutsch (Müller-Waldeck). Ungewöhnlich ist Mechtels[66] Auffassung, Kippenberg sei auf Grund der moralischen Rigorosität, mit der er sich selbst in Frage stellt − "der Mann, der sein Gesicht nicht verlieren will und der erkennt, daß es längst nicht mehr sein Gesicht ist" −,

"ein sozialistischer Stiller [sic!], der sich selbst nicht annimmt, weil er weiß, daß er ein anderer war und wieder sein kann, und der im konkreten gesellschaftlichen Umfeld tatsächlich von sich selbst wegkommen und damit zu sich selbst finden kann. Der Mut, sich anzuzweifeln, nutzt nicht nur der Gesellschaft, er hilft auch dem Einzelnen, mit sich (und anderen) zu leben".

Nicht unergiebig ist Müller-Waldecks[67] Übernahme des von Rezensenten für Kippenbergs veränderte Haltung im Finale des Romans gebrauchten Begriffs 'Katharsis' für die Beurteilung der Figurenkonstellation (was die von Benito Wogatzki vorgebrachte Auffassung, das Buch sei wie ein Drama gebaut[68], aufnimmt):

Es gibt den spannungsreich gezogenen Handlungsbogen, es gibt Held Kippenberg, Gegenspieler Lankwitz und Bosskow, den Vertrauten des Helden, − der Intrigant Kortner ist ebenso auszumachen wie das naiv-rigorose Prinzip der Korrektivfigur, die dem Helden in der Gestalt der jungen Eva beigesellt ist. Solches mag nach Klischee klingen. Das bleibt aber nur dort zu konstatieren, wo die Motivierung der Gestalten allein von besagten dramaturgischen Gesetzen gespeist wird, wie etwa bei dem Widerling Kortner und der − aus der Literatur hinlänglich bekannten − jugendlichen Unbequemen. Beide Gestalten gaben dann der Kritik auch schon mehrfach Stoff für begründete Einwände.

Kritische Bemerkungen vermögen − wie Müller-Waldeck es formuliert, obwohl gerade er mit dem oben Angeführten und einem zusammenfassenden Hinweis auf "einige Redundanzen im Gesamtfluß der Darstellung sowie zuweilen spürbare Überforderung des gewählten Ich-Erzählers" gewichtige Einwände vorbringt − "den Stellenwert dieses Werkes in der gegenwärtigen literarischen Landschaft nicht zu schmälern"[69]. Erst recht dürften dann Bemerkungen als sekundär einzustufen sein, die auf Typisierungstendenzen

66. Mechtel, a.a.O.
67. Müller-Waldeck, a.a.O.
68. Vgl. den Bericht von Anneliese Löffler über einen 'Dialog mit Dieter Noll in der Akademie der Künste': "Lange gesuchter Anfang für sich", in: *Berliner Zeitung* vom 3.4.1979.
69. Müller-Waldeck, a.a.O.

bei verschiedenen Figuren[70] weisen, auf unnötige Längen in den Reflexionen und ein Zuviel an wissenschaftlichen Termini und technischen Details (Steiner[71]), oder bewußt von einem 'Modellversuch' sprechen (Ebert[72]), "weil das tägliche Leben außerhalb des Instituts, einschließlich des Katalysators[73] Eva, auf einen Wert gedrängt wurde, der annähernd bei Null zu suchen ist".

Aus dem Rahmen fällt die Rezension von Ulrich Kaufmann[74] schon dadurch, daß er *Kippenberg* in einer Sammel-Rezension abhandelt (auf 35 Zeilen, wovon noch 10 auf "Holt" bezogen), — zusammen mit Karl Herrmann Roehrichts Romandebüt *Vorstadtkinder* (24 Zeilen) und Erik Neutschs Erzählung *Zwei leere Stühle* (31 Zeilen). Seine *Kippenberg*-Behandlung ist nur gedämpft positiv in der allgemeinen Bewertung und um so intensiver in der Angabe von Mängeln, die sogar die Gesamtkonzeption betreffen:

> Sie liegen meines Erachtens in einer überstrapazierten Fabelführung, die teilweise künstliche und keine wirklichen Konflikte herbeiführt, in einer überflüssigen Anhäufung naturwissenschaftlicher Dispute, in einer zu unkritischen Sicht auf die sechziger Jahre und in einer allzu raschen Wandlung des Titelhelden.

Haben schon diese Rezensionen als besonderes Positivum neben (bzw. verbunden mit) dem Realitätsbezug die Wirkung des Romans auf den Leser hervorgehoben — hervorgerufen durch "die Möglichkeit der Identifikation mit den Problemen und mit der optimistischen Gesamtaussage" (Hannemann[75]) —, so zeigen die durch die Rezension im 2. März-Heft von *Forum* ausgelösten und in der Folge abgedruckten Leser-Zuschriften[76] fast ausschließlich,

70. So Ebert (a.a.O.) und Steiner (a.a.O.), dieser auf die Kortner-Figur ("leider nur Intrigant, Schuft und Familienpascha"), doch auch Peschke (a.a. O.), wenn er nach seinem Lob für die Gestaltung des Dr. Bosskow fortfährt: "Schade, daß die meisten anderen Figuren diese Plastizität und Vielschichtigkeit nicht gewinnen".

71. Steiner, a.a.O.

72. Ebert, a.a.O.

73. In Nolls Gespräch mit Volker Müller (*Sonntag*, Nr. 8/25.2.1979) hatte dieser in einer Frage von Eva als "Katalysator" für Kippenbergs "Veränderung" gesprochen.

74. Kaufmann, a.a.O.

75. Hannemann, a.a.O.

76. Axel Hempel: "Fünf Erinnerungen an Kippenberg. Gedanken zum jüngsten Roman von Dieter Noll", in: *Forum* 1979, H. 6, S. 13f. — Abdrucke in H. 9, S. 11; H. 11, S. 10; H. 14, S. 2; H. 15, S. 2.

daß der Roman aufgenommen und verstanden wurde als ein Anstoß zu persönlichen Überlegungen, zum Überdenken der eigenen
Verhaltensweise[77]. Dafür typisch ist eine Formulierung wie die:
"Ich habe das Gefühl, Kippenberg begegnet zu sein. Neben mir, in
mir"[78]. Eine Variante bildet die Auffassung, daß Noll mit Kippenberg nicht ein Vorbild, sondern eine Art 'Warnfigur' geschaffen
habe und damit, das Selbstverständnis des Lesers fördernd, artikuliere, daß neben rationalem Denken und Handeln "auch das Spektrum der Gefühle seinen persönlichkeitsbildenden und legitimen
Platz hat und haben und entwickeln muß"[79]. Von 9 Zuschriften
bringt nur eine einzige eine Kritik vor, und zwar insbesondere an
der Figurengestaltung, wo Noll "nicht der Gefahr einer längst überwunden geglaubten Typisierung" entgangen sei[80].
Auch aus den Zuschriften zum Fortsetzungsabdruck in *Für Dich*
geht hervor, daß die meisten die Lektüre direkt auf Verhaltensweisen in ihrem Alltag beziehen und dann z.B. feststellen, daß es
wichtig sei, die eigene Position zu überprüfen, auch daß heute

77. Vgl. dafür neben den Leser-Zuschriften auch das innerhalb dieser Gruppe abgedruckte, von Peter Schendel aufgezeichnete Gespräch mit Studenten der
PH Güstrow: "Bäume ausreißen oder Rüben verziehen", in: *Forum* 1979, Nr.
10, S. 11.
Daß die "Hauptresonanz" auf den Roman "eine große Bereitschaft" zu sein
scheint, "das eigene Verhalten, das eigene Ich zu überprüfen", davon zeugen
auch nach Aussage von Ursula Hafranke die Briefe, die die Redaktion der
Frauenzeitschrift *Für Dich* in Zusammenhang mit dem Abdruck von *Kippenberg* in Fortsetzungen erhalten hat, vgl. [U.H.:] "Ein guter Sozialist fegt zuerst vor der eigenen Tür...", a.a.O., S. 30. Noll bestätigte diesen Eindruck auf
Grund seiner Gespräche und Leserbriefe, die ihm gezeigt hätten, "daß das
Buch einen 'Gebrauchswert' hat. Ich glaube, es gibt für einen Schriftsteller
nichts Besseres, als daß man mit seinen Gedanken im Leben arbeiten kann, an
sich selbst und im Zusammenleben mit anderen" (a.a.O.)
78. Michael Czollek: "Ein unbequemes Buch", in: *Forum* 1979, H. 11,
S. 10.
79. Gerhard Hopfe: "Kippenberg – eine 'Warnfigur'?", in: *Forum* 1979,
H. 15, S. 2.
80. Armin Hintzes Kritik ("Gestalten bleiben oberflächlich", in: *Forum*
1979, H. 9, S. 11) betrifft einen weiteren Personenkreis als die bisherige und
hebt durch die Ironisierung einige Gegebenheiten wirkungsvoll heraus:
"Da ist der Wissenschaftler der alten Coleur [sic!] mit dem schönen und dazu
noch intelligenten Töchterlein und dem ihn umgebenden, alles schon wissenden gutinformierten Klüngel, da ist die schwätzerische Sekretärin, da tritt der
intrigierende Stellvertreter in Erscheinung, der eine renitente Tochter hat (mit

"nichts mehr im Alleingang möglich ist"[81]. Über Eva sind die Meinungen geteilt. Neben der Auffassung, daß sie 'überspannt' sei, "unreal und überkandidelt"[82], oder zumindest "zu maßgeschneidert" in ihrem Einfluß auf Kippenberg[83], steht die, daß mit ihr der neue Jugend-Snobismus und das Aufbegehren dagegen offen zur Sprache gebracht werde[84].

Renate Drenkow bringt in ihrer Rezension in *NDL*[85] neu in die Diskussion, daß es, statt in künftigen Debatten zu fragen, ob die langen fachsprachlichen Passagen "literaturgemäß" seien, produktiver wäre, den Roman mit Werken von Steinmann, Klein und Erpenbeck zu vergleichen, und lohnend, seinen Platz "in der Traditionslinie der proletarisch-revolutionären Literatur zu bestimmen"[86].

Ihre durchgängig lobende Darstellung (mit Hinweisen auf Vorstufen des Romans und politische Auffassungen Nolls) nennt als den Schlüsselsatz des Romans Kippenbergs von Eva immer wieder provozierten Gedanken: "Denn das gibt es, daß man den Absprung verpaßt, und dann wird man ganz anders, als man hätte werden können und als man sich selbst mal gewünscht hat"[87].

In Bosskows ohne sentimentalen Rückblick auf die frühen Jahre des Aufbaus in der DDR geäußerter Freude auf die Zeit, wo junge Menschen "gesellschaftliche ʹVerantwortung übernehmen ohne gleichzeitig Schaden an ihrer Selbstverwirklichung zu nehmen", bringt ihrer Meinung nach Noll "unausgesprochen kommu-

---

dem Lesereffekt: das schadet ihm gar nichts, warum ist er so gemein zum lieben Kippenberg), und da sind schließlich die Guten. Der Gegenpol (?) Kippenbergs mit den stets wachen und kaum schlafenden Wissenschaftlern und menschlich nahen Rechnern. [...] Hier spätestens könnte mich der verehrte Mitleser auf den liebenswürdigen Parteisekretär Dr. Bosskow aufmerksam machen, dessen Unterstützung des nicht geplanten, aber wichtigen Schubladenvorhabens im Institut, dessen Großfamilie, Katzenliebe und Aufnahme der Dietrichschen Kinder dem Leser einfach das Herz erweichen muß".

81. *Für Dich* 1979, Nr. 33 (Zuschrift O. Rupprecht).
82. *Für Dich* 1979, Nr. 34 (Zuschriften Margot Bender und Monika Gebert).
83. *Für Dich* 1979, Nr. 39 (Zuschrift Kerstin Markgraf).
84. *Für Dich* 1979, Nr. 38 (Zuschrift Wilhelm Schlak).
85. Renate Drenkow: "Entwicklung – Krise – Weg", in: *NDL* 1979, H. 5, S. 137-141.
86. Drenkow, a.a.O., S. 138.
87. Drenkow, a.a.O., S. 140.

nistische Persönlichkeitsideale in die Diskussion", deutet er "ahnungsvoll an, was nicht deklarativ vorauszusagen ist"[88].

Ebenfalls in *NDL* nahm Jürgen Kuczynski zu *Kippenberg* Stellung als Wissenschaftler, als einer, der die dort behandelte spezifische Realität kennt[89]. Sein Lob gilt dem Schriftsteller Noll, dem er bekennt, daß er "keine Arbeit eines Wissenschaftlers kenne, die so realistisch einen Teilausschnitt unserer wissenschaftlichen Realität beleuchtet wie dieser Roman"[90]. 'Typisch' seien die Verhältnisse, das Betriebsklima, "das kleinbürgerliche Streben nach Kontinuität dort, wo Diskontinuität und revolutionärer Fortschritt herrschen sollten". Das Bedeutendste sei die "Selbst-Verständlichkeit, mit der alles geschieht und geschildert wird", keine penetrante 'Parteilichkeit' störe: "Die Realität belehrt uns"[91].

Kuczynskis Lob gilt dem Parteisekretär Bosskow, der so echt sei, in den wir "unendliches Vertrauen" hätten[92], und Eva, "einer der prächtigsten Jugendlichen in unserer Literatur"[93].

Bosskow mache einen einzigen ernsten Fehler, nämlich wenn er findet, daß Kippenberg "doch etwas taugte":

> "Eben weil Kippenberg von Anfang an dafür gesorgt hatte, daß es auch ohne ihn weitergehen konnte, und weil er mit selbstloser Voraussicht die Arbeitsgruppe dahin gebracht hatte, daß sie als Ganzes den einen Kippenberg nun schon seit langem mehr als aufwog, eben deshalb hätte Bosskow mit seinen Genossen, ja mit der ganzen Arbeitsgruppe, längst dafür zu sorgen gehabt, daß auch Kippenbergs Entwicklung den rechten Weg nahm." (*Kippenberg*, S. 602f.)[94]

Dieser Fehler sei aber die Schuld von Noll. Der sehe nicht, daß man nichts Größeres von einem Wissenschaftler sagen kann, "als

---

88. Drenkow, a.a.O., S. 141.

89. Jürgen Kuczynski: "Ein Wissenschaftsbetrieb in künstlerischer Perzeption", in: *NDL* 1979, H. 6, S. 93-99.

90. Kuczynski, a.a.O., S. 93. Das deckt sich mit der allgemeineren Auffassung von Kuczynski, wie sie von Harald Wessel in seiner *Weltbühne*-Rezension (a.a.O.) zitiert wurde. Das Wessel-Zitat bildet als Zitat den Schluß dieser *NDL*-Stellungnahme (S. 99).

91. Kuczynski, a.a.O., S. 94.

92. Kuczynski, a.a.O., S. 95.

93. Kuczynski, a.a.O., S. 96.

94. Kuczynski, a.a.O., S. 95. Der zitierte Text stammt aus dem (letzten) Abschnitt 24, aus einem in die Ich-Erzählung eingeschobenen Teil in objektivierendem Erzählstil.

daß er einen über ihn hinausgehenden Nachwuchs hinterläßt"[95].
Doch das Schaffen eines Kollektivs, wie Kippenberg es getan habe,
sei "ein ganz selbstverständlicher und natürlicher Prozeß im wissenschaftlichen Leben [...]"[96]. Daß Kippenberg auf den letzten
Seiten des Buches zu sich selbst findet, sei "unwichtig":

> Die große neue Aufgabe, die die Produktion vom Institut verlangt, wäre
> auch ohne ihn geleistet worden – denn schließlich hat er in seiner besten
> Zeit seine größte Leistung vollbracht: ein Kollektiv arbeitsbegeisterter,
> tüchtiger, außergewöhnlich tüchtiger Wissenschaftler auf die Beine zu stel-
> len [...].[97]

Kuczynski ist auch der Meinung, daß Noll uns nicht den Blick auf
die (von Kippenberg erst Jahre nach den Ereignissen erkannte)
Größe von Lankwitz ermögliche[98], und weist darauf hin, daß Noll
die Problematik der Bürokratie "weitgehend ausgeklammert" habe
und ebenfalls nicht die Rede sei von der Entwicklung des Meinungsstreits und der Achtung verschiedener Meinungen "als gleich-
berechtigter Ausgangspositionen für die Suche nach Erkenntnis
und Wahrheit". Doch gleich im direkten Anschluß daran heißt es:

> Aber wovon die Rede ist und was den Roman so bedeutend macht, ist das
> wissenschaftliche Leben in seiner Realität in unserem sozialistischen Lan-
> de, vertreten durch so lebendige Gestalten, in denen sich so vieles aus unse-
> rer Gesellschaft widerspiegelt.[99]

Nach dieser Aussage stellt sich die Frage nach der inneren Folgerichtigkeit der vorgetragenen Überlegungen Kuczynskis, denn wie
kann man einen Roman enthusiastisch loben als realistische Wiedergabe des wissenschaftlichen Lebens, der doch in Konfliktgestaltung und Handlungsführung eine Fehlkonzeption ist, da er den Ablauf wissenschaftlichen Arbeitens verkennt, wo das Zu-sich-und-
seiner-Aufgabe-Finden des Helden, das diese Ich-Erzählung auslöst,
beherrscht und zu einem hoffnungsvollen Ende führt, eigentlich
überflüssig ist.

95. Kuczynski, a.a.O., S. 95.
96. Kuczynski, a.a.O., S. 96.
97. Kuczynski, a.a.O., S. 98f.
98. Vgl. Kuczynski, a.a.O., S. 96, mit Verweis auf den Roman, S. 9, wo
Kippenberg berichtet: "[...] ich habe erst in den letzten Jahren einen Blick für
die Größe dieses Mannes bekommen".
99. Kuczynski, a.a.O., S. 99.

Eine schärfere Note bringt in die bisherigen Aussagen das von
Elfriede Steyer für die *Wochenpost* geführte Gespräch mit Helga
Königsdorf und Klaus Jarmatz[100], weil beide kritische Überlegun-
gen vortragen, die prinzipieller Art sind, die an die Roman-Kon-
zeption, die Komposition als solche rühren. Das ist der Fall, wenn
Helga Königsdorf meint, Noll habe durch Einführung der Eva-Figur

> "die Möglichkeit verschenkt, den Anstoß für den Aufbruch Kippenbergs
> durch zwangsläufige, härtere Zuspitzung der Konflikte im Arbeitsprozeß
> und in den alltäglichen Lebensbereichen selbst glaubhaft zu machen. So er-
> scheint er zufällig, von außen aufgesetzt, und die Frage bleibt: Wo nehmen
> wir für die Kippenbergs alle die Evas her."

Die ironisch zugespitzte, dadurch aber nicht weniger ernsthafte
Frage gilt nicht nur der Funktion dieser Figur, sondern stellt das
von Noll gewählte 'auslösende Moment' selbst zur Diskussion.
Auch wenn solche Kritik an der Entscheidung des Autors über
seine Wahl der Konfliktgestaltung und -lösung im allgemeinen
problematisch sein dürfte, erscheint sie in diesem Fall sinnvoll,
weil sie gerichtet ist an einen Roman, der eine bestimmte DDR-
Wirklichkeit gestalten will, gestaltet haben will. Wegen des Persön-
lich-Individuellen der doch nicht nur als 'auslösendes Moment'
wirkenden Eva-Kippenberg-Konstellation ist die 'gesellschaftliche'
Verklammerung der Kippenberg-Veränderung zumindest nicht
(mehr) eindeutig gegeben. Nicht ohne Grund spricht Jarmatz davon, daß durch die Eva-Figur "ein idealisierendes Moment in den
Roman hineinkommt". Seiner Meinung nach wollte Noll mit dieser Eva "auch ein gewisses Gegenmodell schaffen" zu Gestalten
wie z.B. Plenzdorfs Edgar Wibeau:

> Ich meine Gestalten, die aus bestimmten gesellschaftlichen Umständen
> ausbrechen, um anders zu werden, als die Eltern oder andere Menschen ih-
> rer Umgebung es vorgelebt haben. Auch Eva hat Vorstellungen von einer
> Lebensweise, die der sozialistischen gemäßer ist, und sucht, sie durchzuset-
> zen. Das basiert bei ihr alles auf der geringen Lebenserfahrung und muß
> daher stark idealisiert werden.

Die Figur des Dr. Kortner sieht Jarmatz als "eine Ergänzung zu
Kippenberg zum Negativen hin, wie der Bosskow die Ergänzung
zum Positiven hin darstellt". Er billigt Noll zu, daß er durch sie "bestimmte moralische Verhaltensweisen kritisieren" will, und das
"aus tiefster Überzeugung heraus":

100. "Kippenberg auf dem Prüffeld", in: *Wochenpost* vom 8.6.1979, Nr.
24, S. 14.

Doch dann geht die Kritik mit ihm durch; er läßt der Figur keine Gerechtigkeit mehr widerfahren, sondern überhäuft sie mit unwürdigem, amoralischem Verhalten in allen Bereichen des Daseins. So ist sein Handeln psychologisch nicht motiviert.

Königsdorf schließt sich dieser Kritik an, indem sie darauf hinweist, daß Kortner eine interessante Figur sein *könnte*: ein überforderter Mensch, der sich aus Angst, nicht mehr mitzukommen, in immer tiefere Widersprüche verstrickt, – "wer fühlt sich da wohl frei von allem 'Kortnerischen'":

> Aber das schwingt nicht mit. Dieser Kortner ist in seinen Aktionen so ärgerlich dumm, vordergründig, durchschaubar, daß die Menschen um ihn, insbesondere Lankwitz, abgewertet werden.

In beiden Fällen bleibt es beim Konstatieren der Verhältnisse: Nach dem hier jeweils als letztes Zitierten wird zu einer anderen Frage weitergegangen, ohne daß aus den für die Gesamtkonzeption, die Figurengestaltung und -konstellation doch elementaren Überlegungen Konsequenzen gezogen werden[101]. So endet das Gespräch mit einer Empfehlung dieses Romans durch Jarmatz "vor allem auch deswegen", weil er zum Nachdenken über uns und unser Tun herausfordere[102].

In seiner umfänglichen Rezension in *Weimarer Beiträge* behandelt Hans Jürgen Geerdts[103] ausführlich die Figurenkonstellation und die gehandhabte Erzählweise.

101. Es muß offen bleiben, ob auf Grund der Formulierungen Jarmatz' Zuordnung des Romans zu Brigitte Reimanns *Franziska Linkerhand* und nicht weiter benannten literarischen Ansätzen der 60er Jahre, "die hier von Noll neu aufgenommen wurden und die er versuchte, aus der Sicht von heute weiterzuführen", mit dem Anschluß: "Ich betrachte das Buch auch als historisches Dokument, weil es uns tatsächliche Veränderungen noch einmal vorführt", als Kritik an der geschichtlichen Rückständigkeit des gewählten Themas und seiner Behandlung aufzufassen ist.

102. Der Kritik stehen nur kurze positive Äußerungen über Frau Dietrich, Frau Degenhardt und Bosskow, die Bemerkung, daß es gute Detailbeobachtungen gebe, und der Hinweis gegenüber, daß das Buch zeige, wie schnell sich die gesellschaftliche Entwicklung vollziehe und wie sich unsere Vorstellung über Wissenschaft wandle.

Die Äußerungen von Jarmatz in diesem Gespräch sind deutlich gedämpfter als die in seiner früheren Rezension in *Neues Deutschland* (a.a.O.).

103. Hans Jürgen Geerdts: "Dieter Noll: *Kippenberg*", in: *WB* 1979, H. 8, S. 96-103.

Obwohl wie im *Holt*-Roman auch im *Kippenberg* der Held in einer 'mittleren' Stellung zwischen 'Gut' und 'Böse' stehe, erscheine im neuen Roman "die für ein episches Werk stets prinzipiell konstitutive Bedeutsamkeit der Figurenkonstellation insofern anders [...], als eben eine andere geschichtliche Wirklichkeit die Charaktere determiniert"[104]. Der Gruppe progressiver Wissenschaftler mit Bosskow ständen Prof. Lankwitz und Kortner gegenüber. Problematischer als "das gewisse Chargenhafte" der Lankwitz-Figur[105] ist Geerdts "die Erscheinung des Kortner, des eigentlichen Gegenspielers im Gefüge des Geschehens":

> Die Figur dieses Mannes mit der "heißen und immer ein wenig feuchten Hand" verbleibt leider nicht nur in einzelnen sprachlichen Wendungen, sondern in seiner gesamten Attitüde klischeehaft. [...] Mehr literarische Substanz, auch im 'Bösen', in seiner Niederträchtigkeit, hätte man dem Kortner schon gewünscht, schon deshalb, weil der Aufbau der Figur des Kippenberg eine Potenz dieses Charakters, ein Mehr an Widerstand und Gehässigkeit durchaus erfordert. So ist eben Kortner lediglich der miese Kerl, feige und hinterhältig in seinem Wesen, nicht sehr ergiebig im Zuspitzen von Handlungen und Charakterentwicklung.[106]

"Erzählerisch weit produktiver" sind für Geerdts die positiven Partner Kippenbergs, insbesondere Bosskow, der als dynamischer Charakter wirke, so daß seine Ausstrahlung "die eigentliche 'Bewegung des Werdens' im Roman anzeigt"[107]. Mit Eva sei Noll "eine interessante epische Gestalt gelungen", die nicht nur "generationsmäßige Erscheinungen reflektiert", sondern "Züge einer Lebenshaltung vermittelt, die durchaus prognostischen Charakter besitzen"[108].

Bei der literarischen Gestaltung, in erster Linie der Art des Erzählens, fällt Geerdts "die erstrebte Proportionalität des Vortrags auf, die sich aus dem Nebeneinander von Monolog und distanziertem Bericht bildet". Über weite Strecken stehe der Ich-Erzähler

---

104. Geerdts, a.a.O., S. 97.
105. Geerdts bemerkt, daß diese "vom Funktionalen seiner Figurenposition" "dem Erzähler unentbehrlich[e]" Figur "des einst bürgerlich formierten Intellektuellen" (a.a.O., S. 98) in einer relativen Einseitigkeit erscheine, wenn man sie mit parallelen Gegenbildern in der DDR-Literatur vergleiche (mit Verweisung auf die Erinnerungen von Max Steenbeck).
106. Geerdts, a.a.O., S. 98f.
107. Geerdts, a.a.O., S. 99.
108. Geerdts, a.a.O., S. 100.

Kippenberg im Vordergrund, der seine Erlebnisse "im Sinne einer ausführlicheren Lebensbeichte" schildere:

> Daß sich hier wie auch im ganzen Roman hin und wieder gewisse Umständlichkeiten ergeben, manches sich doch in minder Wichtiges verliert, das kann nicht übersehen werden, wie denn der Ich-Erzähler zum anderen dort ein wenig überfordert erscheint, wo er die Psychologie anderer Figuren sozusagen mitnehmen muß. (Man denke etwa an Harra, Schneider und andere Mitarbeiter.) Gewiß hat der Autor hier vermerkbare Gefahren des Erzählens gespürt, so daß er die Nachteile des Kippenberg-Monologs dadurch aufzuheben suchte, daß er gewisse Partien in den objektivierenden Erzählstil überführte. Bisweilen, so zum Beispiel am Beginn des Abschnitts 19 (S. 471), kommt es auf dieser Linie zu einer gewissen Minderung sprachlicher Ausformung der Situation. Manches wird hier etwas zu trocken und zu gerafft vorgetragen. [...]
> [...] Man wünschte sich doch – bei allen Schwierigkeiten – zuweilen ein größeres Maß an sprachlich-erzählerischer Ausformung. Manche Wendung wirkt nicht nur allzu konventionell, sondern eben klischeehaft; manches an Aussage verbleibt auch im Rhetorisch-Deskriptiven. Diese Bemerkung wäre nicht notwendig, wenn der Roman in seinem Zug zum Paradigmatischen nicht für sich selber Ansprüche stellen, also Erwartungen an seine Gestaltung auch in bezug auf sein bildschaffendes Vermögen wecken würde.[109]

Wenn Geerdts hier von 'Paradigmatischem' spricht, greift er nur scheinbar die anfangs gegebene Beurteilung auf, in diesem Roman werde die Geschichte einer Lebens- und Arbeitskrise berichtet, "die in gewisser Hinsicht paradigmatischen Charakter besitzt"[110]. Bezieht sich diese Aussage auf die Entwicklung Kippenbergs als "Kind unserer Epoche", auf seine Verhaltensweisen, die nicht untypisch sind, ist die Aussage vom Paradigmatischen des Romans eine Behauptung über Bedeutung und Gewicht der mit dem Werk geleisteten Wirklichkeits-Gestaltung.

Die doch wohl als nicht unerheblich zu bezeichnende Kritik von Geerdts am Sprachlich-Erzählerischen[111] spielt ebenso wie das bei der Personengestaltung angegebene Manko auf der Seite der Bösen, das Auswirkungen auf die andere Figuren-Gruppe hat, keine Rolle

109. Geerdts, a.a.O., S. 101.
110. Geerdts, a.a.O., S. 96.
111. Bei seiner Behandlung der Erzählweise geht Geerdts nicht ein auf die besondere Erzählstruktur des Romans mit der auffälligen Unausgeprägtheit der Erzähler-Situation/Erzählzeit. Vielleicht ist sein Zitier-Fehler hierfür nicht ohne Bedeutung. Der von Geerdts an den Anfang seiner Rezension gestellte erste Absatz des Romans beginnt bei ihm mit: "Ich sehe mich am Nachmittag eines Februartages anno 1967 durch unser Institut gehen, das ein Stück meines Lebens war [...]", während es im Original heißt: "...das ein Stück meines

489

bei der Gesamtbeurteilung des Romans[112]. Geerdts spricht dabei von "Entdeckungen", die Noll gelungen seien (aber ungenannt bleiben), und daß er insofern in "Neuland" vorstoße, "als er entschieden über perspektivische Probleme unserer sozialistischen Gesellschaft nahe der Schwelle zum neuen Jahrhundert reflektiert": Das werde ihm möglich durch eine insbesondere an Kippenberg angesetzte Analyse, die zur Erkenntnis führt, daß alle gesellschaftlichen und individuellen Prozesse "von der Entwicklung revolutionärer Kollektivität abhängen"[113]. Damit werde die "Richtung notwendiger Selbstbefragung der Menschen [...] sichtbar und packend veranschaulicht"[114].

Geerdts' Auffassung, daß hier ein Typus von "Zeitroman" konstituiert sei, "der umfassendere Antwort auf die zentralen sozialen Fragen unserer Gegenwart vermitteln hilft"[115], unterscheidet sich von Höpckes Aussage, dies sei ein 'Gesellschaftsroman', nur in der Terminologie[116].

Im Gegensatz zu anderen Rezensenten, die ihr Urteil auf die Leser-Wirkung stützen, steht bei Geerdts die engagierte Darstellung der Wirklichkeit in ihrer Entwicklung im Zentrum.

In dem von der Redaktion der *Weimarer Beiträge* wegen der Bedeutung des Romans organisierten Rundtischgespräch[117] werden

Lebens *ist*" (Hervorhebung G.L.), womit einer der wenigen Bezüge gegeben wird auf die Zeit, aus der heraus erzählt wird.
Daß Geerdts diese Problematik nicht unbekannt ist, darf geschlossen werden aus seiner Formulierung: "Es hieße die Aussage des Romans zu verengen, wollte man ihn lediglich als späte [!] Begründung für Reformen an wissenschaftlichen Institutionen erfassen [...]" (a.a.O., S. 100).
112. Daran ändert auch nichts der gegen Ende noch eingebaute Hinweis auf die von Jarmatz zu Recht in seiner Rezension (*Neues Deutschland*, a.a.O.) vorgebrachte Kritik an der Figurengestaltung.
113. Geerdts, a.a.O., S. 102.
114. Geerdts, a.a.O., S. 103.
115. Geerdts, a.a.O., S. 103.
116. Für Geerdts ist ein 'Gesellschaftsroman' eine Darstellung, "die im Sinne des Vorstellens der Epoche die Bewegung einzelner Klassen und Schichten in ihrem gegenseitigen Verhältnis umschließt". Da Noll die Arbeiterklasse nur indirekt reflektiert, aber nicht einbezieht, erweise sich hier "die strukturelle Differenz zum 'Gesellschaftsroman'" (a.a.O., S. 103).
117. "Persönlichkeit – Kollektiv. Rundtischgespräch zu Dieter Nolls Roman *Kippenberg*". Klaus Kändler im Gespräch mit Ulrich Dietzel, Horst Haase, Gotthard Lerchner, Cornelia Molle und Winfried Schröder. In: *WB* 1979, H. 12, S. 36-60. Zitate werden mit Seitenangabe in Klammern gekennzeichnet.

Fragen und Themen diskutiert, die nur zum Teil auch schon in Rezensionen angeschnitten worden sind.

So wird von Gotthard Lerchner (als Nicht-Literaturwissenschaftler) vorgebracht, daß die rückschauende Erzählweise doch wohl bedinge, daß der Roman insgesamt einen Helden hat, dessen Geschicke nicht nur bis weit vor 1967 verfolgt werden, "sondern auch bis an die unmittelbare Gegenwart, also sagen wir mindestens bis 1977 oder 1978, im Blickfeld bleiben" (46). Er verweist dafür auf "Informationen über die aktuellen persönlichen und sozialen Befindlichkeiten dieses Helden", die "zwar andeutungsweise nur und ziemlich verstreut" gegeben würden, aber doch zu einem Bild zusammensetzbar sind:

> Kippenberg lebt und arbeitet noch in der gleichen Umgebung, mit den gleichen Mitarbeitern (S. 9, 35, 38, 46, 47, 63 usw.); Charlotte ist offensichtlich immer noch seine Frau (S. 25); mit ihm sind wichtige ideologische Veränderungen vor sich gegangen, er ist zum Beispiel Parteimitglied geworden (S. 29: "Ich selbst war zu jener Zeit parteilos.") und anderes mehr. (46)[118]

Durch den Kunstgriff werde dem Leser der Zugang zum Dargestellten erleichtert, andererseits komme aber dabei eine Haltung heraus, die "den Eindruck einer durchaus ärgerlichen Beschaulichkeit" macht:

> Alle Irrungen und Probleme sind aus dem sicheren Abstand von zehn Jahren (S. 63) analysiert und bewertet, neue Schwierigkeiten und Fragen, die man vielleicht auch mit Mitte 50 und nach einem überwundenen krisenhaften Erlebnis noch beziehungsweise aufs neue haben könnte, gibt es offenbar nicht. Eine erkennbare Entwicklung nach 1967 findet nicht statt. (46f.)

Lerchner befürchtet, daß die hier angeführte Verselbständigung der Zeitebenen den deutlich funktionalen Aspekt der Ebenen-Konfrontation nicht nur im gewollten verfremdenden Sinn hervorbringe, sondern zu einer negativen Beeinflussung der Lesart der Zeit von 1967 (und vorher) und des Charakters der Titelfigur führen

---

118. Abgesehen von der Parteimitgliedschaft, die aus dem zitierten Satz erschlossen wird, geht es jeweils um in den Erzählablauf eingelassene kurze Angaben in Präsensform. Daß es sich hierbei um einen Bezug auf die Erzählgegenwart handelt, wird überzeugend deutlich durch die Zeitangabe bei der Aussage auf S. 63: "Heute, ein Jahrzehnt später, trägt er [Dr. Schneider, G.L.] mit fünfzig das Haar tatsächlich schulterlang; bei ihm findet das niemand verwunderlich, bezeugt es doch auch die endgültige Absage an seinen damaligen Männlichkeitswahn".

könnte. – Er unterstreicht seine Überlegungen im Verlauf der Diskussion noch mit der Bemerkung, daß er den Roman "in inhaltlicher Hinsicht" mit einem "sozusagen historischen Interesse" gelesen habe, aus der Erkenntnis, "daß hier Geschichte [...] bilanziert wird. Aber mehr eben nicht"; eine "eine "planvoll eingesetzte[..] Distanziertheit" war ihm "als absichtsvoll durchschaubar" (42).

Horst Haases Entgegnung, daß die Fragestellungen "durchaus an die endsechziger Jahre gebunden" (47) seien, Noll aber die Probleme "auf einer neuen Stufe" aufnehme, da er in verstärktem Maße "subjektive Impulse" ins Spiel bringe, "moralische Impulse" an Gewicht gewännen, was "Fragestellungen der siebziger Jahre sind" (48), bleibt ohne näheren Beleg[119]. Dasselbe gilt für Ulrich Dietzels dem Autor unterstellte Meinung, daß er seinen Roman "natürlich" als einen von heute ansehe, daß er Entwicklungsprobleme sichtbar mache, "die heute genau so aktuell sind wie damals" (48). Weitere Reaktionen auf die von Lerchner aufgewiesene Problematik erfolgen nicht.

Winfried Schröders an Haase anknüpfende Überlegungen sind allein eine Entfaltung seiner Roman-Interpretation. Er ist der Auffassung, daß mit den von Noll beschriebenen Entwicklungsprozessen keine Generationskonflikte und auch keine jeden Menschen betreffenden Konflikte beschrieben werden, vielmehr gerade versucht würde, "die gesellschaftliche und historische Spezifik" von "unterschiedlichen und gegensätzlichen Formen individueller Handlungs- und Denkweisen hervorzuheben" (44). Schlüssel zum Verständnis des Romans sind ihm:

> Die Bemerkung von Bosskow, daß "die Welt als Ganzes...die Widersprüche, die wir in unserer Gesellschaft überwinden wollen, unablässig wieder in unsere Gesellschaft und jeden einzelnen hinein" projiziert (S. 455)[120], und die Gespräche zwischen Bosskow, Kippenberg und Papst über den "radikalen Bruch mit den überlieferten Ideen, der uns not tut" (S. 533), und über das tatkräftige Mitwirken bei dem "produktiven Angriff auf die Verhältnisse, die wir zu verändern und nicht zu beschuldigen haben" (S. 533). Es ist nicht schwer zu erkennen, daß Noll damit an zwei wichtige Erkenntnis-

---

119. Die von Haase zuvor genannten Werke beziehen sich nur auf die Ähnlichkeit der *Frage*stellungen. Er belegt nicht, daß subjektive und moralische Impulse in der Tat Problemstellungen neueren Datums sind (und nicht auch schon früher eine Rolle gespielt haben können).

120. Korrekt muß es heißen: S. 445.

se von Marx und Engels unmittelbar anschließt und sie bestätigt.[121] (44)

Für Schröder ist das der "geschichtsphilosophische Kern des Romans", der das von Noll Beschriebene in seiner "literarischen und politischen Bedeutung" verstehen läßt, denn folgerichtig versuche Noll zu zeigen,

"daß es Wechselbeziehungen gibt zwischen den Widersprüchen und Konflikten unter den Mitarbeitern des Instituts und den traditionellen historischen Formen wissenschaftlicher Arbeits- und Leitungsmethoden, die durch Lankwitz als allgemeinverbindliche Norm gesetzt sind und die von Kortner mit allen Mitteln verteidigt werden. Daher gibt es in diesem Roman zwar gegensätzliche Positionen und Verhaltensweisen, aber im traditionellen Sinne keine moralisch positiven oder negativen Helden, und daher ist nicht Kortner, sondern Lankwitz der eigentliche Gegenspieler im Gefüge des Geschehens. Weder die Problematik eines Kippenberg noch die eines Bosskow und Papst oder der Karrierismus eines Kortner sind ohne diese Normen denkbar." (45)

Mit diesem geschichtsphilosophischen Kern hänge engstens zusammen, daß Noll die Aufhebung der Widersprüche und Konflikte "nicht als das Ergebnis der Aktivitäten von einzelnen 'positiven Helden' darstellt, sondern als einen widersprüchlichen und komplizierten Prozeß der Entfaltung kollektiver Kräfte" (45)[122].

121. In der *Deutschen Ideologie* werde hervorgehoben, "daß der Kommunismus nicht ein *Ideal* sei, 'wonach die Wirklichkeit sich zu richten habe', sondern 'die *wirkliche* Bewegung, welche den jetzigen Zustand aufhebt'. Und im *Manifest der Kommunistischen Partei* heißt es: 'Die kommunistische Revolution ist das radikalste Brechen mit den überlieferten Eigentumsverhältnissen; kein Wunder, daß in ihrem Entwicklungsgange am radikalsten mit den überlieferten Ideen gebrochen wird' " (44). — Verwunderlich ist, daß Schröder bei seinem Hinweis auf die Gespräche zwischen Bosskow, Kippenberg und Papst das erste Roman-Zitat aus einem Satz von Papst bringt und nicht aus der vorhergehenden Rede Kippenbergs, wo er sagt: "Unser Bruch mit den überlieferten Eigentumsverhältnissen ist radikal gewesen, und es wird Zeit, daß trotz aller Koexistenz genauso radikal mit den überlieferten Ideen gebrochen wird!" Das ist die weitaus deutlichere Entsprechung zum *Manifest*-Text.
122. Gleich zu Anfang des Rundtischgesprächs hat Schröder kritisch angemerkt, daß die Literaturkritik teilweise noch dazu tendiere, den Roman "nach dem Raster der traditionellen Fragestellung: positiver, negativer oder mittlerer Held — Kippenberg contra Lankwitz und Kortner — zu interpretieren" (37). Für ihn zielt jedoch der Roman "nicht mehr auf Identifikation mit gesetzten positiven Helden, sondern auf Identifikation mit dem kollektiven Bemühen", die vorgeführten Widersprüche zu überwinden. Noll habe mit seinem Roman eine Etappe überschritten, für die die Darstellung von Konflikten "als Konflikte zwischen positiven und negativen allgemeinmenschlichen subjektiven Wesenseigenschaften und Verhaltensweisen symptomatisch war" (38).

Aus dieser zweifellos komplexer angelegten Interpretations-Konzeption heraus bezieht Schröder zu den noch vorgebrachten Fragen und Themen Stellung. Da für ihn Noll "die objektiven historischen Widersprüche tiefer erfaßt" und deshalb auch zu einer "neuen Gestaltung der subjektiven Konflikte und ihrer Lösungen gelangt" (49) – beispielhaft seien hierfür die Gespräche zwischen Frau Degenhardt und Kippenberg und Kippenbergs Auseinandersetzung mit Harra[123] –, kommt Schröder zu Urteilen, die Einwände gegen den Roman oder aufgezeigte Schwächen stets messen an diesem Verständnis von Nolls genereller Leistung.

Das geschieht, wenn er Haase entgegenhält, er lasse mit seiner Auffassung, das Kollektiv sei schon da, es hänge nur noch von den individuellen Qualitäten, in diesem Falle des Leiters, ab, daß es wirksam werde (Kippenberg sei eine Zeitlang "moralisch durch seinen Opportunismus disqualifiziert" (50)), etwas unberücksichtigt. Dem Kollektiv und Kippenberg werde erst durch die Informationen des Dr. Papst bewußt, daß er seiner Funktion als Leiter angesichts des Widerspruchs zwischen den neuen Aufgaben und der traditionellen Arbeitsweise nicht gerecht geworden ist:

Und erst in dieser neuen Situation beginnt sich das Kollektiv als Kollektiv zu entfalten und beginnt eine neue konfliktreiche Etappe in der Entwicklung des Dr. Kippenberg. Kollektiv und Leiter sind im Roman in ihrer Entwicklung wechselseitig aufeinander bezogen, wie insbesondere die Reaktionen von Harra (S. 586) und von Frau Dietrich und Bosskow (S. 589ff) auf die Kapitulation von Kippenberg vor Lankwitz und Kortner zeigen. Auch bei den Qualitäten, die dem Kippenberg als Leiter fehlen, handelt es sich somit nicht um fehlende individuelle Qualitäten schlechthin. (50)

Das geht ebenfalls hervor aus Schröders Stellungnahme zum politischen Anliegen des Romans. Einen Texthinweis von Haase aufgreifend[124], führt er aus, daß es hier nicht um Utopien gehe, "sondern um das 'Machbare', das Stück vom Ideal, das sich realisieren läßt", und damit um die zentrale Frage nach dem Verhältnis von Kompromiß und Konfrontation. Dabei solle man nicht übersehen, daß Noll auch eine konkrete Antwort zu geben versuche auf die von Eva aufgeworfene Frage, "was 'sozialistische Menschenge-

123. *Kippenberg*, 15. Kap. bzw. S. 583-586.
124. Haase zitiert (56) eine Textstelle des Romans (S. 532), wo Kippenberg davon spricht, daß, wenn es ein Ideal gibt, dieses kein abstrakter Begriff und keine Utopie sein könne, sondern immer nur ein aus der Gegenwart in die Zukunft hinausgreifendes Bild.

meinschaft' denn nun eigentlich sei, von der sie bisher nur in der Schule etwas gehört hatte (S. 93)" (56).

Andererseits kann aus dieser Konzeption dem Roman ein besonderer Platz in der Literaturentwicklung eingeräumt werden, obwohl "es Widersprüche gibt, sowohl in seiner Struktur als auch in der Beschreibung der Gestalten"[125], trotz seiner "sprachlichen Grenzen"[126], – denn für Schröder ist es "wichtiger", daß hier "eine Reihe historisch neuer und zentraler Probleme aufgegriffen und gestaltet [wird], die bisher außerhalb des Blickfelds unserer Literatur lagen" (57).

Bringt die Diskussion über einzelne Romanfiguren kaum etwas Neues[127], wird mit der über die Rezeption des Fachwissens und des Fachjargons eine kritische Position bezogen. Das nach Ulrich Dietzel in einem persönlichen Gespräch von Noll zugestandene Überschlagen der entsprechenden Textstellen[128] lehnt Lerchner ab, da das Fachsprachliche mehr sei als bloßes Mittel zur Milieucharakterisierung. Die sprachlichen Beziehungen zu Kybernetik und Naturwissenschaften erschöpften sich nicht in den Diskussionen, sondern durchzögen den gesamten Text, stellten demnach ein bewußt eingesetztes gestalterisches Mittel dar:

> Besonders auffällig zu beobachten ist es an Metaphern und Vergleichen, die zum guten Teil aus diesen Bereichen genommen werden, nicht zuletzt auch an Knotenpunkten der Entwicklung des Romangeschehens. (53)

Oftmals[129] seien die Elemente der Fachlexik "gelungenes künstlerisches Mittel, Entfremdung und Entemotionalisierung im Gleichlauf mit der inhaltlichen Aussage auch sprachlich greifbar, anschaulich und eindringlich zu machen" (54). Allerdings würde ihr Ein-

125. In seinen Diskussionsbeiträgen ist nirgendwo von solchen 'Widersprüchen' die Rede.

126. Vgl. die nachfolgende diesbezügliche Darstellung.

127. Auf Lerchner hinterließ die Gestalt des Kippenberg den Eindruck "einer recht künstlichen Projektion der Konzentration von Problemen auf eine Figur", was ihrer emotionalen Wirkung nicht bekommen sei (42); für Cornelia Molle macht es die Auseinandersetzungen "produktiver", daß Noll "Kippenberg nicht aus Arbeit und Ehe herausreißt" (52); Haase merkt kritisch an, daß er in Kippenbergs Entwicklung "so wenig Antriebe aus einer bewußten politischen Überzeugung finde" (58).

128. Vgl. die anders lautende Aussage Nolls im *Für Dich*-Gespräch (a.a.O.).

129. Lerchner zitiert Textstellen von S. 58 und S. 112.

satz sich stellenweise verselbständigen zur bloßen Manier[130]. Diese steigere sich zum Stilbruch,

> "wenn das einmal gewählte Mittel selbst dort gestalterisch beibehalten wird, wo Persönlichkeitsentfremdung und Gefühlsabstinenz gerade ihre lange vorbereitete, im Liebeserlebnis sich erfüllende Aufhebung erfahren" –

in der Episode zwischen Kippenberg und Eva in der Hütte in Schönsee, die Lerchner "sprachlich jedenfalls ausgesprochen peinlich berührt (S. 611)". Damit stellt sich für ihn die Frage erneut, welche Rolle dieses Stilmittel beim Leser spielen kann, ob es überhaupt eine "entscheidende positive Wirkungsfunktion auszuüben in der Lage ist" (54)[131].

Ein von Schröder hier doch wohl nicht logisch anschließender Hinweis[132] auf die Folgerichtigkeit des von Noll vorgenommenen Wechsels von Stilebenen, da es im Roman nicht nur um Wissenschafts-Probleme gehe, wird von Lerchner in besonderer Weise aufgegriffen. Er zeigt "die durch den Einsatz verschiedener Stilebenen bewirkten sprachlichen Auflockerungstendenzen" mit ver-

---

130. Lerchner zitiert eine Textstelle von S. 96.

131. Im Rahmen dieser Sprachkritik sei hingewiesen auf Lerchners umfangreiche Darlegung "Maßstäbe für Sprachkritik", in: *NDL* 1980, H. 2, S. 45-54, wo er nochmals auf die Fachsprache Nolls eingeht, die er in dem Fall als "dem Gehalt nicht adäquat" ansieht, wenn sie sich zur Manier verselbständigt und z.B. auch "bei der Schilderung des turbulenten Liebeserlebnisses von Kippenberg und Eva" verwendet wird: "Die künstlerische Schilderung des Liebesaktes in naturwissenschaftlichen Termini übersteigt die Grenzen des sprachästhetisch Akzeptablen" (a.a.O., S. 50f.). Dagegen behauptet Noll auf eine hierauf Bezug nehmende Frage im *Kürbiskern*-Gespräch (a.a.O., S. 109): "Die Ironie [!] dieser Stelle kapiert ein gelernter Naturwissenschaftler offenbar eher als mancher Literaturkritiker. Dabei ist es eine doppelte Distanz: zuerst natürlich zu Kippenberg, der bei dieser Umarmung das Hemd schneller los wird als das eingefahrene Denken in seinem Begriffsschatz, und zum anderen gegenüber Erscheinungen in unserer Literatur, die ich nicht für eine Eroberung neuer Gefühle halte, sondern für ein Überschwappen aus Restbeständen der Sexwelle; statt zuviel Beischlafsnaturalismus war mir da eine gewisse Entemotionalisierung der Sprache schon lieber".

132. Schröders Hinweis auf den Wechsel von Stilebenen (und seine daraus hervorgehende Infragestellung von Stilbrüchen im Roman) schließt insofern nicht logisch an Lerchners Ausführungen an, als dieser sich gerade kritisch geäußert hat über das *Beibehalten* einer Stilebene ungeachtet der diametral entgegengesetzten psychischen Situation.

schiedenen Beispielen auf[133], merkt aber zugleich an, daß die sprachlichen (Personen-)Charakterisierungen wohl den Mitspielern Kippenbergs Profil gäben, die Hauptfigur sich jedoch darauf beschränke, "diese Elemente nur zu reproduzieren, sie gleichsam für sich auszuborgen" – keine andere Figur greife z.B. Kippenbergs Aussprüche auf –, wodurch sie "als merkwürdig montiert", "distanzierend" erscheine (55). Lerchner nimmt hier seine Kritik an der distanzierenden Erzählweise auf und weitet sie auf die sprachliche Gestaltung aus. Doch auch jetzt wird sein Gedankengang in der Diskussion nicht weiter verfolgt.

Im selben Heft der *Weimarer Beiträge* sind 'Sechs Thesen als Beitrag zur Diskussion' (Untertitel) von Gabriele Lindner abgedruckt[134], die das Rundtischgespräch eindrucksvoll ergänzen.

Sie beginnt ihre Aussage damit, *Kippenberg* als eine "wichtige Neuerscheinung" zu bezeichnen (1. These), und endet auch damit (6. These), daß Noll einen "wichtigen Beitrag" geleistet habe, allerdings nun mit einer bemerkenswerten Einschränkung: Der Roman wird herabgestuft auf eine 'Vorleistung' bei der (stofflichen, thematischen und ästhetischen) "Aufbereitung von Wirklichkeit" für hiervon abzuhebende "herausragende künstlerische Spitzenleistung" (die auf solchen fremden Vorleistungen fuße)! Bei dieser bis dahin negativsten Einschätzung des Werkes erscheint das in derselben These positiv Formulierte – auch wenn "im Roman angebotene thematische Ansätze ästhetisch nicht durchgehalten werden", dürfe man nicht übersehen, daß sie immerhin erst einmal angeboten sind, womit die Aufforderung gegeben sei, von einem parteilichen Standpunkt aus Fragen unseres Lebens zu diskutieren – eher als bloß aufgesetzte versöhnliche Geste gegenüber der so eingeschränkten 'Wichtigkeit' dieses Romans[135]. Allerdings verwundert auch hier wieder eine letztlich fehlende Konsequenz, denn die

133. Lerchner verweist auf "ein erfrischendes Gegengewicht" der Alltagssprache mit ihren emotionalen Komponenten zu den 'trockenen' Fachdiskussionen oder der Diktion von Lankwitz, auf die Redeweise bestimmter Figuren (mit ironisierender Funktion) und leitmotivischem Gebrauch stereotyper Charakterisierungen und Redewendungen.
134. Gabriele Lindner: "Dieter Nolls *Kippenberg* und Lebensfragen unserer Gesellschaft", in: *WB* 1979, H. 12, S. 132-135.
135. Lindner, a.a.O., S. 135.

Einbuße an poetischer Genauigkeit wird einer thematischen Überfrachtung zugeschrieben, statt einfach die Folgerungen zu ziehen
aus dem in den davorliegenden Thesen Vorgebrachten.

Gabriele Lindner meint (2. These), daß Kippenberg bei seiner
Entscheidung, die Problemstudie aus dem Panzerschrank zu holen,
einem "inneren moralischen Druck" gehorche, dabei gedanklich
sowohl das Versagen vor der gesellschaftlichen Notwendigkeit als
auch das Sich-Stellen durchspiele, wobei er im ersten Fall "gesellschaftliche Bestätigung erfahren würde; und dafür spricht die Vernunft". Daß er sich dennoch anders entscheide, habe mit 'Gewissen' zu tun (eine Wirklichkeitsanalyse, die Lindner "angemessener
und produktiver" scheint als Nolls außerliterarisch Formulier-
tes)[136]. Da es durchaus Möglichkeiten gäbe, "gesellschaftliche Bestätigung zu erfahren, wenn man aus egoistischen, kleinbürgerlichen, dem Sozialismus nicht gemäßen Motiven heraus handelt", erscheint es ihr nicht suspekt,

"sich zu einem individuellen Ethos zu bekennen; auch wenn es nicht in erster Linie politisch motiviert ist, kann es politische Funktion gewinnen"[137].

Mit dieser Auffassung stellt sie sich in Gegensatz zu Helga Königsdorf, die den nicht aus einem gesellschaftlichen Konflikt erwach-
senden Aufbruch Kippenbergs kritisiert hatte wegen der 'Zufälligkeit' einer bloß persönlich motivierten Entscheidung (die als eine
solche auch ausbleiben könnte)[138].

Entscheidendere Einwände bringen die Thesen 3-5, da diese sich
auf Mängel in der Konzeption, insbesondere der Strukturierung
des Romans richten. So sieht Lindner in Nolls Behandlung der Ereignisse nach Kippenbergs Entscheidung eine "etwas kurzschlüssige
Auffassung" von der Beziehung zwischen "grundsätzlichem Charakter der sozialistischen Gesellschaft und konkreten Bedingungen
für den einzelnen":

Das geht dann nicht ab ohne eine Anhäufung glücklicher Zufälle, unter denen die erstaunlichen praktischen Hilfeleistungen der Eva (sie fertigt nicht

136. Lindner, a.a.O., S. 133. Mit dem außerliterarisch Formulierten ist
Nolls Äußerung im *Sonntag*-Gespräch (a.a.O.) gemeint, die Antriebe des Handelns kämen "aus Notwendigkeit, aus den Gegebenheiten der Gesellschaft",
"nicht aus 'Gewissen'".
137. Lindner, a.a.O., S. 133.
138. Abgesehen von der entgegengesetzten Beurteilung sehen *beide* Auto-
rinnen diese Entscheidung als eine persönliche an und damit anders als Noll
selbst.

498

nur die Zeichnungen an, sondern findet auch noch die technologische Versuchsstätte) die überraschendsten sind. Damit werden meines Erachtens die Konsequenzen der Risikobereitschaft von Kippenberg verkleinert, das dahinterstehende gesellschaftliche Problem in seiner für den einzelnen möglicherweise schmerzlichen Dialektik heruntergespielt.[139]

Die Erörterung des vom Sozialismus selbst produzierten Problems eines veränderten gesellschaftlich verantwortlichen Handelns heute im Vergleich zur Aufbauphase — von Kippenberg an sich selbst erfahren[140] — würde von Noll entschärft durch seine Gestaltung der Lankwitz-Figur. Daß man diesen humanistisch-bürgerlichen Wissenschaftler nicht abstempeln dürfe als "undiskutables Phänomen", würde zwar mit einigen rhetorischen Wendungen signalisiert[141], Noll habe jedoch die in der Beziehung Kippenberg-Lankwitz steckenden "höchst komplizierte[n] Bündnisfragen wie auch Fragen der Wissenschaftstradition" nicht genügend herausgearbeitet[142]. In der neuen *gesellschaftlichen* Verantwortung des Wissenschaftlers liege auch eine Gefährdung der Bedingung wissenschaftlicher Arbeit, der Konzentration auf den wissenschaftlichen Gegenstand.

Den im Rückblick erzählten Vorgängen würden Fragestellungen innewohnen, die für die sozialistische Gesellschaft "zum Teil durchaus noch offen sind":

Dieser Offenheit wird Nolls Erzählverfahren nicht gerecht. Sein Kippenberg erzählt und wertet die Vorgänge um sich und andere von einem mittlerweile allwissenden Standpunkt aus. Die inzwischen vergangene Zeit hat ihm nach und nach alle Fragen dazu beantwortet. [...] Kippenberg durchschaut sein eigenes Versagen mit einer Souveränität, die dieses Versagen als abgeschlossen und endgültig überwunden erscheinen läßt.[143]

139. Lindner, a.a.O., S. 133f.
140. Daß die Darstellung des Verlusts der damaligen jugendlich-revolutionären Ideale nicht neu ist, dafür verweist Lindner (a.a.O., S. 134) auf Karl Erp in Günter de Bruyns *Buridans Esel.*
141. Lindner verweist auf Kippenbergs Behauptung, "die Größe dieses Mannes erst viel später begriffen zu haben", muß aber konstatieren: "In welcher Weise das irgendwann später passiert, bleibt offen" (a.a.O., S. 134).
142. Lindner, a.a.O., S. 134.
143. Lindner, a.a.O., S. 135. Den von ihr anschließend ausgesprochenen "Verdacht", Kippenberg könne "seine alte Selbstherrlichkeit auf neuer Stufe wiedergefunden haben", biegt sie zwar mit ihrem Beispiel — wie Kippenberg sich am Ende durch die Augen Charlottes sieht — in eine die Erzählhaltung als Realität mißverstehende Spekulation ab (a.a.O., S. 135), doch sollte das nicht ausschließen, dem 'Verdacht' betreffs Kippenbergs Erzählhaltung auf andere Weise nachzugehen.

Zeitlich parallel zu diesen *WB*-Publikationen erschienen in *Sinn und Form* im 6. (letzten) Heft 1979 längere Ausführungen von Bernd Schick[144], die der Frage nachgehen, wie Noll den moralischen Anspruch auf ein Engagement zur rechten Zeit im Werk umsetzt, ob er mit Leben erfüllt wird oder abstrakt bleibt[145].

Schick kritisiert, daß Noll, im Bestreben, ein möglichst umfangreiches Gesellschaftsbild zu geben, viel mit dem "Autorkommentar" arbeitet:

> Kippenbergs Monologe und Dialoge strotzen nur so von Gesellschaftsanalyse und Gesellschaftskritik. Angefangen von Intershop, Umweltschutz, 'Preußentum' und Wohnen im Neubaugebiet ist alles vertreten. Natürlich weiß Kippenberg auf alle Fragen auch gleich die passende Antwort, daß man manchmal den Eindruck bekommt, die Handlung wäre nur konstruiert, um die weltanschaulich-philosophischen Reflexionen des Autors abzuladen, denn von Situationsbezug kann in diesem Zusammenhang keine Rede sein.[146]

Damit die Romanfiguren sich nicht ganz in ein bloßes "Trägermedium" auflösen, würden ihnen Individualitätsmerkmale zugeordnet. Diese erfüllten jedoch "eher die Funktion von Erkennungsmarken". Noll gelinge es nicht,

> "die Objektivierung seines Helden, die sich aus der Figurenkonstellation, dem 'Erleben' und 'Zusammen-Arbeiten', ergäbe, überzeugend zu gestalten, da die Figuren zu vordergründig in ihrer sozialen Typik erscheinen"[147].

Von den drei für Kippenberg wichtigen Frauen — Charlotte, Kollegin Degenhardt und Eva — ist für Schick allein Charlotte eine eindrucksvolle, geschlossene Persönlichkeit, von Noll mit poetischer Kraft und differenziert geschaffen. Dagegen sei Eva gänzlich zu einem Prinzip geworden. Schicks Hoffnung, daß wenigstens in der Verführbarkeit Kippenbergs so etwas wie "kreatürliches Verlangen nach Lebendigkeit" durchbreche, wird zunichte gemacht durch die

144. Bernd Schick: "Das Subjekt ist immer der ganze Mensch", in: *SuF* 1979, H. 6, S. 1337-1347.
145. Schick bezieht sich hier ohne eigene Quellenangabe auf Noll-Aussagen im *Sonntag*-Gespräch (a.a.O.).
146. Schick, a.a.O., S. 1339f.
147. Schick, a.a.O., S. 1340. — Für die Begrenztheit der Psychologie der Figuren verweist Schick auf die gängig-stereotype Kleinbürger-Charakterisierung von Kippenbergs Vater, aber auch auf Bosskow und seine Lebensweise (a.a.O., S. 1340f.).

Liebesszene mit Eva, in der Kippenberg "zur tragikomischen Gestalt" werde[148].

Kippenbergs Gedanken über seine handwerklichen Fähigkeiten beim Beobachten des Institutstechnikers Treschke zeigten nicht nur "eine eigenartige Versimpelung" des Verhältnisses von geistiger und körperlicher Arbeit, seine damit verbundene Selbstdarstellung sei nur eine scheinbare Selbstanklage: hinter ihrer "Vordergründigkeit [versteckt sich] die Kippenberg eigene Selbstgerechtigkeit". Hier zeige sich (erneut) "die Gefahr der Doppelbödigkeit, wenn die Moral abstrakt bleibt"[149].

Schick faßt seine kritischen Darlegungen zusammen mit der Frage,

> "was eine solche Festschreibung, eine solche Reduzierung der literarischen Figuren auf ihre soziale Rolle, die Ausschließlichkeit der soziologischen Sicht, für die Literatur an Weiterentwicklung bringt"[150].

Denn seiner Meinung nach — darauf zielt auch der Titel des Artikels: 'Das Subjekt ist immer der ganze Mensch' — brauchte man eine Literatur, "die Gesellschaft nicht doziert", die nicht "auf Kosten der Geschlossenheit literarischer Charaktere" zu jeder Erscheinung Stellung nimmt,

> "sondern eine Literatur, die Universalität im Anspruch und der Reichhaltigkeit der Beziehungen der Persönlichkeiten, die in ihr agieren, herzustellen weiß"[151].

Damit unterbleibt jeder Rettungsversuch des Romans im ganzen, wie er sonst üblich ist. Auf Grund seiner ausführlich mit Textstellen arbeitenden Darlegungen wird auch Schicks eingangs formulierte Verwunderung über das erste 'euphorische' Echo der Kritik verständlich und sein Eindruck, angesichts dieser Reaktionen auf den Roman hätten die Literaturdebatten der späten 60er und 70er Jahre gar nicht stattgefunden.

---

148. Schick, a.a.O., S. 1344 (mit Abdruck der Textstelle, S. 1344f.). Vgl. hiergegen die bei Anm. 131 abgedruckte Auffassung Nolls.
149. Schick, a.a.O., S. 1346. (Der Leser erfahre "scheinbar nebenbei", daß Kippenberg neben seinen Berufen Chemiefacharbeiter, Arzt und Chemiker auch noch das Glasbläserhandwerk beherrscht.)
150. Schick, a.a.O., S. 1347.
151. Schick, a.a.O., S. 1347.

Überbietende Interpretations-Ansätze

Dieter Noll läßt seinen Kippenberg die Ereignisse von zwei Wochen im Februar 1967 rückblickend (vgl. S. 29 und S. 7) aus einem Abstand von 10 Jahren (vgl. S. 63) berichten. Der Erzähler versucht — nach eigener Angabe —, die Ereignisse chronologisch darzustellen (vgl. S. 29).

Die Vorzeit betreffende Erinnerungen oder Berichte werden jeweils zu einem gegebenen Anlaß eingeblendet, wie z.B. Kippenbergs Erinnerung an das Kennenlernen seiner späteren Frau durch Evas Frage: "Wie ist das eigentlich, liebst du deine Frau?" (S. 225) (eingeleitet mit: "Und wie war das mit Charlotte Lankwitz und ihm?", S. 228-241), oder Evas Bericht über ihre Kinderzeit und das erste Zusammentreffen mit Kippenberg (S. 494-505), wiedergegeben in Kippenbergs Erinnerung an die gemeinsame Autofahrt nach Thüringen, ausgelöst von Evas Bemerkung, ihr Verhalten habe "eine lange Vorgeschichte" (S. 494).

Kleinere Verschiebungen innerhalb der Chronologie wie die, daß die Ereignisse in der Milchbar (Zusammentreffen mit Eva) von Freitag abend erst anläßlich des Anrufs von Eva im Institut am Sonnabend mittag nachgetragen werden (S. 74-80), bleiben die Ausnahme.

Noll fällt nur einmal aus der Geschlossenheit seiner Chronologie, wenn er Lankwitz an einem dieser Februar-Tage daran denken läßt, daß in der BRD rebellische Studenten nicht nur "Tomaten und faule Eier auf einen Hohen Akademischen Senat [werfen], der sich im Ehrenkleid präsentiert", sondern dort "unter den Talaren den Muff von tausend Jahren" wittern (S. 192). Damit läßt er ihn ein Schlagwort verwenden, das erst mehrere Monate später, am 9. November 1967, als Losung gebraucht worden ist[152].

Die gehandhabten Erzählweisen, Ich-Erzählung und Bericht, hat Noll gleich zu Beginn des Romans dadurch legitimiert, daß er den

---

152. Bei der Rektoratsübergabe in Hamburg wurde am 9. November 1967 ein Transparent mit der Losung "Unter den Talaren — Muff von tausend Jahren" gezeigt. Vgl. Peter Mosler: *Was wir wollten, was wir wurden. Studentenrevolte — zehn Jahre danach*, o.O. [Reinbek] o.J. [1977] (= rororo aktuell 4119), S. 273. Den Zeit- und Quellen-Nachweis verdanke ich Wolfgang Motzkau-Valeton.

Ich-Erzähler Kippenberg mitteilen läßt, daß er "später" alles das in Erfahrung brachte, "was sich damals meiner Kenntnis und meinem Einblick entzog":

> Nicht nur Frau Degenhardt[153], sondern vor allem auch Bosskow, der grundehrliche Harra, Wilde, Lehmann und andere haben mir auf diese Weise geholfen, mich selbst und einen entscheidenden Abschnitt meines Lebens zu durchschauen, und ich mache von ihren Aussagen und Deutungen in diesem Bericht Gebrauch. (S. 17f.)

Auf 'Abweichungen' wird später noch eingegangen.

Bei der von Noll gewählten Erzählstruktur bleibt die Gegenwartsebene des Erzählers Kippenberg auffällig unentwickelt. Lerchners Angaben[154] aufnehmend und weiterführend, erbringen die Gegenwarts-Aussagen, daß Kippenberg weiterhin in diesem Institut arbeitet (S. 7, 38, 43, 46), zumindest noch zusammen mit Lehmann, Wilde, Harra und Schneider (S. 35, 38, 63, 64f.). Eine Bezugnahme auf Alter und äußere Erscheinung von Lankwitz, Frau Dietrich und Kortner wird mit "damals" abgegrenzt (S. 9, 43, 44), von Bosskow mit "zu jener Zeit" (S. 47)[155].

Häufiger erwähnt der Erzähler seine inzwischen gewandelte Einstellung zu Lankwitz: "[...] ich habe erst in den letzten Jahren einen Blick für die Größe dieses Mannes bekommen" (S. 9). Seiner Meinung, Lankwitz schiene darüber, daß Charlotte bisher aus Moskau weder ihren Mann noch ihren Vater angerufen hatte, "unangemessen frustriert", folgt der Satz: "Ich sah damals eben nur die Lankwitzsche Fassade, sah nicht in tiefere Schichten hinab und wußte nicht, daß der alternde Mann den Anschein souveräner Überlegenheit immer mühsamer aufrechterhielt" (S. 194). Als Kippenberg sich von seinem Schwiegervater vor der Fahrt zu Papst nach

---

153. Über sie, Kippenbergs ehemalige Assistentin, heißt es rückblickend: "Zu jener Zeit, von der ich berichte, hatte ich ansonsten kaum jemals ernsthafter über sie und ihre Lebenslage nachgedacht. Ich wußte nicht, wie eng diese Frau sich mir verbunden fühlte" (S. 17). In das Gespräch bei seinem Besuch bei ihr, in dem er einiges zu hören bekommt über die Desillusionierung ihres Idol-Bildes von ihm und ihre Auffassung von echtem Gefühl, ist der Satz eingefügt: "In dieser abendlichen Stunde aber kam sie, ohne daß ich es ahnte, zu Einsichten, die sie mir später einmal freimütig mitteilen sollte" (S. 389).

154. Lerchner, a.a.O., S. 46, und meine Anm. 118.

155. Daß weiterhin mit ihm Kontakt besteht, dürfte dem Hinweis zu entnehmen sein, das Bosskowsche Haus "stand und steht auch heute noch, Jahre später, frei in einem großen Garten [...]" (S. 437).

Thüringen verabschiedete und ihn besonders schlecht aussehend vorfand (daß es mit Lankwitz' Gesundheit "schon damals nicht zum besten bestellt" war: S. 9), hatte er nicht überlegt, "welche Störgröße in Lankwitz so nachhaltig wirksam war [...]. Charlotte fehlte ihm, und er ließ sich gehen; mehr Gedanken machte ich mir damals nicht". Dieser Aussage folgt direkt:

> Heute weiß ich, daß ich durchaus zu Lankwitz hätte Zugang finden können. Aber dazu wäre von Anfang an zu ihm, seiner Herkunft, seinem Milieu und Lebensstil wirkliche, kritische Distanz notwendig gewesen. In eigenständiger Existenz gemeinsam mit Charlotte hätte ich für Lankwitz eine echte Alternative sein können, und er hätte mich, wie spätere Jahre zeigten, an sich herangelassen, akzeptiert und mir auch menschlich vertraut.[156]

Da dieses erst eine spätere Erkenntnis ist, zeigte Kippenberg "keinerlei Teilnahme" und erfuhr deshalb auch nicht, daß Lankwitz in der Nacht "nun doch die Dokumente der Hochschulkonferenz gelesen hatte und darüber in Panik geraten war. Ich räumte ahnungslos das Feld für Kortner" (S. 467).

Im Zusammenhang mit dem ersten im Roman geschilderten Gespräch mit Bosskow sagt Kippenberg:

> Heute, da ich aus der Distanz auf die Ereignisse des Februars 1967 zurückschaue, weiß ich, wie sehr meine innere Beziehung zu Bosskow damals schon deformiert war.

Er erwähnt dann, daß sie beide am Anfang "ein unwiderstehliches Gespann" gewesen wären, bis er Bosskows Schwäche erkannt hätte: Er risse zwar jede Mauer ein, wäre aber hilflos gegen "Obstruktion, versteckte[..] Widersetzlichkeit" (S. 50). – Bei der letzten, entscheidenden Auseinandersetzung mit Lankwitz ist es dann Bosskows Händedruck, mit dem er Kippenberg "wieder und für immer in den Griff [bekam]" (S. 622), so daß ihre grundsätzliche und grundlegende Einigkeit bestätigt und befestigt wird[157].

Zu Charlotte gibt es nur zu Beginn des Romans einige in die Erzähl-Gegenwart reichende Angaben, aus denen hervorgeht, daß sie weiterhin miteinander verheiratet sind (S. 25) und der Kippenberg

---

156. Hier hätte sich angeboten, auf das einzugehen, was Lindner im Roman vermißt (a.a.O., S. 134f., 4. These): daß Noll die in der Beziehung Kippenberg – Lankwitz steckenden "Bündnisfragen wie auch Fragen der Wissenschaftstradition" nicht behandelt.

157. Hiermit dürfte auch die Änderung von Kippenbergs damaliger Parteilosigkeit (S. 29) zusammenhängen.

von damals "völlig ahnungslos [war], was in seiner Frau vorging" (S. 27)[1 5 8].

In bezug auf Eva ist der Erzähler "froh, daß der Zufall mich einen freien Hocker neben diesem jungen Mädchen finden ließ" (S. 61):

> Heute weiß ich, daß uns nicht alles, was wir erreichen, wirklich reicher macht und daß ich ärmer geblieben wäre ohne den Zufall, der mich an jenem Abend in die Milchbar gehen ließ. (S. 62)

Mit dieser aus dem Nachhinein der Begegnung vorangestellten Bemerkung erhält das, was nun zwischen den beiden geschieht, von Beginn an eine (moralisch) positive Bewertung. Die Eva-Geschichte wird geradezu in einen Bewertungs-Rahmen gestellt, korrespondiert doch das soeben Zitierte mit dem Satz, der Kippenbergs (in gewissem Sinne, trotz eigener Verneinung, rechtfertigende) Überlegungen nach ihrer Liebesnacht abschließt:

> Daß wir einander schließlich eine positive Antwort gaben, dazu stehe ich bis heute. (S. 612)

In dem nächsten Absatz findet sich dann noch folgender auf die Erzähl-Gegenwart bezogener Passus:

> Der Gedanke, einfach aus dem gewohnten Leben auf und davon zu gehen, wird wohl von jedem Menschen irgendwann einmal durchgespielt; da mir diese Versuchung mit sechsunddreißig kam, hatte sie sich in dem üblicherweise krisenreicheren fünften Lebensjahrzehnt, in dem ihr so viele Männer erliegen, für mich längst erledigt. (S. 612)

Dieser wie eine moralische Beruhigung wirkenden Angabe – Kippenberg war danach und ist auch künftig 'gefeit' – geht die Mitteilung voraus, daß dem Erzähler "außer den Einsichten, die seit langem langsam in mir herangereift waren", in dieser Nacht nichts über den Kopf gewachsen war, daß er Eva "als letzten Ausweg aus einer schweren Versagenssituation" gesehen und diese ihm auch über die Schwäche hinweggeholfen hätte. Im Kontext nicht unwichtig erscheint mir, daß dem zitierten Passus der Satz folgt:

> Eva spielte das Spiel [sic!] in dieser Nacht so lange mit, bis ich mich wieder

---

158. Hierher gehören noch die Bemerkungen, daß sie "in nichts als den dunklen Augen" ihrem Vater gleicht, in vielem aber der verstorbenen Mutter (S. 19f.); daß Kippenberg die Lankwitzschen Augen "durch Charlottes Blick so sehr vertraut sind" (S. 9); daß "Charlotte meint, das Kaffeezeremoniell ihres Vaters sei nervenberuhigend" (S. 11).

im Griff und die Kontrolle über meinen Verstand endgültig zurückgewonnen hatte [...]. (S. 612)

Diese Formulierung und der damit zusammenhängende Gedankengang stehen in merkwürdigem Gegensatz zu der nur eine Druckseite vorher gebrauchten Formulierung eines sich in der Liebesnacht erprobenden "neuentdeckten Gefühls" (S. 611)[159].

Alle anderen Verbindungen mit der Erzähler-Gegenwart beziehen sich auf Kippenberg selbst. Sie akzentuieren bestimmte Positionen und Verhaltensweisen innerhalb dieser Februartage 1967. In einem Gespräch mit Bosskow von Sonntag abend über die Aufbau-Zeit und den jetzigen Zustand am Institut fügt Kippenberg die Bemerkung ein, "daß sich der Kippenberg von damals [...] vor Bosskow nicht etwa als kühler Taktiker gab, sondern es ehrlich meinte mit allem, was er dachte und sprach, dessen bin ich in der Erinnerung sicher" (S. 122f.). Mit dem Eintreffen von Dr. Papst am nächsten Morgen kamen dann Tage und Nächte, die "ein Kippenberg überlebte", der "nicht mehr identisch [war] mit dem Bild", das er am Abend davor "noch einmal wie in einem Spiegel gesehen hatte" (S. 131). (Auch hier korrespondiert die Formulierung des Beginns mit dem Abschluß, dem letzten Satz des Romans: "Dabei sah sie [= Charlotte] mich an und ich erkannte in ihren Augen winzig klein, aber deutlich und scharf, das Spiegelbild meines Ich" (S. 627).)

Während des entscheidenden Gesprächs mit Papst und Bosskow denkt Kippenberg nach Papsts Ablehnung der nicht weiter entwikkelten Harra-Studie als Grundlage für ein Produktionsverfahren "flüchtig, doch bis heute erinnerbar, daß es höchste Zeit wurde, ein paar Sterne vom Himmel zu holen [...]" (S. 208)[160]. Er sah

159. Hierauf paßt Lerchners kritischer Hinweis auf eine 'ärgerliche Beschaulichkeit' in der Haltung Kippenbergs, aber auch Lindners Verdacht, er könne seine alte Selbstherrlichkeit wiedergefunden haben (a.a.O., S. 135, These 5). Die Bezeichnung Arroganz dürfte nicht unangebracht sein. – Lerchners weiter reichende Kritik, daß es offenbar keine neuen Schwierigkeiten mit Mitte 50 gebe (a.a.O., S. 46f.), ist mit dem Hinweis auf die vorweggenommene Krise natürlich in keiner Weise entkräftet.

160. Dieses Bild wird gleich zu Beginn des Romans gebraucht, und zwar in Zusammenhang mit der Jahre zurückliegenden Aufbau-Zeit, der "goldene[n] Zeit, in der man geglaubt hatte, man könne die Sterne vom Himmel holen und diesen überalterten Laden hier [= Lankwitz' Institut] in einem einzigen Sturmlauf erobern [...]" (S. 8).

dabei seine Mitarbeiter vor sich, "alles Menschen, denkende Hirne, gespeicherte Fähigkeiten, auf Abruf bereit", war also kein Phantast, sondern einer, der das Machbare wollte, "ein Stück Ideal, das sich realisieren ließ" (S. 208).

Als Kippenberg Bosskow informieren soll über die Absprachen mit Lankwitz zwecks Inangriffnahme der Projekt-Vorbereitungen, weiß er nicht nur, daß er "einen neuen Kuhhandel mit dem Chef" eingegangen war, sondern auch, daß er Bosskow zwei Jahre lang getäuscht, ihm nicht die ganze Wahrheit gesagt hatte:

> Ich war mir dessen auch bewußt, und vielleicht erinnere ich mich deshalb noch nach Jahren so sehr genau an diese Stunde, entsinne mich jedes Worts und auch jedes Gedankens, den ich dachte. (S. 331)

So erinnert er sich auch deutlich, daß er die Bankreihen entlangsah und die Instituts-Mitarbeiter kurz beobachtete, ehe er sie über die neue Aufgabenstellung informierte (S. 350).

Verbindungen mit der Erzähler-Gegenwart finden sich gehäuft im 18. Kapitel, wo von irritierenden Schwierigkeiten die Rede ist, die das Projekt gefährden. Daß nach einer Nachtarbeit einer Gruppe gerade beim Rechner unerklärliche Probleme auftauchen, bringt den hinzukommenden Kippenberg aus der Fassung:

> Im Nachhinein ist der Mensch immer klüger, und aus vieljähriger Distanz fällt es sogar mir selbst schwer zu begreifen, warum ich damals so vollkommen die Übersicht und, zum ersten Mal, seit ich im Institut war, auch die Beherrschung verlor. (S. 450)

Als Erklärung findet sich, allerdings erst später:

> Ich war überreizt wie die anderen, außerdem, wie ich heute weiß, durch Schuldgefühle in meinem Selbstbewußtsein angeschlagen und obendrein verunsichert durch die ungewohnte Grübelei über mein eigenes Ich: So kam es, daß der Vernunftmensch sich einfach gehenließ. (S. 451)

Nachdem Kippenberg seinen Mitarbeiter Lehmann angeschrien und für das Versagen am Rechner beschimpft hatte, stieß er im Vorraum auf Kortner, von dem er in seiner Erregung nicht bemerkt hatte, daß er diese Szene, in der offenen Tür stehend, miterleben konnte. Da er in Kortners Gruß keinen tückischen Tonfall hörte, unterschätzte er ihn, war er sorglos:

> Ich wußte damals ja immer noch nicht, wie aalglatt dieser Mensch war, und ahnte nicht, was jetzt hinter seiner Stirn vorging [...]. (S. 453)

Damit und mit seinem weiter oben wiedergegebenen, sich danach abspielenden falschen Verhalten gegenüber Lankwitz ebnete Kippenberg ungewollt selbst den Weg für die schnelle Verständigung zwischen Lankwitz und Kortner über die Möglichkeit, die Arbeit des Kollektivs um Kippenberg zu blockieren (19. Kap.).

In einem für die Fortführung des Projekts wichtigen Augenblick wird Kippenberg unerwartet auch noch mit seiner eigenen Vergangenheit in Gestalt seines alten Ausbilders Meister Albrecht konfrontiert, als Eva sich mit ihm in einem kleinen Betrieb trifft, da sie ihm − ohne Wissen von einer Vorgeschichte − zu einer mit den nötigen Installationen versehenen Halle für die Errichtung der notwendigen Pilotanlage verhelfen will:

> Noch heute, Jahre später, ist mir, als schaute ich der Begegnung dieser beiden Männer zu: Kippenberg hat den Namen Albrecht wie einen Schlag hingenommen, und die Überraschung in seinem Gesicht wird zur Betroffenheit. (S. 544f.)

Zusammenfassend ist festzuhalten, daß die hier mit Absicht in extenso vorgestellten direkten und indirekten Verbindungen mit der Erzähler-Gegenwart sich über den ganzen Roman erstrecken, mit Häufungen zu Beginn (zur Kennzeichnung von Personen und Umständen) und im 18. Kap. (vor der Gegenaktion von Lankwitz und Kortner). Doch zeigt sich zugleich, daß es sich hierbei um bloße Feststellungen des Ich-Erzählers handelt, die Mitteilungen ergänzender Art sind (z.B. bei Mitarbeitern des Instituts) und das Erzählte unterstreichen oder auch entschuldigen (z.B. das Nichtbeachten der Situation, in der sich Lankwitz befand; die Entgleisung gegenüber Lehmann). An keiner Stelle wird das Damalige aus dem Abstand zum Heute zur Diskussion gestellt, wird die Distanz zu reflektierenden Aussagen genutzt. Weder das Erzählte noch das Erzähler-Verhalten (bzw. seine Position) werden problematisiert. Die Erzähler-Ebene wird auch nicht als solche thematisiert.

Die Feststellungen des Ich-Erzählers tragen nur bei zur Bekräftigung der Darstellung jener Februartage 1967. Lerchners kritische Aussage, hier werde (bloß) Geschichte bilanziert, trifft in vollstem Maße zu. Es sei auch noch bemerkt, daß Kippenberg nicht einmal Auskunft darüber gibt, wie es zu zwischenzeitlichen Veränderungen gekommen ist, z.B. zu seiner anderen Einstellung gegenüber Lankwitz (worauf bereits Lindner kritisch hingewiesen hat[161]).

---

161. Lindner, a.a.O., S. 134 (These 4).

Es muß jedoch beachtet bleiben – auch im Hinblick auf eine später vorzutragende Argumentation –, daß durch die in Abständen erfolgenden Hinweise auf das 10 Jahre spätere Heute das Vorhandensein dieser Erzähler-Ebene dem Leser immer wieder ins Bewußtsein gerufen wird.

Eine Konsequenz der fehlenden Aktivierung der Zeitebene des Erzählers ist die Begrenzung der Thematik/Problematik des Romans auf die endsechziger Jahre, zumal außer den bereits genannten Hinweisen zur zeitlichen Einbindung des Erzählten der Ich-Erzähler mit Nachdruck einen direkten Realitätsbezug herstellt. In einem besonderen Einschub in den Erzählfluß verweist Kippenberg ausdrücklich auf diese Zeit:

> Im Hinblick auf unsere schnellebige Zeit erwähne ich, daß es der VII. Parteitag der SED war, der uns damals ins Haus stand. Und bei der Konferenz, von der Bosskow sprach, handelte es sich um die 4. Hochschulkonferenz, die am 2. und 3. Februar anno 67 tagte. (S. 122)

Da der Erzähler die Zeit ab 1967 weder durch Fortführen der Chronologie noch durch Hineinnehmen in Form einer Problematisierung oder Diskussion des Berichteten behandelt, sind Aussagen völlig unhaltbar wie die von Höpcke über eine mit dem Roman gegebene "Verflechtung der Zeiten"[162], was bei ihm die Basis bildet für die Auffassung, hier liege der Gesellschaftsroman unserer Tage vor, oder die von Geerdts, daß *Kippenberg* ein Zeitroman sei mit Reflexion über perspektivische Probleme "nahe der Schwelle zum neuen Jahrhundert"[163].

Noll bleibt bei einer Thematik/Problematik der endsechziger Jahre stehen, trotz der komplexer gewordenen Zeit. Da er selbst von der Wichtigkeit des VIII. Parteitags für ihn als Schriftsteller gesprochen hat[164], ist es unverständlich, daß er seinen Ich-Erzähler keine inhaltliche Beziehung zwischen Erzählgegenwart (1977) und erzählter Zeit (1967) herstellen läßt, haben sich doch mit diesem Parteitag und der Ablösung der Ära Ulbrichts durch Honecker we-

162. Höpcke, a.a.O., S. 144.
163. Geerdts, a.a.O., S. 102.
164. Noll-Gespräch in *Sonntag*, a.a.O. – Drenkow spricht davon, daß der Parteitag von Noll "nicht nur als gesellschaftliche, sondern auch als schöpferische Zäsur für das eigene Schaffen empfunden werden [mußte]" (a.a.O.. S. 138).

sentliche Veränderungen im politisch-gesellschaftlichen Leben der DDR abgespielt, wie z.B. ein Kurswechsel in der Wirtschaftspolitik, eine nüchternere Einschätzung der Möglichkeiten der wissenschaftlich-technischen Revolution und eine Öffnung im Bereich der Kultur[165]. Gerade das Zweitgenannte betrifft das Romangeschehen direkt[166], so daß die Sicherheit der gehabten Lösungen oder auch nur Gedanken unter den Bedingungen von 1967 nicht ohne weiteres perpetuiert werden kann.

Das Ausklammern der 70er Jahre läßt dann auch keine so einfache Verallgemeinerung zu wie die von Standfuß, der Roman gebe ein Bild, wie es "für viele Menschen in der DDR ist und sein könnte"[167], stellt überhaupt Verallgemeinerungen selbst in Frage.

Die fehlende Aktivierung der Erzähler-Ebene hat jedoch weiter reichende Konsequenzen.

Der Roman trägt den Titel *Kippenberg*, und es wird in ihm berichtet von dem 'Umkrempeln' dieses Kippenberg, am nachdrücklichsten (was Gewichtung, doch auch den Umfang anbetrifft) exemplifiziert in der Auswirkung auf sein Arbeits-Verhalten, seine gesellschaftliche Relevanz: im Durchsetzen eines neuen Verhältnisses zwischen wissenschaftlicher (Grundlagen)Forschung und Produktion durch das Projektieren eines Herstellungsverfahrens für ein thüringisches Werk, gekoppelt mit dem persönlichen Aufarbeiten einer zwei Jahre zurückliegenden Schuld.

Konfrontiert mit den von Dr. Papst aus Thüringen mitgebrach-

---

165. Vgl. *Protokoll der Verhandlungen des VIII. Parteitages der SED*, Berlin/DDR 1971, Bd. 1 u. 2.

166. Vgl. *DDR Handbuch*. Hrsg. v. Bundesministerium für innerdeutsche Beziehungen. Wiss. Leitung: Peter Christian Ludz. Köln ²1979, S. 1192: "Die besonders in der DDR in der Zeit des Ökonomischen Systems des Sozialismus zu beobachtende, im nachhinein häufig naiv anmutende Hoffnung auf rasche Ergebnisse der WTR, von der die kurzfristige Lösung aller offenen Probleme erwartet wurde, ist spätestens seit dem VIII. Parteitag der SED (1971) einer nüchterneren und problemorientierteren Sicht gewichen".
Daß bei der WTR mit ständigen verändernden (auch unterschiedlichen) Entwicklungen gerechnet werden muß, wird auch im *Philosophischen Wörterbuch*. Hrsg. v. Georg Klaus u. Manfred Buhr. Leipzig¹¹1975, hervorgehoben. Siehe unter dem Lemma 'wissenschaftlich-technischer Fortschritt' in Bd. 2, vor allem S. 1318.

167. Standfuß, a.a.O.. (siehe Anm. 64).

ten Plänen für die Übernahme eines japanischen Herstellungsverfahrens, erinnert sich Kippenberg an die im Panzerschrank abgelegte Studie von Harra, die vor zwei Jahren bereits moderner war als das jetzt mit Valuta zu erwerbende energie-aufwendige Verfahren, die dort deponiert worden war, weil Lankwitz sein negatives Gutachten über die Möglichkeit der synthetischen Herstellung eines Stoffes nicht widerrufen wollte, obwohl Harra inzwischen zufällig eine Herstellungsmöglichkeit entdeckt hatte. Dieses 'krumme Ding' hatte Kippenberg akzeptiert und in einem 'Kuhhandel' für sein Schweigen die vier neuen Planstellen für seine Abteilung erhalten (S. 287f.; S. 625).

Im Roman werden nun die in die zwei Februarwochen 1967 fallenden Aktivitäten Kippenbergs berichtet, die von dieser Konfrontation, doch auch durch ein Unbehagen über seine resignative Anpassung an die Verhältnisse ausgelöst wurden. Sie gipfeln in dem das Romangeschehen abschließenden Bericht über das nochmalige Zusammentreffen mit Lankwitz und Kortner, wo Kippenberg im Beisein von Bosskow und Charlotte durch das endlich erfolgende Bekennen seines damaligen schuldhaften Handelns seine innere Freiheit wiedererlangt und Lankwitz seine Zustimmung zur Unterzeichnung des Zusammenarbeitsvertrags mit dem Werk in Thüringen gibt, so daß die Projektarbeit des Instituts nun offiziell und voll in Gang gesetzt werden kann.

Dabei ist sich der Ich-Erzähler durchaus bewußt, daß erst eine Realisierung seines 'Umkrempelns' der Beweis sein kann für eine tatsächliche Veränderung, heißt es doch nach einer Diskussion der neuen Aufgabenstellung mit den Mitarbeitern des Instituts:

> Denn Worte überzeugten einen Bosskow nicht. Nur eine vollbrachte Leistung konnte glaubhaft machen, daß ich ein anderer geworden war; soll heißen: werden wollte! Und, wahrhaftig, es war mir ernst. (S. 378)

Solch Glaubhaftmachen des Gewollten durch Leistung erfolgt im Roman allerdings nicht, denn das Eingestehen früherer Mitschuld ist ja für Kippenberg erst der Ansatz dafür, sich nun völlig ungehemmt gegenüber Bosskow und sich selbst (damit auch gegenüber Charlotte und ihrem Vater) voll einsetzen zu können für die neue Arbeit (ganz abgesehen davon, daß der Arbeitswelt ein größeres Gewicht beigemessen ist als der — damit keineswegs gering eingeschätzten — moralischen Individualleistung).

Der Roman schließt mit dem Anfangen von Neuem nicht nur,

was die Projektarbeiten anbelangt. Kippenberg steht noch die Verantwortung für sein Verhalten vor den Institutsmitgliedern bevor (vgl. S. 626f.). Für ihn beginnt aber nicht nur ein neues Verhältnis gegenüber Lankwitz (was er aus dem Nachhinein bereits gelegentlich angesprochen hat), sondern vor allem das gegenüber seiner Frau.

Mit der Aufforderung an ihren Mann, er solle sich äußerlich etwas in Ordnung bringen, da nicht gleich jeder sehen müsse, daß sie "statt des Ersten und Besten nun doch den Erstbesten erwischt habe" (S. 627), knüpft Charlotte an die erste Einladung des jungen Kippenberg in das Haus Lankwitz an, die sie unbedingt gewollt hatte, von der sie sich etwas für ihr Leben erhoffte: "Denn der Erste muß er schon sein, der Erste und der Beste, wenn es wahr werden soll" (S. 239, noch einmal S. 254). In der Verkehrung der neuen Formulierung wird nicht nur das 'alte' Verhältnis zwischen ihnen abgeschlossen (mit Kippenbergs 'Borniertheit' und zugleich auch Fehleinschätzung seiner Frau als 'Lankwitz-Tochter'), sondern auch der Ansatz zu einem anderen zukünftigen Zusammentun (vgl. S. 627) zum Ausdruck gebracht, bei dem der 'Erstbeste' die positive Überwindung des 'Ersten und Besten' ist.

Nolls Roman vermittelt jedoch in keiner Weise die Einlösung der berichteten Ansätze, weder als erfolgte Arbeits-Ergebnisse oder Lebensweisen durch Ausnutzen der Erzähl-Distanz in Form eines Fortschreibens des Zeitablaufs noch in dem zur Sprache kommenden Denken und Handeln Kippenbergs oder seinem Verhalten zu sich und anderen durch Ausnutzen der Erzähl-Distanz in Form eines reflektierten, argumentativen Erzählens.

Mit seiner Erzählstruktur, dem Erzählen aus dem Zeitabstand von 10 Jahren, suggeriert Noll zwar – und wie die DDR-Rezeption zeigt, recht erfolgreich – solch eine Realisierung, erzählt doch die Hauptperson von damals heute diese Geschichte, ohne eine negative oder einschränkende Bemerkung in Hinblick auf das damals Begonnene zu machen. War man bei der vorgenommenen Untersuchung der Erzähler-Ebene eventuell geneigt, in ihr bloß eine Konstruktion zu sehen, die den Stoff einer zurückliegenden Entwicklungs-Etappe der DDR-Gesellschaft formal in die Gegenwart transponiert, so wird jetzt deutlich, daß ihr für Nolls Behandlung der Thematik/Problematik eine ganz entscheidende Bedeutung zukommt: Sie fungiert dem Leser gegenüber durch ihr bloßes Vorhandensein als Beweis für das Gelingen der berichteten Aktivitäten

— und enthebt Noll einer nicht einfachen und vielleicht auch Kritik einbringenden Ausarbeitung der Gegenwart[168]. In Nolls Konzeption ist die Gegenwart zwar als Ebene da, — aber auch bloß das, wird sie doch in keinerlei dialektische Beziehung zum Erzählten des Jahres 1967 gebracht. Sie dient allein — wie gezeigt wurde — zur Identifizierung des Erzählers mit dem Damals. Insofern macht Noll von ihr einen un-eigentlichen Gebrauch: Er nutzt sie aus, ohne sie zu nutzen.

Daraus ergibt sich eine völlige Disproportion zwischen Inhalt und Form, leistet die Form doch nicht das, was Thematik und Problematik vom Inhaltlichen her verlangen, kann sie es auf Grund ihrer Ausgestaltung auch nicht.

Damit entspricht der Roman nicht der sozialistisch-realistischen Auffassung vom Verhältnis von Inhalt und Form, wie sie z.B. in *Zur Theorie des sozialistischen Realismus* formuliert wird:

> Ihren komplexen, ganzheitlichen Ausdruck findet die erkennende, wertende und praktisch-produktive Seite des künstlerischen Schaffensprozesses im künstlerischen Inhalt, der aber nur in der individuellen, unwiederholbaren Form des Kunstwerks — seiner "Materiatur" (Hegel) — existiert. Ohne diese Form ist er nicht vorhanden. Inhalt und Form bilden eine spannungsvolle, relativ stabile Einheit.[169]

Auch wenn festgehalten wird:

> Das Primat des künstlerischen Inhalts in der sozialistisch-realistischen Kunst kennzeichnet sein gesellschaftlich-funktionelles Gewicht und die Bedeutung seiner Grundrichtung für den künstlerischen Schaffensprozeß[170],

heißt es doch weiter:

> Sosehr der Inhalt das führende Element und die Form das "geführte" Element ist, es wäre falsch, hier nur einer Seite relative Eigenständigkeit und Aktivität zuzubilligen. Die Kunstgeschichte zeigt, wie sehr auch die Form zur treibenden Kraft des Inhalts wird. Sie ist da, um die künstlerische Qua-

---

168. Eine Konsequenz anderer Art ist die, daß die kritischen gesellschaftspolitischen Bemerkungen des Erzählers sich wegen der zeitlichen Begrenzung auf Erscheinungen der 60er Jahre (oder früher) beziehen. Die damit gegebene 'Entlastung' der gegenwärtigen Honecker-Periode halte ich für bemerkenswerter als Schicks Hinweis, daß Kippenberg "auf alle Fragen auch gleich die passende Antwort" wisse (a.a.O., S. 1340).

169. *Zur Theorie des sozialistischen Realismus.* Hrsg. v. Institut für Gesellschaftswissenschaften beim ZK der SED. Gesamtleitung Hans Koch. Berlin/DDR 1974, S. 659.

170. A.a.O., S. 659.

lität des gedanklichen und emotionalen Inhalts "herauszuarbeiten". Der Wert des Inhalts ist abhängig von der angemessenen künstlerischen Form als der unmittelbaren Daseins- und Organisationsweise des Inhalts.[171]

Diesen Bemerkungen ist gerade in Hinblick auf die in Fragen der Form doch wohl recht unbekümmert vorgehende DDR-Rezeption hinzuzufügen,

> daß der künstlerische Inhalt, gefaßt als die durch die poetische Form organisierte und vermittelte Gesamtheit und Wechselwirkung aller geistig-ideellen, den Bedeutungsgehalt konstituierenden Elemente eines Werkes, *gestaltgewordener Inhalt* ist und Formbetrachtungen daher nicht als ein bloßer Nachtrag zur Interpretation zu begreifen sind.[172]

Zum anderen kann eine auf die Strukturierung des Romans gerichtete kritische Betrachtung auf die marxistische Auffassung verweisen,

> *daß die Struktur eines literarischen Werkes, die durch das Zusammenwirken aller seiner Elemente bewirkte innere Ordnung oder Schichtung, nicht außerhalb der Inhalt-Form-Beziehungen, sondern als deren unmittelbarer Ausdruck existiert.*[173]

Für diesen Roman gilt, was in Fortsetzung der anfangs zitierten Überlegungen als Gefahr für den sozialistischen Realismus gesehen wird, daß nämlich "wichtige neue Inhalte nicht den ihnen gemäßen künstlerischen Ausdruck" erfahren[174]. Das von Noll anvisierte 'Neue', die die gesellschaftlichen und persönlichen Aufgaben ihrer Zeit produktiv, unter Ausnutzung aller technischen, geistigen und individuellen Möglichkeiten angehende sozialistische Persönlichkeit, wird durch die starr gehaltene Struktur des Romans und die unreflektierte Weise der Präsentation um seine Glaubwürdigkeit gebracht: Es wird nicht erzählerisch als das durchaus Realisierbare, Einlösbare vorgeführt, sondern bleibt bloße Perspektive.

Nolls Vorgehen wird auch fragwürdig, wenn man untersucht, woraufhin das arbeitsmäßig Neue begonnen, wie es in Gang gesetzt wird, und was bis zum Ende des Romans vorliegt, um ein Gelin-

171. A.a.O., S. 659f.
172. Erwin Arndt, Werner Herden, Ursula Heukenkamp, Frank Hörnigk, Eva Kaufmann: *Probleme der Literaturinterpretation.* Leipzig 1978, S. 14f. (Hervorhebung im Original).
173. A.a.O., S. 16 (Hervorhebung im Original).
174. *Zur Theorie des sozialistischen Realismus,* a.a.O., S. 660.

gen, eine Realisierung unterstellen zu können. Zu den Problemen
der Struktur-Konzeption des Romans, der Formgebung im engeren
Sinne treten auch solche mit der Präsentation des 'Inhaltlichen'.

Wenn Kippenberg bei Papst den Vorstoß unternimmt, ihm anstelle des japanischen Verfahrens die Übernahme einer Entwicklung der Harra-Studie vorzuschlagen, kann er sich nach eigenen
Angaben auf folgendes beziehen[175]:

Es liegt die Studie vor, in der Harra "theoretisch vorausgesagt"
hat, daß eine Synthese "mit einem gewissen Trick ohne größere
Schwierigkeiten gelingen müßte", was Schneider "auch sofort hin-
bekommen [habe], allerdings nur mit kleinen Mengen", weil sein
Labor nicht mehr hergibt (S. 194f.).

Hadrian hat den Auftrag erhalten, den Versuch "in vergrößertem
Maßstab" zu wiederholen, und zwar in Zusammenarbeit mit Harra,

> damit wir die wesentlichen Parameter erfassen, die wir dann für eine noch-
> malige Maßstabvergrößerung an den Rechner geben. (S. 195)

Jungmann wurde angesetzt, indem Kippenberg das Vorhandene re-
kapitulierte und die weiterführende Arbeit skizzierte:

> "Wir haben eine Themenstudie", sagte ich, "freilich ist sie nicht bestätigt.
> Wir haben einen Lösungsweg und einige Varianten des möglichen Verfah-
> rens. Halten Sie sich nicht bei Fragen der ökonomischen Analyse auf, Wil-
> de hat an einem Netzplan zur Detaillierung der Aufgabenstellung gearbei-
> tet. Gehen Sie lieber noch einen Schritt weiter, und stellen Sie sich vor, der
> kleintechnische Versuch wäre gelaufen und ausgewertet. Wie führt dann
> der Weg von der Themenstudie zum Produktionsverfahren, und das in kür-
> zester Zeit? Halten Sie sich nicht dogmatisch an den Buchstaben, sondern
> lassen Sie sich lieber was einfallen, wie man möglichst viele Etappen über-
> springt!" (S. 198)

Jungmanns Frage, ob das "unter Rechnereinsatz" erfolgen solle,
bejahte Kippenberg, schränkte aber Jungmanns Ausrufe "Es geht
also los", "Plötzlich geht es los?" vorerst noch ein (S. 198). An

---

175. Als Kippenberg die von Papst als "Weltniveau" (S. 140) bezeichneten
japanischen Unterlagen mit der Harra-Studie vergleicht und wieder die "Kühn-
heit" und "Eleganz von Harras fundamentaler Lösung" (S. 145) sieht, sum-
miert er das im Institut Vorliegende:
"Der Problemstudie lagen Schneiders Versuchsprotokolle bei, Frau Doktor
Dietrichs Screening-Tests und ihr provisorisches Gutachten. Anderswo gab es
noch allerhand Schriftkram, beispielsweise Arbeitsanweisungen an Wilde, die
vertraulich gehalten und in der Arbeitsgruppe außer mir niemandem bekannt
waren und die Berechnung gewisser Netzwerke und Kostenpläne betrafen"
(S. 145f.).

dessen Erklärung: "Sie können sich auf mich verlassen", fügte er den Gedanken an:

> Das Wort: Sie können sich auf mich verlassen, klang in mir nach. Man vertraut einem Menschen, wenn man sich auf ihn verläßt. Die anderen hatten mir immer vertraut. War ich dieses Vertrauens wert gewesen? Ich schob die Frage von mir. Wenn ich jetzt nicht wußte, wessen ich wert und fähig war, dann hatte ich keine Chance. (S. 199).

Mit diesen arbeitsmäßigen Voraussetzungen und dem Bewußtsein, hier seine einzige Chance für ein 'neues' Leben zu haben, geht Kippenberg in das Gespräch mit Papst und Bosskow.

Als Papst nach Durchsicht der Harra-Studie – obwohl sich beim Lesen "die Falten [glätteten], der streng geschlossene Mund [...] sich wie zu einem Lächeln [öffnete]" und er "noch einmal jung" wurde (S. 206) – nicht positiv zustimmend reagierte, sondern den Konjunktiv des Satzes "Hierauf ließe sich ein Produktionsverfahren gründen..." hervorhob (S. 207), dachte Kippenberg:

> Der Doktor Papst hatte ja recht, und auch Bosskow hatte recht gehabt: Der Weg war sternenweit. Aber ich dachte, zwar flüchtig, doch bis heute erinnerbar, daß es höchste Zeit wurde, ein paar Sterne vom Himmel zu holen, und ich sah Harra vor mir und Jungmann, Schneider, Lehmann und seine Truppe, Wilde und Hadrian, alles Menschen, denkende Hirne, gespeicherte Fähigkeiten, auf Abruf bereit. Und ich war kein Phantast, ich wollte das Machbare, ein Stück Ideal, das sich realisieren ließ. Die skeptische Rechnung des Doktor Papst ging nicht auf, denn in seinem Ansatz fehlten die Menschen, von denen er so wenig wußte wie ich von seinen Leuten in den Wäldern. (S. 208)

Als auch die Lektüre der Schneiderschen Versuchsprotokolle keine Änderung bewirkte, Papst vielmehr fragte, von welch einem 'Verfahren' denn angesichts des Vorgelegten hier die Rede sein könnte, stützte er seine Ablehnung mit einem Hinweis auf die Unterschiedenheit von Forschung und einem Produktionsbetrieb und schloß:

> "Ihr schwört auf eine Idee", [...] "und ich wäre ein Narr, wenn ich nicht erkennen könnte, wie gut sie ist. Aber wer macht aus eurer Idee die produktive Kraft, von der wir leben?" (S. 210)

Papsts Reaktion auf das ihm gemachte Angebot gibt Kippenberg so wieder:

> Mit ernüchternder Kälte schüttete Papst Daten und Fakten und immer wieder Fakten, Zahlen und Daten über uns aus. Termine, Kennziffern, Planauflagen, Investmittel, Zinssätze, Exportauflagen: Es lief über uns hinweg, wir hatten dem nichts entgegenzusetzen, der Doktor Papst stieß uns in ein Meer von Tatsachen, und wir gingen darin unter. (S. 211)

Gegen Bosskows Vorwürfe, er würde sich hinter dem Staatsplan verschanzen, hätte seine frühere Entschlußkraft und Risikobereitschaft verloren und würde so tun, als hätte diese Studie "kein bißchen Glut" in ihm entfacht (S. 212), stellte Papst seine Auffassung, daß es neben "jenem lauten Ethos der Wissenschaft auch noch ein anderes gibt; dem fehlt es vielleicht an Attraktivität, aber an Glut und Feuer, sei es unter der Asche, fehlt es ihm nicht! Es ist das Ethos der unbedingten Planerfüllung [...]" (S. 215).

Währenddessen war Kippenberg der einzige, "dem die schöne Idee immer mehr zur Realität geriet" (S. 212), der sich "wieder eigenartig entrückt" fühlte:

> Der Joachim K. in seiner besten Zeit hätte den Doktor Papst gewiß mitreißen können und schien mir jetzt im Hintergrund zu stehen und abzuwarten, ob auch der Doktor Kippenberg das fertigbrachte. (S. 213)

Er meinte, "nicht alles fortschwimmen lassen" zu können:

> Das Ungewisse, das es mit Waghalsigkeit zu verwirklichen galt, hatte ich jetzt und hier dem Doktor Papst aufzuzwingen, oder unser Ethos war neben seinem tatsächlich nur ein Dreck. Erst wenn ich Papst gewonnen hatte, mit uns gemeinsam das Utopische zur Wirklichkeit zu machen, durfte ich meiner Wege gehen [...]. (S. 216)

Und so begann er Papst klarzumachen, daß sie mehr hatten als nur diese Studie – "und ich verließ mich darauf, daß Bosskow ohne viele Fragen jetzt erst mal mitziehen würde" (S. 217) –, "vom pharmakologischen Gutachten bis zum Netzplan", daß sie fähig wären, ihm einen "vergrößerten Laborversuch, eine V 3" zu liefern (S. 218), und bereit wären, bis zum Bau einer kleintechnischen Anlage, einer Pilotanlage, auch die Kosten zu tragen.

> Es war jetzt sehr still am Tisch. Bosskow brauchte wohl Zeit, mit dem Schock fertig zu werden. Als das Schweigen fast etwas Bedrückendes hatte, sagte Papst: "Gut. Wenn Sie eine kleintechnische Anlage vorführen, übernehmen wir die weitere Finanzierung. Aber Sie werden sich sehr beeilen müssen! Ich meinerseits werde morgen alles in die Wege leiten, daß der Vertragsabschluß bis zum Quartalsende hinausgeschoben wird. (S. 219)

Daß von mir dieses im Roman eine Schlüsselstellung einnehmende Gespräch so ausführlich vorgelegt wird, hat verschiedene Gründe. Zum einen macht es deutlich, daß Kippenberg Papst zu der Absprache nicht durch Fakten oder Argumente gebracht hat, sondern durch die Zusage von etwas, was – wie Kippenberg genau weiß – bis jetzt noch gar nicht existiert, zu dem die aus der Theorie abgeleiteten praxis-gerichteten Vorarbeiten gerade erst von ihm, noch begrenzt, zum Anlaufen gebracht worden sind.

Mit der zutage tretenden Emotionalität und dem Leistungs-*Versprechen* läßt Kippenbergs Vorgehen denken an eine Neufassung des Optimismus der Aufbau-Zeit! Dabei gründet sich jetzt der Optimismus weitgehend auf die unbegrenzt scheinenden Möglichkeiten eines Rechner-Einsatzes[176]: Kippenberg setzt einfach voraus, daß mit ihm und den Vorgang-Simulationen das bereits bestehende japanische Verfahren innerhalb weniger Wochen trotz bisher nur vorliegender eigener Theorie hinsichtlich der Produktionsreife doch noch eingeholt und sogar überholt werden kann, weil das eigene Verfahren qualitativ besser, da einfacher und energiesparend sein wird. Zum anderen bezieht sich sein Optimismus auf die Mitarbeiter des Instituts als 'denkende Hirne', 'gespeicherte Fähigkeiten', die er als 'auf Abruf bereit' ansetzt.

Gerade im Vergleich mit dem hier berichteten Auftreten von Papst und dessen begründeten Überlegungen erscheint Kippenbergs Verhalten als vermessen, da er den anderen trotz Kenntnis von dessen Arbeits-Situation mit nichts in den Händen als vorweggedachten 'Ergebnissen' zu einem zeitweiligen Abwarten bewegt (wobei für Papst das Schweigen Bosskows, den er als seriösen Arbeiter schätzt, nicht ohne Einfluß gewesen sein dürfte, zumal in Verbindung mit Kippenbergs Aussageweise[177]). Das gemahnt eher an Selbstüberschätzung und Wissenschaftsgläubigkeit denn an Verantwortungsbewußtsein und Verständnis für gesamtgesellschaftliche Verhältnisse.

176. Im Rahmen der Erwähnung des Telefongesprächs zwischen Papst und Kippenberg am Morgen nach ihrem Gespräch heißt es, daß Kippenberg Papst "ganz einfach mit Fakten überschüttet" hatte [was dann genannt wird, sind keine Fakten, sondern Verfahrenshinweise, – was auch auf Grund der skizzierten Lage nicht anders zu erwarten ist] und hinzufügte: " 'Es ist noch viel Überzeugungsarbeit zu leisten, um Pragmatikern wie Ihnen den Einsatz elektronischer Rechner in der Chemie praktikabel erscheinen zu lassen!' " (S. 222).

177. Kippenbergs gar keinen Einwand erst zulassende Aussage wird wie folgt wiedergegeben: " 'Wir haben einiges mehr, vom pharmakologischen Gutachten bis zum Netzplan für eine V 5/0. Reden Sie nicht, Bosskow, natürlich wissen Sie das, Sie sind doch oft genug dabeigewesen, wenn Wilde getestet hat'. Und wieder an Papst gewandt [...]" (S. 218). Diese Behauptung widerspricht Kippenbergs eigener Summierung, vgl. Wortlaut von S. 145f., wiedergegeben Anm. 175!

Der sprachliche Befund unterstützt diese Gedankengänge. Kippenbergs Formulierung, "daß es höchste Zeit wurde, ein paar Sterne vom Himmel zu holen" (S. 208), hat ihre genaue Entsprechung in der zu Anfang des Romans gegebenen *Charakteristik der Aufbau-Zeit* als "goldene Zeit, in der man geglaubt hatte, man könne die Sterne vom Himmel holen" (S. 8), – mit fast identischen Worten wieder aufgenommen, als er über den von ihm herangeholten Lewerenz nachdachte ("vor Jahren, in der goldenen Zeit, als wir uns anschickten, die Sterne vom Himmel zu holen", S. 106), und noch einmal, als er darüber sprach, daß er dagegen jetzt 'maßhalten' gelernt hätte ("nach dem jugendlichen Sturm und Drang, da man alles oder nichts verlangte und die Sterne vom Himmel holen wollte", S. 126).

Kippenberg ist sich bewußt, daß der Weg bis zu einem Produktionsverfahren "sternenweit" ist (S. 208). Das hatte auch Bosskow so formuliert, als Kippenberg ihn dafür gewinnen wollte, Papst ein 'Angebot' zu machen (S. 179). Doch dessen brüske Abwehr, bei der er Kippenberg als einen "Abenteurer" bezeichnete, der "mit einem Partisanenstreich" etwas durchsetzen wollte (S. 180), hatte auf diesen offenbar keinen Eindruck gemacht, setzte er doch alles daran, Papst "mit[zu]reißen" (S. 213), ihm "das Ungewisse, das es mit Waghalsigkeit zu verwirklichen galt", "aufzuzwingen" (S. 216), – ohne zu bedenken, daß die Zeiten und ihre Bedingungen einen, wie aus Papsts Ausführungen (u.a. dem "Meer von Tatsachen", S. 211) hervorgeht, grundlegenden Wandel erfahren haben.

Kippenberg ist beherrscht von dem Ehrgeiz, daß das Wissenschafts-Ethos neben dem von Papst genannten "Ethos der unbedingten Planerfüllung" (S. 215) nicht "nur ein Dreck" sei (S. 216), von dem Willen, die hier gesehene Chance für ein neues Leben zu ergreifen und "nicht alles fortschwimmen" zu lassen, vielmehr Papst zu gewinnen, "das Utopische zur Wirklichkeit zu machen" (S. 216), notfalls durch ein arrangiertes 'Mitziehen' Bosskows (vgl. S. 218) oder Überrennen von Papst mit übertriebenen Angaben wie im Gespräch (S. 218f.) oder am Telefon (S. 222). Dabei geht dieser neuere Kippenberg genauso vor wie der alte, der nach eigener Aussage ein "Draufgänger" (S. 24) gewesen war, der "rücksichtslos das Unterste zuoberst kehrte" (S. 8), dessen "Optimismus und Tatendrang" man "einfach nichts entgegensetzen konnte", der Einwände "lächelnd vom Tisch gefegt" hatte (S. 33) und damit ganz der "ominösen Begeisterungsfähigkeit" der jungen Generation in der

Aufbau-Phase entsprach, die Bosskow durchaus relativiert (S. 119).

In diese Richtung der Frühzeit weisen auch Auftauchen und Verwendung der Worte "Glut" und "Feuer" (S. 212 und S. 215), auch in Verbindungen wie 'Feuer und Flamme' und 'überspringender Funke' (S. 212, S. 519), und in Kontrast dazu, daß Papsts Reaktion erfahren wird als vorgebracht "mit einer Kälte, die mich betroffen machte" (S. 209), das Vorbringen seiner Argumente als "mit ernüchternder Kälte" (S. 211) (obwohl man bei ihm als ehemaligem Chemiker beobachtet hatte, daß sich beim Lesen der Studie 'seine Falten glätteten', der 'strenge Mund sich zu einem Lächeln öffnete', während dem Werkleiter Papst "Schatten [...] die Furchen in seinem Gesicht tiefer als je [füllten], S. 207)[178].

'Glut' und 'Feuer' stehen als Werte auf der gleichen Ebene mit 'Vertrauen' und 'Sich-verlassen-Können', worauf an verschiedenen Stellen im Text auffällig Bezug genommen wird (vgl. z.B. S. 199).

Das hier vom Handlungsgeschehen und der sprachlichen Gestaltung her sich als *optimistisch-spekulativ* erweisende Vorgehen Kippenbergs verlangt schon deswegen eine Einlösung bzw. Realisierung. Bis zum Schluß des Romans läßt Noll jedoch seinen Erzähler in Handlung und Bericht auf weitgehend gleiche Weise verfahren.

Bezeichnend ist z.B., daß Kippenberg erst im Gespräch mit Lankwitz (Kap. 13 gegenüber Kap. 9 mit Papst-Bosskow-Gespräch) Risiko und Erfolgschancen überdenkt[179] und zu folgender 'Berechnung' kommt:

178. Als Entsprechung ist aufzufassen, daß Kippenberg von den Mitarbeitern nach einem Rückschlag mit dem Rechner empfangen wird mit "aufglimmende[r] Erwartung in den Blicken" (S. 427). (Vgl. auch Jungmanns 'Erwartungs-Eifer', S. 198f.).

179. Die in Kap. 10 von Bosskow vorgebrachte Frage: " 'Was für Garantien haben wir denn, daß wir überhaupt alle Kräfte koordiniert einsetzen können? Also klipp und klar: Spielt Lankwitz mit oder wirft er uns wieder Knüppel zwischen die Beine?' ", löst folgende Überlegung und Antwort aus: "Wie hätte ich Bosskow, jetzt am Telefon, klarmachen können, daß die Einwilligung oder die Weigerung des Chefs vollständig belanglos wäre, sofern nur wir, und unter uns allen ich, kompromißlos das Ganze wollten und mehr als das Ganze und ohne Abstriche? Wie hätte ich jetzt erklären können, warum ich seit Tagen mein Ich durchforschte und etwas in mir suchte, da ich doch gar nicht wußte, wonach ich auf der Suche war? 'Der Chef wird mitspielen', sagte ich. Und mit beinah drohendem Unterton: 'Da können Sie sich drauf verlassen!' " (S. 241)

Ich überschaute alles, was geleistet und was versäumt und unterlassen worden war. Ich kalkulierte Wildes Netzplan und Frau Doktor Dietrichs Gutachten ein und verrechnete die Habenseite mit dem Manko, das sich aus zahllosen Posten zusammensetzte, und ich bekam die Erfolgswahrscheinlichkeit von null Komma einundfünfzig nicht zusammen. Aber ich hatte mich selber nicht mitkalkuliert. Jetzt setzte ich mich in die Rechnung ein, und siehe: Nun waren es haargenau null Komma fünf eins. (S. 312)

Daß Kippenberg nach Einsetzen der eigenen Person in diese Rechnung die Formulierung gebraucht, daß er dadurch "haargenau" auf 0,51 kommt, ist entlarvend für die Art seiner 'Berechnung' und verschärft noch die Diskrepanz zwischen der in Form einer Präzisionsangabe vorgebrachten Wahrscheinlichkeit des Gelingens und seinem Einkalkulieren der Leistungsmöglichkeiten von Menschen[180]. In seinen zu dem oben Zitierten führenden Überlegungen war schon festzustellen, daß Fragen und Probleme je nachdem, wie es am besten hinkommt, abgeschoben werden auf Personen oder auf den Rechner[181]. Bedenklich ist dabei — zumal die Kontextverhältnisse keinerlei Veranlassung geben, hier eine Ironisierung anzunehmen —, daß zwar (mehrfach) zur Sprache kommt, es würde "Probleme geben, große Probleme vielleicht" (S. 311), der Leser aber über deren 'Lösung' auch aus dem Nachhinein nichts erfährt, nicht informiert wird über ihr Zutagetreten und Beseitigtwerden. Die 'Lücke' zwischen 1967 und 1977 ist nicht nur eine betreffs realer Ausfüllungen mit verschiedenstem historischen Material, sie betrifft vielmehr ganz wesentlich die Gewißheit des Gelingens des 'Neuen' und damit das Sinnvolle des hier vorgeführten Tuns.

In Zusammenhang mit den bisher vorgebrachten kritischen Bemerkungen und Hinweisen ist der Schlußteil des Romans besonders aufschlußreich, doch auch in bezug auf die Gesamteinschätzung der Nollschen Konzeption.

In seiner Rezension hat Müller-Waldeck darauf aufmerksam gemacht, daß "Elemente des klassischen Dramas [...] im Roman nicht übersehbar" sind, und spricht er von einem "spannungsreich gezo-

180. Auf Befragen Bosskows nannte Harra wichtige Hemmungs-Gründe für ihre Arbeit (S. 316ff.), schloß jedoch mit der nach der vorhergegangenen Vorsicht seiner Ausführungen erstaunlichen Aussage, die Chance des Gelingens wäre mindestens 0,51, "weil Kippenberg sonst die Pfoten davon lassen würde, nicht wahr" (S. 318).
181. Vgl. S. 311f.

genen Handlungsbogen"[182]. Er bezieht das jedoch ausschließlich auf die Konstellation der Figuren und deren Motivierung. Meines Erachtens läßt sich darüber hinaus zeigen, daß Noll bei der Konzipierung des Schlußteils mit dramaturgischen Mitteln arbeitet, was Konsequenzen hat für die Gestaltung, insbesondere aber für die Interpretation.

Nach dem Gespräch mit Lankwitz, in dem Kippenberg dessen Ratlosigkeit als verantwortlicher Institutsdirektor wegen der Konsequenzen aus der damals nicht effektuierten Harra-Studie dahingehend ausnutzte (vgl. S. 308f.), daß er sich für das nötige Aus-dem-Dreck-Ziehen des Karrens "Vollmacht über alle Abteilungen des Hauses, auch im Hinblick auf die künftige Perspektive" (S. 310) geben ließ[183], wird aus dem Berichteten langsam deutlich, daß Kippenberg trotz verschiedener Rückschläge[184] das Projekt in Gang bringt, was die Untersuchungsschritte im Institut und wichtige Arbeitsbedingungen (schnelle Anfertigung von Zeichnungen und Besorgen einer Halle für den Versuchsreaktor[185]) sowie die Haltung im thüringischen Werk (Vereinbarung über die Zusammenarbeit[186]) anbelangt.

Zugleich entwickelt sich eine Gegenhandlung, im Ansatz mitbestimmt durch die Art, wie Kippenberg seinen Schwiegervater für das Neue 'gewonnen' hatte, und durch Bosskows eine ganz neue

182. Müller-Waldeck, a.a.O.

183. Lankwitz diktierte am Ende des Gesprächs als Hausmitteilung:
" '...erfordert die Lösung dieser vorrangigen Aufgabe neue Formen der Arbeitsorganisation. Deshalb werden ab sofort Chemie- und Screening-Abteilung mit der Arbeitsgruppe Kippenberg nach einheitlicher Konzeption zusammenarbeiten. Von dieser Regelung ausgenommen bleibt das Labor des Direktors. Die Koordinierung der Arbeit für die Lösung der gegenwärtigen aktuellen Aufgabe obliegt Doktor Kippenberg...' " (S. 314).

184. Daß diese Schritte nicht so ohne weiteres vollzogen werden können, geht aus einer Arbeitsdiskussion im Institut, einem sog. 'Palaver', hervor, wenn es dort heißt: "Probleme über Probleme kamen auf uns zu" (S. 403), oder: "Wir sahen uns plötzlich vor einen Dschungel praktischer Probleme gestellt" (S. 413).

185. Die für eine termingerechte Weiterarbeit nötigen Zeichnungen (S. 417) werden unerwartet durch Evas Vermittlung in ihrem Betrieb durch Überstunden am Wochenende hergestellt (S. 420 und S. 490); sie ist es auch, die für den nötigen Modellreaktor (S. 418f.) eine leerstehende, doch über die nötigen technischen Einrichtungen verfügende Halle besorgen wird (S. 547f.).

186. Vgl. S. 525f.

Zukunfts-Perspektive des Instituts zum Ausdruck bringende Überlegungen (S. 337f.). Während Kippenberg sich in Thüringen um eine Kooperations-Absprache bemühte, die das japanische Verfahren durch das eigene ersetzt, beschlossen Lankwitz und Kortner, das die "bewährte Struktur" (S. 479) des Instituts und damit ihre eigene Position bedrohende Projekt dadurch zu stoppen, daß sie unverzüglich Harras Entdeckung "an die übergeordnete Instanz" (S. 482), das Ministerium, weiterleiteten, da Lankwitz, wie Kortner es formulierte, zu seinen schweren Pflichten nicht "eine zusätzliche Verantwortung" übernehmen kann, "die eindeutig in den technischen Bereich fällt" (S. 481).

Der sich als erfolgreich einschätzende Kippenberg wird bei seiner Rückkehr mit der Hausmitteilung überrascht:

> "Höhergeordnete Dienststellen haben die geplante Verfahrensentwicklung übernommen und werden letztinstanzlich die Kompetenzen klären. Insofern ist das Institut mit sofortiger Wirkung von dieser Aufgabe entlastet. Alle Abteilungen setzen ihre wissenschaftliche Arbeit laut Forschungsplan fort. Gezeichnet Prof. Dr. Lankwitz, Institutsdirektor." (S. 549f.)

Die darüber bei Kippenberg und den Mitarbeitern entstehende Irritation wird noch dadurch verschärft, daß Kippenberg mit Harras Kündigung konfrontiert wird, einer Kündigung, die ausgelöst wurde von der tiefen Enttäuschung über die sich zeigenden Veränderungen in Kippenbergs Verhalten als Leiter der Arbeitsgruppe, die früher wegen der gemeinsam durchlebten Entscheidungsprozesse und immer klarer Verantwortlichkeit "beispielhaft" zu nennen war (S. 586)[187].

Der Gang zu Lankwitz, zusammen mit Bosskow und Frau Dietrich, wurde für Kippenberg zu einem Debakel, da er nur mit Schweigen reagierte, als der von Bosskows Überlegungen in die Enge getriebene Lankwitz diesem die für die Beurteilung der Lage nötige "wissenschaftliche Qualifikation" und den "umfassenden Überblick" absprach[188] und Kortner Kippenbergs Einverständnis mit

187. Harra erläutert seinen Entschluß dahingehend, daß aus dem Auftreten Kippenbergs gegenüber den Mitarbeitern am Vorabend (vgl. S. 561f.) etwas gesprochen habe, " 'das wollte die Arbeitsgruppe in eine übliche Kultgenossenschaft zurückverwandeln, über die du dich als sakraler Kleinkönig erhebst. Und weil ich nicht mehr sicher bin, ob das geschieht, muß ich auf der Stelle gehen, weil ich heute noch in Achtung vor dir gehen kann und weil ich dir zuviel verdanke, als daß ich jemals in Unfrieden gehen dürfte' " (S. 586).

188. Dieser Hinweis auf die Grenzen von Bosskows fachlichem Urteil —

der Chef-Entscheidung auf Grund ihres Gesprächs vom Vorabend behauptete (vgl. S. 559ff.):

> Vor dem Joachim K. der Anfangsjahre hätte Kortner ein solches Auftreten gar nicht gewagt. In diesem Augenblick war ich weder der eine noch der andere und erlag so der Provokation: Ich fiel zurück in eine Vorform meiner Persönlichkeit, ins Halbstarkenalter sozusagen, denn während die Sekunden dahintropften und atemlose Stille herrschte, kämpfte ich gegen das wilde Verlangen an, diesem Kortner jetzt endlich mit meiner überlegenen physischen Kraft in die Fresse zu schlagen, aber so gründlich, daß er sein Schandmaul zukünftig nicht mehr aufzumachen wagte. Dieser Rückfall ins Trümmerzeitalter, [...] diese Reduktion meines Intellekts aufs Faustrecht, stellte nichts anderes dar als die Kehrseite meiner Ohnmacht gegenüber Kortner und den Ausdruck meines vollkommenen menschlichen Bankrotts. Das war mir in diesem entscheidenden Augenblick nicht bewußt. Und als es mir bewußt wurde, war es zu spät. (S. 599)

Das, was der Höhepunkt von Kippenbergs Bemühungen hatte werden sollen, wurde sein menschlicher Tiefpunkt durch das Offenbarwerden seiner inneren Befangenheit. Ein Anruf von Eva ließ ihn zu ihr nach Schönsee fahren:

> Ich fuhr ins Ungewisse, ich wußte nicht, ob es eine Wiederkehr gab. Das einzige, was ich mitnahm, war die Trauer um Charlotte und die Scham vor Bosskow. (S. 601)

Damit hat Noll das Geschehen dramatisch zugespitzt und zugleich ein retardierendes Moment geschaffen: Kippenberg ist unausweichlich und auch unaufschiebbar vor die Frage gestellt, ob er "am Ende oder vor einem neuen Anfang" ist (S. 608), und die Spannung des Lesers wird voll darauf gerichtet, auf welche Weise es dem Ich-Erzähler gelingen konnte, aus dieser ausweglos scheinenden Situation herauszukommen.

Kippenbergs "Selbstvergessenheit" (S. 611) in der Liebesnacht mit Eva führt zu seiner 'Selbstfindung':

> Ich kam von allein darauf, daß ich nicht der Mensch war, der vor sich selbst, seinen Irrtümern und Fehlern und seinen selbstgewählten Zielen einfach davonläuft. (S. 612)

Und Evas Überlegung,

Kippenberg äußert sich dazu, daß das nichts anderes bedeutet, "als daß Lankwitz [...] Bosskow das Jahrzehnt in Buchenwald als Mangel vorrechnete" (S. 598, vgl. auch S. 49f.) — macht Kippenbergs Schweigen menschlich besonders fragwürdig.

"und wenn Doktor Bosskow tatsächlich mit dir fertig ist, wie du glaubst, und wenn deine Frau dich verachtet, wie du meinst, dann entfällt doch der einzige Beweggrund, der dich zwei Jahre hat schweigen lassen: die Angst, Bosskows Freundschaft zu verlieren[189]. Die bist du ja nun los und die Achtung deiner Frau obendrein. Dann geh doch hin und erzähl ihnen alles" (S. 613),

wird zum Lösungsweg, der gerade in seiner Einfachheit Kippenberg überzeugt[190].

Damit hat die Liebesszene eine deutliche Funktion innerhalb des dramaturgischen Aufbaus des Schlußteils.

Der 2. Vorstoß bei Lankwitz erfolgt in sich steigernden Etappen. Am Beginn steht Kippenbergs Aussprache mit der allein im Zimmer ihres Vaters anwesenden Charlotte, in der er ihr klarmacht, erst die Begegnung mit Eva habe ihn erkennen lassen, daß er gar nicht fähig gewesen sei, seine Frau wirklich zu lieben, daß es eher Hochachtung und Respekt gewesen seien und ein Gefühl, sie wie eine Kostbarkeit hüten zu müssen (S. 619). Die Nacht mit Eva ermögliche ihm nun, "reinen Tisch zu machen" (S. 620).

Nach diesem befreienden Bekennen seiner Schuld im persönlich-intimen Bereich erfolgt − nachdem Lankwitz, Bosskow und Kortner eingetroffen sind − als nächstes die Abrechnung mit Kortner, dessen als Erpressungsversuche aufgefaßtes Verhalten Kippenbergs Aktivität blockiert und zu dem verhängnisvollen Schweigen beim 1. Vorstoß geführt hatte.

Nach dem Ausschalten seines aktivsten Gegenspielers bekennt Kippenberg Bosskow, daß er "im Komplott mit Professor Lankwitz und Kortner" ihn und die Arbeitsgruppe "zwei Jahre lang getäuscht und hintergangen habe" (S. 625). Und er fährt fort, daß es seine Schuld gewesen war, sich auf den Kuhhandel einzulassen, er jedoch "bei allen Kompromissen immer nur Vorteile für die Arbeitsgruppe", nie für sich selbst herausgehandelt hätte (S. 625).

Damit wird insbesondere für Bosskow Kippenbergs Verhalten erklärt, zugleich aber auch das von Lankwitz bloßgelegt in seiner

189. Eva nennt hier eine Überlegung Kippenbergs (vgl. S. 179).
190. So wie das Erleben des Tiefpunkts für Kippenberg der Anfang für sein neues Verhalten wird, ist der Höhepunkt ihres Zusammenseins in der Liebesvereinigung der Abschied Evas von Kippenberg (vgl. ihre Worte über die mögliche Leichtigkeit eines Abschieds [mit Hölderlin-Bezug!], S. 614, und seine Mitteilung an Charlotte, S. 620). Nimmt man Kippenberg-Worte auf, hat Eva hiermit dann auch für die Romanhandlung 'ihr Spiel gespielt'.

Schuldhaftigkeit, womit Kippenberg indirekt das eigentliche Anliegen seines Kommens anspricht: die Zustimmung des Chefs zu dem neuartigen Arbeitsprojekt.

Dieses Mal folgt ein "endloses Schweigen" (S. 625) auf seiten der anderen, unterbrochen durch die dringende Mitteilung der Sekretärin, Prof. Fabian wolle am Telefon eine Vereinbarung mit Lankwitz treffen wegen der Pläne für das neue Institut:

> Da kam Lankwitz wie aus tiefem Sinnen zu sich und belebte sich und schaute bedeutungsvoll reihum und sagte: "Ja, richtig! Fast hätte ich diese neue Aufgabe aus dem Auge verloren... Im Zuge der Hochschulkonferenz... Sie verstehen? Wir müssen da sowieso schnellstens einen neuen Passus finden..."
> "Ich habe gesagt, Sie sind in einer Besprechung", mahnte die Annie. "Was darf ich ausrichten?"
> "Ich schlage zwölf Uhr im Operncafé vor", sagte Lankwitz.
> "Entschuldige", sagte ich. "Bitte vierzehn Uhr, falls sich der Doktor Papst verspätet".
> "Ja, richtig!" sagte Lankwitz wieder. "Also vierzehn Uhr". Und er erhob sich und sagte: "Da bleibt mir ja heute kaum noch Zeit, in meinem Labor... Sie entschuldigen mich?" Und zu Bosskow: "Sie sind so liebenswürdig und bringen den Kollegen Papst dann gleich als erstes betreffs der Unterschrift zu mir hoch". (S. 626)

Mit dem Abgehen der Gegenpartei, Bosskows Hinweis auf eine nötige Vorbesprechung der Arbeitsgruppen-Zusammenkunft und der schon oben erwähnten Versöhnungsgeste Charlottes endet der Bericht des Ich-Erzählers und zugleich das Handlungsgeschehen.

Diese von einem Deus ex machina hervorgerufene Zustimmung und die einfache Auflösung dieser tableauartigen Schlußszene stehen in einem Mißverhältnis zu dem über zwei Berichtswochen zu solcher 'Entscheidung' aufgegipfelten Handlungsgeschehen.

Kippenbergs Eingestehen seiner alten Mitschuld durch Erzählen des 'krummen Dings' — der Leser erfährt an dieser Stelle nur das Faktum, nicht die Erzählung als solche, damit auch nicht die Art und Weise der Berichtgebung — genügt bereits, diejenigen kapitulieren zu lassen, die sich so entschieden (bei Lankwitz sogar aus Prinzip), selbst unter Einsatz einer (intriganten) Gegenaktion der neuartigen Arbeit widersetzt hatten. Sie räumen einfach das Feld, ohne Gegenwehr, ohne Einspruch, ohne auch nur den Versuch einer (argumentierenden) Gegendarstellung, die zumindest auf die Konsequenzen des damaligen Verhaltens von Kippenberg, seine Methoden beim Gewinnen der mündlichen Zusicherung des Chefs und auf die zweifellos vorhandenen Unsicherheiten des neuen Unternehmens hätte verweisen können.

Das Vorbringen der 'reinen Wahrheit' wirkt bei allen, bei der Gegenpartei allerdings mit einer (zufällig) zur rechten Zeit kommenden Entscheidungshilfe: Die durch den Telefonanruf gegebene Aussicht auf eine 'neue Aufgabe' läßt Lankwitz zustimmen, seine Unterschrift als Institutsdirektor unter eine Vereinbarung setzen zu wollen, deren Inhalt er nur aus Kippenbergs "im Telegrammstil" "abgespult[en]" Bericht (S. 581) kennt!

Der gerissene langjährige Intrigant Kortner ist vor allem durch einen Hinweis auf seine Tochter Eva so paralysiert, daß er sich verliert in der "nun rasch einsetzenden Wirkung all der Sedativa und Tranquillizer [!], die er nicht zu knapp in sich hineingeschluckt hatte" (S. 625).

Trotz ihrer Irritation und Enttäuschung über Kippenbergs menschliches Versagen beim ersten Zusammentreffen können Bosskow und Charlotte ihm jetzt sofort neu vertrauen: Bosskow denkt nur noch daran, daß er, in "irre[r] Dialektik", nun mit ihm zusammen die in Kürze zusammentretende Arbeitsgruppe " 'verschaukeln und sagen muß, es war wirklich nur ein Mißverständnis!' " (S. 626f.)[191]. Charlotte kann, vorbereitet durch die offenen Bekenntnisse vor dem Beginn des Reinen-Tisch-Machens, mit einem verzeihenden Zukunfts-Versprechen Kippenberg einholen in ihre menschliche Gemeinsamkeit.

Dieser Schluß des Romans ist nicht nur ein problemloser Schluß, weil alles kampflos geschieht, sondern weil es 'einfach bloß geschieht' – und dabei auch noch so restlos aufgeht: Wo nun endlich einmal reiner Tisch gemacht werden soll, um das Neue realisieren zu können, wo man Argumente für Position und Gegenposition beim entscheidenden Zusammenstoß der Parteien erwartet, bringt ein Telefonanruf das so lange Umkämpfte gleichsam als Geschenk.

Schimanski hatte in seiner Rezension davon gesprochen, daß die "Figurengestaltung [...] nicht ganz frei von unterhaltungsliterari-

---

191. Bei der kurzen Begrüßung zu Beginn dieser Szene verwendete Bosskow interessanterweise den Begriff 'verschaukeln' für Kippenbergs auch von Harra gerügtem Kleinkönigs-Verhalten gegenüber dem Kollektiv. Aus Bosskows weiteren Ausführungen ist zu schließen, daß dem Kollektiv das 'krumme Ding' nicht als solches mitgeteilt wird!

schen Typisierungen [ist]"[192]. Unabhängig davon, sehe ich in der Gestaltungsweise dieses Schlusses, doch auch schon gewisser hinführender Handlungs-Elemente, etwas 'Unterhaltungsliterarisches': Hier geht alles so rest-los auf, löst sich alles, weil alles gerade zur rechten Zeit geschieht: Kippenbergs Mitarbeiter hatten sich sofort und voll diesem doch völlig unerwartet auf sie zukommenden Projekt widmen können und wollen (was hätten die wohl sonst zu tun gehabt?); jeder von ihnen hat auch die Energie und die Zeit dazu: viele arbeiten dafür bereitwillig nachts und sonntags; Frau Degenhardt kann ganz selbstverständlich ihre Kinder zu ihrer Entlastung in Bosskows Großfamilie unterbringen. Tauchen Probleme auf, findet sich gleich eine Lösung, sei es die Übernahme der Zeichnungen durch Eva und ihre Kollegen als zusätzliche Wochenendarbeit (die Harra bereit ist, aus eigener Tasche zu bezahlen, S. 421) oder das Besorgen der nötigen Halle für den Modellreaktor. Selbst im Bett ist Eva noch für das Projekt tätig, "spielte" sie doch "das Spiel in dieser Nacht so lange mit", bis Kippenberg sich wieder "im Griff" hatte (S. 612).

Hierher gehört auch, daß innerhalb weniger Tage durch Prof. Fabian bei Lankwitz zum einen eine schwere Krise ausgelöst wurde (S. 303f., vgl. auch bereits S. 292f.), da dieser sich nun sowohl durch die Hochschulkonferenz als auch die Kippenberg-Aktion in seinen Grundauffassungen und damit seiner Instituts-Position bedroht sah, zum anderen ihm mit Fabians Vorschlag, mit ihm zusammen "eine ganz neue Aufgabe" zu übernehmen, die ihm "wie auf den Leib geschneidert" wäre (S. 592), ein Ausweg angedeutet wird [einem doch eher bourgeoisen Lankwitz beim Aufbau eines neuen Zentralinstituts im Rahmen der modernen Hochschulpolitik!]. – Allerdings ist merkwürdig, daß Fabians Angebot keinerlei Auswirkungen beim ersten Vorstoß gezeitigt hatte, sondern erst ein nochmaliger Anruf, nun direkt in das neue Zusammentreffen, besser: das Schweigen nach Kippenbergs Enthüllungen fallend, die Wirkung hat, daß Lankwitz unterschriftsbereit wird, auf eine Weise, als sei das angesichts seiner zukünftigen Aussicht schon gar keine gewichtige Abwicklung mehr [wäre es sonst nicht so schön dramatisch geworden?].

---

192. Schimanski, a.a.O.

Mit dieser Einschätzung unterscheide ich mich völlig von Kuczynski, der gerade "die Selbst-Verständlichkeit, mit der alles geschieht und geschildert wird", als das vielleicht "Bedeutendste an dem Roman" hervorhebt; "kein künstlich aufgetragenes Bewußtsein, keine penetrante 'Parteilichkeit' stören uns": "Die Realität belehrt uns"[193]. Ich halte das für eine recht eigenartige Auffassung von Realität und künstlerischem Produkt, ist doch das von Kippenberg Erzählte, gerade als Ich-Erzählung, eben nicht einfach(e) Realität, vielmehr sind es von einer Person erzählte und damit ausgewählte und in bestimmter Weise gestaltete Begebenheiten. In dieser Sicht – Erzählen als Auswählen und Gestalten – ist das sich so rest-lose Lösen aller aufgeworfenen, vorgebrachten Probleme nicht 'bedeutend', sondern höchst bedenklich, weil hier 'Realität' vom Erzähler erzählerisch reduziert wird auf von ihm gut abgestimmtes (utopisches) Glück.

Zu der Liebesszene mit Eva ist noch anderes zu sagen, da sich z.B. Lerchners negative Beurteilung ihrer sprachlichen Gestaltung[194] und Nolls im *Kürbiskern*-Gespräch vorgebrachte Auffassung entgegenstehen[195]. Ganz abgesehen davon, daß ich auf Grund der Kippenbergschen sprachlichen Behandlung dieser Nacht und der von ihm daraus gezogenen Konsequenzen (unter Einbeziehung seiner Rückgriffe auf den früheren K.) weiterreichende Zweifel an seiner 'Gefühlsvertiefung' habe (zumal auch hier das Berichtete aus dem Nachhinein nicht korrigiert oder ergänzt wird), ist Lerchners Urteil zutreffender.

Nolls Hinweis auf die "Ironie dieser Stelle" ist fragwürdig, weil der Kontext dafür keinerlei Hinweise gibt und die dramaturgische Bedeutung dieser Szene eine ironische Behandlung ausschließt. Daß er Kippenbergs Wiedergabe der Vereinigung mit Eva in Sprachformen eines Naturwissenschaftlers als 'doppelt distanziert' sieht, distanziert gegenüber einem Kippenberg, "der bei dieser Umarmung das Hemd schneller los wird als das eingefahrene Denken in seinem Begriffsschatz", und gegenüber einem "Überschwappen aus Restbeständen der Sexwelle" auch in die DDR-Literatur[196], er-

---

193. Kuczynski, a.a.O., S. 94.
194. Vgl. Text-Wiedergabe auf S. 495.
195. Siehe Text-Wiedergabe bei Anm. 131.
196. A.a.O.

gibt keine stichhaltige Begründung für den 'entemotionalisierten' Sprachgebrauch. Da Kippenberg als Ich-Erzähler formuliert (und diese Szene die letzte des Romans unmittelbar vorbereitet), erscheint mir eine Autor-Markierung von Kippenbergs Zustand der Gefühlsentwicklung in dieser Form sinnlos, würde sie doch nur deren (Noch-)Nicht-Realisierung anzeigen − und das an einem Gefühls-Höhepunkt − und damit die Entwicklung als solche in Frage stellen (was meine Skepsis bestätigen würde). Nolls zweites Argument unterstellt, er hätte diese Sprache nur aus äußeren Gründen, in Abwehr eines "Beischlafsnaturalismus"[197], benutzt und nicht entsprechend der Funktion von Ereignis und Szene innerhalb des Romans. Ich meine, daß Noll hier versucht, mit unzureichenden Mitteln eine auffällige Schwachstelle seines Werks in ein Positivum umzudeuten.

Mit meiner bisher gegebenen Darstellung und ihren Argumenten wurden, anknüpfend an einzelne mir wichtig erscheinende Beobachtungen der DDR-Rezeption, diese Beobachtungen ergänzt und ausgedehnt, mit Text-Verhältnissen in Verbindung gebracht und insgesamt in größere Zusammenhänge gestellt. Dadurch wurden Unzulänglichkeiten bei der Auswertung der Ausgangs-Beobachtungen beseitigt und eine fehlende Konsistenz durch Aufbau eines Erklärungs-Systems auf Grund der weiteren Beobachtungen und damit verbundener Überlegungen hergestellt, so daß ein gesichertes Erklären mit Chance auf Bewährung vorgelegt werden kann.

Da die angestrebte Überbietung hier vor allem in Form einer Ausführung nicht vollzogener Konsequenzen der Rezeption und des Aufzeigens von Zusammenhängen besteht, konnte keine im eigentlichen Sinne argumentierende Auseinandersetzung mit der bisherigen Rezeption erfolgen. Es dürfte jedoch deutlich geworden sein, daß sowohl die pauschale positive Beurteilung des Romans als auch die Hochschätzung wegen seiner Darstellung von gesellschaftlich 'Neuem' nicht haltbar ist, sofern man nicht Inhalt-Form-Verhältnisse sowie textuelle Gegebenheiten des Erzählten und seines Erzählens in ihrer Geltung beeinträchtigen oder ausschalten will.

Daß diese letztgenannten Faktoren in der DDR-Rezeption eine so untergeordnete Rolle spielen, liegt z.T. an einer isolierten Be-

197. A.a.O.

trachtungsweise, die nicht fragt, welche Konsequenzen mitgeteilte Einzelangaben in bezug auf das ästhetische Ganze des Romans haben. Hier wäre zu denken an die kritischen Äußerungen von Löffler über die Konstruktion der privaten Handlungslinie[198], von Berger über eine nicht deutlich werdende dialektische Sicht auf das Heute[199] oder von Müller-Waldeck und Geerdts zu Überforderungen des Ich-Erzählers[200]. Zum anderen liegt es gegebenenfalls an einer betont oder sogar ausschließlich inhaltsbezogenen Sicht, bei der der Grad der herausgelesenen oder vom Autor zum Ausdruck gebrachten Parteilichkeit ausschlaggebend für die Beurteilung ist — wie insbesondere bei Höpckes Ausführungen[201] —, bzw. einer solchen, bei der das Werk beurteilt wird auf Grund der vom Leser festzustellenden Meinungs-Übereinstimmung oder der bei ihm hervorgerufenen Wirkung ideologisch positiv einzuschätzender Art, zu finden u.a. bei den *Forum*-Leserzuschriften[202]. Man bekommt es aber auch zu tun mit Aussagen, die trotz sorgfältiger und behutsamer Untersuchung selbst interpretativer Kontext-Verhältnisse vom Text nicht eingelöst werden und somit bloße Behauptungen bleiben. Die von Höpcke hervorgehobene Genauigkeit der Analyse von Kippenbergs Verhalten[203] ist weder als Selbstanalyse des Erzählers noch als eine des Autors in bezug auf die Hauptperson gegeben; gegen Neuberts Lob der scharfkonturierten Auseinandersetzungen[204] stehen bereits die hier vorgelegten Text-Passagen des Romans.

Zu solchen Aussagen ist auch Schröders im *WB*-Rundtischgespräch vorgetragener Interpretationsversuch zu stellen. Für seine Konzeption greift er zwar durchaus auf Überlegungen von Roman-Figuren zurück, doch seine Folgerung, Noll stelle hier die Aufhebung der Widersprüche und Konflikte als "komplizierten Prozeß der Entfaltung kollektiver Kräfte" dar[205], wird vom Text nicht

198. Löffler, a.a.O.
199. Berger, a.a.O.
200. Müller-Waldeck, a.a.O.; Geerdts, a.a.O., S. 101.
201. Höpcke, a.a.O.
202. *Forum*-Leserzuschriften, vgl. Anm. 76.
203. Höpcke, a.a.O., S. 31.
204. Neubert, a.a.O.
205. Schröder, a.a.O., S. 45.

mehr abgedeckt: Nicht nur ist die Zusammenarbeit zwischen Forschungsinstitut und Produktionsstätte, die als eine solche 'Entfaltung kollektiver Kräfte' anzusehen wäre, bis zum Ende der Romanhandlung lediglich eine Absichtserklärung, selbst die kollektive
Arbeit im Institut steht für das neue Projekt erst am Anfang – und
von einer Projektion in die Zukunft muß man absehen, da der Erzähler dazu keine Angaben macht. Schröder nimmt hier das aus
seinem Ansatz Gefolgerte für mit dem Roman auch erzählerisch
Geleistetes.

Ähnlich verhält es sich mit der Behauptung von Geerdts, Nolls
insbesondere an Kippenberg angesetzte Analyse führe zu der Erkenntnis, daß alle wichtigen Prozesse von der "Entwicklung revolutionärer Kollektivität" abhängen und er damit in "Neuland" vorstoße[206]. Kippenberg formuliert zwar selbst einmal: "hier war
Neuland" (S. 16), doch das bezieht sich auf sein Mitte der 60er [!]
Jahre angestrebtes Ziel einer Kooperation mit Betrieben, insbesondere unter dem damals noch neuen Einsatz eines Rechners (vgl.
S. 16). Worin das 'Revolutionäre' der Kollektivität bestehen soll –
sofern damit nicht lediglich 'Neues' gemeint ist –, ist aus dem Text
nicht auszumachen. Kippenbergs Arbeitskollektiv zum Beispiel,
die einzige Kollektivität, auf die man sich bereits beziehen kann,
ist nach Harra schon seit längerer Zeit "beispielhaft" (S. 586) und
dürfte sich auch für die neue Aufgabe nicht ändern (vgl. S. 351).

Daß das von beiden Rezipienten so hervorgehobene 'Neue' im
Text sich nicht als solches deutlich zeigen kann, hängt wesentlich
mit der vom Autor erzählerisch nicht geleisteten 'Realisierung' zusammen.

Kuczynskis aus dem Rahmen fallende Überlegungen zu dem besonderen Arbeitskollektiv, in denen er Noll dessen Einschätzung
wissenschaftlicher Arbeit als Fehler ankreidet, sehe ich eher als einen Hinweis auf eine Schwäche bei der Kippenberg-Gestaltung.
Noll hat die Figur Kippenberg – m.E. aus dem Bedürfnis, ihn in
seiner Resignation und inneren Hemmung nicht als Versager erscheinen zu lassen – mit viel 'Früh-Ruhm' ausgezeichnet (vergleichbar dem nicht näher ausgeführten Ansehen, das Lankwitz als
Wissenschaftler und Direktor zumindest im Ministerium und in

206. Geerdts, a.a.O., S. 102.

Fachkreisen genießt). Das brachte Kuczynski zu der These, daß
Kippenberg sich durch diesen Aufbau eines solchen aktiven Kol-
lektivs eigentlich selbst überflüssig gemacht hätte. Im Roman hat
Nolls Konstruktion zur Folge oder bietet sie die Möglichkeit, daß
Kippenberg zurückgreift und -denkt. Sein Verhalten erscheint da-
durch eher als eine Fortschreibung des alten Kippenberg nach
Überwindung seiner inneren 'Sperre' – nicht umsonst heißt es, daß
er verwundert begriffe, "daß er sich selbst, sein früheres Ich, zum
Leitbild nehmen müßte, wenn er vielleicht doch noch ein paar
Sterne vom Himmel holen [...] oder auch nur die eine Tat vollbrin-
gen will" (S. 505) –, zumal das, was durch die Eva-Begegnung als
Erweiterung des Verstandesmenschen angesetzt wird, sich nicht
umsetzt. Mit dem Aussprechen der Wahrheit ist der bekannte akti-
ve, anregende Kippenberg wieder da: Noll zeigt keine persönliche
Weiter-Entwicklung, nur Etappen zur Sperren-Lösung.

Erwähnenswert ist in diesem Zusammenhang, daß mitunter in
einer Rezipienten-Diskussion kritische Überlegungen 'abgeblockt'
werden. Lerchners doch diskussionswürdige Überlegungen und
Einwände sind in dem *WB*-Rundtischgespräch von den anderen
Teilnehmern gar nicht aufgegriffen worden oder auf eine Art, die
Lerchners textorientierte Aussagen so ins Allgemeine ausweiten,
daß die speziellen Aussagen nicht mehr als solche berücksichtigt zu
werden brauchen. Diese Verfahrensweise gegenüber Kritik ist kein
nur hier zu beobachtender Einzelfall[207].

Die von mir kritisierte 'isolierte Betrachtungsweise' findet sich
in der DDR-Rezeption insbesondere bei ihrer Behandlung der Fi-
guren-Gestaltung und -Konstellation, denn obwohl hier ein breites
Spektrum unterschiedlicher negativer Aussagen vorliegt, wurden
daraus keine Konsequenzen in Form einer negativen Beurteilung
des Romans gezogen. Nur bei Schick ist die von ihm vorgetragene
"Reduzierung der literarischen Figuren auf ihre soziale Rolle"[208]
von Bedeutung für die Ablehnung des Werks.

---

207. Solche Verfahrensweise ist auch zu konstatieren bei der Rezeption
von Plenzdorfs *Die neuen Leiden des jungen W.* Vgl. Gerd Labroisse: "Überlegungen zur Interpretationsproblematik von DDR-Literatur an Hand von
Plenzdorfs *Die neuen Leiden des jungen W.*", in: *Amsterdamer Beiträge zur
neueren Germanistik*, Bd. 4/1975, S. 157-181.
208. Schick, a.a.O., S. 1347.

Aussagen über eine lediglich klischeehafte[209], schematische[210] oder typisierende[211] Zeichnung von Figuren, insbesondere von Kortner und Eva, werden im allgemeinen nicht in den Rahmen der Figuren-Konstellation gestellt und daraus beurteilt.

In der DDR-Rezeption ist es Geerdts, der die einzelnen Gestalten innerhalb der Gesamt-Konstellation sieht. Zu Beginn seiner Rezension weist er ausdrücklich auf die "konstitutive Bedeutsamkeit der Figurenkonstellation" hin[212]. Aus seinen weiter oben zitierten Ausführungen über Kortner und Lankwitz, der Gegenseite zur Gruppe um Kippenberg und Bosskow, ergibt sich, daß die Gewichte beider Gruppen äußerst ungleich verteilt sind, insbesondere durch die klischeehafte Zeichnung Kortners, der für Geerdts der eigentliche Gegenspieler im Geschehens-Gefüge ist. Das wird aber für ihn kein Anlaß, von seiner Hochschätzung des Romans abzugehen, obwohl doch solche das Konstitutive betreffende Fehlkonzeption kaum durch etwas anderes dürfte wettgemacht werden können.

Stellt man einmal die vom Ich-Erzähler mitgeteilten Angaben über Kortner zusammen, ergibt sich folgendes:
Er ist ein Mensch mit vielen Gesichtern, – der vor allem um den Chef "beflissen herumstreicht, eifrig, dienstwillig, überaus ver-

---

209. Vgl. Jarmatz, a.a.O.: Kortner ist nur noch Schurke und Bösewicht; Müller-Waldeck, a.a.O.: Klischeehaftes bei dem Widerling Kortner und bei Eva, der jugendlichen Unbequemen; Königsdorf, a.a.O.: Kortner ist so ärgerlich dumm und durchschaubar, daß er Lankwitz abwertet; Geerdts, a.a.O., S. 98f.: Kortner ist in seiner gesamten Attitüde klischeehaft, Lankwitz habe Chargenhaftes.

210. Vgl. Körner, a.a.O.: Schematische Wiederholung sich leitmotivisch hindurchziehender Eigenheiten der Personen; Jarmatz, a.a.O.: Die Figuren repräsentieren mehr Haltungen, als daß sie individuell Besonderes sind. – Es ist zu fragen, ob neben der Parallelisierung Lankwitz/Altbau – Kippenberg/Neubau auch die Zahlenumkehrung bei der Altersangabe: Lankwitz ist 63, Kippenberg 36 Jahre alt, als Schematisierung aufzufassen ist.

211. Vgl. Schimanski, a.a.O.: Unterhaltungsliterarische Typisierungen, wie die schwatzhafte Chefsekretärin, das Universalgenie Harra, der breitschultrige Kippenberg neben dem spitzgesichtigen Kortner; Berger, a.a.O.: Eva ist die Typisierung mancher Männerträume; Hintze, a.a.O.: Längst überwunden geglaubte Typisierung bei fast allen Gestalten; Schick, a.a.O., S. 1340: Figuren mit zugeordneten Merkmalen, in ihrer sozialen Typik erscheinend.

212. Geerdts, a.a.O., S. 97; in größerem Zusammenhang hier wiedergegeben S. 487.

ständnisvoll", ihm und Kippenberg "geschickt nach dem Munde redend", also "schweifwedelnd wie ein Köter"; als ein "jovialer Kollege" "emsig um Freundschaften bemüht", aber zäh an seinem Sessel klebend; einer, der an unterstellten Mitarbeitern "hemmungslos und unbeherrscht seine Launen ausläßt" und dies mit Hinweis auf sein Magenleiden zu entschuldigen weiß; sodann der Intrigant, der dem Chef "manches einflüsterte" (S. 22). – Er war

"mittelgroß, eher klein, schmal, sein Kopf wirkte zu groß, sein Gesicht hatte die Form eines auf die Spitze gestellten Dreiecks, durch das sich quer die dünnen, zusammengepreßten Lippen mit immer abwärts gekrümmten Mundwinkeln zogen. Das dünne Haar trug er in Fransen als Pony ins Gesicht gekämmt. Auch im Profil hatte sein Gesicht etwas Spitzes, Vogelartiges; die Nase sprang schnabelförmig zwischen der leicht fliehenden Stirn und dem spitzen Kinn hervor" (S. 44).

Zu dem "gallige[n] Gesicht mit der fahlen, ledernen Haut" kommt eine "heiße und immer ein wenig feuchte Hand" hinzu (S. 44f.). – Nach Eva spricht er "mit doppelter Zunge" (S. 93), für Papst ist er auf Grund ihres Berichts ein "stellenjagender Staatsparasit" (im Sinne von Marx, S. 508). – Kortner hat größere Mengen von Beruhigungsmitteln nötig, und das recht häufig (vgl. S. 165, S. 271, S. 473, S. 623), wobei für ihn die letzte Zuflucht das West-Medikament [!] Librium ist[213].

Eine solche schon an ihrem Äußeren erkennbare gefährlich-niederträchtige Gestalt erinnert fatal an Figuren aus Romanen der Aufbau-Zeit, wo auch entsprechende Vorgaben für die sofortige und eindeutige Zuordnung der Figur zu den Bösen oder Guten gegeben wurden[214].

213. So heißt es am Ende der Auseinandersetzung in der Kantine (Kap. 7): "Freilich, Ostpillen nützten nun nichts mehr, jetzt konnten nur noch Westpillen helfen: Kortner schluckte Librium" (S. 168). – Während der Planung der Gegenaktion mit Lankwitz regt sich bei Kortner beim Auftauchen des Namens Bosskow ein Unbehagen: "Aber das Librium läßt keine Furcht daraus werden, die Droge schirmt sicher gegen alle Unlust ab [...]" (S. 483).
214. Dieses Verfahren findet sich sogar bei Anna Seghers, vgl. Gerd Labroisse: "Bild und Funktion Westdeutschlands in Anna Seghers' Romanen *Die Entscheidung* und *Das Vertrauen*", in: *Anna Seghers Materialienbuch*. Hrsg. v. P. Roos und F.J. Hassauer-Roos. Darmstadt u. Neuwied 1977 (= Sammlung Luchterhand 242), S. 133-151. –
Eine Parallele zur Kortner-Gestaltung findet sich bei der Wiedergabe aus dem Westen kommender Figuren: Zu den alten Freunden von Lankwitz gehört ein mensurnarbiger Gynäkologe aus West-Berlin, der im Herren-Kreis "die neue-

Die Konzentrierung des Negativen auf Kortner mit dieser durch-
sichtigen Simplizität ergibt eine ganz ungleiche Gewichtsverteilung
in der Figurenkonstellation, hat Einfluß auf die Einschätzung von
Lankwitz (doch auch anderer Personen) und läßt die Frage aufkommen, wie eigentlich eine solche Figur in die Position des stellvertretenden Direktors gelangen konnte und Macht auszuüben vermag (Lankwitz klammert sich an ihn in wichtigen Momenten,
selbst Kippenberg ist längere Zeit in seinem Bann und dadurch in
seiner Aktivität erheblich eingeschränkt; ohne Kortner hätte es
nicht das Verschweigen des 'Kuhhandels' gegeben – und damit
nicht diesen Roman-Bericht!). Da es neben dem im Prinzip und
über viele Jahre sehr aktiven Kippenberg auch noch Charlotte, den
menschlich so herausgestellten Bosskow und einige nicht auf den
Kopf gefallene Mitarbeiter gibt, ist das Kuschen vor oder Akzeptieren von Kortner so unverständlich, daß ich in ihm mehr ein Vehikel der Handlung sehen möchte denn eine individuelle Gestalt[215].

Ähnliches, jedoch mit entgegengesetzter Bewertung, dürfte auch
für die Eva-Figur gelten. Daß sie, wie mehrere Rezipienten meinen,
(zu) stark 'idealisiert' sei[216], stellt die Frage nach der Konsequenz
solcher Gestaltung: ob sie dadurch nicht ebenfalls nur zu einem
dramaturgischen Vehikel wird, jedoch nicht zu einer gleichrangi-

sten Produktionen aus dem Temmler-Kalender zum besten [gibt]" (S. 239),
und ein kleiner, etwas verwachsener, leicht schwäbelnder Dr. Kürtner [ob die
Parallele Kortner-Kürtner zufällig ist?], ein auch bei Kippenberg auf Abwer-
bung ausgehender "Westberliner Filialleiter eben jenes Konzerns, in dem
Lankwitz während der Hitlerzeit gearbeitet hat", den Kippenberg noch einige
Male sieht, "bis endlich die Mauer steht" und dessen Filiale ins Fränkische
übersiedelt (S. 240). Und Eva berichtet, wie sie im Elternhause Zeuge wurde, wie Kippenberg in einem Gespräch über Frauen einen Gast, "der es wissen
muß, immerhin Frauenarzt, graumeliert, Mann von Welt, Privatklinik in Hannover" (S. 504), für seine abschätzigen Bemerkungen geradezu abkanzelte.

215. In diese Richtung weisen die Überlegungen von Müller-Waldeck
(a.a.O.) in bezug auf Kortner und Eva, insbesondere in der weiter oben (S.
479) wiedergegebenen Textpassage. – Vgl. auch die überaus kritischen Überlegungen von Jarmatz und Königsdorf im Wochenpost-Gespräch (a.a.O.), z.B.
in den weiter oben (S. 485f.) wiedergegebenen Textpassagen.

216. Jarmatz hat im Wochenpost-Gespräch (a.a.O.) vom 'idealisierenden
Moment' gesprochen, das mit Eva in den Roman komme; kritische Äußerungen finden sich in Für Dich-Leserzuschriften (a.a.O.); nach Schick (a.a.O., S.
1344) ist Eva zu einem 'Prinzip' geworden.

gen Vertreterin andersgearteter persönlich-individueller Auffassungen[217].

In der Wiedergabe des Ich-Erzählers bleiben die Figuren überhaupt flach[218], aber auch statisch, nämlich so, wie sie auch schon zu Anfang waren (sie haben keine Entwicklung, auch nicht durch Kippenbergs Wandlung und auch nicht durch das Erzählen aus dem Nachhinein). Diese ihre Verfassung wird noch verstärkt durch eine Sprachführung, die nicht besonders variabel oder ausgeprägt ist und deren fachsprachlicher Anteil m.E. doch nicht die Milieu-Charakteristik liefert, wie Höpcke behauptet[219]. Nicht nur spielt die Handlung in einem äußerst begrenzten Milieu[220], auch die Äußerungen des Ich-Erzählers ergeben das nicht, da er sich stereotyper Personen-Merkmale bedient[221] und bei den wenigen 'Umweltangaben' (bei Frau Degenhardt, bei Bosskow) oft ins Klischeehafte fällt[222].

217. Dem entgegen stehen Kuczynskis enthusiastische Aussagen über Eva und die mit ihr bzw. durch sie geäußerte Kritik an der in der DDR zu findenden Mittelmäßigkeit an Stelle von dem, was die sozialistische Revolution beinhalte: "Diskontinuität, fortschrittliches Abenteuertum mit kühnen Gedanken auf neuen Wegen, prächtige Irrtümer und noch prächtigere neue Erfahrungen und Wahrheiten [...]" (a.a.O., S. 97). Wenn Jarmatz im *Wochenpost*-Gespräch die Meinung geäußert hat, bei der Gestaltung Kortners sei bei Noll "die Kritik mit ihm [durchgegangen]" (a.a.O.), so wäre zu dem Kuczynski-Zitat zu sagen, hier ist mit ihm die Utopie durchgegangen.

218. Vgl. auch die Hinweise von Geerdts über die Schwierigkeiten des Ich-Erzählers, a.a.O., S. 101, hier wiedergegeben in der Textpassage S. 488.

219. Höpcke, a.a.O., S. 149f. – Lerchner spricht selbst von einer Fachlexik, die zur bloßen Manier würde (a.a.O., S. 54).

220. Vgl. Eberts kritische Bemerkung, daß bei Nolls 'Modellversuch' das tägliche Leben außerhalb des Instituts "auf einen Wert gedrängt wurde, der annähernd bei Null zu suchen ist" (a.a.O.).

221. Wenn Harra, der beschrieben wird als jemand, der 'nuschelnd' spricht (u.a. S. 316, 403, 428), gelegentlich aber auch mit 'dröhnender' (u.a. S. 138, 403, 404) oder 'scholleriger' Stimme (u.a. S. 138, 413) ['schollerig' ist im *Wörterbuch der deutschen Gegenwartssprache*, hrsg. v. R. Klappenbach/W. Steinitz, Berlin 1976, Bd. 5, nicht verzeichnet], mit Lehmann zusammentrifft, der gekennzeichnet wird durch eine 'meckernde' Stimme (u.a. S. 403, 404), kann sich folgende Dialogstelle ergeben (S. 403):
"Erste Überschlagsrechnungen", nuschelte er [= Harra], "haben ergeben..."
"Lauter!" meckerte Lehmann von hinten.
"...haben ergeben", dröhnte Harra [...].

222. Vgl. die Beschreibung von Kippenbergs Besuch bei Frau Degenhardt, insbes. S. 381-388, und bei Bosskow, S. 437-446.

Die Sprachführung des Erzählers ist einesteils einfach (man beachte die öfter vorkommende Ballung von 'sagte', vgl. insbesondere S. 534f., mit 7x sagte in diesem kurzen Abschnitt) — was man als Formulierungs-Dürftigkeit auffassen kann, doch auch als Versuch, das hier Berichtete als real Geschehendes zu stützen —, andererseits aber leicht maniriert (manchmal sogar kitschig?). Als Beispiele seien aus dem Romanbeginn zitiert:

> [...] wir starrten einander sekundenlang stumm in die Gesichter. [...] die Lankwitzsche Denkerstirn, die [...] sich jetzt unmutig furchte. Lankwitz zählte zu dieser Zeit dreiundsechzig Jahre. (S. 9)
> [...] wie es sich für einen Menschen ohne Kinderstube geziemte. (S. 10)
> Mich hingegen brachte es [...], ehe mein Zorn vollends verrauchte, noch einmal gehörig in Rage. (S. 11)
> Ihr Gesicht gefror. (S. 21)
> Lehmanns Grinsen erlosch. [...] kann verstehen, warum mich die Aussicht kitzelte, ihn [...] in Verlegenheit zu sehen. (S. 39)
> Ehe ich ging, gedachte ich, Lehmann [...] heimzuzahlen [...]. (S. 41)
> Seine grauen Augen, nun bar aller Sanftheit [...]. (S. 48)[223]

Die Fachsprache bleibt gerade an den Stellen, wo ihr Einsatz Wissenschaftlichkeit dokumentieren soll, wegen der vom Ich-Erzähler unterlassenen Erläuterung oder Kommentierung aus dem Nachhinein für den Rezipienten weitgehend bloßer Fremdkörper[224].

Im Zusammenhang mit den Bemerkungen zur Figuren-Konstellation und -Gestaltung soll noch auf eine Besonderheit des Erzählens in diesem Roman eingegangen werden.

Lindner spricht in ihrer 5. These davon, daß Kippenberg "von einem mittlerweile allwissenden Standpunkt aus" erzählt[225] (wodurch für sie die nötige Offenheit der Fragestellungen beseitigt wird). Nimmt man ihre Aussage als eine zur Erzählperspektive, läßt sich in der Tat zeigen, daß ein Höhepunkt des Handlungsgeschehens, die Gegenaktion von Lankwitz und Kortner im 19. Kap. (S. 471-486) auktorial erzählt wird, zum Teil sogar unter Verwen-

---

223. Bei Attributen zeigen sich manchmal ungewöhnliche Fügungen wie: "mit ausschweifender Höflichkeit" (S. 37) oder "einen unkenntlich entfleischten [...] Totenschädel" (S. 49).
224. Vgl. u.a. Körners kritische Bemerkung zur Fachsprachverwendung (a.a.O.), vor allem Lerchners Ausführungen mit Beispielen (a.a.O., S. 54), doch auch die Hinweise in meinen Anmerkungen 61 und 62.
225. Lindner, a.a.O., S. 135.

dung erlebter Rede bei beiden Gestalten. Obwohl es sich bei dieser vom Erzähler nicht motivierten Art der Wiedergabe dieser Szene um einen Bruch in der generell traditionellen Mustern folgenden Erzählweise handelt, wird das erstaunlicherweise nicht von Geerdts vermerkt, obwohl er im Rahmen seiner vergleichsweise umfangreichen erzähltechnischen Überlegungen sogar auf dieses Kapitel verweist, dessen Anfang er als Beispiel für eine (nicht näher ausgeführte oder belegte) "Minderung sprachlicher Ausformung der Situation"[226] nennt.

Untersucht man die Erzählweise genauer, dann zeigt sich, daß der Roman komplizierter gebaut ist, als Löffler und Geerdts meinen: "von Abschnitt zu Abschnitt wechselt er die Erzählperspektive" resp. "Proportionalität des Vortrags [...], die sich aus dem Nebeneinander von Monolog und distanziertem Bericht bildet"[227].

Abgesehen davon, daß die ersten 6 Kapitel Ich-Erzählungen sind und erst das 7. Kap. als Bericht gegeben wird (mit nachfolgenden Kombinationen von Ich-Erzählung und Bericht-Einschlüssen in variierender Menge, gefolgt von reinen Ich-Kapiteln), ist in das 3. Kap. die Rekonstruktion eines Dialogs zwischen Kippenberg und Wilde aus der Zeit vor dem Februar 1967 eingeblendet (S. 69-71), werden in demselben Kapitel anläßlich eines Anrufs einer weiblichen jungen Stimme [= Eva] am Sonnabend morgen in diesen Anruf Erinnerungen Kippenbergs an seinen Besuch einer Milchbar am Freitag abend und damit Gespräche zwischen Eva und einem jungen Mann (S. 75-77 teilweise) und ihr und Kippenberg als Rekonstruktion eingeblendet (S. 73-81). Der Ablauf der dabei getroffenen Verabredung (S. 81) wird erst im Verlauf des 4. Kap. nachgetragen, und zwar in einem distanzierten Er-Bericht (S. 90-101).

Das soll hier als Beispiel für einen komplexen Aufbau genügen, zumal solche Verschachtelungen/Verschiebungen/Rückgriffe den gesamten Roman durchziehen und nicht nur den Anfang bestimmen.

Mich interessiert jedoch hier viel mehr die Frage nach *auktorialem* Erzählen. Und da ist zu bemerken, daß das herausragende 19. Kap. nicht die einzige Stelle ist, an der Ich-Erzählung und Bericht (aus den von Kippenberg genannten Quellen) zugunsten einer auktorialen Wiedergabe verlassen werden.

226. Geerdts, a.a.O., S. 101.
227. Löffler (Rez.), a.a.O.; Geerdts, a.a.O., S. 101.

Bereits im 8. Kap. findet sich die Wiedergabe von Gedanken Lankwitz' über Kippenberg und über sein eigenes, ganz anderes Ideal von Forschung (S. 191-193), im 10. Kap. eine kurze Passage mit Gedanken Charlottes über den jungen Kippenberg, dem sie gerade begegnet war und den sie, in einem Dialog mit ihrem Vater, zu einem Abendessen bei ihnen einzuladen bittet (S. 236-239). In Kap. 12 und 13 häufen sich solche Wiedergaben. Zuerst taucht in einem Gespräch zwischen Kippenberg und Lankwitz über die Frage der Institutsleitung plötzlich ein 8zeiliger Absatz mit kurz erläuterten Gedanken von Lankwitz über das keine Empfindungen zeigende Gesicht seines Schwiegersohns auf (S. 284). Dann folgt im selben Kapitel einem Absatz zur Person des 63jährigen Lankwitz (S. 290) eine Wiedergabe von dessen Zusammentreffen mit Prof. Fabian am Vorabend, bei dem in einem Dialog (S. 291f.) Konsequenzen der Hochschulkonferenz zur Sprache kommen, die Lankwitz als eine solche Gefährdung seiner Position und Person empfindet, daß er – nach Rückerinnerung an seine Teilnahme an einem 'Palaver' im Neubau (Dialoge und Gedankengänge, S. 295-302) – die steigende Angst erst zu Hause nach Einnahme eines Barbiturats langsam verliert und einzuschlafen vermag (insgesamt S. 290-304). Im 13. Kap., wo es Kippenberg um das Durchsetzen der neuen Projektarbeit und dafür um die Zustimmung von Lankwitz geht, erfährt der Leser an 4 Stellen die Gedanken bzw. Überlegungen von Lankwitz durch direkte Wiedergabe: S. 313f. (Kippenberg würde ihn schon ungeschoren in seinem Labor arbeiten lassen); S. 325f. (er erschrak, daß er seinen starken Schwiegersohn unter Bosskows Blick hatte unsicher werden sehen); S. 338-340, mitten im 3. Absatz der Seite beginnend (in Anbetracht der Gedanken Bosskows über die Perspektive der neuen Arbeit wäre es Wahnsinn, das Vorfeld kampflos zu räumen und die vereinbarte Hausmitteilung zu unterschreiben); S. 344 (er verschloß das Dokument seiner Abdankung und ließ Kortner vertraulich zu sich bitten).

Das 14. Kap. bringt einen Einschub mit Gedanken Kortners über die Lage am Institut und der Idee, das Institut von der neuen Sache zu entlasten (S. 352-355).

Das erwähnte 19. Kap. (S. 471-486) besteht ausschließlich aus der Wiedergabe der Gedanken und des Dialogs von Lankwitz und Kortner in dieser Situation (am Schluß, S. 485f., z.T. auch aus

Überlegungen von Wildes Freundin, die Kortner als verschwiegene Schreibkraft mitgebracht hatte), sieht man ab von dem kurzen Stück des Telefongesprächs der Sekretärin, das Lankwitz ungewollt mithört (S. 471f., 11 Druckzeilen).

Nur noch einmal, gegen Ende des abschließenden 24. Kap., während des zweiten Vorstoßes von Kippenberg zur Erlangung der Chef-Unterschrift, werden auktorial die Gedanken Charlottes über ihren Mann und sich selbst wiedergegeben (S. 623f.).

Das zeugt gewiß von einem variierten Erzählen, da Noll das auktoriale Erzählen einsetzt zur Ausweitung und Intensivierung seiner Darstellung. Das geht schon daraus hervor, daß es vor allem die Gegenseite betrifft, doch auch durch die ihm zugeordnete Funktion innerhalb des Geschehens, was nicht nur das 19. Kap. als solches zeigt, sondern z.B. auch die kleine Passage Charlotte-Gedanken vom Schlußteil[228].

Es ist jedoch ein Fehler von Nolls Verfahren, daß der Ich-Erzähler Kippenberg mit seiner 'figurengebundenen Perspektive' die völlig andere 'überschauende Perspektive'[229] in keinerlei Weise einführt, sie nicht einmal als solche kennzeichnet, vielmehr durch die Verwendung gleicher Mittel – Dialoge und/oder direkt mit der Situation verbundene Gedanken der betroffenen Personen – den Leser geradezu irreführt: Wegen der Gleichartigkeit der Präsentation wird die Ungleichheit des Erzählens verwischt und damit weniger gut erkennbar. Das berührt nicht bloß eine Frage der Lesetechnik,

---

228. Dieser Passage (S. 623f.) messe ich folgende Funktion bei: Charlottes Gedanken – daß hier ein Kippenberg kommt, von einer anderen kommt (was er ihr ins Gesicht gesagt hat, ohne um Verzeihung zu bitten), im Allerheiligsten steht, nicht als Rebell von damals, aber auch nicht als Etablierter, daß ihm etwas unter die Haut gegangen sein muß, was ihn "tatsächlich umgekrempelt hat", wobei "eine Welt von Gefühlen ans Licht gekommen" (S. 624) ist, er aber nicht wage, ihr diese Gefühle anzutragen – rufen in ihr Erinnerungen an Jugendträume von einem verheißungsvollen Leben auf, einem Leben, "das Löcher in die Kittel frißt und herrlich müde macht und die Unausgeschlafenen immer wieder emportreibt" (S. 624). Damit faßt sie kurz vor dem Höhepunkt in Worte, was der Leser aus dem Erzählten hier zum Verständnis einbringen sollte bzw. bestätigt sie das von ihm Mit-Gedachte, zum anderen unterstützen diese Gedanken als solche das Hoffnungsvoll-Versöhnliche des Schlusses dieses Romans, der nun (auch) als ein Stück Realisierung dieses Traumes vom intensiven Leben aufgefaßt werden kann bzw. sollte.

229. Vgl. Arendt/Herden/Heukenkamp/Hörnigk/Kaufmann: *Probleme der Literaturinterpretation*, a.a.O., S. 82.

geht es doch dabei um die wegen der ungleichen Erzählweise auch ungleiche Glaubwürdigkeit des Erzählten. Ein Blick auf die DDR-Rezeption zeigt, daß – außer vielleicht im Ansatz bei Lindner – die Ungleichheit im Gebrauch der erzählerischen Mittel trotz der damit verbundenen Konsequenzen nicht zur Sprache gebracht wird.

Der zweite zu kritisierende Aspekt dieses Verfahrens betrifft die Konzeption des Romans selbst. Das auktoriale Erzählen droht nämlich das zu zerstören, was für Nolls Roman von essentieller Bedeutung ist: Daß das vom Ich-Erzähler berichtete 'Neue' in Thematik/Problematik sich realisiert, auch umgesetzt wird in gesellschaftliche und persönliche Realität, dafür ist der aus dem Nachhinein erzählende Kippenberg der Garant (was nicht ausschließt, daß man dieser Konzeption kritisch gegenüberstehen kann).

Wurde von mir bereits kritisiert, daß Noll die Möglichkeiten der von ihm gewählten Erzählstruktur für die Demonstration seiner Konzeption nicht nutzt und diese damit *erzählerisch* in Frage stellt, – für ein auktoriales Erzählen gilt das in verstärktem Maße. Die Glaubwürdigkeit des Erzählten ist bei ihm, wie gezeigt werden konnte (und kritisiert wurde), so völlig gebunden an die Gegenwärtigkeit des Ich-Erzählers, daß die Aufnahme einer entgegengesetzten Erzählperspektive gerade diese Glaubwürdigkeit aufzuheben droht.

Mit der Kombination der Perspektiven will Noll m.E. von beiden erzählerisch profitieren, ohne jedoch sich zu bemühen, die damit verbundenen Probleme sinnvoll, d.h. erzählerisch zu bewältigen.

Schlußbemerkung

Nach meiner Meinung liegt mit *Kippenberg* ein Roman vor, der auf eine zurückliegende Etappe der DDR-Entwicklung gerichtet ist (ohne für diesen Rückblick einen Erzählanlaß anzugeben), bei dem jedoch vor allem die Konzeptions-Schwächen (oder sogar -Fehler) ein solches Gewicht haben im Verhältnis zur behandelten Thematik/Problematik, daß man in ihm nicht den gegenwärtigen Zeitroman sehen kann, erst recht nicht einen erzählerisch bedeutenden.

Mehr noch als ein Indikator für die schriftstellerischen Qualitäten Nolls ist für mich dieser Roman ein solcher für die Leistungsfähigkeit der DDR-Literaturkritik.

In Anbetracht der bedeutenden Namen unter den Rezipienten,

die sich geäußert haben, erscheint es mir zu billig, der vorausgeeilten enthusiastischen Höpcke-Rezension einen besonderen Einfluß auf die meist positive Aufnahme des Romans zuzuschreiben. Eher wäre daran zu denken, daß noch immer die Umsetzung der theoretischen Erkenntnisse in die literaturkritische Praxis Mühe bereitet, noch dazu dann, wenn die über das Inhaltliche vermittelte Parteilichkeit des Autors so offenkundig scheint, daß das In-Ansatz-Bringen der komplizierten Inhalt-Form-Dialektik dadurch zusätzlich erschwert wird.

AMSTERDAMER BEITRÄGE ZUR NEUEREN GERMANISTIK
herausgegeben von GERD LABROISSE

Bd. 1 – 1972

Horst Steinmetz: Aufklärung und Tragödie. Lessings Tragödien vor dem Hintergrund des Trauerspielmodells der Aufklärung. **Ferdinand van Ingen**: Tugend bei Lessing. Bemerkungen zu *Miss Sara Sampson*. **Gerd Labroisse**: Zum Gestaltungsprinzip von Lessings *Miß Sara Sampson*. **Klaus F. Gille**: Das astrologische Motiv in Schillers *Wallenstein*. **Luc Lamberechts**: Zur Struktur von Büchners *Woyzeck*. Mit einer Darstellung des dramaturgischen Verhältnisses Büchner – Brecht. **Alexander von Bormann**: "Wohltönend, aber dumm"? Die Stimme der Kultur im Widerstand. **Sjaak Onderdelinden**: Fiktion und Dokument. Zum Dokumentarischen Drama. **Kees Houtman**: Notizen zu Horváths *Gebrauchsanweisung*. Caprius: Wenn zwei dasselbe tun . . .

Bd. 2 – 1973

Manfred E. Keune: Das Amerikabild in Theodor Fontanes Romanwerk. **Joris Duytschaever**: Eine Pionierleistung des Expressionismus: Alfred Döblins Erzählung *Die Ermordung einer Butterblume*. **Walter Schönau**: In medias res: Zur Aktualisierung des unvermittelten Anfangs moderner Erzähltexte. **Ferdinand van Ingen**: Max Frischs *Homo faber* zwischen Technik und Mythologie. **Harold D. Dickerson, Jr.**: Sixty-Six Voices from Germany: A Thematic Approach. **Erwin Koller**: Beobachtungen eines *Zauberberg*-Lesers zu Thomas Bernhards Roman *Frost*. **Dieter Hensing**: Die Position von Peter Weiss in den Jahren 1947-1965 und der Prosatext *Der Schatten des Körpers des Kutschers*. **Gerd Labroisse**: Bild und Funktion Westdeutschlands in Anna Seghers' Romanen *Die Entscheidung* und *Das Vertrauen*. **Ingeborg Goessl**: Der Engel und die Grenzsituation. Studie zu einer Leitfigur H. E. Nossacks. Caprius: Gänge zur Mutter.

Bd. 3 – 1974: REZEPTION – INTERPRETATION

Elrud Kunne-Ibsch: Rezeptionsforschung: Konstanten und Varianten eines literaturwissenschaftlichen Konzepts in Theorie und Praxis. **Horst Steinmetz**: Rezeption und Interpretation. Versuch einer Abgrenzung. **Ferdinand van Ingen**: Die Revolte des Lesers oder Rezeption versus Interpretation. Zu Fragen der Interpretation und der Rezeptionsästhetik. **Gerd Labroisse**: Überlegungen zu einem Interpretations-Modell. **Edmund Licher**: Kommunikationstheoretische Aspekte der Analyse einiger Gedichte Bertolt Brechts. Caprius: Die Wirte der Literaturhistorie.

Bd. 4 – 1975

Roland Duhamel: Schnitzler und Nietzsche. **Marianne Burkhard**: Hofmannsthals *Reitergeschichte* – ein Gegenstück zum Chandosbrief. **Elke Emrich**: Heinrich Manns Roman *Lidice*: eine verschlüsselte Demaskierung faschistischer Strukturen. **G. Richard Dimler, S.J.**: Simplicius Simplicissimus

and Oskar Matzerath as Alienated Heroes: Comparison and Contrast. **Carl O. Enderstein**: Zahnsymbolik und ihre Bedeutung in Günter Grass' Werken. **Gerd Labroisse**: Überlegungen zur Interpretationsproblematik von DDR-Literatur and Hand von Plenzdorfs *Die neuen Leiden des jungen W.*
Hans Ester: 'Ah, les beaux esprits se rencontrent' – Zur Bedeutung eines Satzes in Fontanes *Irrungen, Wirrungen*. Caprius: Mein Lieblingsheinrich.

Bd. 5 – 1976
Reinhard Hennig: Grabbes *Napoleon* und Venturinis *Chronik von 1815*. Ein Vergleich. **Leif Ludwig Albertsen**: Was Strittmatters *Katzgraben* will und nicht will. Bemerkungen zur Ästhetik des Dramas im sozialistischen Realismus. **Rainer Sell**: Kasper und Moritat: Form und Perspektive in den Dramen von Peter Weiss.
Texte und Textbehandlung in Bernd Alois Zimmermanns Lingual *Requiem für einen jungen Dichter*: Gerd Labroisse:Einleitung. **Elisabeth J. Bik**:Zur Textbehandlung im Lingual. **Kees Mercks**: Die Majakowskij-Texte im *Requiem*. **Marinus van Hattum**: Der Pound-Text im *Requiem*. **Elisabeth J. Bik**: Die Textstruktur: I) Erläuterungen zur Textstruktur. II) Textstruktur (**Beilagebogen**). Caprius: Fragliche Antworten.

Bd. 6 – 1977: ZUR DEUTSCHEN EXILLITERATUR IN DEN NIEDERLANDEN 1933-1940. Hrsg. von Hans Würzner

Hans Würzner: Zur Exilforschung in den Niederlanden. **David Luschnat**: "Amsterdam, April 1933". **David Ruben**: Luschnats Erlebnis. **Elisabeth Augustin**: Eine Grenzüberschreitung und kein Heimweh. **Gerd Roloff**: Irmgard Keun – Vorläufiges zu Leben und Werk. **Joris Duytschaever**: Zur Asylpraxis in Holland und Belgien: Der Fall Hans Bendgens-Henner (1892-1942). **Ludwig Kunz**: Propheten, Philosophen, Parteigründer – eine Erinnerung an Richard Oehring und seinen Kreis. **Hans Keilson**:Gedichte. **Thomas A. Kamla**: Die Sprache der Verbannung. Bemerkungen zu dem Exilschriftsteller Konrad Merz. **Konrad Merz** über sich selbst. **Konrad Merz**: 'Kolonne Käse' (aus "Generation ohne Väter"). **Carlos Tindemans**: Transit – Exiltheater und Rezeption in Antwerpen 1933-1940. **Cor de Back**: Die Zeitschrift *Het Fundament* und die deutsche Exilliteratur. **Hans Würzner**: Menno ter Braak als Kritiker der deutschen Emigrantenliteratur. – *Kleine Beiträge*.

Bd. 7 – 1978: ZUR LITERATUR UND LITERATURWISSENSCHAFT DER DDR. Hrsg. von Gerd Labroisse

Gerd Labroisse: DDR-Literatur als literaturwissenschaftliches Problem. **Jos Hoogeveen**: Prolegomena zu einer funktionsgerechten Betrachtung von DDR-Literatur. **Adolf Endler**: DDR-Lyrik Mitte der Siebziger. Fragment einer Rezension. **Gregor Laschen**: Das Gedicht als Wahrheit der Geschichte. Überlegungen zum Verhältnis von Geschichte und Gedicht im Werk Erich Arendts. **Ton Naaijkens**: Maskenmundiges Sprechen – Zu Erich Arendts Metaphern in *Ägäis*. **Sigfrid Hoefert**: Die Faust-Problematik in Volker

Brauns *Hinze und Kunze*: Zur Erbeaneignung in der DDR. **Gerhard Kluge**: Plenzdorfs neuer Werther – ein Schelm? **I.A. und J.J. White**: Wahrheit und Lüge in Jurek Beckers Roman *Jakob der Lügner*. **Werner Krogmann**: Moralischer Realismus – ein Versuch über Christa Wolf. **Johannes Maassen**: Der Preis der Macht. Zu Günter Kunerts Fortsetzung von Georg Christoph Lichtenbergs *Ausführlicher Erklärung* der Kupferstiche *Industry and Idleness* (*Fleiß und Faulheit*) von William Hogarth. **Gregor Laschen**: Von der Richtung der Märchen. Zwei Notate zum Werk Franz Fühmanns.

Bd. 8 –1979: GRUNDFRAGEN DER TEXTWISSENSCHAFT. Linguistische und literaturwissenschaftliche Aspekte. Hrsg. von Wolfgang Frier und Gerd Labroisse   60,–

Wolfgang Frier: Linguistische Aspekte des Textsortenproblems. **Werner Kallmeyer**: Kritische Momente. Zur Konversationsanalyse von Interaktionsstörungen. **Roland Harweg**: Inhaltsentwurf, Erzählung, Inhaltswiedergabe. **Werner Abraham**: Zur literarischen Analysediskussion. Kritisches und Konstruktives anhand dreier Kafka-Erzählungen. **Ursula Oomen**: Modelle der linguistischen Poetik. **Jos Hoogeveen**: Text und Kontext. Die Infragestellung eines problematischen Verhältnisses. **Jens F. Ihwe**: Sprachphilosophie, Literaturwissenschaft und Ethik: Anregungen zur Diskussion des Fiktionsbegriffs. **Elrud Ibsch**: Das Thema als ästhetische Kategorie. **Siegfried J. Schmidt**: "Bekämpfen Sie das häßliche Laster der Interpretation!/ Bekämpfen Sie das noch häßlichere Laster der richtigen Interpretation!" (Hans Magnus Enzensberger). **Gerd Labroisse**: Interpretation als Entwurf.

Bd. 9 – 1979: ZUR LITERATUR DER DEUTSCHSPRACHIGEN SCHWEIZ. Hrsg von Marianne Burkhard und Gerd Labroisse   60,–

Ernst Halter: Auf der Suche nach Solidarität: die Moderne. **Irmengard Rauch**: First-Language Syntax in the New High German of Swiss Authors. **Hans Poser**: *Spiegel, das Kätzchen* – Bürgerliche Welt im Spiegel des Märchens. **Wolfgang Wittkowski**: Erfüllung im Entsagen. Keller: *Der Landvogt vom Greifensee*. **Manfred R. Jacobson**: *Jürg Jenatsch*: The Narration of History. **Sjaak Onderdelinden**: "Er äußerte sich mit behutsamen Worten: '...' ". Zur Erzähltechnik Conrad Ferdinand Meyers. **Marianne Burkhard**: Blick in die Tiefe: Spittelers Epos *Prometheus und Epimetheus*. **Madeleine Rietra**: Rezeption und Interpretation von Robert Walser Roman *Der Gehülfe*. **Rolf Kieser**: Jakob Schaffner. **Cegienas de Groot**: Bildnis, Selbstbildnis und Identität in Max Frischs Romanen *Stiller, Homo faber* und *Mein Name sei Gantenbein*. Ein Vergleich. **Luc Lamberechts**: Das Groteske und das Absurde in Dürrenmatts Dramen. **Johannes Maassen**: Ein hoffnungsvoller Pessimist. Zur Kurz- und Kürzestprosa Heinrich Wiesners. **Rainer Sell**: Stagnation und Aufbruch in Bichsels *Milchmann- und Kindergeschichten*.

Bd. 10 – 1980:   GESTALTET UND GESTALTEND – FRAUEN IN DER DEUTSCHEN LITERATUR. Hrsg. von Marianne Burkhard

Ruth B. Bottigheimer: The Transformed Queen: A Search for the Origins of Negative Female Archetypes in Grimms' Fairy Tales. **Ruth P. Dawson:** The Feminist Manifesto of Theodor Gottlieb von Hippel (1741-96). **Susan L. Cocalis:** Der Vormund will Vormund sein: Zur Problematik der weiblichen Unmündigkeit im 18. Jahrhundert. **Lilian Hoverland:** Heinrich von Kleist and Luce Irigaray: Visions of the Feminine. **Elke Frederiksen:** Die Frau als Autorin zur Zeit der Romantik: Anfänge einer weiblichen literarischen Tradition. **Gertrud Bauer Pickar:** Annette von Droste-Hülshoff's "Reich der goldnen Phantasie". **Kay Goodman:** The Impact of Rahel Varnhagen on Women in the Nineteenth Century. **Dagmar C. G. Lorenz:** Weibliche Rollenmodelle bei Autoren des "Jungen Deutschland" und des "Biedermeier". **Cegienas de Groot:** Das Bild der Frau in Gottfried Kellers Prosa. **Alexander von Bormann:** Glücksanspruch und Glücksverzicht. Zu einigen Frauengestalten Fontanes. **Richard L. Johnson:** Men's Power over Women in Gabriele Reuter's *Aus guter Familie*. **Ruth-Ellen Boetcher Joeres:** The Ambiguous World of Hedwig Dohm. **Ritta Jo Horsley:** Ingeborg Bachmann's "Ein Schritt nach Gomorrha": A Feminist Appreciation and Critique. **Mona Knapp:** Zwischen den Fronten: Zur Entwicklung der Frauengestalten in Erzähltexten von Gabriele Wohmann. **Jeanette Clausen:** The Difficulty of Saying 'I' as Theme and Narrative Technique in the Works of Christa Wolf.

FORSCHUNGSBERICHTE ZUR DDR-LITERATUR
Herausgegeben von Gerd Labroisse

Stephan, Alexander: CHRISTA WOLF. Amsterdam 1980. 139 S.
Band 1.   Hfl. 20,–

Christa Wolf gehört zu den führenden Prosaschriftstellern der deutschsprachigen Nachkriegsliteratur. Ihr Werk wird seit zwei Jahrzehnten
in der DDR und in der Bundesrepublik gleichermaßen intensiv beachtet. Der vorliegende Forschungsbericht macht es sich zum Ziel,
die Rezeption von Christa Wolfs Werk im Kontext ihrer sich ständig
wandelnden gesellschaftlichen Bedingungen zu verstehen. Statt fest-
geschriebene Urteile zu referieren, wird deshalb versucht, die Meinungsbildung zu Christa Wolfs Büchern in ihrer Prozeßhaftigkeit zu
verstehen. So war nicht nur zu zeigen wie, sondern vor allem warum
die Veröffentlichungen der Christa Wolf von der Tagespresse anders
als von der Literaturkritik, in der DDR anders als in der Bundesrepublik und in der Ära Ulbricht anders als unter Erich Honecker gedeutet wurden. Oder in den Worten von Christa Wolf: "Nützlicher
scheint es mir, das Schreiben nicht von seinen Endprodukten her zu
sehen, sondern als einen Vorgang, der das Leben unaufhörlich begleitet, es mit bestimmt..."

Silberman, Marc: HEINER MÜLLER. Amsterdam 1980. 127 S.
Band 2.   Hfl. 25,–

Der vorliegende Forschungsbericht möchte den Zugang zu dem
schwierigen Werk des Dramatikers Heiner Müller öffnen und dem
Wissenschaftler Möglichkeiten geben, sich in das Werk einzuarbeiten.
Der erste Teil des Berichts entwirft einen Überblick der kritischen

Haltungen in Ost und West als groben geschichtlichen Umriß. Der
zweite Teil behandelt eine Reihe von Problemen, die Müllers Stück-
produktion und Ästhetik aufwirft: die didaktischen und Lehrstück-
modelle, Fragen der Fragmentarisierung der Stückstruktur, den Gebrauch der Sprache und das Geschichtsverständnis. Anhand von einzelnen Theatertexten, die die jeweilige Problematik erläutern, wird
die erst im Ansatz vorhandene wissenschaftliche Literatur vorgestellt
und gewertet. Anschließend bietet das Literaturverzeichnis eine systematische Übersicht der Primär- und Sekundärliteratur.

USA/Canada : Humanities Press Inc., 171 First Avenue, ATLANTIC HIGH-
LANDS, N.J. 07716

Japan : United Publishers Services, Shimura Building, 1-4, chome, Koji-
machi, Chiyoda-ku, TOKYO

And others : Editions Rodopi N.V., Keizersgracht 302-304, 1016 EX AM-
STERDAM, Telephone (020) − 22 75 07